El Zóhar

Anotaciones al Comentario de Rabí Yehuda Ashlag

El Zóhar

Anotaciones al Comentario de Rabí Yehuda Ashlag

LAITMAN
KABBALAH PUBLISHERS

Rav Dr. Michael Laitman

EL ZÓHAR
Anotaciones al Comentario de Rabí Yehuda Ashlag

Derechos reservados © 2007-2011 por MICHAEL LAITMAN

Todos los derechos reservados
Publicado por Laitman Kabbalah Publishers
www.kabbalah.info/es   info@kabbalah.info
1057 Steeles Avenue West, Suite 532, Toronto, ON, M2R 3X1, Canada

Impreso en Israel

Ninguna parte de este libro puede ser usada o reproducida de ninguna manera sin la autorización escrita del editor, excepto en el caso de citas breves incluidas en artículos o o reseñas.

Traducción: Anna Kutsonits
Revisión y edición: Elena García
Diseño: Baruch Khovov
Diagramas: Baruch Khovov, Luba Visotzki, Gloria Cantú
Diseño de portada: Bat Sheva Brosh, Baruch Khovov
Posproducción: Uri Laitman y Norma Livne
Coordinación del proyecto: Lev Volovik
Asesoría: Chaim Ratz

ISBN: 978-1-897448-60-1

PRIMERA EDICIÓN: JUNIO 2011

ÍNDICE DE CONTENIDOS

Prólogo
    Acerca de Rabí Shimon Bar-Yojay 11
    Sobre El Libro del Zóhar 15

Introducción 19
    Lista de abreviaturas y definiciones 25
    Nombres originales y sus equivalentes en español 31
    Títulos originales y sus equivalentes en español: 32
    Muestra del texto original de El Zóhar 33
    Traducción literal de arameo a español del texto previo 40

La Rosa 45
Los retoños de las flores 67
Quién creó a estos 77
Quién creó a estos (según Eliyahu) 95
La madre presta a la hija sus vestiduras 105
Las letras de Rabí Hamnuna-Saba 121
    Las letras del alfabeto hebreo 135
    La letra Tav 147
    La letra Shin 152
    Las letras Kof y Resh 157
    La letra Tzadi 158
    La letra Pey 160
    La letra Ayin 162
    La letra Sámej 163
    La letra Nun 166
    Las letras Mem y Lámed 167
    La letra Kaf 168
    La letra Yud 171

ÍNDICE DE CONTENIDOS

    La letra Tet 172
    La letra Zayin 176
    Las letras Vav y Hey 177
    Las letras Dálet y Guímel 177
    La letra Bet 178
    La letra Álef 179
LA SABIDURÍA SUPREMA 183
LA CERRADURA Y LA LLAVE 185
AVRAHAM 193
LA VISIÓN DE RABÍ JIYA 197
¿QUIÉN ES TU SOCIO? 213
EL ARRIERO DE ASNOS 227
LOS DOS PUNTOS 275
LA NOCHE DE LA NOVIA 285
CIELO Y TIERRA 319
ENTRE TODOS LOS SABIOS DE LAS NACIONES DEL MUNDO,
NO HAY NADIE COMO TÚ 341
¿QUIÉN ES ESTA? 351
AQUEL QUE SE REGOCIJA EN LAS FIESTAS 359
LA TORÁ Y LA PLEGARIA 369
LA SALIDA DE RABÍ SHIMON DESDE LA CUEVA 379
LOS MANDAMIENTOS DE LA TORÁ 383
    El primer mandamiento 383
    El segundo mandamiento 388
    El tercer mandamiento 395
    El cuarto mandamiento 400
    El quinto mandamiento 405

ÍNDICE DE CONTENIDOS

    El sexto mandamiento 409
    El séptimo mandamiento 411
    El octavo mandamiento 417
    El noveno mandamiento 421
    El décimo mandamiento 425
    El undécimo mandamiento 435
    El duodécimo mandamiento 437
    El decimotercer mandamiento 438
    El decimocuarto mandamiento 439
La inteción en la plegaria 451
La elevación de la plegaria 459

Apéndice 1
    Lectura adicional 493

Apéndice 2
    Sobre Bnei Baruj 499

Prólogo

ACERCA DE
RABÍ SHIMON BAR-YOJAY[1]

En el siglo II de nuestra era vivió un hombre único al cual le fue conferida la sabiduría espiritual que los cabalistas habían acumulado a lo largo de 3 000 años: Rabí Shimon Bar-Yojay (Rashbí). Él dejó constancia por escrito de dicha sabiduría para posteriormente ocultarla, pues la humanidad aún no estaba preparada para ello. Hoy, sin embargo, nos encontramos listos para la revelación de *El Libro del Zóhar*.

Rabí Shimon Bar-Yojay (Rashbí), autor de *El Libro del Zóhar* (*El Libro del Esplendor*) era un *Tana* -un gran sabio- de los primeros siglos de nuestra era. El nombre de Rashbí está vinculado a numerosas leyendas, y constantemente aparece mencionado en *El Talmud* y en *El Midrash*, los textos sagrados hebreos de su tiempo. Vivió en Sidón y en Merón, estableciendo un seminario en la Galilea Occidental.

Rashbí nació y creció en la Galilea (una región montañosa al norte de lo que actualmente es Israel). Aún en su infancia, no era como los demás niños de su edad. Preguntas del tipo "¿Cuál es el propósito de mi vida?" "¿Quién soy?"

---

1   Los artículos, "Acerca de Rabí Shimon Bar-Yojay" y "Acerca de *El Libro del Zóhar*" son publicados aquí por cortesía del periódico *La Voz de la Cabalá* ("Kabbalah Today" en su versión inglesa de la cual proceden estos artículos).

y "¿Cómo está construido el mundo?" ya habían surgido en él y demandaban respuestas.

La vida en la Galilea era muy dura en aquellos días: los romanos perseguían a los judíos, constantemente inventaban nuevas leyes para hacer su vida más amarga. Entre dichas leyes existía un decreto que prohibía a los judíos estudiar la *Torá* (en aquella época, sinónimo de Cabalá).

Sin embargo, a pesar de la prohibición romana, Rashbí se entregó al estudio de la Cabalá, tratando de desentrañar sus sutiles enseñanzas. Sentía que, bajo esas historias bíblicas, se escondía una verdad profunda y oculta que encerraba las respuestas a sus recurrentes preguntas.

Con el tiempo, Rabí Shimon llegaría a la conclusión de que tendría que encontrar un maestro que ya hubiera recorrido el sendero espiritual, que contara con una experiencia adquirida, y que pudiera guiar a otros en su ascenso por la escalera espiritual. Y decidió unirse al grupo de la mayor autoridad cabalista de la época -Rabí Akiva- una decisión que resultó ser un punto de inflexión en la vida de Rashbí.

ESTUDIANDO CON RABÍ AKIVA

Rabí Shimon fue un estudiante entusiasta y apasionado, acuciado por un ardiente deseo de descubrir las esferas Superiores de la realidad. En breve llegaría a ser uno de los estudiantes más aventajados de Rabí Akiva. Con él estudió durante un periodo de trece años, alcanzando los niveles más altos en la escalera espiritual.

La revuelta de Bar-Kojvá puso abruptamente fin a la época dorada del seminario de Rabí Akiva. Prácticamente todos sus 24 000 estudiantes murieron a raíz de plagas y sangrientas batallas contra los romanos. Entre esos 24 000 estudiantes, únicamente sobrevivieron cinco, siendo Rashbí uno de ellos.

Rashbí fue uno de los líderes de la revuelta de Bar-Kojvá contra la autoridad romana en la tierra de Israel. Su resistencia se volvió aún más férrea e inquebrantable cuando supo que su maestro, Rabí Akiva, había sido cruelmente ejecutado.

El Talmud relata que, en una ocasión, cuando Rashbí hablaba en contra del dominio romano, un conciudadano judío lo escuchó y dio aviso a la autoridad romana. A raíz de este incidente, Rashbí fue declarado en ausencia y sentenciado a muerte. El emperador romano ordenó su búsqueda y captura, sin embargo, los soldados tuvieron que regresar con las manos vacías: era como si Rashbí se hubiera desvanecido en el aire.

LA CUEVA EN PEQUI'IN

Cuenta la leyenda que Rashbí y su hijo huyeron a Galilea, donde se ocultaron en una cueva situada en Pequi'in, un pueblo al norte de Israel. En ella permanecieron trece años. Durante todo ese tiempo, se adentraron en los secretos de la sabiduría de lo oculto. Sus esfuerzos dieron frutos, y lograron descubrir todo el sistema de la creación.

Al cabo de trece años de permanencia en la cueva, Rashbí supo que el emperador romano había fallecido, hecho que recibió con alivio. Y una vez que abandonó la cueva, reunió a nueve discípulos con los que partió hacia una pequeña caverna en Merón conocida como *Idra Rabá* (la Gran Asamblea). Con ayuda de ellos, escribió el libro más importante en la Cabalá: *El Libro del Zóhar*.

Baal HaSulam describió a Rashbí y a sus discípulos como los únicos seres que llegaron a alcanzar la perfección, los 125 grados espirituales que completan la corrección de nuestras almas. Cuando Baal HaSulam finalizó su comentario sobre *El Libro del Zóhar*, lo celebró con una comida festiva. Y en dicha ocasión afirmó que "...antes de los días del Mesías, es imposible merecer la totalidad de los 125 grados... a excepción del Rashbí y sus contemporáneos; es decir, los autores de *El Libro del Zóhar*. Aunque vivieron antes de los días del Mesías, a ellos les fueron concedidos la totalidad de los 125 grados. Por ello, en *El Zóhar*, en numerosas ocasiones, se menciona que hasta la generación del Rey Mesías no habrá otra generación como la de Rashbí. De ahí que su obra causara un impacto tan grande en el mundo: los secretos de la *Torá* que esta encierra abarcan el nivel de los 125 grados en su totalidad. Y es también por ello que, en el propio *Zóhar*, se dice que *El Libro del Zóhar* no será revelado hasta el final de los días, es decir, hasta los días del Mesías".

IDRA RABÁ (LA GRAN ASAMBLEA) Y *EL LIBRO DEL ZÓHAR*

Idra Raba es una cueva situada al norte de Israel, entre Merón y Safed. Allí llevó Rashbí a sus discípulos y escribió *El Libro del Zóhar*. Ciertamente, nos resulta casi imposible comprender la grandeza de Rabí Shimon Bar-Yojay. En palabras de Baal HaSulam, Rashbí pertenece a la Luz Interna más elevada, y precisamente por ello, debía apoyarse en Rabí Abba para dejar sus palabras por escrito. En *El Libro del Zóhar*, Rashbí les dice a sus estudiantes: "Voy a organizaros de la siguiente manera: Rabí Abba escribirá, Rabí Eliezer, mi hijo, estudiará oralmente, y el resto de amigos conversarán en sus corazones" (*Zóhar, Haazinu*).

El Libro del Zóhar fue escrito en el siglo II de nuestra era, poco después de la destrucción del Segundo Templo y el comienzo del último exilio del pueblo de Israel. Sin embargo, ya antes del exilio, Rashbí había predicho que *El Libro del Zóhar* solamente sería revelado al final de este último exilio. Declaró que la revelación de este libro a las masas significaría el final del exilio espiritual: "...en él, ellos saldrán del exilio con misericordia" (*Zóhar, Nasó*).

Asimismo, en *El Libro del Zóhar* está escrito que su sabiduría sería revelada a todos al aproximarse el final de los 6 000 años (período que abarca el tiempo estipulado para la corrección de la humanidad): "Y cuando se acerquen los días del Mesías, incluso los niños del mundo estarán llamados a descubrir los secretos de la sabiduría, y conocer en ellos los fines y las conjeturas de la redención, y en ese tiempo a todos les será revelado" (*Zóhar, VaYerá*).

LA REENCARNACIÓN DE UN ALMA ÚNICA

Rashbí es la encarnación de un alma única que cohesiona y conecta a cada criatura con la Fuerza Superior. Dicha alma desciende hasta nuestro mundo y se encarna en los patriarcas de la Cabalá. Su orden de aparición es el siguiente: Abraham, Moisés, Rabí Shimon Bar-Yojay, el ARI (Rabí Isaac Luria), y Rabí Yehuda Ashlag (Baal HaSulam). Esta alma, en cada una de sus encarnaciones, impulsa a la humanidad hacia un nuevo grado espiritual y deja su impronta en los libros de Cabalá, de los cuales se servirán las generaciones posteriores.

Podemos encontrar un ejemplo de este proceso en unas secciones especiales de *El Zóhar* llamadas *Raya Mi'emna* (El pastor leal). En dichas secciones, Rashbí habla desde un estado en el que se encuentra revestido del alma de Moisés. Otro ejemplo de esto es el libro *Shaar HaGuilgulim* (*La Puerta de las Reencarnaciones*), donde Rashbí nos habla desde un estado revestido del alma del ARI.

Sin duda, *El Libro del Zóhar* es único y constituye una de las obras más célebres en el mundo. Desde su composición, se ha querido relacionar a *El Zóhar* con miles de leyendas, y aún hoy sigue estando rodeado por un halo de misterio. Y es tal la fascinación que despierta este libro que, a pesar de que sin una correcta interpretación el texto resulta totalmente incomprensible para nuestra generación, millones de personas lo leen con asiduidad.

LA PARTIDA DE RASHBÍ

Según la tradición, Rabí Shimon Bar-Yojay falleció en presencia de sus amigos en *Lag BaÓmer* (el trigésimo tercer día de la cuenta de *Ómer*, que comienza el primer día de *Pésaj*-Pascua) del año 160 d.C. y fue enterrado en Merón. Con su muerte, el alma de este enorme cabalista completó su misión en nuestro mundo.

Rashbí cumplió con su destino. Todos los años, cientos de miles de personas visitan su tumba en un intento de sentir una porción de la Luz que este gran cabalista trajo al mundo. Los más grandes cabalistas ensalzaron su obra y reiteradamente han afirmado que *El Libro del Zóhar* está destinado a traer la redención al mundo.

Rav Kuk, el primer Gran Rabino de Israel, escribe acerca de *El Zóhar* (*Or Yakar*): "Esta composición, llamada *El Libro del Zóhar*, es como el Arca de Noé, lugar donde se encuentran numerosas especies que no podrían existir de no haber entrado en el arca. ...Y así, los justos accederán al secreto de la Luz de esta composición para perdurar, y esa es la virtud de esta obra: en el instante en que uno acomete su estudio, anhelando el amor a Dios, se sentirá atraído del mismo modo que un imán atrae el hierro. Y se adentrará en él para salvar su alma y espíritu y su corrección. E incluso con un malvado, no hay temor si desea adentrarse en él".

Estamos presenciando un momento histórico. El alma de Rashbí está completando su misión durante nuestra generación, y gracias a este gigante espiritual que vivió hace casi dos mil años, la sabiduría de la Cabalá está emergiendo a la superficie para que todos nosotros podamos elevarnos hacia una vida de eternidad y plenitud.

SOBRE *EL LIBRO DEL ZÓHAR*

El Libro del Zóhar es la obra más misteriosa y, al mismo tiempo, la más importante entre todos los libros de Cabalá. En los últimos años, poco a poco hemos ido comprobando que, aunque *El Libro del Zóhar* fue escrito dieciocho siglos atrás, en realidad fue compuesto pensando en nuestra época. Rabí Yehuda Ashlag (Baal HaSulam) lo abrió al gran público y dio nuevo brío a algo que, por tanto tiempo, habíamos alejado de nuestros corazones.

> *La profundidad de la sabiduría en El Libro del Zóhar está guardada bajo mil cerrojos.*
>
> --Rabí Yehuda Ashlag (Baal HaSulam),
> "Prefacio a El Libro del *Zóhar*"

Desde los albores de la humanidad, solo algunos individuos excepcionales lograron elevarse por la escalera espiritual y alcanzar el más alto nivel de unión con la Fuerza Superior, el Creador. Estos individuos reciben el nombre de "cabalistas".

Gracias a dicha unión, llegaron a comprender que toda la realidad, desde los mundos más elevados hasta nuestro mundo, está basada en el amor y la entrega. Se dieron cuenta de que no existe nada en el mundo excepto esta Fuerza, y que todo lo que acontece en la realidad fue creado solamente para llevar a la humanidad a una existencia eterna con esta sensación.

Los cabalistas investigaron y hallaron respuesta a cada una de las preguntas que fueron surgiendo en ellos: el propósito de nuestra vida, la estructura de los mundos, o cómo podemos decidir nuestro destino. Todo lo que descubrieron quedó recogido en libros como *Raziel HaMalaj* (El Ángel Raziel), *Séfer Yetzirá* (El Libro de la Creación), *Etz Jaim* (El Árbol de la Vida), y otros.

De todos los libros, la obra más decisiva, misteriosa y profunda es *El Libro del Zóhar* (El Libro del Esplendor). *El Libro del Zóhar* describe el sistema oculto del Gobierno Superior. Describe los mundos, las grandes fuerzas que los controlan, y cómo todo aquel que opta por estudiar la Cabalá ejerce una influencia sobre su propio destino y el de la humanidad.

El Zóhar también explica la forma en que cada evento desciende, a modo de cascada, desde el Mundo Superior hasta el nuestro, así como el aspecto que adopta en nuestro mundo. Pero lo que hace que este libro sea tan especial es el hecho de que no fue escrito para sus contemporáneos, sino que fue concebido para una generación que viviría dos mil años después: nuestra generación.

QUITANDO LAS ENVOLTURAS

Nuestra generación se encuentra a las puertas de la redención,
ojalá sepamos cómo diseminar la sabiduría de lo oculto a las masas.

--Baal HaSulam, "El Shofar del Mesías"

El siglo XX trajo consigo cambios sin precedentes que posibilitaron la entrada a una fase totalmente nueva que había sido descrita por los grandes cabalistas a través de las generaciones. El cambio principal, tal y como nos dicen los cabalistas, radica en que el estudio de la Cabalá en este siglo no solo está permitido, ¡sino que es una obligación! En el propio *Libro del Zóhar*, está escrito que la sabiduría de la Cabalá comenzaría a divulgarse desde el año 1840. El Gaón de Vilna (GRA), el gran cabalista del siglo XVIII, escribió en su libro *Kol HaTor* (*La Voz de la Tórtola*) que el proceso de revelación de la Cabalá daría comienzo en 1990. En su libro, *Even Shlemá* (*Un Peso Justo y Perfecto*), Capítulo 11, llegó a manifestar que la redención *dependía principalmente* del estudio de la Cabalá.

Rav Kuk explicó que "las grandes cuestiones espirituales que solían resolverse únicamente para aquellos excelsos y grandiosos, ahora deben ser resueltas a varios niveles en el seno de toda la nación" (*Eder HaYaker ve Ikvey HaTzón*, p. 144)Fue, sin embargo, Baal HaSulam quien hizo que las palabras de los cabalistas dejaran de ser una visión para convertirse en una realidad tangible. Baal HaSulam vio con toda claridad que había llegado el momento de abrir a todo el mundo el estudio de *El Libro del Zóhar*. Afirmó que, al estudiarlo, la humanidad entera lograría elevarse y alcanzar el mundo espiritual.

Con esta visión en mente, Baal HaSulam se volcó en la escritura de una interpretación sistemática, precisa y exhaustiva de *El Libro del Zóhar*. Su objetivo: desvelar este libro al público y adaptarlo a las almas de nuestra generación.

En la introducción a su comentario sobre *El Zóhar*, explica las razones que le movieron a escribirlo: "He dado el nombre de *HaSulam* (La Escalera) a mi comentario con la intención de indicar que su función es como la de cualquier escalera. Si posees un desván lleno de abundancia, lo único que necesitas es una escalera para subir por ella, y toda la abundancia del mundo estará al alcance de tus manos".

ACELERAR LA PROPAGACIÓN DE LA SABIDURÍA

Todos los cabalistas han soñado con nuestra generación, cuando la humanidad entera pudiera descubrir las maravillas que ellos ya habían alcanzado. Ellos anhelaron que también nosotros pudiéramos alcanzar la adhesión con la Fuerza Superior mediante la lectura de esas fuentes auténticas que nos habían legado. En su comentario sobre *El Libro del Zóhar*, Baal HaSulam nos lanza un "salvavidas", allanándonos el camino hacia un futuro de abundancia y prosperidad.

Baal HaSulam nos invita a conceder una mayor importancia al estudio de la sabiduría de la Cabalá y a agilizar su divulgación. Sabía que solamente ella podría elevar al mundo hasta el reino espiritual, hacia la eternidad que los cabalistas han experimentando a través de las generaciones.

El diccionario de la Real Academia Española define el término "generación" como "el conjunto de todos los vivientes coetáneos". Sin embargo, en Cabalá, el término "generación" hace referencia a una fase *espiritual*. Según grandes cabalistas como el Sagrado ARI, nuestra generación –nuestra etapa espiritual– dio comienzo en el siglo XVI.

Cuanto más demoremos el ascenso espiritual que nuestra generación está destinada a alcanzar, mayor será nuestro malestar. El reino espiritual –que determina todos los eventos en nuestro mundo– irá ejerciendo sobre nosotros una presión cada vez mayor hasta que tomemos la decisión de alcanzarlo por nosotros mismos.

En palabras del gran cabalista Rabí Avraham Azulay (en su introducción al libro *Or HaJamá* (*Luz del Sol*)), "Encontré escrito que el mencionado decreto de no involucrarse abiertamente en la sabiduría de la verdad tenía vigencia solo por un tiempo: hasta el final de 1490. Desde ese momento en adelante... la sentencia quedó levantada, y se dio permiso para abordar el estudio de *El Libro del Zóhar*. Y desde el año 1540, una profusa dedicación a ello resulta algo encomiable, pues, en virtud de esto tendrá lugar el advenimiento del Rey Mesías, y no por ninguna otra virtud. Es inapropiado ser negligente al respecto".

"Pero los sabios comprenderán que su elevación proviene del Creador, el Árbol de la Vida. Y aquellos que son rectos brillarán como el resplandor del firmamento" (Daniel, 12:3).[2]

"En virtud de la composición de Rabí Shimon, *El Libro del Zóhar*, desde la Fuerza Suprema que trae todo de regreso al Creador, al final de los días, los hijos de Israel saborearán el Árbol de la Vida, que es *El Libro del Zóhar*; y serán redimidos del exilio por la misericordia del Creador" (Nasó, 90).

---

2 Para facilitar la comprensión del significado espiritual de las fuentes hebreas antiguas, las citas no están traducidas de manera literal, sino intentando reflejar el significado cabalístico de los textos.

Introducción

El Libro del Zóhar relata que Rabí Shimon Bar-Yojay (Rashbí) y su hijo, Rabí Aba, alcanzaron el nivel del Profeta Eliyahu (Elías). Así, se cuenta que el propio Eliyahu visitó su cueva y les enseñó la *Torá*. (Dicho sea de paso, la cueva en el pueblo de Pequi'in aún existe en la actualidad).

El autor de *Divrey Yoel* (*Las Palabras de Yoel*) escribió en el libro *La Torá de Rashbí* lo siguiente: "Antes de que Rabí Shimon estudiara los secretos de la *Torá*, había una regla en la cueva: las discusiones se zanjarían de acuerdo a los dictámenes de Rabí Yehuda, el autor de *El Talmud*. Sin embargo, después de que Rabí Shimon abandonara la cueva, se estimó que todo lo que él había reflejado en *El Zóhar* sobrepasaba todo alcance humano". El propio Rashbí recibió el nombre *Butzina Kadisha* (Vela Sagrada), por haber alcanzado el alma de Moshé (Moisés).

Los veredictos sobre asuntos legislativos y procesales se emiten siguiendo *El Talmud* o *El Libro del Zóhar*, dependiendo de dónde esté tratado con mayor rigurosidad el asunto en cuestión. Si dicho asunto no se encuentra reflejado ni en *El Talmud* ni en *El Zóhar*, entonces la decisión se toma basándose en la fuente que mejor interprete el asunto. Si la cuestión a dilucidar se encuentra entre *El Talmud* y los legisladores, la decisión se basa en lo que recoja *El Libro del Zóhar*. En caso de que los legisladores no pudieran llegar a un acuerdo entre sí, la decisión para resolver el asunto en cuestión tendrá como base lo que dictamine *El Zóhar* (*Mishná Brurá*, 25, 42).

El gran seguidor de Rashbi, heredero de su alma (el siguiente en recibirla), el Rabí Isaac Luria (El Sagrado ARI), escribió que su alma era un retorno del alma de Rabí Shimon, y que esta era, a su vez, un retorno del alma de Moshé (*Shaar HaGuilgulim*, punto 64). También escribió que el alma de Moshé se revistió en Rashbí para poder corregir el alma de *Ajiyá HaShiloní* (Ahías el Silonita), quien "corrompió" la *Maljut* a raíz del pecado del Rey Yerav'am (Jeroboán), algo que precipitó la transgresión por parte de todo Israel. De ahí la aparición del alma de Rashbí para corregir los pecados de Israel. La parte de *El Zóhar* titulada *Raya Mi'emna* (El Pastor Leal) relata cómo Rashbí alcanzó el alma de Moshé, se fusionó con ella, y alcanzó la sabiduría divina.

En sus obras *Maranán ve Rabanán* y *Kli Yakar* (Melajim 2, 12), el gran HaJidá dice también que todo el trabajo de Rashbí radica en la corrección del pecado de *Ajiyá HaShiloní*.

Tal y como lo expresa Rashbí en *El Talmud* (Sukkah, 45, 2): "Yo puedo redimir al mundo entero del juicio desde el día de mi nacimiento hasta el día presente. Y si mi hijo está conmigo, desde el día que el mundo fue creado hasta el día de hoy. Y si Yotam Ben Uziyahu está con nosotros, desde el día que el mundo fue creado hasta su final". El libro de *Melajim* relata acerca de Yotam Ben Uziyahu (20, 15).

Una vez levantado el veredicto, Rashbí fundó su seminario en el asentamiento de Tekoa y en el pueblo de Merón. Allí enseñó Cabalá a sus discípulos y escribió *El Libro del Zóhar*, revelando lo que estaba prohibido revelar desde el tiempo en que Israel recibió la *Torá*. (*Tikuney Zóhar*, *Hakdamá*, pág. 17).

Sin embargo, para recoger por escrito todos los secretos de la *Torá*, Rabí Shimon se vio obligado a expresarlos de una manera secreta. El discípulo de Rashbí, Rabí Aba, poseía una cualidad única inherente a su alma. Dicha cualidad le permitía reflejar la sabiduría espiritual bajo una forma secreta y oculta. Por ello, Rabí Shimon le solicitó que fuera él quien expresara sus propios pensamientos, es decir, que trasladara los pensamientos de Rashbí sobre el papel. El ARI lo explicó de la siguiente manera: "*El Libro del Zóhar* debe permanecer oculto hasta la generación del advenimiento del *Mashíaj* (Mesías), ya que mediante el estudio de este libro la humanidad saldrá de su exilio espiritual" (El ARI, *Shaar HaHakdamot*, *Hakdamá*, pág. 3). Es por ello que Rabí Aba escribió las enseñanzas de Rabí Shimon en arameo, pues se trata del lado opuesto del hebreo.

El ARI escribió (*Maamarey Rashbí* (Artículos de Rashbí), pág. 100) que *El Zóhar* pudo redactarse bajo una forma secreta porque el alma de Rabí Aba tiene su origen en la Luz Circundante, y no en la Luz Interior. Por esta razón, explicó el ARI, Rabí Aba pudo expresar la más elevada sabiduría de una manera secreta, bajo la forma de sencillos relatos.

(Rabí Shimon vivió aproximadamente hasta los ochenta años falleciendo en la fiesta de *Lag BaOmer*, el decimoctavo día del mes de *Iyar*, rodeado de sus discípulos y con el reconocimiento de toda la nación. En este día se celebra la fiesta de la Luz. Los restos de Rabí Shimon tienen su sepultura en una cueva en las inmediaciones del Monte Merón, y los de su hijo, Rabí Eliezer, descansan a unos metros de él).

Al igual que las posteriores composiciones del ARI y otros cabalistas (este parece ser el destino de todos los auténticos libros espirituales), *El Libro del Zóhar* fue ocultado por un periodo de 1100 años en una cueva próxima a Merón desde el día en que fue escrito y hasta el momento en que un hombre árabe lo descubrió y lo vendió en el mercado como papel de envolver.

Una parte de aquellas hojas rasgadas cayeron en manos de un sabio que reconoció el valor de los escritos. Tras una intensa búsqueda, logró recuperar numerosas hojas de los receptáculos de deshechos y se hizo con otras comprándolas a los vendedores de especias, los cuales utilizaban las hojas de *El Zóhar* para envolver sus mercancías. A partir de estas hojas recuperadas, el libro fue recopilado (tal y como lo conocemos hoy).

A lo largo de muchos siglos, desde esa época hasta nuestros días, *El Libro del Zóhar* ha sido un tema controvertido. Filósofos, científicos y otros "eruditos" siguen debatiendo al respecto en nuestros días. Sin embargo, lo cierto es que únicamente el cabalista, alguien que ha ascendido a cierto grado espiritual, llega a alcanzar lo que recoge este libro. El resto de personas tienen la impresión de que se trata de una colección de narraciones, historias o filosofía ancestral. Solo aquellos que no comprenden este libro debaten sobre él; y únicamente los cabalistas saben con certeza que el libro de Rashbí es la mayor fuente de alcance espiritual que el Creador ha entregado a los que habitan este mundo.

Pese a que *El Libro del Zóhar* fue escrito en el siglo II, únicamente Rabí Yehuda Ashlag fue capaz de componer un comentario integral sobre él en los años 1930-40. La razón del ocultamiento de *El Zóhar* desde el siglo II hasta el XIII así como la falta de un comentario exhaustivo sobre él a lo largo de dieciocho siglos, viene explicada en la "Introducción al Libro del *Zóhar*".

Rabí Ashlag dio el nombre de *HaSulam* (La Escalera) a su comentario porque, gracias a su estudio, uno puede ascender por los grados espirituales de alcance de los Mundos Superiores del mismo modo que subimos por una escalera en nuestro mundo. Tras la publicación del comentario *Sulam*, Rabí Ashlag recibió el apelativo de *Baal HaSulam* ("El Dueño de la Escalera"), ya que, entre los sabios de la *Torá*, es tradición llamar a las personas no por su nombre, sino haciendo referencia a aquello que ha constituido su mayor logro.

EL LIBRO DEL ZÓHAR CONTIENE:

1. *Hakdamat Séfer HaZóhar* (*Introducción a El Libro del Zóhar*): que contiene varios artículos que revelan plenamente el significado interno de la *Torá*.

2. *Séfer HaZóhar* (*El Libro del Zóhar*): dividido en partes y capítulos que se corresponden con las porciones semanales de la *Torá*:

El Libro de Bereshit (*Génesis*): *Bereshit, Nóaj, Lej Lejá, Vayerá, Jayey Sará, Toldot, Vayetzé, Vayishlaj, Vayeshev, Miketz, Vayigash, Vayejí.*

El Libro de Shemot (*Éxodo*): *Shemot, Vayerá, Bo, Bashalaj, Yitró, Mishpatim, Terumá (Safra de Tzniuta), Tetzavé, Ki Tisá, Veyikahel, Pekudey.*

El Libro de Vayikrá (*Levítico*): *Vayikrá, Tzav, Shminí, Tazría, Metzurá, Ajarey, Kedushim, Emor, BaHar, Vejukotay.*

El Libro de Bamidbar (*Números*): *Bamidbar, Nasó (Idra Rabá), Baalotjá, Shlaj Lejá, Kóraj, Jukat, Balak, Pinjás, Matot.*

El Libro de Devarim (*Deuteronomio*): *VeEtjanán, Ékev, Shoftim, Titzé, Vayelej, Haazinu (Idra Zuta).*

3. *Zóhar Jadash* (*El Nuevo Zóhar*): adiciones a los capítulos semanales:

Bereshit, Nóaj, Lej Lejá, Vayerá, Vayetzé, Vayeshev, Bashalaj, Yitró, Terumá, Ki Titzé, Tzav, Ajarey, BaHar, Nasó, Jukat, Balak, Matot, VeEtjanán, Ki Titzé, Ki Tavó.

4. Libros adicionales en *El Libro del Zóhar* que no son un comentario directo de la *Torá*: *Idra Rabá, Idra Zuta, Safra de Tzniuta, Raza de Razín, Tosefta, Raya Mi'emna, Ashmatot, Sitrey Torá, Sitrey Otiot,* y *Tikuney Zóhar*.

5. *Midrash HaNe'elam* (*El Comentario sobre las Escrituras*): *Cantar de los Cantares, Rut, Eijá (Lamentaciones),* y sobre la *Torá* (Pentateuco).

Baal HaSulam escribió el comentario acerca de los fragmentos de *El Zóhar* que conocemos. Sus principales comentarios en la "Introducción a *El Libro del Zóhar*" y el capítulo "*Bereshit*" vienen expresados en referencia al trabajo espiritual del hombre. Los artículos de *El Zóhar* a los que la ciencia de la Cabalá concede un mayor valor son *Idra Rabá, Idra Zuta* y *Safra de Tzniuta*. Todos ellos escritos en el lenguaje de la Cabalá, siendo el lenguaje del *Midrash* el empleado para escribir el resto de *El Zóhar*.

En su forma original, *El Libro del Zóhar* escrito por Rabí Aba hace dieciséis siglos, no estaba dividido en capítulos semanales. Tenía un volumen varias veces mayor que el del texto que ha llegado hasta nuestras manos: no solo era una explicación de la *Torá*, sino también de otros veinticuatro libros de la Biblia (Pentateuco, "Profetas" y "Escritos").

Además de *El Libro del Zóhar*, hay otra obra de Rabí Shimon que también ha llegado hasta nosotros: el libro de *Tikunim* (correcciones). Este libro se compone de setenta comentarios sobre la primera palabra de la *Torá*, *Bereshit* (en el comienzo), dado que esta palabra lo contiene todo.

El presente libro ofrece una traducción semántica del propio *Libro del Zóhar*, del comentario *Sulam* de Rabí Yehuda Ashlag, así como mis propias explicaciones. Al comienzo del texto, ofrecemos la traducción semántica en negrita. Tanto el comentario *Sulam* como mis explicaciones aparecen en una fuente regular o en cursiva, pues resultó muy difícil separar mis explicaciones de los sagrados textos de Rabí Ashlag. Los números al principio de cada punto se corresponden con los números de los puntos de *El Libro del Zóhar* más el comentario *Sulam*, vol. 1.

El motivo por el que los textos están intercalados radica en la necesidad de explicar el significado de *El Zóhar* en varios lenguajes a la vez: a) el lenguaje de la Cabalá (*Sefirot*, *Partzufim*, *Guematría* y mundos) b) el lenguaje del trabajo espiritual (emociones) c) el lenguaje de la *Torá* (narrativo) y d) el lenguaje d*El Talmud* (judicial).

Para comprender el estilo de *El Libro del Zóhar*, recomiendo al lector retomar la traducción del texto original una vez que haya leído y comprendido el comentario.

El Libro del Zóhar, al igual que la totalidad de la *Torá*, nos habla exclusivamente del hombre (la creación) y su relación con el Creador. La *Torá* vincula todo tipo de términos de nuestro mundo a propiedades internas del hombre. Así, sentir un deseo por el Creador recibe el nombre de "Israel", mientras que un deseo por la recepción egoísta de placer es llamado "las naciones del mundo". Sin embargo, no existe ningún tipo de relación entre estos nombres de la *Torá* y los judíos u otras naciones de nuestro mundo. La Cabalá va dirigida al *hombre*, ¡a la creación!

El libro contiene artículos en cuyo comentario se ha empleado el lenguaje de la Cabalá, y otros en los que se ha utilizado el lenguaje de las emociones, más fácil de entender para el principiante. El lector puede comenzar a estudiar el libro con capítulos como "La Noche de la Novia" o "Aquel que se regocija en las fiestas". No obstante, un estudio integral de *El Zóhar* implica un estudio sistemático del material. Cuanto más habituados estemos a la Cabalá, más profundamente penetrará en nuestros corazones. Asimismo, únicamente podremos llegar a entender el material de estudio mediante un repaso sistemático del mismo.

Rav dr. Michael Laitman

Lista de abreviaturas y definiciones

AA–*Árij Anpin*–el *Partzuf* de *Jojmá*, el *Partzuf* central e inicial en el mundo de *Atzilut*, desde el cual se originan todos los demás *Partzufim*.

Aba–Padre–el *Partzuf* de *Jojmá*.

ABA–*Ajor be Ajor*, espalda con espalda (pronúnciese *Aj be Aj*). Si el *Partzuf Aba* (*Jojmá*) tiene *Or Jojmá*, pero no está dispuesto a traspasarla al *Partzuf Ima* (*Biná*), y si *Ima* tampoco desea recibirla, dicha relación entre ellos se llama "espalda con espalda". Esta relación también puede existir entre ZA y *Maljut*.

Adornos, ornamentos–la Luz de *Jasadim*, Luz que *Biná* pasa a *Maljut*. Esto corrige a *Maljut* y le permite recibir la Luz de *Jojmá* en la Luz de *Jasadim*.

AJaP–*Ozen-Jótem-Pe* (oreja-nariz-boca), (pronúnciese *Ajap*). Son *Sefirot* ZAT de *Biná*-ZA-*Maljut* que sienten deseo de recibir. Por ello, en ausencia de una pantalla adecuada (la resistencia a ese deseo), se vuelven egoístas. Un *Partzuf* sin una pantalla sobre su *AJaP* es denominado *Katán* (pequeño) y su estado es llamado *Katnut* (pequeñez, inmadurez). Es como un niño en nuestro mundo, pues este *Partzuf* tampoco tiene fuerza (pantalla); y por ello solo puede contener *Or Jasadim* (sin *Or Jojmá*).

Atéret Yesod–literalmente "prepucio", el lugar de unión entre Israel y el Creador. Después de la segunda restricción, está prohibido realizar un *Zivug* (copulación espiritual) sobre *Maljut* debido a la ausencia de pantalla. Sin embargo, es posible llevar a cabo un *Zivug* sobre las propiedades que *Maljut* recibió desde ZA, llamadas *Atéret Yesod*. Del mismo modo que se cortan los deseos de *Maljut*, se realiza la circuncisión del prepucio, y los deseos que quedan dentro de ella son los recibidos desde ZA, denominados *Atéret Yesod*. Sobre esos deseos, *Maljut* puede realizar un *Zivug* con ZA y recibir la Luz de *Jojmá*. Obviamente, esta no es la misma Luz de *Jojmá* que *Maljut* recibiría si fuera capaz de hacer un *Zivug* sobre sus deseos: es decir, sobre sí misma, sobre sus propios atributos, llamados "el punto central de la creación", los auténticos deseos egoístas. *Maljut* únicamente será capaz de hacerlo después de 6 000 años, al final de la corrección. Pero antes de que esto suceda, estos deseos son denominados la señal de unión con el Creador, ya que un *Zivug* sobre *Atéret Yesod* hace que se acerque más al Creador.

Atéret Yesod es también *Maljut de Maljut* que permanece tras la circuncisión, tras la extracción de la *Orlá* (prepucio). Esta es la parte corregida de *Maljut*, su unificación con la *Sefirá Yesod*, sobre la cual se puede llevar a cabo un a *Zivug* durante los 6 000 años, llevando de ese modo a *Maljut* al final de la corrección.

Citas de la *Torá* —Los libros de la *Torá* (Pentateuco), *Nevi'im* (Profetas) y *Ketuvim* (Escritos), a los cuales haremos referencia, van entre paréntesis con su nombre en hebreo y seguidos de capítulo y versículo. Por ejemplo (*Yeshayahu*, 11:9) significa que si vamos al capítulo 11 del libro de este profeta, encontraremos la cita mencionada en el versículo número 9. Cuando se menciona la fuente, es recomendable buscar la referencia, y leer al menos el párrafo en el que se encuentra incluida la cita. Esto ayudará a ver con mayor claridad que la *Torá*, aunque emplea un lenguaje alegórico y figurativo, habla exclusivamente del mundo espiritual y del ascenso del hombre hacia este. En absoluto se hace en ella referencia a sucesos históricos o a nuestro mundo.

Cuatro ángeles que participan en la creación del hombre —las cuatro propiedades básicas de la naturaleza: misericordia—*Jésed*, justicia—*Tzédek*, verdad—*Emet*, y paz—*Shalom*.

De —la preposición 'de' (usualmente en expresiones de origen arameo) en su significado posesivo. Por ejemplo, *Maljut* **de** *Atzilut* significa *Maljut* **del (perteneciente al)** mundo de *Atzilut*.

Éretz Israel —Tierra de Israel—*Yetzirá* de este mundo. *Yerushalaim* (Jerusalén) es *Atéret Yesod* en *Maljut*.

Gadlut —estado grande. Un *Partzuf* que posee pantalla (fuerza para oponerse a su naturaleza egoísta); no solo es la capacidad de *no* recibir en beneficio propio, sino además poseer la capacidad de recibir con el ánimo de otorgar (como en el ejemplo del invitado y el anfitrión). En este caso, el *Partzuf* llena todos sus deseos (todas las diez *Sefirot*) con *Or Jasadim* y *Or Jojmá*.

Primer Estado Grande —*Gadlut Álef*, el alcance de la Luz de *Neshamá*.

Segundo Estado Grande —*Gadlut Bet*, el alcance de la Luz de *Jayá*.

GE —*Galgalta-Einaim* (cráneo y ojos). Las *Sefirot Kéter-Jojmá* y GAR de *Biná*. Estas *Sefirot* no tienen deseo de recibir, quieren solamente otorgar. Por lo tanto, no pueden volverse egoístas.

Guematría—valor numérico de una letra o de una combinación de letras y palabras. Se trata de una forma especial de registrar la información espiritual.

Hija—*Maljut* en relación a *Biná*, la madre.

Ima—Madre—*Biná* en relación a *Maljut*, que es la hija.

Israel—el atributo de "otorgamiento", el altruismo. Este es el atributo del Creador, la propiedad de *Biná*. *Israel* deriva de las palabras hebreas *Yashar* (directo) y *El* (el Creador). Así, *Israel* es el anhelo de alcanzar la equivalencia de forma con el Creador. Las "naciones del mundo" son el deseo de recepción egoísta del placer. De manera natural, ambas propiedades están presentes en cada uno de nosotros. Y la Cabalá es el método que permite desarrollar la propiedad de Israel dentro del hombre con el fin de alcanzar al Creador en esta vida.

JBD—*Jojmá-Biná-Dáat* (pronúnciese *Jabad*). Es equivalente a *Kéter-Jojmá-Biná* (el *Rosh* del *Partzuf*). La *Sefirá Dáat* no es una *Sefirá*, sino un ruego (algo que denominamos MAN) de ZON (ZA y *Nukva*). *Dáat* es la súplica de ZON a *Biná* en relación a su deseo de recibir *Or Jojmá* desde ella. Esta plegaria de ZON se denomina MAN, pues asciende a *Biná* y provoca en *Biná* (*Ima*—su madre) el deseo de otorgar a sus hijos—ZON. MAN en *Biná* recibe el nombre de *Sefirá Dáat*. Esta no es un *Sefirá* como las otras diez *Sefirot*, se trata más bien de una petición. Sin embargo, para enfatizar este estado, usamos el nombre JBD en vez de KJB.

JGT—*Jésed-Guevurá-Tiféret* (pronúnciese: *Jagat*). Son las *Sefirot* del *Guf* (cuerpo), similares a las *Sefirot* del *Rosh*: *Jésed* equivale a *Kéter*, *Guevurá* equivale a *Jojmá*, y *Tiféret* equivale a *Biná*. Se les llama GE (véase más abajo) del cuerpo.

Jésed—misericordia, compasión, altruismo, *Or Jasadim* (la Luz de misericordia, compasión y altruismo). Aparece únicamente dentro de un *Kli* (deseo) que quiere otorgar de manera altruista y ser similar al Creador. Esta es la propiedad de la *Sefirá* o *Partzuf* de *Biná*. *Biná* del mundo de AK (*Adam Kadmón*) es denominada SAG. *Biná* del mundo de *Atzilut* es llamada *Ima*, la Madre Suprema, YESHSUT, y AVI. La Luz de *Biná* es el placer de ser similar a los atributos del Creador: de ahí que esta Luz (sensación) sea la protección más fiable contra las fuerzas impuras. Y el *Kli* que posee las propiedades de *Biná* es incapaz de cometer una transgresión, pues su único deseo es otorgar.

Jupá—palio nupcial, baldaquino bajo el cual transcurre la ceremonia de matrimonio.

KJB—*Kéter-Jojmá-Biná* (pronúnciese *Kajab*). Son las primeras tres *Sefirot* que forman el *Rosh* (cabeza) del *Partzuf*. El *Rosh* decide cuánto placer puede aceptar el

Partzuf no en beneficio propio sino para deleitar al Creador. Esta Luz desciende desde el *Rosh* al *Guf* (cuerpo).

Kli—vasija—el deseo, la criatura. Los deseos y aspiraciones egoístas no se consideran un *Kli*. Un *Kli* son los deseos corregidos, adecuados para la recepción de Luz. Se trata de deseos altruistas con una pantalla que los ha hecho pasar del egoísmo al altruismo.

El corazón humano que recibe todas las sensaciones es llamado *Kli* (vasija) de recepción de sensaciones. La vasija espiritual, la única vasija sobre la que habla *El Zóhar*, es el deseo de otorgar al Creador: entregando a Él todos los deseos del hombre, expresando nuestra disposición, de todo corazón, renunciando al total de uno mismo en favor de Él. Una intención así de completa y genuina se denomina "*Lishmá*" (en beneficio del Creador).

SEFIROT	LOS NOMBRES DEL CREADOR
Kéter	EKYEH = Álef-Hey-Yud-Hey
Jojmá	YAH = Yud-Hey
Biná	HaVaYaH con Nikud Elokim (puntuación de Elokim)
Jésed	EL= Álef-Lámed
Guevurá	ELOKIM = Álef-Lámed-Hey-Yud-Hey
Tiféret	HaVaYaH con Nikud de Shvah-Jólam-Kamatz
Nétzaj y Hod	TZEVAOT
Yesod	SHADAY=Shin-Dálet-Yud o EL=Álef-Lámed JAY=Jet-Yud
Maljut	ADNY = Álef-Dálet-Nun-Yud

Al igual que *Or*, la palabra *Kli* se utiliza en general, pero *también todos sus sinónimos están implícitos*.

Kodesh ha Kodashim— **Santo de los Santos**—la Luz de GAR—*Neshamá-Jayá-Yejidá*.

Lev HaEven—Corazón de Piedra—*Lev* = *Lámed-Bet* = 30 + 2 = 32 fragmentos en los que *Maljut* quedó rota. Estos fragmentos de *Maljut* no se pueden corregir haciéndolos altruistas: uno solamente puede abstenerse de usar estos deseos. La corrección de *Lev HaEven* viene solo después de los 6 000 años; es decir, después de que el Creador corrija los 288 fragmentos dentro del hombre. Entonces, este se hace totalmente altruista y recibe el nombre *Lev Basar* (corazón de carne).

Lishmá—en beneficio del Creador. La intención altruista del hombre de actuar exclusivamente para satisfacer y deleitar al Creador.

Lo Lishmá—no en beneficio del Creador. Dado que lo único que existe en la creación es el Creador y el hombre, si algo no se hace "en beneficio del Creador", significa que se hace "en beneficio de uno mismo". Por lo tanto, *Lo Lishmá* indica la intención egoísta del hombre.

Maljut, Nukva—una *Sefirá* (singular de *Sefirot*) o *Partzuf* que recibe de todos los *Partzufim* (plural de *Partzuf*) precedentes. *Maljut* del mundo de *Atzilut* es la suma de todas las criaturas, todas las almas humanas. Por esta razón es denominada *Knéset Israel* (La Asamblea de Israel).

Masaj—Pantalla—fuerza de oposición al egoísmo que lo contrarresta. Se despierta en la creación con objeto de restringir todo placer para disfrute propio.

Mituk (endulzamiento/mitigación) de una ley de restricción. La restricción es una prohibición a *Maljut* de recibir Luz. Esta prohibición se levanta cuando *Maljut* es corregida por las propiedades de *Biná*.

Nartik—la cubierta de ZA; lo mismo que *Jupá*.

NHYM—*Nétzaj-Hod-Yesod-Maljut* (pronúnciese *Nehim*). Estas *Sefirot* reciben de las *Sefirot* JGT (GE). Puesto que reciben y tienen el deseo de recibir, son llamadas AJaP del cuerpo.

NRN—*Néfesh-Rúaj-Neshamá* (pronúnciese *Narán*). Esta es la Luz que llena el *Partzuf* pequeño. *Katnut* (estado pequeño) es cuando el *Partzuf* únicamente tiene fuerza (una pantalla) para otorgar, pero es incapaz de recibir en beneficio del Creador, a pesar de su deseo de hacerlo. En este caso, el *Partzuf* contiene únicamente *Or Jasadim* (Luz de Misericordia), sin *Or Jojmá* (Luz de Sabiduría). Es por ello que es considerado un *Partzuf* pequeño, sin fuerza ni raciocinio, como le ocurre a un niño en nuestro mundo.

NRNJY—*Néfesh-Rúaj-Neshamá-Jayá-Yejidá* (pronúnciese **Naranjay**). Esta Luz llena el *Partzuf* grande, que consta de GE y AJaP.

Or (Luz)—placer, la sensación del Creador. *Or* debería ser siempre interpretado como el mismo concepto, ya que, aunque el término se usa en general, *todos sus sinónimos están implícitos*.

Or Jojmá—Luz de la Sabiduría. Esta Luz llena los *Kelim* (vasijas/deseos) de recepción. Únicamente llega si existe una pantalla sobre la recepción altruista.

Or Jasadim—Luz de la Misericordia. Luz que la creación desea dar o retornar al Creador. El placer altruista.

Orlá—prepucio sobre la *Sefirá Yesod*, el lugar del *Zivug* entre ZA y *Maljut*. La *Orlá* debe ser retirada, ya que durante los 6 000 años, es imposible realizar un *Zivug* (intención) sobre la propia *Maljut* y recibir para poder deleitar al Creador.

Únicamente puede llevarse a cabo un *Zivug* con la unión de *Maljut* y ZA. A esto se le llama *Atéret Yesod*, la parte de la *Sefirá Yesod* que queda tras el corte de la *Orlá*. *Orlá* es también *Maljut de Maljut*, o las fuerzas impuras.

Parsá—firmamento, la división entre el mundo de *Atzilut* y los mundos BYA. La *Parsá* divide las diez *Sefirot* en dos partes: los *Kelim* altruistas de otorgamiento (GAR, KJB, y GE) y los *Kelim* de recepción (ZON o *Biná-ZA-Maljut*), pues *Biná* cayó deliberadamente en ZA (AJaP) con el propósito de corregirlo. La *Maljut* que asciende por encima de *Biná* y se sitúa por debajo de *Jojmá*, es llamada *Parsá* o "firmamento", y separa GE de AJaP.

PBP—*Panim be Panim* (cara a cara). Este estado tiene lugar cuando un *Zajar* (*Sefirá* masculina) o *Aba* (padre), le transmite *Or Jojmá* (Luz de Sabiduría) a la *Sefirá* femenina o *Ima* (madre), para su posterior traspaso a los hijos (ZON). Las relaciones de ABA (véase más abajo) y PBP también se dan entre sus hijos, ZON (ZA y *Maljut*).

Partzuf—rostro—la combinación de vasija y Luz. Estructura espiritual completa de diez *Sefirot* con un *Masaj*. Se divide en *Rosh* (cabeza; donde se decide la cantidad de Luz a aceptar en beneficio del Creador), *Toj* (torso; parte interna que acepta la Luz) y *Sof* (final; donde se realiza una restricción y no se acepta Luz).

Pregunta—la sensación de falta de Luz de *Jojmá* en *Maljut*.

RAPAJ—*Resh-Pey-Jet*—200 + 80 + 8 = 288 fragmentos de la vasija rota, que podemos -y debemos- corregir durante los 6 000 años, subiendo los 6 000 escalones de la escalera espiritual.

Ropajes—atributos, deseos, *Kelim*. Por lo general, se refiere al ropaje que *Maljut* recibe de *Biná*.

Sela—roca o verdad. El nombre de *Maljut*.

SHAJ—*Shin-Jaf*—300 + 20 = 320 fragmentos de la vasija fragmentada.

Shejiná—Divinidad—la sensación (aparición, visión) del Creador a aquellos que Lo alcanzan. *Maljut* en el estado de recepción de la Luz (el Creador) es llamada *Shejiná*. La sensación del Creador, el lugar donde uno experimenta al Creador, recibe el nombre de *Shejiná*.

Siguim—escoria—deseos impuros que existen dentro de los deseos puros. El trabajo del hombre es separar ambos, y corregir gradualmente los *Siguim*. El término *Siguim* proviene de SAG, ya que aparecieron como resultado de la fragmentación de los *Kelim* del mundo de *Nekudim*, que hacen referencia al sistema de *Partzufim* del *Partzuf* SAG. El uso del término *Siguim* se extendió desde la Cabalá al hebreo del día a día.

Tabur — Línea que limita la recepción de Luz en el *Guf* (cuerpo del objeto espiritual) y divide *Toj* (parte interna, llena de Luz) de *Sof* (parte final, vacía de Luz).

Tejum — zona — la distancia a partir de cuyos límites está prohibido ir en *Shabat* (sábado). *Tejum Shabat* constituye la distancia máxima dentro de la cual uno puede desplazarse el sábado.

VAT, VAK — las seis *Sefirot Jésed, Guevurá, Tiféret, Nétzaj, Hod, Yesod* (JGT NHY, pronúnciese *Jagat Nehí*).

ZA — *Zeir Anpin* — Hijo (respecto a AVI).

ZAT, ZAK — las siete *Sefirot Jésed, Guevurá, Tiféret, Nétzaj, Hod, Yesod, Maljut* (JGT NHYM).

Zivug — copulación — se traduce como una unión sexual entre un hombre y una mujer de este mundo. Dado que las acciones espirituales se encuentran *absolutamente desconectadas* de la manera en la que comúnmente las percibimos, he optado por usar el término hebreo *Zivug*, ya que es recibido de modo más abstracto por las personas sin conocimientos de hebreo. Esto ayudará a evitar confusiones basadas en ideas preconcebidas. El *Zivug* espiritual es una aspiración del Superior (ZA — parte masculina) por transmitir la Luz (placer) al inferior (*Maljut* — parte femenina). En esta acción, ambos deseos son totalmente altruistas, como en el ejemplo del invitado y el anfitrión.

ZON — ZA y *Nukva* — Maljut.

NOMBRES ORIGINALES Y SUS EQUIVALENTES EN ESPAÑOL

Aarón – Aarón
Amón – Amnón
Anael – Anael
Anafiel – Anafiel
Ariel – Ariel
Avraham – Abraham
Bat Sheva – Betsabé
Benayahu – Benaía
Betzalel – Besalel
Bilam – Balaam
Jagay – Hageo
Javá – Eva
Eden – Edén
Eijá – Eijá
Elisha – Eliseo
Eliyahu – Elías
Esav – Esaú
Ester – Ester
Ével – Abel
Ezra – Esdrás
Gavriel – Gabriel
Gazaria – Gazardiel
Hanoj – Enoc
Havakuk – Habacuc

Iyov – Job
Jezkiyahu – Ezequías
Kóraj – Kóraj
Lea – Lea
Lilit – Lilit
Majaniel – Manhiel
Malají – Malaquías
Matat – Metatrón
Mija – Miqueas
Moav – Moab
Moshé – Moisés
Najum – Najum
Navujadnetzar – Nabucodonosor
Nejemía – Nehemías
Nóaj – Noé
Ovadía – Obadías
Petajía – Petajía
Pinjás – Pinjás
Pisgania – Pesagniya
Rajel – Raquel
Rivka – Rebeca
Rut – Rut

Sandalfón – Sandalfón
Shet – Set
Shimon – Simeón/Simón
Shlomo – Salomón
Shmuel – Samuel
Tamar – Tamar
Tzefania – Sofonías
Tzur – Tiro
Yaakov – Jacob
Yahuyada – Yahuyadá
Yejezkel – Ezequiel
Yehoshua – Josué
Yehuda – Judá
Yerushalaim – Jerusalén
Yeshayahu – Isaías
Yirmiyahu – Jeremías
Yishmael – Ismael
Yitzjak – Isaac
Yosef – José
Zejaria – Zacarías
Zvuliel – Zebuliel

TÍTULOS ORIGINALES Y SUS EQUIVALENTES EN ESPAÑOL:

Bereshit – Génesis
Shemot – Éxodo
Vayikrá – Levítico
Bamidbar – Números
Devarim – Deuteronomio
Kohélet – Eclesiastés
Shmuel I y II – Samuel I y II
Melajim I y II – Reyes I y II
Divrey HaYamim – Crónicas
Mishley – Proverbios
Tehilim – Salmos
Shir HaShirim – Cantar de los Cantares
Shoftim – Jueces

Muestra del texto original de El Zóhar

א) רבי חזקיה פתחת כתיב, כשושנה בין החוחים. מאן שושנה, דא כנסת ישראל. בגין דאית שושנה ואית שושנה, מה שושנה דאיהי בין החוחים אית בה סומק וחוור, אוף כנסת ישראל אית בה דין ורחמי. מה שושנה אית בה תליסר עלין אוף כנסת ישראל אית בה תליסר מכילן דרחמי דסחרין לה מכל סטרהא. אוף אלקים דהכא, משעתא דאדכר, אפיק תליסר תיבין לסחרא לכנסת ישראל ולנטרא לה.

ב) ולבתר אדכר זמנא אחרא. אמאי אדכר זמנא אחרא, בגין לאפקא חמש תקיפין עלין דסחרין לשושנה. ואינון חמש, אקרון ישועות. ואינון חמש תרעין. ועל רזא דא כתיב, כוס ישועות אשא, דא כוס של ברכה. כוס של ברכה אצטריך למהוי על חמש אצבען ולא יתיר, כגוונא דשושנה דיתבא על חמש עלין תקיפין דוגמא דחמש אצבען. ושושנה, דא איהו כוס של ברכה, מאלקים תנינא עד אלקים תליתאה חמש תיבין. מכאן ולהלאה, אור דאתברי ואתגניז, ואתכליל בברית ההוא דעאל בשושנה ואפיק בה זרעא. ודא אקרי עץ קיימא באות ברית ממש.

ג) וכמה דדיוקנא דברית אזדרע בארבעין ותרין זווגין ההוא זרעא. כך אזדרע שמא גליפא מפרש, בארבעין ותרין אתוון דעובדא דבראשית.

ד) בראשית. רבי שמעון פתח הנצנים נראו בארץ, הנצנים דא עובדא דבראשית. נראו בארץ, אימתי, ביום השלישי, דכתיב ותוצא הארץ, כדין נראו בארץ. עת הזמיר הגיע, דא יום רביעי, דהוה ביה זמיר עריצים, מארת חסר. וקול התור, דא יום חמישי, דכתיב ישרצו המים וגו', למעבד תולדות. נשמע דא יום ששי, דכתיב נעשה אדם, דהוה עתיד למקדם עשיה לשמיעה דכתיב הכא נעשה אדם, וכתיב התם נעשה ונשמע. בארצנו, דא יום שבת, דאיהו דוגמת ארץ החיים.

ה) ד"א הנצנים אלין אינון אבהן, דעאלו במחשבה, ועאלו בעלמא דאתי, ואתגניזו תמן. ומתן נפקו בגניזו ואטמירו גו נביאי קשוט, אתיליד יוסף, ואטמרו ביה. עאל יוסף בארעא קדישא ונציב לון תמן, וכדין נראו בארץ ואתגלו תמן. ואימתי אתחזו. בשעתא דאתגלי קשת בעלמא, דהא בשעתא דקשת אתחזי כדין אתגלייו אינון, ובההיא שעתא עת הזמיר הגיע עדן לקצץ חייבין מעלמא. אמאי אשתזיבו. בגין דהנצבים נראו בארץ, ואלמלא דנראו לא אשתארון בעלמא, ועלמא לא אתקיים.

ו) ומאן מקיים עלמא וגרים לאבהן דאתגלייו, קל ינוקי דלעאן באורייתא, ובגין אינון רביין דעלמא, עלמא אשתזיב. לקבליהון, תורי זהב נעשה לך, אלין אינון ינוקי רביין עולמין, דכתיב ועשית שנים כרובים זהב.

ז) בראשית. ר' אלעזר פתח, שאו מרום עיניכם וראו מי ברא אלה. שאו מרום עיניכם. לאן אתר. לאתר דכל עיינין תליאן ליה, ומאן איהו. פתח עינים. ותמן תנדעון, דהאי סתים עתיקא דקיימא לשאלה, ברא אלה. ומאן איהו, מ"י. ההוא דאקרי מקצה השמים לעילא, דכלא קיימא ברשותיה. ועל דקיימא לשאלה, ואיהו בארח סתים ולא אתגליא, אקרי מ"י דהא לעילא לית תמן שאלה. והאי קצה השמים אקרי מ"י.

ח) ואית אחרא לתתא ואקרי מ"ה, מה בין האי להאי, אלא קדמאה סתימאה דאקרי מ"י קיימא לשאלה, כיון דשאל בר נש ומפשפש לאסתכלא ולמנדע מדרגא לדרגא עד סוף כל דרגין, כיון דמטי תמן מ"ה, מה ידעת, מה אסתכלתא, מה פשפשתא, הא כלא סתים כדקדמיתא.

ט) ועל רזא דנא כתיב, מה אעידך מה אדמה לך. כד אתחריב בי מקדשא, נפיק קלא ואמר, מה אעידך ומה אדמה

לך, בההוא מ"ה אעידך, בכל יומא ויומא אסהידת בך מיומין קדמאין. דכתיב העדותי בכם היום את השמים ואת הארץ. ומה אדסה לך, בההוא גוונא ממש, עתרית לך בעטרין קדישין, עבדית לך שלטנו על עלמא, דכתיב הזאת העיר שיאמרו כלילת יפי וגו'. קרינא לך ירושלם הבנויה כעיר שחברה לה. מה אשוה לך, כגוונא דאנת יתבה, הכי הוא כביכול לעילא, כגוונא דלא עאלין השתא בך עמא קדישא בסדרא קדישין, הכי אומינא לך דלא איעול אנא לעילא עד דיעלון בך אוכלסך לתתא. ודא איהו נחמה דילך, הואיל דדרגא דא אשוה לך בכלא. והשתא דאנת הכא, גדול כים שברך. ואי תימא דלית לך קיימא ואסוותא, מ"י ירפא לך, וודאי ההוא דרגא סתימאה עלאה, דכלא קיימא ביה, ירפא לך ויוקים לך.

י) מ"י קצה השמים לעילא, מ"ה קצה השמים לתתא, ודא ירית יעקב דאיהו מבריח מן הקצה אל הקצה, מן הקצה קדמאה דאיהו מ"י, אל הקצה בתראה דאיהו מ"ה, בגין דקאים באמצעיתא. ועל דא, מי ברא אלה.

יא) אמר ר"ש אלעזר בני פסוק מילך, ויתגלי סתימא דרזא עלאה דבני עלמא לא ידעין. שתיק רבי אלעזר. בכה רבי שמעון, וקאים רגעא חדא. א"ר שמעון, אלעזר, מאי אלה. אי תימא ככביא ומזלי, הא אתחזן תמן תדיר. ובמ"ה אתבריאו, כד"א בדבר ה' שמים נעשו. אי על מלין סתימין, לא לכתוב אלה דהא אתגלייא איהו.

יב) אלא רזא דא לא אתגליא, בר יומא חד דהוינא על כיף ימא, ואתא אליהו ואמר לי, ר' ידעת מה הוא מי ברא אלה. אמינא ליה, אלין שמיא וחיליהון, עובדא דקב"ה דאית ליה לבר נש לאסתכלא בהו, ולברכא ליה, דכתיב כי אראה

שמיך מעשה אצבעותיך וגו' ה' אדונינו מה אדיר שמך בכל הארץ.

יג) א"ל, ר': מלה סתימה הוה קמי קב"ה, וגלי במתיבתא עלאה, ודא הוא. בשעתא דסתימא דכל סתימין בעא לאתגלייא, עבד ברישא נקודה חדא, ודא סליק למהוי מחשבה. צייר בה כל ציורין חקק בה כל גליפין.

יד) ואגליף גו בוצינא קדישא סתימא גליפו דחד ציורא סתימאה קדש קדישין בניינא עמיקא דנפיק מגו מחשבה, ואקרי מ"י שירותא לבניינא קיימא ולא קיימא. עמיק וסתים בשמא. לא אקרי אלא מ"י. בעא לאתגלייא ולאתקרי בשמא דא, ואתלבש בלבוש יקר דנהיר, וברא אל"ה, וסליק אל"ה בשמא. אתחברון אתוון אלין באלין ואשתלים בשמא אלהים. ועד לא ברא אלה לא סליק בשמא אלהים. ואינון דחבו בעגלא. על רזא דנא אמרו אלה אלהיך ישראל.

טו) וכמה דאשתתף מ"י באלה, הכי הוא שמא דאשתתף תדיר,

ברזא דא אתקיים עלמא. ופרח אליהו ולא חמינא ליה. ומניה ידענא מלה דאוקימנא על רזא וסתרא דילה. אתא רבי אלעזר וכלהו חברייא ואשתמחו קמיה, בכו ואמרו, אלמלא לא אתינא לעלמא אלא למשמע דא די.

א

רבי חזקיה
נ"א רבי אלעזר
בזהרי חמה ובנוסחת א"י

מאמר השושנה

א) פתח, כתיב א) א) א כשושנה בין החוחים. מאן שושנה, דא ב) ב) כנסת ישראל. ב בגין דאית שושנה ואית שושנה, ג מה שושנה דאיהי בין ג החוחים

מסורת הזהר

א) (שיר ב) ב"א אות רצח תולדות יח ויחי רלד שמות שסד כי תשא לא שמיני לט אמור שלג חקת יח פנחס סח שצג שצח ואתחנן לט האזינו י יב ת"ז תכ"ה דף עא. תכ"ו שם תל"ח דף עח: ז"ח יתרו יב. ב) יתרו שפה.

דרך אמת א) רחל. ב) לאח כלת משה מלגאו. ג) רחל.

חלופי גרסאות

א נ"א כשושנה בין החוחים מה שושנה דא דאיהי בין החוחים וכו' (אור הלבנה). ב. נ"א בגין דאית שושנה ואית שושנה ל"ג. ג. נ"א ד"א מה שושנה דאיהו בין החוחים וכו' (אה"ל).

הסולם

מאמר

א) ר' חזקיה פתח וכו': ר' חזקיה פתח, כתוב, כשושנה בין החוחים. שואל מהי שושנה. ומשיב, זו היא כנסת ישראל. שהיא מלכות. משום שיש שושנה ויש שושנה. מה שושנה בין החוחים יש בה אדום ולבן אף כנסת ישראל יש בה דין ורחמים. מה שושנה יש בה י"ג עלים, כך כנסת ישראל יש בה י"ג מדות הרחמים המסבבות אותה מכל צדדיה. אף אלקים, שבמקרא שבכאן דהיינו בראשית ברא אלקים, משעה שנזכר, הוציא י"ג מלים לסבב את כנסת ישראל ולשמרה. שהן: את, השמים, ואת, הארץ, והארץ, היתה, תהו, ובהו, וחשך, על, פני, תהום, ורוח. דהיינו עד אלקים מרחפת וגו'.

ביאור הדברים, עשר ספירות הן, כתר, חכמה, בינה, חסד, גבורה, תפארת, נצח, הוד, יסוד ומלכות. ועיקרן הוא רק חמש, כתר,
(לפר"י דף א' ע"א)

השושנה

חכמה, בינה, תפארת ומלכות, משום שספירת התפארת כוללת בתוכה שש ספירות חג"ת נה"י. והן נעשו חמש פרצופין: א"א, וא"א, ורז"ן. הכתר נק' בשם אריך אנפין. חכמה ובינה נק' בשם אבא ואמא. ת"ת ומלכות, נק' בשם זעיר אנפין ונוקבא. (בביאורו של עשר הספירות ע"י בפתיחה לחכמת הקבלה אות ה').

ודע, שסוד ז' ימי בראשית ח"ס ב' הפרצופין ז"א ונוקבא דאצילות, שיש בהם ז' ספירות חג"ת נה"י ומלכות. כנ"ל. אשר באלו הכתובים דמעשה בראשית מתבאר, איך אבא ואמא, שהם חו"ב, האצילו אותם מתחילת התהוותם עד סוף הגדלות, שנוהג בהם בתמשך שתא אלפי שני. וענין זה מתבאר והולך כאן בזוהר בראשית.

ור' חזקיה פתח בביאור הנוקבא דז"א, לבאר סדר אצילותה מאמא, שהיא הבינה הנק' בשם

ב   הקדמת ספר הזהר

אית בה ג) סומק וחוור, אוף כנסת ד) ישראל אית בה ד) דין ה) ורחמי. מה שושנה אית בה ו) ה) תליסר עלין, אוף כנסת ישראל אית בה ו) תליסר מכילין דרחמי

מסורת הזהר

ג) ב"א ע תולדות טו וישלח יא ויחי תקח ויקרא רכב אמור שלג האזינו קסב ת"ז תל"ו דף עז: עשה ולא תעשה תק"ח דף קא: ד) ויחי רלו אמור שלג האזינו קעז. ה) פנחס שצד ת"ז תכ"ה דף עא. תכ"ו שם. ו) ב"א קיב קכו ויצא שטו יתרו תקיב תצוה כב ויקהל קנה אחרי קפד נשא צו שם קכא קסד שמא פנחס רמו שסז שצד תרמו כי תצא יז ת"ז תכ"ב דף סו. ז"ח בראשית מו תק"ח דף ק. קא. קיג.

דרך אמת
ד) לאה. ה) ולא גוון. ו) י"ב דידיה וי"ב דידה וכוללים.

השושנה	הסולם	מאמר

מאמר

בשם אלהים. וזהו שפתח בביאור השושנה, שהיא הנוקבא דז"א. והנוקבא דז"א בעת גדלותה נקראת בשם כנסת ישראל, במ"ש להלן, וזהו שאומר, **מאן שושנה, דא כנסת ישראל.**

ויש בשושנה זו ב' מצבים: מצב של קטנות, דהיינו של תחלת התהוותה, שאז אין בה אלא ספי' אחת כתר, שבתוכה מלובש אור הנפש שלה, וט' הספירות התחתונות שלה נבחנות כנפולות לבר מאצילות. והן בעולם הבריאה. ועוד בה מצב של גדלות, שאז מתעלות ט' הספירות התחתונות שלה מן עולם הבריאה אל עולם האצילות, והיא נבנית עמה ונעשית לפרצוף שלם בעשר ספירות. ואז עולה עם ז"א בעלה לקומה שוה עם ז"א דאצילות ומלבישים אותם. ואז נק' ז"א, בשם ישראל. שהוא אותיות לי ראש, והנוקבא נק' בשם כנסת ישראל, על שם שכונסת בתוכה כל האורות של ישראל בעלה שהיא משפעת אותם אל התחתונים.

והמצב של הקטנות נק' בשם שושנה בין החוחים. משום שט"ס התחתונות שלה נתרוקנו מאור האצילות, ונשארו כחוחים. והמצב של הגדלות נק' בשם שושנה סתם, או כנסת ישראל. וזה שאמרו **אית שושנה ואית שושנה.**

והנה גוון סומק מורה שם שיש אחיזה לחיצונים ולקליפות לינק ממנה, וזהו בזמן המצב של הקטנות, שט"ס התחתונות שלה הן בבריאה, ויש בה ג"כ בחינת חוור, דהיינו בכלי דכתר שלה, שאין שם אחיזה לחיצונים. וז"ש מה שושנה חוור וסומק, אוף כנסת ישראל אית בה דין ורחמי להורות כי גם בגדלותה בעת שנקראת כנסת ישראל, אע"פ שעולה אז ומלבישה את הבינה במצב גדלותה כנ"ל, מ"מ

(דפרי דף א' ע"א)

השושנה

נשארת בה בחינת דין, כי היא נצרכת לסוד המסך הממותק בה לצורך הזווג דהכאה. שמסבת הדין שבמסך, הוא מכה על האור העליון ומחזירו לאחוריו, ומעלה עי"ז ע"ס דאור חוזר הנקרא אור של דין, וממשיך בתוכן ע"ס דאור ישר, הנקרא אור של רחמים. (עי' בפתיחה לחכמת הקבלה אות י"ד) וע"כ גם בכנסת ישראל אית בה דין ורחמי כנגד הסומק והחוור שיש לשושנה בין החוחים.

וז"ס הים שעשה שלמה, העומד על שני עשר בקר. כי אלו טה"ס התחתונות שלה שנפלו לבריאה, כנ"ל, נתקנו שם בסוד שני עשר בקר, ונקודת הכתר שנשארה באצילות ה"ס הים העומד עליהם מלמעלה, וכלולות יחד נק' **תליסר עלין** דשושנה. וענין ההתחלקות הזו של עה"ס שלה לסוד י"ג מתבאר להלן במראות הסולם.

והנה המוחין דגדלות של הנוקבא, שיש בהם מהארת החכמה, הם נמשכים מסוד י"ג השמות הנק' י"ג מדות הרחמים. וז"ש **אוף כ"י אית בה י"ג מכילין דרחמי.** והעיקר מה שבא ר' חזקיה להורות בהשואה הזו משושנה דבין החוחים לכנסת ישראל, הוא ללמדנו, שכל שיש לנוקבא במצב גדלותה צריך להמצא בה כנגדו בחי' הכנה והכשר עוד בתחילת הויתה דהיינו במצב הקטנות. וז"ש, שכנגדו חוור וסומק דקטנות יוצא בה דין ורחמי בגדלות, וכנגד י"ג עלין דקטנות יוצא בה י"ג מדות הרחמים בגדלות. והוא מביא זאת כאן, בכדי ללמדנו איך הכתובים שלפנינו מבארים אותם ב' הסדרים דקטנות וגדלות, הנהוגים באצילות הנוקבא, כמו שממשיך והולך, אוף אלהים דהכא וכו'.

וז"ש, **אוף אלהים וכו' אפיק י"ג תיבין:** מורה, שאלהים שבמקרא דהכא בראשית

הקדמת ספר הזהר   ג.

דסחרין לה מכל סטרהא. אוף אלהים ז) דהכא, משעתא דאדכר, אפיק ז) תליסר תיבין לסחרא לכנסת ח) ישראל ד ולנטרא לה.

ב) ולבתר אדכר זמנא אחרא, אמאי אדכר זמנא אחרא, בגין ט) לאפקא ח) חמש עלין תקיפין דסחרין לשושנה. ואינון חמש, אקרון ישועות. ואינון

מסורת הזהר   חלופי גרסאות

ז) פנחס שצו ת"ז תכ"ו דף ע"א. ח) פנחס שצז   ד ולנטלא (אה"ל).
ת"ז תכ"ו דף ע"א. תל"ח דף ע"ח. תק"ח קיז:

דרך אמת ז) פי' אימא. ח) לאה. ט) אימא אפיק ה' גבורות מנצפ"ך להושיעם מן הקליפות.

מאמר   הסולם   השושנה

בראשית ברא אלהים, שה"ס הבינה המאצלת   ביאור הדברים, חמש עלין תקיפין:
לנוקבא דז"א, אפיק י"ג מלים שהן: את   ה"ס ה"ג של הנוקבא, שהן ע"ס דאו"ח,
השמים ואת הארץ והארץ היתה תהו ובהו   שהנוקבא מעלה על ידי זווג דהכאה באור
וחושך על פני תהום ורוח, דהיינו עד אלהים העליון, הנק' אור של דין, (כנ"ל ד"ה סומק)
תנינא. שאלו י"ג תיבין רומזים על אותם י"ג כי עה"ח דאור ישר נק' ה' חסדים חג"ת נ"ה,
עלין של שושנה בין החוחים בסוד הים העומד ותן מתלבשות בה' גבורות חג"ת נ"ה דאו"ח,
על שני עשר בקר, כנ"ל, שהם הכנה והכשר   ואלו חמש עלין תקיפין הן, כחות הדין שבמסך
לכנסת ישראל שתקבל י"ג מכילין דרחמי.   המעכב את האור העליון מהתלבש ממסך
וז"ש, לסחרא לכנסת ישראל ולנטרא לה,   ולמטה. וע"כ נק' עתה רק ה' עלין תקיפין,
כי י"ג מדות הרחמים, שהן המוחין השלמים   כי עוד אינה ראויה לזווג עליהם. ובזמן
דנוקבא, נבחנות שהן מסבבות ומאירות אליה הגדלות כשהמסך בא בזווג עם האור העליון
מכל הצדדים סביב, ונשמרת על ידיהן   הם נק' ה' גבורות. כנ"ל.
ממגע החיצונים, כי כל זמן שאין בה המוחין
הגדולים בהארת החכמה מי"ג מדות, יש בה ואלו ה' עלין תקיפין ה"ס ה' תיבות שיש
יניקה לחיצונים.   מאלקים תנינא עד אלהים תליתאה, שהן:
                                       מרחפת על פני המים ויאמר. וז"ש אמאי
ב) ולבתר אדכר וכו': ואח"כ נזכר   אדכר זמנא אחרא, שמשמע שיש כאן פעולה
שם אלקים פעם אחרת, דהיינו אלקים   חדשה, ואומר, שהוא כדי להוציא מהנוקבא
מרחפת וגו'. ולמה נזכר פעם אחרת. הוא כדי להוציא ה' עלין תקיפין אלו, שהם הכנה לזווג בזמן
חמשה עלים קשים המסבבים את השושנה.   הגדלות.
ואלו חמשת העלים נקראים ישועות, והם חמשה
שערים, ועל סוד זה כתוב, כוס ישועות אשא, ומה שאלו ע"ס דאו"ח נקראות ה"ג שהן
זו היא כוס של ברכה. כוס של ברכה צריכה   חג"ת נ"ה ואינן נקראות כח"ב תו"מ, כנ"ל.
להיות על חמש אצבעות ולא יותר, כמו   הענין הוא, מפני שאינן ממשיכות אלא אור
השושנה היושבת על חמשה עלים קשים, שהם   חסדים לבד, ולכן ירדו כח"ב ממעלתם
כנגד חמש אצבעות. ושושנה זו היא כוס של   ונקראים חג"ת, ות"ת ומלכות נק' בשם נו"ה.
ברכה. מהשם אלקים השני עד שם אלקים
השלישי חמש מלים. שהן: מרחפת על פני   וז"ש, חמש תרעין וכו' כוס ישועות:
המים ויאמר. שהן כנגד ה' עלין הנ"ל מכאן היינו בעת הגדלות, שה' עלין תקיפין נעשו
והלאה. שנאמר, אלקים יהי אור וגו', הוא   לה' גבורות, אז הם נבחנים לחמש תרעין,
האור שנברא ונגנז ונכלל בברית ההוא שנכנס שהם שערים פתוחים לקבל ה' החסדים דאור
בשושנה והוציא בה זרע, וזה נקרא עץ עושה ישר. תגן הם נקראים ישועות מטעם זה, אז
פרי אשר זרעו בו. והזרע ההוא נמצא באות   נק' הנוקבא כוס ישועות או כוס של ברכה,
ברית ממש.   כי בסגלתן נעשית הנוקבא כלי מחזיק הברכה,
                                       שהיא ד"ח הנ"ל.

(דפו"י דף א' ע"א)   והנה

TRADUCCIÓN LITERAL DE ARAMEO A ESPAÑOL DEL TEXTO PREVIO[3]

1. Rabí Jizkiyá abrió: "Está escrito: como una rosa entre espinas". Que una rosa es la Asamblea de Israel. Porque hay rosas y rosas, del mismo modo que una rosa entre espinas está teñida de rojo y blanco, también la Asamblea de Israel contiene juicio y misericordia. Del mismo modo que una rosa se compone de trece pétalos, también a la Asamblea de Israel la rodean por todos sus lados trece atributos de misericordia. Sin embargo, *Elokim*, que está aquí presente, pensó en producir trece palabras que cercaran y resguardaran la Asamblea de Israel.

2. Más adelante, esto es mencionado de nuevo. La razón por la que vuelve a ser mencionado es generar los cinco sépalos que rodean la rosa. Estos cinco simbolizan la salvación. Y también son las cinco puertas.

Sobre este secreto está escrito: "alzaré la copa de salvación, es la copa de bendición". La copa de bendición debe descansar sobre cinco dedos, no más, tal y como una rosa se posa sobre cinco sépalos que representan los cinco dedos. Y esta rosa es la copa de bendición. Entre la segunda y la tercera mención del nombre *Elokim*, hay cinco palabras. De ahí en adelante, la Luz fue creada y ocultada, encerrada en aquel pacto, y entró en la rosa y la hizo fructificar. Y es designada como un árbol que da fruto, cuya simiente está en él, según su especie. Y esta simiente ciertamente existe en la señal del pacto.

3. Y del mismo modo que se sembró la forma del pacto en cuarenta y dos concepciones de esa semilla, se sembró el nombre singular y legislativo de la creación.

4. Al principio, Rabí Shimon abrió, los retoños de las flores brotaron en la tierra. "Los retoños de las flores" hace referencia al acto de la creación. Aparecieron sobre la tierra ¿cuándo? En el tercer día, como está escrito: "Y la tierra produjo". Fue entonces cuando brotaron en la tierra. El tiempo de la canción ha llegado, y ese es el cuarto día, cuando disminuyó la Luz de *Jasadim*. La voz de la tórtola hace alusión al quinto día, donde está escrito, "Produzcan las aguas", para generar descendencia. "Se oye" hace referencia al sexto día, donde está escrito, "Hagamos un ser humano", y ahí fue dicho, "Haremos y escucharemos". "En nuestra tierra" se refiere a la jornada de *Shabat*, que representa la Tierra de Vida.

5. Otro significado es que estos retoños de flores son los Patriarcas que penetraron en los pensamientos del mundo futuro, donde permanecen ocultos.

---
[3] La traducción del libro es semántica y no literal.

Y desde allí surgieron en ocultamiento, y se ocultaron en los profetas verdaderos. Yosef nació y se ocultaron en él. Entró Yosef en la Tierra Sagrada y los cimentó allí, brotaron en la tierra, y fueron revelados allí. ¿Cuándo brotaron? Cuando en el mundo se distingue el arcoíris. Cuando se hace visible el arcoíris, ellos se revelan. Pues el tiempo de podar ha llegado. Llegó el tiempo de erradicar a todos los malvados del mundo. ¿Por qué se salvó a los malvados? Porque los retoños de las flores se exhiben sobre la tierra. Y de no haber podido hacerlo, no habrían permanecido en el mundo, y el mundo no hubiera podido existir.

6. ¿Quién vivifica el mundo y causa la revelación de los Patriarcas? Es la voz de los hijos, que estudian la *Torá*. Gracias a estos hijos, se salva el mundo. En honor a ellos, "Zarcillos de oro te haremos". Estos son los hijos, los hijos del mundo, como está escrito: "Harás dos querubines de oro".

7. Al principio, Rabí Eliezer abrió: "Alzad vuestros ojos hacia el cielo y ved quién ha creado esto". Alzad vuestros ojos. ¿Hacia qué lugar? Al lugar donde todos los ojos dependen de Él. Y ¿quién es Él? Uno que abre ojos. Y conocerás esto. El *Átik* oculto, donde radica la pregunta, quién ha creado a estos. Y ¿quién es Él? MI = quién. Él es llamado desde el extremo del Cielo Divino, donde todo Le pertenece. Puesto que hay una pregunta, Él se encuentra a lo largo de un oculto sendero, y no se revela. Recibe por nombre MI, al no haber pregunta en lo Alto, este extremo del Cielo es llamado MI.

8. Y abajo hay otro, llamado MA. ¿Qué hay entre este y aquel? El primero, denominado MI, está oculto. Encierra una pregunta, porque el hombre pregunta, busca y mira, y contempla de grado a grado hasta el final de todos ellos. Y una vez que ha llegado allí, se le pregunta: ¿MA? (¿Qué?). ¿Qué has aprendido? ¿Qué has visto? Qué has investigado, porque todo está aún oculto, como era antes.

9. Acerca de este secreto está escrito: "¿A quién te puedo mostrar? ¿A quién te puedo comparar?". Después de todo, el Templo fue destruido y una voz salió y dijo: "¿Qué te puedo mostrar y a qué te puedo comparar?". La palabra MA = qué, testimonio, cada día y el día del testimonio para ti, desde los días de antaño, como está escrito: "Pongo por testigos al Cielo y la Tierra", que es como para ti.

Conforme al mismo tipo, "Te he adornado con ornamentos sagrados", te hice soberano del mundo, como está escrito: "¿Es esta la ciudad a la que llaman quintaesencia de la belleza?" y demás. Yo te he llamado "Jerusalén, ciudad construida por mí" "¿Qué puede compararse a ti?". Tal y como tú te sientas, así está él en lo Alto, tal y como la nación sagrada no entra ahora en ti para cumplir el trabajo sagrado, yo te juro a ti que no entraré en lo Alto hasta que more en lo bajo. Ese es tu consuelo, pues este grado se iguala contigo en todas las cosas. Y ahora que estoy aquí, "Tu desdicha es inmensa, como el mar". Y si dijeras que no hay existencia o remedio para ti, entonces ¿MI (quién) remediará tus males? Será precisamente aquel Grado Supremo y oculto, aquel que a todas las cosas da vida: él te curará, y en tu interior existirá.

10. *MI* es el extremo superior del Cielo, *MA* es el extremo inferior del Cielo. Esto fue heredado por Yaakov, él, que brilla de un extremo a otro, desde el primer extremo, que es *MI*, hasta el último, que es *MA*, ya que él se sitúa en el medio. Por tanto, ¿quién ha creado esto?

11. Rabí Shimon dijo: "Eliezer, hijo mío, deja de hablar y revélanos el secreto Supremo, aquel del que las gentes del mundo nada conocen". Rabí Eliezer guardó silencio. Rabí Shimon lloró y dijo: "Un momento". Dijo Rabí Shimon: "Eliezer, ¿qué es *ÉLEH* (estos)? Si dices que son las estrellas y signos del zodíaco ¿acaso no han podido verse siempre? Sin embargo, *MA* (qué) fueron creados, como está escrito, por la palabra del Creador fueron creados los Cielos. Si de cosas ocultas se trata, entonces no está escrito *ÉLEH*, pues ellos se encuentran revelados.

12. Pero jamás fue revelado este secreto, hasta el día en que estuve a la orilla del mar. Eliyahu entonces vino y me dijo: "Rabí, acaso sabes lo que es, ¿QUIÉN HA CREADO ESTO?". Le dije: "Estos son los Cielos y sus huestes, las obras del Creador, que el hombre puede contemplar y bendecir, como está escrito: 'Cuando veo Tus Cielos, la obra de tus manos, Señor nuestro, ¡Cuán grande es Tu nombre en toda la Tierra!'"

13. Él me dijo: "Rabí, había una cosa oculta ante el Creador, que Él reveló a la Asamblea Suprema, y es esto. Cuando Él, oculto entre los ocultos, deseó revelarse, creó inicialmente un solo punto, y este punto ascendió y se hizo un Pensamiento. Con él, dibujó todas las formas y grabó todas las imágenes.

14. En el interior de una vela oculta y sagrada, Él grabó una imagen de una imagen oculta de El Santo de los Santos. Una estructura profunda surgió desde el fondo de ese pensamiento, y es llamada *MI* –quién– lo cual es el principio de la estructura erigida y a la vez no erigida, que está oculta dentro, en lo más profundo del nombre. No recibe ningún nombre, únicamente *MI*: quién. Él deseó revelarse y ser llamado por este nombre, por lo que se revistió de una prenda preciosa y radiante, y creó *ÉLEH*, y *ÉLEH* ascendió en nombre. Estas letras se combinaron con ellas, y se completó el nombre *Elokim*. Y hasta que Él no creó *ÉLEH*, *Elokim* no ascendió para formar el nombre *Elokim*. Y estos pecaron idolatrando al becerro de oro. Sobre este secreto fue dicho, *ÉLEH* es tu Señor, Israel.

15. Del mismo modo que las letras *MI* se unieron a las letras *ÉLEH*, permanece este nombre unido a perpetuidad, y sobre este secreto se apoya el mundo. Eliyahu entonces se alejó volando, y no volví a verlo. Y por él sé esto, que se apoya sobre el secreto y su significado. Se acercó Rabí Eliezer, y todos los discípulos, y le veneraron, lloraron y dijeron: si hemos venido a este mundo solamente para oír acerca de este secreto, esto ya es suficiente para nosotros.

16. Rabí Shimon dijo: "Estos Cielos y sus huestes fueron creados en *MA*, como fue dicho, 'Cuando contemplo tus Cielos, la obra de tus manos', y fue dicho, '*MA*, cuán glorioso es Tu nombre en toda la Tierra, que colocaste en lo Alto de los Cielos, y se eleva en nombre'. Por eso creó Luz por Luz, envolvió esto con esto, y se elevó en el Nombre Celestial, esto creó el Creador en el principio. Este es el Creador Celestial, ya que *MA* no es tal y no fue creada.

La Rosa

1. Rabí Jizkiyá abrió (comenzó): "Está escrito: como una rosa entre espinas" (*Shir HaShirim*, 2:2). Él pregunta: "¿Qué representa una rosa?". Él responde: "Es la Asamblea de Israel, es decir, *Maljut*. Porque hay rosas y rosas. Del mismo modo que una rosa entre espinas está teñida de rojo y blanco, también la Asamblea de Israel (*Maljut*) contiene juicio y misericordia. Del mismo modo que una rosa se compone de trece pétalos, también la Asamblea de Israel contiene trece tipos de misericordia que la rodean por todos sus lados. Puesto que, *Elokim* (el nombre del Creador que hace alusión a Su actitud hacia los inferiores con la fuerza de juicio) –como está escrito: "Al principio, *Elokim* creó" (la oración que da inicio a la *Torá*)– al principio (inicialmente), cuando Él pensó, creó trece palabras para rodear y proteger a la Asamblea de Israel, y aquí están: "ET[4], CIELO, Y-ET, TIERRA, Y-LA TIERRA, ESTABA, DESORDENADA, Y-VACÍA, Y-LAS TINIEBLAS, CUBRÍAN, LA FAZ, DEL ABISMO, Y-EL ESPÍRITU, hasta la palabra *Elokim*" (En hebreo, la conjunción "y" se anexa a la palabra siguiente, y por ende se consideran una sola palabra).

La Cabalá tiene por objeto de estudio lo único que fue creado, lo único que existe aparte del Creador: el "yo" del hombre. Y lo investiga. Esta ciencia descompone el "yo" en partes, explica la estructura y atributos de cada una de ellas, y el propósito de su creación. La Cabalá explica cómo cada parte del "yo" humano, denominado "el alma", puede ser transformado de modo que podamos alcanzar la meta de la creación: un estado deseado tanto por el Creador como por el hombre y que ha de ser alcanzado de manera consciente.

No existe ciencia en el mundo que pueda describir –de manera gráfica, analítica o mediante fórmulas– lo diversos y multifacéticos que son nuestros

---

[4] ET = Partícula en hebreo que no tiene traducción en español. Precede a los complementos de acusativo con artículo determinado (N. del T.)

deseos y sensaciones. Es decir, cuán volátiles, diferentes e impredecibles son en cada ser humano. Esa es la razón por la que nuestros deseos y sensaciones van apareciendo en nuestra mente en un orden gradual, como una secuencia: únicamente de ese modo podemos reconocerlos y corregirlos.

El yo es nuestra esencia, lo que caracteriza a un individuo. Sin embargo, se encuentra sujeto a constantes cambios; lo único que perdura es una mera cáscara externa dotada de vida. Por ello suele decirse que, el hombre, es como si naciera a cada momento. Pero si así fuera, ¿cómo deberíamos entonces relacionarnos unos con otros y cómo deberíamos percibirnos a nosotros mismos? ¿Cómo podemos estabilizar algo dentro y alrededor nuestro si constantemente estamos cambiando y todo lo percibimos en función de nuestro estado interno?

El Creador es la fuente de Luz (placer). Así lo sienten todos los que se acercan a Él. Esas personas –aquellos que llegaron a acercase al Creador y que, por tanto, Lo perciben– son denominados cabalistas (de la palabra *Lekabel*: recibir la Luz del Creador). Solo podemos acercarnos al Creador a través de la equivalencia de deseos. El Creador es incorpóreo: únicamente podemos sentirle con nuestro corazón. Y en este caso, la palabra "corazón" obviamente no hace referencia a la bomba que impulsa sangre por nuestras venas, sino al centro de todas las sensaciones humanas.

Y aunque uno no pueda sentir al Creador con su corazón, sí puede hacerlo con un pequeño punto que se encuentra en él. No obstante, para poder llegar a sentir este punto, debe ser el propio hombre quien lo desarrolle por sí mismo. Una vez que esté desarrollado y expandido, la sensación del Creador, Su Luz, podrá entrar en él.

El corazón es la suma de nuestros deseos egoístas, y ese pequeño punto dentro de él constituye parte del deseo espiritual, altruista, implantado desde Arriba por el Creador. Nuestra tarea es la de nutrir ese deseo espiritual en estado embrionario, de tal manera que sea él –y no nuestra naturaleza egoísta– quien determine todas nuestras aspiraciones. Al tiempo, el deseo egoísta del corazón acabará rindiéndose, retrayéndose, marchitándose, disminuyendo.

Una vez que hemos nacido, una vez que nos encontramos en nuestro mundo, estamos obligados a transformar nuestro corazón egoísta en uno altruista. Y todo ello mientras vivimos en este mundo. Este es el propósito de nuestra vida, el motivo de nuestra aparición en este mundo y la meta de toda la creación. La total sustitución de los deseos egoístas por otros altruistas se denomina "el Final de la Corrección". Cada individuo (y toda la humanidad en su conjunto) tiene la obligación de alcanzarla en este mundo; y mientras no lo haga, volverá a nacer en este mundo una y otra vez. Acerca de esto –y solamente de esto– es de lo que nos hablan todos los profetas y la *Torá*. El método para dicha corrección recibe el nombre de "Cabalá".

Podremos cambiar nuestros deseos siempre y cuando deseemos hacerlo. El hombre fue creado como un egoísta absoluto: es incapaz de adoptar diferentes deseos de otras personas ni del mundo que le rodea, pues su entorno es igual que él. Pero tampoco posee un vínculo con los mundos espirituales porque, dicho vínculo, solamente es posible a través de atributos similares. Lo espiritual solo puede ser percibido dentro de los deseos altruistas.

Por lo tanto, las posibilidades de un individuo para transcender por sí mismo los límites de este mundo son nulas. Es por eso que nos fue entregada la *Torá* y lo que constituye su parte más eficaz: la Cabalá. Todo con objeto de ayudar al hombre a adquirir los deseos de los mundos espirituales.

Para crear al hombre como algo alejado de Sí Mismo –y que así pudiera ser consciente de su insignificancia y alcanzara voluntariamente el deseo de elevarse– el Creador dio origen a toda la creación como grados que van descendiendo desde Él. La Luz del Creador fue descendiendo a través de dichos grados hasta llegar al más bajo de todos. Allí creó nuestro mundo, y en él, al hombre. Una vez que este se percata de su insignificancia y desea ascender hacia el Creador, el hombre (en la medida que siente el deseo de acercarse al Creador) se eleva, y atraviesa los mismos grados por los que tuvo lugar su descenso inicial.

Hay diez grados en total, denominados "diez *Sefirot*": *Kéter*, *Jojmá*, *Biná*, *Jésed*, *Guevurá*, *Tiféret*, *Nétzaj*, *Hod*, *Yesod* y *Maljut*. A modo de diez pantallas o cortinas, las diez *Sefirot* nos ocultan la Luz del Creador o, lo que es lo mismo, al Propio Creador. Estas diez pantallas constituyen los diez grados de nuestro alejamiento del Creador.

De tal manera que, para acercarnos al Creador en un solo grado (inicialmente el grado más bajo), tenemos que adquirir los atributos de ese grado en cuestión. Esto significa que nuestros atributos se vuelven semejantes a los de dicho grado, y que, por tanto, ya no permanecemos por debajo de él. Adquirir atributos similares significa compartir los mismos deseos. Una vez que nuestros deseos son equivalentes a los de ese grado, el ocultamiento desaparece y es como si nos encontráramos en él; entonces solo nueve grados más nos separarán del Creador, y así sucesivamente.

No obstante el último grado, el más bajo entre ellos, difiere de todos los demás: en el momento que el hombre se eleva por encima de este mundo hacia el primer grado, ya empieza a ver (sentir) al Creador. Y todos los subsiguientes grados suponen grados de aproximación al Creador. Tan solo el último entre ellos, aquel en el que ahora existimos, oculta por completo al Creador. El resto de Grados Superiores sencillamente Lo distancian.

A pesar de que contabilizamos diez grados, en realidad, solamente hay cinco. Esto es así porque los seis grados *Jésed*, *Guevurá*, *Tiféret*, *Nétzaj*, *Hod* y *Yesod* se fusionan en una *Sefirá* denominada *Zeir Anpin* (ZA). ZA en sí a veces aparece mencionada como *Tiféret*, pues esta *Sefirá* refleja los atributos comunes a todas sus seis *Sefirot*.

Así, desde el Creador hasta nuestro mundo, existen cinco grados de ocultamiento: *Kéter*, *Jojmá*, *Biná*, ZA y *Maljut*. Un grado también puede ser

MUNDOS	SEFIROT	PARTZUFIM	
Primer mundo Adam Kadmón (AK)	Kéter	Galgalta	(*)
	Jojmá	AB	(*)
	Biná	SAG	(*)
	ZA	MA	(*)
	Maljut	BON	(*)
Segundo Mundo Atzilut	Kéter	Árij Anpin (AA)	(*)
	Jojmá	Aba ve Ima (AVI)	(*)
	Biná	Israel Saba ve Tvuná (YESHSUT)	(*)
	ZA	MA (ZA y Maljut, llamados ZON)	(*)
	Maljut	BON, Nukva	(*)
Tercer Mundo Briá	Kéter	Árij Anpin (AA)	(*)
	Jojmá	Aba ve Ima (AVI)	(*)
	Biná	Israel Saba ve Tvuná (YESHSUT)	(*)
	ZA	MA (ZA y Maljut, llamados ZON)	(*)
	Maljut	BON, Nukva	(*)
Cuarto Mundo Yetzirá	Kéter	Árij Anpin (AA)	(*)
	Jojmá	Aba ve Ima (AVI)	(*)
	Biná	Israel Saba ve Tvuná (YESHSUT)	(*)
	ZA	MA (ZA y Maljut, llamados ZON)	(*)
	Maljut	BON, Nukva	(*)
Quinto Mundo Asiyá	Kéter	Árij Anpin (AA)	(*)
	Jojmá	Aba ve Ima (AVI)	(*)
	Biná	Israel Saba ve Tvuná (YESHSUT)	(*)
	ZA	MA (ZA y Maljut, llamados ZON)	(*)
	Maljut	BON, Nukva	(*)

denominado *Olam* (mundo), término que proviene de la palabra *HaAlamá* (ocultamiento). Cada grado tiene sus propios sub-grados, llamados *Partzufim* (plural de *Partzuf*); y cada sub-grado, a su vez, está dividido en sus propios sub-grados, denominados *Sefirot* (plural de *Sefirá*). Por tanto, en total existen 5 x 5 x 5 = 125 grados-*Sefirot* entre nosotros y el Creador.

Aquí mostramos una tabla de los grados desde el Creador hasta nuestro mundo:

El Creador: un deseo absolutamente altruista de crear un alma (hombre) para llenarla de placer.

El Mundo del Infinito: la existencia de las almas en el perfecto estado final.

Nuestro mundo: los cinco deseos egoístas que sentimos en el corazón.

(*) - Consta a su vez de cinco *Sefirot*– Kéter, Jojmá, Biná, ZA y Maljut.

Desde el Creador hasta nuestro mundo hay 125 grados en total

LA META DE LA CREACIÓN

Dado que en la espiritualidad no existe la noción de tiempo, nosotros ya existimos en el Mundo del Infinito (*Ein Sof*) en nuestro estado final y perfecto. En la espiritualidad el deseo representa acción, y por eso el propio deseo actúa sin presencia del cuerpo. Por lo tanto, cuando el deseo de crear almas (un deseo de disfrutar) surgió en el Creador, cuando deseó llenarlas con un deleite perfecto –el deleite de sentirle y percibir Su perfección– dicho deseo de dar origen a criaturas semejantes a Sí Mismo se realizó de inmediato. Así apareció el Mundo del Infinito en el que ya existimos en nuestro estado final.

Sin embargo, aún nos queda alcanzar ese estado en nuestras sensaciones. Pensemos, por ejemplo, en alguien que duerme: aunque dicha persona esté durmiendo en determinado lugar, no toma conciencia de dónde se encuentra hasta que se despierta. Para llegar a este estado perfecto debemos pasar por un proceso gradual de transformación de nuestros atributos internos (deseos). Dicho proceso se corresponde con el ascenso espiritual desde nuestro mundo hasta el Mundo del Infinito, atravesando todos los mundos.

Para llevarnos hacia el estado final, el Creador nos gobierna desde Arriba a través de todos los mundos. Y por ende, no hay nada en nuestro mundo que no tenga su origen en el Mundo del Infinito: allí, el estado final de cada alma determina el trayecto que está destinada a recorrer EN GENERAL, así como los cambios que debe experimentar EN PARTICULAR, a cada momento (estado), en su avance espiritual hacia el Mundo del Infinito.

No hay marcha atrás: todo lo que sucede viene dictaminado por la necesidad de llevar a cada alma a su estado final. Este objetivo, y no otro, es lo que determina el estado de nuestro mundo a cada instante, todo lo que ocurre en él a nivel general y a cada uno de nosotros en particular. El Creador no creó nada en vano. Al contrario, todo sirve a su propósito.

Sin embargo, el hecho de que la voluntad provenga de Arriba no significa que debamos abstenernos de participar activamente en nuestro avance: en lugar de ser esclavos que se mueven a la fuerza –bajo los golpes de un látigo llamado sufrimiento– podemos transformar este camino de dolor en el camino de la *Torá*: recorrer este camino desde abajo hacia Arriba de forma voluntaria, rápida y activa, entendiendo que el propósito del Creador es algo ciertamente deseable.

Y hacemos que esto se vuelva posible mediante un ruego que busque la elevación espiritual, algo denominado "elevación de MAN", "plegaria". En respuesta a ello, recibiremos fuerzas espirituales desde Arriba que nos ayudarán a mejorar nuestras cualidades, es decir, nos ayudarán a elevarnos. La *Torá* en su totalidad nos habla exclusivamente de eso, y la Cabalá va aún más lejos: nos proporciona una explicación detallada del camino en sí. Como si de un mapa se tratara, le muestra al hombre lo que experimenta y en qué lugar (en qué estado y grado) se encuentra.

La Cabalá estudia la estructura de los mundos espirituales. El objetivo de estos mundos es debilitar las señales (deseos) del Creador para que podamos entenderlas con nuestro egoísmo y dilucidarlas con nuestra mente. En hebreo, la palabra "mundo" es *Olam* (de la palabra *HaAlamá*, ocultamiento), porque estos mundos ocultan y debilitan la Luz del Creador hasta tal punto que nos es imposible sentirla.

La percepción del Creador (o Su Luz) en cada uno de los 125 grados variará dependiendo de los atributos espirituales de cada uno, es decir, del grado en que el hombre se encuentre (en egoísmo absoluto = nuestro mundo, en altruismo parcial = mundos espirituales). Estos 125 grados se reducen a diez y son denominados "las diez *Sefirot* entre el Creador y nosotros". A medida que se desciende, cada *Sefirá* deja pasar una menor cantidad de Luz del Creador, tal y como es percibido por los que se encuentran en cada grado. Es decir, cuanto más baja es la *Sefirá*, menor es la cantidad de Luz que llega a quienes están bajo ella.

SEFIROT

Estos son los nombres de las *Sefirot*: KÉTER, JOJMÁ, BINÁ, JÉSED, GUEVURÁ, TIFÉRET, NÉTZAJ, HOD, YESOD y MALJUT. Sin embargo, seis de ellas se combinan en una *Sefirá*, denominada ZA (ZA), así que hay cinco

Sefirot en total: *Kéter, Jojmá, Biná,* ZA y *Maljut*. Además, el propio ZA (ZA es normalmente considerada una *Sefirá* masculina) es a veces denominado *Tiféret*, ya que *Tiféret*, su *Sefirá* principal, ha absorbido los atributos de todas las seis *Sefirot* de ZA. Por tanto, el Creador creó solamente cinco *Sefirot*:

Kéter– el deseo del Creador de otorgarnos placer, *Maljut*;

Jojmá– el placer en sí con el cual el Creador desea deleitarnos;

Biná– transmite el placer de *Jojmá* a ZA;

ZA– acepta el placer desde *Biná* y lo pasa a *Maljut*;

Maljut– recibe el placer.

Biná consta de dos partes: su parte superior, denominada GAR o AVI, no desea recibir la Luz desde *Jojmá*. Pero dado que el Creador desea entregar esta Luz a los inferiores, la parte inferior de *Biná*, llamada ZAT o YESHSUT, recibe la Luz desde *Jojmá* y se la entrega a ZA. ZA no quiere recibir la Luz; pero *Maljut* -en la medida de su corrección- incita a ZA a recibir esa Luz desde *Biná* y a que se la entregue. Por eso, a veces hablamos de la recepción general de la Luz por parte de ZA y *Maljut*, que en conjunto se denominan ZON (ZA y *Nukva*).

El proceso es el siguiente: *Maljut*, en la medida que sus deseos egoístas se hayan transformado en altruistas, le pide a ZA recibir Luz "en beneficio del Creador". En esa medida, ZA le solicita la Luz a *Biná*. En consecuencia, *Biná* se dirige a *Jojmá*, recibe de ella la Luz solicitada y se la pasa a ZA. *Maljut* -en la medida de corrección de sus atributos- se adhiere (se une totalmente) con ZA vía equivalencia de forma (deseos) y recibe esta Luz.

Kéter, Jojmá y GAR de *Biná* no desean recibir Luz. Pero a partir de ZAT de *Biná* (YESHSUT), aparece en las *Sefirot* el deseo de recibir Luz para entregarla a los inferiores.

Kéter	Galgalta o Nétzaj –	Frente	Otorgamiento
Jojmá	Einaim –	Ojos	GE
Biná GAR de Biná	Nikvei Einaim –	Pupilas	
ZAT de Biná	Ozen –	Oído	AJAP
ZA	Jótem –	Nariz	
Maljut	Pe –	Boca	Recepción

Maljut es la criatura: el deseo egoísta de recibir placer, de disfrutar la Luz del Creador. Este deseo de gozar de la Luz del Creador o, lo que es lo mismo, del propio Creador, constituye la esencia de *Maljut*. Nosotros somos partes de *Maljut*. Sin embargo, si únicamente contamos con deseos egoístas, percibiremos la Luz del Creador a modo de placeres de este mundo. Y estos solo suponen una micro-dosis de Su Luz. Al corregir nuestros deseos (atributos), podremos elevarnos por los grados espirituales de los Mundos Superiores y experimentar en ellos el genuino placer que constituye el Creador.

De acuerdo al Pensamiento de la Creación, *Maljut* debe recibir la Luz desde las cuatro *Sefirot* previas y deleitarse en ella. Y por este motivo *Maljut* consta de cinco partes: en cuatro partes recibe la Luz de las *Sefirot* precedentes, pero la siente en la quinta.

Todas las *Sefirot* que preceden a *Maljut* (salvo *Maljut*) son como nuestros órganos sensoriales, y *Maljut* es como el corazón, que recibe de todos los órganos: cerebro, vista, oído, olfato, gusto y tacto. Por lo tanto, el corazón es *Maljut* y los órganos sensoriales son las nueve *Sefirot* primeras que la preceden. Todas estas partes de *Maljut* son egoístas: desean recibir Luz (placer) para disfrutarla. Con tales atributos, *Maljut* tan solo puede recibir una ínfima dosis de la Luz de nuestro mundo, percibiendo al Creador en una "forma" a la que llamamos "este mundo".

Pero si *Maljut*, es decir, si cada uno de nosotros, recibiera desde Arriba deseos (aspiraciones) de deleitar al Creador en la misma medida que percibimos el otorgamiento del Creador hacia nosotros, tal atributo (deseo) nos haría ascender espiritualmente a un grado más elevado que el de nuestro mundo. Sentiríamos al Creador como Luz espiritual, placer altruista e inmenso conocimiento. Como el logro de los Pensamientos Supremos. Como la esencia de la existencia.

PANTALLA

Maljut (el hombre) puede recibir Luz únicamente en los deseos que son opuestos al egoísmo. Y si con ayuda de la Cabalá, aparecen en *Maljut* deseos en los que se reconozca al egoísmo como un enemigo, al sentir odio por él, *Maljut* (el hombre) podrá rechazar los placeres egoístas optando por la perfección espiritual: asemejarse al Creador en su deseo de deleitar y actuar en beneficio de Él.

Esta facultad para rechazar la recepción egoísta del placer es denominada "pantalla". El placer rechazado recibe el nombre de "Luz Retornante", mientras que el placer que llega a *Maljut* es llamado "Luz Directa". Precisamente, en el placer rechazado, en el deseo de otorgar sin ningún tipo de reservas, es donde el hombre puede sentir la Luz del Creador y el Conocimiento Supremo.

El hecho de que *Maljut* (el egoísmo del hombre) tenga que rechazar placer desde las cinco partes de su egoísmo, conlleva que la pantalla reflectante también deba estar compuesta de cinco partes. Y por consiguiente la pantalla crea cinco partes de Luz Retornante. Las cinco partes en *Maljut* reciben su nombre de las *Sefirot* desde las que reciben. Los cinco tipos de Luz Directa son denominadas *NaRaNJaY*: *Néfesh*, *Rúaj*, *Neshamá*, *Jayá* y *Yejidá*. La Luz que emana desde el Creador desciende en el orden siguiente:

Yejidá

Jayá

Neshamá

Rúaj

Néfesh

PARTZUF

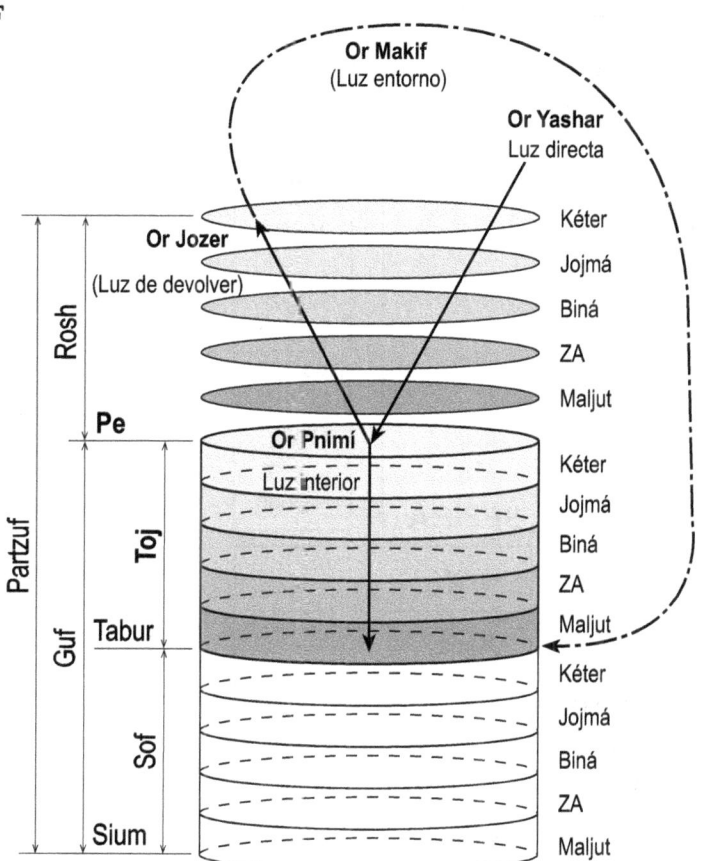

Una vez que *Maljut* ha reflejado la Luz (placer), decide aceptarla para deleitar al Creador, pues Él desea que *Maljut* reciba placer. Desea ser percibido por *Maljut*. El reflejo de todo el placer entrante es llamado *Rosh* (cabeza). La recepción parcial de Luz, en la medida de las fuerzas anti-egoístas que posea el individuo, se denomina *Toj* (interior). Los deseos no satisfechos (a falta de pantalla sobre ellos) se denomina *Sof* (final).

Tal es la estructura del alma (*Kli*, vasija, deseo altruista corregido, *Partzuf* o cuerpo espiritual). Para dar nombre a las distintas partes del cuerpo espiritual empleamos términos de nuestro cuerpo fisiológico: cabeza, cuerpo y extremidades. Hay cinco partes en el *Rosh* (cabeza): frente—*Galgalta*, ojos—*Einaim*, orejas—*Oznaim*, nariz—*Jótem*, boca—*Pe*. El *Guf* (cuerpo) se divide también en cinco partes desde la boca—*Pe*, hasta el ombligo—*Tabur*. En las extremidades, hay cinco partes desde el *Tabur* hasta los dedos de los pies (Véase diagrama en página 49).

LA RELACIÓN DE PROPORCIONALIDAD INVERSA ENTRE LA VASIJA Y LA LUZ

Cuanta más resistencia opone *Maljut* al egoísmo, mayor es la cantidad de Luz que entra en ella. Sin embargo, aunque el hombre pone todos sus esfuerzos en corregir la parte más gruesa de la vasija, la Luz resultante de dicho esfuerzo va a recibirla en sus deseos más sutiles. Dicho de otro modo, existe una relación de proporcionalidad inversa entre la vasija y la Luz: cuanto más grueso es el deseo (*Kli*) que se corrige, mayor es la Luz que entra en *Maljut* (vasija); no obstante, esta va a entrar en su *Kli* Supremo (deseo).

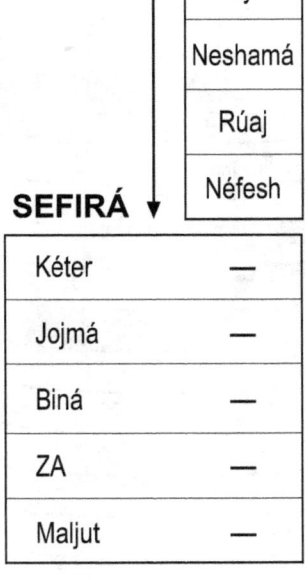

Si todas las partes del *Kli* pueden recibir Luz, entonces toda la Luz en el exterior entrará dentro de las *Sefirot*:

SEFIRÁ	LUZ
Kéter	Yejidá
Jojmá	Jayá
Biná	Neshamá
ZA	Rúaj
Maljut	Néfesh

Maljut (es decir, todo lo que existe aparte del Creador), dado que es absolutamente egoísta, solamente podrá ser corregida si se le entrega el atributo de *Biná*, el Creador: otorgamiento sin recepción. Ese es el atributo del altruismo absoluto, del otorgamiento desinteresado. Recibir tal atributo (deseo) equivale a elevarse desde el nivel de *Maljut* hasta el nivel de *Biná*.

Maljut es deseo de recibir placer. La prohibición de recibir placer en beneficio propio es denominada **Primera Restricción** (*Tzimtzum Álef*). Una restricción es una limitación impuesta sobre la recepción del placer. Sin embargo, siempre que la aspiración de aquel que recibe sea beneficiar al Creador y no a sí mismo, la recepción de la Luz está justificada. Lo quiera *Maljut* o no, si ella (el alma, el hombre) alberga deseos egoístas, la Luz no entrará en ella (no la sentirá en su interior). De ahí que seamos totalmente incapaces de percibir la espiritualidad (el Creador).

EL ESTADO DE *KATNUT* (EL ESTADO PEQUEÑO)

Sin embargo, *Maljut* no es la única *Sefirá* sin derecho a recibir Luz: partiendo desde el mundo de *Atzilut* hacia abajo, las *Sefirot Biná* y ZA tampoco pueden recibir Luz en su interior. Esta prohibición es denominada **Segunda Restricción** (*Tzimtzum Bet*): es como si *Maljut* se hubiera elevado con sus deseos hasta la *Sefirá Biná*. Sus deseos de "recepción" dominan sobre las tres *Sefirot*: *Biná*-ZA-*Maljut*, puesto que las *Sefirot Biná* y ZA también caen bajo el dominio (deseo) de la *Maljut* que se ha elevado.

Si un *Partzuf* carece de fuerza para oponerse a sus deseos egoístas de recepción en las *Sefirot Biná*, ZA y *Maljut* (*AJaP*), su parte inferior no está autorizada a recibir la Luz del Creador, pues la recibirá de manera egoísta, causándose gran daño a sí mismo. Para evitar algo así, la parte superior del *Partzuf*, las *Sefirot Kéter* y *Jojmá* (GE), queda separada de la parte inferior mediante una *Parsá* (división) a través de la cual la Luz no consigue pasar hacia abajo. Por lo tanto, a consecuencia del ascenso de *Maljut* en *Biná*, cada grado resultó dividido en dos partes.

Maljut restringió la expansión de la Luz dentro del *Partzuf*, y se formaron en él dos partes: GE recibe la Luz –es decir, las *Sefirot Kéter* y *Jojmá* reciben las Luces de *Néfesh* y *Rúaj*– mientras que la otra parte

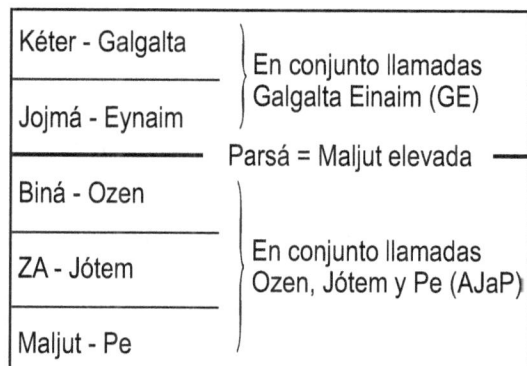

del *Partzuf* (las *Sefirot Biná*, *ZA* y *Maljut*) se encuentra debajo de la *Parsá* y por lo tanto no recibe Luz. Sus correspondientes Luces (*Neshamá*, *Jayá* y *Yejidá*) también permanecen fuera del *Partzuf*.

Este grado (*Partzuf*) queda privado de la Luz *Neshamá-Jayá-Yejidá* y solo la Luz de *Néfesh-Rúaj*, denominada "aire", permanece en él. Esto nos lo indica la inclusión de la letra *Yud* en la palabra Luz (*Or* = *Álef-Vav-Resh*). Con ella, la palabra

SEFIRÁ	LUZ	
	Yejidá	
	Jayá	
	Neshamá	
Kéter	Rúaj	} GE
Jojmá	Néfesh	
Biná	—	
ZA	—	} AJaP
Maljut	—	

— Parsá del Partzuf —

"Luz" (*Or*) se transforma en la palabra "aire" (*Avir* = *Álef-Vav-Yud-Resh*). Dicho estado de la vasija es llamado *Katnut* (estado pequeño). En otras palabras, el ascenso de *Maljut* hasta *Biná* queda reflejado por la entrada de la letra *Yud* en la palabra "Luz" (*Or* = *Álef-Vav-Resh* +*Yud* = *Álef-Vav-Yud-Resh* = *Avir*—aire). Y esto significa que, debido a ese ascenso de *Maljut* a *Biná*, el *Partzuf* perdió su Luz y solamente quedó aire en su interior.

En tal estado, el grado o *Partzuf*, es denominado "pequeño" (*Katnut*), y en él las *Sefirot Kéter* y *Jojmá* contienen únicamente la Luz de *Néfesh-Rúaj*, pues las *Sefirot Biná*, *ZA* y *Maljut* están por debajo de la *Parsá* y no reciben Luz. La *Parsá* impide la expansión de Luz por debajo de ella. Las *Sefirot Kéter-Jojmá* y *Biná-ZA-Maljut* se designan con las siguientes letras:

Estas letras, en orden inverso, forman el nombre del Creador *Elokim*, en el que GE = letras Mem + Yud = IM (pronunciadas MI), y AJaP = letras Álef + Lámed + Hey = ÉLEH. El nombre del Creador, ELOKIM, se lee desde abajo hacia arriba, pues así es como el hombre alcanza al Creador: desde abajo hacia arriba.

Kéter	- Mem	- M
Jojmá	- Yud	- I
Biná	- Hey	- H
ZA	- Lámed	- LO
Maljut	- Álef	- E

Tras el nacimiento de todos los mundos y el descenso de toda la creación hasta nuestro mundo, la totalidad de los *Partzufim* del mundo de *Atzilut* y de los mundos de *BYA* pasaron al estado de *Katnut*; de tal modo que la Luz se encuentra presente en *GE*, pero ausente en *AJaP*. El *AJaP* del Grado Superior fue a caer en el *GE* del grado inferior, construyendo así una escalera espiritual entre el Creador y el hombre en nuestro mundo. Y la parte más baja del último grado espiritual del mundo de *Asiyá* cayó en un punto dentro del corazón del hombre. En consecuencia, ahora todos los grados intermedios existen uno dentro del otro: el *AJaP* del Grado Superior se encuentra dentro del *GE* del grado inferior:

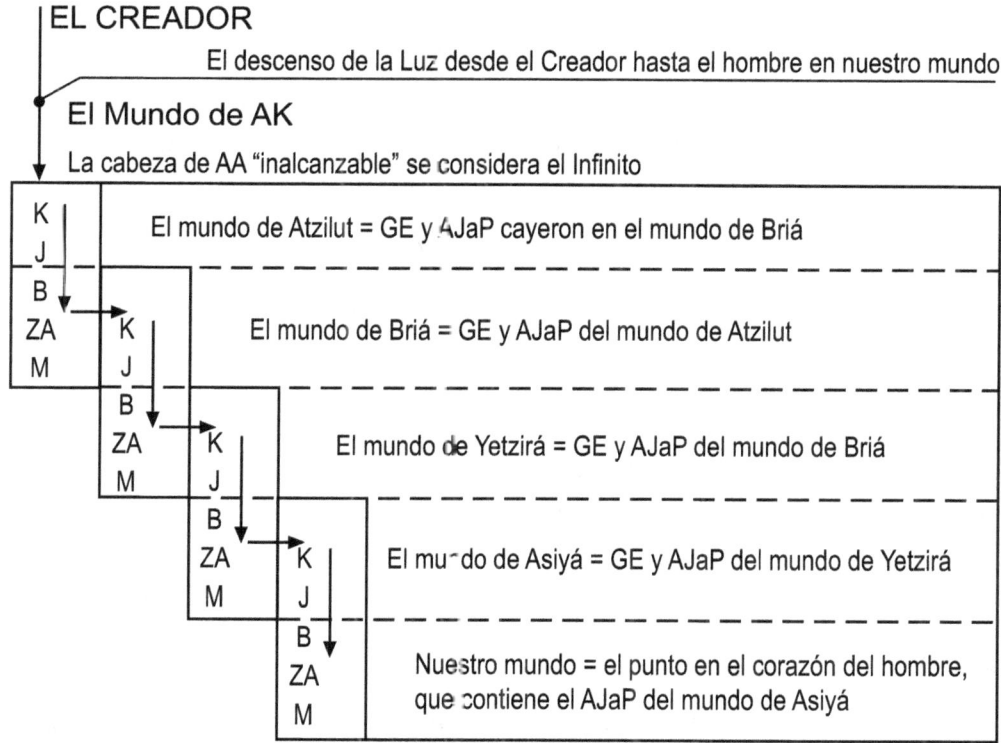

"Corazón" es el nombre que damos a la suma de los deseos del hombre. No obstante, puesto que su naturaleza innata es de un egoísmo absoluto, el hombre es incapaz de sentir el punto espiritual en su corazón. Aunque, tarde o temprano, en un momento dado de una de sus reencarnaciones, todo hombre comienza a hacer esfuerzos gradualmente por alcanzar las causas de la vida y el valor de esta; anhela descubrirse a sí mismo, descubrir de dónde proviene, tal y como usted hace en este momento. El anhelo del hombre por alcanzar su origen no es ni más ni menos que un anhelo por el Creador. A menudo, el hecho de que el hombre no encuentre nada a su alrededor que le interese y que se sienta insatisfecho con su vida, supone una ayuda en esta búsqueda. Tales circunstancias son enviadas desde Arriba para que el hombre comience a sentir un punto vacío en su corazón y despierte en él un deseo de llenarlo.

El Creador se manifiesta como el atributo altruista de otorgar placer sin beneficio alguno para Sí Mismo. A partir de lo que acabamos de mencionar, podemos entender el atributo de las *Sefirot Kéter*, *Jojmá*, y *Biná* que encierran el atributo de otorgamiento del Creador. La única creación es *Maljut*, el deseo de recibir Luz (placer). Todos nosotros, el mundo entero, componemos la parte más baja de esta *Maljut* egoísta.

EL ESTADO DE *GADLUT* (EL ESTADO GRANDE)

Sin embargo, si *Maljut* (el hombre) eleva *MAN* –el ruego para lograr su ascenso espiritual mediante un esfuerzo voluntario por salir del egoísmo– y pide ayuda al Creador, entonces, la Luz *AB-SAG* desciende desde Arriba. Dicha Luz proviene del mundo de *AK*, y concede a *Maljut* las fuerzas altruistas que hacen posible que ella regrese desde *Biná* a su lugar. En otras palabras, la habilidad de *Maljut* para restringir su recepción egoísta del placer se complementa con la fuerza para recibir placer en beneficio del Creador: recibir la Luz de *Jojmá* dentro de *AJaP* para Su beneficio.

En consecuencia, *AJaP*, o las *Sefirot Biná*, ZA y *Maljut*, se reactivan, el *Partzuf* recobra los cinco *Kelim* (partes), la letra *Yud* desaparece de la palabra *Avir* (aire) y vuelve a convertirse en *Or* (Luz). En ese estado, todas las cinco Luces *NaRaNJaY* llenan el *Partzuf*, las letras MI se unen con las letras ÉLEH y componen el nombre del Creador: *Elokim*. Dicho estado recibe el nombre de *Gadlut* (grande).

ASCENSO DEL INFERIOR AL SUPERIOR

A raíz del ascenso de *Maljut* a *Biná*, el *Partzuf* Superior establece contacto con el inferior. Gracias a esta conexión, el *Partzuf* inferior puede ascender al nivel del Superior. Este es el motivo de la segunda restricción: darle a los inferiores (al hombre) la oportunidad de elevarse al Mundo del Infinito, hasta el Mismo Creador.

Para establecer esta conexión, el *Partzuf* Superior se hace deliberadamente más pequeño, desciende al nivel del inferior y se hace semejante a él en atributos. El *AJaP* del *Partzuf* Superior cae voluntariamente dentro del GE del *Partzuf* inferior (como si careciera de fuerzas para recibir Luz) y se convierte en un único todo con el inferior. Tal situación puede compararse a la de un individuo con fuerte personalidad que decide unirse a una asociación de malhechores e imita su comportamiento. Y así, una vez admitido en el círculo y habiendo establecido conexión con ellos, tener la posibilidad de influenciarlos gradualmente y corregirlos.

¿Cómo? La Luz Superior, denominada *AB-SAG*, aparece y proporciona al *AJaP* del *Partzuf* Superior la fuerza para elevarse a su *GE*. Y el *GE* del *Partzuf* inferior se eleva junto a ellos: dado que abajo eran una única entidad con atributos equivalentes, reciben la misma fuerza para elevarse.

Una vez que se ha recibido la Luz de *AB-SAG*, el *GE* del *Partzuf* inferior se hace equivalente al Superior. Por ello, no deberíamos considerar la segunda restricción como negativa, sino como una ayuda desde el *Partzuf* Superior. El Superior desciende al inferior corrompiendo sus propios atributos con el fin de igualarse al inferior para luego ascender juntos al nivel anterior, el nivel del Superior. De este modo, el grado inferior puede ascender no solo al siguiente grado Superior, sino también al Grado Supremo de la escalera espiritual.

LA LUZ DE ZON ES LA LUZ DE LOS MUNDOS DE BYA

El *Partzuf YESHSUT* es el *AJaP* del *Partzuf Biná* del mundo de *Atzilut*. Y todo lo que recibe y transmite a *ZON* del mundo de *Atzilut*, desciende posteriormente hacia los mundos de *BYA*, y desde ahí a nosotros.

En el estado pequeño (*Katnut*), *AJaP* de *YESHSUT* cae dentro de *ZON*. Posteriormente, *YESHSUT* recibe fuerza, y al elevar su *AJaP*, hace que *ZON* también se eleve. Al ascender a *YESHSUT*, *ZON* se vuelve semejante a él y recibe ahí la Luz del nivel de *YESHSUT*. *ZON* son totalmente incapaces de recibir Luz de *Jojmá* en su propio nivel: pueden recibir únicamente la Luz necesaria para su existencia, la Luz de *Jasadim*.

ZON del mundo de *Atzilut* se denominan *Olam* (mundo), al igual que nuestro mundo, que también es denominado *Olam*. Y es así porque que todo lo que reciben *ZON de Atzilut* puede ser recibido por el hombre en este mundo. Y viceversa: todo lo que *ZON de Atzilut* no son capaces de recibir tampoco el hombre podrá hacerlo, pues alcanzamos únicamente hasta el nivel-grado de *ZON* y no más allá.

Y puesto que *ZON* no pueden recibir la Luz de *Jojmá* en su ubicación, el Creador dio inicio expresamente a la segunda restricción, y con ello hizo descender a las *Sefirot* de *AJaP* del *Partzuf YESHUT* a *ZON*, para que *ZON* pudieran ascender a *YESHSUT* e incluso más arriba, hasta el Grado Supremo. Por ello, está escrito en la *Torá* (*Bereshit Bará*): "Al principio el Creador lo creó todo en rigurosidad (restricción), pero después de ver que el mundo (*ZON*) no podía existir (recibir toda la Luz de *Jojmá* destinada para él) añadió el atributo de misericordia al de rigurosidad".

Al principio, Él elevó *Maljut* (la restricción de YESHSUT, pues *Maljut* tiene una restricción para recibir Luz) a *Biná* (misericordia de YESHSUT). En consecuencia, *AJaP* de YESHSUT cayó dentro de ZON y se unió con ellos. Sin embargo, el mundo (ZON) aún no puede existir de esta forma. Por consiguiente, el Creador añadió misericordia a la rigurosidad: Él proporcionó fuerzas a YESHSUT para elevar su *AJaP* junto con ZON hasta el grado de YESHSUT. Allí ZON reciben la Luz de YESHSUT y la envían hacia abajo, a todos los mundos de BYA y a nuestro mundo.

CORRECCIÓN EN TRES LÍNEAS

Cada una de las diez *Sefirot* consta, a su vez, de diez sub-*Sefirot* individuales. *Maljut* se eleva a *Biná* dentro de cada *Sefirá* particular, es decir, a lo largo de todas las diez *Sefirot*; y en cada *Sefirá*, *Maljut* se desplaza desde su lugar hacia el lugar que ocupa *Biná* en dicha *Sefirá*:

$$(M - ZA - | B - J - K) - K$$
$$(M - ZA - | B - J - K) - J$$
$$(M - ZA - | B - J - K) - B$$
$$(M - ZA - | B - J - K) - ZA$$
$$(M - ZA - | B - J - K) - M$$

El símbolo | representa una determinada *Parsá* en una *Sefirá*, la restricción impuesta sobre la expansión de la Luz. Los GE que permanecen en cada *Sefirá* por encima de la *Parsá* se denominan la **"línea derecha"**, pues hay Luz en ellos. La *Maljut* que se eleva hasta *Biná* dentro de cada *Sefirá* crea la **"línea izquierda"** con su restricción sobre la recepción de Luz. Un *Zivug* que tiene lugar sobre la *Maljut* elevada (solamente sobre los *Kelim* libres, no restringidos y no limitados de *Kéter-Jojmá-Biná*) permite que la Luz de *Jasadim* brille en GE. Y a esta recepción de la Luz de *Jasadim* en GE se le da el nombre de **"línea media"**.

Vamos a intentar aclarar ahora lo que está escrito en *El Zóhar*: hay diez *Sefirot* – *Kéter* (K), *Jojmá* (J), *Biná* (B), *Jésed* (J), *Guevurá* (G), *Tiféret* (T), *Nétzaj* (N), *Hod* (H), *Yesod* (Y) y *Maljut* (M). No obstante, en realidad, solo hay cinco: *Kéter* (K), *Jojmá* (J), *Biná* (B), *Tiféret* (T) y *Maljut* (M). Esto es así porque *Tiféret* (también denominada *Zeir Anpin*—ZA) consta de seis *Sefirot*, desde *Jésed* hasta *Yesod*. Las cinco *Sefirot Kéter-Jojmá-Biná-ZA-Maljut* crearon cinco *Partzufim* en cada mundo. En el mundo de *Atzilut*, dichos *Partzufim* son *Árij Anpin* (AA), *Aba ve Ima* (AVI) y *ZA ve Nukva* (ZON). *Kéter* es llamada AA; *Jojmá* y *Biná* son denominadas AVI respectivamente; y *Tiféret* y *Maljut* reciben el nombre de ZON.

La esencia de los siete días de la creación la encontramos en los *Partzufim* ZA y *Nukva* del mundo de *Atzilut*, los cuales se componen de siete *Sefirot*: J-G-T-N-H-Y-M. Y de esta descripción comprendemos cómo AVI (*Jojmá* y *Biná*) engendran a ZON (la creación entera, incluidos nosotros también) y los crían hasta su estado final durante los 6 000 años. Esto es lo que nos relata *El Libro del Zóhar*.

Rabí Jizkiyá comenzó su explicación sobre la *Nukva* de ZA del mundo de *Atzilut* aclarando el nacimiento de ZON desde *Ima* (*Biná*), denominada *Elokim*. De ahí que dé comienzo a su explicación con una rosa, *Nukva* de ZA. En la última fase de su desarrollo, *Nukva* de ZA recibe el nombre de *Knéset Israel*, la Asamblea de Israel. Pues *Nukva* está compuesta por todas las almas llamadas *Israel*; y por eso decimos que la rosa es *Knéset Israel*.

Hay dos estados en la rosa (*Maljut*). El estado más bajo, inicial y pequeño (*Katnut*), se da cuando *Maljut* consta únicamente de la *Sefirá Kéter* colmada con la Luz de *Néfesh*; mientras que sus otras nueve *Sefirot*, son aquellas que cayeron desde el mundo de *Atzilut* al mundo de *Briá*. El otro estado de *Nukva* es el maduro, grande, completo (*Gadlut*): cuando sus nueve *Sefirot* ascienden del mundo de *Briá* hasta el mundo de *Atzilut* y su *Partzuf* completa las diez *Sefirot*. Entonces, una vez que se iguala a su esposo (ZA), *Maljut* se eleva junto a él hasta AVI, que los envuelve. Es decir, recibe su Luz.

El revestimiento del *Partzuf* inferior y externo con el que es Superior e Interno, significa que el *Partzuf* inferior alcanza una parte del Superior, se eleva a un nivel espiritual más elevado, y se vuelve en cierto modo semejante al *Partzuf* Superior.

En ese estado, ZA es denominado Israel –de las letras LI (a mí) y ROSH (cabeza)– lo cual indica el estado de *Gadlut*. A su vez, *Nukva* es denominada "la Asamblea de Israel", pues ella acumula toda la Luz de su marido, ZA, y se la pasa a los inferiores: las almas en los mundos de BYA.

El estado de *Katnut* de *Nukva* es denominado "una rosa entre espinas", puesto que nueve de sus *Sefirot* inferiores cayeron por debajo de la *Parsá* del mundo de *Atzilut*, perdiendo así la Luz del mundo de *Atzilut* y secándose como espinas. En su estado grande, *Nukva* es sencillamente denominada "una rosa" o "la Asamblea de Israel". Es por ello que está escrito: "hay rosas, y rosas".

El color rojo representa la conexión de la rosa con las fuerzas impuras del exterior, las cuales, gracias a dicha conexión, pueden absorber fuerza (Luz) desde ella. Esto es debido a que sus nueve *Sefirot* se encuentran en exilio por debajo del mundo de *Atzilut*, en el mundo de *Briá*; y en él ya existen las fuerzas impuras. La rosa también contiene color blanco en su *Sefirá Kéter*, pues su *Sefirá Kéter* está en el mundo de *Atzilut*, por encima de la *Parsá*, donde no existe contacto con las fuerzas impuras de abajo. Dicho de otro modo, hay dos estados opuestos:

la perfección y la ausencia de ella, la Luz y la oscuridad. Y únicamente son percibidos por aquellos que son dignos de ello.

Por tanto, está escrito que, del mismo modo que solo una rosa entre espinas está teñida de rojo y blanco, la Asamblea de Israel se compone de juicio y misericordia. Esto nos muestra que, en el estado grande, cuando *Maljut* recibe el nombre de *Knéset Israel*, aunque haya ascendido a *Biná* y la haya envuelto, aún perdura en ella el atributo del juicio, de la restricción: una actitud no precisamente compasiva, sino rígida y recta. Y ocurre de este modo porque ella necesita una pantalla (fuerza para oponer resistencia a sus deseos egoístas), algo que permite a *Maljut* recibir la Luz Superior.

El juicio, también llamado ley o restricción, no permite la recepción de Luz dentro de los deseos egoístas. La pantalla, el anhelo de oponerse a nuestros deseos egoístas, repele la Luz Superior (placer) enviándola de vuelta a su fuente de origen, el Creador. La Luz que el hombre devuelve es denominada "Luz Retornante" o "Luz de Juicio". En la medida de la intensidad de dicha fuerza (la fuerza de resistencia a nuestro deseo de disfrutar), el hombre podrá recibir en beneficio del Creador, precisamente en esos deseos altruistas, las diez *Sefirot* de la Luz Superior (denominadas Luz Directa Luz o Luz de la Misericordia). Y es por ello que, incluso en su estado completo, la Asamblea de Israel se compone de ley y misericordia, que corresponden a los colores rojo y blanco de una rosa entre espinas.

Y este es el estanque que hizo el Rey Shlomó (Salomón), construido sobre doce toros, pues estas nueve *Sefirot* inferiores de *Maljut* que cayeron al mundo de *Briá*, fueron corregidas desde doce cabezas de toros. Una de sus *Sefirot*, *Kéter*, que no abandonó el mundo de *Atzilut*, es conocida como el "estanque" construido sobre estos toros. Y en conjunto, se les conoce como los trece pétalos de rosa. (Más adelante aclararemos la razón por la que las diez *Sefirot* de *Maljut* se dividen en diez-*Jasadim* o trece-*Jojmá*).

La Luz de una *Nukva* completa es denominada *Jojmá*, pues contiene la Luz de la Inteligencia y desciende desde los trece nombres llamados "los trece atributos de misericordia". Sin embargo, lo esencial en la explicación de Rabí Jizkiyá es que una rosa entre espinas se encuentra por encima de la Asamblea de Israel, porque, como es bien sabido, todo lo que existe en el estado completo de *Nukva* debe asimismo existir en su estado pequeño, aunque con una similitud aminorada.

Por tanto, decimos que los atributos de blanco y rojo en el estado pequeño corresponden a los atributos de misericordia y juicio en el estado grande. Y una vez que están corregidos, los trece pétalos del estado pequeño crean en *Nukva* los trece atributos de misericordia en su estado grande. Más adelante examinaremos cómo estos trece atributos de *Maljut* del mundo de *Atzilut* la transforman, tanto en el estado pequeño como en el grande.

Está escrito que, el Creador, en el proceso de la creación "al principio *Elokim* (es decir, *Biná* del mundo de *Atzilut*) creó" a *Nukva de ZA* mediante trece palabras: ET, haSHAMAIM, VE'ET, haÁRETZ, VEhaÁRETZ, HAITÁ, TOHU, VAVOHU, VEJÓSHEJ, AL, PNEY, TEHOM, VERÚAJ (que van desde la palabra "*Elokim*" hasta la palabra "*Elokim*"). Y estas trece palabras representan los trece pétalos de una rosa entre espinas (su estado pequeño), como el estanque construido por el Rey Shlomó, que se sustenta sobre trece toros (las nueve *Sefirot* inferiores de *Maljut* sin Luz, pues se encuentran en el mundo de *Briá*, por debajo de la *Parsá* del mundo de *Atzilut*). Estas palabras constituyen la preparación para la purificación y corrección de la Asamblea de Israel a fin de recibir los trece atributos de misericordia.

Estos trece atributos de misericordia (la Luz de una *Nukva* completa) la rodean y brillan sobre ella por todos sus lados, y la protegen del contacto con deseos ajenos (egoístas). No en vano, hasta que ella se llene con la Luz de *Jojmá* en su estado grande y perfecto (*Gadlut*), existe una posibilidad de que los deseos ajenos y egoístas se adhieran y se alimenten de ella.

2. A continuación, el nombre *Elokim* aparece mencionado una segunda vez: "*Elokim* se movía". ¿Por qué se utiliza en este sentido? Para que broten los cinco sépalos que rodean la rosa, denominados "salvación". Y estos son las cinco puertas. Y sobre este secreto se ha dicho: "Yo alzaré la 'copa de salvación'" (*Tehilim*, 116:13). Es la copa de bendición. La copa de bendición debe descansar sobre cinco dedos, tal como la rosa se asienta sobre cinco sépalos que se corresponden con los cinco dedos. Y esta rosa es la copa de bendición, desde la segunda a la tercera mención del nombre *Elokim* (*Bereshit*, 1:2-3), hay cinco palabras: "se movía", "sobre", "la superficie", "de las aguas", "y dijo"; son cinco palabras en total que coinciden con los cinco sépalos. Y acto seguido "El Creador dijo: 'Hágase la Luz'". Y la Luz, creada pero oculta y encerrada en ese pacto, entró en la rosa y le dio semilla. Y es designada como "Un árbol que da fruto, cuya semilla está en él, según su especie" (*Bereshit*, 1:12). Y esta semilla existe en la señal del pacto.

Los cinco sépalos son las cinco *Sefirot* de la Luz que retorna desde *Maljut* y que esta alza desde el *Zivug de Hakaá* (por impacto). La Luz Directa que entra es llamada cinco *Jasadim*, *Jojmá-Guevurá-Tiféret-Nétzaj-Hod*, y se reviste de cinco partes (tipos de restricciones) de la Luz Retornante *Jojmá-Guevurá-Tiféret-Nétzaj-Hod*, denominada los cinco sépalos de la rosa. Estos se corresponden con el texto que va desde la segunda mención de la palabra *Elokim* (el espíritu de Dios se movía sobre las aguas) hasta la tercera mención (y dijo) de la palabra *Elokim* en la *Torá*.

Estas palabras explican cómo los cinco sépalos (atributos) pueden ser extraídos de la *Maljut* con el objetivo de hacerla apta para un *Zivug* y que así alcance el estado grande. Y durante el estado grande, cuando los cinco sépalos se convierten en cinco restricciones, son definidos como las cinco puertas de recepción de Luz de *Jasadim* de la Luz Directa, y reciben el nombre de "salvación"; y *Maljut* es denominada "la copa de salvación" o "la copa de bendición y buena fortuna", porque, precisamente gracias a estos sépalos (restricciones), *Maljut* puede recibir la Luz de *Jasadim*, una bendición.

La copa de bendición debe posarse sobre cinco dedos, porque *Maljut* es capaz de recibir la Luz de *Jojmá* solo si previamente se ha revestido de la Luz de *Jasadim*. Por lo tanto, en primer lugar debe realizar una bendición, lo cual significa recibir las cinco partes (*NaRaNJaY*) de la Luz de *Jasadim* con la ayuda de cinco dedos (cinco restricciones); y solamente entonces recibir en ellas (en las intenciones corregidas) la Luz de *Jojmá*.

Por eso, una copa de vino debe ser alzada con las dos manos, pues los cinco dedos de la mano derecha simbolizan misericordia-*Jasadim*, y los cinco dedos de la mano izquierda simbolizan restricciones. No obstante, una vez iniciada la bendición, la copa debe ser sostenida solo con los cinco dedos de la mano derecha (*Jasadim*, otorgamiento). De lo contrario, las fuerzas impuras que se alimentan del lado izquierdo (recepción) podrían activarse, pues dichas fuerzas únicamente se aferran a lugares en los que hay recepción de Luz.

Lo que tiene lugar a continuación es el estado grande de *Maljut*, que se corresponde con las palabras de la *Torá*: "Hágase la Luz". Estas son las cinco Luces en las que Adam vio el mundo de uno a otro confín, tal y como está recogido en *El Talmud* (*Jaguigá*, 12). Pero el Creador vio que las generaciones del Diluvio y la Torre de Babel incurrirían en el pecado, y ocultó esa Luz. De modo que las generaciones posteriores necesitarían alcanzarla por sí solas.

Anteriormente, estos cinco *Jasadim* estaban en *Yesod de ZA* y *Maljut* recibía de él, y no como ahora, que recibe desde *Biná*, denominada *Elokim*. *Yesod de ZA* es llamado "la señal del pacto con el Creador" (una vez que se llevan a cabo las correcciones denominadas "circuncisión"), y los cinco *Jasadim* recibidos sobre las cinco restricciones son llamados "semilla". La fuerza principal de las restricciones y las fuerzas de resistencia de la pantalla, con las que repele la Luz, se encuentran en *Atéret Yesod* (el final de la *Sefirá Yesod*). Allí tiene lugar el *Zivug de Hakaá*, desde el cual *Maljut* recibe la Luz. Este *Zivug* se trasladará a la propia *Maljut* solamente al final de la correcció. Por eso, durante los 6 000 años, la pantalla que se encuentra en *Yesod* golpea la Luz (placer) que llega con sus cinco restricciones (las fuerzas que se oponen a la recepción egoísta del placer), creando así cinco partes de Luz Retornante y recibiendo en ellas las cinco partes de Luz de *Jasadim*. Posteriormente, ZA transfiere estas cinco Luces de *Jasadim* desde su *Yesod* a *Nukva*. Y estas cinco Luces de *Jasadim* son denominadas "semilla".

3. Del mismo modo que el pacto es concebido a partir de aquella semilla en cuarenta y dos *Zivugim*, el nombre secreto sacia e insemina a todas las cuarenta y dos letras del acto inicial de la creación.

El nombre "cuarenta y dos" = MB = Mem + Bet = 40 + 2 está compuesto por *HaVaYaH* (cuatro letras), de *HaVaYaH* repleta (diez letras), y de *HaVaYaH* doblemente repleta (veintiocho letras). En total: 4 + 10 + 28 = 42, haciendo referencia a la semilla que existe en la señal del pacto encerrada en los cinco *Jasadim* y los cinco *Guevurot*.

Hay dos componentes en *Nukva*: su cuerpo (*Partzuf*), que emerge desde *Biná*, y su *Zivug*, llamado el secreto de la unidad con ZA. *Nukva* puede encontrarse en dos estados: pequeño o grande (*Katnut* o *Gadlut* respectivamente). El estado pequeño es un estado incompleto e insuficiente de *Maljut*, pero necesario como preparación de cara al estado grande, denominado la revelación del secreto, la revelación de lo oculto.

Y dado que el estado grande revela al pequeño, y todo lo oculto en el estado pequeño se hace evidente en el grande, el hombre que se encuentra en un estado de caída espiritual no es capaz de ver los motivos de su estado: para comprenderlo con claridad tendrá que alcanzar el estado grande que viene a continuación.

A consecuencia del ascenso de *Maljut* de AVI a su *Biná*, el *Partzuf* de *Biná* (AVI) quedó dividido en dos partes: la parte superior (GE) adquirió el nombre de AVI, mientras que la parte inferior (AJaP) recibió el nombre de YESHSUT. AVI están colmados de Luz de *Jasadim*, pues no desean otra cosa, y YESHSUT la recibe desde ellos, porque, aunque desea la Luz de *Jojmá*, no puede recibirla puesto que *Maljut* de AVI se elevó por encima de él.

No obstante, a pesar de que no hay Luz de *Jojmá* en AVI, estos no sienten ningún sufrimiento por su ausencia, y existen en una perfección denominada GAR aun careciendo de Luz de *Jojmá*. E incluso cuando el hombre eleva MAN solicitando fuerzas (es decir, la Luz de *Jojmá*) para superar sus deseos impuros, AVI no reciben la Luz de *Jojmá*. YESHSUT recibe esta Luz y se la entrega a ZA. Por ello, a pesar de que AVI se encuentran por debajo de la cabeza de AA, y que no hay Luz de *Jojmá* en ellos, su ausencia no les provoca sufrimiento.

Sin embargo, YESHSUT se resiente por la carencia de Luz de *Jojmá*, pues desea transmitirla a ZA y por ello espera el MAN desde ZA para poder ascender hasta AVI a modo de *Sefirá Dáat*. Porque cuando los inferiores alzan un MAN, la totalidad de *Biná* se eleva hasta la cabeza de AA; YESHSUT recibe la Luz de *Jojmá* desde AA y la entrega a ZON. Esto se corresponde con la desaparición de la letra *Yud* de la palabra *Avir* (aire), y *Avir* se vuelve *Or*-Luz (*Jojmá*) una vez más.

No obstante, a pesar de todo esto, incluso en la cabeza de AA, AVI se quedan únicamente con la Luz de *Jasadim* (aire). Y por lo tanto, las cabezas de ambos, AA y AVI, son denominadas "Aguas Supremas" o "Cielos". Todo ello, teniendo en cuenta el hecho de que AVI pueden estar debajo de la cabeza de AA; sin embargo, dado que esto no afecta a su independencia y perfección, es como si se encontraran en la cabeza de AA.

Debajo de AVI se encuentra el firmamento (*Parsá*) del mundo de *Atzilut*, que separa los *Kelim* "de recepción" de los *Kelim* "de otorgamiento" del mundo de *Atzilut*. YESHSUT y ZON (las aguas inferiores) necesitan la Luz de *Jojmá* y se sitúan por debajo de la *Parsá*, que se encuentra en el pecho de AA. Por eso, decimos que las aguas inferiores lloran: es decir, están en el estado pequeño, porque sienten la carencia de Luz de *Jojmá* y desean elevarse a la cabeza de AA. En ningún caso debe confundirse la *Parsá* del mundo de *Atzilut* (ubicada dentro del mundo de *Atzilut*) que lo divide en GE y AJaP, con la *Parsá* que se encuentra debajo del mundo de *Atzilut* que lo separa de los mundos de BYA.

La Luz recibida por encima de la *Parsá* del mundo de *Atzilut* es denominada la Luz *Mem-Bet* (MB). Sin embargo, las siete *Sefirot* de ZON (seis *Sefirot* de ZA y una *Sefirá* de *Maljut*) que representan los siete días de la creación, no pueden recibir esta Luz de MB pues están situadas por debajo de la *Parsá* y solo reciben Luz de *Jasadim* desde YESHSUT; es decir, lo mínimo para su subsistencia.

Sin embargo, cuando los inferiores (los hombres) elevan MAN, y, a su vez, MAD desciende desde AB-SAG (la Luz que vuelve a colocar a *Biná* en la cabeza de AA), YESHSUT recibe la Luz de *Jojmá* y la transmite a ZON. De ese modo ZON pueden elevarse por encima del pecho de AA y recibir la Luz de MB.

Por eso, la Luz de MB en ZON se expresa mediante treinta y dos *Elokim* y diez proverbios, donde los treinta y dos *Elokim* son YESHSUT en el estado de elevación, cuando YESHSUT recibe los treinta y dos regueros de la sabiduría-*Jojmá* que dan origen en él a los treinta y dos nombres de *Elokim* mencionados en el acto de la creación: "Al principio el Creador creó", etc.

Los diez proverbios son cinco *Jasadim*. Una vez que ZON han recibido la Luz de *Jojmá* desde los treinta y dos *Elokim*, las cinco Luces de *Jasadim* recibidas desde AVI (que representan MB) son denominadas "las Aguas Superiores". Comprobamos que, previamente a la recepción desde los treinta y dos *Elokim*, los cinco *Jasadim* en ZON no se convierten en el nombre MB. Por lo tanto decimos que treinta y dos *Elokim* y diez proverbios componen el nombre de *Elokim*, es decir, en el estado de elevación.

De ahí que Rabí Jizkiyá dijera que estas cinco Luces en el verso "Hágase la Luz", hacen alusión a los cinco *Jasadim* y son llamadas "la semilla" (abundancia) que *Yesod* de ZA hace llegar a *Maljut*. Y ella es denominada MB, aunque esencialmente se compone de cinco *Jasadim*. No obstante, hace referencia a MB pues contiene la Luz (*Or*) de *Jojmá* recibida desde los treinta y dos *Elokim* de YESHSUT.

Los retoños de las flores

4. Al principio. Rabí Shimon abrió: "Han brotado los retoños de las flores en la tierra" (en hebreo, "país" y "tierra" son designados con una misma palabra, "*Éretz*". *Cantar de los Cantares*, 2:12). "Los retoños" son el acto del principio de la creación. Han brotado en la tierra –¿Cuándo? En el tercer día, sobre el cual está escrito: "Produzca la tierra hierbas" (*Bereshit*, 1:11). "El tiempo de la canción ha llegado", esto es, el día cuarto: el tiempo de la rigurosidad, del juicio, de la restricción. Por eso, en el día cuarto, la palabra "luceros" está escrita con una letra menos, lo cual hace alusión a la rigurosidad del juicio y de una maldición. "Se oye la voz de la tórtola", este es el día quinto, del cual está escrito: "Produzcan las aguas" para generar descendencia. Pero las palabras "se oye" ya hacen referencia al día sexto, en el cual se dice: "Hagamos un hombre" que, en el futuro, antepondrá la acción a la compresión (*Naasé VeNishmá*, "Haremos y escucharemos"). Porque aquí está escrito: "Hagamos un hombre"; mientras que allí está escrito: "Haremos y escucharemos". "En nuestro país" se refiere a *Shabat* que es como el País de la Vida, el mundo venidero.

Es absolutamente incomprensible para nosotros cómo *El Zóhar* compara lo escrito en *Shir HaShirim* (Cantar de los Cantares, 2:12) con lo escrito en la *Torá* acerca de los primeros días de la creación. Los seis días de la creación son las seis *Sefirot* J-G-T-N-J-Y de ZA, a partir de las cuales se construyen todas las diez *Sefirot* del *Partzuf* de *Nukva*. Porque *Nukva* es únicamente un deseo de recibir (placer), y todo su cuerpo espiritual (los deseos de recibir) se construye a partir de las *Sefirot* de *Zei-Anpin* (ZA), su esposo, a partir de los atributos altruistas que él transmite a *Nukva*.

La propia *Nukva* (el deseo creado de recibir placer) es un espacio vacío que no recibe llenado de la Luz del Creador: la Luz solamente puede entrar en aquel deseo (*Kli*) que tenga atributos semejantes a los de ella. Así, en la medida de su semejanza con ZA, los atributos que *Maljut* recibe desde ZA, (aquellos que estén corregidos) llegan a ser un *Partzuf* y son llenados por la

Luz que corresponda a su corrección. Cuanto mayor sea la corrección llevada a cabo en una determinada parte, más grande será la Luz (de las cinco Luces de *NaRaNJaY*) que entre en ella.

La parte de *Maljut* corregida y llena es denominada "el mundo". De aquí en adelante, *El Zóhar* explica el modo en que *Nukva* se construye a partir de ZA, es decir, cómo se crea el mundo.

Nukva es denominada "la tierra". Los retoños son *Sefirot*-atributos de ZA que aparecen y germinan en *Maljut* durante el tercer día de la creación, lo cual corresponde a la *Sefirá Tiféret* (*Jésed-1*, *Guevurá-2*, *Tiféret-3*). Al principio *Maljut* fue creada en altura como ZA: dos luceros grandes por igual, el sol (ZA) y la luna (*Maljut*). Por eso durante el plenilunio los vemos idénticos en tamaño. En efecto, todo lo dicho hace referencia al hombre. En el estado inicial tras su creación, *Maljut* se presenta como un punto a los pies de ZA para luego crecer junto a él.

Es decir, en el tercer día de la creación, *Maljut* era igual en altura a *Tiféret* de ZA (tenía los mismos atributos). Sin embargo, en tal estado, *Maljut* no era capaz de recibir Luz. Por eso, está escrito: LA RIGUROSIDAD (el juicio) SE MANIFESTÓ EN LA TIERRA (en *Maljut*). Los retoños sencillamente brotaron.

Y después, EL TIEMPO DE LA CANCIÓN HA LLEGADO, ya hace referencia al cuarto día de la creación, cuando *Maljut* menguó porque se quejaba al Creador: "Dos ángeles no pueden llevar la misma corona"; si ella es igual a ZA, igual a él en altura, no podrá recibir de él *Or Jojmá*.

La razón es que, sin haber recibido previamente *Or Jasadim* desde ZA, *Maljut* no puede recibir *Or Jojmá*, pues *Or Jojmá* solo se puede recibir dentro de *Or Jasadim*: revistiendo *Or Jojmá* (el placer) con *Or Jasadim*, la intención de recibir placer "en beneficio del Creador". Y el Creador le contestó: "Vete y mengua". Es decir, si solamente puedes recibir de ZA, y no puedes recibir Luz por ti misma a causa de tus atributos egoístas, entonces, reduce tus atributos, recibe los suyos y corrígete gradualmente. Y luego podrás recibir toda la Luz y ser como él (*Zeir Anpin* = el Creador). Todo esto está descrito en *El Talmud* (*Julín*, 60:2), pero gracias a la explicación que aparece en *El Libro del Zóhar* dejamos de percibirlo como un cuento de hadas.

Entonces *Maljut* descendió hasta situarse bajo *Yesod de ZA*, y sus nueve *Sefirot* inferiores cayeron debajo de la *Parsá*, a los mundos de BYA. En el mundo de *Atzilut* únicamente quedó su *Sefirá Kéter* como un punto por debajo de *Yesod de ZA*. Y en lo sucesivo, *Maljut* no se construye a partir sus *Sefirot*-atributos que se encuentran en BYA, sino desde las *Sefirot*-atributos de *Nétzaj* y *Hod* de ZA.

Aunque *Maljut* antes era más grande, no era capaz de recibir Luz porque carecía de Luz de *Jasadim*. Ahora ella es más pequeña, pero tendrá *Or Jasadim* en la cual podrá recibir Luz de *Jojmá*. Aunque, en lo sucesivo, *Maljut* esté en un grado inferior, sabrá sacar provecho de ello, porque *Or Jasadim* repele las fuerzas impuras que se aferran a *Nukva*. Todo lo explicado hasta ahora hace referencia a la palabra ZAMIR (canto). Sin embargo, aquí es preciso tener en cuenta otro sentido de esta palabra: la podadura de las fuerzas impuras de *Maljut* (el retoño de la rosa).

LA VOZ DE LA TÓRTOLA: la tórtola es la *Sefirá* (el atributo) de *Nétzaj* de ZA, y la voz de la tórtola es la *Sefirá Hod* de ZA, el quinto día de creación. Y puesto que *Maljut* recibe desde *Yesod* –y esta, a su vez, recibe desde *Hod* en unión con *Nétzaj*– dicha recepción en *Maljut* es denominada "la voz de la tórtola".

Por eso las palabras "se oye" son el día sexto, porque la voz de la tórtola (*Maljut*) se oye solo con ayuda del día sexto, *Yesod* de ZA, que incluye a *Nétzaj* y *Hod* juntos, y entrega la Luz de ambos a *Maljut*. Por eso está escrito que esta voz se oye en *Maljut* solo desde *Yesod*, en el día sexto.

La razón de esto es que *Maljut* únicamente puede recibir la Luz desde la línea media de ZA: o bien desde *Yesod* de ZA (recibe el nivel denominado *NeHY* = N-H-Y, *Ibur*-embrión), o bien desde *Tiféret* de ZA (recibe el nivel denominado *JaGaT* = J-G-T = VAK, *Yeniká*-amamantamiento o *Katnut*-pequeño), o bien desde *Dáat* de ZA (recibe el nivel denominado *JaBaD* = J-B-D = GAR, *Mojin*-inteligencia o *Gadlut*-grande).

LÍNEAS izquierda media derecha	NOMBRE DEL GRADO	LA LUZ EN EL GRADO
Biná — Jojmá / Dáat	JBD (*JaBaD*)	La luz de Neshamá = La luz de JaBaD
Guevurá — Jésed / Tiféret	JGT (*JaGaT*)	La luz de Rúaj = La luz de JaGaT
Hod — Nétzaj / Yesod	NHY (*NeHY*)	La luz de Néfesh = La luz de NeHY

HAGAMOS UN HOMBRE, QUE EN EL FUTURO ANTEPONDRÁ LA ACCIÓN A LA ESCUCHA: la vista es la *Sefirá Jojmá*, el oído es la *Sefirá Biná*. La acción u obra es la cualidad de *Maljut*. Para corregir a *Maljut*, que es lo único creado por el Creador (las otras *Sefirot* son atributos del Creador mediante los cuales Él fue gradualmente dando origen a *Maljut*), fue creada la segunda restricción: *Maljut* ascendió hasta *Biná* para unir los atributos de aquella (egoístas, de recepción) con los atributos de *Biná* (altruistas, de otorgamiento); *Maljut* se elevó hasta *Aba-Jojmá*, e *Ima-Biná* se situó debajo de *Maljut-Parsá*, donde se hizo semejante a *Maljut* en atributos.

Los ojos son la *Sefirá Jojmá*, ABA. *Maljut* se elevó hasta los ojos y se situó al nivel de las pupilas. *Maljut* es denominada *Nukva*, y la *Maljut* situada a nivel de los ojos es denominada *Nukva Einaim-Nikvey Einaim* (NE). Por eso, en *Rosh* (la cabeza) de AA solamente se encuentran *Kéter* y *Jojmá*: *Biná* cayó desde *Rosh* a *Guf* (el cuerpo) y *Maljut* está más arriba de *Biná*, es decir, representa una acción que se encuentra Arriba. Es decir, precede a la percepción y la compresión. Esto es lo que significa "haremos y escucharemos", la acción de la segunda restricción, la recepción únicamente en *Galgalta ve Einaim*. Tal estado es denominado "el retorno" (hacia el Creador por medio de nuestros atributos). El "retorno completo" tiene lugar cuando el *AJaP* del grado se corrige y se une a ese grado en cuestión.

A raíz de la elevación de *Maljut* en NE, ella cambia sus atributos (esto es lo único que cada uno de nosotros necesita: elevarse hasta el nivel de los atributos del Creador para poder recibirlos y llegar a ser como Él) y se encuentra preparada para elevarse hasta AVI y recibir la Luz de *Jayá*. La Luz constante de este nivel es denominada "el Primer Templo". Por eso, durante la recepción de la *Torá*, Israel prefirió primero hacer y después escuchar. Y por ello, fue merecedor de la recepción de la *Torá* (Talmud, Shabat, 85:1), porque la acción (*Maljut*) ascendió y envolvió a AVI. Y, gracias a ello, el secreto de la quincuagésima puerta de *Biná* fue revelado.

La construcción del Templo no se refiere a su edificación terrenal, sino al alcance del grado del Templo, el grado de AVI del mundo de *Atzilut*, la Luz de *Jayá* (el Primer Templo), o el grado de YESHSUT del mundo de *Atzilut*, la Luz de *Neshamá* (el Segundo Templo).

Aquí *El Zóhar* dice "se oye" en el sexto día, porque en este día, es decir, en este estado, tuvo lugar la corrección de *Maljut* mediante su elevación por encima de *Biná*, a la cual denominamos anteponer "la escucha a la acción": hacer y escuchar, como durante la recepción de la *Torá*. *Maljut* en el estado de elevación a *Biná* es denominada "la Tierra Eterna", "la Tierra de la Vida", porque de *Biná* recibe la vida.

"EN NUESTRO PAÍS" SE REFIERE A *SHABAT*, QUE ES COMO LA TIERRA ETERNA DE LA VIDA: *IMA-Biná* es denominada "la tierra de la vida" o "la tierra eterna". A consecuencia de la acción en el sexto día, es decir, de la acción del Creador desde Arriba (el factor tiempo viene designado por una acción del Creador que no tiene causas en nuestro mundo), *Maljut* se elevó hasta *IMA* en el séptimo día de la creación (*Shabat*), y llegó a ser como ella; porque cuando el inferior se eleva hasta el grado del Superior, llega a ser como él (en cualidades). Por eso *Maljut*, al elevarse hasta *Biná* y recibir allí la Luz de *Jayá*, es denominada "la Tierra de la Vida Eterna".

5. Otra explicación: los retoños son los Patriarcas que entraron en la mente y entraron en el mundo venidero, *Biná*, donde permanecen ocultos. Y desde allí surgen en ocultamiento y se ocultan en los profetas verdaderos. Nació Yosef y se ocultaron en él. Entró Yosef en la Tierra Sagrada y los construyó allí. Y brotaron en la tierra y se revelaron allí. ¿Cuándo brotaron? Cuando se hace visible el arcoíris, ellos se revelan. En ese momento, "el tiempo de la canción ha llegado", es decir, el tiempo de erradicar a todos los pecadores sobre la tierra. ¿Por qué se salvaron? Porque los retoños brotaron sobre (desde) la tierra. Sin embargo, de haber sido visibles antes, no habrían podido permanecer en el mundo, y la existencia del mundo no hubiera sido posible.

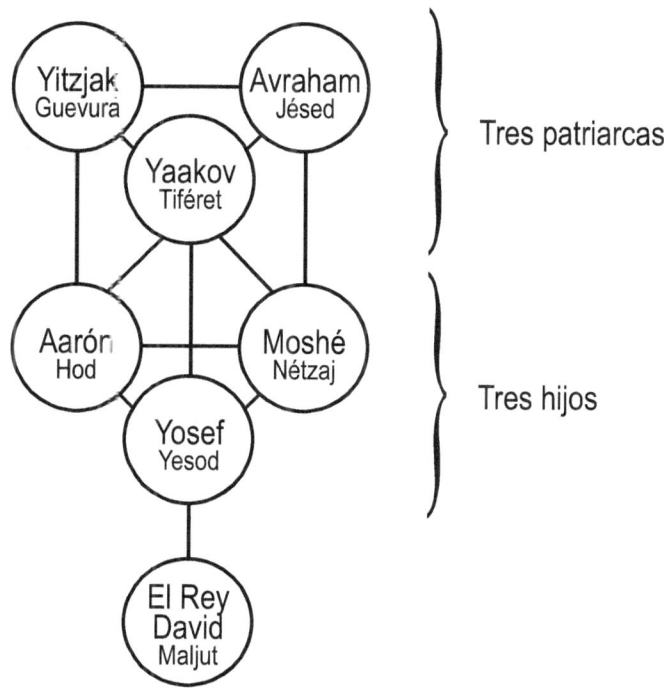

Aquí *El Zóhar* explica los alcances de la Luz de *Jayá* por ZA. *NeHY* de ZA son denominados "hijos", mientras que *JaGaT* de ZA reciben el nombre de "Patriarcas". También la tórtola es *JaGaT* de ZA. El propio ZA consta de dos partes: por encima de su *Jazé* (pecho), sus *Sefirot JaGaT* son denominadas ZON grandes, y por debajo de su *Jazé*, las *Sefirot NeHY* son denominadas ZON pequeños. *JaGaT* corresponde a Avraham-Yitzjak-Yaakov. *NeHY* corresponde a Moshé-Aarón-Yosef. *Maljut* es David.

Las *Sefirot NeHY* son denominadas "profetas", y *Yesod* es "el justo", etc. Aquí *El Zóhar* habla de los retoños que van creciendo gradualmente desde el estado pequeño hasta ZON grandes: al principio ZON eran pequeños, compuestos por las *Sefirot NeHY*, con la Luz de *Néfesh* y denominados *Ubar* (embrión). Después, con ayuda de *Yeniká* (amamantamiento), es decir, la recepción de la Luz de *Ima*, ZON crecieron: las *Sefirot NeHY* crecieron mediante sus atributos hasta igualar respectivamente los de las *Sefirot J-G-T*, y las *Sefirot NeHY* recibieron la Luz de *Rúaj*. Así, el *Partzuf* ya consta de las partes *JaGaT* y *NeHY* con las Luces de *Rúaj* y *Néfesh*.

Más adelante, a consecuencia de una posterior recepción de fuerzas desde el Superior y del crecimiento subsiguiente, han alcanzado *Gadlut Álef*, el primer estado grande. Las *Sefirot JaGaT* llegaron a ser, respectivamente, *Sefirot JaBaD* con la Luz de *Neshamá*; Las *Sefirot NeHY* llegaron a ser, respectivamente, las *Sefirot JaGaT* y recibieron nuevas *Sefirot NeHY*. Así, el *Partzuf* creció hasta albergar tres partes *JaBaD*, *JaGaD*, *NeHY* con las Luces de *Néfesh*, *Rúaj* y *Neshamá*.

Y es denominado *Gadol* (grande-el primer gran estado). Y luego, a consecuencia del subsiguiente crecimiento, llegan a alcanzar el estado de madurez (*Gadlut Bet*, el segundo estado grande) y la Luz de *Jayá* entró en las *Sefirot JaBaD*.

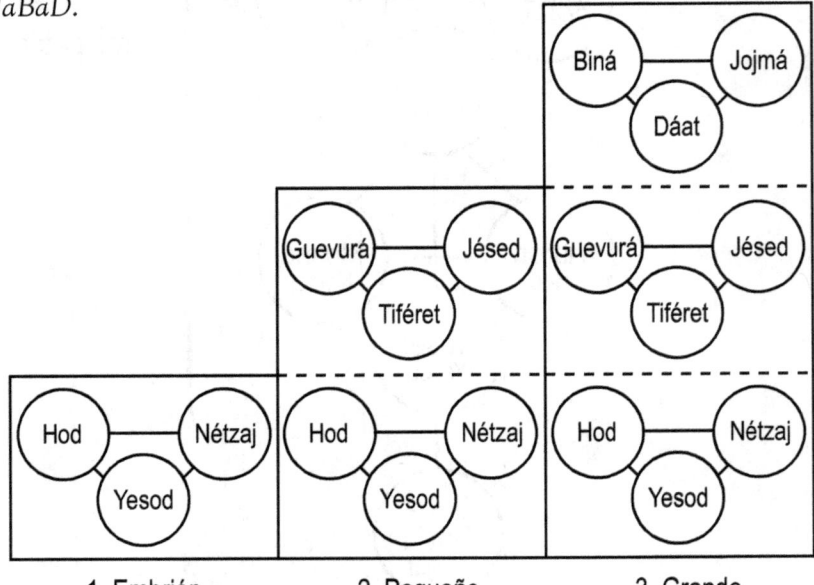

1. Embrión   2. Pequeño   3. Grande

El término "crecimiento" se refiere al crecimiento de una pantalla, de las fuerzas y deseos contrarios al egoísmo dentro del hombre. Esto es lo único que marca la diferencia entre una vasija grande y una pequeña, la única diferencia entre los *Partzufim*. Y sus cualidades internas cambiarán dependiendo de la magnitud de la pantalla

ESTOS PATRIARCAS ENTRARON EN LA MENTE SUPREMA Y SUBIERON AL MUNDO VENIDERO: esto hace referencia al desarrollo prenatal de ZA, cuando se eleva a AVI (denominados "Mente Suprema" o "Pensamiento Supremo"). *Aba-Jojmá* recibe el nombre de "la mente" ó "el pensamiento", mientras que *Ima-Biná* es denominada "el mundo venidero". Y ambos son llamados "padres", el padre y la madre, AVI. Y es ahí donde comienza la creación, la concepción de ZA: desde su estado inicial de embrión espiritual.

Tal y como le ocurre a un embrión en nuestro mundo –que depende completamente de su madre y de la voluntad de esta, que no tiene ni vida ni deseos propios, y que se desarrolla únicamente gracias a ella– del mismo modo, todo hombre puede llegar a ser un embrión espiritual: si deja a un lado todos sus deseos y acciones y cumple únicamente aquello que el *Partzuf* Superior desea, entonces hará de sí mismo un embrión espiritual semejante al fisiológico. La diferencia entre el embrión fisiológico y el espiritual es que para llegar a ser un embrión espiritual se requiere un enorme deseo y esfuerzo personal, mientras que la concepción de un embrión fisiológico depende de los padres.

Como resultado de su desarrollo prenatal en *Biná* (lo cual significa que el hombre aniquila por completo todos sus deseos y pensamientos personales y está listo para aceptar, como un embrión, todo lo que la madre le da: todos sus pensamientos y atributos, sin importar cuán incompresibles y contranaturales le puedan parecer a su esencia), este embrión alcanza el estado de nacimiento espiritual.

No obstante, este es un estado de un mayor ocultamiento de la Luz Superior con respecto al embrión, ya que todavía no cuenta con la pantalla para recibir dicha Luz. Y por lo tanto, este estado es denominado "pequeño", OCULTO EN LOS PROFETAS VERDADEROS, es decir, en las *Sefirot Nétzaj* y *Hod*, que ZA alcanzará como resultado del proceso de amamantamiento, la recepción de leche: *Or Jasadim* desde *Ima* (madre) *Biná*.

La Luz del amamantamiento llega a NeHY de ZA, y este alcanza VAK (la Luz de *Néfesh-Rúaj*, el estado pequeño). Durante el amamantamiento ZA alcanza la *Sefirá Yesod*, y por eso está escrito que Yosef nació; tras finalizar el periodo de amamantamiento, ZA sube para recibir desde AVI la Luz de *Neshamá*: el gran estado, denominado Yosef.

ZA se compone de tres partes: *JaBaD* = *J-B-D*, *JaGaT* = *J-G-T*, *NeHY* = *N-H-Y*. El proceso de crecimiento de ZA –la adquisición de una pantalla sobre sus deseos– empieza en la parte más pura, la menos egoísta: las *Sefirot JaBaD*, que son las primeras receptoras de la Luz de *Néfesh*. A continuación, ZA adquiere una pantalla para aquellos deseos más gruesos y egoístas: las *Sefirot JaGaT*; la Luz de *Néfesh* las atraviesa y entra en ellas desde *JaBaD*; a su vez, la Luz de *Rúaj* entra en *JaBaD* que se han quedado vacías.

Por último, ZA también adquiere una pantalla sobre los *Kelim* más egoístas: las *Sefirot NeHY*; y la Luz de *Néfesh* de *JaGaT* pasa a *NeHY*, la Luz de *Rúaj* pasa desde *JaBaD* a las *Sefirot JaGaT* que quedan vacías, y la Luz de *Neshamá* entra en las *Sefirot JaBaD* que quedan vacías.

El alcance del gran estado por parte de ZA, es denominado el nacimiento de Yosef, pues ahí aparecieron las *Sefirot NeHY*, en las que la última *Sefirá*, *Yesod*, es denominada Yosef. Sin embargo, dado que la Luz de *Jayá* aún no está presente, dicho estado se denomina de "ocultamiento". ENTRÓ YOSEF EN LA TIERRA SAGRADA Y LOS CONSTRUYÓ ALLÍ, es decir, tras el alcance del primer gran estado, la recepción de la Luz de *Neshamá*, ZA continúa creciendo, cultivando su pantalla hasta que recibe en ella la Luz de *Jayá*.

En tal estado, *Maljut de ZA* se separa de él y se hace un *Partzuf* independiente denominado LA TIERRA SAGRADA, ya que la Luz de *Jayá* recibe el nombre de "santidad". Y por ello está escrito que Yosef entró, o más exactamente, SUBIÓ YOSEF A LA TIERRA SAGRADA durante el estado grande de ZA; ZA y *Nukva* llegaron a ser parejos e iguales en su magnitud en el estado de *PBP* (*Panim be Panim*, cara a cara), el estado que determina el *Zivug* entre ZON.

Y LOS CONSTRUYÓ ALLÍ YOSEF: la Luz de *Jayá* o *Jojmá* llena el *Partzuf* solo durante un *Zivug*, cuando ZON realizan un *Zivug* entre ellos. Y esta Luz se queda en *Maljut*, pues dicha Luz únicamente puede ser revelada mediante la pantalla que hay en ella. Del mismo modo que AVI son GAR de *Biná*, YESHSUT es ZAT *de Biná* y *Or Jojmá* solo se encuentra en YESHSUT, la relación entre ZA y *Maljut* se basa en el mismo principio, y *Or Jojmá* se revela únicamente en *Maljut*. Por lo tanto, solamente cuando *Or Jojmá* llena a *Nukva* puede decirse que tiene lugar la revelación de la Luz, la cual, hasta ese momento, se consideraba oculta.

¿CUÁNDO SON VISIBLES? CUANDO EL ARCOÍRIS SE HACE VISIBLE EN EL MUNDO: ZA es denominado "arcoíris", el mundo es *Maljut*, y su unión recibe el nombre de "arcoíris en una nube". HA LLEGADO EL TIEMPO DE ERRADICAR A TODOS LOS PECADORES DE LA TIERRA: a medida que aumenta el número de pecadores en el mundo, las fuerzas impuras se aglutinan aún más en ZON. Y dichas fuerzas pueden llegar a influir en ZON hasta tal punto que arrastren al mundo a la destrucción, tal y como ocurrió en el Tiempo del Diluvio. En este caso, no existe otra salvación posible para el hombre que no pase única y exclusivamente por la revelación de la Luz Superior, la Luz de *Jayá*. Por eso dice *El Zóhar* que el mundo se salva gracias a los retoños que aparecen en la tierra, es decir, gracias a que la Luz de *Jayá* erradica las fuerzas impuras del hombre de la faz de la tierra (sus deseos, *Maljut*); y dichas fuerzas ya no pueden aferrarse a ella ni ser un obstáculo para el hombre.

Y DE NO HABER APARECIDO, EL MUNDO NO HABRÍA PODIDO SALVARSE, porque al principio *Nukva* es construida grande, como ZA. Y a esto se le llama "dos luceros grandes", cuando *Maljut* se encuentra en el mismo grado que ZA, pero permanece en la parte posterior de él, espalda con espalda, incapaz de recibir *Or Jojmá* a falta de Luz de *Jasadim*. Por eso, *Maljut* se queja sobre la falta de Luz de *Jasadim* y su incapacidad, por ende, de recibir Luz de *Jojmá*. Aunque, en tamaño, la luna sea igual que el sol, esta no puede brillar por sí misma: solo podrá hacerlo si el sol (ZA) le da Luz. Y dado que la *Or Jojmá* que le llega no es suficiente, tal estado es llamado "el reverso" (*Ajor*-espalda). Y un *Zivug* no puede llevarse a cabo en la posición "espalda con espalda".

Pero una vez que *Nukva* ha nacido y crece (recibe los atributos) del cuerpo de ZA –del mismo modo que está escrito en la *Torá* que Javá (Eva) nace del cuerpo de Adam– ella se hace igual a él, y entra en un *Zivug* cara a cara (*PBP*) con ZA. Pero la Luz previa también se queda en ella. Es más, precisamente porque sintió la falta de Luz en su estado inicial, *Maljut* recibe la Luz de *Jayá* en sus sufrimientos anteriores. De manera análoga, el hombre es capaz de sentir placer precisamente porque tuvo un sufrimiento previo.

Por eso dice *El Zóhar* que si los retoños no hubieran brotado en *Maljut* durante su estado pequeño, cuando se encontraba en la parte posterior de ZA, esta no habría podido recibir la Luz de *Jayá* durante su estado grande, pues le hubieran faltado los *Kelim*-deseos para recibir dicha Luz. Toda creación de algo nuevo está basada en la sensación de tinieblas, como se ha dicho: el Creador emana Luz de Sí Mismo y a partir de la nada crea las tinieblas. En el hombre, la sensación de tinieblas significa que está listo para recibir la Luz.

6. ¿Quién vivifica el mundo y provoca la revelación de los Patriarcas? Es la voz de los hijos que estudian la *Torá*. Gracias a estos hijos, existe el mundo. Por eso está escrito: "Zarcillos de oro te haremos" (*Shir HaShirim*, 1:11). Estos son los hijos, los adolescentes del mundo, como está escrito: "Y harás dos *Keruvim* de oro" (*Shemot*, 25:18).

La Luz de *Rúaj* se denomina "los hijos del mundo", y el *Zivug* en este estado (*PBA* o *Panim Be Ajor*: cara con espalda) es llamado LA VOZ DE LOS HIJOS QUE ESTUDIAN LA TORÁ. Y a esto también se le llama "los hilos de oro" y "dos *Keruvim* de oro". Hasta el crecimiento de *Nukva*, las fuerzas impuras tenían la facultad de destruir el mundo. Sin embargo, precisamente gracias a la unión de las líneas derecha e izquierda (durante el crecimiento de *Nukva* desde ZA, el arcoíris-línea derecha brilla en una nube-línea izquierda) puede entrar en *Maljut* la Luz de *Jayá*, sin la cual el mundo podría ser destruido como en el Tiempo (el estado) del Diluvio.

¿QUIÉN VIVIFICA EL MUNDO?: ¿Quién provoca la aparición de la Luz de *Jayá*? Precisamente los hijos que estudian la *Torá*. "Hijos" se refiere a la Luz del lado contrario, la Luz de *Rúaj*, la sensación de falta de Luz de *Jayá*, porque "hijo" hace alusión al proceso de amamantamiento. Los hijos de la casa de *Rabán* (*Tinokot Beit Rabán*) son la Luz de *Jayá*, ya que la palabra "*Rabán*" deriva de la palabra "*Rav*" (grande, *Jayá*). Ellos no han conocido el pecado, es decir, no han utilizado *AJaP* (sus deseos egoístas aún sin corregir, pues la palabra "hijos" designa el estado pequeño), sus deseos de recibir.

QUIÉN CREÓ A ESTOS

7. Al principio. Abrió Rabí Eliezer y dijo: "Levantad vuestros ojos y veréis QUIÉN CREÓ A ESTOS" (*Yeshayahu*, 40:26). ¿Adónde elevar los ojos? A aquel lugar, del cual dependen los ojos de todos. ¿Quién es Él? Él es Uno que abre ojos, *Maljut* de *Rosh* de AA. Y allí veréis que *Átik* está oculto y encierra la respuesta a la pregunta: QUIÉN CREÓ A ESTOS. QUIÉN es MI, ZAT *de Biná*, la Frontera más Elevada del Cielo, y todo depende de Él. Y puesto que Él encierra esta pregunta, pero está oculto, Él es denominado MI. Porque MI es la forma en que se pregunta ¿quién? -MI- ya que por encima de Él no hay preguntas. Solo en la Frontera Superior del Cielo puede encontrarse la pregunta.

En hebreo, MI es la pregunta "¿quién?" pero también la preposición "desde". La Cabalá nos describe los atributos de las raíces de nuestro mundo y, por tanto, un mismo objeto espiritual puede revelarnos a veces toda una gama de conexiones, atributos y categorías. Aquí ocurre lo mismo: la palabra MI es una parte de la palabra *ElokIM*, donde las dos últimas letras forman la palabra MI. No obstante, al mismo tiempo, ellas encierran multitud de cargas y significados adicionales.

Rabí Eliezer desea explicar cómo fueron creados el Cielo y la Tierra. Naturalmente, como ocurre en toda la *Torá*, *El Zóhar* únicamente habla de grados y espirituales: no se ocupa de la explicación sobre el origen físico ni del desarrollo de nuestro mundo. Es más, resulta imposible entender el auténtico origen y desarrollo de nuestro mundo sin el alcance del mundo espiritual. Pero, por otro lado, el hombre que alcanza es incapaz de transmitirlo a los demás. Por eso, aunque haya alcanzado toda la esencia del origen de nuestra naturaleza y sus acciones, aun así, no podrá describirlo de manera comprensible a los demás.

El Cielo y la Tierra constituyen los siete días de la creación, ZON del mundo de *Atzilut*. Y sin embargo, si esto forma parte del mundo de *Atzilut*, ¿por qué decimos BARÁ ("creó", de la palabra *Briá*) y no *Atzil* ("emanó", de la palabra *Atzilut*)? Es precisamente aquí donde reside la oportunidad de abrir los ojos al proceso de la creación.

La cabeza (*Rosh*) de AA únicamente tiene *Kéter-Jojmá*. La *Maljut* situada bajo los ojos, debajo de la *Sefirá Jojmá*, es llamada "la apertura de los ojos": solo durante su apertura desciende a través de ella *Or Jojmá* procedente de la cabeza de AA hacia todos los *Partzufim* del mundo de *Atzilut*.

Por eso está escrito que uno debe elevar los ojos AL LUGAR, DEL CUAL DEPENDEN LOS OJOS DE TODOS, porque *Or Jojmá* puede llenar todos los *Partzufim* del mundo de *Atzilut* solo durante la apertura de *Maljut* en la cabeza de AA. De ahí que todo el secreto de la apertura radique en *Maljut*. *Or Jojmá* –la Luz de la sabiduría– es la Luz de los ojos. Ella sale de los ojos, y solamente bajo esta Luz uno puede ver.

La palabra BARÁ significa BAR (fuera), fuera de los límites del mundo de *Atzilut*. Porque *Biná* salió de la cabeza de AA y se colocó más abajo, en el exterior de la cabeza de AA, dando a luz, es decir, precisamente BARÁ (creando) ZON.

En hebreo, cada noción puede ser designada por varios nombres, que determinarán exactamente el tipo de acción tiene lugar. Aquí, el nacimiento de ZON ocurrió gracias a que *Biná* salió de su grado hacia abajo; y por eso el nacimiento de ZON es denominado BARÁ, de la palabra BARÁ: fuera de (su grado).

Toda la creación se compone únicamente de diez *Sefirot*. Y puesto que cada *Sefirá* incluye dentro de sí a todas las demás –y todas ellas están interconectadas–, cada mundo, grado o *Sefirá* posee las propiedades de todas, y está compuesta por partes de todas. Así, cada *Sefirá* consta de *Kéter-Jojmá-Biná-ZA-Maljut*. En total $5 \times 5 \times 5 = 125$ *Sefirot*, o peldaños de la escalera que se encuentra entre nosotros (los inferiores) y el Creador (el Supremo).

La cualidad de *Biná* es *no* recibir Luz de *Jojmá*. No obstante, para poder transferir *Or Jojmá* a ZA y *Maljut*, que desean recibirla para deleitar al Creador (la recepción de *Jojmá* es la meta de la creación), *Biná* acondiciona dentro de sí cierta parte llamada ZAT de *Biná* o YESHSUT, que recibe Luz de *Jojmá* desde el *Partzuf Jojmá* y la transmite a ZON. La parte principal, *Biná* en sí, se denomina GAR de *Biná*. La parte de *Biná* que recibe *Or Jojmá* es denominada ZAT de *Biná*.

Por consiguiente, si *Biná* sale de la cabeza y cae al cuerpo –tal y como sucede en la segunda restricción– esto no influye en ella porque no sufre por la ausencia de Luz de *Jojmá*; como si ella nunca hubiera salido de la cabeza. Esto es válido únicamente para la parte superior de *Biná*, GAR de *Biná*, que no desea *Or Jojmá*. Esta parte es llamada *AVI*, y se extiende desde la boca hasta el pecho de *AA*.

Sin embargo, ZAT de *Biná* –deseosa de recibir *Jojmá* para ZON al igual que una madre desea recibir para sus hijos– siente la salida desde *Rosh* de *AA* hacia su *Guf*, pues en ese lugar ella no puede recibir *Or Jojmá*, solamente puede recibir la Luz de *Rúaj-Néfesh*, VAK de la Luz. Esta parte de *Biná* recibe el nombre de YESHSUT, y se extiende desde el *Jazé* hasta el *Tabur* de *AA*.

ZON del mundo de *Atzilut* –que reciben de YESHSUT– se extienden desde el *Tabur* hasta el extremo de los pies de *AA*, que permanecen en la *Parsá*. Entonces, hay dos *Parsaot* (plural de *Parsá*): una está en el mundo de *Atzilut*, separando las *Sefirot* "de otorgamiento" (GE) de las *Sefirot* "de recepción" (AJaP). Esta *Parsá* se encuentra en el pecho de *AA*. Y la segunda *Parsá* se encuentra entre *Atzilut* y BYA. No obstante, puede decirse que cada *Partzuf* cuenta con su propia *Parsá* que separa los deseos de otorgar de los deseos de recibir.

Aunque GAR de *Biná* se encuentran debajo de la cabeza de *AA*, se considera como si no hubieran salido de ella, pues ellos no lo perciben así, es decir, no desean *Jojmá*: solo desean otorgar. Y todo aquel que solamente desee otorgar, siente la perfección dondequiera que esté. Todos los *Partzufim* y los elementos en ellos que no estén relacionados con la recepción de *Jojmá* (*Kéter-Jojmá*-GAR de *Biná*), se separan mediante una *Parsá* de las otras partes del mundo de *Atzilut* que desean *Jojmá* (ZAT de *Biná* y ZON).

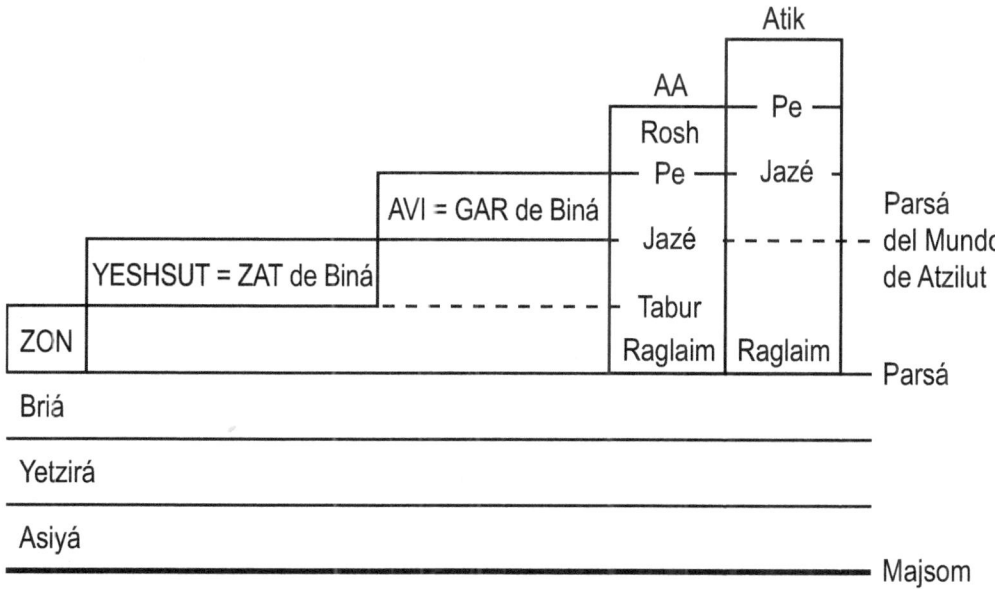

"La existencia de la pregunta" sobre la cual habla El Zóhar significa la sensación de carencia de Luz de Jojmá, el deseo por ella. Esto es percibido por ZON y por eso elevan MAN. MAN es una súplica del inferior al Superior pidiéndole fuerza para recibir Or Jojmá en beneficio del Creador. Se denomina "pregunta" porque una pregunta es como una plegaria, como una súplica. Y El Zóhar nos dice que solamente en YESHSUT existe la pregunta: él recibe MAN desde abajo, desde ZON.

Pero, antes de esto, acerca de YESHSUT está escrito BARÁ (de la palabra de Briá = BAR, que se encuentra FUERA del grado). ¿Qué hizo? – BARÁ (creó) ÉLEH (E-L-E-H = AJaP, ZON). Sin embargo, los creó sin cabeza, como él mismo. Porque la palabra BARÁ (FUERA) indica la ausencia de cabeza (Kelim del mundo de Atzilut).

ZAT de Biná, que esperan "una respuesta a su pregunta" (Or Jojmá), son denominados MI. En relación a ellos se dice BARÁ porque salieron, bajaron de manera independiente desde el nivel de la cabeza de AA hasta debajo de su pecho. Estos son ZAT de Biná, denominados YESHSUT (MI), "la Frontera Superior del Cielo", porque el Cielo es ZA, que recibe de YESHSUT. Maljut es llamada "Tierra".

ZAT de Bina se llama "el Firmamento."

ZA se llama "el Cielo."

Malchut se llama "la Tierra."

Todo lo que se encuentra por debajo de YESHSUT (ZON y los mundos de BYA) reciben de él. Por tanto, se considera que YESHSUT vivifica toda la creación, porque siempre que él tenga, ellos recibirán. No obstante, será el MAN de ellos lo que va a determinar si YESHSUT tiene algo que entregarles o no.

GAR de Biná (AVI): NO HAY PREGUNTA EN ELLOS, ellos no reciben MAN para la recepción de Jojmá, ellos nunca sienten carencia de Jojmá: ni para sí mismos ni para entregarla a otros. Únicamente ZAT de Biná (YESHSUT) son creados y existen para la pregunta, es decir, para la recepción de MAN (la súplica de ZON). YESHSUT eleva el MAN que recibe desde ZON a la cabeza de AA, y desde allí recibe Or Jojmá. YESHSUT se denomina la "Frontera Superior del Cielo", porque ZA, llamado "el Cielo", recibe de él.

8. Sin embargo existe uno más por debajo, denominado MA. ¿Qué hay en común ente este y aquel? El primero, oculto, es denominado MI. En él hay una pregunta para que el hombre investigue, explore, y así vea y conozca todos los grados, hasta el final de todos ellos, hasta Maljut. Eso es MA. ¿Qué significa

MA? ¿MA (Qué) sabes? ¿Qué ves? ¿Qué exploras? Pues, en un principio, todo está oculto.

Al encontrarse en un estado de *Zivug PBP* con ZA, *Maljut* también es denominada MA (como ZA) y es considerada la frontera más baja del Cielo; porque ella es el final de todos los grados y *Atzilut* termina con ella. ZA, denominado "Cielo", se encuentra entre *Maljut* (la frontera más baja del Cielo) y YESHSUT (la frontera más alta del Cielo).

EL HOMBRE DEBE PREGUNTAR, VER, EXPLORAR: si el hombre, que está por debajo de ZON, eleva MAN (su rezo) hacia ZON, ellos entonces elevarán este MAN hacia arriba. Porque ZON se corrigen con *Or Jasadim*, y no desean recibir *Or Jojmá*. Y únicamente si existe un ruego que provenga desde abajo, desde el hombre, ZON se elevarán a YESHSUT con la petición de recibir Luz de *Jojmá*. Entonces, YESHSUT elevará MAN a AVI, y AVI elevará MAN a AA: AVI ascienden a *Rosh* de AA, donde se encuentra *Or Jojmá*, y sobre esta Luz realizan un *Zivug*.

El *Zivug* de AVI es denominado "*Aba* e *Ima* mirándose uno a otro". "Mirar" significa recibir Luz de *Jojmá* ("oír" significa recibir Luz de *Jasadim*). A consecuencia de la elevación de AVI a *Rosh* de AA, *Biná* empieza a recibir *Jojmá* para ZON. Todos los *Partzufim* del mundo de *Atzilut* han sido corregidos por *Or Jasadim*, hasta tal punto, que no desean recibir Luz de *Jojmá* para sí mismos.

Aquel capaz de elevar una súplica (MAN) que haga que ZON se eleve hasta YESHSUT, provocando así que YESHSUT y AVI asciendan a *Rosh* de AA y reciban Luz de él, no puede considerarse un hombre ordinario, ¡sino un "justo"!

La súplica-MAN que el hombre eleva a ZON es denominada "el alma del hombre", porque el alma es una vasija, un deseo lleno de Luz. Sin embargo, la Luz en el interior de la vasija vendrá determinada por el deseo. Por eso, el deseo espiritual, es decir, la intención de actuar en beneficio del Creador, es el alma. Y si un hombre no cuenta aún con esta intención, sencillamente no tiene alma.

El mundo espiritual es un mundo compuesto únicamente de deseos, sin envolturas corporales. El lector debe revisar sus ideas sobre el alma, el cuerpo, las conexiones entre mundos, etc., y enmendar dichos conceptos para llegar a comprender estas categorías de manera correcta.

Así, los deseos corregidos del hombre pasan a ser denominados "las almas de los justos". Estas almas de los justos se elevan hacia ZON en forma de MAN y provocan el ascenso de ZON a YESHSUT. La presencia de ZON crea en

YESHSUT un deseo de recibir Luz de *Jojmá*. Esto obliga a YESHSUT (ZAT de *Biná*) a elevarse hasta *Rosh* de AA y unirse allí con GAR de *Biná* (AVI) en un *Partzuf* único. Entonces AVI (AB + SAG = AA + AVI) se miran uno a otro e intercambian Luz de *Jojmá* entre ellos y la envían hacia abajo, a ZON.

Sin una petición desde abajo, AVI se sentirán satisfechos con *Or Jasadim* y no "se mirarán" uno a otro. Solo la súplica de sus hijos (ZON) puede hacer que AVI se sitúen cara a cara, PBP, y realicen un *Zivug*. En ese *Zivug*, *Ima-Biná* recibe *Or Jojmá* desde *Aba-Jojmá* para los hijos (ZON).

Y esto tiene lugar PORQUE EL HOMBRE PREGUNTÓ: la pregunta del hombre significa la elevación de MAN para que AVI se miren uno a otro, es decir, para que realicen un *Zivug* entre ellos, y así *Ima* reciba *Jojmá* desde *Aba* para entregarla al hombre que eleva su alma. *Or Jojmá* que desciende recibe el nombre de "conocimiento-sabiduría" (*Dáat*), porque ZON se elevan a YESHSUT + AVI, y ahí desencadenan un *Zivug* sobre *Or Jojmá*, llamada "conocimiento". Por eso, está escrito en la *Torá*: "Y conoció Adam a su mujer".

Por lo tanto, CONOCER significa recibir *Or Jojmá*. ZON –que se encuentran en AVI y compelen a estos a recibir *Or Jojmá*– son denominados *Dáat*-conocimiento o *Sefirá Dáat*. No se trata de una *Sefirá* adicional. No hay más que diez *Sefirot*. Sin embargo, para designar que la petición de Luz de *Jojmá* por parte de ZON se encuentra dentro de las diez *Sefirot* del *Partzuf* de AVI, decimos que AVI tiene la *Sefirá Dáat*. Y en este caso, en vez de la enumeración habitual de las *Sefirot*: *Kéter-Jojmá-Biná-Jésed-Guevurá-Tiféret-Nétzaj-Hod-Yesod-Maljut*, contabilizamos las *Sefirot* de la siguiente manera: *Jojmá-Biná-Dáat-Jésed-Guevurá-Tiféret-Nétzaj-Hod-Yesod-Maljut*. La *Sefirá Kéter* se omite y mencionamos la *Sefirá Dáat* después de *Jojmá* (Aba) y *Biná* (Ima). DE GRADO A GRADO quiere decir la transmisión de *Or Jojmá* desde la *Sefirá Dáat* del grado de AVI hasta el grado de ZA, y HASTA EL FINAL DE TODOS LOS GRADOS: desde ZA hasta *Maljut*, llamada "el final de todos los grados".

Cuando la Luz está presente en *Nukva*, es denominada MA; y la Luz que ella envía a los inferiores es denominada "las cien bendiciones". Hay distintos estados en *Nukva*, *Maljut* del mundo de *Atzilut*. Y necesitamos conocerlos, porque todo lo que recibimos, lo recibimos exclusivamente de ella. Además de todas las etapas del crecimiento –desde el punto hasta el *Partzuf* completo– una *Maljut* que se ha desarrollado tiene dos estados grandes:

Maljut alcanza el primer estado grande cuando recibe la Luz de *Neshamá*. Esto ocurre cuando, gracias al MAN de *Maljut*, AVI asciende un grado más: de su emplazamiento permanente a la cabeza de AA. Sin embargo, aunque YESHSUT se eleve por encima de su ubicación habitual (entre el pecho y el *Tabur* de *AA*) hasta el lugar donde solía encontrarse *AVI* (entre la boca y el pecho de *AA*) todavía envuelve el cuerpo de *AA*, aunque se une en un único *Partzuf* con *AVI*.

Y dado que ahora *YESHSUT* envuelve exteriormente el lugar que va desde la boca (*Pe*) hasta el pecho (*Jazé*) de *AA*, *YESHSUT* se vuelve como *Rosh* de *AA*, pues se ha unido con *AVI* en *Rosh* de *AA* como un solo *Partzuf*. Asimismo, *YESHSUT* se elevó desde debajo de la *Parsá* de *Atzilut* –situada en el pecho de *AA*– y permanece por encima de ella, donde brilla *Rosh* de *AA*.

Por eso *YESHSUT* transfiere *Or Jojmá* a *ZA*, y *ZA* la pasa a *Maljut*, que se llena con esta Luz denominada "las cien bendiciones"; porque una vez recibida esta Luz, *ZON* pueden elevarse al lugar permanente de *YESHSUT*, donde *YESHSUT* se encontraba antes, entre el *Jazé* y el *Tabur* de *AA*.

Al elevarse hasta ese grado, *Maljut* llega a ser como *Ima*. En el mundo espiritual, el grado en que se encuentra un objeto espiritual determina todas sus cualidades. Del mismo modo ocurre en nuestro mundo: solo el grado de desarrollo interno del hombre determina sus cualidades, pensamientos y deseos. Y puesto que *Ima* = 100, *Maljut* es entonces denominada "cien", para recalcar el hecho de que *Maljut* asciende hasta *Biná* del mundo de *Atzilut*.

Por otro lado, ahora *Maljut* es igual a *MI*, como lo era *YESHSUT* antes de la elevación de *MAN* y la transmisión de la Luz. Esto es así porque ahora ella reviste el lugar del estado pequeño de *YESHSUT* –desde el *Jazé* hasta el *Tabur* de *AA*– y permanece bajo la *Parsá* del mundo de *Atzilut*, por debajo de la cual la Luz proveniente de la cabeza de *AA* no penetra.

Por eso *Maljut* no gana Luz (la cual solicitó elevando *MAN*). No obstante, *Maljut* gana la recepción de las cualidades de *Ima-Biná*, pues se elevó hasta *YESHSUT*, denominado *Ima*.

Así, la Luz que *Maljut* recibe se considera solo como *VAK* de *Gadlut*, el primer estado de *Gadlut*. *Maljut* no podrá recibir *GAR* de *Gadlut*, el segundo *Gadlut*, *Or Jojmá* (Luz de *Jayá*), mientras se encuentre bajo la *Parsá* de *Atzilut* en el *Jazé* de *AA*. (El modo en que *Maljut* recibe *GAR* de *Gadlut* se explica en el artículo siguiente, puntos 11-15).

El *Zóhar* denomina a la *Nukva* que se elevó hasta *YESHSUT* con la palabra *MA*, que proviene de la palabra *Mea* (cien), porque, mediante esta elevación, *Maljut* ganó los atributos de *Birá*, cien bendiciones. Y ganó la sensación de la pregunta: ella siente que incluye solamente *VAK* (la mitad, una parte del estado grande). Dicho de otro modo, siente deseo por su segunda parte, *GAR*. No obstante, obtuvo una parte del estado grande: *VAK* de *AVI*.

De esta forma, *Nukva* se hizo equivalente a YESHSUT antes de la elevación de MAN, pero a la vez adquirió los atributos de *Biná*, cien bendiciones. Y dado que esto es VAK de la Luz del estado grande, ella siente una deficiencia (una pregunta), tal y como sintió YESHSUT antes de la elevación de MAN, cuando YESHSUT estaba en su emplazamiento y se encontraba en el estado de *Katnut*. Cuando se elevó hasta AVI, AVI se elevaron a AA, y ZON se elevaron al emplazamiento de YESHSUT. AVI brillan desde la cabeza de AA sobre el emplazamiento de YESHSUT. Y ZON, que ahora se encuentran allí, sienten la Luz recibida desde AVI y entienden que esto es solamente una parte de la Luz, lo cual suscita en ellos una pregunta más.

9. Este es el secreto que encierra la palabra MA: ¿QUÉ atestiguas y QUÉ es como tú? Cuando fue destruido el Templo, salió una voz y dijo: "¿Qué (MA) mostrarte, qué (MA) comparar a ti?" (*Eijá*, 2:13). Pero aquí MA significa: "¿Qué es el pacto, el testimonio, qué (MA) es equiparable a ti?". Porque cada día atestigua ante ti los días pasados, como está escrito: "Pongo hoy por testigos contra vosotros al *Cielo* y la *Tierra*" (*Devarim*, 30:19). ¿QUÉ es como tú? Está escrito: "Te adorné con las alhajas sagradas y te hice soberana del mundo". Y está escrito: "¿Es esta la *ciudad* a la que los hombres llamaban quintaesencia de la belleza?" (*Eijá*, 2:15). Te llamé "Mi Jerusalén Restablecida" (*Shir HaShirim*, 122). "¿QUÉ puede compararse a ti?" (*Eijá*, 2:13). Tal y como tú estás sentado, así Él está en lo Alto, en la Jerusalén Superior. Tal y como no entra el pueblo sagrado en ti, del mismo modo, Yo te juro que no entraré en lo Alto antes de entrar en ti en lo bajo. Y ese será tu consuelo, que Yo te igualaré con este grado, con la Jerusalén Superior, es decir, con la *Maljut* Superior, que reina (*Maljut* en hebreo es "el reino") sobre todas las cosas. Pero mientras estás aquí "Tu desdicha es inmensa como el mar" (*Eijá*, 2:13). Y si dijeras que no hay existencia o salvación para ti, entonces MI (QUIEN) te curará (no ¿Quién? con signo de interrogación, sino la Fuerza Superior, denominada QUIEN, te curará), es decir: será precisamente ese grado Supremo y oculto, llamado MI, *Biná* –que todo lo vivifica– quien te curará y te devolverá a la vida.

En otras palabras, MA y MI, a pesar de que se traducen como QUÉ y QUIÉN, designan los nombres de objetos espirituales que llevan a cabo acciones descritas en *El Zóhar*. La destrucción del Templo fue la consecuencia del pecado de la recepción egoísta por parte de Israel: no deseaban elevar MAN para el *Zivug* de ZON, sino que deseaban recibir Luz en las fuerzas impuras, en sus deseos egoístas, denominados "otros creadores" o "dioses ajenos" (*Elokim Ajerim*). Solamente existe un Creador.

Solo existe un atributo en el Creador, y lo conocemos: el atributo de otorgamiento. Aproximarse a este atributo se denomina trabajar "en beneficio del Creador". Cualquier otro deseo es simplemente un alejamiento de este atributo y del Creador, porque, salvo este atributo o su contrario (es decir, su ausencia) no existe nada en la creación. Por eso, el movimiento interior del hombre hacia el atributo de recepción le aleja del Creador, y por ello se denomina "adoración a otros dioses". Y a consecuencia de ello cesó el *Zivug* de ZON, desaparecieron las cien bendiciones desde *Nukva* y el Templo fue destruido.

El Primer Templo: *Maljut* se elevó a AVI y allí recibe la Luz de *Jayá*. La destrucción es la caída de *Maljut* hasta el nivel de recepción de la Luz GAR de *Rúaj*.

El Segundo Templo: *Maljut* se elevó a YESHSUT y recibe la Luz de *Neshamá*. En su destrucción *Maljut* desciende hasta el nivel de recepción de la Luz de *Néfesh* en su *Sefirá Kéter*, mientras que las otras nueve *Sefirot* de *Maljut* caen por debajo de la *Parsá*. Tal estado es denominado *Galut* (exilio) de la espiritualidad, del mundo de *Atzilut*. La única *Sefirá Maljut* en el mundo de *Atzilut* queda como un punto debajo de la *Sefirá Yesod de ZA*.

ZA es denominado "seis días", y *Maljut* es denominada "*Shabat*" (sábado). Entonces, ¿*Maljut* es más grande que ZA del mismo modo que *Shabat* es más grande (más alto) que los días laborables? Los mundos de BYA, incluido nuestro mundo, reciben la Luz, la fuerza de vida, desde *Maljut*. Los "seis días laborables" es el estado de ZON en que ZA y *Maljut* no están unidos entre sí. "*Shabat*" es el estado de ZON en que *Maljut* se une con ZA -tiene lugar un *Zivug*-, *Maljut* recibe entonces la Luz desde ZA y la entrega a todo el mundo.

Dada la relevancia para nosotros del estado de *Maljut* cuando transmite la Luz desde ZA a todos los inferiores, al medir nuestros estados en relación a lo que recibimos de *Maljut*, definimos la medida de recepción máxima como "*Shabat*" (naturalmente, esto no tiene relación con nuestros días del calendario: los días laborales y el sábado-*Shabat* son estados espirituales que transcienden el tiempo).

SALIÓ UNA VOZ Y DIJO: "TODOS Y CADA UNO DE LOS DÍAS MI PACTO SE ENCUENTRA EN TI DESDE LOS DÍAS DE ANTAÑO": aquí *El Zóhar* habla sobre la Luz de VAK que ZON reciben en el estado de *Gadlut*, la cual *Nukva* recibe como MA. Esta Luz es denominada "los días de antaño" (*Yamim Kadmonim*). Por ello, está escrito en la *Torá* (*Devarim*, 4:32): "Pregunta por los días pasados que te precedieron, desde el día en que el Creador creó al hombre, y desde un extremo al otro del cielo, ¿acaso se ha hecho algo semejante a esta gran cosa?..."

La Luz de VAK del estado de *Gadlut* en ZON es denominada "los días de antaño", porque esto es VAK *de AVI*. YESHSUT es ZAT de AVI. ZAT es la abreviatura de las palabras *Zayin* (7) *Tajtonot* (inferiores, refiriéndose a las *Sefirot*). ZAT de AVI, es decir, las siete *Sefirot* inferiores del *Partzuf* AVI, es YESHSUT. Estos *Zayin* son siete días, es decir, las siete primeras *Sefirot* de AVI con respecto a *Zayin*, los siete días o siete *Sefirot* de ZON.

Por eso está escrito, "MI PACTO CADA DÍA POR EL CIELO Y LA TIERRA" (*Yirmiyahu*, 33:25). Estas palabras de la *Torá* hablan del *Zivug* de ZON llamados "el Cielo" (ZA) y "la Tierra" (*Nukva*). "Los días de antaño" o "los días Superiores" son YESHSUT, y "los días inferiores" o "los días del presente" son ZON.

En esta frase el Creador advierte de la necesidad de realizar y mantener constantemente el *Zivug* de ZON. En caso contrario, avisa el Creador, "desapareceréis de la Tierra". Y el sentido de esta advertencia por parte del Creador sobre las cien bendiciones, es que deben ser observadas y creadas constantemente.

Es así porque estas cien bendiciones –que *Nukva* recibe de ZA cada día durante el *Zivug* de MA entre ellos– tienen lugar durante la elevación de ZON a YESHSUT, cuando ZA se vuelve como YeshS = (*Israel-Saba*), y *Nukva* se vuelve como T = (*Tevuná*). YeshSuT = Israel - Saba (u = y) - Tevuná. Y entonces, la Luz que *Nukva* recibe de ZA se convierte en cien bendiciones, como la Luz en *Tevuná*.

Acerca de esto está escrito: "la ciudad, unida con ella", porque *Nukva*, llamada "la ciudad", se unió con *Tevuná* y se volvió como *Tevuná*. Y en *Tevuná*, *Nukva* recibe la Luz de *Tevuná*, conocida como "los adornos sagrados"; y entonces, como una corona de belleza, ella rodea la Tierra y recibe poder sobre la Tierra.

No obstante, a consecuencia de los pecados de Israel (el fortalecimiento de los deseos impuros frente a los puros), fue destruido el Templo (desapareció la Luz) e Israel fue expulsado de su tierra (cayó a los grados inferiores). Y asimismo, esto llevó al alejamiento de *Nukva* (todas las criaturas) de ZA (el Creador), porque sus nueve *Sefirot* inferiores (sus deseos) cayeron en las fuerzas impuras (se volvieron egoístas). Es decir, los nueve deseos (fuerzas) puros y altruistas perdieron la pantalla, y la propia *Nukva* se convirtió en un punto situado bajo la *Sefirá Yesod* de ZA.

Por ello está escrito "QUIEN TE RESTABLECERÁ Y QUIEN TE CURARÁ": si los hijos de Israel vuelven a aspirar al Creador (al altruismo)

-algo que se denomina "regreso"- y enmiendan sus acciones (deseos) y elevar al Creador sus ruegos (MAN) para corregirse en ZON, podrán entonces recibir de nuevo la Luz Superior en ZON; de nuevo se elevará Nukva a YESHSUT, denominado MI, y será curada con esto (la Luz Superior entrará en Maljut, las almas, y les impartirá sus atributos).

10. MI-QUIÉN delimita el Cielo por Arriba- YESHSUT. MA-QUÉ delimita el Cielo por abajo- ZA y Maljut. Y esto es lo que heredó Yaakov, porque él es ZA, que brilla de un extremo a otro. Desde un extremo, MI, al otro extremo, MA. Porque él, ZA, Yaakov, se encuentra en medio, entre YESHSUT y Maljut. Por eso, está escrito MI BARÁ ÉLEH: MI = YESHSUT, BARÁ = creó, ÉLEH = ZA y Maljut.

De hecho, habría que decir "desde el principio, es decir, desde lo Alto del Cielo hasta su final, es decir, el punto más bajo". Y sin embargo, está escrito: "Desde un extremo del Cielo". MI = MI es YESHSUT, que sostiene todo con su pregunta, el deseo de recibir Luz para ZON. MA = MA es Nukva. Antes de que Nukva eleve MAN, ella es el grado último, situado bajo del pecho de ZA. Entre YESHSUT y Nukva se encuentra Yaakov (ZA) que envuelve a AA desde el Tabur hasta Maljut de AA.

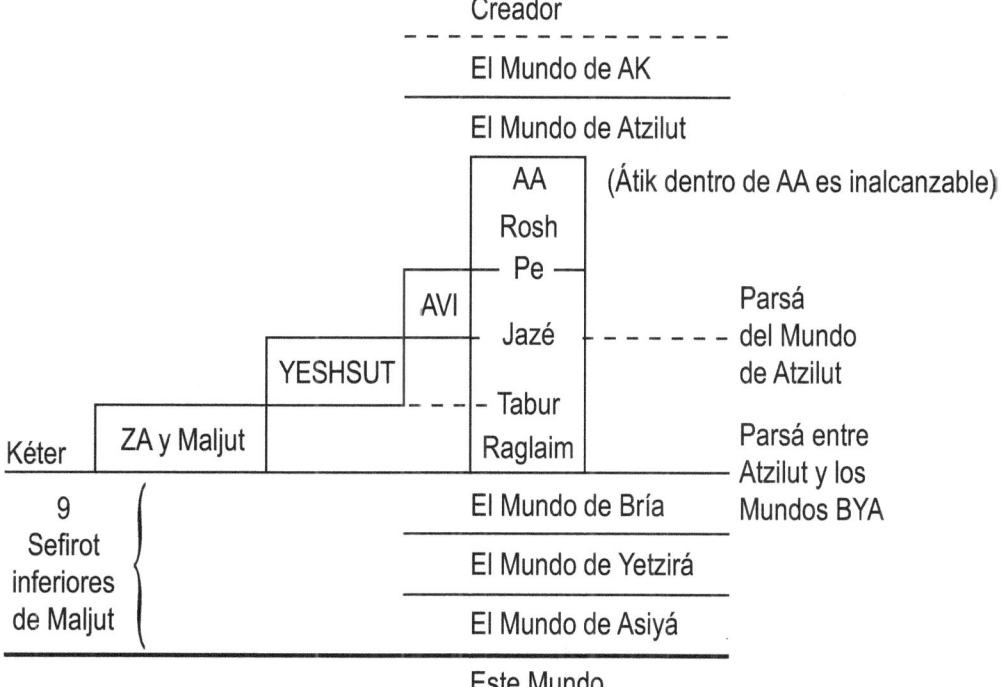

Árij Anpin (AA) es el *Partzuf* central del mundo de *Atzilut*. *Átik* es inalcanzable, por lo que todo sale de AA, y todos los *Partzufim* del mundo de *Atzilut* lo envuelven, es decir, reciben de él: la cabeza de AA se erige por encima de todos, y nadie puede envolver su cabeza; esto quiere decir que nadie puede alcanzar sus pensamientos ni las causas de sus acciones.

El siguiente *Partzuf* es AVI. AVI envuelven a AA, es decir, le alcanzan, desde *Pe* hasta el *Jazé*. Por debajo de AVI se encuentra el *Partzuf* YESHSUT, que rodea a AA, desde el *Jazé* hasta el *Tabur*. A continuación, debajo de YESHSUT se encuentra ZA, desde el *Tabur* hacia abajo: ZA es un *Partzuf* incompleto que solamente tiene seis *Sefirot Jojmá-Biná-Dáat-Jésed-Guevurá-Tiféret*, o VAK, el estado de *Katnut*, y termina en su *Sefirá Tiféret*, su *Jazé*.

Nukva (*Maljut*) se encuentra debajo de ZA, más exactamente, en paralelo a su última *Sefirá*, *Tiféret* (el *Jazé* de ZA). Ella solamente tiene una *Sefirá Kéter*: las otras nueve *Sefirot* inferiores cayeron por debajo de la *Parsá*, a los mundos de BYA. La totalidad del mundo de *Atzilut* termina en el *Jazé* de ZA, donde se encuentra una sola *Sefirá Maljut*, motivo por el cual es llamada "el punto".

En nuestro mundo existe el deseo y su manifestación física: la acción. Por ejemplo, uno puede desear recibir algo, pero no se permite tomar nada, no se permite realizar ninguna acción física. Y sin embargo, su deseo de recibir permanece igual. En el mundo espiritual no hay cuerpos, solo meros deseos. Por lo tanto, el deseo en sí ya constituye una acción; exactamente igual que una acción que haya sido llevada a cabo a nivel mental y físico en nuestro mundo. Y, por consiguiente, solamente el deseo determina el estado espiritual del hombre.

¡Imagínese el lector si en nuestro mundo juzgáramos a un hombre no por sus acciones, sino por sus deseos! Es terrible pensar lo lejos que estamos de los requerimientos espirituales. Sin embargo, nuestros deseos son la consecuencia del grado en que nos encontramos. Y, como explica *El Zóhar*, únicamente elevando MAN (la súplica para la corrección), podemos atraer sobre nosotros el flujo de la Luz Superior que nos corregirá y elevará al Grado más Alto. Entonces, inmediatamente empezaremos a pensar y desear aquello que dicho grado suscite en nosotros.

En consecuencia, nuestra tarea es anhelar la corrección. Y para ello necesitamos "una pregunta", la sensación de que nuestro estado es insoportable. A esto se le denomina "la revelación del mal", la revelación de que el egoísmo es el mal, ya que me causa daño al alejarme de lo espiritual.

Sin embargo, para que esto ocurra necesitamos sentir al menos una mínima parte de lo que es la espiritualidad; sentir hasta qué punto es buena. El mal solamente puede revelarse al entrar en contraste con el bien. Pero ¿cómo podemos llegar a sentir lo espiritual si aún no hemos logrado salir del egoísmo? ¿En qué otros *Kelim*-deseos podemos sentirlo? Aunque carecemos de deseos corregidos –y por ende, no podemos sentir lo espiritual– no obstante, a raíz del estudio de la Cabalá, el hombre comienza a sentir la Luz Circundante, y esta le proporciona un deseo por la espiritualidad. (Véase *Introducción al Talmud Éser Sefirot*, punto 155).

El deseo de alguien que existe físicamente en nuestro mundo –pero que espiritualmente se encuentra en los mundos de BYA– es un deseo de disfrutar la Luz. Pero frente a estos deseos, el hombre cuenta con "un contra-deseo" (denominado *pantalla*) que neutraliza ese deseo natural de recibir placer.

La pantalla se crea (aparece, surge, nace) en el *Kli* (el deseo, el hombre) a consecuencia de su percepción de la Luz espiritual (el Creador). Y por ello, todas nuestras súplicas (oraciones, MAN, "preguntas") deberían versar exclusivamente sobre una cuestión: que el Creador nos dé las fuerzas para elevarnos espiritualmente, es decir, para transformar nuestros deseos, algo que en Cabalá se denomina "adquirir una pantalla". Es imposible anular el deseo de recibir placer. El Creador lo creó, y es toda Su creación. *Lo único que podemos hacer es adquirir una pantalla sobre él (una resistencia) para elevarnos por encima de la creación (egoísmo) y hacernos semejantes al Creador*. Y, en la medida de esta semejanza, unirnos con Él.

Así, el *Partzuf Yaakov* se extiende desde MI (YESHSUT) hasta MA (*Maljut*), de un extremo al otro. Sin embargo, a lo que aquí se hace referencia es al estado de ZON, cuando ellos se elevan a YESHSUT y allí reciben la Luz del grado de YESHSUT.

Toda la distancia espiritual entre nosotros y el Creador está dividida en 125 grados invisibles y todos ellos reciben un nombre. Estos grados difieren unos de otros solamente en la magnitud de la pantalla sobre los deseos egoístas del hombre. El hombre recibe Luz en sus deseos corregidos, altruistas. El volumen de Luz que el hombre recibe va a depender de la magnitud de la pantalla (el tamaño de la parte corregida del deseo).

Cada grado se caracteriza por una sensación particular del Creador, y esta sensación es llamada Luz. Por eso, en el mundo espiritual, podemos designar el estado espiritual del *Kli* (hombre) con el nombre de ese grado o con el nombre de la Luz que él recibe, pues en cada grado existe una determinada Luz. Las gradaciones de la sensación del Creador, de la Luz, son precisamente lo que denominamos "grados espirituales".

Así, una vez que se ha ascendido al grado denominado YESHSUT, ZON reciben allí la Luz de YESHSUT, aunque el propio *Partzuf* YESHSUT se haya elevado, a su vez, a un grado más alto donde recibe la Luz de ese grado (denominado AVI). Asimismo, AVI se han elevado a un grado llamado AA, y allí reciben la Luz de AA. Nosotros designamos los grados con nombres de los *Partzufim* que se encuentran en ellos en su estado natural, que es el más bajo. Tal estado es denominado permanente.

El inferior, al elevarse al grado más alto, recibe allí la Luz de ese grado, que cambia sus atributos; no obstante, el *Partzuf*, sigue siendo el mismo: como un hombre que adquiere otros atributos, sigue siendo el mismo hombre, aunque ahora a otro nivel. Por eso, cuando se dice que "el inferior que se ha elevado al Superior se vuelve como el Superior", se refiere a un cambio exclusivamente en los atributos internos del hombre o del *Partzuf*, no en su personalidad.

Cuando se eleva a YESHSUT, ZA recibe una Luz más grande: una elevación en el mundo espiritual significa un incremento en la magnitud de la pantalla y, por tanto, la recepción de una Luz mayor. Es decir, ZA creció pero no se convirtió en YESHSUT: antes, en su emplazamiento solamente tenía la Luz de *Rúaj-Néfesh*; pero al elevarse y recibir una pantalla, recibe también la Luz de *Neshamá*.

Así, todos los emplazamientos que existen entre nosotros y el Creador se encuentran establecidos. Los *Partzufim* se sitúan o "están de pie" sobre esos emplazamientos en su estado permanente. Sin embargo, todos ellos –y todos los mundos– pueden elevarse con respecto a su estado permanente (siempre aquel que es más bajo) en uno, dos o tres grados. En su estado más bajo, un *Partzuf* únicamente cuenta con GE y carece de AJaP; y solo contiene la Luz de *Néfesh-Rúaj*.

Kéter = Galgalta	GE - Katnut (estado pequeño)
Jojmá = Einaim	
Parsá, Nikvey Einaim Masaj del Partzuf	
Biná = Ozen	(Elevación de Biná a GE = Se eleva 1 grado)
ZA = Jótem	(Elevación de ZA a GE = Se eleva 2 grados)
Maljut = Pe	(Elevación de Maljut a GE= Se eleva 3 grados)

Al recibir desde Arriba la Luz de corrección, el *Partzuf* puede ir corrigiendo su AJaP gradualmente: corrige la *Sefirá Biná* y recibe la Luz de *Neshamá*, que señala una elevación de un grado. A continuación, corrige la *Sefirá* ZA y recibe la Luz de *Jayá*, que significa una elevación de un grado más, es decir, dos grados en total. Después corrige la *Sefirá Maljut* y recibe la Luz de *Yejidá*, que señala un grado más de ascenso, es decir, un tercer grado.

Sin embargo, la nueva Luz no entra en el recién corregido *Kli* (*Sefirá*), sino que llega desde Arriba y entra a través de la *Sefirá Kéter*.

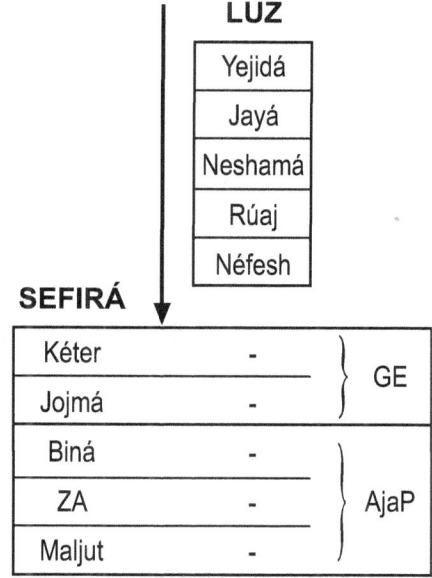

La elevación (*Aliyá*) espiritual del hombre puede ser consecuencia de dos factores:

1. El despertar en él desde Arriba de un deseo denominado "los días especiales" (fiestas, el comienzo del nuevo mes, *Shabat*). Este tipo de elevación es conocida como "el despertar desde Arriba" y lleva a la elevación general de todos los mundos de ABYA y a la consiguiente elevación de todos los que habitan en ellos;

2. Los esfuerzos del hombre en el estudio y trabajo interno así como su plegaria, que le hace merecer que el Creador le dé personalmente las fuerzas para ascender a un Grado Superior.

Y tal elevación no está limitada a tres grados únicamente, sino que puede elevar al hombre por todos los 125 grados hasta llegar al Creador. Elevarse hasta el Grado más Alto es el propósito de la creación del hombre. Es más, está obligado a alcanzarlo durante su vida en este mundo. Y hasta que no logre dicho objetivo, el hombre tendrá que seguir naciendo en este mundo una y otra vez.

Aunque ZON son denominados "los últimos días", cuando suben y reciben la Luz de YESHSUT, son llamados "los días pasados o los primeros días". En este caso, un extremo del Cielo (Maljut, MA) se eleva y envuelve al otro extremo del Cielo (YESHSUT, MI). MA y MI se unen en una entidad, y *El Zóhar* recalca este hecho. HAY QUE SABER QUE: MI — QUIÉN

BARAH — CREÓ

ELEH — ESTE

MI es YESHSUT, que se sitúa en el emplazamiento de *Biná* de AA, desde el *Jazé* hasta el *Tabur* de AA. Y aunque en el mundo de *Atzilut* únicamente hay *Kelim* de GE, "de otorgamiento", entre ellos hay quienes solamente desean "otorgar" (*Átik*, AA, AVI) y hay también quienes desean recibir para poder otorgar, para poder pasar la Luz a YESHSUT y ZON.

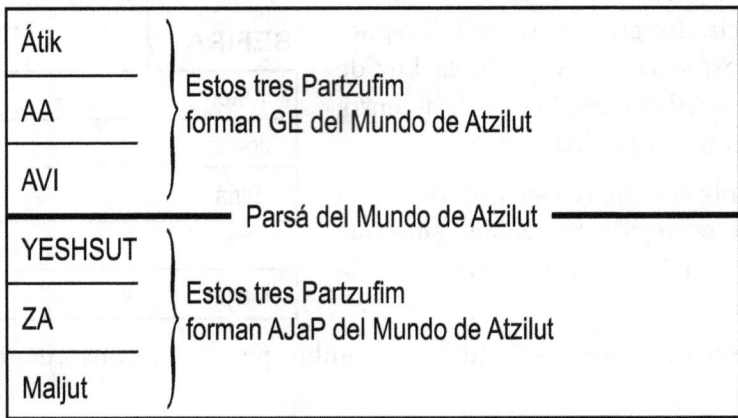

YESHSUT y ZON desean recibir Luz para enviarla a las almas de los justos, los hombres que desean corregirse. Por eso, dentro del mundo de *Atzilut* existe la división en dos tipos de *Kelim*: GE y AJaP. Y la *Parsá* del mundo de *Atzilut*, que se encuentra en el *Jazé* de AA, separa a unos *Kelim* de otros.

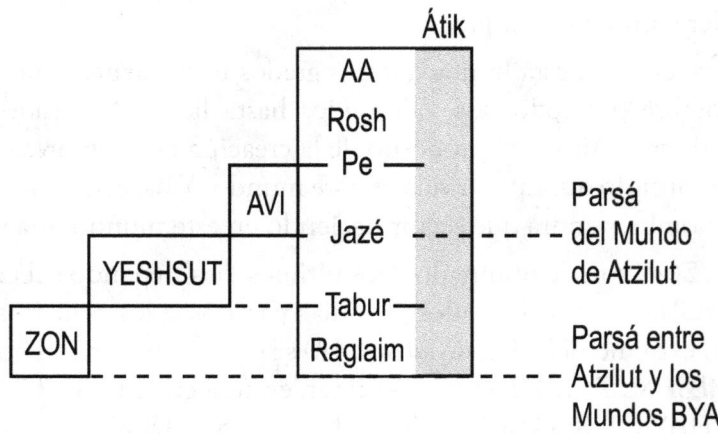

La Luz procedente de *Rosh* de AA no pasa por debajo de la *Parsá* del mundo de *Atzilut*. Por ello, YESHSUT en su estado permanente, o ZON, cuando se elevan a *YESHSUT*, no pueden recibir la Luz de *Rosh* de *AA*. De ahí que en ellos se encuentre el deseo de recibir *Or Jojmá*, llamada "la pregunta". Porque la pregunta (el deseo de recibir *Jojmá*) viene a ser lo mismo que *MI* (*YESHSUT*, la Luz de *YESHSUT*) que se encuentra *BARÁ* (fuera de) *ÉLEH* = *ZON*; y tras su elevación, *ZON* no reciben *Or Jojmá* ya que se encuentran fuera de *Rosh* de *AA*, fuera de *Or Jojmá*, pero con una pregunta, un deseo por ella. Y esto les da la posibilidad de proseguir con su ascenso.

Quién creó a estos (según Eliyahu)

11. Dijo Rabí Shimon: "Eliezer, hijo mío, revela el Secreto Supremo, aquel del que nada saben los que habitan este mundo". Rabí Eliezer guardó silencio. Rabí Shimon lloró, se detuvo por un momento y dijo: "Eliezer, ¿qué significa ÉLEH?". Si dices que son como las estrellas y signos del zodíaco (la fortuna), entonces ¿no son siempre visibles (al contrario que los cambiantes signos de la fortuna)? Y en MA, esto es, en *Maljut*, ellos son creados, tal y como está escrito: "Por la palabra del Creador fueron hechos los cielos" (*Tehilim*, 33:6), es decir, fueron hechos por *Maljut*, denominada "la palabra del Creador". Y si ÉLEH versan sobre los secretos ocultos, entonces no habría necesidad de escribir ÉLEH, porque las estrellas y los signos de la fortuna son visibles para todos (la palabra ÉLEH = ESTOS habla de que algo es evidente).

Rabí Eliezer no reveló la recepción de la Luz del primer estado de *Gadlut* (*Or Neshamá*) pero Rabí Shimon deseaba revelar la vía de recepción de la Luz del segundo estado de *Gadlut* (*Or Jayá*). Por ello, solicitó a Rabí Eliezer que se expresara y revelara la vía de alcance de *Or Neshamá* -oculta de la gente por un Secreto Supremo- pues esta Luz todavía no se había revelado en el mundo, y Rabí Shimon la revela aquí.

Aunque hubo justos que lograron alcanzar la Luz de *Jayá*, lo cierto es que todavía no había nadie entre ellos que pudiera explicar con detalle el camino para el alcance de esta Luz. Nadie que pudiera revelarlo al mundo entero. Y esto es así porque comprender significa alcanzar, elevarse a ese grado; algo que depende exclusivamente de los esfuerzos del propio hombre. A lo largo de las generaciones hubo muchos hombres que lograron alcanzar el grado de ÉLEH. Sin embargo, revelarlo al mundo supone un grado aún mayor y requiere de un permiso especial del Creador (véase el artículo "Las Condiciones de la Revelación de los Secretos de la *Torá*").

Rabí Shimon le preguntó qué significa ÉLEH. ¿Qué nuevas cosas nos relata la *Torá* en las palabras MI BARÁ ÉLEH (QUIÉN CREÓ A ESTOS), donde la palabra ÉLEH significa ZON? Después de todo, si habla sobre las estrellas y los signos del zodiaco-fortuna, que significan la Luz de VAK del estado grande, ¿qué tiene de especial todo esto? Y, al fin y al cabo, ZON pueden recibir esta Luz incluso durante los días laborables. No hay nada extraordinario en ello como para tener que mencionar específicamente MI-QUIÉN CREÓ A ESTOS.

(Se puede decir que esta Luz es constante, ya que es la Luz de VAK -y no la Luz de GAR- la que se encuentra en ZON permanentemente. Y solo gracias al MAN, ZON reciben la Luz de VAK del estado grande, la Luz de *Neshamá*. La respuesta radica en que esta Luz puede recibirse siempre, incluso en los días laborales durante la oración de la mañana. Sin embargo, él aún no entiende por qué fueron creados en MA. Porque esta Luz no se refiere a *Biná*, sino a ZON del mundo de *Atzilut*, denominado MA, y sale de ellos, como está escrito: POR LA PALABRA DEL CREADOR, donde el Creador es ZA y la palabra es *Maljut*.)

12. Sin embargo, este secreto fue revelado en otro día, cuando yo estaba a la orilla del mar. Vino a mí el profeta Eliyahu y dijo: "Rabí, ¿sabes qué significa MI BARÁ ÉLEH (QUIÉN CREÓ A ESTOS)?". Yo le contesté: "Estos son el Cielo y las fuerzas celestiales, las acciones del Creador, contemplando las cuales, las gentes debería bendecirlo, como está escrito: 'Cuando contemplo Tus Cielos, la obra de Tus manos (*Tehilim*, 8:3), ¡Señor! Soberano nuestro, ¡cuán grande es Tu nombre en toda la Tierra!'" (*Tehilim*, 8:9).

13. Él me contestó: "Rabí, el Creador tomó lo oculto y lo reveló ante el Consejo Supremo. Y aquí está: Cuando El más Oculto entre los Ocultos deseó revelarse, primero creó un punto, *Maljut*, y este subió a Su pensamiento, es decir, a *Biná*, es decir, *Maljut* subió y se unió con *Biná*. En ella dio forma a todas las criaturas y confirmó en ella todas las leyes".

Átik es el primer *Partzuf* y también la cabeza del mundo de *Atzilut*. Él es conocido como "el más oculto y secreto de todos los *Partzufim*". Y su nombre "*Átik*", derivado de la palabra *Ne'etak* (aislado, inalcanzable), lo corrobora. Nadie puede alcanzar este *Partzuf* en sí -es decir, sus atributos- pero podemos alcanzarlo de la manera en que se muestra ante nosotros: *Átik* se contrae deliberadamente y cambia para que los inferiores logren alcanzarlo no a él en sí mismo, sino a la forma exterior (sus atributos) con que se presenta ante ellos.

En palabras del *Zóhar*, cuando *Átik* deseó revelarse a los mundos, aunque es un *Partzuf* que actúa de acuerdo a la primera restricción, creó un ropaje (un

Partzuf externo que actúa de acuerdo a las leyes de la segunda restricción) en relación a los inferiores para que estos pudieran percibirlo y alcanzarlo.

Hay una enorme diferencia entre los sensores que perciben las sensaciones de la primera o la segunda restricción. Como al hombre en nuestro mundo –que al nacer no posee órganos sensoriales para los mundos espirituales y por ende no puede sentirlos– le ocurre al *Partzuf* corregido antes de las condiciones de la segunda restricción: no es capaz de recibir, es decir, de sentir la Luz que llega según la ley de la primera restricción. Una diferencia del mismo tipo existe entre el *Partzuf Átik* y los otros *Partzufim* del mundo de *Atzilut* y los mundos de *BYA*.

Para tener conexión con los inferiores, *Átik*, en *Rosh* de *AA* el cual se encuentra abajo, elevó *Maljut* de *Rosh* de *AA* hasta la *Sefirá Jojmá*. Y a consecuencia de esto, las *Sefirot Biná* y ZON de *Rosh* de *AA* cayeron desde la cabeza de *AA* a su *Guf*: en efecto, *Maljut* se elevó desde *Pe* a *Einaim*, permaneciendo en *Rosh* en vez de *Biná*, mientras que *Biná* y ZON salieron de *Rosh*. Y el *Guf* (cuerpo) comienza después de *Maljut* de *Rosh* (tras la decisión de cómo actuar), dondequiera que ella se encuentre.

Debemos entender esto de la siguiente manera: las *Sefirot* de *Rosh* (la cabeza) son los pensamientos y deseos en relación a los cuales el *Partzuf* (los atributos internos del hombre, el hombre en sí) toma la decisión de cómo utilizarlos para avanzar tanto como sea posible hacia la meta de la creación. El hecho de que la *Sefirá Biná* y ZON abandonaran la cabeza de *AA* significa que el *Partzuf AA* no puede tomar ninguna decisión respecto a ellos, pues no hay pantalla sobre ellos. Y por eso cayeron en el cuerpo, fuera de la cabeza.

Por lo tanto, la única función que les queda es recibir la Luz tal y como la reciben todas las *Sefirot* del cuerpo: desde la cabeza. Es decir, recibir la Luz que acepta la pantalla de las *Sefirot Kéter* y *Jojmá* que quedaron en la cabeza. El hombre limita deliberadamente la utilización de sus deseos y usa solamente aquellos con los que pueda trabajar para beneficiar al Creador.

Por eso, cuando *Maljut* se elevó y se colocó bajo la *Sefirá Jojmá*, esta se volvió como la parte masculina (que otorga y llena), mientras que *Maljut* se hizo como la parte femenina (receptora) de la cabeza. Y dado que *Maljut* ocupó el lugar de *Biná*, denominada "el pensamiento", ahora es *Maljut* quien recibe el nombre de "el pensamiento", ya que ahora *Maljut* realiza un *Zivug* y recibe *Or Jojmá*.

El *Partzuf* que recibe de *Jojmá* es definido como *Biná*, y no como *Maljut*. Por eso, aunque la propia *Maljut* no es más que un punto negro (la criatura egoísta), a raíz de su elevación, se vuelve como *Biná*, adquiere los atributos de *Biná*. De ahí que ahora *Maljut* sea llamada *Birá*, el pensamiento.

El Zóhar denomina "el pensamiento" a *Jojmá* o a *Biná*. La diferencia radica en que un pensamiento es algo que se recibe desde *Jojmá*. Y por ello, *Biná* es denominada "el pensamiento" siempre y cuando se encuentre en la cabeza y reciba Luz desde *Jojmá*. En la primera restricción *Biná* siempre recibe desde *Jojmá* y es llamada "el pensamiento". Sin embargo, en la segunda restricción, *Maljut* se elevó por encima de *Biná* y empezó a recibir de *Jojmá*. Por eso ahora es *Maljut* quien recibe el nombre de "el pensamiento" en lugar de *Biná*.

Gracias a esta elevación de *Maljut* a *Biná* se crean todos los *Partzufim* de los mundos ABYA. Así, está escrito: EN ELLA DIO FORMA A TODAS LAS CRIATURAS Y CONFIRMÓ EN ELLA TODAS LAS LEYES: las *Sefirot Kéter-Jojmá* permanecieron en el *Rosh* de cada *Partzuf*, y sobre ambas *Sefirot* se llevó a cabo un *Zivug*. Es por eso que la Luz recibida en el *Guf* del *Partzuf* está compuesta únicamente por dos Luces: *Néfesh* y *Rúaj*.

Anteriormente *Maljut* se encontraba en *Pe* de *Rosh*, y *Rosh* (la parte del *Partzuf* en la que se calcula cuánta Luz puede recibirse en beneficio del Creador) terminaba allí. Con posterioridad, el *Partzuf* recibirá esta Luz desde *Rosh* hasta el *Guf*, entre *Pe* y el *Tabur*.

Pero ahora *Maljut* se elevó hasta los ojos (*Einaim*) de *Rosh* y se encuentra por debajo de ellos. Esto es lo que se denomina la elevación de *Maljut* en NE, *Nikvey Einaim* (pupilas), los cuales, precisamente por ello, son denominados NE (*Nukva Einaim* = *Maljut* de los ojos). Antes de la elevación de *Maljut* a los ojos era como si no hubiera pupilas, NE. Cabe señalar, que solamente en *Maljut* (el deseo) podemos sentir lo que nos rodea (el Creador, la Luz). Por eso, todos nuestros órganos sensoriales están construidos como aberturas: *Nékev* (orificio), *Nukva*, *Maljut* en los ojos, las orejas, la nariz y la boca.

Solo aquel que, con sus propias fuerzas, pueda crear deseos que actúen de acuerdo al principio de la segunda restricción y colocar a *Maljut* después de *Kéter-Jojmá* (pensar de manera "otorgante"), solo aquel será capaz de percibir con este sensor espiritual ya corregido. Dondequiera que haya una pantalla, esta va a constituir un sensor con el que percibir la Luz Superior.

Tras su elevación, *Maljut* se colocó debajo de *Jojmá*, hizo un *Zivug* sobre su propia pantalla, es decir, sobre las *Sefirot Kéter-Jojmá* = GE. Las *Sefirot Biná-ZA* = AJaP están situadas bajo la cabeza, en el cuerpo del *Partzuf*, y pasivamente reciben la Luz desde la cabeza. Esto lleva a una división de las diez *Sefirot* del cuerpo –*Kéter-Jojmá-Biná-ZA-Maljut*– en la misma forma que quedaron divididas las diez *Sefirot* de la cabeza: las *Sefirot Kéter-Jojmá* del cuerpo siguen recibiendo de las *Sefirot Kéter-Jojmá* de la cabeza, y las *Sefirot Biná-ZA-Maljut* del cuerpo (dado que no pueden recibir desde la cabeza) se convierten en receptoras de *Kéter-Jojmá*, como las *Sefirot* por debajo del *Tabur* del *Partzuf*.

Como ya sabemos, cada *Partzuf* se compone de cabeza (*Rosh*), cuerpo (*Guf*) y extremidades. La cabeza decide cuánta Luz puede recibir el cuerpo en beneficio del Creador (de acuerdo a la magnitud de la pantalla, que refleja la Luz-placer). La decisión de aceptar esta Luz hace que ella descienda a través de la pantalla, desde la cabeza al cuerpo, y que lo llene desde la boca hasta el *Tabur*. Cada *Sefirá* de la cabeza llena a su correspondiente *Sefirá* en el cuerpo.

Partzuf de la primera restricción

Kéter / Jojmá / Biná / ZA / Maljut			Cinco partes de la cabeza
		Boca	
	Kéter / Jojmá / Biná / ZA / Maljut		Cinco partes del cuerpo
			Tabur
		Kéter / Jojmá / Biná / ZA / Maljut	Cinco partes de las extremidades
			Pies

Partzuf de la segunda restricción

Kéter / Jojmá			Dos partes de la cabeza
		Boca	
Biná / ZA / Maljut	Kéter / Jojmá		Dos partes del cuerpo
			Tabur
	Biná / ZA / Maljut	Kéter / Jojmá	Dos partes de las extremidades / Pies
		Biná / ZA / Maljut	Partes fuera del Partzuf

Si la cabeza incluye solo dos *Sefirot Kéter-Jojmá*, entonces, en el cuerpo también habrá solo dos *Sefirot Kéter-Jojmá*. Esto es así porque ellas pueden recibir únicamente desde las correspondientes *Sefirot* en la cabeza. Las *Sefirot Biná-ZA-Maljut* de la cabeza reciben la misma Luz, que las *Sefirot Kéter-Jojmá* del cuerpo, lo cual implica que ellas se encuentran situadas bajo la pantalla (*Maljut*) que se ha elevado y queda bajo la *Jojmá* de la cabeza. Así, en el cuerpo hay *Kéter-Jojmá* que reciben, respectivamente, la Luz de *Rúaj-Néfesh*; y hay *AJaP* de la cabeza que también reciben estas dos Luces de *Rúaj-Néfesh*.

Biná-ZA-Maljut (*AJaP*) del cuerpo no pueden recibir Luz desde la cabeza porque sus correspondientes *Sefirot Biná-ZA-Maljut* de la cabeza no participan en el *Zivug* (a falta de suficiente fuerza en la pantalla para reflejar los deseos egoístas de *AJaP* de la cabeza, para recibir en beneficio del Creador). Es decir, puesto que no hay un *AJaP* en la cabeza, entonces, respecto a él, tampoco hay un correspondiente *AJaP* en el cuerpo. Y dado que *AJaP* del cuerpo no reciben Luz desde *AJaP* de la cabeza, es como si fueran extremidades (el final de un *Partzuf*, por debajo de su *Tabur*). Por eso, al final de un *Partzuf*, por debajo del *Tabur*, se encuentran *GE* de los pies y *AJaP* del cuerpo, que cayeron allí. Y *AJaP* de los pies no forman parte de ningún *Partzuf* en absoluto, pues se encuentran en el grado más bajo.

La Luz que el *Partzuf* no puede recibir, permanece en el exterior, alrededor de él, y aguarda a que el *Partzuf* adquiriera las fuerzas para acogerla. Es la denominada "Luz Circundante" y corresponde a los deseos que no participan en el *Zivug* a falta de pantalla, a falta de corrección.

Si previamente, antes de la segunda restricción, *Maljut*, la última *Sefirá* del cuerpo, se encontraba situada en el *Tabur*, ahora, si solo quedan dos *Sefirot Kéter-Jojmá* en el cuerpo, *Maljut* del cuerpo sube hasta *Biná* del cuerpo denominada "pecho". Por eso, cuando *Maljut* sube a *Biná* de la cabeza, todo el *Partzuf* se hace "más pequeño" en tamaño: la cabeza llega solo hasta los ojos, el cuerpo llega solo hasta el pecho, y los pies solo hasta el *Tabur*. Y por ello, tal estado del *Partzuf* es denominado *Katnut* (pequeño).

Pero si el *Partzuf* recibe nuevas fuerzas desde Arriba, aparecerá una pantalla en él, y podrá decidir y aceptar la Luz en su *AJaP* para complacer al Creador; entonces los *AJaP* de la cabeza se elevarán de nuevo desde el cuerpo a la cabeza y completarán la cabeza hasta llegar a diez *Sefirot*. A su vez, las *Sefirot* de *AJaP* del cuerpo se elevarán desde sus pies a su lugar para recibir Luz adicional. Y la cabeza, el cuerpo y los pies contendrán diez *Sefirot* de nuevo. Este estado del *Partzuf* es denominado *Gadlut* (grande).

En el lenguaje del *Zóhar*, la restricción del *Partzuf*, su transición del estado grande al pequeño, es descrito como una división de cada parte del *Partzuf* (la cabeza, el cuerpo, los pies) en GE = ÉLEH y AJaP = MI. Todas las diez *Sefirot* son denominadas con el nombre del Creador "*Elokim*", que se compone de las letras ÉLEH-IM que, a su vez, se dividen en MI = GE = *Kéter-Jojmá* y ÉLEH = *Biná-ZA-Maljut*. En *Katnut* solamente las *Sefirot* ÉLEH permanecen en su grado, mientras que las *Sefirot* IM caen a un grado más bajo. La palabra *Elokim* se lee desde abajo hacia arriba, en la misma forma que el hombre la va alcanzando.

Partzuf
en el estado grande

| M - K |
| I - J |
| E - B |
| L - ZA |
| EH - M |

Partzuf
en el estado pequeño

| M - K |
| I - J |
| E - B |
| L - ZA |
| EH - M |

Parsá

EN ELLA DIO FORMA A TODAS LAS CRIATURAS Y CONFIRMÓ EN ELLA TODAS LAS LEYES, se refiere a la división de cada grado en dos partes: su nueva forma es la división en ÉLEH y MI, la separación entre los deseos (*Kelim*) "de otorgamiento" y los "de recepción", donde, en vista de la ausencia de fuerzas para resistirse a su naturaleza (egoísmo), parte de los deseos (*Sefirot*) quedan sin utilizar, fuera de su grado. En consecuencia, su Luz se queda fuera como Luz Circundante, y aguarda a que el *Partzuf* adquiera fuerzas adicionales para hacerse grande y poder recibir toda la Luz.

Durante los 6 000 años toda nuestra corrección tiene lugar únicamente bajo las leyes de la segunda restricción. Pero en cuanto el *Partzuf* adquiera fuerzas (pantalla) para recibir altruistamente la Luz en las *Sefirot* (*Kelim*) de B-ZA-M (ÉLEH), inmediatamente las incorporará a él y en ellas recibirá las Luces de *Neshamá-Jayá-Yejidá*. Y se convertirá en un gran *Partzuf* compuesto de cinco *Kelim* (diez *Sefirot*) con las cinco Luces de *NaRaNHaY*.

14. Confirmó en la vela sagrada y oculta (en la *Maljut* que se unió con *Biná*) una imagen oculta, el Santo de los Santos, la construcción secreta que proviene del pensamiento, GAR, que es llamado MI, el principio de la construcción. Ella permanece y no permanece, es grande y oculta en el nombre de *Elokim* (ÉLEH + IM). Es denominado MI, de la palabra *Elokim*, es decir, carece de las letras ÉLEH del nombre *Elokim*. Él deseó revelarse y ser llamado con el nombre completo de *Elokim*: se revistió con un ropaje precioso y radiante (*Or*

Jasadim). Creó a *ÉLEH*. Se elevaron las letras *ÉLEH* del nombre *Elokim* y se unieron con las letras *MI* formando el nombre completo de *Elokim*. Y antes de crear a *ÉLEH*, no se elevó (no subió) hasta el nombre *Elokim*. De ahí, que aquellos que pecaron adorando al becerro de oro se referían a este secreto diciendo "¡*ÉLEH* (estos) es tu Dios, Israel!" (*Shemot* 32:4).

"¡*ÉLEH* (estos) es tu Dios, Israel!": es decir, estos deseos egoístas (*ÉLEH*) son tu dios, al cual tendrás que venerar hasta que te corrijas a ti mismo. La utilización de *ÉLEH* es la causa de todos los pecados y destrucciones: el rompimiento de las vasijas-*Kelim*, el pecado de Adam y el rompimiento de su alma en 600 000 partes, la adoración al becerro de oro y la rotura de las tablas de la ley por Moshé, la destrucción del Primer y Segundo Templo, etc.

A consecuencia de la elevación de *MAN* por parte de los inferiores –es decir, sus súplicas con objeto de adquirir fuerzas para un *Zivug* y recibir *Or Jojmá* para deleitar al Creador– desciende desde Arriba una respuesta denominada *MAD*, la fuerza que permite al *Kli* crear una pantalla que refleje la Luz, oponiendo resistencia a su naturaleza egoísta. Esta fuerza viene en forma de Luz, de sensación de la grandeza del Creador, y es denominada la Luz de *AB-SAG*, porque desciende desde los *Partzufim Jojmá* (*AB*) y *Biná* (*SAG*) del mundo de *AK* (*Adam Kadmón*).

Si el hombre se eleva desde el grado llamado "nuestro mundo" hasta los mundos de *BYA*, entonces, dondequiera que el hombre se encuentre en dichos mundos, su súplica para la corrección espiritual se eleva a través de todos esos mundos y grados hasta el *Partzuf SAG*. *SAG* se dirige a *AB*, recibe de él *Or Jojmá* y la transmite hacia abajo, a través de todos los *Partzufim*, por los cuales *MAN* se elevó.

Dado que el mundo de *AK* en su totalidad se encuentra en la primera restricción y por encima de la segunda restricción, la Luz que llega desde él, da al *Kli* que recibe esta Luz la fuerza para pasar de su estado pequeño al grande. Es decir, la Luz de *AB-SAG* da al *Kli* la posibilidad de crear una pantalla y reflejar *Or Jojmá*, y luego recibir en beneficio del Creador. El estado de *Gadlut* es denominado "el Santo de los Santos", porque él, al llenarse con la Luz de *GAR* ("el Santo de los Santos") es perfecto.

La Luz de *AB-SAG* desciende en un primer momento a la cabeza del *Partzuf AA* y baja el punto (*Maljut*) desde el pensamiento (*Biná*) hasta su lugar en la boca, como antes de la segunda restricción. A consecuencia de ello, las tres *Sefirot Biná-ZA-Maljut* se unen de nuevo a las dos *Sefirot Kéter-Jojmá* llegando a ser cinco las *Sefirot* en la cabeza: *AJaP* (*ÉLEH*) se elevan y se unen con *GE* (*MI*) con lo que nombre del Creador (*Elokim*) se completa.

Sin embargo, esto no significa que un *Partzuf* pueda llenarse con las cinco Luces de *NaRaNHaY*: sencillamente ha adquirido la pantalla, la fuerza para recibir Luz en todas sus diez *Sefirot*. En AA solo brilla *Or* (Luz) *Jojmá*, por lo que dicha Luz no puede llenar los ya elevados *Kelim* ÉLEH, pues ellos solamente pueden recibir *Or Jojmá* si viene envuelta en *Or Jasadim*. Únicamente GAR del *Partzuf*, *Kéter-Jojmá-Biná*, pueden tener pura *Or Jojmá*; sin embargo, ZAT del *Partzuf* (las *Sefirot* ZA-*Maljut*) pueden recibir solamente una *Or Jojmá* atenuada mezclada a medias con *Or Jasadim*. Esto es denominado la recepción de *Or Jojmá* en la línea media (que se compone de mitad *Jojmá* y mitad *Jasadim*).

Por eso dice *El Zóhar* que ESTA CONSTRUCCIÓN PERMANECE Y NO PERMANECE: aunque en la cabeza ya estén presentes todas las *Sefirot*, aún es preciso llenarlas con Luz, es decir, las *Sefirot* ÉLEH todavía no están reveladas en el nombre de *Elokim*. Solo las letras MI ya se encuentran reveladas, es decir, llenas de Luz.

Por este motivo, el *Partzuf*, al principio, realiza un *Zivug* sobre su estado pequeño y recibe *Or Jasadim*. Luego, reviste *Or Jojmá* de este ROPAJE PRECIOSO Y RADIANTE (OR JASADIM). Y, solamente después, la Luz mezclada de *Jasadim* y *Jojmá* podrá llenar las *Sefirot* ZAT (ÉLEH). Y todas estas cinco *Sefirot* brillarán en su perfección.

Sin embargo, antes de que MI entregue *Or Jasadim* a ÉLEH para hacer posible que ÉLEH reciba *Jojmá*, ÉLEH no pueden recibir *Or Jojmá* y únicamente la Luz de MI brilla en todo el nombre de *Elokim*. Es más, *El Zóhar* nos dice que descuidar a *Or Jasadim* (la intención de complacer al Creador) es precisamente lo que constituye el pecado. Y puesto que han cometido un pecado, es decir, han desatendido *Or Jasadim* –no han deseado recibir con intención de "deleitar al Creador" y sintieron deseo únicamente por *Or Jojmá*– han causado, de ese modo, la separación entre MI y ÉLEH. Por eso está escrito ÉLEH = ESTE (los deseos de recibir, y no MI, los deseos de otorgar) ES TU SEÑOR, ISRAEL. E inmediatamente la Luz pasó a las fuerzas impuras.

La *Torá* no nos relata la historia de un pueblo de la antigüedad, sino la estructura de los grados espirituales que debemos alcanzar. Para conocer los atributos de estos grados (elevarse hasta ellos significa adquirir sus atributos), la Cabalá nos explica cómo surgieron a través de un descenso gradual partiendo del Creador; es decir, a través de una progresivamente mayor aspereza espiritual.

Para darnos la oportunidad de corregir nuestro egoísmo, el Creador lo mezcló con el altruismo durante la creación de los grados espirituales. Tal mezclamiento de atributos opuestos solo puede llevarse a cabo mediante una "explosión", de otro modo resultaría imposible combinar atributos opuestos. Hubo varias fusiones de este tipo por medio de explosiones (el rompimiento de los atributos).

La *Torá* menciona una de ellas (*Shemot*, 32:4), cuando durante la adoración del becerro de oro, los hijos de Israel, los deseos altruistas de "otorgar", desearon recibir la Luz para sí mismos. A consecuencia de ello, las *Sefirot* (*Kelim*) de GE y AJaP se mezclaron, y los atributos (deseos) de GE penetraron en AJaP. A través de estos atributos altruistas que están ocultos de manera secreta en una criatura pequeña y egoísta como el hombre, se hace posible despertarlo, suscitar en él la aspiración por elevarse espiritualmente y un menor aprecio a este mundo.

Por tanto, todo lo escrito en la *Torá* no deberíamos percibirlo como hechos históricos, sino como un manual de instrucciones que nos ha sido entregado. Todas las acciones descritas en la *Torá* son positivas: todas las destrucciones -incluyendo las destrucciones del Primer y Segundo Templo- las guerras, adulterios o asesinatos. Únicamente tenemos que llegar a entender de qué nos habla exactamente la *Torá*. Se puede comprender la *Torá* de manera correcta si uno deja de considerarla como una mera colección de instrucciones para una observación mecánica de los Mandamientos.

15. Del mismo modo que se unen MI y ÉLEH en un único nombre de Elokim cuando *Jojmá* se reviste de *Jasadim*, así queda unido el nombre por este ropaje hermoso y radiante. Gracias a este secreto existe el mundo, tal y como está escrito: "el Mundo fue creado con misericordia" (*Tehilim*, 89:3). Y Eliyahu se alejó volando, y no volví a verle nunca más. Sin embargo, fue él quien me hizo saber que me encontraba sobre el secreto y su ocultación. Rabí Eliezer y los demás se acercaron y le reverenciaron. Comenzaron a llorar y dijeron: "¡Si hemos venido a este mundo únicamente para escuchar esto, ya es suficiente para nosotros!".

Rabí Shimon continúa su explicación: solo existe una ley para la recepción de *Or Jojmá*: puede recibirse siempre y cuando previamente se revista de *Or Jasadim*. Tal y como ocurre en el *Partzuf Biná*, denominado "el Mundo Superior", así ocurre en el *Partzuf Maljut* (MA, *Nukva* de ZA), denominado "el mundo inferior". Normalmente, *Maljut* es denominada BON, pero cuando se une con ZA y recibe la Luz desde él, entonces es llamada por su nombre (MA).

El Mundo Superior, *Biná* del mundo de *Atzilut*, solamente desea *Jasadim*. Pero el mundo inferior, *Maljut* del mundo *Atzilut*, desea *Jojmá*. Sin embargo, el profeta Eliyahu habló únicamente sobre el orden de la Luz y la estructura del nombre de *Elokim* en AVI (*Biná* del mundo de *Atzilut*), mientras que Rabí Shimon, continúa su explicación y en el siguiente artículo describe la estructura y recepción de la Luz en el nombre de *Elokim* en *Maljut* del mundo *Atzilut*.

LA MADRE PRESTA A LA HIJA SUS VESTIDURAS

16. El Cielo, la Tierra y todo lo que habita en ellos fueron creados por MA, que es *Maljut*, como está escrito: "Cuando contemplo los Cielos, la obra de Tus manos" (*Tehilim*, 8:4). Y antes de esto está escrito: "¡MA = QUÉ (Cuán) glorioso es Tu nombre por toda la Tierra, que TÚ fundaste sobre el Cielo!" (*Tehilim*, 8:10). Pues el Cielo fue creado por el nombre (atributo) MA (*Maljut*). Está escrito "en el Cielo", que hace referencia a *Biná* llamada MI, el Cielo, que está por encima de ZA. La explicación a esto se encuentra en el nombre *Elokim*. MA (*Maljut*) se eleva y entra en *Biná* con sus atributos, en otras palabras, se introduce en *Biná* y recibe sus atributos. *Biná* se llama *Elokim*. Una vez que CREÓ LA LUZ PARA LA LUZ –es decir, *Or Jasadim* (llamada "ornamentos o vestiduras preciosas") para envolver a *Or Jojmá*– *Or Jasadim* envuelve a *Or Jojmá*, y esto es lo que significa la creación de Luz para la Luz. Por la fuerza del nombre Supremo *Elokim* (*Biná*), *Maljut* se eleva, y tras unirse con *Biná* recibe todos sus atributos y se introduce en ella. Por lo tanto, BERESHIT BARÁ ELOKIM hace referencia al *Elokim* Supremo, a *Biná*, no a *Maljut*. Porque MA, *Maljut*, no fue creada con el nombre MI ÉLEH.

El mundo inferior, *Maljut* (MA), recibe la Luz de *Biná* marcada desde Arriba con el nombre *Elokim*. Esta Luz otorga fuerzas a *Maljut*, y se revelan en ella todas las cualidades que sirven para crear el Cielo y la Tierra, y procrear. Pues no puede haber descendencia ni nacimiento de nuevas generaciones sin la Luz de *Jayá*.

Y sobre esto dice *El Zóhar*: del mismo modo, el mundo inferior (*Maljut*, MA) existe gracias al nombre *Elokim*, el nombre del Mundo Superior, que confiere fuerza (*Or Jojmá*) a *Maljut* para crear las generaciones. Y si en *Maljut* existe *Or*

Jojmá, el mundo puede ser creado con ella.

(*Jayá* es un tipo de *Or Jojmá*. Existe una única Luz que emana del Creador: es decir, una sensación del Creador a la que llamamos "Luz". Dicha sensación depende de los deseos-*Kelim* en los que Le percibimos. Y como únicamente existen dos tipos de deseos-*Kelim* ("de recepción" o "de otorgamiento"), únicamente existen dos tipos de Luz: *Jasadim* y *Jojmá*. Sin embargo, dentro de cada una encontramos varios subtipos, y la Luz de *Jayá* es una de las distintas formas de *Or Jojmá*. Porque *Jojmá* es la Luz, el placer que el deseo de "recibir" siente; *Jasadim* es el placer percibido en el deseo de "otorgar". Si, en el *Partzuf*, únicamente están presentes los *Kelim* "de otorgamiento" (GE), estará lleno de *Or Jasadim*. Y si contiene la fuerza para recibir en beneficio del Creador, se llena de *Or Jojmá*. (No confundir con MA, utilizado aquí, donde MA = *Maljut* con ZA = MA en su *Guematría*).

El *Zóhar* explica que la Luz desciende del nombre *Elokim* gracias a la unión de MI con ÉLEH. ZA es denominado "Cielo". YESHSUT está más arriba del cielo (ZA). En el Cielo (ZA), MI no existe, solamente MA. Pero una vez que *Or Jojmá* queda envuelta con *Or Jasadim* (la Luz de MA = GE con la Luz de ÉLEH = AJaP) todas las letras se unen y se elevan –gracias al nombre *Elokim*– por encima del Cielo = ZA = MA, a YESHSUT = *Biná* = MI.

MI, *Biná*, se encuentra por encima de la segunda restricción, por encima de su prohibición, porque sus cualidades son Superiores (mejores que todo lo que está bajo la prohibición): el atributo de *Biná* es "no recibir nada", por lo que la prohibición de la segunda restricción de "no recibir" sencillamente no le concierne, ya que, de por sí, ella no desea recibir.

Solamente permanece la prohibición de la primera restricción, la prohibición de recibir Luz en la propia *Maljut* (*Maljut de Maljut*), el punto central de toda la creación, lo único que fue creado. *Maljut* en sí misma es egoísta, pero si posee pantalla y recibe Luz exclusivamente con ayuda de un *Zivug de Hakaá* (una resistencia a nuestro propio deseo, recepción únicamente en beneficio del Creador) sobre los deseos de otorgar, entonces, todo esto se denomina recepción no en *Maljut*, sino en las nueve primeras *Sefirot*. Por lo tanto, *Maljut* puede recibir Luz en sus nueve primeras *Sefirot*.

Dicho de otro modo, si *Maljut* tiene el deseo (fuerza) de recibir (disfrutar) la Luz (el placer) no para sí misma, sino solo porque así lo desea el Creador, entonces, únicamente recibirá esta cantidad de Luz (de placer). Para poder recibir bajo esta condición, *Maljut* –la inclinación del hombre hacia el deleite y el placer– debe primero rechazar todo el placer que llega y siente frente a ella. A esto se le denomina el golpe de la Luz (del placer) contra la pantalla y su reflejo (rechazo del placer por propia voluntad de no recibir, en contra de su deseo natural de recibir para deleite propio).

El placer reflejado es denominado *Or Jasadim*. Y, en esencia, no se trata de Luz, sino de una intención por parte de *Maljut* de recibir solamente en beneficio del Creador. Sin embargo, dicha intención es el requisito necesario que posibilita la posterior recepción de *Or Jojmá* desde el Creador. Y una vez que *Maljut* hubo rechazado toda la Luz (expresó su intención de no recibir para sí misma) y cumplió la condición de *Tzimtzum Álef* (la primera restricción), es en la intención de recibir en beneficio del Creador -llamada Luz Retornante u *Or Jasadim*- donde *Maljut* puede recibir *Or Jojmá*, el placer que el Creador desea darle.

No obstante, al recibir esta Luz, *Maljut* deja de ser una mera criatura receptora. Ahora, a semejanza del Creador, *ella Le proporciona placer*. De este modo, la criatura alcanza el nivel del Creador, se iguala a Él en sus atributos, porque desea otorgar sin reservas. Ahora ella se encuentra "llena de *Or Jasadim*". Es más, *Maljut* recibe y disfruta: si no sintiera placer, no estaría proporcionando deleite al Creador.

Por tanto, *Maljut* recibe, es decir, se llena de *Or Jojmá*, plena de conocimiento y placer por otorgar y recibir en beneficio del Creador. Y en esto reside la perfección de la creación que concibió el Creador: ella se hace perfecta y semejante a Él. Tal es la perfección de las acciones del Creador: *Su creación, de manera voluntaria, decide elevarse hasta donde Él se encuentra.*

Podemos imaginar el recorrido del hombre, desde los niveles más bajos de nuestro mundo hasta el más alto nivel espiritual -el Creador-, como un tránsito por una serie de habitaciones. En total, desde nuestro estado hasta el grado del Creador, hay 125 habitaciones, una a continuación de otra. Cada habitación tiene sus propias cualidades y únicamente quienes posean esas mismas cualidades pueden permanecer en ella. Si, por la razón que sea, una persona cambia sus cualidades, será trasladada automáticamente por una especie de corriente invisible a una nueva estancia que se corresponda con sus nuevos atributos.

Así es como la persona se desplaza entre esas estancias: cualquier mínimo cambio interno, por ínfimo que sea, trae consigo la influencia de un campo de fuerza espiritual sobre el hombre; e inmediatamente pasa a ese nuevo lugar de equilibrio, donde sus cualidades internas coinciden por completo con las cualidades externas del campo espiritual. De modo que no hay guardias apostados en las entradas-salidas de esas estancias: en cuanto el hombre se transforma e iguala sus atributos a los de la siguiente habitación, automáticamente es transportado a ella mediante un campo o corriente espiritual.

¿Cuáles son los atributos que debe cambiar la persona para desplazarse de una a otra habitación con este campo espiritual? Lo único que tiene que modificar es el tipo de placer al que aspira. No podemos dejar de recibir placer, pues es la única materia de la que se compone la creación, es todo lo que fue creado. Sin embargo, sí podemos cambiar el objetivo al que aspirar, aquello que va a constituir nuestra fuente de placer: o una recepción poco sutil (la recepción de necesidades básicas) o contentar al Creador con lo que nosotros le otorgamos, que recibamos porque tal es Su deseo.

En todos nuestros siempre cambiantes deseos –tanto en su magnitud como en el objeto de deseo– se encuentra presente nuestro "Yo", aquello que siente el placer. Este "YO" nunca desaparece. Lo único que el hombre debe eliminar es la sensación de que todo lo hace por complacer a este "YO". Uno debería aspirar a sentir los deseos del Creador, sentir en qué medida el Creador está contento con nosotros (del mismo modo que una madre se alegra con los éxitos de su hijo).

Una vez que *Maljut* ha decidido recibir solamente para deleitar al Creador –es decir, según la fuerza de su pantalla (fuerza para resistirse al deseo de placeres egoístas)– recibirá *Or Jojmá* en consonancia con el volumen de Luz que ella retorna. O al revés: se puede afirmar que el tamaño de la Luz Retornante determina la fuerza de voluntad del hombre y su deseo de actuar para el Creador.

Sin embargo, las nueve primeras de las diez *Sefirot* de *Maljut* no son egoístas: constituyen los atributos del Creador con los que Él desea corregir a *Maljut*. Solamente la última *Sefirá* de *Maljut*, la propia *Maljut* (la única creación, *Maljut de Maljut*) es egoísta y se encuentra bajo la primera restricción: y *Or Jojmá* no entra allí donde el deseo de recibir placer está presente. Por lo tanto, *Or Jojmá* puede recibirse en las nueve primeras *Sefirot*.

Pero después de la segunda restricción, para poder corregir a *Maljut* –entregarle el atributo de misericordia (*Jasadim*) para que pueda "otorgar", obtener las cualidades de *Biná* y transformar el egoísmo primigenio en altruismo– *Maljut* se elevó hacia el *Partzuf Aba* y se situó en la ubicación de *Biná*. Y *Biná*, por su parte, se colocó debajo de *Maljut*. *Biná* puede recibir *Or Jojmá* sin ninguna restricción, incluso debajo de *Maljut*. Pero *Biná* aceptó las limitaciones de la segunda restricción con el único propósito de corregir a *Maljut*.

Por lo tanto, gracias a la elevación de MAN por parte de los inferiores (la súplica del hombre para su corrección espiritual) baja la Luz de AB-SAG y hace descender a *Maljut* desde *Biná* hasta su lugar: *Maljut* desciende desde *Biná* y se revela la Luz del conocimiento, de la sabiduría.

A consecuencia del descenso de *Maljut*, *Biná* se purifica de todas las restricciones y vuelve a recibir *Or Jojmá*. Y una vez que *Or Jasadim* envuelve a *Or Jojmá*, MI resplandece en ÉLEH y se revela el nombre *Elokim*. En otras palabras, brilla *Or Jojmá*.

La estructura del nombre *Elokim* no puede tener lugar en MA, porque el extremo inferior del cielo (*Maljut*) está limitado por la primera restricción - la prohibición de recibir *Or Jojmá*- así como por la segunda restricción y su prohibición de utilizar los deseos de "otorgamiento" durante 6 000 años. Por eso, dice El Zóhar que el nombre *Elokim* fue creado con MI y no con MA, con la cualidad que *Maljut* recibió al subir a *Biná*.

17. Pero mientras las letras ÉLEH descienden desde Arriba, desde *Biná* a *Maljut* –pues la madre presta a su hija las vestiduras por un tiempo y la engalana con sus joyas–, el nombre *Elokim* desciende desde *Biná* (la madre) a *Maljut* (la hija). ¿Cuándo la engalana con sus propias joyas? Cuando ve ante sí la esencia masculina. Y entonces está escrito acerca de *Maljut*: "Todo varón se presentará tres veces al año ante el Creador" (*Shemot*, 23:17). Porque, en este caso, *Maljut* es designada con el nombre masculino "Señor". Como está escrito: He aquí el Arca de la Alianza, el Señor de toda la Tierra (*Yehoshua*, 3:11). La *Torá* es la Alianza, mientras que el Arca es *Maljut*, designada con el nombre masculino "Señor". Porque ella recibió los *Kelim* (atributos deseos) llamados "vestiduras", y la Luz llamada "joyas" desde *Biná*, su madre. Entonces la letra *Hey* = A abandona MA = Mem-Hey, y en su lugar entra la letra *Yud* = I, y *Maljut* pasa a ser llamada MI, como *Biná*. Para después vestirse con ropajes masculinos, con las vestiduras de *Biná*, y aceptar a todos los varones de Israel.

Como explicamos en el punto 13, la segunda restricción actúa desde la cabeza de AA hacia abajo, pues *Maljut* de AA ascendió a *Biná* y creó todos los *Partzufim* inferiores del mundo de *Atzilut* con el atributo de la segunda restricción. Así, cada *Partzuf* de AA, AVI y ZON cuentan únicamente con dos *Sefirot* K-J; las tres *Sefirot* B-ZA-M se escindieron (en sus atributos) de este nivel para desplazarse a un nivel más bajo (se igualaron a él en atributos). Así tuvo lugar la caída de B-ZA-M = AJaP del *Partzuf* AA en las *Sefirot* K-J = GE del *Partzuf* AVI, la caída de B-ZA-M = AJaP del *Partzuf* AVI en las *Sefirot* K-J = GE del *Partzuf* ZON, así como la caída de B-ZA-M = AJaP del *Partzuf* ZON por debajo de la *Parsá* a los mundos de BYA.

EL CREADOR

EL MUNDO DE ATZILUT

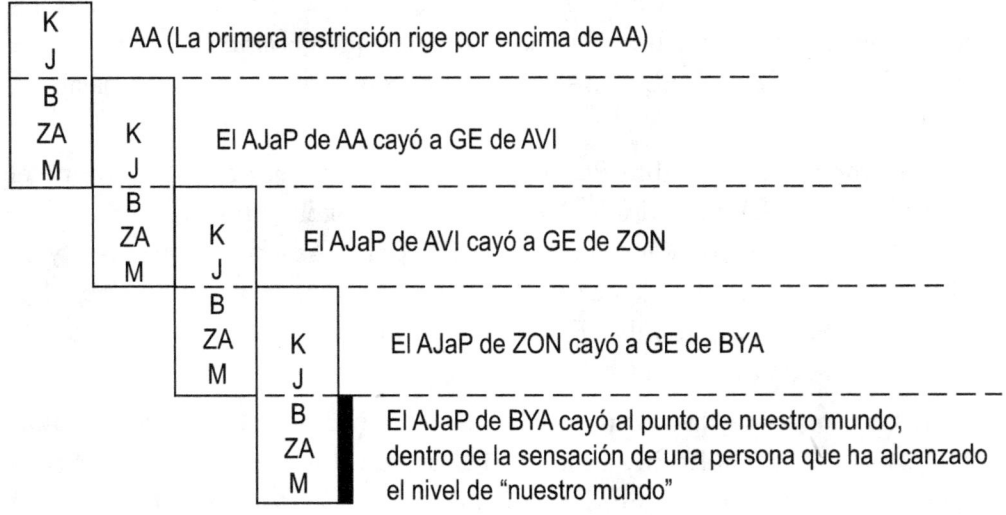

Las *Sefirot* K-J = GE, que permanecieron en su nivel, en su *Partzuf*, son llamadas MI; y las *Sefirot* B-ZA-M que se escindieron (en sus atributos) y descendieron (igualaron sus atributos) a un *Partzuf* inferior, son llamadas ÉLEH.

PERO MIENTRAS LAS LETRAS ÉLEH DESCIENDEN DESDE ARRIBA: cuando *Maljut* es expulsada de *Biná*, las letras ÉLEH se separan de AVI y caen en ZON (un nivel más bajo) y se envuelven con ZON: ÉLEH de *Aba* (YESHS = Israel-Saba) envuelven a ZA, y ÉLEH de *Ima* (*Tevuná*) se envuelve con *Maljut*. *Biná* del mundo de *Atzilut* representa un *Partzuf* muy complejo: su GE es AVI (dos *Partzufim*) y su AJaP es un *Partzuf* independiente llamado YESHSUT, ya que ellos cumplen funciones independientes respecto a ZON: *Biná*: GE = MI = GE de *Aba* + MI = GE de *Ima*. ÉLEH = AJaP de *Aba* = YESHS (Israel Saba) + T (*Tevuná*) = ÉLEH = AJaP de *Ima*.

Cuando la Luz de *Jayá* desciende desde Arriba (a consecuencia de lo cual *Maljut* desciende desde el nivel de *Biná* hasta su propio emplazamiento) las tres *Sefirot* B-ZA-M regresan a su nivel y, a su vez, las *Sefirot* K-J-B (llamadas "el Santo de los Santos") entran en el *Partzuf*, que ahora está completo. (Aquí la Luz es denominada con el nombre de las *Sefirot* que ella llena). Anteriormente, solamente existía la Luz de *Rúaj-Néfesh* en K-J, pero ahora la Luz de *Neshamá-Jayá-Yejidá* se ha unido a K-J-B, y *Rúaj-Néfesh* descendieron a ZA-*Maljut*.

Y cuando AJaP de *Rosh* (cabeza) de AA (B-ZA-M de *Rosh* de AA) que cayeron en su *Guf* (cuerpo) se elevan (vuelven del cuerpo a la cabeza de AA) los *Kelim*

GE de *AVI* se elevan junto con ellos a la cabeza de *AA* (estos son los *Kelim GE de AVI* que envolvían *AJaP* de *AA* en su estado pequeño, cuando *AJaP* de *AA* cayeron en *GE* de *AVI*). Y una vez allí reciben la Luz denominada "el Santo de los Santos" que brilla en la cabeza de *AA*.

La razón de esto reside en que cuando el Superior desciende hasta el inferior, se iguala a este. Y, a su vez, cuando el inferior asciende hasta el Superior se hace semejante a Él. Porque en lo espiritual no existe ni el espacio ni el movimiento; y un cambio en los atributos es lo único que da lugar a un acercamiento –dentro del espacio espiritual del *Partzuf* (o de una de sus partes)- al Creador (más cerca = más alto) o un alejamiento con respecto a Él (más lejos = más abajo). Así, un ascenso espiritual implica un cambio en los atributos del inferior adoptando los atributos del Superior; y un descenso del Superior significa que sus atributos se han igualado a los del grado al cual ha descendido.

Por ello, en *Katnut*, cuando B-ZA-M = *AJaP* de la cabeza del *Partzuf AA* se separan de ella y caen (se desplazan en consonancia con sus atributos deteriorados) en su cuerpo, de la boca hasta el pecho, donde el *Partzuf AVI* envuelve al *Partzuf AA*, ellos (B-ZA-M = ZON = *AJaP* de la cabeza de AA) se igualan a *AVI* en sus atributos, sin *Or Jojmá*, y únicamente con la Luz de *Biná* (*Jasadim*).

Ese es el motivo por el que, en *Gadlut*, cuando B-ZA-M = *AJaP* de AA vuelven a la cabeza (el nivel superior al cuerpo), llevan consigo a GE de *AVI*, pues todos ellos se hicieron un solo grado durante el estado de *Katnut*. Por lo tanto, en *Gadlut*, GE de *AVI* suben desde *AJaP* de la cabeza de AA hasta la cabeza de AA y se igualan a él (en atributos), y allí reciben la Luz, llamada "El Santo de los Santos" que brilla en la cabeza de AA.

Y ZON se eleva hasta *AVI* del mismo modo: una vez que *AVI* reciben la Luz en la cabeza de AA, obtienen fuerzas (una pantalla), y hacen descender a *Maljut* desde *Biná* hasta su lugar, haciendo con ello posible que sus *Sefirot* B-ZA-M = *AJaP* vuelvan a su nivel, AVI, como en AA. Sin embargo, cuando los *Kelim-Sefirot* B-ZA-M = *AJaP* de *Biná*, que estaban dentro de K-J = GE de ZON se elevan a *AVI*, llevan consigo a aquellas *Sefirot* de ZON a las que envolvieron (K-J = GE de ZON). De este modo K-J = GE de ZON se elevan a *AVI* y allí reciben la Luz llamada "El Santo de los Santos", la Luz de *Jayá*.

Por eso está escrito que *Ima*-LA MADRE DESCIENDE HASTA SU HIJA PARA VESTIRLA Y ENGALANARLA: las letras *ÉLEH* = *Ima* = *Biná* en su estado pequeño han bajado hasta *Maljut*. Esto significa que LA MADRE DESCIENDE HASTA SU HIJA, porque las tres *Sefirot* de *Ima* aceptaron el atributo de *Maljut*, separándose, por ende, de *Biná* y convirtiéndose en parte de *Maljut*. Es algo semejante a un traspaso de una parte de los *Kelim* de *Biná* a *Maljut*. Aunque esta concesión es temporal, como si *Biná* PRESTARA, CEDIERA (estos *Kelim*) PARA UN USO TEMPORAL; y *Maljut* los utiliza temporalmente.

Y después *Ima-Biná* (madre) ENGALANA A SU HIJA CON SUS JOYAS, porque en *Gadlut*, cuando las tres *Sefirot* ÉLEH vuelven a *Biná*, *Maljut* sube al grado de *Biná* con ellas, y allí *Maljut* recibe la Luz llamada "El Santo de los Santos". Elevarse hasta *Biná* implica hacerse equivalente en atributos a *Biná*, gracias a lo cual ahora ella tiene derecho a recibir la misma Luz que *Biná*.

Y, a consecuencia de que la madre ha hecho descender sus *Kelim* (atributos) ÉLEH para que entren en su hija –aceptando deliberadamente los atributos-deseos de *Maljut* en vez de los suyos propios y entrando así en *Katnut*, deteriorándose por voluntad propia al recibir los atributos de *Maljut* en vez de los de *Biná*– la madre *Biná* ha engalanado a su hija *Maljut* con sus joyas, en otras palabras, con la Luz que vendrá a continuación durante el estado de *Gadlut*; la Luz de *Biná* ha entrado en *Maljut*. Esto es lo que significa "*Maljut* recibió sus joyas".

Existen dos tipos de joyas que la hija-*Maljut* recibe desde su madre-*Biná*:

La primera es *Or Jojmá* (Luz de *Jayá*, la Luz de GAR) la Luz de la perfección, porque proporciona el atributo de perfección al *Kli* que llena; la Luz que *Maljut* recibe desde *Ima* (Madre Suprema) situada entre la boca y el pecho del *Partzuf* AA, por encima de su *Parsá*;

La segunda es *Or Neshamá*, todavía imperfecta, puesto que la recibe de la madre inferior, el *Partzuf* de *Tevuná*, entre el pecho y el *Tabur* de AA, por debajo de su *Parsá*.

Naturalmente, para la recepción de uno u otro tipo de Luz, *Maljut* debe subir al correspondiente nivel. En otras palabras, debe cambiar sus atributos de tal manera que sea capaz de recibir, de ser digna de esta Luz.

Cuando *Maljut* asciende a *Tevuná* y esta la engalana con sus joyas, dichas alhajas aún no son perfectas, porque en *Maljut* todavía queda "una pregunta" (sin *Or Jojmá*), como *Tevuná* antes de elevar MAN. Esto quiere decir que para alcanzar su perfección, *Maljut* aún tiene que recibir MAN desde los inferiores, llamados "los varones de Israel". En este estado, los inferiores, los justos o "varones de Israel", reciben la Luz desde ZA, que se elevó a YESHS = *Israel-Saba*.

Pero cuando *Maljut* sube un grado más, hasta el lugar de la Madre Suprema (*Biná*), por encima del pecho de AA, y ahí recibe las joyas de *Ima* –y no de *Tevuná*– entonces, dichas joyas son perfectas, pues contienen la Luz de *Jayá*, y en ella ya no existe "la pregunta" pues se considera como un *Kli* masculino, un *Kli* que otorga, y los varones de Israel reciben de ella.

Y todos los varones de Israel se presentan ante ella y reciben su Luz. Y *Maljut* ES LLAMADA EL SEÑOR (en hebreo, *Adón*). La *Maljut* habitual es denominada con el nombre femenino del Creador *Adonay* (señora) o *ADNI*, mientras que en este estado es denominada con el nombre masculino, *Adón* (señor).

Y esto es así porque *Maljut* ya no tiene dentro la pregunta, porque en su interior ya no se eleva MAN, pues ha alcanzado la perfección (la Luz de *Jayá*) y por eso se llama "varón" o señor (*Adón*). Y por tal razón el profeta dijo: HE AQUÍ EL ARCA DE LA ALIANZA, EL SEÑOR (*Adón*) DE TODA LA TIERRA (*Yehoshua*, 3:11). *Maljut* es llamada "El Arca", porque ZA, que otorga a *Maljut*, es llamado "El Testamento". El *Zóhar* llama a *Maljut* "El Señor de Toda la Tierra", "El Varón".

A raíz de que la letra *Hey* en la palabra MA = *Mem-Hey* –que representa la esencia femenina– abandona *Maljut* (porque esta letra *Hey* representa la pregunta en *Maljut*, es decir, la falta de *Or Jojmá*, cuando *Or Jojmá* trae la sabiduría absoluta) desaparecen todas las cuestiones, y con ellas la letra *Hey*. La letra *Yud* se eleva al lugar donde se encontraba *Hey* y *Maljut* adopta el nombre de MI, como *Ima*, que significa la recepción del nombre *Elokim* por parte de *Maljut*, como el nombre de *Ima*.

18. Desde Arriba Israel recibe las últimas letras (ÉLEH), desde *Biná* a aquel lugar, es decir, a *Maljut*, que ahora es llamada MI, como el nombre *Biná*. Pronuncio las letras ÉLEH y derramo todas las lágrimas que contiene mi alma, PARA recibir las letras ÉLEH desde *Biná* en la casa de *Elokim*, que es *Maljut*. Para que *Maljut* pueda llamarse *Elokim*, del mismo modo que *Biná* es llamada *Elokim*. ¿Cómo puedo recibirlos? "Con la voz de la *Torá* de los agradecidos cantos y la alegre muchedumbre". Dijo Rabí Eliezer: "Mi silencio ha levantado el Templo Superior, *Biná*, y el Templo inferior, *Maljut*. Por supuesto, como dice la voz popular: 'Una palabra, una moneda de oro (en el texto original, *Sela*: moneda), pero el silencio se paga con dos'. 'Una palabra, una moneda de oro' significa: me pronuncié y lo lamenté. Doblemente valioso es el silencio, mi silencio, porque con él fueron creados los dos mundos, *Biná* y *Maljut*. Y de no haber callado (véase el punto 11), no habría alcanzado la unión de ambos mundos".

Una vez que *Hey* abandonó MA y *Yud* se elevó al lugar de aquella formando MI, entonces, Israel hace subir hasta *Maljut* las ÚLTIMAS LETRAS ÉLEH mediante la elevación de MAN. Como hemos explicado, en *Katnut*, ÉLEH del

Superior cayó en GE del inferior. Por lo tanto, pertenecen al inferior también en su estado de *Gadlut*. Porque cuando B-ZA-M = ÉLEH del Superior retornan a la cabeza del Superior, con ellas suben también GE del inferior. Así, el inferior recibe ÉLEH del Superior y la Luz con la que se llenan en su actual *Gadlut*.

Para igualarse con el inferior y entrar en el Estado Pequeño, el Superior realiza deliberadamente la Segunda Restricción (*Tzimtzum Bet* sobre su *AJaP*). Y estableciendo contacto con el inferior, el Superior vuelve a *Gadlut*, y transmite la Luz a aquella parte del inferior que ambos habían ocupado en *Katnut*. Esto es comparable a una situación en la que un hombre fuerte y bondadoso entra en contacto con malhechores y se relaciona con ellos fingiendo que es otro malhechor. Y una vez que existe conexión entre ellos, poco a poco comienza a corregirlos, precisamente gracias a esa unión que se ha establecido entre ellos.

Cada *Partzuf* en su estado de *Katnut* se divide en dos partes, GE y AJaP. Sin embargo, dado que hay una "columna" de *Partzufim* entre nuestro mundo y el Creador, existe un vínculo que los conecta a través de las partes en común entre Superiores e inferiores. Y precisamente porque en cada inferior hay una parte del Superior, aquel puede recibir fuerzas desde Arriba a través de este atributo común y elevarse hasta el Creador por sí solo.

Cada Superior que cae al inferior, llega a completar sus *Kelim* con diez *Sefirot*: el AJaP cayó en el GE del inferior y juntos componen las diez *Sefirot*, pues se encuentran en el mismo nivel. A su vez, el AJaP del inferior cae en el GE de aquel inmediatamente inferior a él, etc.

Posteriormente, en *Gadlut*, cuando el GE del Superior recibe las fuerzas para incorporar ese AJaP a sí mismos y elevarlo a su nivel, entonces, también el GE del inferior sube junto con AJaP, puesto que abajo estaban unidos. Por tanto, al elevarse, el GE del inferior sigue unido al AJaP del Superior y junto a él forma un *Partzuf* con diez *Sefirot*.

PRONUNCIO LAS LETRAS ÉLEH: Israel (todo aquel que desea recibir los atributos del Creador) eleva MAN (un ruego) para recibir en *Maljut* la Luz de *Gadlut* (para su propia corrección) con ayuda de las letras ÉLEH, *Ima-Biná*. Esto se logra mediante una oración ante la Puerta de las Lágrimas, de la cual nadie regresa con las manos vacías: es decir, tras elevar MAN, las letras ÉLEH descienden desde AVI hasta *Maljut*, la casa de *Elokim*. Y es así porque tras la recepción de ÉLEH, *Maljut* es denominada *Elokim*, como *Ima*.

UNA PALABRA, UNA MONEDA DE ORO; PERO EL SILENCIO SE PAGA CON DOS: las palabras (la acción espiritual) de Rabí Eliezer (el *Partzuf* espiritual que recibe ese nombre) se elevaron desde *Maljut* hasta *Tevuná*, debajo del pecho de AA, donde aún no hay Or Jojmá, lo cual explica la presencia de la pregunta en Maljut, una petición de Luz de Jojmá. Y es llamado "oro" (en el idioma original, Sela: una moneda de oro), pues ese es el nombre de Maljut.

Sin embargo, el silencio de Rabí Eliezer propició que Rabí *Shimon* descubriera la Luz de Jayá elevando Maljut a la Madre Suprema, con lo cual ambos mundos fueron creados simultáneamente; porque el mundo inferior, Maljut, fue creado junto con el Mundo Superior, Biná, sobre lo cual dice El Zóhar: DOBLEMENTE (dos mundos) VALIOSO ES EL SILENCIO.

19. Dijo Rabí Shimon: "De ahora en adelante, sobre la perfección de lo escrito fue dicho: despliegan los ejércitos por número". Porque estos son dos grados, y cada uno debe quedar por escrito, es decir, registrado. Uno es llamado MA, el otro MI. MI es el Superior, MA el inferior. El Grado Superior escribe, habla y despliega los ejércitos por número, donde la letra Hey alude a la que es conocida e incomparable, es decir, a MI. Esto se asemeja al dicho *"HaMotzí Lejem"* –Aquel que hace crecer el pan sobre la tierra (una súplica al Creador)– donde la letra Hey representa el conocimiento del grado inferior, es decir, MA. Ambos forman un grado, Maljut. Pero el Superior es MI *de Maljut* y el inferior MA *de Maljut*, que despliega los ejércitos por número. Porque el número 600 000 es la cantidad de estrellas, que permanecen juntas, y ellas despliegan ejércitos que no tienen límite.

El Zóhar se refiere a las palabras del libro del profeta Yeshayahu (40:26): "Alzad vuestros ojos hacia la inmensidad del Cielo y ved: ¿QUIÉN CREÓ A ESTOS (a ellos) – MI BARÁ ÉLEH? Aquel que despliega los ejércitos por número, Aquel que a todos llama por su nombre; nadie puede ocultarse de Su grandeza ni de la fuerza de Su poder".

"Escrito" quiere decir "marcado con la letra Hey", porque los dos grados deben ser grabados en Maljut: tanto MI como MA. Con ayuda de la Luz, recibida durante el ascenso por encima del pecho de AA al Mundo Superior, Maljut se hace semejante al Mundo Superior, y recibe el nombre de MI, porque la letra Hey sale de MA = Mem-Hey, y la letra Yud sube y toma su lugar. Por ello, Maljut es llamada MI, como el Mundo Superior, y se engalana con un atributo masculino.

Sin embargo, MA, el grado previo de Maljut no desaparece. Y la razón es que el grado de MI es esencial para transmitir la Luz a los inferiores, para transmitir la perfección de "El Santo de los Santos" a las generaciones, los descendientes de Maljut, el NaRaN de los justos. Aunque el nacimiento y la proliferación de estas generaciones (hijos) dependen del nombre MA. Por lo tanto, si MA o MI no están presentes en Maljut, esta no podrá producir las futuras generaciones, no podrá crear nuevas almas (Partzufim inferiores llenos de Luz).

Maljut DESPLIEGA LOS EJÉRCITOS POR NÚMERO: este es el grado de *MI*, que *Maljut* hereda de la Madre Suprema, porque la letra *Hey* antes de la palabra "despliega" (*Motzí* = *HaMotzí*) nos revela que *Maljut* contiene una Luz perfecta, recibida desde *AVI*, llamada "alhajas". Y esto representa la cantidad máxima de Luz que puede llenar a *Maljut* durante los 6 000 años.

La misma letra *Hey* nos indica que *Maljut* contiene la Luz de YESHSUT, del grado de MA. Porque dicho grado también debe ser grabado, debe estar presente en *Maljut*. Y estos dos grados, MI y MA, se encuentran presentes en *Maljut*: MI más arriba y MA más abajo.

El Zóhar da a *Maljut* el nombre de "el mundo revelado". En otras palabras, todo lo que *Maljut* revela, lo reciben los inferiores. Estos alcances individuales, sensaciones individuales de la Luz que desciende desde *Maljut*, son lo que los inferiores denominan "su mundo". Del mismo modo que nosotros llamamos "nuestro mundo" a todo aquello que percibimos a través de nuestros órganos sensoriales. Pero esto no es ni más ni menos que aquello que recibimos desde la *Maljut* del grado más bajo del mundo de *Asiyá*, de la *Maljut* del grado previo.

Sin embargo, debemos saber que el verdadero concepto de "nuestro mundo" implica el auténtico conocimiento por parte del hombre de ese grado al que llamamos "nuestro mundo": dicho de otro modo, la sensación de un distanciamiento total con el Creador, la sensación de una completa debilidad y el reconocimiento de su egoísmo absoluto. En el hombre, esta percepción puede darse siempre y cuando reciba Luz espiritual desde Arriba; solo en contraste con ella será capaz de ver su verdadero estado espiritual. Pero para llegar a este estado se precisa un gran esfuerzo en el estudio de la Cabalá con objeto de atraer la influencia de la Luz Circundante (véase el punto 155, Introducción al *Talmud Éser Sefirot*).

No obstante, cuando el hombre alcanza dicho estado, eleva tal súplica al Creador que ese MAN no queda sin respuesta, y la persona recibe fuerzas para salir de "nuestro mundo" y subir por medio de sus cualidades a un nivel más alto: a *Maljut* del mundo *Asiyá*. Y entonces ella pasa a ser su mundo.

Nosotros aquí hablamos de niveles muy elevados. La *Maljut* que se revela es la *Maljut* del mundo de *Atzilut*, *Nukva* de ZA. Y el hecho de que *El Zóhar* la denomine "Suprema" hace referencia a su estado, cuando recibe el nivel de MI durante su ascenso y su acción de envolver al Mundo Superior, la Madre Suprema. Por lo tanto, la propia *Maljut* es llamada Suprema, y, en consonancia, el grado de MA, es llamado "inferior".

CONOCE TODOS LOS EJÉRCITOS POR NÚMERO: número quiere decir "perfección". La Luz sin un número indica que es imperfecta, mientras que la Luz con número es una Luz perfecta. La acción de ZA con respecto a la transmisión de la Luz desde *Biná* a *Maljut* queda descrita en la frase "EL CIELO CUENTA SOBRE LA GRANDEZA DEL CREADOR": EL CIELO (ZA) CUENTA (*Mesaper* en hebreo, de la palabra *Mispar*: número) la perfección de la Luz que ZA transmite desde AVI a *Maljut*, denominada LA GRANDEZA DEL CREADOR.

Esta Luz es llamada 600 000. Porque el grado de *Maljut* son unidades, el nivel de ZA–decenas, el grado de YESHSUT–centenas, el grado de AVI–millares, y el nivel de AA–decenas de millares.

AVI se compone de dos partes: su propia parte, que se contabiliza en millares y, por otro lado, la *Or Jojmá* recibida desde la cabeza de AA; y entonces aquellos se consideran como AA, es decir, se contabilizan por decenas de millares. Sin embargo, no pueden ser considerados como un nivel completo de AA, sino únicamente como su VAK, porque envuelven a AA desde su boca hacia abajo, hasta el pecho. Y puesto que VAK = *Vav Ketzavot* = 6 *Sefirot* x 10 = 60, el grado de VAK de AA es 60 x 10 000 = 600 000.

Por ello, cuando *Maljut* sube a AVI, recibe un número completo y perfecto, 600 000, donde 60 indica que es solamente VAK, porque *Maljut* todavía no ha alcanzado la cabeza de AA y aún le falta este grado. Y el grado de 10 000 nos habla de AA, de la parte que envuelve a AVI, porque AVI es VAK de AA. Por lo tanto, *Maljut* contiene el número 600 000.

En resumen, en *Maljut* están grabados dos grados:

• MI, el grado de AVI que se envuelve con *Maljut*, mediante lo cual *Maljut* recibe el grado del Mundo Superior y es llamada de acuerdo a ello, mientras que la Luz en ella es llamada 600 000.

• MA, el grado de YESHSUT, que se envuelve con *Maljut*, y mediante ello existe la pregunta en *Maljut*, la sensación de falta de *Or Jojmá* y la súplica para recibirla. Es por ello que *Maljut* se denomina "el mundo inferior".

Estos dos niveles crean un *Partzuf* dentro de *Maljut*: la parte que se sitúa por encima del pecho queda envuelta con AVI, y la parte por debajo del pecho queda envuelta con YESHSUT. Por eso, en las generaciones, en los descendientes de *Maljut*, cada *Partzuf* consta de dos partes (grados): desde la parte superior (MI) hay una Luz de 600 000, y desde la parte inferior (el mundo inferior, MA) hay ausencia de número (perfección) en cada descendiente.

DESPLIEGAN SUS INNUMERABLES EJÉRCITOS no se interpreta como "infinitamente grande". Se trata más bien de la imperfección de la Luz que se recibe en la parte inferior, porque desciende desde YESHSUT, el grado que no tiene número.

Por lo tanto, la descendencia de *Maljut* es definida como imperfecta, pues estos dos grados existen en ella como uno solo y están interconectados, como si fueran uno. En consecuencia, existen dos grados en la descendencia de *Maljut*: la Superior—600 000, y la inferior—sin número. No obstante, el grado inferior se considera como un complemento a la perfección y no como un fallo.

La razón de ello la encontramos en que la bendición de la semilla, la reproducción, depende exclusivamente del mundo inferior, MA, sin número, como relata la *Torá* cuando nos dice que *Avraham* se quejó por su falta de descendencia, y la respuesta fue: "Mira hacia el cielo y cuenta las estrellas. ¿Podrás contarlas? Así será tu descendencia" (*Bereshit*, 15:5). Con esto comprobamos que la bendición de la semilla proviene de la falta de número, es decir, del nombre MA.

Por consiguiente, una vez que *Maljut* alcanza toda la perfección desde la Luz de *AVI* (MI) *Maljut* cuenta con una bendición adicional desde MA, llamada "la ausencia de número", y sus descendientes incluyen ambos grados: las almas y las generaciones.

20. "Todos estos 600 000 y todos los innumerables ejércitos, Él los llama los nombres". ¿Qué significa "los nombres"? Si dices que Él los llama por sus nombres, no es correcto, porque de ser así diríamos "llama por su nombre". Sin embargo, cuando este grado no asciende al nombre *Elokim*, sino que se llama MI, no engendra y no revela a aquellos ocultos en él. Y aunque todos estaban ocultos en él, es decir, aunque las letras ÉLEH ya se habían elevado, todavía se encuentra oculta la "vestidura preciosa" de *Or Jasadim*. Y mientras está oculta, no recibe el nombre de *Elokim*. Porque Él creó las letras ÉLEH y se elevaron hasta Su nombre: se vistieron con la "vestidura preciosa" de *Or Jasadim*, con lo cual ÉLEH y MI se unen y son llamadas *Elo-im*. Entonces, por la fuerza de este nombre, Él los lleva a la perfección, algo definido como "PRONUNCIA SUS NOMBRES", lo cual significa: nombró a cada uno por su nombre y llevó cada especie y linaje a existir en perfección. Por eso, está escrito: "DESPLIEGA SUS EJERCITOS POR NÚMERO": a todos llamó por su nombre, es decir, por el nombre *Elokim*.

Ya hemos mencionado que la perfección de la Luz, que es el nombre del Creador *Elo-im*, desciende a las almas, generaciones, descendencia, como dos grados unidos en uno. Este grado incluye 600 000 del Grado Superior e innumerables ejércitos del grado inferior, y el nombre del Creador desciende sobre ambos.

La bendición de la semilla depende enteramente de MA, porque viene determinada por *Or Jojmá*, pues esta Luz determina la perfección. Y la Luz sin número, *Or Jasadim*, emana precisamente del nombre MA. Como ya sabemos, *Or Jojmá* es aceptada solamente cuando está envuelta en *Or Jasadim*. Hasta que esto no ocurre, aunque ÉLEH ascienda hasta MI, el nombre *Elokim* no actúa: ELO-IM = ÉLEH+IM.

Por eso está escrito que MI NO ENGENDRA, aunque el punto *Maljut* haya dejado el pensamiento (*Biná*) y descienda otra vez a su lugar, y todas las diez *Sefirot* y la Luz hayan vuelto al *Partzuf*, EL NOMBRE ÉLEH AÚN ESTÁ OCULTO, pues no puede recibir *Jojmá* en ausencia de *Jasadim*.

Sin embargo, PORQUE CREÓ ÉLEH –es decir, después de que hubo añadido un *Zivug* a la pantalla de MA (el mundo inferior, *Maljut*)– apareció *Or Jasadim*, llamada INNUMERABLE. Y ÉLEH se llenaron con *Or Jasadim*, que significa BARÁ = CREÓ ÉLEH, puesto que envolverse con *Or Jasadim* se denomina BARÁ (creación). Solamente después de esto son llamados ELOKIM. Porque solamente tras la recepción de *Or Jasadim* pueden recibir *Or Jojmá* – llamada "la Luz del número", la Luz de 600 000– a consecuencia de lo cual, las letras se combinan formando el nombre completo de *Elokim*.

La misma perfección (*Jojmá* envuelta en *Jasadim*) también llega a las almas y a la descendencia que se origina a partir del nombre *Elokim*. Y ES LLAMADO POR ESTE NOMBRE: todo lo que se origina es llamado por este nombre, con estas cualidades Él engendra toda la descendencia: los *Partzufim* de su *Zivug* sobre *Or Jojmá*. EL NOMBRE 600 000 es *Jojmá*, JUNTO CON *JASADIM*, para que exista en ellos la perfección del nombre, para que la Luz envuelva a la Luz, como ellos se envuelven con el NOMBRE. Por eso está escrito TÚ VES, LOS LLAMO POR SU NOMBRE, porque llamar significa revivir y llevar a la perfección.

21. Pregunta: "¿Qué significa "por las grandes fuerzas y riqueza"?". Es la cabeza del grado, donde suben los deseos y permanecen ocultos. El fuerte que se elevó hasta el nombre ELOKIM, como está escrito: "Este es el secreto del Mundo Superior, llamado MI". No desaparece ni un hombre de aquellos 600 000 que Él creó con el poder de este nombre. Y porque nadie ha desaparecido entre esos 600 000, dondequiera que los hijos de Israel perecieran o fueran castigados por sus pecados, comprobamos que ni uno solo de estos 600 000 ha desaparecido para que todo permanezca igual, tanto Arriba como abajo. Y del mismo modo que ni uno de los 600 000 desapareció Arriba, ni un solo hombre entre este número ha desaparecido abajo.

POR LAS GRANDES FUERZAS Y RIQUEZA hace referencia a *Kéter de AVI*, llamado la CABEZA DE LOS GRADOS. Es *Biná de AA*, que se ha convertido en *Kéter* del *Partzuf AVI*, ADONDE SUBEN TODOS LOS DESEOS (MAN de los inferiores) y desde donde todos los niveles reciben.

Este grado se encuentra lleno de *Or Jasadim* y existe en perfección aunque carezca de *Or Jojmá*, pues su *Or Jasadim* proviene de *GAR de Biná de AA*. Es decir, la *Or Jasadim* existente en él es tan grande que, aunque este grado surgió de la cabeza de *AA*, se considera como si no hubiera surgido de ella, pues no siente necesidad de *Or Jojmá*. Este grado, *Kéter de AVI*, constituye la cabeza de todos los grados del mundo *Atzilut* desde los que *AVI*, *YESHSUT* y *ZON* reciben la Luz.

EL FUERTE ES EL SECRETO DEL MUNDO SUPERIOR, el atributo de *MI* que está presente en *Maljut*, de donde desciende el número 600 000. Porque ella envuelve al Mundo Superior, *AVI*. Por ello está escrito que NI UN SOLO HOMBRE DESAPARECE DE AQUELLOS 600 000, porque allí *Maljut* recibe *Or Jojmá*, llamada 600 000. Y por eso está escrito: TANTO ARRIBA COMO ABAJO, NI UNO SOLO HA DESAPARECIDO, porque *Maljut* envuelve a *AVI*, descrito en las palabras LA MADRE ENGALANA A LA HIJA CON SUS JOYAS, con lo que *Maljut* se iguala completamente a *AVI*. Y del mismo modo que la Luz de *AVI* es perfecta (y por ello es denominada 600 000 y NI UN SOLO HOMBRE HA DESAPARECIDO, es decir, no se siente la ausencia de *Or Jojmá*) *Maljut* también es perfecta en este número, que significa NI UN SOLO HOMBRE HA DESAPARECIDO abajo.

Las letras de Rabí Hamnuna-Saba

22. Dijo Rabí Hamnuna: "En las cuatro primeras palabras de la *Torá* AL PRINCIPIO CREÓ EL CREADOR ET (*Bereshit Bará Elokim Et*), las dos primeras palabras empiezan con la letra *Bet,* y las dos siguientes con la letra *Álef*". (La letra *Álef* es pronunciada tanto "A" como "E"). Está escrito: "Cuando el Creador se propuso crear el mundo, todas las letras estaban aún ocultas, e incluso 2 000 años antes de la creación del mundo el Creador ya miraba las letras y se recreaba con ellas.

En el lenguaje de la Cabalá la misma frase aparece del siguiente modo: cuando decidió el Creador (*Biná*) crear el mundo (ZON del mundo de *Atzilut*), los *Kelim* de ZON todavía se encontraban en *Biná*. *Jojmá* y *Biná* (*Aba ve Ima-AVI*) son denominados 2 000 años. Antes de la creación del mundo (el nacimiento de ZON), todas las letras (*Kelim* de ZON) se encontraban en AVI en forma de MAN; y MAN siempre suscita en el Superior un deseo de ocuparse de él.

Con respecto al *Partzuf* inferior, el Superior es denominado Creador, porque él realmente engendra al inferior. Y todo lo que recibe el inferior, solo lo recibe directamente de su Superior. Es más, puede afirmarse que toda la existencia y todos los deseos del Superior están dirigidos al inferior. Por ello el Superior siempre está esperando del inferior una súplica genuina que exprese un deseo de elevarse espiritualmente (MAN). Y siempre y cuando este deseo sea verdadero, el Superior responderá inmediatamente y enviará al inferior la Luz que otorga fuerzas para la corrección.

Puesto que el inferior es ZON del mundo de *Atzilut* –y todo lo que se encuentra por debajo de este *Partzuf* (todos los mundos ABYA y nuestro mundo) se considera que forman parte de él– AVI del mundo de *Atzilut* constituyen el *Partzuf* Superior. Los deseos o atributos de ZON son denominados "letras", y aquí *El Zóhar* nos explica con qué atributos ZON (es decir, el mundo espiritual y nuestro mundo, nosotros mismos) fueron creados, qué atributos son deseables, cuáles requieren corrección y de qué manera llevar esto a cabo.

Dado que los atributos de la futura creación vienen determinados por el propósito del Creador al darle origen, está escrito que, incluso antes de la creación del mundo, el Creador se recreaba con las letras. "Se recreaba" significa que la interacción de la criatura con el Creador es como el juego con el leviatán (el legendario monstruo marino), cuyo atributo es opuesto al del Creador. Al final de la corrección, todas las letras se unen y se juntan en el nombre único del Creador.

El orden de las letras del alfabeto hebreo hace referencia a la Luz Directa procedente de Arriba, la Luz Interna que llena el *Partzuf*. El orden inverso de las letras desde el final del alfabeto hace referencia a la Luz Retornante que va desde abajo hacia Arriba. El orden normal del alfabeto hace referencia a la misericordia, mientras que el orden inverso es la ley estricta y las restricciones sobre la utilización de los deseos egoístas.

Cuando Adam cometió el pecado, las letras se desprendieron de él; únicamente se quedaron en él *Shin* y *Tav* (los *Kelim* para la Luz de *VAK* de *Néfesh*). Los *Kelim* para la Luz de *Neshamá* son las letras desde *Álef* hasta *Yud*, los *Kelim* para la Luz de *Rúaj* son las letras desde *Yud* hasta *Kof*, y las letras *Kof* y *Resh* –los *Kelim* para GAR de *Néfesh*– desaparecieron de él.

Esa es la razón por la que nombró a su hijo –nacido tras el pecado original– *SheT*: *Shin-Tav*, las dos últimas letras del alfabeto, los *Kelim* que permanecieron en él. El *Kli Sh-T* solamente están preparados para la Luz Retornante desde abajo hacia Arriba, pero no para recibir la Luz desde Arriba hacia abajo. Sin embargo, una vez que *Yesod de ZA* recibe la letra *Yud*, a partir de *Sh-T* se origina la palabra *Shit*. Pero si el Creador crea el mundo con la letra *Bet*, entonces, ella se inserta entre *Sh-T*, y obtenemos *Sh-B-T* (*Shabat*), el estado de la perfección espiritual, la meta de la creación. Por eso, la primera palabra de la *Torá* es *Bereshit*: *Bará* (creó) *Shit*.

23. Cuando el Creador se propuso crear el mundo, todas las letras del alfabeto se acercaron a Él en orden inverso, desde la última (*Tav*) a la primera (*Álef*). La letra *Tav* entró en primer lugar y dijo: "¡Señor del mundo! Es bueno y propio de Ti crear el mundo conmigo, con mis atributos. Pues yo soy el sello en Tu anillo, llamado "*EmeT*" (verdad), que acaba con la letra *Tav*. Ya que Tú mismo eres llamado "la verdad", y por eso es apropiado para el Rey empezar el universo con la letra *Tav*, y crear el mundo con ella, con sus atributos".

Le contestó el Creador: "Tú eres hermosa y sincera, pero no eres digna de que el mundo concebido por Mí sea creado con tus atributos, ya que estás destinada a marcar la frente de los verdaderos creyentes que observan mi *Torá*

desde *Álef* hasta *Tav* (de la primera a la última letra) y que perecieron por causa tuya" (véase *Talmud Bavli, Shabat* 55).

¿Qué significa un determinado nombre del Creador? El nombre del objeto espiritual indica de qué modo podemos alcanzar la recepción de la Luz que lo llena, de qué modo podemos alcanzar su grado espiritual. En general, las veintidós letras son las diez *Sefirot* (*Kelim*) en el *Ibur* (fase embrionaria) del futuro *Partzuf*, que se encuentra en la *Sefirá Yesod*, porque ahí es donde se encuentra la pantalla del embrión del nuevo *Partzuf*. Por eso *Yesod* es denominado "la cifra, el número", puesto que él mide el tamaño del nuevo *Partzuf*.

Teniendo en cuenta que cada nombre determina unas cualidades espirituales específicas, así como los estados de dicho objeto, uno puede entender lo que implica el cambio de nombre, lugar y acción.

La base de todas las letras es *HaVaYaH*, pero el llenado de cada letra esclarece la propia letra. El llenado de la letra se escucha cuando la pronunciamos. En el nombre de *HaVaYaH*, *Yud-Hey-Vav-Hey*, cuando decimos: *Yud*, pronunciamos 3 sonidos: las letras *y-u-d*; aunque escribimos solo una letra, los sonidos "*u-Vav*" y "*d-Dálet*" se oyen junto con el sonido "*y*". Cuando decimos *Hey*, después del sonido "*h*" escuchamos "*ey = Yud*" o "*ey = Álef*". En esto consiste el esclarecimiento de *HaVaYaH* en el proceso de surgimiento de este nombre.

La forma-atributos del Creador quedan revelados en Sus acciones. De ahí que las tres líneas que existen en *Biná* (el Creador) dejen su impronta y actúen sobre Sus criaturas (los mundos inferiores) como un sello y su impronta. Por eso, el nombre *MB* existe tanto en *Biná* como en *ZA* y *Maljut*. Sin embargo, en *ZA* este nombre se divide en diez dichos y treinta y dos fuerzas de la creación de *Elokim* que dan origen a *Maljut* (la creación).

Biná es designada por la letra *Mem*, la letra *Bet* es *Maljut*; el nombre *MB* designa la creación de *Maljut* por *Biná*. La letra *Álef* es *ZA*, que entrega todas las veintidós letras (desde *Álef* hasta *Tav*) a *Maljut* (*Bet*). Y por eso *Maljut* es denominada *ET* (*Álef-Tav*).

Maljut es la parte central, la meta de la creación. Es la única creación cuyos fragmentos constituyen todos los mundos y sus habitantes, incluidos nosotros. Dependiendo de sus estados, los fragmentos de *Maljut* –o lo que es lo mismo, la propia *Maljut*– tiene distintos atributos designados por las distintas combinaciones de letras. Y por tanto, los fragmentos de *Maljut* reciben varios "códigos" (combinaciones) de letras-atributos o nombres.

De ahí se originan todas las palabras del mundo. No existe ningún atributo en el mundo que no esté incluido en *Maljut*. Cada cualidad de *Maljut*, es decir, cada criatura (pues todas las criaturas son partes de ella) es designada por aquella cualidad que la hace distinta de las demás, es decir, por el conjunto único de letras-cualidades que compone su nombre.

Maljut es denominada *Shejiná*, porque la Luz, *Shojén* (El que Mora-El Creador), se encuentra en ella. El Creador es llamado *Shojén* cuando *Maljut* le siente en sí como tal. Si el hombre, como parte de *Maljut*, corrige su egoísmo parcial o completamente, y llena sus deseos corregidos con la Luz (el Creador), él se convierte en parte de la *Shejiná*.

Maljut se compone de cuatro partes que son nombradas de acuerdo a sus atributos, también llamados rostros: el rostro del león, el rostro del toro, el rostro del águila y el rostro del hombre. O bien, *Maljut* se asemeja a una semilla espiritual, rodeado de cuatro cáscaras, que corresponden a las cuatro *Klipot* (las fuerzas impuras): *Rúaj Seará* (viento huracanado), *Anán Gadol* (gran nube), *Esh Mitlakájat* (fuego devorador), *Noga* (resplandor).

La Cabalá puede describir acciones espirituales bien como nombres de *Sefirot* y *Partzufim* o bien como los nombres de *HaVaYaH*, *EKYEH*, etc., con sus llenados y *Guematriot* (plural de *Guematría*). Aunque el lenguaje más frecuentemente empleado es el de *Sefirot* y *Partzufim*, a veces se utiliza el lenguaje de *HaVaYaH* y sus llenados incluso de manera paralela o simultánea con el primero.

La mayoría de los términos cabalísticos nacen a partir de una combinación: *Maatzil* (Creador) deriva de la palabra *Tzel* (sombra), porque la creación nace a raíz del ocultamiento del Creador, desde Sus restricciones. Otro nombre del Creador es *Boré*, derivado de las palabras *Bo* (ven) y *Re* (mira).

El nombre indica el alcance. El hombre nombra a aquel objeto que ha logrado alcanzar. Del mismo modo, el hombre da nombre al Creador según el atributo que ha alcanzado, según su manera de percibir al Creador. Hay distintos tipos de nombres del Creador, como los nombres basados en Sus atributos –por ejemplo el nombre del Creador *EMET* (Verdad)– y hay nombres del Creador basados en las sensaciones de Su Luz en el interior del *Partzuf*.

A continuación, los nombres del Creador con los correspondientes nombres de las *Sefirot*:

Kéter: Álef-Hey-Yud-Hey (EKYEH)

Jojmá: Yud-Hey (YA)

Biná: *HaVaYaH* con el punto vocálico *Segol-Jólam-Jírik*, como *Elokim*: Yud (Yud-Vav-Dálet)-Hey (Hey-Yud)-Vav (Vav-Álef-Vav)-Hey (Hey-Yud).

Jésed: Álef-Lámed = EL (es pronunciado como KEL).

Guevurá: Álef-Lámed-Hey-Yud-Mem (ELOKIM)

Tiféret: *Yud-Hey-Vav-Hey* (*HaVaYaH* sin el punto vocálico).

Nétzaj: *HaVaYaH TZVAOT*.

Hod: *ELOKIM TZEVAOT*.

Yesod: *Shin-Dálet-Yud* = *SHADAY*

Maljut: *ADONAY* (pronúnciese *ADNI*).

La fusión de los dos mundos, el inferior y el Superior, es designada con las palabras *ADNI-HaVaYaH*, que se refiere a la elevación de *Maljut-ADNI* hasta el nivel de *Biná-HaVaYaH* con el punto vocálico de *Elokim*.

El nombre *HaVaYaH* de *ZA* procede de la línea derecha, *Jésed*, y el nombre de *ADNI* de la línea izquierda, *Guevurá*. La unión de estas dos líneas construye la línea media y *Or Jojmá* brilla desde ella gracias a *Or Jasadim*, que se encuentra en la línea derecha. Dicho estado es expresado con la combinación de los dos nombres *HaVaYaH-ADNI*.

YUD-Álef-HEY-Dálet-VAV-Nun-HEY-Yud. La unión (*Zivug*) de *ZA* y su *Nukva* son designados mediante la mezcla de los dos nombres.

HaVaYaH-ADNI: *Yud-Álef-Hey-Dálet-Vav-Nun-Hey-Yud*. La primera *Yud* indica *Or Jojmá* en *ZA*, y la *Yud* del final hace referencia a la transmisión de esta Luz a *Nukva*.

A consecuencia de la segunda restricción, *Maljut* se elevó hasta *Biná*, y reina con su deseo sobre *Biná* y *ZA*. Dado que está prohibido recibir *Or Jojmá* en las tres *Sefirot Biná*, *ZA* y *Maljut* –todas ellas gobernadas por el deseo egoísta de *Maljut*– *Or Jojmá* se encuentra ausente del *Partzuf* y solo *Or Jasadim* está presente.

Esto es designado del siguiente modo: la letra *Yud* entró en la palabra "Luz" (*Or* = *Álef-Vav-Resh* que designa a *Or Jojmá*), y resultó la palabra "aire" (*Avir* = *Álef-Vav-Yud-Resh*), que designa a *Or Jasadim*. Si el *Partzuf* vuelve al estado de *Gadlut*, la letra *Yud* sale de él, y este se llena de nuevo con *Or Jojmá*. De ese modo, *Avir* (Aire) llega a ser *Or* (Luz).

HaVaYaH sin llenado designa el *Partzuf Kéter*. *HaVaYaH* con el llenado de *AB* (72) señala el *Partzuf Jojmá* (*AA*). *HaVaYaH* con el llenado de *SAG* (63) designa el *Partzuf Biná* (*AVI*). Estos tres *HaVaYaH* juntos componen *MB* (42) letras: el nombre sagrado de la Luz que corrige las almas mediante su influencia sobre el *Kli*, la pantalla.

Lo único que fue creado es el deseo de recibir placer, a lo cual nosotros denominamos "creación". Nada más fue creado: solamente ese deseo. Todos los mundos, todos los que habitan en ellos, nuestro mundo con todo lo que existe en él, no son más que diferentes variaciones del deseo de recibir placer. La intensidad del deseo determina el lugar en ese espacio espiritual donde se encuentran toda la creación y nuestro mundo, que constituye el punto más bajo. La ubicación del hombre (en qué mundo y grado se encuentra) determinará el tipo de placer con el que va a deleitarse.

Para que la creación surja desde el Creador, la Luz que proviene de Él debe descender a través de cuatro etapas, mientras que la quinta etapa ya se siente como un deseo (separado e independiente del Creador) de disfrutar de esa Luz que emana del Creador.

Habiendo nacido a raíz de una emanación progresiva de Luz del Creador, el deseo de gozar (el *Kli*-vasija) también consta de cinco partes designadas por las letras: el punto que abre la letra *Yud, Yud, Hey, Vav, Hey*. Estas cinco partes (cuatro letras) son llamadas el nombre del Creador, *HaVaYaH*, porque el *Kli* nombra al Creador dependiendo de su sensación de Él, es decir, según la sensación de la Luz que lo llena. La Luz que llena el *Kli* es denominada *Miluy* (llenado).

El *Kli* creado por el Creador se divide en cinco partes denominadas "mundos". Cada parte (mundo) se divide a su vez en cinco partes más denominadas *Partzufim*-rostros (objetos). Cada *Partzuf* a su vez consiste en cinco partes denominadas *Sefirot*. En total, existen 5 x 5 x 5 = 125 objetos espirituales o grados, desde el más bajo hasta el Creador.

Cada *Partzuf* se compone de cinco partes (*Sefirot*) indicadas por un punto y cuatro letras: *Kéter* (punto) + *Jojmá* (*Yud*) + *Biná* (*Hey*) + ZA (*Vav*) + *Maljut* (*Hey*) = *HaVaYaH*. La diferencia existente entre todos los 125 *Partzufim* radica en el tipo de Luz que los llena, mientras que la estructura basal del *Kli*, las letras *HaVaYaH*, no se modifican. Y esto es porque el deseo no puede surgir si la Luz del Creador no ha pasado previamente por los cinco grados, entre los que solamente el quinto supone el nacimiento de la nueva creación (deseo).

SEFIRÁ	LETRA	PARTZUF	MUNDO	LUZ
Kéter	Un punto, la extremidad de la letra Yud	Galgalta	AK	Yejidá
Jojmá	Yud	AB	Atzilut	Jayá
Biná	Hey	SAG	Briá	Neshamá
ZA	Vav	MA	Yetzirá	Rúaj
Maljut	Hey	BON	Asiyá	Néfesh

Todo el universo, todos los mundos, tan solo son diez *Sefirot* o el nombre del Creador *HaVaYaH*:

El llenado de *HaVaYaH* con la Luz es su revelación. Mediante ello, las letras emergen del ocultamiento –el estado en que ellas no recibían llenado–. En total hay cinco *Partzufim*: *Kéter* (*Galgalta*), *AB*, *SAG*, *MA*, *BON*. El primero, el *Partzuf Kéter*, es el principal y la fuente para todos los demás. Sus diez *Sefirot* son *HaVaYaH* simple (interna), pues cada una de las cuatro letras de su *HaVaYaH* sale al exterior, revelando un nuevo *Partzuf* que las envuelve desde fuera.

Y así, del *Partzuf Kéter* (*Galgalta*), desde la letra *Yud* sale el *Partzuf Jojmá* (*AB*), desde *Hey* sale el *Partzuf Biná* (*SAG*), desde *Vav* sale el *Partzuf ZA* (*MA*) y desde *Hey* sale el *Partzuf Maljut* (*BON*). De modo que el *Partzuf Kéter* es designado por *HaVaYaH* simple, y los *Partzufim* que lo envuelven son designados por *HaVaYaH* con llenado. La impronta de *HaVaYaH* con la Luz que lo llena es denominada *Miluy* (llenado). Para abreviar la denominación de un *Partzuf*, se introdujo la noción de *Guematría*: el valor numérico de la Luz que llena el *Partzuf*.

La sabiduría (*Jojmá*) es denominada "cálculo" (*Jeshbón*), *Guematría*. Un cálculo se lleva a cabo únicamente en el lugar en que se recibe la Luz: a) primero tiene lugar un cálculo previo que determina la cantidad de Luz que el *Partzuf* puede recibir en beneficio el Creador; b) la Luz se recibe según el cálculo; c) el cálculo de la cantidad recibida, denominada *Miluy*, *Guematría*.

Maljut no puede recibir *Or Jojmá* sin *Or Jasadim*: en ese caso *Jojmá* no puede brillar en ella. Entonces *Maljut* se eleva a *Biná* y se convierte en un embrión dentro de ella, con lo cual esta recibe la línea derecha (*Jasadim*). Uniendo el estado pasado con el estado presente, *Maljut* recibe *Jojmá* en *Jasadim*, y *Or Jojmá* brilla en ella. Todas estas acciones de *Maljut* van acompañadas de los cálculos, denominados *Guematriot*.

La *Guematría* del *Partzuf* sin llenado de la Luz, es decir, la *Guematría* de *HaVaYaH* vacía, es la siguiente:

HaVaYaH = *Yud* + *Hey* + *Vav* + *Hey* = 10 + 5 + 6 + 5 = 26. La *Guematría* de *HaVaYaH* llena se forma con el llenado de cada letra; en hebreo cada letra tiene un nombre completo: *A-Álef*, *B-Bet*, etc. Por eso hay cuatro tipos de llenado de *HaVaYaH*: 1) *AB*, 2) *SAG*, 3) *MA*, 4) *BON*.

1) *HaVaYaH*, llenada por *AB*:

Yud = *Yud* + *Vav* + *Dálet* = 10 + 6 + 4 = 20
Hey = *Hey* + *Yud* = 5 + 10 = 15
Vav = *Vav* + *Yud* + *Vav* = 6 + 10 + 6 = 22
Hey = *Hey* + *Yud* = 5 + 10 = 15
En total: 20 + 15 + 22 + 15 = 72 = *AB*, donde la letra *A* designa no a la

letra *Álef* = 1, sino a la letra *Ayin* = 70. *HaVaYaH* llena de esta Luz es llamada el *Partzuf AB* (el *Partzuf Jojmá*) pues la letra *Yud* con su llenado indica la Luz de la Sabiduría, *Or Jojmá*. Dicho llenado recibe el nombre de "*HaVaYaH* con el llenado de *Yud*".

2) *HaVaYaH* con el llenado de *SAG*: el *Partzuf* lleno con la Luz de Misericordia, *Or Jasadim*, es denominado *SAG*, pues su *Guematría* es esta:

SAG = *Sámej* (60) + *Guímel* (3) = 63:
Yud: *Yud* - *Vav* - *Dálet* = 10 + 6 + 4 = 20
Hey: *Hey* - *Yud* = 5 + 10 = 15
Vav: *Vav* - *Álef* - *Vav* = 6 + 1 + 6 = 13
Hey: *Hey* - *Yud* = 5 + 10 = 15
En total, 63 = 60 + 3 = *Sámej* + *Guímel* = SAG.

Si los *Kelim* y su llenado se originan en la primera restricción, entonces, el llenado de *HaVaYaH* contiene la letra *Yud*. Y si los *Kelim* se llenan con la Luz de la segunda restricción, entonces el llenado de *HaVaYaH* contiene la letra *Álef*. La diferencia entre las *Guematriot* de *AB* y *SAG* radica en el llenado de la letra *Vav*: la *Guematría* de *Vav* en el *Partzuf AB* es veintidós (del llenado con *Or Jojmá*), mientras que la *Guematría* de *Vav* en el *Partzuf* de *SAG* es trece (del llenado con *Or Jasadim*). De lo mencionado aquí, queda claro que el *Partzuf AB* se origina en la primera restricción, sin embargo, la letra *Vav* (ZA) en el *Partzuf SAG* se origina en la segunda restricción.

c) *HaVaYaH* con el llenado de MA:
Yud: *Yud* + *Vav* + *Dálet* = 20
Hey: *Hey* + *Álef* = 6
Vav: *Vav* + *Álef* + *Vav* = 13
Hey: *Hey* + *Álef* = 6

Este llenado de *HaVaYaH* es denominado 20 + 6 + 13 + 6 = 45 = *Mem* (40) + *Hey* (5) = MA (léase la letra *Hey* como "A").

d) *HaVaYaH* con el llenado de BON:
Yud: *Yud* + *Vav* + *Dálet* = 20
Hey: *Hey* + *Hey* = 10
Vav: *Vav* + *Vav* = 12
Hey: *Hey* + *Hey* = 10

Este llenado de *HaVaYaH* es denominado 20 + 10 + 12 + 10 = 52 = *Nun* (50) + *Bet* (2), pronunciada como BON para hacer más fácil su articulación. Esta es la *Guematría* del *Partzuf Maljut* y es igual al doble del valor de *HaVaYaH* sin llenado: *HaVaYaH* = 26; y 26 x 2 = 52 = MA.

Dada la ausencia de pantalla en el *Partzuf Maljut*, este no es capaz de recibir la Luz del Creador por sí mismo. En vez de ello, solo puede recibir pasivamente lo que le da el *Partzuf ZA*; la *Guematría* doble señala que todo lo que existe en *Maljut* llega a ella desde *ZA*.

Por los cuatro tipos de *HaVaYaH*, vemos que la raíz de la creación no es el *Partzuf Jojmá* o *Biná*, sino exclusivamente el *Partzuf ZA*, pues es el primer *Partzuf* construido sobre la segunda restricción.

Las diez *Sefirot* principales se encuentran en el *Partzuf Kéter*, mientras que *AB*, *SAG*, *MA* y *BON*, son meras ramas que surgen de este primer *Partzuf Kéter*. Sin embargo, cuando la Luz se expande en el interior del *Partzuf*, en él hay cinco Luces internas de *NaRaNHaY* y cinco Luces externas. Las cinco Luces externas de *Biná* surgen desde la oreja derecha, y desde la oreja izquierda surgen las cinco Luces internas de *Biná*. Las cinco Luces externas de *ZA* surgen desde la aleta derecha de la nariz, y desde la aleta izquierda de la nariz surgen sus cinco Luces internas.

Y puesto que las dos *Maljuyot* (plural de *Maljut*) se encuentran alejadas una de otra, a raíz de ello, en nuestro mundo, el hombre también tiene separados los orificios de ambas orejas; hay un alejamiento menor entre los orificios de la nariz, mientras que las cinco Luces internas y externas de la Luz general de *Pe* (boca) emergen desde una misma apertura. Es por eso que, al salir de la boca, ellas chocan entre sí y se entrelazan; y a consecuencia de sus colisiones resultan las letras (*Kelim*).

Dado que las veintidós letras se originan desde *Biná-SAG* = *Sámej* + *Guímel* = 60 + 3 = 63, la apertura, desde la que ellas emergen es denominada 63 + 22 = 85 = *Pey* + *Hey* = *Pe* (la boca). Las letras salen desde la boca de *ZA*, porque allí se encuentra *Yesod* de *Ima*.

Hemos recibido todos los conocimientos sobre los mundos espirituales, toda nuestra *Torá*, de nuestros Grandes Patriarcas, que se elevaron espiritualmente por encima del nuestro mundo, sintieron los Mundos Superiores y nos los describieron. Así es como hemos recibido la *Torá* en su totalidad, tanto la escrita como la verbal.

No podemos imaginarnos el mundo espiritual porque nuestros órganos sensoriales no lo perciben. De modo que, para describirnos objetos y conceptos que todavía son inalcanzables para nosotros, los cabalistas utilizan algunas técnicas, lenguajes. Toda la *Torá* nos habla acerca de los medios para la creación, administración y corrección del mundo. Únicamente de esto. En ningún caso versa sobre historia, geografía, etc. Como está escrito en la propia *Torá*: la *Torá* son los nombres sagrados, es decir, las manifestaciones del Creador, los grados y métodos para Su alcance.

Los cabalistas, es decir, aquellos que se elevan al mundo espiritual y que, por tanto, establecen contacto directo con el Creador, nos hacen llegar esta información empleando cuatro lenguajes:

1. El lenguaje de *TaNaJ* (*T*-la *Torá* (Pentateuco), *N*-*Neviim* (los profetas), *J*-*Ktuvim* (los Escritos Sagrados). Este es el lenguaje de la *Torá* escrita.
2. El lenguaje de la observancia (cumplimiento de los Mandamientos).
3. El lenguaje de las leyendas.
4. El lenguaje de *Sefirot* y *Partzufim*: el lenguaje de la Cabalá.

Todos los lenguajes hablan sobre una misma cosa: el camino para que nosotros, aquellos que vivimos en este mundo, alcancemos al Creador. Este es el único propósito por el que fuimos creados. Y, de acuerdo al plan diseñado por el Creador, debemos utilizar todos nuestros recursos intelectuales, físicos y espirituales para ello. Y si solamente aspirásemos a eso, utilizaríamos con este objetivo el lenguaje que empleamos para comunicarnos de manera natural. Al fin y al cabo, todo lo que nos es dado, llega para cumplir nuestra tarea en este mundo: alcanzar la percepción del Creador mientras vivimos esta vida.

Por eso, la primera lengua que la humanidad dominó fue el hebreo. Sin embargo, a medida que se iban alejando del cumplimiento de su misión, las gentes adoptaron lenguas adicionales. Todas las demás lenguas en el mundo también contienen su propio significado interno, pero dado que los cabalistas no nos revelaron estos alfabetos, estudiamos las fuerzas espirituales descritas por el alfabeto hebreo, la fuente de todos los demás.

Cada *Partzuf* se divide en dos partes: la derecha y la izquierda. La parte derecha se compone de *Ramaj* = Resh - Mem - Jet = 248 partes (órganos), llenos de *Or Jasadim*; y la parte izquierda se compone de *Shasá* = Shin - Sámej - Hey = 365 partes (tendones) llenos de *Or Jojmá*. ZA es denominado "la voz"; normalmente él es *Or Jasadim*. Pero cuando se une con *Maljut*, denominada "el discurso", ella recibe *Or Jasadim* con *Jojmá* desde ZA, y así "el discurso" se construye.

Las siete *Sefirot* principales de ZA son denominadas "Siete Cielos". Los setenta nombres de ZA se originan a partir de las 70 (7 x 10) *Sefirot* de ZA. El propio ZA es denominado "Cielo", y *Maljut* es llamada "Tierra". Las *Sefirot* de ZA son también denominadas *Rúaj*, debido a la Luz de *Rúaj* que hay en ellas y que se eleva a *Biná* (las orejas), donde se convierte en sonido: *Jojmá* en la oreja izquierda y *Jasadim* en la oreja derecha.

Existe una diferencia entre lenguaje y alfabeto, del mismo modo que en nuestro mundo hay personas que pueden hablar, pero no pueden leer o escribir. El lenguaje hablado más antiguo es el lenguaje del *Tanaj*, que se remonta a Adam.

De él se originó el lenguaje de la observancia, y a continuación el lenguaje de las leyendas. Todos estos lenguajes juntos, y también por separado, son utilizados en nuestras sagradas escrituras.

El lenguaje de la Cabalá fue el último en desarrollarse. Y fue así debido a que es el más difícil, dado que para su comprensión es necesario que el hombre sienta las categorías espirituales sobre las que dicho lenguaje habla. El de la Cabalá es el lenguaje más preciso de todos. Únicamente él es capaz de expresar toda la información espiritual de un modo absolutamente cierto.

Sin embargo, un estudiante solamente puede aprenderlo y recibir esta información si estudia directamente con su maestro-cabalista. Puesto que durante muchas generaciones hubo escasos cabalistas y sin ninguna relación entre ellos, el lenguaje de la Cabalá fue el último en desarrollarse. Incluso en la actualidad, solo es posible "estudiarlo" directamente con un maestro-cabalista.

Al principio, los cabalistas ocultaron sus conocimientos sobre el mundo espiritual en forma de letras cuyos diseños estaban basados en las interrelaciones entre fuerzas espirituales. En otras palabras, en cada grado espiritual opera una interrelación determinada de fuerzas espirituales que es propia exclusivamente de ese grado. Asignando a cada atributo espiritual un determinado símbolo, podemos representar esa interrelación así como el resultado general de la conexión de fuerzas espirituales en cada grado, es decir, su esencia.

Así crearon los cabalistas las veintidós letras del alfabeto hebreo. *El Libro del Zóhar* presta gran atención al análisis de las relaciones entre letras, algo que ayuda al estudiante a sintetizar sus conocimientos y a encontrar nuevas formas de sentir en su interior las fuerzas espirituales y sus acciones.

Como escribe Avraham, nuestro antecesor, en su libro *Séfer Yetzirá* (El Libro de la Creación), las letras constituyen las piedras con las cuales se construye el edificio-palabra. Los sabios nos dicen que el mundo fue creado mediante las letras de la "lengua sagrada", en la que cada letra representa una específica fuerza sagrada, espiritual y altruista de la creación.

La letra nos muestra los atributos de esta fuerza mediante su trazado, su importancia respecto a las demás letras, sus potenciales combinaciones con las otras, sus posibles vocalizaciones, sus coronas y signos musicales, su valor numérico (*Guematría*) y variaciones.

No obstante, esto concierne únicamente a las letras separadas y sus combinaciones. Existen también ciertas reglas que nos permiten determinar los atributos de las fuerzas espirituales no desde las letras, sino a partir de palabras enteras. Es más, a menudo podemos sustituir letras –e incluso partes enteras de la palabra– por segmentos semejantes.

La propia lengua, las raíces de sus palabras, hacen referencia a los atributos del objeto que ella describe. Por ejemplo, Adam deriva de *Adamá*-tierra, lo cual pone de relieve su insignificancia, y de la palabra *Adamé*-semejante (al Superior), lo cual resalta su eminencia. El nombre de Yaakov deriva de la palabra *Ekev*-pasar (Esav-Esaú). Hay numerosos ejemplos en la *Torá*, pues todo recibe nombre de acuerdo a su raíz: como el patronímico del hombre.

Una vez aclarado que en vez del lenguaje de *Sefirot* y *Partzufim* podemos utilizar las combinaciones de letras-*Kelim* (el lenguaje de las letras) para describir acciones espirituales, todas las descripciones de los mundos espirituales se reducen a una representación de objetos y acciones en forma de letras y sus combinaciones. Así, con dichas combinaciones, es como está escrita toda la *Torá*, es decir, en palabras. Por consiguiente:

a) La forma de cada letra y los elementos de su estructura indican todos los atributos y el estado general del objeto espiritual (*Sefirá* o *Partzuf*) que ella describe;

b) El orden de las letras en una palabra señala la conexión entre objetos espirituales, *Sefirot*, sus atributos y acciones conjuntas. El alcance del significado espiritual de una palabra equivale a una elevación al nivel espiritual de dicho objeto. Cuando esto ocurre, el hombre que alcanza llega a convertirse en la propia palabra, adopta el nombre de ella. El nombre de todo hombre que se eleva por los grados espirituales irá variando en función del grado en que se encuentre, pues él recibe el nombre de dicho grado. Por tanto, está escrito que todos pueden llegar a ser como Moshé, es decir, alcanzar el grado denominado "Moshé";

c) La propia palabra en su lectura "terrenal": su significado "terrenal" indica su raíz espiritual y su rama (la consecuencia en nuestro mundo);

d) Una combinación de palabras describe todo un proceso espiritual que, por regla general, tiene su correspondiente acción (Mandamiento) en nuestro mundo.

Los nombres varían dependiendo del aspecto que deseemos aclarar:

a) Según los elementos básicos de las *Sefirot*: Kéter – nada
Jojmá – fuego
Biná – agua
ZA – aire
Maljut – tierra

b) **Según los colores:**

Kéter	–	no tiene nada
Jojmá	–	blanco – la base de todos los colores
Biná	–	rojo – el más prominente
ZA	–	verde – el más perfecto
Maljut	–	negro – inalterable por ningún otro color

Los colores están presentes únicamente en el cuerpo del *Partzuf*, nunca en su cabeza. Estos colores son proyectados hasta *Maljut* desde arriba, y ella los transmite a todos los inferiores.

c) **según las líneas:**

Jésed	– la derecha	–	blanca
Guevurá	– la izquierda	–	roja
Tiféret	– la central, incluye todos los colores	–	verde

A menudo, en vez de los nombres de las *Sefirot* se emplean los nombres de sus atributos, sus colores o sus cuatro elementos: fuego, aire, agua, tierra (*Zóhar, Vaerá*, punto 32). *Maljut* es denominada "tierra", sin embargo la *Maljut* que se eleva con sus atributos a *Biná*, es denominada "la tierra del Templo". En el Templo se unen las cuatro direcciones del mundo (*Jojmá, Biná, Tiféret, Maljut*) y se unen a los cuatro elementos del mundo (fuego, aire, agua, tierra). A partir de los dos puntos (*Biná* y *Maljut*), el Creador creó un único *Partzuf*: Adam.

Las cuatro bases del mundo, que también son los cuatro puntos cardinales del mundo:

Fuego	Norte	Shúruk	línea izquierda	*Guevurá*
Aire	Este	Jirik	línea media	*Tiféret*
Agua	Sur	Jólam	línea derecha	*Jésed*
Tierra	Oeste	–	—	*Maljut* – recibe desde todos

Los cuatro metales principales se crean como resultado del *Zivug* de los cuatro elementos básicos con *Maljut*: oro, plata, cobre, hierro. Todos estos nombres, y muchos otros, son empleados en la *Torá* en vez de los nombres de las diez *Sefirot*. Por lo tanto, aunque el lenguaje de la *Torá*, los relatos, *El Talmud* y los Escritos Sagrados es extraordinariamente vivo y rico, solo el lenguaje de la Cabalá, con su precisión, nos proporciona una descripción certera de los Mundos Superiores.

Los cuatro tipos de signos empleados con las letras:

Taamim (los matices sonoros de la lectura de las letras) representan la Luz Directa, que se extiende desde arriba hacia abajo en el cuerpo del *Partzuf*.

Nekudot (los puntos vocálicos de las letras) representan la Luz durante su salida gradual del cuerpo del *Partzuf* desde abajo hacia arriba.

Taguín (coronas sobre las letras) representan recuerdos, reminiscencias (*Reshimot*) de la Luz que se encontraba allí antes (*Taamim*). Proceden de GAR de *Biná*.

Otiot (letras) son los recuerdos (*Reshimot*) de la salida de la Luz del cuerpo del *Partzuf* (*Nekudot*). Las letras proceden de ZAT de *Biná*.

Las diez *Sefirot* se divide en tres partes principales: *Taamim, Nekudot, Otiot*:

Taamim	- Kéter
Nekudot	- Jojmá
Otiot	- ZAT de Biná y ZON

Según la Luz en ellas, las *Sefirot* se dividen en:

Taamim	- Jojmá
Nekudot	- Biná
Otiot	- ZON

Las letras fueron creadas en el siguiente orden: *Álef*, que al principio se encontraba en el lado derecho, engendró la letra *Shin*, que surgió de ella y se desplazó al lado izquierdo. La letra *Shin* consta de tres lados: izquierdo, medio, derecho. Por lo tanto, podemos decir que se compone de tres letras *Vav*. Y mediante la unión con la letra *Álef*, ella formó en su lado izquierdo la palabra *Álef-Shin* = *Esh* (fuego).

Posteriormente, a consecuencia de la interacción entre los dos lados, el derecho y el izquierdo, estas dos letras avanzaron en la contradicción entre ellas, pues la línea derecha incluye el agua, mientras que la izquierda incluye el fuego. A raíz de sus colisiones fueron engendradas las letras *Resh*, *Vav*, *Jet*, y así resultó la palabra *Rúaj* (viento). Este viento se introdujo entre los dos lados (fuego y agua) y los fusionó, estableciendo con ello el orden de las primeras letras y su perfección.

Al principio, *El Zóhar* ofrece una explicación general de las tres líneas en ZA, designadas por los tres nombres del Creador: *El, Elokim, Elokeinu*; y luego aclara el descenso de los grados de llenado de ZA y *Maljut* con *Or Jojmá* en forma de combinaciones de letras, en orden de descenso de los grados desde arriba hacia abajo. *Mayim* (agua), *Esh* (fuego), *Rúaj* (viento) son las tres líneas en ZA desde *AVI*. Por eso las primeras letras en ZA proceden de *AVI*.

A continuación, surgieron las siguientes combinaciones: *Álef* reveló *Mem* desde su lado derecho, por lo que *Mem* se encuentra en la línea izquierda de *Álef*. *Mem* reveló a *Shin* como línea media, ya que *Mem* inicialmente consiste en la línea izquierda, pues existe bajo la forma de la letra *Mem* contenida en la palabra *Elokim*, que pertenece a la línea izquierda, etc. De ese modo fueron engendradas todas las letras del alfabeto hebreo.

LAS LETRAS DEL ALFABETO HEBREO

LETRAS	NOMBRE	PRONUNCIACIÓN	GUEMATRÍA
א	Álef	[a], [e]	1
ב	Bet	b, v	2
ג	Guímel	g	3
ד	Dálet	d	4
ה	Hey	[a], [e]	5
ו	Vav	v, [u], [o]	6
ז	Zayin	z	7
ח	Jet	j	8
ט	Tet	t	9
י	Yud	y, i	10
כ (ך)	Kaf	j, k	20
ל	Lámed	l	30
מ (ם)	Mem	m	40
נ (ן)	Nun	n	50
ס	Sámej	s	60
ע	Ayin	[a], [e]	70
פ (ף)	Pey	p, f	80
צ (ץ)	Tzadi	tz	90
ק	Kof	k	100
ר	Resh	r	200
ש	Shin	sh, s	300
ת	Tav	t	400

Las letras *Álef* y *Ayin* no tienen un sonido en particular, y únicamente el signo vocálico que las acompaña determina su pronunciación.

Las letras *Bet, Jaf, Pey* con un punto en su interior se leen como B, K, P. En ausencia de dicho punto se leen como V, J, F.

La letra Hey no se pronuncia, es una aspiración.

El trazado de las letras *Mem, Nun, Tzadi, Pey, Jaf* (pronúnciese MaNTzePaJ) varía si se encuentran al final de la palabra, tal y como vemos en el gráfico sobre las letras. El trazado, la forma externa de las letras: es el aspecto más destacado de la letra e indica que la Luz en esta parte de la letra es mayor que en otra parte. El llenado (*Miluy*) indica la grandeza, la altura del grado. El signo vocálico (*Nekud*) indica el origen de cada parte del *Partzuf*: si se originó a partir del *Partzuf* Superior (y constituye una parte de este en el *Partzuf* actual) o si se originó a partir del inferior, o a partir de sí mismo.

Los *Kelim-Sefirot* son denominados "letras", y sus puntos vocálicos (*Nekudot*) indican la Luz que entra y sale de ellos. La Luz de *Biná*, ZA y *Jojmá* puede entrar en los *Kelim*, pero no así la Luz de *Kéter* y *Jojmá*. El punto por encima de la letra (*Jólam*) indica la Luz de *Kéter* y *Jojmá*, que nunca se adentran en el *Kli*, y de ahí que el punto se encuentre por encima de la letra.

Dos puntos horizontales (*Tzeire*) indican las *Sefirot Jojmá* y *Biná*, y que *Biná* no recibe la Luz de *Jojmá* conteniendo solamente *Or Jasadim*, la Luz de Misericordia (*AVI* espalda con espalda). La propia *Biná* también es denominada *Tzeire*, porque ZA recibe todo desde ella. Si en medio de estos dos puntos se encuentra un tercero (*Segol*), significa que ZA ha elevado a *AVI* su súplica para recibir *Or Jojmá*. Esta súplica de ZA en *AVI* es denominada *Dáat. Dáat* recibe *Or Jojmá* para transmitirla a ZA. El signo vocálico *Kamatz* (un signo en forma de "T" bajo la letra) significa que ZA recoge (*Mekabetz*) *Or Jojmá*.

Un punto es indicativo de *Maljut* con una pantalla reflectante, y no una receptora. Esta forma muestra la falta de Luz en el *Kli*: es simplemente un punto negro, ya que la ley de la restricción de la Luz tiene poder sobre él.

La *Sefirá Hod* es la inclusión de los atributos de *Maljut* en ZA; y a partir de dicha *Sefirá*, ZA crea todo un *Partzuf Maljut*. La letra Hey en la palabra *Hod* es *Kéter* en *Maljut*, y las nueve *Sefirot* inferiores de *Maljut* se encuentran entre las fuerzas impuras que se aferran a ellas. Esto es representado por una prolongación de la "pierna" de la letra *Kof* por debajo de la línea, y señala que las fuerzas impuras reciben su fortaleza de las fuerzas espirituales puras a través de este elemento de la letra *Kof*.

El fondo blanco es algo simple, sin posibilidad de ser diferenciado y, por tanto, es Luz imperceptible para nosotros. Todo aquello que somos capaces de distinguir solo puede ser expresado mediante una restricción de la difusión de esta Luz blanca. Las formas y grados de su restricción son denominados "letras". Por eso vemos contornos negros en el fondo blanco y logramos distinguir solamente las restricciones negras.

Cualquier Luz en los mundos debe tener un límite en su expansión; aunque para expresar una imagen son precisas tanto la atracción como la restricción de la Luz. Y estas dos fuerzas deben actuar al mismo tiempo. Así sucede cuando percibimos algo con nuestros órganos sensoriales: solo es percibido mediante restricción, porque la superficie del objeto, o la onda sonora o luminosa, choca con nuestro órgano sensorial, que limita su expansión y, por consiguiente, puede percibirla.

Las raíces espirituales de las formas son las siguientes: la circunferencia se originó en la primera restricción de la Luz en el Mundo de *Ein Sof* (del Infinito), la primera restricción de la expansión de la Luz. Esta restricción fue igual y uniforme, y por ello adoptó la forma de un círculo.

La línea vertical –la longitud sin la anchura– indica que esta noción es inalcanzable para nosotros y por eso es denominada "la fina línea" de la expansión de *Or Jojmá*. La Luz de *Jojmá* solamente puede recibirse con ayuda de una pantalla en *Maljut* que cree la Luz Retornante en la que se envuelve *Or Jojmá*. Por lo tanto, la Luz Superior que llega al *Kli* es denominada "la línea".

La línea horizontal, la anchura sin altura: cuando una línea vertical (la expansión de *Or Jojmá* de arriba abajo) choca con la pantalla, esta colisión (de deseos) obliga a dicha línea vertical a convertirse en una línea horizontal (a la derecha), dando como resultado la forma de la letra L en español. Y su anchura vendrá definida por la cantidad de Luz Retornante que sube de la pantalla desde abajo hacia arriba.

El rectángulo: la *Or Jojmá* que llega y la Luz Retornante se entrelazan y forman el rectángulo: cinco líneas verticales que descienden (cinco *Sefirot* de *Or Jojmá*) y cinco líneas horizontales desde la derecha hacia la izquierda (cinco *Sefirot* de *Or Jasadim*). El tamaño del lado del rectángulo es denominado *Amá* y consta de cinco partes, *Tefajim* (plural de *Téfaj*). Tanto *Amá* como *Téfaj* son unidades para medir la distancia. Por eso dibujamos el *Kli* como un rectángulo.

Los dos tipos de expansión de la Luz, *Or Jojmá* y la Luz Retornante, son llamados la mejilla derecha y la izquierda respectivamente, que se convierten en el labio superior e inferior. Dado que después de la primera restricción *Maljut* no puede recibir Luz, la Luz Retornante solo se recibe en cuatro partes del *Kli* y no en cinco. Es por eso que hay 4 x 4 = 16 dientes en la mandíbula superior y 16 en la inferior (la Luz Retornante nace de la resistencia, de la masticación de la Luz antes de ser recibida dentro).

De la segunda restricción surge el Triángulo, porque *Maljut* se eleva hasta *Biná* y forma una línea inclinada. Tal es el modo en que la combinación de la Luz Directa con la Luz Retornante y las restricciones engendran las distintas figuras espirituales.

Or Jasadim es definida como "prominente", puesto que la prominencia más allá de los límites del cuerpo significa que:

1) la Luz es tan grande, que sale fuera en forma de elevación, sobrepasando los límites;
2) proviene de la línea media, *Tiféret*.

Una cavidad en el cuerpo se da por los siguientes motivos:

1) carencia de Luz, la Luz no puede brillar ahí,
2) *Or Jojmá* está presente, pero la ausencia de *Or Jasadim* no le permite brillar.

LOS PUNTOS VOCÁLICOS (Nekudot):

Sefirá	Puntos vocálicos		Pronunciación
Kéter	Kamatz	ּ	a
Jojmá	Pataj	ַ	a
Biná	Segol	ֶ	e
Jésed	Tzeire	ֵ	e
Guevurá	Shva	ְ	-
Tiféret	Jólam	ֹ	o
Nétzaj	Jírik	ִ	i
Hod	Kúbutz	ֻ	u
Yesod	Shúruk	ּ◌	u
Maljut	Sin punto	◌	-

Las *Nekudot* vienen definidas por tres líneas:

EN EL ROSH (CABEZA)

Kamatz - Kéter - línea derecha
Pataj - Jojmá - línea izquierda
Tzeire - Biná - línea media
Jólam - Tiféret - línea media

EN EL GUF (CUERPO)

Segol	- Jésed	- línea derecha
Shva	- Guevurá	- línea izquierda
Shúruk	- Tiféret	- línea media

EN EXTREMIDADES:

Jírik	- Nétzaj	- línea derecha
Kúbutz	- Hod	- línea izquierda
	- Maljut	- línea media (no tiene designación)

Los niveles de las *Nekudot*:

Encima de las letras	- Luz de Neshamá
En las letras	- Luz de Rúaj
Debajo de las letras	- Luz de Néfesh

El *Zivug* de *Nekudot* es el *Zivug* entre *Jojmá de Aba* y *Jojmá de Ima*.

El *Zivug* de las letras (*Otiot*) es el *Zivug* entre *Biná de Aba* y *Biná de Ima*.

Las letras conectadas entre ellas es la Luz Retornante, durante la elevación de la pantalla desde el *Tabur* hasta *Pe*. Ellas están unidas porque todas se elevan a su raíz, que lo une todo, mientras que la utilización del deseo de recibir, incluso en beneficio del Creador, causa separación.

Las letras separadas: la entrada de la Luz en el *Kli* (la vasija, las letras de *HaVaYaH*) separa las cuatro letras, porque la Luz hace una distinción entre las *Sefirot*: dependiendo de sus atributos, las vestirá de un modo u otro.

HaVaYaH con el llenado de *Álef* surge sobre una pantalla con el grosor uno (*Aviut Álef*); *HaVaYaH* con el llenado de *Hey* surge sobre una pantalla de grosor dos (*Aviut Bet*). Un nombre por sí solo hace referencia al grosor cero (*Aviut Shóresh*) con la Luz de *Néfesh*. Las letras solas hacen referencia al *Partzuf* con una pantalla de *Aviut Álef*.

Las personas que verdaderamente creen en los tres fundamentos –el Creador, Su gobernación y la *Torá*– necesitan que las dos líneas estén en constante equilibrio para su avance espiritual: la línea izquierda es el conocimiento, *Or Jojmá* que entra en el deseo de recibir, perteneciente al lado izquierdo; y la línea derecha es la fe, *Or Jasadim* (misericordia), el deseo altruista de otorgar.

Existir solamente en el conocimiento significa encontrarse bajo las fuerzas impuras del lado izquierdo (*Klipat Smol*), lo cual hace al hombre absolutamente incapaz de percibir la espiritualidad, dejándole en una oscuridad espiritual. Si, por el contrario, el hombre se encuentra solamente en la fe, significa que se halla bajo el poder de las fuerzas impuras del lado derecho (*Klipat Yamín*), que le dan la sensación de haber alcanzado la perfección, que no hay nada más sobre lo que deba trabajar, ni corregirse. Y esto también hace que el hombre se quede sin posibilidad de avanzar.

El Zóhar prosigue: Y el Creador le contestó a su vez: "La palabra *MaveT* (muerte) también acaba contigo. Y dado que tales son tus cualidades, no eres adecuada para la creación del mundo". Y de inmediato, la letra *Tav* se retiró.

En cuanto el Creador dio comienzo a la creación del mundo-ZON mediante la selección de atributos, todas las veintidós letras de ZON se presentaron ante Él, desde la última, *Tav*, hasta *Álef*, la primera. La causa de que las letras llegaran en orden inverso reside en que ellas son MAN de ZON, los *Kelim* de ZON, cuyo orden es de abajo hacia arriba. El orden alfabético ordinario de las letras corresponde a la Luz (MAD), que desciende desde arriba hacia abajo. Sin embargo, el orden de MAN es opuesto al de MAD, pues sube desde abajo hacia arriba.

Las letras no son otra cosa que los deseos, atributos, pensamientos, que, en opinión del hombre, son apropiados para el alcance de la espiritualidad, del Creador, de Su gobernanza. El hombre salta de un pensamiento a otro: a veces piensa que se pueden alcanzar los mundos espirituales con un único atributo, otras veces le parece que es posible entrar en las esferas espirituales habiendo dominando otro atributo; después comienza a observar concienzudamente todos los Mandamientos y a rezar con fervor, o bien abandona todo tipo de acción y se sumerge en la contemplación y la lectura. A veces desea solamente conocimiento y otras anhela la fe hasta el punto de llegar al fanatismo.

En nuestro mundo existen dos extremos: el conocimiento y la fe. Del mismo modo, en el mundo espiritual, a medida que el hombre conscientemente se eleva por la escalera espiritual hacia el Creador, también existe un trabajo espiritual en el logro del conocimiento y la fe (cabe aquí señalar que por ello las explicaciones de Rabí Ashlag sobre *El Zóhar* son denominadas *Sulam*: escalera).

Cada una de las veintidós letras representa un atributo u otro. Al hombre a veces le da la impresión de que la cualidad de la letra *Tav* es apropiada para el alcance de la espiritualidad y otras veces le parece que las cualidades de otras letras son más adecuadas. Esto ocurre a raíz de que, en el proceso de elevación espiritual, el hombre empieza a comprender cada vez mejor el verdadero objetivo de la creación, empieza a comprender al Creador, y esto es precisamente lo que se pide de él.

Y de ese modo, tras muchas búsquedas y tentativas, llega a la verdad: únicamente con ayuda de la letra *Bet*, que se encuentra al principio de la palabra *Brajá* (bendición) –conexión con el Creador–, solo con ayuda de esta fuerza, es posible alcanzar el objetivo.

Por eso *El Zóhar* relata cómo van acercándose las letras (los atributos, fuerzas, deseos) hacia el Creador, como cuando se eleva una plegaria (MAN): el hombre pide siempre lo que, a sus ojos, es el objetivo verdadero, pide el atributo o fuerza que desee adquirir. Del mismo modo, cada letra (cualidad) trata de demostrar que ella es la más indicada para alcanzar la percepción del Creador y la adhesión con Él. Y el Creador muestra que la mejor letra –la única– es la letra *Bet*: muestra que solamente ella permite al hombre la conexión con Él. De ahí que la *Torá* comience con dicha letra.

La descripción de las fuerzas espirituales designadas por cada letra es excepcionalmente profunda. Para comprender todo con claridad, es preciso pasar por ciertas explicaciones previas: la creación del mundo lleva incluida su existencia y capacidad de perfeccionarse, a fin de que el mundo pueda alcanzar la meta para la que fue creado.

El Creador creó el mundo de tal modo que está formado por dos fuerzas opuestas. Por cada fuerza pura y altruista creó una fuerza equivalente, impura y egoísta, opuesta a ella. Del mismo modo que existen cuatro mundos puros de ABYA, el Creador creó cuatro mundos opuestos e impuros de ABYA.

Por eso, en nuestro mundo –el último grado del mundo de *Asiyá*– un hombre desarrollado espiritualmente (que percibe al Creador y que se ha adentrado mediante sus atributos en el mundo espiritualmente puro) a ojos de los demás no se diferencia en absoluto del hombre egoísta y sin desarrollo espiritual, del hombre que no se ha adentrado en los Mundos Superiores. Esto significa que aquel que no es capaz de percibir la espiritualidad no puede distinguir lo puro –espiritualmente hablando– de lo impuro.

Constatamos que, en nuestro mundo, no logramos avanzar mediante las fuerzas puras, sino que, al contrario, son los anhelos egoístas los que dan al hombre fuerzas para conquistar todo en este mundo. ¡Es tan frecuente ver a fanáticos inmersos en sus anhelos impuros de adueñarse de todo en este mundo y en el mundo venidero! Y sin embargo, aquel que aspira al Creador carece de fuerzas hasta para realizar el más mínimo movimiento espiritual. En nuestro mundo no hay prueba ni confirmación sobre el correcto avance del hombre. Y en ningún caso deberían sacarse conclusiones a partir de la propia experiencia vital o basándose en el "sentido común".

Entonces, ¿cómo puede el hombre existir en este mundo y al mismo tiempo avanzar hacia el objetivo de la creación, si es incapaz de distinguir el bien del mal, lo puro de lo impuro? Hay, no obstante, un signo que nos permite diferenciar lo puro de lo impuro: la fuerza impura no produce frutos espirituales. Por ello, aquellos que avanzan por la senda de los mundos impuros de ABYA no llegarán a alcanzar nada en la espiritualidad. Mientras que todos aquellos conectados a las fuerzas puras, recogen frutos espirituales en su camino.

Como se explica en *La Introducción al Talmud Éser Sefirot* (puntos 19-23), si el hombre avanza por la senda correcta, alcanzará los secretos de la *Torá* en un periodo de tres a cinco años. El Creador ayuda -incluso en mayor medida de lo que piden- a todos aquellos que desean alcanzar los deseos altruistas; de ese modo el hombre logra aquello que anhelaba. Desde abajo y a través de su diminuto deseo (MAN), el hombre aspira al Creador, y, desde Arriba, el Creador derrama sobre el hombre tanto unos inmensos deseos espirituales como las fuerzas (MAD).

Y esto supone la única oportunidad de comprobar si el hombre avanza por el camino correcto o no: si le lleva hacia el altruismo o hacia un egoísmo aún mayor. En ningún caso nuestro bienestar, nuestra felicidad o nuestra fortuna en la vida pueden servir como pruebas de un correcto avance. Es precisamente en esos estados en los que se siente perfección, bienestar y satisfacción espiritual cuando el hombre debe preguntarse: "¿He alcanzado los secretos de la *Torá*?". Porque hasta que no los alcance, su "perfección" será impura.

En su camino, el hombre debería aspirar constantemente a la línea media (el equilibrio entre la fe y el conocimiento), siguiendo tres nociones: el Creador, Su gobernanza y la *Torá*. Y bajo ningún concepto debería avanzar únicamente mediante la fe o el conocimiento. Si el hombre únicamente desea alcanzar al Creador, Su gobernanza o la *Torá*, entrará en una oscuridad espiritual: es imposible recibir la Luz de la sabiduría (*Or Jojmá*) sin la Luz de la misericordia (*Or Jasadim*).

Este estado recibe el nombre de fuerza impura del lado izquierdo, *Klipat Esav*. Asimismo, si el hombre deseara avanzar únicamente a través del camino de la fe, estaría adentrándose en la fuerza impura del lado derecho, *Klipat Yishmael*, la cual le transmite que se encuentra en un estado de perfección. Piensa que su trabajo no tiene sentido y eso imposibilita su avance.

Es decir, incluso cuando el hombre se encuentra en un estado de alegría, y esto es algo que la *Torá* le anima a sentir (que perciba la gobernación del Creador con alegría, pues ella indica una justificación de la creación, una comprensión de que Su gobernanza es siempre benevolente), a menos que haya alcanzado los secretos de la *Torá*, su camino será el incorrecto ya que carece de la intención de "beneficiar al Creador", que revela los secretos de la *Torá*.

El presente capítulo explica los atributos particulares de cada una de las letras: cómo todas las letras se aproximan al Creador y una por una van rogándole que construya el mundo mediante su atributo. Cada una de las veintidós letras representa un grado espiritual de los mundos ABYA y cada una de ellas piensa que sus fuerzas puras espirituales son las más apropiadas; cada una de ellas piensa que alcanzando su grado y adquiriendo sus atributos, los habitantes del mundo podrán elevar las fuerzas puras sobre las impuras, de tal modo, que podrán alcanzar la corrección final, la meta de la creación.

Pero el Creador va contestando a cada letra que, frente a cada una de ellas, existe una correspondiente fuerza impura y que, por ello, el hombre será incapaz de separar correctamente las fuerzas impuras de las puras para después, a través de las fuerzas puras, alcanzar la meta. Este proceso se repite hasta la aparición de la letra *Bet*, que representa el grado denominado "la bendición del Creador", contra lo cual no existe fuerza impura alguna.

Y el Creador consintió en crear el mundo con la letra *Bet*, con su atributo, porque no hay fuerza impura que se oponga a ella y solamente en ella existe la posibilidad de analizar el bien y el mal, de determinar cuándo el hombre trabaja para sí mismo y cuándo para el Creador. Por consiguiente, solo gracias a su fuerza, a su atributo, puede existir el mundo: es decir, extraer de la "mezcla" de nuestros deseos únicamente lo que es puro y elevarlo sobre los deseos impuros, hasta que estos queden erradicados y podamos así alcanzar la corrección completa de nuestra naturaleza.

Como se deduce por lo que nos dice *El Zóhar*, la ayuda del Creador denominada "bendición" es la fuerza para la salvación del hombre, la única posibilidad de librarse del poder de las fuerzas impuras. Esta fuerza a la que llamamos "bendición" desciende solo sobre aquellos que avanzan por el camino correcto.

El camino correcto es una combinación de tres condiciones: a) los esfuerzos del hombre en el estudio de *exclusivamente* las fuentes cabalísticas; b) el contacto con un cabalista verdadero al cual acepta como maestro; c) la conexión con otros que también desean elevarse espiritualmente. De todo esto, solamente los estudiantes más serios recibirán una explicación más detallada.

El total de las veintidós letras se divide en tres grados: *Biná*, ZA y *Maljut*, pues no hay *Kelim* (letras) por encima de *Biná*. Las veintidós letras en *Biná* son denominadas "grandes", las veintidós letras en ZA son denominadas "medianas" y las veintidós letras en *Maljut* son denominadas "pequeñas".

Cada una de las tres *Sefirot* de *Biná*, ZA y *Maljut* a su vez se dividen en tres grados: las veintidós letras de *Biná* contienen sus propias *Biná*, ZA y *Maljut*. También ZA incluye sus propias diez *Sefirot*, cuyas *Biná*, ZA y *Maljut* también cuentan con veintidós letras. Lo mismo ocurre en *Maljut*.

Y las veintidós letras de cada grado se dividen en tres tipos: las letras desde *Álef* hasta *Tet* (1-9) son consideradas unidades, las nueve *Sefirot* de *Biná*; desde *Yud* hasta *Tzadi* (10-90) son decenas, las 9 *Sefirot* de ZA; por último, las cuatro letras *Kof*, *Resh*, *Shin*, *Tav* (100-400) son centenas, es decir, cuatro *Sefirot* de *Maljut*, porque *Maljut* se encuentra desde el pecho de ZA hacia abajo, lo cual se corresponde, por altura, con las cuatro *Sefirot* de ZA.

Biná, unidades, letras grandes, nueve letras; *Álef*, *Bet*, *Guímel*, *Dálet*, *Hey*, *Vav*, *Zayin*, *Jet*, *Tet*.

ZA, decenas, letras medianas, nueve letras: *Yud*, *Kaf*, *Lámed*, *Mem*, *Nun*, *Sámej*, *Ayin*, *Pey*, *Tzadi*.

Maljut, centenas, letras pequeñas, cuatro letras: *Kof*, *Resh*, *Shin*, *Tav*.

Sin embargo, es sabido que las unidades están en *Maljut*, las decenas están en ZA y las centenas en *Biná*: y esto entra en contradicción con lo dicho anteriormente (que las unidades están en *Biná*, las decenas en ZA y las centenas en *Maljut*). Esta correspondencia inversa surge a consecuencia de la relación inversa entre la Luz y los *Kelim*: la Luz más baja entra en los *Kelim* más elevados. Los *Kelim* Superiores son los primeros en surgir, desde *Kéter* hasta *Maljut* (K-J-B-ZA-M); mientras que la primera que entra en ellas, es la Luz más pequeña, *Néfesh*, seguida de *Rúaj*, *Neshamá*, *Jayá* y *Yejidá*.

Así, si en los *Kelim* únicamente hay unidades (desde *Álef* hasta *Tet*), entonces solo está presente la Luz de *Néfesh*. Si se añaden también decenas a los *Kelim*, aparecerá la Luz de *Rúaj*. Si además se añaden centenas, aparecerá la Luz de *Neshamá*.

Por eso las centenas son definidas como *Biná*, las decenas como ZA, y las unidades como *Maljut*. Pero en relación a los *Kelim* el orden es inverso: las unidades en *Biná*, las decenas en ZA y las centenas en *Maljut*.

Biná: Luz (100)   – Kelim (1);
ZA: Luz (10)   – Kelim (10);
Maljut: Luz (1)   – Kelim (100).

Las letras descienden desde *Biná* hasta ZA, y desde ahí a *Maljut*. Cuando ellas descienden desde *Biná* a ZA, lo hacen a través de tres líneas: 22/3 = 7 letras en cada línea. Y hay una letra más, la octava, que se encuentra en la línea media. Estas veintidós letras descienden formando estas tres líneas hasta *Maljut*, la cual está compuesta por las cinco letras finales "MaNTzePaJ"; y el resultado final en *Maljut* es 22 + 5 = 27 letras.

La línea media es llamada "el cielo", "los firmamentos". Por eso, cuando El *Zóhar* habla sobre las letras en el firmamento, quiere decir que las dos líneas medias, 7 + 7 = 14 = *Yud* + *Dálet* = *Yad*-mano escribe todas las veintidós letras (ZA) a través de la línea media en el firmamento. Así es como uno debe entender las palabras de la *Torá* en referencia a que las letras aparecen en el cielo o a que han visto la mano escribiendo sobre el cielo.

Las veintidós letras de la *Torá* son los *Kelim* que deben ser llenados con la Luz de *NaRaN*. Las unidades –desde *Álef* hasta *Yud*– son el *Kli* para la Luz de *Biná* (*Neshamá*). Las decenas –desde *Yud* hasta *Kof*– son el *Kli* para la Luz de ZA (*Rúaj*). Las centenas –desde *Kof* hasta *Tav*– son el *Kli* para la Luz de *Maljut* (*Néfesh*).

Las letras son los *Kelim* de los que se reviste la Luz. En total, solo existen veintidós atributos especiales y, por consiguiente, para describirlos hay veintidós signos denominados "letras". Del mismo modo que las combinaciones de veintidós letras son suficientes para la descripción de todo el conocimiento, las distintas combinaciones, uniones, el *Zivug* de los veintidós *Kelim*, las cualidades y los deseos del *Partzuf*, son suficientes para –con ayuda de varias combinaciones (*Zivugey Sefirot*)– recibir y otorgar Luz. Y no solo eso, sino también para realizar todas las acciones espirituales y llevar todas las letras (los deseos del hombre) a la corrección.

Las letras representan varias correlaciones de ZON:

a) ZA, compuesto por seis partes de sus extremidades, esposo de *Maljut*, designado por la letra *Vav* (*Sefirá Yesod*) –el nivel del embrión;

b) ZA, designado por la letra *Vav* (*Sefirá Tiféret*), compuesto por seis partes de sus manos –el nivel de lactancia,

c) ZA se encuentra entre AVI; y *Nukva* debe elevarse a él, gracias a lo cual ella alcanza el nivel de recepción de *Or Jojmá*.

d) ZA, la letra *Vav*, por encima de él se encuentran las *Yud-Sefirot* K-J, debajo de él se encuentran *Yud-Sefirot* B-T-M: todas ellas constituyen la letra *Álef*. Y el estado final corregido llegará cuando *Maljut* se eleve a *Kéter de ZA* (la *Yud* superior en la letra *Álef*) al final de la corrección. Cuando *Maljut* se eleva por encima de la *Parsá* (*Vav*), entonces ella misma recibe Luz, pero cuando desciende y se coloca debajo de *Vav* recibe desde ZA. A medida que *Maljut* se eleva, va formando los *Taamim* (notas musicales). Cuando desciende, es denominada *Nekudá* (un punto). Y cuando se une con ZA, es denominada "el punto en el interior de *Vav* (*Shúruk*)".

El orden de **ATBaSh**: existe una combinación especial de letras: la letra primera con la última (A-T), la segunda con la penúltima (B-Sh), etc., que designan las condiciones para la expansión de la Luz Superior de arriba hacia abajo.

MaNTzePaJ: todos los mundos y *Partzufim* fueron creados mediante las veintidós letras de *Maljut*. La pantalla se encuentra en la cabeza del *Partzuf* impidiendo que entre la Luz. Repele la Luz, calcula cuánto puede recibir en beneficio del Creador, y solamente entonces la recibe.

Cada uno de los cinco deseos de recibir que se encuentran en *Maljut*, en el cuerpo del *Partzuf*, tiene su correspondiente restricción en la pantalla (situada en la boca) para que la Luz no pase al cuerpo. Por lo tanto, la pantalla en la boca consta de cinco partes, fuerzas.

Estas cinco fuerzas restrictivas de la pantalla –cinco esfuerzos de la pantalla– son designadas por las cinco letras finales del alfabeto (*Mem-Nun-Tzadi-Pey-Kaf*), abreviadas como *MaNTzePaJ*. Reciben el nombre de "letras finales", porque únicamente aparecen al final de las palabras. Estas fuerzas van a determinar la recepción de Luz en el cuerpo del *Partzuf*, por lo que engendran otras veintidós letras (*Kelim*, deseos corregidos que reciben Luz). Las cinco letras *MaNTzePaJ* solo se encuentran al final de las palabras, pero en el lenguaje oral, las cinco letras *MaNTzePaJ*, representan los cinco grupos de pronunciación de las veintidós letras. Y las letras *MaNTzePaJ* se encuentran al comienzo de cada grupo.

Las cinco letras *MaNTzePaJ* dan origen a cinco grupos de sonidos:

1. PEY (*Kéter*): un grupo de cuatro sonidos-letras que emerge de la garganta y que se denominan *AJHa* (*Álef-Jet-Hey-Ayin*). *Álef* es la Luz del *Partzuf Kéter* del mundo de *Atzilut* –que se oculta a los inferiores– y denominado *Átik*. *Jet* es la Luz del *Partzuf Jojmá* del mundo de *Atzilut*, denominado *Árij Anpin*, que también se encuentra oculta a los inferiores. *Hey* es la Luz del *Partzuf Biná* del mundo de *Atzliut*, denominado *Ima* (madre), que recibe *Or Jojmá* desde más arriba –desde *Aba* (padre)– para entregarla a ZON (los hijos). *Ayin* es la Luz del rostro de ZA. Dado que la Luz de ZA que se adentra en *Maljut* es llamada "la *Torá*", se dice que la *Torá* tiene *Ayin* (70) rostros, que el Creador (ZA) tiene *Ayin* (70) nombres. Al fin y al cabo ZA es el Creador en relación a *Maljut*. Y por eso setenta fueron las almas que descendieron a Egipto, etc.

2. JAF (*Jojmá*): un grupo de cuatro sonidos-letras que emergen desde el paladar y se denominan *GuIJiK* (*Guímel-Yud-Jaf-Kof*). Las letras *AJHa* entregan la Luz a las letras *GuIJiK*: *Álef* entrega la Luz a *Guímel*, y esta letra aporta una recompensa (*Guemul-Guímel*) para los justos. *Jet* transfiere *Or Jojmá* a *Yud*, pero esta Luz se encuentra oculta. *Hey* alumbra a la letra *Jaf* con la Luz de *Biná*, que trae alegría. *Ayin* alumbra a la letra *Kof*. Del mismo modo que *Ayin* = 70 –ya que se compone de siete *Sefirot* J-G-T-N-H-Y-M, cada una de las cuales encierra diez *Sefirot*–, *Kof* = 100 porque está compuesta por diez *Sefirot* desde *Kéter* hasta *Maljut*, cada una de las cuales cuenta con diez *Sefirot*. Por eso, el paladar siempre complementa a la garganta.

3. NUN (*Biná*): un grupo de cuatro sonidos-letras que emerge desde la lengua y que son denominados *DaTLaT* (*Dálet-Tet-Lámed-Nun-Tav*).

4. MEM (ZA): un grupo de cuatro sonidos-letras que salen de los labios, denominados *BOMoJ* (*Bet-Vav-Mem-Jaf*).

5. TZADI (*Maljut*): un grupo de cuatro sonidos-letras que salen de los dientes y que son denominados *ZaSSHRaTZ* (*Zayin-Sámej-Shin-Resh-Tzadi*).

La voz y el discurso: la voz se forma en ZA, el discurso en *Maljut*. Si el justo, que se encuentra en los mundos de *BYA*, eleva sus plegarias (MAN) a *Maljut* del mundo de *Atzilut*, provoca con ello la elevación de ZON a AVI; los une en un *Zivug* constante para asegurar el descenso de la Luz a los inferiores. ZON reciben la Luz desde AVI, y dicha Luz es llamada "voz" y "discurso". Y esta es la fuerza de los justos: crear lo puro y destruir lo impuro con su voz.

El discurso del hombre nace en los pulmones: el aire sale de ellos y alcanza la boca, se convierte en voz y cuando brota de la boca, se convierte en discurso. Dos labios reciben la voz que llega de los dos pulmones (el derecho y el izquierdo) y la convierten en discurso. Cada pulmón se compone de cinco partes para poder transmitir a las correspondientes cinco partes de la boca: las letras guturales AJHa, las labiales BOMoJ, las palatales GuIJiK, las linguales DaTLaT y las dentales ZaSSHRaTZ.

Las siete *Sefirot* básicas de ZA son denominadas "Siete Cielos". Los setenta nombres de ZA nacen a partir de las setenta (7 x 10) *Sefirot* de ZA. ZA es denominado "el Cielo" y *Maljut* es denominada "la Tierra". Las *Sefirot* de ZA son también denominadas *Rúaj*, ya que la Luz de *Rúaj* se encuentra en ellas y se eleva hasta *Biná* (orejas), donde se transforma en sonido: *Jojmá* en la oreja izquierda y *Jasadim* en la derecha.

LA LETRA TAV

Cada una de las veintidós letras corresponde a un determinado grado espiritual en el cual ellas actúan. Para ser más exactos, la propia letra es ese grado espiritual. Tal fue el motivo por el que la letra *Tav* aseguró que ella poseía los atributos más apropiados para la creación del mundo, que a través de ellos se podría llevar al mundo a su corrección y al objetivo de la creación, pues ella define el atributo de "la verdad", el sello del Creador.

Las fuerzas impuras existen solamente a cuenta de la pequeña Luz enviada por las fuerzas puras; dicha Luz recibe el nombre de "la pequeña vela" (*Ner Dakik*). Sin esta Luz, las fuerzas impuras no podrían existir ni funcionar (tientan al hombre prometiéndole placeres que reciben de esta pequeña Luz que cayó desde las *Sefirot* puras). Por eso, el último grado, el más bajo entre los puros, deja pasar una pequeña porción de la Luz Superior hacia abajo, hacia las fuerzas impuras.

Sin la contribución de las fuerzas puras a la existencia de las impuras, estas últimas desaparecerían de inmediato. Y es inevitable plantearse la cuestión: ¿quién necesita que las fuerzas impuras existan y para qué? Sin duda, fue el

Creador quien, expresamente, creó las fuerzas impuras junto a las puras; no hay otra fuerza en todo el universo: solamente Él.

Y fue necesario crear las fuerzas impuras para concentrar los enormes deseos de recibir placer, el inmenso egoísmo. El sistema de los mundos impuros ABYA es como una especie de almacén para los deseos de gozar; y desde él, el hombre, siempre en la medida de su corrección, puede tomar nuevos deseos para corregirlos. De ese modo, adhiriéndose esos deseos impuros sin corregir, el hombre puede (mediante la corrección de dichos deseos) elevarse cada vez más, hasta llegar al nivel del Creador. Con esa intención el Creador creó las fuerzas impuras y mantiene su existencia a través del sistema de fuerzas puras.

El sistema impuro de los mundos de ABYA existe al mismo nivel y en paralelo al sistema puro de los mundos de ABYA. Y por debajo de estos dos sistemas espirituales, está nuestro mundo. Nuestro mundo también es denominado egoísta, impuro, y sus fuerzas y deseos son tan insignificantes que se encuentra por debajo de los mundos impuros de ABYA.

Cuando, con ayuda de la Cabalá, el hombre supera el nivel del egoísmo de nuestro mundo, este se adentra en el mundo puro de *Asiyá*. Y acto seguido, el mundo impuro de *Asiyá* empieza a influir sobre el hombre, tentándole con sus falsos placeres. Al superar las tentaciones del mundo impuro de *Asiyá*, el hombre se eleva espiritualmente. Pero hasta que el hombre no supere los deseos impuros de su cuerpo, de nuestro mundo, no comenzará a percibir: es decir, no se adentrará en los mundos espirituales, ya que no podrá enfrentarse a las fuerzas impuras que allí actúan.

A diferencia de las fuerzas que operan en los mundos espirituales, en nuestro mundo solo una pequeña fuerza egoísta tiene influencia sobre el hombre, y es denominada su "cuerpo", su ego. El hombre puede luchar contra esta fuerza, y vencer o perder las batallas que libre contra ella. Pero aun cuando pierde el combate, el hombre sigue conservando esta pequeña chispa de Luz (*Ner Dakik*) que sostiene su existencia.

Rabí Ashlag dio el siguiente ejemplo: el trabajo del hombre en nuestro mundo es semejante a la escritura sobre la pizarra de una escuela, en la que, si se comete algún error, podemos borrar lo escrito sin perjuicio alguno para el escritor. Se puede corregir y escribir de nuevo hasta que el hombre aprenda a escribir correctamente. Y solo cuando aprenda a escribir correctamente, le será permitido al hombre adentrarse en el mundo espiritual. Esto es así porque si el hombre se equivocara en el mundo espiritual perdería todo lo que tiene ¡y tendría que empezar todo de nuevo!

Por eso, nuestro mundo es el más insignificante. Todo hombre debe empezar por nuestro mundo: todo hombre tiene que descender hasta él y nacer en él una y otra vez hasta que cruce la barrera que existe entre nuestro mundo y el espiritual (aunque lo cierto es que hay muchas otras condiciones para que el alma no regrese a este mundo, y aquel que sea merecedor de ello, lo alcanzará).

De ahí que la línea vertical, la pierna de la letra *Kof*, descienda por debajo de la línea de escritura de las letras: representa que la Luz desciende hasta las fuerzas impuras a través de esta letra. Y ninguna otra letra desciende por debajo de la línea de escritura de la manera que lo hace la letra *Kof*.

Para que las fuerzas impuras puedan existir (toda creación –tanto pura como impura– solo puede existir si recibe Luz), el último grado de las fuerzas puras, el más bajo, desciende hasta las fuerzas impuras y les proporciona la Luz necesaria para su existencia y para el cumplimiento de su tarea: seducir al hombre con sus placeres y persuadirle para que actúe siguiendo la ley de las fuerzas impuras.

En un principio, la pierna izquierda de la letra *Tav* también descendía por debajo de la línea de escritura. Pero el Creador vio que, entonces, las fuerzas impuras estarían conectadas muy estrechamente con las puras, por lo que rompió esta conexión e hizo que la pierna izquierda de la letra *Tav* volviera hacia arriba, hasta el nivel de la línea de escritura, el nivel donde se encuentran las fuerzas puras.

A consecuencia de este acortamiento, se duplicó el espesor de la pierna izquierda de la letra *Tav*, pues esta se replegó sobre sí misma. Y ninguna Luz pasa a través de ella hacia las fuerzas impuras. Es más, se convirtió en el sello del Creador impidiendo que las fuerzas impuras se acerquen y roben la Luz Superior, porque en el momento que las fuerzas impuras entran en contacto con ella, mueren instantáneamente.

Y toda la fuerza necesaria para que las fuerzas impuras se mantengan con vida proviene del Creador a través de la letra *Kof*, pues ella está alejada de dichas fuerzas impuras, al ser la primera letra de *Maljut*. Y no hay temor ni riesgo de que su conexión con esas fuerzas pueda llegar a ser demasiado fuerte.

En *Maljut* hay solamente cuatro letras desde arriba hacia abajo: *Kof*, *Resh*, *Shin*, *Tav*. *Kof* es la primera y *Tav* es la última, y por debajo de ella se encuentran las fuerzas impuras. Por eso, si las fuerzas impuras reciben la Luz que necesitan de acuerdo al plan de la creación, desde la letra *Kof* (la más alejada de ellas), esas fuerzas no tendrán posibilidad de "robar" más Luz de la que *Maljut* –que consta de cuatro letras– deba darles.

Por eso esta letra es denominada *Kof*, para mostrar que es ella quien proporciona fuerzas al sistema impuro de ABYA, un hombre falso (inexistente), en la misma forma que un mono (en hebreo, *Kof*) se asemeja a un hombre.

Ella induce a la gente a error haciéndose pasar por la verdad y afirmando que a través de ella puede alcanzarse la espiritualidad, el Creador, *Lishmá*, la sensación del Creador. Sin embargo, las fuerzas puras aseveran que únicamente con ayuda de la *Torá* puede el hombre alcanzar una corrección de sus atributos como para alcanzar la unión total con los del Creador.

Y la letra *Tav* alegó lo siguiente: puesto que ella es el sello de la verdad del Creador, se encuentra al final del sistema puro y no permite que las fuerzas impuras se acerquen y se aferren a las fuerzas puras para fingir después que ellas son puras. Y por eso sus atributos son dignos de ser la base de la creación del mundo, para que a través de ellos pueda llevarse a cabo el análisis del bien y del mal, de lo puro y lo impuro, y que así los habitantes de este mundo puedan estar seguros de que, adquiriendo sus atributos, alcanzarán el objetivo de su creación.

Las cuatro letras *Kof-Resh-Shin-Tav* constituyen las cuatro *Sefirot* de *Maljut* del mundo de *Atzilut*: K-J-B-T, donde *Tiféret* está compuesta de seis *Sefirot* J-G-T-N-H-Y. Sin embargo, cuando la letra *Kof* está sola, sin las letras *Resh-Shin-Tav*, la *Torá*, que se extiende por los mundos de BYA, brilla también sobre las fuerzas impuras, y el ángel de la muerte recibe fuerzas para dar muerte a todo lo vivo. Este estado es designado por la letra *Kof*. Pero cuando *Maljut* está en su estado corregido, es designada mediante la letra *Hey*. La diferencia entre esta y la letra *Kof* radica en su pierna izquierda, que ha sido prolongada (*Maljut de Maljut*).

Esta prolongación de la pierna izquierda que convierte a *Hey* en la letra *Kof*, indica que la Luz desciende desde las fuerzas puras (*Partzufim*) hasta los mundos impuros de BYA, las fuerzas impuras denominadas "muerte". Y una vez que *Maljut* se ha unido con *Biná* –y recibe fuerzas de ella para después recibir Luz al elevarse– todas las otras letras se unen a *Maljut* y esta atrae dentro sí la Luz de la Vida desde *Biná*.

En tal estado, la pierna izquierda de la letra *Kof* se reduce a la mitad, convirtiendo la *Kof* en *Tav*, cuya pierna izquierda queda con doble grosor debido al acortamiento: la parte de *Maljut* que transmitía la Luz a las fuerzas impuras, subió desde esas fuerzas impuras. Y por eso existen dos tipos de *Maljut*: *Mífteja* (llave) –la parte de *Maljut*, que se unió con *Biná*– y *Mánula* (cerradura) –la parte que se elevó desde las fuerzas impuras.

Cada una de estas dos partes de *Maljut* se expresa de modo diferente: *Mífteja* se expresa de manera abierta; *Mánula*, de manera oculta. Y los dos caminos que llevan al hombre a la corrección nacen de ellas: el buen camino de la *Torá* y el camino de los sufrimientos.

Sin embargo, cuando *Maljut* corrija sus atributos (una vez que se haya unido con *Biná*) ella ya no se alejará de *Biná*, sino que, al recibir la Luz desde ella, la derramará sobre los mundos. Y entonces las fuerzas impuras no tendrán fuerza ni para sembrar la muerte ni para dominar en el mundo. Y si fuera necesario castigar a un pecador, las fuerzas impuras previamente deberán recibir permiso para ejecutar el castigo, ya que sin un permiso no tienen capacidad para revelar la *Mánula*.

Así, tras la unión de *Maljut* con *Biná* –mediante la cual aquella corrige sus atributos– las fuerzas impuras ya no son libres para dominar el mundo a menos que reciban permiso para ello. La causa de esto radica en la letra *Tet*, la última letra de *Biná*, que, con ayuda de *Mífteja*, envía a todos la Luz de la vida. Y cuando *Maljut* está conectada con *Biná*, se convierte en *Mífteja* y ella ya no deja escapar esta conexión. Por su parte, las fuerzas impuras, la pierna de la letra *Kof*, ya no tienen posibilidad de sembrar la muerte.

De ahí emergen tres lugares: (1) donde solo gobiernan los atributos de la letra *Tet* mediante el brillo de la Luz de la vida de este mundo; (2) el mundo entero después de la unión de *Maljut* y *Biná*, definido como *Mífteja*, cuando la letra *Tet* brilla sobre todos pero autoriza el castigo a los que pecan siguiendo esta regla: "Vosotros avanzaréis hacia la meta bien por el camino de la *Torá* o bien por el camino de los sufrimientos"; (3) el infierno, el lugar de castigo eterno mediante la letra *Kof*, en contraposición con el primer lugar, dominado por la letra *Tet* y donde la vida prospera eternamente gracias a ella.

Todas las letras con todos sus atributos secretos, descritos por aquello que los entienden, se encuentran en la ubicación del Templo. Todos los mundos Superiores e inferiores son creados y funcionan dentro del marco de sus atributos-leyes, y el nombre Superior (el nombre *HaVaYaH* del Creador) gobierna sobre todos ellos.

El *Mishkán* (tabernáculo) en el Templo también fue creado con ayuda de las letras: su constructor, *Betzalel*, supo cómo unir las letras con las que fueron creados el Cielo y la Tierra. Y puesto que él sobresalía en el dominio de esta sabiduría, le fue encargada la construcción del *Mishkán*.

Del mismo modo que el Creador eligió a *Betzalel* Arriba, deseó Él que fuera elegido abajo; del mismo modo que Él dijo a Moshé Arriba, "Elige a *Betzalel*", dijo abajo Moshé a su pueblo: "El Creador ha elegido a *Betzalel*". Pues tal era el nombre-atributo de *Betzalel*: *Be Tzel El* = aquel que está sentado a la sombra del Creador.

El Creador es denominado ZA o *Sefirá Tiféret* en el *Partzuf* de ZA, que brilla sobre la *Sefirá Yesod*, denominada *Tzadik* (el justo). *Betzalel* es el nombre de la *Sefirá Yesod*, que recibe desde *Tiféret* la Luz de VAK (una Luz incompleta) siendo por eso denominado "aquel que está sentado a la sombra"; y él, a su vez, brilla sobre *Maljut*. Por eso, del mismo modo que la *Sefirá Tiféret* se compone de J-G-T-N-H-Y, la *Sefirá Yesod* que transmite esta Luz también se compone de seis *Sefirot*, de J-G-T-N-H-Y.

El nombre de la letra *Tav*, "verdad", significa que para alcanzar su nivel, su grado, uno debe alcanzar el atributo de la verdad. Por eso la letra *Tav* afirmó que, con sus atributos, el hombre podrá plenamente analizar el bien y el mal, rechazará sus deseos impuros pues son falsedad y, en la medida de ese rechazo, se acercará a los deseos puros (fuerzas), a raíz de lo cual tendrá la certeza de que alcanzará la meta de la creación: la corrección de todos sus deseos (*Gmar Tikún*[5]).

Y esto se corresponde a lo escrito: "El Creador solo está cerca de aquellos que Le piden ayuda sinceramente". Ya que únicamente con Su ayuda podemos lograr la corrección y la elevación espiritual. Sin embargo, dicha ayuda llega solamente a aquellos cuya petición es genuina. En cuanto el hombre puede implorar al Creador y pedir Su ayuda con todas sus fuerzas, ella será recibida de inmediato. Si no recibe una respuesta del Creador, es señal de que su súplica aún es incompleta, de que todavía no ha comprendido su naturaleza egoísta en toda su extensión. Todavía no tiene la capacidad de ver que sus atributos son despreciables, y no ha sentido que es absolutamente incapaz de librarse de ellos, de corregirlos por sí mismo. Por tal razón la letra *Tav*, el atributo de la verdad, estaba tan segura de que, al adquirir dicho atributo, el hombre estará capacitado para alcanzar la meta.

Sin embargo, el Creador le contestó que no era digna de llegar a ser el fundamento de la creación, porque las fuerzas de la justicia que nacerán de ella serán tan grandes que incluso aquellos íntegramente justos, aquellos que hayan cumplido toda la *Torá* desde *Álef* hasta *Tav* y hayan alcanzado el atributo de la verdad, también serán castigados por ella, puesto que no han aniquilado a todos los pecadores, como está escrito en *El Talmud* (*Shabat*, 55).

Es más, el Creador rechazó su petición, pues ella es también el sello de la muerte, ya que su fuerza trajo la muerte a este mundo. Porque el hombre está condenado a morir, dado que la serpiente falsificó su sello y engañó a Adam en su compresión del Árbol del Conocimiento del Bien y del Mal. Y por eso el mundo no puede existir mediante sus atributos.

LA LETRA *SHIN*

24. La letra *Shin* apareció ante el Creador y dijo: "Hacedor del mundo, debes crear el mundo a través de mí, pues *Shaday*, Tu propio nombre, empieza conmigo". El Creador le contestó: "Eres buena, hermosa y sincera, pero puesto que las letras (atributos) de la palabra *Shéker* (mentira) te tomaron para que estés con ellas, Yo no puedo crear el mundo a través de tus atributos, porque *ShéKeR* (la mentira) existe a consecuencia de que las letras *Kof* y *Resh* te tomaron".

---

5 Pronúnciese en este caso la grafía "g" como en "gue" / "ga" [ɡ] en vez del sonido [x] (N. del T.)

Maljut está compuesta de diez *Sefirot* y tiene dos extremos:

1 – si ella solo tiene sus atributos, es decir, incluye todas sus diez *Sefirot*, desde *Kéter de Maljut* hasta *Maljut de Maljut*. En este caso, ella restringe con firmeza la expansión de la Luz y es designada con la letra *Tav*;

2 – si *Ima-Biná* del mundo de *Atzilut* llena a *Maljut* con la Luz, entonces el *Partzuf Maljut* no termina en la *Sefirá Maljut*, sino en la *Sefirá Yesod*, y es designada con la letra *Shin*.

Las tres alturas de la letra *Shin* son llamadas "la corona", y representan la Luz de *Biná*, *Or Jasadim* (la Luz de la misericordia), que desciende desde el *Partzuf Ima-Biná* al *Partzuf Maljut*. Esta Luz de *Biná*, *Or Jasadim* (la Luz de la misericordia), crea en *Maljut* nuevos atributos altruistas, intenciones altruistas de recibir Luz para deleitar al Creador. Y a raíz de ello, el *Partzuf Maljut* es capaz de recibir *Or Jojmá* (la Luz de la sabiduría) desde el *Partzuf ZA* (Talmud, Sanhedrín 22). En tal estado de conexión entre ellos, ZA y *Maljut* son denominados "esposo" y "esposa", y la Luz que *Maljut* recibe desde ZA es llamada "cien bendiciones".

Por eso, este nuevo extremo del *Partzuf Maljut* en la *Sefirá Yesod* (en vez de en la *Sefirá Maljut*), es denominado *Yesod de Nukva* o "el punto central de la existencia", pues todo lo que existe en el mundo se origina a partir de él y gracias a él. El *Partzuf Maljut* es la suma de todas las criaturas y todos nosotros somos sus partes. Todos los mundos y todos los que habitan en ellos constituyen las distintas partes del *Partzuf Maljut* del mundo de *Atzilut*.

Cada *Partzuf Superior* es considerado el creador del *Partzuf* inferior que inmediatamente le sigue, pues este último se origina a partir de aquel, el Superior. Por lo tanto, con respecto a todas las criaturas, el *Partzuf ZA* del mundo de *Atzilut* es considerado y llamado "el Creador", "nuestro Creador".

Y por eso, al igual que la letra *Tav*, la letra *Shin* es denominada "verdad" y "el sello del Creador", porque sello significa la última parte del objeto espiritual (*Partzuf*): es como un sello timbrado al final de una carta escrita en nombre del Creador. El signo del Creador equivale a Él mismo, y por eso Su sello es denominado "el signo de la verdad", porque únicamente la presencia de un sello confiere fuerza de autenticidad a una carta. Acredita la autenticidad de lo escrito en el interior.

No obstante, la importancia de la letra *Shin* excede a la de la letra *Tav*, porque *Shin* es la primera letra de la palabra *Shaday*, uno de los nombres-atributos del Creador, y designa Su fuerza, mediante la cual Él dijo "*Day*" (suficiente) a la creación: detente y no desciendas más (Talmud, Jaguigá, 12), no desciendas por debajo de la letra *Shin*.

Esto revela que el mundo y sus habitantes pueden existir únicamente con ayuda de la letra *Shin*, gracias a su atributo que limita la expansión de la Luz. Dijo el Creador: "Detente, criatura, en la letra *Shin* y no te extiendas hasta la letra *Tav*", pues si la Luz se hubiera extendido hasta *Tav*, los deseos impuros habrían recibido una fuerza tan grande que el hombre no hubiera tenido posibilidad de escapar de ellos y alcanzar los atributos altruistas. Por eso, el punto final de la letra *Shin* es denominado "el punto central de la existencia de la creación".

Por lo tanto, cuando la letra *Shin* vio que el Creador rechazó a la letra *Tav* –pues finalizar la expansión de la Luz con ella crearía condiciones demasiado duras para ser alcanzadas por el hombre– la letra *Shin* aseveró que su atributo de *Shaday* era apropiado para la creación del mundo, y tuvo la certeza de que el Creador la elegiría a ella –a sus atributos– como fundamento de la creación, pues cuenta con todas las ventajas que *Tav* no poseía y que fueron la razón del rechazo por parte del Creador.

Pero además, cuenta con la misma ventaja que la letra *Tav*: es el sello del Creador, la verdad. Es más, cuenta con una ventaja adicional: el nombre de *Shaday* se enuncia con ella, el nuevo final de *Maljut* para los habitantes del mundo, en vez del final con el atributo de la letra *Tav*. Basándose en todo eso, la letra *Shin* encontró las fuerzas y el valor para presentarse ante el Creador con la propuesta de crear el mundo a través de ella.

Sin embargo, el Creador le contestó que, precisamente, en vista de sus ventajas añadidas frente a la letra *Tav*, las fuerzas impuras opuestas a ella salen fortalecidas. Puesto que en oposición a cada letra (fuerza, atributo) espiritualmente pura, se encuentra una fuerza opuesta e impura (el deseo egoísta), como está escrito: "El Creador creó esto en oposición a esto" (*Kohélet*, 7).

El fortalecimiento de las fuerzas impuras tuvo lugar a partir de la unión de los atributos de la letra *Shin* con los atributos impuros del engaño, fingiendo tener la pureza espiritual de las letras *Kof* y *Resh*: la mentira no habría existido en el mundo –la hubieran reconocido de inmediato– si las letras *Kof* y *Resh* no hubieran puesto a *Shin* al principio de la palabra, SHéKeR (la mentira). Y cuando la verdad se sitúa al inicio de la palabra (atributo) "mentira", esto hace que, inevitablemente, el hombre se equivoque.

Hay dos fuentes de fuerzas impuras: 1) la pequeña luminiscencia (*Ner Dakik*), que es la fuerza pura. El propio Creador la envía a las fuerzas (deseos) impuras para mantener su existencia y que no desaparezcan mientras haya necesidad de "castigar" a los pecadores con ellas. Sin embargo, estas son fuerzas pequeñas, su altura no es grande, pues reciben únicamente la pequeña luminiscencia –lo suficiente para el sustento de sus vidas.

Esta pequeña luminiscencia desciende a las fuerzas impuras desde la letra *Kof*, a consecuencia de lo cual las fuerzas impuras se hacen semejantes al hombre de los mundos de *BYA*, como un mono respecto al hombre, como está escrito (*Kohélet*, 7): "El Creador creó esto en oposición a esto".

La segunda fuente de fuerzas impuras proviene de la caída espiritual de los inferiores: a consecuencia de las acciones malvadas y egoístas de los hombres la Luz pasa de los sistemas de fuerzas puras a los sistemas impuros. Y la primera transgresión es el pecado de Adam, a raíz del cual el sistema de fuerzas impuras adoptó la misma estructura que el sistema de fuerzas puras, aunque se colocó en el lado opuesto, en paralelo a él. Y el resultado es que, frente a los mundos puros de *ABYA*, surgieron los mundos impuros de *ABYA*.

La segunda fuente de fuerzas impuras es la letra *Resh*, que indica que las fuerzas impuras suben y se adhieren a las fuerzas puras hasta el nivel de *Biná* en *Maljut*, designada con la letra *Dálet*.

Como ya hemos mencionado, las veintidós letras del *Partzuf Maljut* del mundo de *Atzilut* se dividen en tres grupos de letras: unidades en *Biná*, decenas en ZA y centenas en *Maljut*.

Las letras *Álef-Bet-Guímel* se corresponden con las *Sefirot Kéter-Jojmá-Biná*, denominadas "la cabeza" del objeto espiritual (*Partzuf*). Las letras desde *Dálet* hasta *Tet* pertenecen al cuerpo del *Partzuf*:

El cuerpo recibe solamente lo que desciende a él desde la cabeza. Por eso, *Dálet*, la primera letra del cuerpo, a través de la cual el cuerpo recibe Luz desde la cabeza, es denominada "*Dala va Aniyá*" (desamparada y pobre). *Dálet* recibe únicamente lo que *Guímel* le da. Puesto que *Guímel* contiene la Luz de la misericordia (*Or Jasadim*), que desciende a *Dálet*.

PARTZUF	SEFIROT	LETRAS
BINÁ (IMA)	Biná	Álef-Tet
	ZA	Yud-Tzadi
	Maljut	Kof-Tav
ZA	Biná	Álef-Tet
	ZA	Yud-Tzadi
	Maljut	Kof-Tav
MALJUT	Biná	Álef-Tet
	ZA	Yud-Tzadi
	Maljut	Kof-Tav

Álef	- Kéter	CABEZA
Bet	- Jojmá	
Guímel	- Biná	
Dálet	- Jésed	CUERPO
Hey	- Guevurá	
Vav	- Tiféret	
Zayin	- Nétzaj	
Jet	- Hod	
Tet	- Yesod	

Y por ello la letra *Guímel* es denominada *Gomel Jasadim* (el misericordioso) (*Talmud, Shabat*, 104), de acuerdo a su manera de proceder con *Dálet*, que, de otro modo, quedaría desprovista de Luz por completo. El ángulo agudo derecho que sobresale en la letra *Dálet* es una señal de la abundancia de *Or Jasadim* en *Dálet*.

Sin embargo, frente a la *Maljut* pura (altruista) se sitúa la *Maljut* impura, la cual, orgullosa, no desea recibir desde *Guímel* y depender de ella. En vez de eso, se alza en el deseo de ser la cabeza, y, a raíz de ello, el ángulo agudo desaparece. Dicho ángulo indica la presencia de *Or Jasadim* en la letra *Dálet*, la cual se transforma en la letra *Resh*, que se escribe y se pronuncia con las dos letras: *Resh* y *Shin*.

La verdadera unión de los *ZA* y *Maljut* puros es denominada *EJaD* (uno) y está compuesta de las letras *Álef, Jet, Dálet*, puesto que las letras desde *Álef* hasta *Jet* son las nueve *Sefirot* de *ZA*. Y este transmite la Luz desde la letra *Guímel* de *Biná* a la letra *Guímel* de *Maljut*, por causa de lo cual *Maljut* se convierte en la letra *Dálet*, con su ángulo derecho sobresaliendo (consecuencia de la presencia de *Or Jasadim*). Y es a raíz de ello que se produce la unión entre *ZA* y *Maljut*.

Cuando los inferiores –es decir, el hombre– pecan con sus acciones (sus intenciones) están dando fuerza a la *Maljut* impura para que se adhiera a la *Maljut* pura (*Dálet*), borrando su ángulo agudo de la Luz de la misericordia y formando la letra *Resh* a partir de ella. Mediante ello, la palabra *Ejad* (uno) se convierte en la palabra *Ajer* (otro, distinto, ajeno): *Álef-Jet-Dálet* de la palabra *Ejad* pasan a ser *Álef-Jet-Resh* de la palabra *Ajer*, puesto que en lugar de la conexión con el Creador aparece la conexión con las otras fuerzas, las impuras, denominadas "los dioses ajenos" (*Elokim Ajerim*), que se adhieren a *ZA* y a *Maljut* del mundo puro de *Atzilut*.

Esto provoca que las letras *Kof* y *Resh* deformen el sello del Creador: *Shin*, la letra de la verdad. Y a consecuencia de ello, *Yesod de Maljut*, que recibe desde *Yesod de ZA*, llega a conectarse a la fuente impura y no a la pura, porque con ayuda de la letra *Shin* se forma el nuevo *Yesod* de la *Maljut* impura.

A partir de ahí, las fuerzas impuras desarrollan hasta diez *Sefirot* con cabeza y cuerpo; y *Shin* se convierte en el punto de origen de todo lo que devasta, pues la destrucción de lo puro engendra lo impuro. Y desde ahí se gestó el sistema de los mundos impuros de *ABYA* del hombre impuro.

Entonces, hemos aclarado cómo las letras *Kof* y *Resh* pasaron a ser las dos fuentes del surgimiento y desarrollo de las fuerzas impuras. Y puesto que las fuerzas impuras se hacen pasar por puras, es por ello que son denominadas "las letras falsas, adulteradas", cuyo objetivo es destruir el sistema de las fuerzas puras y su unidad con el Creador para crearse a sí mismas a partir de la aniquilación de las fuerzas puras.

Este nacimiento de las fuerzas impuras a partir de la destrucción de las puras es posible debido a la unión de la letra *Shin, Yesod de Maljut*, con las fuerzas impuras, a consecuencia del fingimiento que llevó a cabo la letra *Dálet* para hacerse pasar por la letra *Resh*. Mediante ello, *EJaD* se convierte en *AJeR* y se crea el sistema de fuerzas impuras (*Elokim Ajerim*).

Si las letras *Kof* y *Resh* no hubieran capturado a la letra *Shin*, no se habría formado un sistema de fuerzas impuras tan grande, tan capacitado para mentir y falsear todo ante los ojos del hombre.

Por ello, el Creador contestó a la letra *Shin*: "Aunque eres buena, te colocarás al principio de la palabra *Shéker* (mentira), con las letras *Kof* y *Resh*, ya que, al haberte capturado, estas letras podrán crear a través de ti todo un sistema de fuerzas impuras –de mentira e impostura– que logre hacerse pasar por fuerzas puras. Por eso, no puedo crear el mundo con tus atributos, porque hay un sistema impuro frente a ti; es imposible alcanzar la meta de la creación a través de ti".

LAS LETRAS KOF Y RESH

25. De lo anteriormente dicho se deduce que si alguien desea decir una mentira, saldrá airoso si primeramente dice la verdad como base sobre la cual pueda después crecer la mentira y empezar a actuar. Y es así porque la letra *Shin* es la letra de la verdad, en la que se unieron los Patriarcas, pues las tres líneas en la grafía de la letra *Shin* (ש) representan a los tres Patriarcas, que son las *Sefirot* (atributos) de *Jésed-Guevurá-Tiféret*.

Las letras *Kof* y *Resh* indican el lado del mal: a partir de ellas, se forma el lado impuro, *KaR* (el frío), la ausencia de calor y vida, puesto que succiona su fuerza desde *Maljut*, cuando *Maljut* es hielo en vez de agua viva. Sin embargo, para tener la posibilidad de existir, estas letras se apropian de la letra *Shin* y crean la combinación *KeSHeR* (conexión), una atadura, que personifica la fuerza y la supervivencia.

La causa de esto es que la Luz de *Jésed-Guevurá-Tiféret* de *Biná*, que ella recibe desde *Yesod de ZA*, crea un nuevo extremo en *Maljut*, un nuevo *Kli*-deseo de recepción de la Luz desde ZA denominada «cien bendiciones». Y puesto que *Jésed-Guevurá-Tiféret* son llamadas «los Patriarcas» y la Luz que llega hasta *Maljut* proviene de ellas, la letra *Shin* que las designa recibe el nombre de «la verdad».

Al borrar el ángulo agudo de la letra *Dálet*, las fuerzas impuras la convierten en la letra *Resh*. Y con ello transforman la palabra *EJaD* en la palabra *AJeR*, robando con ello a *Yesod* de la *Maljut* pura, designado por la letra *Shin*. Asimismo, con la letra *Shin* construyen el *Yesod* de la *Maljut* impura, lo cual provoca que las fuerzas impuras se adhieran fuertemente a las puras, algo denominado *KeSHeR*:

la conexión recíproca de fuerzas puras e impuras, una atadura que no es fácil de deshacer.

De lo antes mencionado, comprobamos que la causa del deseo por parte de las letras de que el mundo sea creado a través de ellas, es que cada una piensa que solo ella puede corregir el mundo mediante sus atributos. La letra *Shin* piensa que la Luz de la misericordia llevará a las almas a la meta de la creación. Pero las letras *Kof* y *Resh*, *KaR* (el frío), no desean esta Luz, porque recibir la Luz de la misericordia para poder otorgar es la pureza, pero recibirla para gozar es impuro.

LA LETRA *TZADI*

26. La letra *Tzadi* apareció ante el Creador y dijo: "Creador del mundo, deberías crear el mundo a través de mí, puesto que los *Tzadikim* (los justos) llevan mi marca. También Tú eres llamado *Tzadik* (el justo), y te llevo marcado en mi interior, pues Tú eres el justo y amas la rectitud. Por eso, mis atributos son los apropiados para crear el mundo".

El Creador le contestó: «*Tzadi*, tú eres *Tzadiká*, la justa, pero debes permanecer oculta y no revelarte en la medida que sería necesaria para crear el mundo contigo, para no dar un pretexto al mundo». El ocultamiento de la letra *Tzadi* es necesario, porque en un principio existió la letra *Nun*, a la cual después se unió la letra *Yud* del Nombre Sagrado del Creador, *Yud-Hey-Vav-Hey* (*HaVaYaH*), y se situó por encima de ella como señal de la unión entre las criaturas y el Creador, encaramándose hasta lo más alto de la letra *Nun* y uniéndose a ella por su lado derecho. A consecuencia de ello, se originó la letra *Tzadi*.

La necesidad del ocultamiento de la letra *Tzadi* -algo que la convierte en no apta para crear el mundo con ella- radica en que cuando el Creador creó a Adam (ZA), lo creó como dos *Partzufim*-objetos, el masculino y el femenino, unidos uno con otro por sus reversos. Por eso la letra *Yud* se sitúa con su lado posterior pegado al lado posterior de la letra *Nun*; y sus rostros miran en direcciones opuestas, como refleja la letra *Tzadi*: el rostro de *Yud* mira hacia arriba, el rostro de *Nun* mira hacia abajo.

Y también le dijo el Creador: «En el futuro Yo cancelaré su unión por el reverso y los uniré cara a cara. Y en otro lugar te elevarás para estar así, pero no en el principio de la creación. Porque al comienzo de la creación debes estar unida por el reverso con las letras *Nun* y *Yud*, ya que este aspecto indica que la Luz se encuentra oculta en ti. Por eso no es posible crear el mundo a través de ti». Y la letra *Tzadi* se retiró.

Tzadi se presentó para proponer la creación del mundo con sus atributos. Al ver que la letra *Tav* fue rechazada por el Creador debido a las estrictas leyes en ella, y que después fue rechazada la letra *Shin* debido a que las fuerzas impuras se adhieren a ella, *Tzadi* pensó que ella y sus atributos podrían ser los apropiados para la creación del mundo. Al fin y al cabo, ella también contiene el sello del Creador y las fuerzas impuras no se adhieren a ella.

Por eso *Tzadi* dijo al Creador que los justos son marcados con ella como una señal de su pacto sagrado con el Creador, mediante la circuncisión y pliegue del punto de conexión (*Zivug*) con el Creador, el cual, gracias a estas correcciones, repele las fuerzas impuras.

El propio Creador, denominado *Biná*, está marcado con *Tzadi*, pues es el justo, como ZA, ya que la parte superior de *Biná* del mundo de *Atzilut* (*Aba ve Ima-AVI*) se corresponde con las partes masculina y femenina, como ZA y *Maljut*. Y AVI están constantemente conectados entre sí para enviar hacia abajo la Luz de la misericordia y mantener así la existencia de todos los que se encuentran debajo de ellos. Por eso, *Tzadi* se vio apropiada para la creación del mundo, pues el mundo existe gracias a la Luz de misericordia y, con su ayuda, es posible alcanzar la meta.

La letra *Tzadi* es conocida como la *Sefirá Yesod* de ZA. Cuando *Yesod* se une con *Maljut*, él es denominado «*Tzadik* (el justo)». Puesto que las nueve *Sefirot* de ZA van desde *Yud* hasta *Tzadi*, y *Kof* es el comienzo de *Maljut*, que está compuesta de cuatro *Sefirot*: *Kof, Resh, Shin, Tav*.

Cuando *Maljut* está unida con *Yesod* de ZA, *Kof* está unida con *Tzadi*, y *Yesod* es denominado *Tzadik* (el justo). Y el Creador le contestó que ella es *Tzadi* en *Yesod* de ZA: «Y, *Tzadi*, tú estás en Mí, ya que AVI están constantemente conectados para derramar la Luz de la misericordia y sustentar la existencia de los inferiores. Y tú eres el justo, puesto que *Maljut* también está conectada contigo, del mismo modo que en el alfabeto la letra *Kof* sigue a la letra *Tzadi*. Pero, a pesar de todo ello, tú no eres digna de ser la base del mundo por tus atributos».

Yesod de ZA incluye en sí a *Maljut* en forma de letra *Kof* en la palabra *TzadiK* (el justo). Y cuando *Maljut* está incluida en *Yesod* en forma de *Tzadi*, es designada con la letra *Nun*, porque *Nun* es *Guevurá* de ZA (*Yud-Kéter, Jaf-Jojmá, Lámed-Biná, Mem-Jésed, Nun-Guevurá*).

Cuando ZA crece y se hace grande, sus *Sefirot Jésed-Guevurá-Tiféret* se convierten en las *Sefirot Jojmá-Biná-Dáat*. De ese modo, *Guevurá* se convierte en *Biná*. Y cuando ZA de nuevo se hace pequeño, *Biná* se convierte otra vez en *Guevurá* (*Nun*). Y esta caída suya es designada por la cabeza de *Nun* mirando hacia abajo.

La letra *Tzadi* se compone de las letras *Nun* y *Yud* unidas por sus espaldas. La letra *Nun* designa a *Maljut* con los atributos de la *Sefirá Yesod* incluida en ella; *Yud* designa al propio *Yesod de ZA*. Su conexión por el lado posterior, mirando en direcciones opuestas, indica que las fuerzas impuras se aferran a sus espaldas.

Ellas ocultan su espalda a los demás pues hay un defecto en ellas: el deseo de recibir la Luz de la sabiduría (*Or Jojmá*). Y es preciso encubrir este defecto para impedir que las fuerzas impuras puedan adherirse a sus espaldas. Por ello, la letra *Tzadi* no es adecuada para la creación del mundo mediante sus atributos. Su propia forma revela la posibilidad de que las fuerzas impuras se unan a ella. Y por eso Adam (creado a partir de ZA y *Maljut* cuando están unidos como *Tzadi*) también fue creado conteniendo dos mitades: la masculina y la femenina, unidas por sus espaldas.

Y si la letra *Tzadi* argumentara que en el estado grande (cuando hay *Or Jojmá*) ZA y *Maljut* se unen cara a cara, recibiría la respuesta de que tal conexión es posible, pero no en su emplazamiento, sino únicamente durante la elevación hacia arriba, hacia AVI. Porque si tal conexión fuera posible en su emplazamiento, las fuerzas impuras se aferrarían a ellos de inmediato. Esa es la razón por la que la letra *Tzadi* no es digna de ser la base del universo.

LA LETRA PEY

27. Entró la letra *Pey* y dijo: "Señor del mundo, sería bueno crear el mundo a través de mí, porque llevo marcada dentro de mí la futura liberación del mundo, ya que la palabra *Pdut* (liberación, redención) comienza conmigo. Liberación entendida como la remisión de todo sufrimiento. Y por eso el mundo debe ser creado a través de mí".

Y le contestó el Creador, "Aunque eres buena, contigo empieza la palabra *Pesha* (pecado) y secretamente tú haces referencia a ella, cual serpiente que muerde y esconde la cabeza en su cuerpo. De la misma manera, agacha su cabeza aquel que comete un pecado, escondiéndose de las miradas ajenas, pero alarga sus manos para pecar. Tal es el aspecto de la letra *Pey*, cuya cabeza está oculta dentro de sí". Asimismo, el Creador contestó a la letra *Ayin*, que no sería adecuado crear el mundo con sus atributos, pues contiene el atributo de *Avón* (pecado, delito).

Y aunque *Ayin* trataba de argüir que sus atributos se encuentran presentes en la palabra *Anavá* (modestia), el Creador se negó.

La liberación empieza con la letra *Pey*; es decir, el atributo de la letra *Pey* está incluido en la liberación futura. Y por ello, la letra *Pey* dice que es digna de ser la base del mundo. De hecho, *Galut* (exilio) y *Gueulá* (liberación) dependen de *Maljut*: cuando *Maljut* no tiene la Luz interna de *Jojmá*, entonces el pueblo de Israel está exiliado de la tierra de Israel. Porque, en nuestro mundo, la tierra de Israel se corresponde con *Maljut* del mundo de *Atzilut*, la tierra espiritual de Israel.

Del mismo modo que en el mundo espiritual ZA (Israel) se aleja de *Maljut* (la tierra de Israel), aquí, en nuestro mundo, el pueblo de Israel se separa y abandona la tierra de Israel. Pero cuando los hijos de Israel corrijan sus acciones, harán que Israel llene a su *Maljut* (la tierra de Israel) con la Luz, la construya y se una con ella cara a cara. En consecuencia, los hijos de Israel en nuestro mundo merecerán la redención y el retorno a su tierra.

La Luz de ZA, que construye y llena *Maljut*, proviene de las *Sefirot Nétzaj* y *Hod* en ZA. *Jojmá de Maljut* se reviste de *Nétzaj*, y *Biná de Maljut* se reviste de *Hod*. Las letras *Ayin* y *Pey* corresponden a *Nétzaj* y *Hod* en ZA. Por eso, la letra *Pey* afirmaba que ella, la *Sefirá Hod* en ZA, es digna de ser la base del mundo, pues *Or Jojmá*, que trae redención al mundo entero, sale desde *Pey* a *Maljut*. Así, si el mundo alcanzara su atributo, sin duda alguna lograría el final de la corrección: la corrección completa.

La letra *Pey* pensaba que ella era más indicada que *Ayin* como base para el mundo, pues, aunque *Or Jojmá* entra en *Nétzaj-Ayin* y en *Hod-Pey*, y se encuentra principalmente en *Nétzaj-Ayin*, la liberación depende, sin embargo, de *Hod-Pey*. Y ello se debe a que, en un principio, *Biná* libera a *Maljut* de las restricciones, y así *Maljut* merece la liberación.

Maljut merece esta redención porque *Biná* le ha entregado sus atributos de misericordia. Esto se lleva a cabo de la siguiente manera: *Biná* sale de los límites de sus atributos y se une con *Maljut*, a consecuencia de lo cual –y una vez recibida *Or Jasadim*– *Maljut* puede recibir *Or Jojmá*. Las restricciones en la recepción de la Luz afectan en mayor medida al lado izquierdo, es decir, a *Hod-Pey* en ZA. Y por eso la letra *Pey* pensó que, puesto que la Luz de *Biná* entra en ella y no en *Nétzaj-Ayin*, ella es más adecuada como base para el mundo.

Sin embargo, todas las correcciones individuales realizadas durante los 6 000 años de la existencia del mundo hasta el final de la corrección, se consideran incompletas, porque la Luz Superior, que permite descubrir y analizar las fuerzas impuras dentro de uno mismo, no está presente en su totalidad. Por lo tanto, está prohibido recibir la Luz en los mundos de BYA, por debajo de la *Parsá*, la demarcación que separa el mundo *Atzilut* de los mundos de BYA.

La *Parsá* es la *Maljut* que se elevó hasta *Biná* para limitar la expansión y recepción de la Luz en esas partes de ella situadas debajo de *Biná*. Y a consecuencia de que Adam trató de recibir, no obstante, la Luz por debajo de la *Parsá*, la impureza se deslizó hasta llegar dentro de *Maljut*, sobre lo cual está escrito que la serpiente se presentó ante Javá e introdujo la impureza en ella (*Talmud, Shabat,* 146). Dicha impureza solamente quedará corregida al final de la corrección.

La cuestión es que la ausencia de Luz Superior en aquella fuerza que permitiría discernir entre el bien y el mal en todo el espesor de *Maljut,* engendra una carencia llamada «lágrimas»: las dos lágrimas que caen en el inmenso mar desde los dos ojos de *Jojmá* y *Biná,* y que están ocultas de todos.

Los dos ojos son *Jojmá* y *Biná,* y las lágrimas representan la carencia causada por la presencia de la fuerza impura que surgió en ellos a consecuencia del pecado de Adam. Esto llevó a la destrucción de los dos Templos. Y dichas lágrimas en los ojos de *Maljut* solo se secarán al final de la corrección, cuando la muerte desaparezca del mundo y toda la Luz brille en *Jojmá* y *Biná* (véase el punto 56).

Por eso, a la letra *Pey* se le dijo que a pesar de que con su Luz ella trae la redención al mundo (*Pdut*), y que aunque todas las redenciones vienen únicamente a través de ella, su Luz, sin embargo, es incompleta. Todas las correcciones particulares son imperfectas, porque, como los dos Templos, vienen y desaparecen.

Así, los atributos de *Pesha* (pecado) en la letra *Pey* y *Pdut* (redención) no son lo suficientemente perfectos y plenos para hacer frente al pecado de Adam, porque ante la ausencia de la Luz completa de *Jojmá,* las fuerzas impuras se aferran. Y por ello, la letra *Pey* no es digna de ser la base del mundo.

Y dado que el atributo de *Pesha* (pecado) está en ocultamiento, allí está presente la fuerza de la serpiente, engañando a las personas y llevándolas a la muerte. Y es imposible exterminarla, del mismo modo que resulta imposible matar a una serpiente que muerde a un hombre e inmediatamente esconde su cabeza hacia dentro (semejante a la cabeza de la letra *Pey*): resulta imposible matarla porque uno solamente puede matar a la serpiente en su interior golpeando su «cabeza». Por eso la letra *Pey* no es apropiada para crear el mundo con ella.

LA LETRA AYIN

Biná del mundo de *Atzilut* es denominada *Ima Ilaá* (madre suprema) pero también es llamada *Anavá* (modestia, humildad). («A» nos servirá para designar a la letra *Ayin* y no confundirla con la letra *Álef*). La *Sefirá Nétzaj* de ZA (designada con *Ayin*) que se reviste de *Maljut* y la Luz que la llena, se eleva y se envuelve con *Biná,* que la adorna con sus joyas: *Biná* se reviste en *Nétzaj* de ZA. Sin embargo, dado que la letra *Pey* está oculta en *Nétzaj* –y esta letra designa a *Pesha,* el pecado– el Creador se negó a crear el mundo con sus atributos, como queda recogido en el punto 27.

En hebreo, la palabra «pecado» puede expresarse con dos palabras: *Pesha* y *Avón*. No obstante, el pecado se encuentra principalmente en la letra *Pey*, porque *Maljut de ZA* se encuentra incluida en la *Sefirá Hod de ZA*.

Por causa del pecado de Adam, las *Klipot* (fuerzas impuras) se aferran a *Maljut de ZA*. Sin embargo, *Nétzaj de ZA* son los atributos del propio ZA, y las fuerzas impuras no pueden aferrarse a ella. Aunque, como está escrito en *El Talmud* (*Bava Kama*, 92), también *Nétzaj* es susceptible de que las fuerzas impuras se adhieran a ella.

Y esta imperfección (la oportunidad que tienen las fuerzas impuras de adherirse a *Nétzaj de ZA*) es denominada «pecado». Sin embargo es la palabra *Avón*, y no *Pesha*, la que indica que el propio *Nétzaj* es puro y directo, y que el pecado viene a consecuencia de su conexión con la *Sefirá Hod*.

La razón por la que el Creador se dirige a la letra *Ayin* mientras se está dirigiendo a la letra *Pey*, es que *Nétzaj* y *Hod* son como dos partes del cuerpo, como las dos piernas. Y por ello ambas aparecieron juntas ante el Creador con su súplica. Sin embargo, *El Zóhar* explica cada una de ellas (sus atributos) por turno.

LA LETRA *SÁMEJ*

28. La letra *Sámej* apareció ante el Creador y dijo: "Creador del mundo, sería bueno crear el mundo con mis atributos, porque dentro de mí hay *Smijá* (apoyo) para aquellos que caen, como está escrito: 'El Creador apoya (*Somej*) a todos los que caen'". El Creador le respondió: "Por eso eres necesaria en tu lugar; no te muevas de él. Si te movieras de tu lugar, en el interior de en la palabra *Somej*, aquellos que caen perderían el apoyo que encuentran en ti, ya que ellos se afianzan en ti (tus atributos)". Cuando hubo escuchado esto, la letra *Sámej* partió.

La letra *Sámej* representa la *Sefirá Tiféret* en ZA, es decir, *Biná* en el cuerpo de ZA. Puesto que las *Sefirot Kéter-Jojmá-Biná* (K-J-B) fueron transformadas en ZA en *Jésed-Guevurá-Tiféret* (J-G-T), ellas quedaron vacías de *Or Jojmá*, únicamente con *Or Jasadim*, cambiando así su nombre de K-J-B a J-G-T.

Como ya sabemos, *Biná* consta de dos partes: la Parte Superior, llamada GAR: *Guímel* (tres) *Rishonot* (las primeras): las tres primeras *Sefirot* K-J-B; y la parte inferior, denominada ZAT: *Zayin* (siete) *Tajtonot* (las inferiores), las siete *Sefirot* inferiores desde *Jésed* hasta *Maljut*. La Parte Superior de *Biná* es denominada *Aba ve Ima* (AVI). Al estar colmados de Luz de misericordia, *Aba ve Ima* existen en un estado de perfección: sin ningún deseo de recibir, solo de otorgar.

AVI son designados con *Sámej* (valor numérico 60), ya que ellos incluyen las tres *Sefirot* K-J-B y las tres primeras *Sefirot* de ZA, las cuales, en vista de la ausencia de *Or Jojmá* en ZA, no son denominadas K-J-B, sino J-G-T. Por lo tanto, AVI consta de seis *Sefirot*; y cada una, a su vez, se compone de diez, en total 60 = *Sámej*.

ZAT de *Biná* recibe la Luz desde Arriba y la pasa a ZA. Esta parte de *Biná* posee el atributo de ZA, y no el de *Biná*, porque ella debe recibir exactamente lo que ZA necesita, y luego entregárselo a él. Y puesto que ZAT de *Biná* tiene que recibir la Luz de la sabiduría (*Or Jojmá*) para ZA y siente carencia por ella –a diferencia de *Biná*, que no desea recibir nada– esta parte entonces se alejó de *Biná* y se convirtió en un objeto-*Partzuf* que, desde su parte inferior, existe independientemente de ella.

Este *Partzuf* que surgió desde *Biná* es denominado YESHSUT, y es designado por la letra *Mem* (valor numérico 40), ya que está compuesto de cuatro *Sefirot*: *Tiféret-Nétzaj-Hod-Yesod* del *Partzuf* AVI. Debido a su forma (atributos), la letra de imprenta[6] *Mem* recibe el nombre de *Mem Stumá* (cerrada).

No obstante, esta separación de AVI en dos partes sucede únicamente cuando ellos no tienen *Or Jojmá*, sino tan solo *Or Jasadim*. Por consiguiente, la Parte Superior de *Biná* permanece en su perfección, mientras que la parte inferior siente una carencia en su estado al no recibir *Or Jojmá*. Y puesto que los objetos espirituales están separados conforme a las diferencias en sus atributos, la sensación de imperfección separa la parte inferior de *Biná* de la superior.

Sin embargo, si aquellos de abajo mejoran sus "intenciones" (denominadas "acciones" en lo espiritual) y piden ayuda a ZA para corregir sus acciones –superando así los deseos egoístas (impuros) y adquiriendo deseos espiritualmente altruistas (puros)– ZA se dirige al YESHSUT superior, que, a su vez, se dirige a AVI. AVI entonces, lanzan su petición más arriba todavía, reciben *Or Jojmá* y la entregan a YESHSUT.

Finalmente, YESHSUT y AVI se unen en un único *Partzuf*, porque, habiendo recibido *Or Jojmá*, YESHSUT se hace tan perfecto como lo son AVI una vez que se llenan de *Or Jasadim*. YESHSUT envía *Or Jojmá* hacia abajo, a ZA, el cual a su vez la pasa a *Maljut*. La Luz que *Maljut* recibe desde ZA es conocida como «cien bendiciones», ya que *Sámej* = 60 se ha unido con *Mem* = 40.

No obstante, cuando el hombre peca en sus intenciones (deseos, acciones) no se dirige a *Maljut* con una petición de ayuda, lo cual provoca que *Or Jojmá* desaparezca de ZA, y ZA retorna a *Katnut* (el estado pequeño) desde *Gadlut* (el estado grande). Cuando ZA contiene *Or Jojmá*, es denominado "grande"; pero cuando es llenado únicamente con *Or Jasadim*, se le llama "pequeño". Y el *Partzuf Biná* general es, una vez más, dividido en AVI y YESHSUT.

---

6 En hebreo, "las letras de imprenta" son las grafías que tradicionalmente conocemos como letras hebreas (frente a las "letras en cursiva", una nueva grafía inventada en el siglo XIX para facilitar la escritura a mano del hebreo) (N. del T.)

En este estado pequeño (*Katnut*), ZA y *Maljut* corren el riesgo de que las fuerzas impuras (*Klipot*) se aferren a ellos. Para garantizar que esto no suceda –porque entonces ellos podrían caer desde el mundo de *Atzilut* por debajo de la *Parsá* a los mundos de BYA–, AVI les envían el atributo de *Sámej* (la Luz de la misericordia). Y aunque se trata únicamente de Luz de *Jasadim* sin la Luz de la sabiduría (Luz de *Jojmá*), les proporciona a ZA y *Maljut* una sensación de perfección en los actos de otorgamiento. Y por eso, las fuerzas impuras ya no pueden aferrarse a ellos, pues la única intención de las fuerzas impuras es recibir la Luz de la sabiduría desde un *Partzuf* puro.

Por tal razón, la Luz que llena a ZA en *Katnut* es denominada *Sámej*, lo cual es indicativo de su acción: *Sámej* (apoya) a ZA y *Maljut* para que no caigan desde el mundo de *Atzilut* debajo de la *Parsá*.

Así, la letra *Sámej* pensó que si el mundo fuese creado con sus atributos, podría llegar a la meta de la creación y unirse totalmente al Creador, puesto que la Luz de la letra *Sámej* podría brillar en ZA y *Maljut* incluso en su estado pequeño, y la *Klipá* (fuerza impura) no intentaría arrebatarles la Luz. Al contrario, las fuerzas impuras y egoístas huirían de su Luz. Si el mundo hubiera sido creado con los atributos de *Sámej*, ella hubiera tenido la capacidad de proteger a todas las criaturas, aun cuando sus acciones fueran corruptas. Porque, incluso en tal estado, la fuerza impura no podría causarles daño.

Pero el Creador le dijo a *Sámej* que, precisamente porque su cometido es apoyar a quienes caen y proteger a los inferiores en tiempos de declive espiritual, ella debe quedarse en su lugar y no moverse de allí. Ya que si el mundo fuera creado con ella, su poder siempre prevalecería sobre todos, privando a ZA y *Maljut* de la posibilidad de crecer y salir de su estado pequeño.

Y si ZA y *Maljut* no estimulan a los inferiores (el hombre) para que eleven MAN (petición de ayuda para alcanzar *Gadlut*) no podría descender la Luz Superior que lleva a las criaturas a la redención, al final de la corrección. Por lo tanto, la letra *Sámej* tiene la obligación de apoyar a los inferiores mientras estos no sean merecedores de algo mejor. Y cuando sean merecedores, podrán recibir la gran Luz denominada "cien bendiciones" en el interior de su *Partzuf* completo. Por eso el Creador dijo que no podía crear el mundo con la letra *Sámej*.

"Puesto que los inferiores necesitan a *Sámej* solo en su estado pequeño, en ausencia de la Luz de sabiduría (*Or Jojmá*), ZON te necesitan y tú puedes ayudarlos. Aunque únicamente te necesitan en su estado pequeño. No obstante, tú no les sirves para alcanzar el estado de perfección, y por eso no puedes ser la base del mundo".

LA LETRA NUN

29. Entró la letra *Nun* y le dijo al Creador: "Sería bueno crear el mundo conmigo, ya que *Norá Tehilot* (grandes alabanzas) se escribe conmigo, así como: 'La alabanza a los justos'".

El Creador le replicó: "Regresa a tu lugar, pues letra *Sámej* regresó a su lugar por ti. Y apóyate sobre ella. Ya que la letra *Nun* se encuentra en la palabra *Nefilá* (caída), que debe corregirse con la letra *Sámej*. Esta es la razón por la cual tuvo que regresar a su lugar: para reforzar a los inferiores". La letra *Nun* se retiró inmediatamente.

Cuando *Nun* vio que el Creador rehusó utilizar la letra *Sámej* (ya que sus atributos solamente son empleados en *Katnut*, es decir, únicamente para dar apoyo a aquellos que han caído de *Gadlut*), pensó que era digna de ser la base del mundo. Esto es porque *Nun* no solo tiene todas las ventajas de *Sámej*, sino que además utiliza *Or Jojmá*, la Luz de *Gadlut*. Así, el motivo de la negativa del Creador a *Sámej* no está presente en la letra *Nun*.

La *Sefirá Guevurá* en ZA es denominada *Nun*, porque es enteramente mitigada por el atributo de misericordia de *Biná*, denominado *Nun* = 50 puertas de *Biná*. Es este atributo de la *Sefirá Guevurá* lo que confiere a ZA el nombre de *Norá Tehilot* (grandes alabanzas). *Ima-Biná* es denominada *Tehilá* (alabanza), y puesto que *Guevurá* desciende desde *Biná*, recibe el nombre de *Norá Tehilot* (grandes alabanzas), mientras que *Nun* es empleada en la *Sefirá Yesod*, en el *Gadlut* de ZA durante su *Zivug* con *Nukva*. A raíz de esto, *Nukva* pasa a ser llamada *Tehilá*, como *Ima*, mientras que ZA se vuelve uno en ambas *Tehilot* (alabanzas): *Ima* y *Nukva*.

Por lo tanto, la letra *Nun* dijo que, estando en *Guevurá*, la línea izquierda de ZA, ella atrae la Luz de la misericordia que brota desde *Sámej* (*Biná*, *Ima*), la cual también es denominada "*Tehilá* Superior", a raíz de lo cual ZA adquiere sus atributos y, en relación a ellos, recibe el nombre de *Norá Tehilot* (grandes alabanzas). Por eso, *Nun* tiene todos los atributos de la letra *Sámej*: la Luz de la misericordia que confiere perfección y repele por completo las fuerzas (deseos) impuras.

La letra *Nun* dijo: "Pero yo presento una ventaja adicional, porque puedo ser utilizada durante el gran estado de ZA en su *Yesod*, en la letra *Tzadi*, de la cual yo soy el elemento izquierdo". Esta *Nun* en la letra *Tzadi* es la misma *Nun* definida como *Norá Tehilot* (alabanzas a los justos), ya que incluso cuando ZA alcanza el estado grande durante la elevación de ZON a AVI, *Nun* también actúa en *Yesod de* ZA conectándole con *Nukva* espalda con espalda, para que ZA reciba la Luz de la misericordia desde AVI (*Sámej*).

En este caso *Nun* es llamada "alabanza a los justos", ya que *Yud* (el justo, la base del mundo) se asienta sobre ella. *Nun* es denominada "grandes alabanzas" porque atrae la Luz de la sabiduría hacia *Maljut* en el estado de *Gadlut*.

Así, comprobamos que *Maljut* recibe toda su belleza desde *Nun*, situada en *Yesod de ZA*. Por eso la letra *Nun* afirmó ser digna de que el mundo fuera creado con sus atributos, pues su luminiscencia se agrega a la Luz de la sabiduría que une y revive a ZON, y no se limita únicamente a apoyarlos, como la letra *Sámej*.

A lo que el Creador le contestó: "Te equivocas al pensar que tú mereces ser quien lleve al mundo a su completa corrección mediante tus atributos sin que se aferren las fuerzas impuras, porque incluso tus atributos necesitan el apoyo de la letra *Sámej*. De hecho, precisamente esa es la razón por la que estás conectada espalda con espalda con la letra *Yud*, y la Luz de *Sámej* (la Luz de la misericordia) te protege para que las fuerzas impuras no se aferren a ti. Y por eso tus atributos, que se afianzan sobre la fuerza de *Sámej*, son meramente fuerzas de apoyo. Por lo tanto, no eres digna de ser la base del mundo".

LAS LETRAS *MEM* Y *LÁMED*

30. La letra *Mem* entró y dijo: "Señor del mundo, sería bueno crear el mundo a través de mí, porque *Mélej* (Rey) comienza conmigo". El Creador le replicó: "Ciertamente es así, pero Yo no crearé el mundo contigo, ya que el mundo necesita un Rey. Regresa a tu lugar. Tampoco crearé el mundo con las letras *Lámed* y *Jaf*, que componen la palabra *MéLeJ* (Rey), porque el mundo no puede existir sin un Rey".

La letra *Mem* es la *Sefirá Jésed* en ZA, la cual recibe Luz desde su correspondiente *Sefirá Jésed* en *Biná*. Cuando, además de *Or Jasadim* en su estado pequeño, ZA recibe *Or Jojmá* y pasa a ser grande, sus *Sefirot J-G-T* se transforman en las *Sefirot Jojmá-Biná-Dáat* (Ja-Ba-D). En otras palabras, *Jésed* en ZA se eleva y se convierte en *Jojmá*, revelando con ello una nueva Luz, *Or Jojmá*, la Luz del rostro del Creador.

Tal es la razón por la que la letra *Mem* aseguraba ser la adecuada para crear el mundo con ella, pues revela la Luz del Creador al mundo, eliminando así toda amenaza de que las fuerzas impuras se aferren, y garantizando de ese modo la corrección completa del mundo.

Pero el Creador le contestó que está prohibido revelar esta Luz al mundo, porque el mundo necesita que esta gran Luz se envuelva primero con las tres letras de la palabra *MéLeJ*. Dicho de otro modo, la gran Luz únicamente puede ser revelada al mundo si *Mem* se une con las letras *Lámed* y *Kaf* (*Jaf*). Y por eso el Creador dijo: "Ve y únete con ellas".

Mem en la palabra *Mélej* es *Jésed*. *Lámed* es *Biná*, la cual transmite Luz a ZA. La letra *Jaf* es *Maljut*, *Nukva de ZA*, porque no puede haber un *Mélej* (Rey) sin *Maljut* (Reino). Es más, toda la Luz se revela precisamente gracias a *Maljut*.

En este caso, *Maljut* brilla desde ZA en estos tres lugares:

1) *Maljut* se convierte en un *Kisé* (trono) para un *Rey* (ZA). *Kisé* deriva de *Kisuy* (cubrimiento, ocultamiento), y por eso es designado por la curvada letra *Kaf*.

2) *Maljut* se convierte en un ropaje para ZA. Porque la gran Luz únicamente es revelada a Israel. Y por eso *Maljut* se vuelve un ropaje para ZA; y cuando el reino de ella es revelado, ZA se libera de dicho ropaje y lo lanza sobre todas las naciones del mundo, los idólatras, y la Luz del rostro de ZA se derrama sobre Israel. Y todos los justos entonces apuntan con sus dedos al Creador y dicen: "¡Este es el Creador, Aquel al que yo aspiraba!". Esta expansión de la Luz es designada mediante la letra *Kaf*.

3) *Maljut* se convierte en una corona sobre la cabeza de ZA. Y este es el atributo de la letra *Kaf*, *Kéter* (corona) de ZA.

LA LETRA KAF

31. Fue entonces cuando la letra *Kaf* descendió del *Kisé*, el trono del Creador, y se presentó frente a Él. Y, temblando, dijo: "Creador del mundo, por mis atributos yo soy digna de convertirme en la base del mundo, porque yo soy *Kavod*: Tu Grandeza". Cuando la letra *Jaf* descendió del trono del Creador, todos los mundos se estremecieron —también el propio trono— hasta el borde de la destrucción. Entonces contestó el Creador: "*Kaf* ¿qué estás haciendo aquí? Yo no crearé el mundo contigo. Regresa a tu lugar, pues tú existes en la palabra *Kelayá* (exterminación) y en la palabra *Kalá* (novia)".

El trono del Creador es el mundo de *Briá*. La aparición de la letra *Mem* frente al Creador provocó que la letra *Kaf* cayera de Su trono. A consecuencia de ello, *Jojmá* y *Biná* del mundo de *Briá* se estremecieron, así como todos los mundos inferiores con todos los que moran en ellos.

Todos los argumentos que las letras esgrimieron en su deseo de que el mundo fuera creado con ellas son como *Aliyat MAN*: la elevación de una súplica para recibir ayuda desde Arriba en forma de Luz Superior (llamada MAD) en la precisa medida que le corresponde a cada letra.

Entonces, ZON gobernarán el mundo, y dicha gobernanza se lleva a cabo precisamente mediante la Luz que desciende desde ZON en una cantidad de MAD exacta a la que cada letra despertó y originó, pues MAD se corresponde exactamente con el MAN —tanto en cantidad como en calidad— mientras que MAN es el atributo real de la letra. Por eso, cada letra argumenta que puede atraer ese tipo de Luz desde Arriba que con seguridad llevará a todas las criaturas a su meta.

De manera análoga, las respuestas que el Creador va dando a cada una de las veintidós letras de ZON del mundo de *Atzilut* constituyen el descenso de MAD (la Luz Superior, fuerza, ayuda) que precisamente corresponden al MAN elevado desde esa letra en particular. Y cuando la Luz Superior que desciende desde una determinada letra comienza a gobernar el mundo, representa la respuesta del Creador a la letra en cuestión. Pero el hecho de que las fuerzas impuras se aferren a un determinado atributo de las letras –porque el Creador creó dos sistemas (el puro y el impuro) de fuerzas y mundos, contrarios pero perfectamente equilibrados– revela la incapacidad de la letra para gobernar el mundo. De modo que el Creador fue rechazando a cada letra en su reivindicación de crear el mundo con su atributo para poder llevar a la creación hacia su meta.

Aquí reside el "juego" del Creador con cada una de las veintidós letras: da a cada una la oportunidad de revelar sus atributos, fuerzas y poder, hasta que se hace evidente –a raíz de sus aspiraciones y análisis– cuál es la que realmente merece gobernar el mundo.

De ahí que cuando la letra *Mem* comenzó a revelar su gran Luz en el mundo, con ello provocó la caída del *Kisé* (trono). Porque *Kisé* tiene dos atributos:

1) *Kisé*-cubre y oculta al Creador, donde la palabra *Kisé* deriva de la palabra *Kisuy*;

2) revela la grandeza del Creador en los mundos con ayuda de las tres letras de *MéLeJ*. Entonces, *Maljut*, convertida en *Kisuy*, la cubierta del Creador, asciende y se convierte en *Kaf* –las vestiduras del propio Creador– revelando así al Rey (Creador), y convirtiéndose en la corona sobre Su cabeza.

Pero desde el momento en que la letra *Mem*, que no estaba envuelta con *Kaf*, comenzó a revelar la Luz del rostro del Creador, la letra *Kaf* se cayó del *Kisé* (el trono de la Grandeza del Creador), dejó de ocultarle a Él y aseveró que desde ese instante en adelante solamente la revelación del Creador gobernaría sobre ella, sin ninguna clase de ocultamiento, como deseaba *Mem*.

Debido a la caída de *Kaf* desde el trono, los doscientos mil mundos que se originaron a partir de *Jojmá* y *Biná* del mundo de *Briá*, así como los mundos por debajo de ellos, se estremecieron por la amenaza que suponía caer. Ya que toda la conexión entre el grado inferior o *Partzuf* y el Grado Superior que se encuentra por encima de él, se halla en el hecho de que *Maljut* del Grado Superior se convierte en *Kéter* del grado inferior. Y el atributo de la letra *Kaf* consiste en envolver a la *Maljut* de un objeto espiritual Superior en *Kéter* del objeto inferior.

Hay tres rasgos característicos en el trono: 1) seis pasos que conducen hacia el trono, las seis *Sefirot Jésed-Guevurá-Tiféret-Nétzaj-Hod-Yesod* del inferior; 2) cuatro patas del trono, la Luz en las *Sefirot Kéter-Jojmá-Biná-Dáat* del inferior; 3) la *Maljut* del Superior que desciende al inferior se envuelve con él, y toda la Luz desde el Superior desciende hacia el inferior a través de ella.

Así, cuando la letra *Kaf* cayó del trono de la Grandeza del Creador, la conexión entre el mundo de *Atzilut* y el trono (mundo de *Briá*) quedó interrumpida. Esto es así porque *Kaf* (*Maljut* del mundo de *Atzilut*), que se envuelve con las *Sefirot Kéter-Jojmá-Biná-Dáat* del mundo de *Briá*, vierte toda la Luz sobre el mundo de *Briá*, llamado el trono de la Grandeza del Creador. Pero cuando *Kaf* se cayó del trono, la conexión entre el mundo de *Atzilut* y el mundo de *Briá* quedó interrumpida, la letra *Kaf* tembló, pues perdió su facultad de otorgar al mundo de *Briá*, y doscientos mil mundos (*Jojmá* y *Biná* de las *Sefirot Kéter-Jojmá-Biná-Dáat* del mundo de *Briá*) se estremecieron por miedo a caer: habían perdido la fuerza de la vida recibida desde el mundo de *Atzilut*.

De manera similar, en el mundo de *Atzilut*, *Biná* del mundo de *Atzilut* (el Creador) está conectada con ZON. Esto es porque el *Partzuf Biná* del mundo de *Atzilut* se compone de diez *Sefirot*, y su última *Sefirá*, *Maljut*, se envuelve con su atributo de la letra *Kaf* en ZA del mundo de *Atzilut*. *Maljut* de la *Sefirá Biná*, que se reviste de ZA, es la letra *Kaf*. Y esta letra *Kaf* es el trono del Creador en ZA. Porque el Creador es *Biná*, la *Sefirá* por encima de ZA. Y ZA se convierte en un trono para *Biná*. Y durante la caída, la conexión entre *Biná* y ZA se interrumpe, puesto que *Kaf* es *Maljut de Biná*; y se envuelve con ZA, al cual transmite toda la Luz.

Y por lo tanto, ella tembló (perdió su capacidad de otorgar a ZA) y también temblaron los doscientos mil mundos, que son la Luz para ZA, denominados *Jojmá* y *Biná* o *K-J-B-D* –las cuatro patas del trono– ya que toda la Luz desapareció de ellas. Y los mundos se estremecieron por miedo a caer –esto es, las *Sefirot Jésed-Guevurá-Tiféret-Nétzaj-Hod-Yesod* en ZA que incluyen en sí a todos los mundos debajo de ellas– ya que toda la Luz de *Biná* desapareció de ellos.

Al respecto, el Creador le dijo a la letra *Kaf* que, a consecuencia de su caída del trono de la Grandeza del Creador, las tres primeras *Sefirot* de ZA se estremecieron, y que todos los demás mundos estaban bajo una amenaza de colapso total y destrucción, sin esperanza alguna de ser restituidos; por ello, *Kaf* debe regresar a su lugar en el trono de la Grandeza.

El regreso de la letra *Kaf* a su lugar en el trono del Creador coincide con la respuesta del Creador a la letra *Mem* afirmando que Él no creará el mundo con ella, pues el mundo necesita un Rey. Es decir, el temblor de la letra *Kaf* al caer del trono del Creador (provocando que los mundos se estremecieran por miedo a un posible colapso) y la respuesta del Creador a la letra *Mem*, tienen lugar simultáneamente.

LA LETRA YUD

32. La letra *Yud* entró y dijo: "¡Creador del mundo! Sería bueno crear el mundo a través de mí, porque Tu Nombre Sagrado comienza conmigo". El Creador le contestó: "Es suficiente que estés grabada en Mi Nombre, en Mí, y que todas tus aspiraciones sean hacia Mí. No deberías ser apartada de todo ello".

Dado que *Yud* es la primera letra del nombre del Creador *HaVaYaH* (*Yud-Hey-Vav-Hey*) –el comienzo de la revelación del Creador a sus criaturas, el primer grado de la Luz Superior– la letra *Yud* presentó sus argumentos para que el mundo fuera creado con sus atributos, afirmando que así el mundo tendría totalmente garantizada su completa corrección. Sin embargo, el Creador refutó a la letra *Yud*. Como ya hemos mencionado, las preguntas de cada letra y las respectivas respuestas representan el juego del Creador con cada una de ellas, donde las preguntas de las letras son su MAN y las respuestas del Creador son MAD en forma de Luz Superior.

De ese modo, al decirle a *Yud* "Es suficiente", el Creador explicó con ello la creación de la restricción: a la Luz únicamente se le permite descender hasta su nivel, pero no más allá. Y dicha restricción está grabada en el nombre del Creador *ShaDaY* (*Shin-Dálet-Yud*). Después de que *Yud* comenzara a expandirse con la gran Luz, el Creador la hizo detenerse, prohibiendo que se extendiera hasta la letra *Tav* y permitiendo que llegara solamente hasta *Shin* (como ya mencionamos anteriormente en el punto 25). Él le dijo a ella: "Suficiente, no te extiendas más allá. De lo contrario, no podrás permanecer eternamente en Mi Nombre *HaVaYaH*".

Como dijeron los sabios: "Mi Nombre no se pronuncia como está escrito. Puesto que se escribe *HaVaYaH*, pero se pronuncia *Adonay*" (Talmud, *Pesajim*, 50). Ciertamente, el nombre *HaVaYaH* no varía, como está escrito: "Porque YO, el Señor (*HaVaYaH*), no cambio" (Malají, 3:6). Porque la corrupción y su corrección se manifiestan en los días de la existencia del mundo, queriendo decir que en él tienen lugar constantes cambios. Por lo tanto, hasta el final de la corrección, el Creador es llamado *Adonay*, nombre que está sujeto a cambios, en vez de *HaVaYaH*, nombre que nunca puede ser modificado.

No obstante, en el futuro, tras el final de la corrección, *HaVaYaH* será pronunciado como se escribe. De ahí que el Creador dijera: «Si veo Yo algún fallo o maldad en ti, por ello te eliminaré de Mi Nombre, ya que Mi Nombre, *HaVaYaH*, no puede contener nada imperfecto o corregido. Ni corrupción ni corrección. Y por eso el mundo no puede ser creado con tus atributos". Hay tres grados en la letra *Yud* del nombre *HaVaYaH*: en la *Sefirá Jojmá* de ZA, en *Jojmá* de AVI, y en *Jojmá* de *Árij Anpin*, denominada "sabiduría oculta".

HaVaYaH comienza con un punto, que después se convierte en *Yud*. Acto seguido, *Yud* (*Or Jojmá*) se extiende hacia los lados y hacia abajo convirtiéndose en la letra *Dálet*, que consiste en una línea horizontal a modo de techo y que señala el atributo de *Biná-IMA* (misericordia, *Jasadim*, ancho). Cuando *Or Jasadim* dejó de expandirse a lo ancho, *Or Jojmá* comenzó a extenderse hacia abajo en forma de línea vertical. Tal es la forma de la pierna de *Dálet*, el atributo de *Jojmá-ABA*.

El atributo común de *AVI* es designado por la letra *Dálet*. *AVI* engendran a ZA, algo designado por la letra *Vav* dentro de *Dálet*, lo cual finalmente dará forma a la letra *Hey*. Así, la petición de ZA (*Vav*) para recibir desde *AVI* les obliga a unirse, a unir sus atributos de *Jojmá* (línea vertical) y *Jasadim* (línea horizontal) con ayuda de la letra *Yud*. Y, en consecuencia, *AVI* recibe la Luz de *Yud* y la transmite a ZA.

La pantalla junto con los deseos de *Maljut* es denominada "un punto", porque ellos engendran la Luz Retornante a raíz de la colisión con la Luz entrante. Y como la Luz recibida siempre se compone de diez Luces, la pantalla es denominada "diez puntos".

Yud designa la expansión de las *Nekudot* dentro del *Partzuf Kéter*, desde *Or Jojmá* hacia abajo en el *Partzuf*, mientras que *Vav* representa la expansión de *Nekudot* dentro del *Partzuf Jojmá*. Sin embargo, no hay signo alguno en *HaVaYaH* que indique la difusión de la Luz en *Kéter*.

La presencia o la ausencia de la letra *Yud* en una palabra se traduce en la presencia o la ausencia de Luz de *Jojmá*. Hay cuatro tipos de corrección:

1. El primer *Ibur*, la concepción del primer estado pequeño de ZON: estado espiritual absolutamente pasivo en el que la letra *Yud* se incorpora a la palabra *Or* (Luz) y la transforma en *Avir* (aire); y aparece VAK del *Partzuf*.
2. La letra *Yud* surge de la palabra *Avir*, y de nuevo *Avir* se convierte en *Or*: la Luz de *Jojmá* entra en el VAK del *Partzuf*;
3. El segundo *Ibur*, la concepción del estado grande de ZON: *AJaP de Biná* se eleva de ZON a *Biná*, y GE de ZON asciende a *Biná* con él, pues ellos estuvieron juntos en el estado pequeño, definido como la concepción de GE de ZON;
4. La expansión de *Or Jojmá*.

LA LETRA *TET*

33. La letra *Tet* entró y dijo: "Creador del mundo, sería bueno crear el mundo a través de mí, ya que conmigo Tú eres llamado *Tov* (Bueno)". El Creador le contestó: "No crearé el mundo contigo, porque tu bondad está

oculta en tu interior y no es visible. Por consiguiente, no puede tomar parte en el mundo que Yo deseo crear; solo será revelada en el mundo venidero. Y dado que tu bondad está oculta dentro de ti, las puertas del palacio se hundirán en la tierra, porque la letra *Jet* es opuesta a ti, y cuando ambas os unáis, se formará la palabra *JeT* (pecado). Por eso estas dos letras no están grabadas en los nombres de las tribus sagradas". E inmediatamente, la letra *Tet* se apartó a un lado.

La letra *Tet* (= 9), es el atributo interno de la *Sefirá Yesod* en ZA, mientras que el atributo externo de *Yesod* en ZA es la letra *Tzadi* (= 90), y ella se une con *Nukva* de ZA formando la noción de *Tzadik* (el justo). Además de ser el atributo interno de *Yesod* en ZA, *Tet* es también la novena letra entre las letras de *Biná* en ZA.

Asimismo, *Tet* es llamada *Tov* (bueno); y como *Tov* (bueno) es denominado *Tzadik* –pues *Tet* es la Luz interna de la *Sefirá Yesod*, denominada *Tzadi*, a la cual ninguna fuerza impura puede aferrarse– *Tet* se apoya en esos argumentos para poder convertirse en la base del mundo.

En *El Talmud* (*Jaguigá*, 12), los sabios escribieron: "En la Luz con la que el Creador creó el mundo, Adam contempló el mundo de uno a otro confín. Pero el Creador observó lo nocivas que eran las acciones de las generaciones del Diluvio y las que construyeron la Torre de Babel, y ocultó aquella Luz para los justos en el futuro". Dado que el Creador vio que sus acciones entrañaban una amenaza de adhesión de las fuerzas impuras, Él ocultó esta Luz. Así, dicha Luz descendió secretamente desde los Justos Supremos (AVI) al justo (*Yesod* en ZA), la letra *Tet*.

Por ese motivo, el Creador le contestó a *Tet* que, ya que Él tiene que ocultarla de los pecadores, siendo únicamente los justos los merecedores de ella en el mundo venidero, no puede tomar parte en la creación y corrección del mundo. Porque el mundo es ZON, y en la letra *Tet* existe la constante amenaza de que las fuerzas impuras se aferren a ella.

Esta Luz no brilla abiertamente, sino secretamente dentro de *Yesod de ZA*; y por eso *Nukva* no podrá recibir esta Luz directamente a menos que la Luz se oculte dentro de *Nukva*. Por lo tanto, las puertas de *Nukva* se hunden en su *Sefirá Yesod*: esto las salvaguarda de la adhesión de fuerzas impuras, están seguras de que las fuerzas impuras no podrán gobernar sus puertas. Porque incluso durante el tiempo de la destrucción del Templo, las fuerzas impuras no pudieron dominar sobre las puertas del Templo, y se hundieron en la tierra, esto es, la tierra las consumió. "Y por tener necesidad de tal protección, Yo no puedo crear el mundo contigo", contestó el Creador a *Tet*.

Hay dos tuberías (conductos) en *Yesod de ZA* del mundo de *Atzilut*: el conducto derecho sirve para el nacimiento de las almas; el izquierdo, para enviar residuos a las fuerzas impuras. La letra *Jet* es *Hod*, cuyo atributo es *Maljut* en ZA, el conducto izquierdo en *Yesod de ZA*, porque los atributos de la letra *Jet* son los atributos de *Kof* incluidos en *Yesod*. Mientras que desde la letra *Kof* emana *Ner Dakik* (Luz diminuta) hacia las fuerzas impuras, desde la cual reciben fuerza para hacerse semejantes a la imagen de un hombre puro, como un mono respecto a un hombre, porque el Creador creó la pureza en paralelo a la impureza.

Estos dos conductos están situados muy cerca uno del otro, separados solo por una pequeña partición denominada "una cáscara de ajo". Por consiguiente, el conducto izquierdo tiene fuerza para gobernar sobre el derecho, formando así *JeT* (*Guematría* o valor numérico J + T = 8 + 9 = 17).

El valor numérico de la palabra *JeT* (17) es equivalente al de la palabra *TOV* (9 + 6 + 2 = 17), lo cual significa que las fuerzas impuras se oponen a las puras. Y si prevalece el conducto derecho (la letra *Tet*), al tener ambas el mismo valor numérico, la palabra *JeT* (pecado) se transformará en la palabra *TOV* (bueno, bondad).

El conducto izquierdo (*Jet*) tiene fuerza para gobernar sobre el derecho (*Tet*) y, en consecuencia, las fuerzas impuras pueden succionar la Luz Superior. Esto daría poder a los pecadores del mundo. Y por eso, ni *Jet* ni *Tet* están presentes en los nombres de las doce tribus de Israel, indicando así que ellas (las tribus) están por encima de la letra *Jet*, la raíz de todas las fuerzas impuras antagónicas.

Cuando todas las letras fueron merecedoras de recibir la bendición a través de la letra *Bet*, se alinearon en orden alfabético, y las letras *Tet* y *Resh* se unieron. La letra *Tet* ascendió, pero no tomó su lugar hasta que el Creador le preguntó: "*Tet*, ¿por qué has ascendido pero no te posicionas en tu lugar?" Ella replicó: "Tú me creaste para encabezar las palabras *Tov* (bondad) y *Torá*, como está escrito: 'Y el Creador vio que la Luz era buena'. ¿Cómo puedo entonces unirme y colocarme junto a la letra *Resh*, cuando ella encabeza la palabra *Ra* (maldad)?".

El Creador le contestó: "Regresa a tu lugar, porque tú precisamente necesitas a la letra *Resh*. Pues el hombre, a quien intento crear, combina todos esos atributos: tú como atributo derecho, y *Resh* como izquierdo". Y acto seguido, ambas, *Tet* y *Resh*, regresaron a sus lugares.

Tres líneas emergen en ZA del mundo de *Atzilut*. No obstante, ellas emergen de su fuente, en *Biná* (a consecuencia de la segunda restricción, *Maljut* asciende a *Biná*, lo cual lleva a que las *Sefirot Biná-ZA-Maljut* caigan a un *Partzuf* inferior, a ZA). *Biná* es denominada *Eloh-im* (*Álef-Lámed-Hey-Yud-Mem*), y como resultado de la segunda restricción, su parte *Álef-Lámed-Hey* (el *ÉLEH* de la palabra *Eloh-im*, *AJaP*) cayó a un *Partzuf* más bajo, ZA. Únicamente las letras *Yud-Mem* (el IM de *Eloh-im*) permanecieron en *Biná*. Esto significa que solo se quedó en ella la mitad (VAK, GE) de su nivel previo, GAR. Lo que queda, es designado con un signo llamado *Jólam: Vav* con un punto encima (la línea derecha, *Or Jasadim*).

A continuación, en el estado grande, las letras *Álef-Lámed-Hey* (*ÉLEH*) regresaron a *Biná* y se unieron con *Yud-Mem* (IM). Y en consecuencia, de nuevo, GAR (Luz de *Jojmá* en *Biná*) surgió, aunque incompleto, pues *Or Jasadim* desapareció y *Or Jojmá* no puede brillar sin *Or Jasadim*. A-L-H, las letras que regresan, son *Shúruk*: *Vav* con un punto dentro que, debido a las restricciones en ella, constituye la línea izquierda.

Estas restricciones son efectivas hasta que ZON, con su ascenso a *Biná*, reciben Luz, emerge la línea media y reduce GAR de *Jojmá* en la línea izquierda. Como resultado, la línea derecha se une con la izquierda: *Or Jojmá* brilla dentro de *Or Jasadim*. Esta línea media es denominada *Jírik*: *Vav* con un punto debajo o pantalla de *Jírik* porque, gracias a ella, la Luz entra en el *Partzuf*.

Y puesto que *Biná* recuperó GAR con la ayuda de ZA, el propio ZA -ahora que ha conseguido las tres líneas- comienza a recibir esta Luz también desde *Biná*. *Yud-Mem* (IM), *Tet* y *Jólam* constituyen la línea derecha, *Álef-Lámed-Hey* (ÉLEH), *Resh* y *Shúruk* constituyen línea la izquierda.

Ahora vamos a trasladar esto al lenguaje de *Sefirot*. Cuando *Biná* regresó una vez más al estado de *Gadlut*, ÉLEH regresaron a IM, la línea izquierda se unió con la derecha, alejando a *Tet* (línea derecha, *Jasadim*) de *Resh* (línea izquierda). Al ser letras contrarias, no pueden estar una junto a otra hasta que el Creador (ZA, la línea media) reduzca el GAR -tanto de la línea izquierda como de la línea derecha- gracias a la fuerza de Su pantalla, lo cual se expresa con las palabras: "Y el Creador le ordenó que regresara a su lugar".

GAR de *Jojmá* recibe el nombre de *Mánula*, la cerradura que bloquea la expansión de la Luz en el *Partzuf*. Por su parte, la disminución de GAR de *Jojmá* es denominada *Míftaja*, la llave que permite la expansión de la Luz, VAK de *Or Jojmá*, en la línea izquierda dentro un *Partzuf*. Entonces, *Tet*, la línea derecha, recibe *Or Jojmá* desde la izquierda y se une con *Resh*, recibiendo desde ella *Or Jojmá*. De otro modo, hubiera permanecido en VAK. También Adam fue creado con la unión de estas dos líneas.

Pero ¿por qué la letra *Tet* no quiso unirse con la letra *Resh* y tuvo que ser obligada a ello por el Creador? En el mundo espiritual, una raíz siempre gobierna y rige sobre todas sus ramas. Y las ramas están sujetas a ella. Y por eso *Tet* no deseaba unirse con *Resh* y recibir *Or Jojmá* desde ella, ya que *Tet* acabaría convirtiéndose en una rama y sometiéndose a su raíz, *Resh*.

Sin embargo, el Creador quiso que *Tet* recibiera *Or Jojmá* desde *Resh* y que esta unión permitiera al hombre recibir la Luz de GAR. Así, cuando ÉLEH regresó a *Biná*, Él hizo que las restricciones de *Biná* se debilitaran para permitir, de ese modo, la unión de *Resh* con *Tet* así como la recepción de la Luz de *Jasadim* desde *Tet*. Y el resultado es que *Tet* se convierte en la raíz con respecto a *Resh*, ya que sin su Luz de *Jasadim*, *Resh* no podría brillar dadas las restricciones impuestas sobre su Luz.

LA LETRA ZAYIN

34. La letra *Zayin* entró y dijo: "Creador del mundo, sería bueno crear el mundo a través de mí, ya que el día de *Shabat* se observa conmigo, pues está escrito: 'Recuerda (*Zajor*) el día de *Shabat* para guardarlo'". El Creador le replicó: "No crearé el mundo contigo porque en tu interior hay una fuerza de beligerancia, pues eres tú quien hace los sables y espadas llamados "*Kley Zayin*" (armas). Y tú eres como la letra *Nun*, con la que el mundo no fue creado, ya que dentro de ella se encuentra *Nefilá* (caída)" (véase el punto 29). Cuando hubo escuchado esto, la letra *Zayin* se retiró.

La letra *Zayin* es descrita como una combinación de las letras *Vav* y *Yud*, a modo de cabeza sobre *Vav*, lo cual representa el estado grande y la gran Luz en *Maljut*, la esposa de ZA, ya que *Maljut* queda incluida dentro de su esposo, ZA (representado por *Vav*), y se convierte en una corona (*Yud*) sobre su cabeza. Estas dos letras juntas (*Vav* y *Yud* encima de ella) forman la letra *Zayin*.

Por ello, está escrito: "Recuerda el día de *Shabat*, y mantenlo sagrado". A raíz de la elevación de *Shabat*, la elevación de *Nukva* a la cabeza de ZA, ella se convierte en su corona, se incluye dentro de la palabra *Zajor* (recuerda) y recibe el nombre de *Nukva Kedoshá* (sagrada *Nukva*). Razón por la cual la letra *Zayin* afirmó que, es tan grande y sagrada esta Luz, que trae descanso absoluto en ese día –pues la pureza se separa por completo de la impureza en el estado denominado *Shabat*–, que ella era digna de ser la base para la creación del mundo.

Zayin es la *Sefirá Nétzaj* en ZA. Cuando *Nukva* se encuentra incluida en *Nétzaj* y se une con sus atributos, ella reúne la fuerza para elevarse junto a ZA hasta AVI. Allí, ella se vuelve una corona sobre su cabeza, con la que él es engalanado, lo cual representa *Shabat*. No obstante, dado que esta corrección sucede únicamente como resultado de su inclusión en el fundamento masculino y su elevación a AVI –en vez de permanecer en su lugar habitual, donde ella normalmente cohabita con ZA–, *Nukva* no puede ser totalmente corregida durante los 6 000 años.

La razón de esto es que cuando *Nukva* regresa a su lugar en los días laborables, su conexión con la letra *Zayin* es definida como un *Kli Zayin* (arma), y todas las guerras con las fuerzas impuras surgen de ella, como los días de la semana que preparan *Shabat*.

Porque, durante los días laborables, todo hombre debe derrotar la fuerza impura dentro de sí y ser entonces merecedor de la hija del Rey: *Shabat*. No obstante, durante los 6 000 años, la Luz de *Shabat* resulta insuficiente para neutralizar las fuerzas impuras, porque los días de la semana regresan y rodean a *Shabat*. Y esto se repite hasta el final de la corrección, donde solamente habrá *Shabat* como día de absoluta perfección para toda la eternidad.

En ese sentido, también esta es la causa por la que el Creador replica a *Zayin*: "No crearé el mundo contigo, porque cuando estás en tu lugar, tu Luz aún no es perfecta. Solo una vez que hayas derrotado a las fuerzas impuras en combate, podrá el hombre alcanzarte". Y la forma de la letra *Vav* (ZA) se asemeja a una lanza, lista para perforar las fuerzas impuras. Porque *Guevurot* (coraje) significa la línea izquierda de la parte masculina de *Biná* (*Nun*).

LAS LETRAS VAV Y HEY

35. La letra *Vav* entró y dijo: "Sería bueno crear el mundo conmigo, porque yo formo parte de Tu Nombre *HaVaYaH* (*Yud-Hey-VAV-Hey*)". El Creador le contestó: "*Vav*, Tú y la letra *Hey* deberíais sentiros satisfechas por estar en Mi Nombre. Y por ello no crearé el mundo con vuestros atributos".

Aunque la petición que hizo *Yud* era similar (y obtuvo una negativa por respuesta), *Vav* pensó que *Yud* había sido rechazada por su excesivo tamaño (fuerza espiritual). Y esa fue la razón por la que *Vav* sostuvo que sería bueno crear el mundo con sus atributos, es decir, conforme a las letras *Vav-Hey* en el nombre *HaVaYaH*, con la Luz de la *Biná* Suprema (*Ima*) del mundo de *Atzilut*.

El Creador le dio la misma respuesta que a la letra *Yud*: que Él la había restringido al decir *DaY* (*Dálet-Yud*): "Suficiente, detente en la letra *Shin* y no te extiendas más para que las fuerzas impuras no se aferren a ti". De ahí que las letras *Vav* y *Hey* no sean adecuadas para la creación del mundo mediante sus atributos, porque incluso ellas necesitan ser protegidas de las fuerzas impuras.

La *Sefirá Tiféret* es designada con la gran letra *Vav* (*Vav* con una cabeza), pues ella contiene todas las seis (*Vav*) *Sefirot Jésed-Guevurá-Tiféret-Nétzaj-Hod-Yesod*. *Yesod* es la *Sefirá* responsable de pasar la Luz desde ZA a *Maljut*. Y por lo tanto, tiene la misma Luz que *Maljut*: *N-H-Y* sin *J-G-T*; y por ello, *Yesod* es llamado la pequeña *Vav* (*Vav* sin la cabeza).

LAS LETRAS DÁLET Y GUÍMEL

36. Las letras *Dálet* y *Guímel* aparecieron ante el Creador. Sin embargo, el Creador les dijo de inmediato: "Es suficiente que ambas permanezcáis juntas, para que, mientras haya pobres sobre la Tierra, alguien los trate con misericordia (*LiGuemol Jésed*). La letra *Dálet* deriva de *Dalut* (pobreza), a la cual *Guímel* proporciona misericordia (*Gomélet Jasadim*). Por lo tanto, no podéis separaros, para vosotras ya es más que suficiente ayudaros de ese modo la una a la otra.

Ya mencionamos (punto 24) que, aunque *Dálet* recibe la Luz desde *Guímel* y su ángulo agudo derecho sobresale por efecto de *Or Jasadim*, las fuerzas impuras resultan ser lo suficientemente fuertes como para aferrarse a ella, separarla y hacer su ángulo agudo menos pronunciado, transformándola así en la letra *Resh*.

Tal es la razón por la que la letra *Dálet* requiere de una protección especial para no ser corrompida y seguir siendo llenada por *Guímel*, y así poder sustentar a los más necesitados (*Dalot*) y que no desaparezcan del mundo. De modo que, para estas dos fuerzas, es más que suficiente sostenerse y complementarse una a otra, llenarse una a otra en mutua unión para impedir que las fuerzas impuras las dominen. Dicha tarea es suficiente para ellas. Y por eso el Creador no quiso crear el mundo con ellas.

LA LETRA *BET*

37. La letra *Bet* entró y dijo al Creador: "Hacedor del mundo, sería bueno crear el mundo conmigo, ya que los Superiores y los inferiores Te Bendicen conmigo. Porque *Bet* es *Brajá* (bendición)". El Creador le contestó a *Bet*: "Por supuesto, ¡Yo crearé el mundo contigo! ¡Serás el principio del mundo!".

La letra *Bet* es el atributo de *Jojmá* (sabiduría), o para ser más exactos, *Jésed* en *Jojmá*, un punto en un palacio, porque *Or Jasadim* es un palacio para *Or Jojmá* y es llamado *Brajá* (bendición). Atravesando todos los mundos, desde el Creador hasta el más inferior de los grados en el más bajo de los mundos, esta Luz en ningún modo se debilita.

Sin embargo, de la misma manera que dicha Luz se encuentra en el más Elevado de los Grados, el cual la recibe desde el Mundo del Infinito, igual de grande, magnífica y poderosa es en el mundo de *Atzilut*, así como por todo el trayecto hasta el final del mundo de *Asiyá*. Y no se amplifica ni se debilita al atravesar todas las pantallas de arriba abajo.

Por tal motivo, la letra *Bet* pugnó para que el mundo fuera creado con sus atributos, pues la Luz de bendición es la misma, tanto Arriba como abajo: no hay pantalla que logre debilitarla ni deseo –por muy áspero que sea– que pueda dañarla.

Asimismo, el atributo de misericordia (*Jasadim*) es el más adecuado para la creación del mundo, porque no hay fuerza impura que pueda aferrarse a él: las fuerzas impuras solamente pueden aferrarse allí donde haya una carencia. Y puesto que no existe carencia alguna en el atributo de *Jasadim*, nunca podrá darse ningún contacto entre dicho atributo y las fuerzas impuras.

El Creador coincidió con *Bet* en que su atributo era perfecto y conveniente para crear el universo. Como está escrito: "*Olam* (mundo) *Jésed* (con misericordia) *YiBané* (será construido)"; aquí *YiBané* significa *Boné* (construir) y *HaVaná* (entendimiento). En Hebreo, tanto B como V son expresadas con la letra *Bet*. Y es así porque el Creador determina que este atributo resulta, sin lugar a dudas, suficiente para evaluar y separar con precisión lo puro de lo impuro.

Y si en vez de buscar al Creador el hombre busca un ídolo, no desciende una *Brajá* (bendición) sobre él, ya que la bendición únicamente procede del Creador. Así, es imposible determinar quién es justo y quién pecador, quién trabaja en beneficio del Creador y quién trabaja para sí mismo. Porque el mundo está construido con misericordia.

No obstante, el Creador decidió que la Luz de la misericordia no gobernaría el mundo. Él la destinó a ser exclusivamente un buen comienzo, lo cual bastaría para llevar al mundo a la perfección total. Y por eso *Or Jasadim* es incompleta (VAK, y no GAR), insuficiente para la creación de nuevas almas, para su unión y proliferación, pues ningún *Partzuf* (objeto espiritual) puede engendrar antes de alcanzar la perfecta Luz de *Jojmá*, denominada GAR o cabeza. Hasta que eso no ocurra, el *Partzuf* permanecerá en su estado de imperfección.

Nuestro estado normal (el más bajo de todos), viene determinado por el atributo de la letra *Bet*. De ahí que el Creador lo utilizara como base para la creación del mundo. Dicho de otro modo, la base de un estado es el estado de un *Partzuf* (objeto) puro, cuando nada en absoluto puede mermarlo ni obstaculizarlo.

En tal estado, una adición de Luz de *Jojmá* a *Or Jasadim*, necesaria para el surgimiento de un nuevo *Partzuf*, no se considera básica o esencial. Más bien puede definirse como algo adicional, es decir, depende solamente de las buenas acciones de los inferiores. Y nunca habrá escasez de VAK, la Luz esencial.

LA LETRA ÁLEF

38. La letra *Álef* permaneció fuera y no entró para presentarse frente al Creador. Y Él le dijo: "¿Por qué no vienes a Mí como todas las demás letras?". *Álef* le contestó: "Porque vi cómo todas las letras se iban de Tu presencia sin la respuesta deseada. Y además he contemplado que Tú otorgaste a la letra *Bet* un gran presente. ¡Y el Rey del universo no puede arrebatar Su obsequio para dárselo a otro!". El Creador le contestó: "Aunque Yo crearé el mundo con la letra *Bet*, eres tú quien estará a la cabeza de todas las letras, y no habrá unidad en Mí, si no es a través de ti; todos los cálculos y los acontecimientos de este mundo siempre empezarán contigo, y toda unidad estará solamente en ti".

Como ya sabemos, todos los ruegos de las letras son *Aliyat MAN*: la petición individual de cada una de ellas, sus oraciones, sus deseos que ascienden al Creador. Y las respuestas del Creador son llamadas *Yeridat MAD*: el descenso de la Luz desde Arriba que da fuerza y abundancia según la petición de las letras. La gran perfección en la letra *Álef* no procede de la petición de los inferiores para su elevación espiritual y corrección, sino de una fuerza (Luz) que desciende y eleva espiritualmente a aquellos que moran abajo.

Por eso, desde el principio de la corrección hasta su fin, *Álef* (a diferencia de las otras letras, cuyos atributos impulsan el proceso de corrección durante los 6 000 años) nunca es incitada a elevar su súplica al Creador. *Álef* solo podrá ser alentada si, desde Arriba, desciende la Luz que confiere fuerza para el ascenso espiritual. Aunque esto únicamente tendrá lugar al final de la corrección.

Álef no elevó su súplica (MAN) al Creador porque vio que todas las otras letras pidieron y fue en vano: en el sistema de fuerzas impuras siempre había un atributo contrario al de cada una de ellas. En ese sentido, *Álef* pensó que no era mejor que las demás, pensó que contra ella también existía una correspondiente fuerza impura.

Y lo que es más, no hizo súplica alguna (MAN) al Creador pues vio que el Creador había decidido crear el mundo con el atributo de la letra *Bet*, la misericordia. Y como no le cabía duda de que Su decisión sería irrevocable, decidió no pedirle nada a Él.

Aunque era cierto que el mundo ya había sido creado con el atributo de *Bet*, y que el Creador no entregaría Su obsequio a otra letra, el *Partzuf* creado con el atributo de *Bet* es incompleto, pequeño, VAK sin cabeza. Y puesto que un *Partzuf* necesita una cabeza para poder alcanzar el estado de *Gadlut* –algo que únicamente es posible cuando el *Partzuf* es llenado no solo con la Luz de la misericordia (*Jasadim*), sino también con la Luz de la sabiduría (*Jojmá*)–, son precisas más letras para la conexión, concepción y nacimiento de un nuevo *Partzuf*, un nuevo estado.

El estado de *Gadlut* solo puede alcanzarse con ayuda del atributo de la letra *Álef*. Únicamente *Álef* puede llevar un *Partzuf* a *Gadlut*, completar su cuerpo (VAK) con una cabeza (GAR, *Mojin-Or Jojmá*). La letra *Álef* ocasiona la unión entre ZA y *Maljut* cara a cara, a diferencia de su estado previo (*Katnut*) en el que solamente recibían la Luz de la misericordia y se encontraban conectados espalda con espalda. Esto es por lo que *Álef* crea una cabeza para todas las letras, y de ahí que se sitúe a la cabeza del alfabeto.

El Creador dijo: "Es por ello que Mi Unidad en el mundo se expresa únicamente a través del atributo de la letra *Álef*. Es más, toda recompensa y castigo, distanciamiento y acercamiento, así como el deseo por la corrección espiritual (*Teshuvá*) –gracias a todo lo cual se llega al final de la corrección– tendrán lugar solo mediante el atributo de *Álef*. Yo confirmé a *Bet* como la base del *Partzuf* para que de ningún modo sea dependiente de las acciones de los inferiores. Así, aun cuando ellos comiencen a pecar, los de Arriba no se verán afectados".

Él continuó: "Sin embargo, la Luz en ti, *Álef*, está directamente relacionada con las acciones de los inferiores. Así que, si ellos pecan, la Luz de la sabiduría (la Luz de GAR en ti) desaparecerá de inmediato. No obstante, si ellos corrigen sus acciones (*Teshuvá*), regresará *Or Jojmá*. Y Mi unidad con todas las criaturas al final de la corrección únicamente se llevará a cabo a través de la letra *Álef*".

Las letras son *Kelim* (plural de *Kli*-vasija), deseos. Y esto hace referencia tanto a las letras del alfabeto por separado como a las que se unen para formar palabras. Las letras en los nombres de los objetos espirituales representan el tamaño de su deseo, el cual la Luz puede llenar. Las letras de un nombre corriente, sin llenado, indican su base sin la Luz: el *Kli* de *Aviut* (espesor) 0 con la Luz de *Néfesh*. Las letras de un nombre con llenado indican la magnitud de los deseos que son llenados por la Luz.

Hay dos fuentes para las letras: *Yud* y *Álef*. *Yud* es una fuente genuina, porque, cuando escribimos algo, comenzamos con un punto (*Yud*) para después extenderlo en una de las cuatro direcciones y obtener una línea. Las letras son *Kelim*, deseos, en los que recibir la Luz (placer).

Un deseo por algo específico solamente puede aparecer si: (i) el deseo inicial e inconsciente es llenado con placer, y (ii) el placer sale del deseo. Son los recuerdos (*Reshimot*) de placeres pasados los que llevan al surgimiento del auténtico deseo de recibirlo, de sentirlo una vez más. Y es precisamente ese deseo lo que denominamos *Kli*.

Un *Kli* lleno no puede ser llamado deseo, ya que se encuentra pleno, satisfecho. Así, la expulsión de la Luz y la sensación de caída espiritual constituyen el período de creación de nuevos *Kelim* para futuras recepciones de la Luz, para nuevos alcances. Y puesto que la primera restricción es el motivo de la desaparición de la Luz en todas las vasijas, su punto negro, *Yud*, constituye la base de todas las letras-*Kelim*.

No obstante, la verdadera raíz de todos los mundos es la segunda restricción, porque la primera restricción fue hecha exclusivamente sobre un punto (fase cuatro, *Maljut*, la cuarta letra -*Hey*- en el nombre del Creador *HaVaYaH*). La segunda restricción, sin embargo, fue llevada a cabo sobre *Biná*, en la cual se unieron los dos puntos (*Biná* y *Maljut*). La unión de los dos puntos forma una línea, o bien vertical u horizontal. Si la línea es horizontal, es llamada "firmamento" o *Parsá*.

La suma de las consecuencias de ambas, la primera y la segunda restricción, forman una línea inclinada (\): GE (*Kéter-Jojmá*) es representada a su derecha, y *AJaP* (*Biná-ZA-Maljut*) a su izquierda. *Kéter-Jojmá* permanecen en su nivel anterior y son representadas con la letra *Yud*, la primera raíz del mundo, mientras que, a consecuencia de la segunda restricción, representada por una línea inclinada (\), *Biná-ZA-Maljut* cayeron a un nivel más bajo. Y dado que la letra *Yud* es la raíz primigenia –aunque muy alejada– de los mundos, y que todos ellos fueron creados tras la segunda restricción, siguiendo la ley de la misma, la letra *Álef* se sitúa a la cabeza del alfabeto.

El tipo de Luz que llena el *Kli* espiritual o *Partzuf*, únicamente puede verse gracias a su denominación: si es llenado con la Luz de la sabiduría (*Or Jojmá*), el llenado es indicado con la letra *Yud*; y si es llenado con la Luz de la misericordia (*Or Jasadim*), con la letra *Álef*.

39. El Creador hizo las letras Superiores que hacen referencia a la *Sefirá Biná* grandes, y las letras inferiores, que hacen referencia a *Maljut*, pequeñas. Por ello se dice: "*Bereshit Bará*" (al principio Él creó) –dos palabras que empiezan por *Bet*– y luego *Elokim Et* (el Creador) –dos palabras que empiezan por *Álef*. Las primeras *Álef* y *Bet* que aparecen son letras de *Biná*, y las segundas *Álef* y *Bet* son letras de *Maljut*. Y ellas deberán ejercer una influencia mutua –unas sobre otras– con sus atributos.

Cuando el Superior desea ayudar, dar Luz al inferior, debe sumergirse en el inferior, lo cual queda señalado en las dos primeras letras *Bet* y las dos letras *Álef* de las cuatro primeras palabras de la *Torá*. Porque la primera letra *Bet*, la Superior, es *Biná*, y la segunda *Bet*, la inferior, es ZA, y la primera se reviste de la segunda.

Análogamente, la primera *Álef* hace referencia a *Biná* y se reviste de la segunda *Álef* en ZA para llenarla con Luz. Por lo tanto, las dos letras *Bet* son como una sola *Bet* y las dos letras *Álef* son como una sola *Álef*, ya que la letra inferior es meramente la influencia de la Superior, y esto indica que el *Partzuf* Superior llena al inferior.

La creación del mundo no puede tener lugar con *Álef*, porque la palabra *Arur* (maldito) comienza por ella, y si el mundo hubiese sido creado con *Álef*, la fuerzas impuras, llamadas "malditas", hubiesen recibido un enorme poder de las fuerzas puras, llamadas *Baruj* (bendito). Esa es la razón por la que el mundo (*Nukva de ZA*) fue creado con la letra *Bet*. Asimismo, Adam en *Nukva de ZA* también fue creado con la fuerza de *Bet*. Y así, *Maljut* del mundo de *Atzilut* constituye la raíz de toda la creación, de todos los mundos y de todos los que habitan en ellos.

La sabiduría suprema

40. Preguntó Rabí Yuday: "¿Qué significa la palabra BERESHIT?". Es la sabiduría, sobre la que se asienta el mundo, ZA, para adentrarse en los secretos supremos y ocultos, es decir, en la Luz de *Biná*. Y aquí se encuentran seis atributos supremos y grandes, *VAK de Biná*, desde los cuales todo emerge. Los seis manantiales de los ríos, *VAK de ZA*, que descienden hacia el Gran Mar (*Maljut*), también fueron creados a partir de ellos. La palabra BERESHIT consta de las palabras BARÁ (creó) y SHIT (*Arameo*: seis), es decir, creó seis atributos. ¿Quién los creó? Aquel a quien no mencionan, oculto y desconocido: *Árij Anpin*.

En el mundo de *Atzilut* hay dos tipos de *Or Jojmá*:

1. La Luz original, *Or Jojmá* de AA, denominada "*Or Jojmá* oculta". Esta Luz de *Jojmá* se encuentra únicamente en el *Partzuf* AA y no se extiende desde él a los *Partzufim* inferiores;

2. *Or Jojmá* que desciende a través de treinta y dos caminos desde *Biná*, la cual se elevó a la cabeza de AA para recibir allí *Or Jojmá* y entregarla a ZA. Por eso, la palabra *Bereshit* significa *Be-Reshit*, con-*Jojmá*. Sin embargo no se trata de la verdadera *Or Jojmá*, que se encuentra oculta en AA, sino de la Luz que desciende vía treinta y dos caminos desde *Biná* a ZA y que sustenta a ZON.

Está escrito que el mundo se sustenta sobre "los secretos supremos ocultos" porque, cuando ZON, denominados "los mundos", reciben "*Or Jojmá* de los treinta y dos caminos", ellos ascienden a AVI, "los secretos supremos ocultos". Por eso, está escrito que ZON se adentran en los secretos supremos ocultos y alcanzan el grado de AVI, porque el inferior, una vez que se ha elevado hacia el Superior, se asemeja a él en atributos

Además de la división en BE-RESHIT, la palabra BERESHIT también se divide en BARA-SHIT (en hebreo, dada la ausencia de vocales, ambas palabras se escriben igual), lo cual significa CREÓ SEIS: creó seis *Sefirot*-atributos, denominados VAK, abreviatura de las palabras *Vav Ketzavot*, seis extremidades-atributos de ZA, de los cuales emergen todas las criaturas.

La *Sefirá Biná* lleva a cabo la función de la *Sefirá Jojmá*, la fuente de *Or Jojmá* para ZON. Porque *Maljut* se ha elevado a *Biná*, y *Biná* salió de la cabeza de AA, llegó a ser como su cuerpo y por eso no puede recibir *Or Jojmá* de AA.

Pero posteriormente, a consecuencia del MAN elevado desde los inferiores, desde el hombre que espiritualmente se encuentra en los mundos de BYA, *Biná* regresa a la cabeza de AA, recibe *Or Jojmá* desde AA, la transmite a ZON, y ZON la envían a todos los mundos. Y todos los mundos salieron de estos seis atributos-extremidades, en los cuales *Biná* quedó dividida.

En efecto, está escrito que de *Biná* nacen todos los seis manantiales de los ríos que descienden al gran mar: la división de *Biná* en seis atributos, VAK, cuando ella sale de la cabeza de AA, es denominada "seis manantiales", pues esta aún es solamente una fuente de Luz para ZA. Pero más adelante, cuando *Biná* regresa a la cabeza de AA, ellos se convierten en *Or Jojmá*, denominada "los ríos" que descienden al *Partzuf* ZA.

Y reciben el nombre de "seis ríos", como está escrito (*Tehilim*, 110:7): "Del arroyo beberá en el camino; con lo cual levantará su cabeza". Después, ZA entrega esta Luz al Gran Mar, a su *Nukva*. Los ríos y arroyos son la Luz de ZA. VAK *de Biná* son denominados los ríos de la Luz de la sabiduría (*Jojmá*), porque han salido desde *Biná* al exterior en forma de VAK, con el único propósito de crear una fuente de Luz para ZON. Y si *Biná* no hubiera salido al exterior, ZON no habrían tenido ninguna posibilidad de recibir Luz.

La palabra *Bereshit* encierra diversos sentidos: *Bere* = *Bará* (creó), creó seis atributos sin *Or Jojmá*, pues la palabra *Bará* significa ocultamiento. De ahí que la palabra *Bereshit* tenga dos sentidos:

a) *Jojmá*, porque la palabra *Reshit* es *Jojmá*,

b) *Bará Shit*, que muestra como *Jojmá* fue dividida en seis partes sin la cabeza (sin *Or Jojmá*) que son las fuentes de Luz para ZON (llamadas "el mundo"). Y estas seis partes de ZA junto con *Maljut* son denominadas "los siete días de la creación".

Pero el hecho de que la palabra *Bará* se encuentre en el interior de la palabra *Bereshit*, significa que fue creada por "Aquel oculto y desconocido", es decir, la *Jojmá* oculta que pertenece a AA. Porque él extrajo a *Biná* de su cabeza y la convirtió en VAK. Es decir, él creó las seis partes descritas en *Bereshit*.

Bereshit es *Jojmá*. La Luz no puede descender a ZA hasta que *Ima-Biná* salga al exterior. Por eso, a consecuencia de la segunda restricción, ZAT *de Biná* cayeron en ZON. Y de ahí que cuando *Biná* está en *Gadlut*, ZA recibe *Or Jojmá* en los *Kelim* (deseos) de *Biná*. *Bereshit* = *Bará-Shit*, donde la palabra *Bará* también tiene el significado de *Bar* (fuera), la salida al exterior.

La cerradura y la llave

41. Rabí Jiya y Rabí Yosi iban andando por un camino. Cuando se aproximaron a un prado, dijo Rabí Jiya a Rabí Yosi: "Las palabras BARÁ SHIT (creó seis) ciertamente hacen alusión a BERESHIT, puesto que los seis días supremos, VAK *de Biná*, brillan en la *Torá*, ZA, mientras que los demás, GAR *de Biná*, se encuentran ocultos".

ZA del mundo de *Atzilut* es denominado la *Torá*. Los seis días supremos son VAK *de Biná* que se encuentran encima de ZA. Por eso, la primera palabra de la *Torá*, BERESHIT = BARÁ (creó) SHIT (seis), indica que la *Sefirá Biná* se dirige a la *Sefirá Jojmá* para poder recibir *Or Jojmá* y entregarla a ZA. ZA no es capaz de recibir de *Biná* toda la Luz de *Jojmá* (GAR *de Jojmá*, la Luz de las diez *Sefirot*) sino únicamente VAK *de Jojmá* (la Luz de seis *Sefirot*), y esto es algo que la palabra BARÁ SHIT enfatiza: CREÓ SEIS. Es decir, ZA recibe desde *Biná* la Luz de únicamente seis *Sefirot* J-G-T-N-H-Y o VAK *de Jojmá*, mientras que GAR *de Jojmá*, Luz que proviene de las *Sefirot* K-J-B, se encuentran ocultas de él.

La causa de esto radica en que, aunque el *Partzuf Átik* sea el *Partzuf* de la primera restricción, él está obligado a brillar hacia abajo –sobre todos los demás *Partzufim* del mundo de *Atzilut* y sobre todos los mundos de BYA– con la Luz de la segunda restricción. Por eso, con respecto a los *Partzufim* inferiores, aparece como un *Partzuf* situado en *Tzimtzum Bet*. Esto es, aceptó voluntariamente sobre sí una restricción exterior (con respecto a los demás) de su irradiación para que los *Partzufim* inferiores pudieran recibir de él. Y por tanto, elevó *Maljut* desde la boca hasta los ojos y realizó un *Ziuug* sobre la pantalla que se encuentra en *Nikvey Einaim* (NE), engendrando así al *Partzuf* AA.

Por eso, AA es un *Partzuf* con los atributos de la segunda restricción y actúa como *Kéter* de todo el mundo de *Atzilut* en vez de *Átik*. Esto fue establecido así por el propio *Partzuf Átik*. Y estos *Partzufim* se dividieron en dos partes: GE, que se quedaron en *Átik*, y AJaP, que se convirtieron en parte del segundo *Partzuf*, AA. Y puesto que *Maljut* se elevó a NE, el *Partzuf* AA se quedó sin *Maljut*, por lo que, en vez de *Maljut*, en él es utilizada la *Sefirá Atéret Yesod*. Y *Maljut* se queda oculta en NE del *Partzuf Átik*. Por otro lado, GE de *Átik* quedan ocultos de los inferiores, y *Maljut* se coloca en NE de la cabeza de *Átik*. AJaP de *Átik* llega a ser lo mismo que GE de AA, *Atéret Yesod* llega a ser lo mismo que *Maljut de AA*.

Todos los subsiguientes *Partzufim* surgieron de manera semejante a los *Partzufim* del mundo de *Atzilut*, es decir, todos ellos se dividieron en dos partes, GE y AJaP: el *Partzuf* de *Biná* se dividió en dos *Parztufim*: GE de *Biná* formaron el *Parztuf* AVI y AJaP de *Biná* formaron el *Parztuf* YESHSUT. *Maljut* se elevó y se quedó en AVI, mientras que el *Parztuf* YESHSUT se quedó sin *Maljut*.

Lo mismo ocurre con ZON: GE formaron ZON grandes, y AJaP formaron ZON pequeños. *Maljut* permaneció en NE de los ZON grandes. Por su parte, los ZON pequeños están compuestos solamente de nueve *Sefirot* sin *Maljut*, que es reemplazada en ellos por *Atéret Yesod*, como en el *Partzuf Átik*. Es decir, así como *Kéter* (*Átik*) se dividió en dos partes, GAR = *Átik* y ZAT = AA, también *Biná* se dividió en GAR = AVI y ZAT = YESHSUT, y ZON se dividió en GAR = los ZON grandes y ZAT= los ZON pequeños: *Maljut* se quedó en GAR, y *Atéret Yesod* la reemplazó en ZAT.

En consecuencia, la parte Superior de cada grado permanece oculta, como el *Partzuf Átik*, porque *Maljut* no desciende del lugar adonde ella se elevó (NE) a su anterior emplazamiento en la boca. Y, aunque en *Gadlut*, AJaP regresan a su lugar o se elevan a sus GE (lo cual viene a ser lo mismo), GE no se llenan con *Or Jojmá* (la Luz de GAR), pues *Maljut* se queda oculta en GE. Es más, ya desde la primera restricción, *Maljut* existe bajo la prohibición de recibir *Or Jojmá*. Y por ello GE se quedan con *Or Jasadim*.

Y solamente la parte inferior de cada grado se llena con la Luz de GAR (*Jojmá*) en *Gadlut*: había *Avir* (aire) = *Álef-Vav-Yud-Resh*, pero la letra *Yud* abandonó esta palabra, y únicamente permanecieron las letras *Álef-Vav-Resh*, que forman la palabra *Or* (Luz), *Or Jojmá*, GAR.

De ahí lo siguiente: cada uno de los cinco *Partzufim* del mundo de *Atzilut* tienen GE, GAR *de Kelim*, las *Sefirot* K-J-B-J-G-T con *Or Jasadim*, la Luz de VAK; pero AJaP, las *Sefirot* N-H-Y, VAK *de Kelim* en *Gadlut*, se llenan con *Or Jojmá*, la Luz de GAR. GE (GAR *de Kelim*) se llenan con VAK de la Luz (*Or Jasadim*), y AJaP (VAK *de Kelim*) se llenan con GAR de la Luz (*Or Jojmá*). Por eso está escrito que no hay mayor Luz para ZA en el Mundo de *Atzilut* que la Luz de VAK = seis días de la creación, mientras que GAR se encuentran ocultos incluso en los *Partzufim* por encima de ZA.

42. Pero está escrito en los secretos de la creación de BERESHIT, que Aquel Oculto y Sagrado estableció las leyes en Biná, en lo oculto y secreto, es decir, en Maljut del Partzuf Átik, que es el Partzuf con la Maljut de la primera

restricción, la cual se elevó hasta *Biná* y retiró *AJaP de AA* que se encontraba debajo de su propia cabeza. Y la misma ley que Él estableció en *Biná*, Él la estableció, y ocultó todo en su interior; y todo está escondido bajo una llave. Y esa llave la escondió en una sala. Y aunque todo está escondido en esa sala, lo más importante está en la llave, porque ella todo lo abre y lo cierra.

AQUEL OCULTO Y SAGRADO es *AA*, pues su *Jojmá* está oculta. LAS LEYES SON ESTABLECIDAS EN ÉL, en *Maljut de Átik*. La deficiencia de *Kelim de AJaP* queda confirmada. *Maljut* de la primera restricción, denominada "el punto central de toda la creación", es la única creación, sobre la cual fue impuesta la primera restricción. En el estado opuesto a ella, si la pantalla no se encuentra en *Maljut*, sino en la *Sefirá Yesod* –más exactamente, en *Atéret Yesod*, el lugar del pacto (la circuncisión), el lugar del *Zivug* que fue permitido después de la segunda restricción– entonces, esta pantalla admitirá la recepción de la Luz. Y por ello, es denominada "el punto de población", en vez de "el punto central".

Kéter

Jojmá

Biná

ZA Yesod

ZA – Maljut, que ha recibido el atributo de "otorgamiento" de *ZA*, el lugar poblado

Maljut – está prohibido realizar un *Zivug*, el lugar desierto

La cuestión es que no hay GAR en *AA*, porque la *Maljut* Suprema de *Átik* en *AA* ya está corregida hasta tal punto que se encuentra en *NE* de su propio *Partzuf*. En *Gadlut*, la pantalla baja desde *NE* a la boca, lo cual provoca que *AJaP* regresen a su lugar, y un *Zivug* tiene lugar sobre todas las diez *Sefirot*, que reciben GAR de la Luz, *Or Jojmá*.

En consecuencia, la pantalla en *NE* es denominada "cerradura": ella bloquea la entrada del GAR de la Luz en el *Partzuf*. El GAR de la Luz son denominados *Or Jojmá*. Sin embargo, al descender desde *NE* a la boca, la pantalla permite que la Luz entre en el *Partzuf*, y por eso este acceso es llamado *Nikvey Einaim (NE)*, "las pupilas de los ojos".

Aunque *Átik* está junto con *Maljut* en *NE*, esto afecta a *AA*, y no al propio *Átik*, porque *AA* fue creado por la pantalla situada, no en *Maljut*, sino en *Atéret Yesod* (o simplemente en *Yesod*), y allí no está incluida *Maljut*. Por eso, no es *Maljut* quien domina en *NE* de *AA*, sino *Atéret Yesod*. Y por ello, a diferencia de la Luz de *Átik*, su Luz puede ser alcanzada. Pues *Maljut* en *Átik* es el punto central, el cual no realiza ningún *Zivug* sobre *Or Jojmá*. En relación a *Átik*, *AA* es *AJaP de Átik*, aunque *AA* tiene sus propios *GE* y *AJaP*.

Posteriormente, AA creó a AVI y confirmó también la ausencia de *Or Jojmá* en ellos, debido a la ausencia de *AJaP de Kelim*. Y este *AJaP* es la SALA, en la que toda *Or Jojmá* (GAR de *Neshamá*, GAR de *Jayá*, GAR de *Yejidá*) se encuentra oculta. Esta LLAVE ESTÁ ESCONDIDA EN UNA SALA: la sala es *Biná*, que es la sala para *Or Jojmá*. *Maljut* se elevó a GAR de *Biná* (AVI) y domina allí. Aunque la ausencia de *Or Jojmá* allí no se siente, porque los atributos de AVI consisten en desear exclusivamente *Or Jasadim*; esta Luz es importante para ellos y sustituye completamente a *Or Jojmá*. Mientras que, en *VAK de Biná*, quien reina es la llave: *Atéret Yesod*.

EN ESTA LLAVE, PORQUE ELLA TODO LO ABRE Y LO CIERRA: el ocultamiento y la revelación son efectuados por *Maljut*, que se encuentra en *NE*: cuando *Maljut* se eleva a *NE*, ella oculta *Or Jojmá*, porque en ese caso, el *Partzuf* se queda sin sus *Kelim de AJaP* y no puede utilizar sus deseos "de recibir" en beneficio del Creador. Y por consiguiente, no contiene *Or Jojmá*, ya que *Or Jojmá* únicamente puede ser recibida en *Kelim de AJaP*.

Y cuando el *Partzuf* recibe fuerzas desde Arriba para oponer resistencia a los deseos egoístas de sus *Kelim de AJaP* ("de recepción"), y es capaz de "recibir" en beneficio del Creador, esto significa que él ha adquirido una pantalla contra sus deseos y puede trabajar también con ellos para el Creador. Entonces, él hace volver su *Maljut* desde *NE* a la boca. O dicho de otro modo, eleva sus *Kelim* (deseos) de *AJaP* a la cabeza y empieza a calcular cuánto puede recibir en ellos en beneficio del Creador. No obstante, el placer recibido no debe ser demasiado grande, pues el *Partzuf* empezaría entonces a gozar egoístamente. Con posterioridad, él recibirá esta *Or Jojmá* en el interior de su cuerpo.

De este modo, solamente la *Maljut* que se encuentra en *NE*, abre o cierra el acceso de la Luz en el *Partzuf*. Y dado que ella tiene que permitir el acceso de la Luz en ZAT (donde el dominio pertenece no a *Maljut* que se elevó en *NE*, sino a *Atéret Yesod*, llamada "la llave") y GAR de cada *Partzuf* se quedan con *Or Jasadim* (ellos únicamente desean *Or Jasadim*), entonces, la apertura y el cierre del acceso de *Or Jojmá* al *Partzuf*, el alcance del Creador, dependen únicamente de la llave y no de la *Maljut* en sí.

43. Aquella sala oculta grandes tesoros, uno encima de otro. En aquella sala las puertas están cerradas inescrutablemente para bloquear el acceso de la Luz. Cincuenta son esas puertas. Ellas se dividieron en cuatro lados y llegaron a ser cuarenta y nueve, pues una de las puertas no tiene lado y se desconoce si ella existe arriba o abajo. Y por eso permaneció cerrada.

Existen muchos tipos de GAR: GAR de la Luz de *Neshamá*, de *Jayá* o de *Yejidá*. Y cada uno de ellos contiene innumerables grados individuales y detalles. Por eso, está escrito UNO ENCIMA DE OTRO. Sin embargo, mientras *Maljut* se encuentre en *NE*, todos estos grados de la Luz permanecerán ocultos y desconocidos.

Las puertas representan la vasija: el deseo de recibir Luz. En el mundo espiritual no hay cuerpos, únicamente hay deseos. El deseo en sí es denominado "cuerpo". Si no existe deseo, tampoco existe el cuerpo, pues no hay vasija donde recibir la Luz (placer). Cuanto más grande es el deseo, tanto "mayor" es el cuerpo. Sin embargo, todos los cuerpos comparten una estructura similar: del mismo modo que un cuerpo humano consta de 613 partes, un cuerpo espiritual consta de 613 partes-deseos espirituales.

Cuando el hombre es capaz de utilizar algún deseo de su cuerpo espiritual para complacer al Creador, dicha acción recibe el nombre de "Mandamiento". Y la Luz recibida es denominada "*Torá*". El *Partzuf* espiritual tiene una cabeza, lugar donde se toman las decisiones. En ella únicamente se encuentran los deseos que de antemano es sabido que poseen pantalla (resistencia a los deseos) para utilizarlos de manera espiritual, altruistamente, y darles la vuelta transformándolos de "para uno mismo" a "para el Creador". Si el hombre cumple todos los 613 Mandamientos de la *Torá* y los 7 Mandamientos de las naciones del mundo (620 Mandamientos en total), ascenderá 620 grados consiguiendo así la adhesión total con el Creador.

Observar todos los Mandamientos quiere decir llenar por completo nuestro *Partzuf* con la Luz de la *Torá*: a raíz del cumplimiento de los Mandamientos que enuncian lo que debemos hacer (Mandamientos positivos: *Mitzvot Asé*) y los Mandamientos que prohíben lo que no debemos hacer (Mandamientos negativos: *Mitzvot Lo Taasé*). El cumplimiento de estos últimos consiste en no querer recibir el placer que se encuentra en ellos.

Hay dos tipos de deseos o puertas: cuando están cerradas y no reciben nada, y cuando se abren y reciben la Luz Superior. Cuando todas ellas se encuentran cerradas, hay cincuenta en total. Sin embargo, de las cincuenta, solo cuarenta y nueve pueden ser abiertas. Hay diez *Sefirot* K-J-B-J-G-T-N-H-Y-M o cinco *Sefirot* K-J-B-ZA-M (ya que ZA está compuesto por seis: J-G-T-N-H-Y). Sin embargo, *Maljut* también consta de estas seis, y por tanto incluye todas las diez *Sefirot*. Y puesto que cada una de las cinco *Sefirot* consta de diez, en total suman cincuenta.

Sin embargo, dado que un *Zivug* tiene lugar, no sobre *Maljut*, sino sobre *Atéret Yesod*, *Maljut de Maljut* no recibe Luz: las receptoras de la Luz son las cuatro *Sefirot* que preceden a *Maljut*. Cada una de ellas consta de diez, y por eso $4 \times 10 = 40$. Y la propia *Maljut* está compuesta por nueve *Sefirot* desde *Kéter* hasta *Yesod*. Y eso hace un total de $40 + 9 = 49$. Solamente una *Sefirá* de todas las cincuenta, *Maljut* de la *Sefirá Maljut*, no recibe Luz. Y ocurre así porque, hasta la completa corrección de todos los *Kelim* (deseos), está prohibido recibir Luz en ella, puesto que es sabido de antemano que no posee las fuerzas para resistirse a un gran deseo egoísta de gozar.

En vez de estar en *Maljut de Maljut*, la pantalla se encuentra en la *Sefirá Yesod de Maljut*, y este lugar se denomina *Brit* (pacto), donde es necesario observar el Mandamiento de la circuncisión, para realizar un *Zivug* no sobre la *Maljut* en sí, sobre la primera restricción, sino sobre *Yesod*, o más exactamente, sobre *Atéret Yesod*, la segunda restricción. La propia *Maljut de Maljut* es denominada *Shaar Nun* (la quincuagésima puerta). Y esto hace referencia a la *Maljut* de cada *Partzuf* en los mundos de *ABYA*.

Y aunque *Maljut* del *Partzuf* AVI desciende desde NE de AVI a su lugar en la boca, su *AJaP* y YESHSUT (que reviste el *AJaP*) se elevan al grado de AVI; y AVI y YESHSUT se unen en un *Partzuf*, a resultado del cual *Or Jojmá* desciende a ellos desde AA, pero AVI no sienten deseo y, por tanto, no reciben nada desde esta *Or Jojmá* y se quedan únicamente con su *Or Jasadim*, como si *Maljut* nunca hubiera descendido desde los ojos a la boca.

Así, por la Luz de AVI no es posible saber si *Maljut* está en NE o en la boca. Más bien al contrario, al mirar a AVI, siempre nos parecerá que *Maljut* se encuentra en NE. Y solo mediante el estado de YESHSUT podemos determinar dónde se encuentra *Maljut* porque, en *Gadlut*, cuando ella se eleva a AVI, YESHSUT recibe *Or Jojmá*.

Aunque, en AVI, *Maljut* puede recibir *Or Jojmá*, dado que AVI no recibe *Or Jojmá* en absoluto, ellos no utilizan su *Maljut*. Y en YESHSUT ya existe *Atéret Yesod* en lugar de *Maljut*, por eso él recibe la Luz –"se abre"– mientras que AVI quedan cerrados.

Pero la ausencia de la quincuagésima puerta, del *Zivug* sobre *Maljut* en YESHSUT, provoca la ausencia de la correspondiente Luz de *Jojmá* en todos los *Partzufim*, sobre lo cual está escrito: "cincuenta puertas de *Biná*, y todas le son entregadas a Moshé, excepto una, el último secreto de la ausencia de la Luz Superior". Esto es así porque solamente es posible recibir esta Luz Superior en los *Kelim* (deseos) de la propia *Maljut*, el egoísmo primigenio, lo cual tendrá lugar tras el final de la corrección, al cabo de los 6 000 años.

44. Aquellas puertas solo cuentan con una cerradura y un estrecho espacio para introducir la llave. No presenta marcas, y únicamente es reconocida por la inscripción de la llave, desconocida en ese estrecho espacio, pero solamente en la llave en sí. Y sobre este secreto está escrito: BERESHIT BARÁ ELOKIM (AL PRINCIPIO CREÓ EL CREADOR). "Al principio" es la llave, y todo está oculto en ella, ella abre y cierra. Seis puertas contiene aquella llave que abre y cierra. Cuando cierra aquellas puertas, las incluye dentro de sí, y está escrito AL PRINCIPIO: una palabra revelada aunque normalmente oculta. BARÁ (CREÓ), esta palabra oculta se encuentra en todas partes. Y da a entender que la llave tanto la abre como la cierra.

La *Maljut* que se encuentra en *NE* es denominada "la cerradura", pues bloquea el acceso de *Or Jojmá* al *Partzuf*. Todo el *Partzuf* finaliza en *Jojmá*: la Luz solo puede encontrarse en *KJ*, y por eso ella es únicamente *Néfesh-Rúaj*. Al fin y al cabo, en ausencia de los *Kelim-Sefirot B-ZA-M*, las Luces de *Neshamá-Jayá-Yejidá* también se encuentran ausentes. *Yesod de Maljut* es la puerta cuadragésimo novena, siendo esto todo lo que puede existir hasta el final de la corrección porque la quincuagésima puerta es *Maljut de Maljut*.

Si la llave (*Atéret Yesod* de la Luz) entra en *Yesod de Maljut* (la cuadragésimo novena puerta), entonces esta Luz hace descender a *Maljut* hasta su lugar, desde *NE* hasta la boca. Gracias a esta Luz el *Partzuf* se abre y se llena con *Or Jojmá* y por ello *Atéret Yesod* es denominada "llave".

Sin embargo, existe una impronta especial (*Reshimó*) para no utilizar *Maljut de Maljut* como lugar para el *Zivug* antes de la corrección final de todos los demás (a excepción de *Maljut de Maljut*, los *Kelim*-deseos). Esta impronta se encuentra en *AVI*: ellos mismos nunca reciben *Or Jojmá* (no utilizan esta llave), su verdadero *AJaP* no se eleva. No obstante, su falso *AJaP* de *AVI* es suficiente para que *YESHSUT* reciba *Or Jojmá* y entienda que el conocimiento significa la presencia de *Or Jojmá*.

Si la Luz que corresponde a *Atéret Yesod* entra en la correspondiente *Sefirá* en *Maljut* (en *Yesod de Maljut*, la cuadragésimo novena *Sefirá*), entonces *Maljut* (la quincuagésima puerta) no prohíbe que esta Luz llene el *Partzuf*, no "cierra" el *Partzuf*, pues ella contiene la impronta de la prohibición exclusivamente sobre aquello que entra en la propia *Maljut*. Y la razón es que la impronta (memoria de la llave) rige en *ZAT de Biná*, es decir, en *YESHSUT*. De ahí que esta Luz sea llamada "la llave".

Y la palabra BERESHIT –EN EL PRINCIPIO– incluye solamente la llave, solamente *Atéret Yesod* (la cuadragésima novena *Sefirá*), excluyendo a *Maljut de Maljut* (la quincuagésima puerta). No obstante, ninguna de las *Sefirot KJ-B* de todos los *Partzufim* del mundo de *Atzilut* recibe *Or Jojmá*; en cambio brilla en ellas *Or Jasadim*. Y es por eso que las palabras EN EL PRINCIPIO CREÓ quieren decir OCULTÓ A JOJMÁ, porque la palabra creó, BARÁ, proviene del concepto *Bar* (fuera), el cual significa: sacar fuera de los límites de la recepción de *Or Jojmá*; y en consecuencia, esta parte de los *Kelim* quedó cerrada por ausencia de Luz.

Avraham

45. Dijo Rabí Yosi: "Yo escuché de una gran fuente de Luz, esto es, de Rabí Shimon, que BARÁ es la palabra oculta, cuya llave la cerró y no volvió a abrirla. Y debido a que la llave cerró la palabra BARÁ, no había mundo ni posibilidad de que existiera, y el vacío lo cubría todo. Y cuando el vacío domina, no hay ni mundo, ni su existencia.

46. Entonces, ¿cuándo abrió la llave aquella puerta, dejando todo listo para la existencia y desarrollo de las generaciones? Cuando apareció Avraham, el atributo de *Jésed* (misericordia), sobre el cual está escrito: "Estas son las generaciones del Cielo y la Tierra *Be-Hibaram* (con las que construía)". Pero uno no debe leer *Be-Hibaram*, sino *Be Avraham* (en hebreo estas dos palabras incluyen las mismas letras, pero dado que falta el punto que indica la vocal, puede leerse de distintos modos). Entonces, todo lo que estaba oculto en la palabra BARÁ, fue revelado por medio de las letras, es decir, los *Kelim* se abrieron para escuchar. Y sale la Columna que produce las generaciones, el *Yesod* sagrado, sobre el cual se basa la existencia del mundo. Pues BARÁ contiene las mismas letras que la palabra AVAR (pasó).

Él pregunta: "Cuando él se revele, ¿es posible actuar y producir las generaciones?". Esta pregunta incluye tres preguntas:

1. ¿Cuándo se revelará? Cuando *Maljut* descienda desde los ojos (adonde se elevó a consecuencia de la segunda restricción), al lugar que ocupaba anteriormente en la boca, lo cual lleva a la revelación de las cuarenta y nueve puertas de *Jojmá*;

2. ¿Cuándo puede utilizarse? Cuando *Or Jojmá* se revista de *Or Jasadim*, a raíz de lo cual AJaP puede recibir *Or Jojmá*, porque si no está revestida de *Or Jasadim*, MI = GE no puede brillar en ÉLEH = AJaP: la Luz todavía no es apta para ser recibida y utilizada por los inferiores;

3. ¿Qué significa "producir, multiplicar las generaciones"? Las generaciones son las almas que están en los mundos BYA, engendradas por ZON del mundo de *Atzilut*. Una vez que ZA recibe *Or Jojmá* y *Jasadim* (la Luz de la perfección), esta Luz le da la posibilidad de llevar a cabo un *Zivug* con *Nukva* y engendrar las almas de los justos.

MUNDO DE AK

MUNDO DE ATZILUT: AA del mundo de Atzilut

AVI del mundo de Atzilut

ZON del mundo de Atzilut generan y nutren las almas de los justos

—— Parsá ----------------------------

MUNDO DE BRIÁ ⎫
MUNDO DE YEZTIRÁ ⎬ Las almas de los justos en los mundos BYA
MUNDO DE ASIYÁ ⎭

—— Majsom, la transición del egoísmo al altruismo - - - - - - - - - -

NUESTRO MUNDO EGOÍSTA

Avraham es el atributo de la *Sefirá Jésed* en el *Partzuf* ZA durante su estado de *Gadlut*, cuando *Jésed* sube y se convierte en *Jojmá*: las *Sefirot JaGaT* se convierten en *JaBaD*:

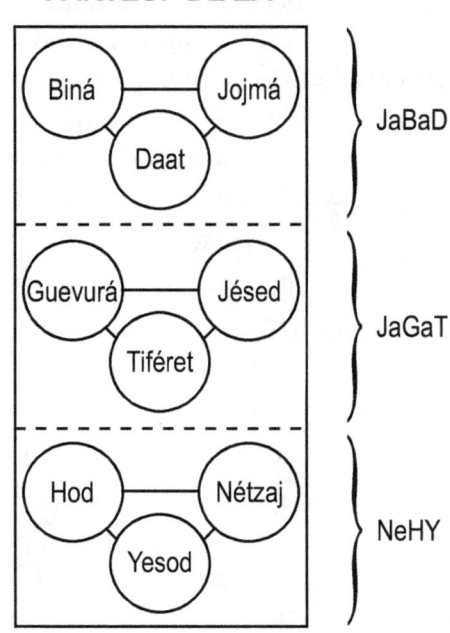

PARTZUF DE ZA

Antes de que apareciera Avraham, todo estaba oculto en la palabra BARÁ y el vacío dominaba el mundo: en ZON no había ni *Or Jojmá*, ni *Or Jasadim*. Pero cuando apareció Avraham (la Luz de la *Sefirá Jésed* que desciende a ZA), se abrieron las puertas para *Or Jojmá* porque *Maljut* descendió desde los ojos hasta la boca, y YESHSUT se unió con AVI en un grado, a consecuencia de lo cual, *Or Jojmá* descendió a YESHSUT, pues en ZA ya había Luz de *Jasadim* proveniente de los atributos de Avraham.

Entonces *Or Jojmá* se revistió de *Or Jasadim*, se unieron MI y ÉLEH (GE y AJaP) y el nombre del Creador se hizo pleno: ELOH-IM; y *Jojmá* llenó a ZA. Entonces descendió *Maljut* desde los ojos hasta la boca en ZA, y ZA recibió el nuevo AJaP desde *Biná*, pasó al gran estado y transmitió la Luz a través de su *Yesod* a *Maljut*, denominada "el mundo inferior". Y gracias a ello, *Maljut* engendra las almas de los justos.

47. Cuando *Yesod* de ZA se une con la palabra BARÁ (*Maljut*), se crea una división suprema y cerrada que separa al nombre de la grandeza del Creador –denominada MI– y se origina ÉLEH. También el nombre sagrado MA salió de BARÁ. El sagrado y cerrado ÉLEH existe como *Yesod*. Pero cuando *Yesod* alcanza su estado completo, el *Partzuf* alcanza su estado completo, la letra Hey corresponde a *Yesod* y la letra Yud corresponde a ÉLEH.

Aquí El *Zóhar* aclara qué Luz hay en ZA dependiendo de sus estados. En la *Sefirá Yesod* del *Partzuf* ZA se encuentra el final, es decir, el lugar de su conexión con *Maljut*, el lugar de la alianza con el Creador (ZA) y la *Shejiná*, también llamada "las almas de los justos", Israel o *Maljut*. Este lugar de contacto entre ellos es denominado *Atéret Yesod* (el cerco de *Yesod*) o la corona de ZA.

La palabra BARÁ significa el estado pequeño, que surge como consecuencia del ascenso de *Maljut* a NE. AVI nunca abandonan los atributos de GAR de *Biná* (los atributos de misericordia): no desean recibir. *Maljut*, que se ha elevado y se encuentra en ellos, es denominada *Mánula* (cerradura), la cual no permite que la Luz se extienda por debajo de sí. *Atéret Yesod* de ZA recibe el nombre de *Míftaja* (llave), porque mediante su atributo se puede recibir la Luz en los *Partzufim* que se encuentran debajo de AVI.

Esto es posible a condición de que ÉLEH = AJaP asciendan a MI = GE. *Or Jojmá* se puede recibir sobre los *Kelim* ÉLEH que la desean, pero solamente durante su elevación por encima de la *Parsá*. Sin embargo, hasta que los atributos de *Maljut* no hayan recibido el atributo de *Biná*, hasta que no hayan sido ablandados por el atributo de *Biná*, no existe ninguna posibilidad de recibir la Luz, y *Maljut* es denominada la "quincuagésima puerta".

De ahí vemos que las palabras MI BARÁ ÉLEH no se refieren a la pregunta "¿Quién creó a estos?", sino a la acción: MI = GE Bará (creó) ÉLEH = AJaP por medio del descenso de *Maljut* desde *NE* retrocediendo hasta la boca. Por medio de esto, ÉLEH = AJaP ascendieron a la cabeza y allí recibieron la Luz de GAR (*Jojmá*).

La *Maljut* que ha descendido a la boca se denomina MA, porque el mundo inferior es denominado MA, y su pantalla en la boca realiza un *Zivug*, sobre el cual desciende *Or Jasadim*, denominada "Luz de bendición", pues por medio de ello, la prohibición y cerradura de la expansión de la Luz queda anulada.

48. Cuando las letras *Hey* y *Yud* desearon completarse una a otra, la letra *Mem* surgió de ellas, y se compuso la palabra ELOH-IM = ÉLEH + *Hey* + *Yud* + *Mem*, mediante la adhesión de los dos lados. De la palabra ÉLEH se originó la palabra EVER + *Hey* + *Mem* = Avraham. Sin embargo, podemos decir que el Creador tomó las palabras ÉLEH y MI, las juntó, y como resultado se obtuvo la palabra ELOKIM; mientras que de las palabras MA y EVER resultó la palabra Avraham, donde la palabra MI se refiere a las cincuenta puertas de *Biná*. Y la palabra MA hace referencia al valor numérico del nombre sagrado, porque HaVaYaH, con el llenado de la letra *Álef*, conforma la *Guematría* de MA = 45.

Ambos mundos –este mundo y el mundo venidero– existen en estas dos letras, YUD y HEY. En *Yud*, el mundo venidero, y en *Hey*, este mundo. Por lo tanto, creó el mundo venidero con MI, y este mundo lo creó con MA. Por eso está escrito: "Esto es las generaciones del Cielo y la Tierra (*BeHibaram*) creadas", donde las letras *BeHibaram* componen la palabra "Avraham", porque no hubo perfección hasta que las letras formaron esta palabra. Por eso, en la *Torá*, el nombre del Creador *HaVaYaH* se encuentra por primera vez solamente después de la palabra Avraham.

Or Jasadim en MA y *Or Jojmá* en ÉLEH se estimularon mutuamente para completarse una a otra y para ser completadas una dentro de otra. Y en consecuencia, *Or Jojmá* se revistió de *Or Jasadim*, y *Maljut* recibe desde ambas: *Jasadim* y *Jojmá*. Por medio de esto se unen MA y MI, creando MM (*Maljut*) que desde Arriba recibe *Or Jojmá* revestida de *Or Jasadim*.

La visión de Rabí Jiya

49. Rabí Jiya se postró sobre la tierra y la besó. Lloró y dijo: "Polvo de la tierra, cuán duro y despiadado eres. A cuántos has consumido. Todos los pilares de Luz, todas las grandes almas fueron consumidas por ti. Y el más grande de todos, Rabí Shimon, la fuente de Luz del mundo entero, de todos los mundos, que ilumina y gobierna sobre la Luz que desciende, gracias a la cual nuestro mundo existe, es consumido por ti ¿Y tú todavía gobiernas el mundo?". Entonces se serenó de inmediato y dijo: "¡No te enorgullezcas, polvo de la tierra, las fuentes de Luz del mundo no te serán entregadas y Rabí Shimon no será consumido por ti!".

Maljut es lo único que creó el Creador. Y esta única creación no es más ni menos que un deseo de recibir placer. Así fue concebida, y su esencia no puede ser cambiada. Sin embargo, lo que sí puede cambiarse es la intención: en beneficio de qué o de quién recibir el placer.

Como resultado de la unión entre *Maljut* y *Biná* con el deseo altruista de otorgar deleite, de dar placer, *Maljut* adquiere el deseo de *Biná* además del suyo propio. Esto es, aparece un deseo adicional en *Maljut*: el deseo de otorgar, un deseo opuesto a su naturaleza.

Solamente este deseo de *Biná* en *Maljut* puede resultar en un *Zivug* y la recepción de la Luz. Cuando *Maljut* reciba de *Biná* todos los deseos que es capaz de recibir y los llene con Luz, únicamente su primigenio atributo egoísta permanecerá sin corrección, aunque también eso será corregido desde Arriba por el Creador. El orden de corrección y recepción de la Luz en los atributos de *Biná* dentro de *Maljut* es conocido como la recepción sobre el *Zivug* de *Yesod*; este tiene lugar gradualmente a lo largo de 6 000 grados, denominados "6 000 años".

Maljut de Maljut del mundo de *Atzilut* no puede recibir ninguna Luz durante los 6 000 años, no hasta que todas sus partes estén completamente corregidas. Todos los *Zivugim* (plural de *Zivug*) a lo largo de los 6 000 años, se realizan no sobre la propia *Maljut*, sino sobre los atributos que ella ha recibido de *Biná*. El lugar de tal *Zivug* es denominado *Yesod de Maljut* o *Atéret Yesod*. En tanto que la propia *Maljut* (los deseos egoístas) permanece cerrada a la Luz, por lo cual es denominada "las puertas cerradas".

La recepción de la Luz durante los 6 000 años, la corrección de los *Partzufim*, y el gradual llenado de *Maljut* con la Luz, tiene lugar con ayuda de los deseos de *Biná* en *Maljut*, denominados "*Míftaja*" (*Yesod de Maljut*), porque la fuerza impura (egoísta) no tiene poder sobre esta parte de *Maljut*.

Yesod de Maljut significa que *Maljut* únicamente actúa con los atributos que ha recibido de una *Sefirá* Superior –de *Yesod*– la cual está libre de la influencia de las fuerzas impuras. Todos los atributos, excepto *Maljut*, son altruistas, ya que se originan en *Biná*. Sin embargo, normalmente decimos *Yesod* en lugar de *Biná*, porque deseamos recalcar que se realiza un *Zivug* sobre un deseo altruista, por encima del deseo egoísta de *Maljut*. Y puesto que *Yesod* es la *Sefirá* situada por encima de *Maljut*, cuando queremos decir que se lleva a cabo un *Zivug* sobre los deseos egoístas de *Maljut*, decimos que el *Zivug* se realiza sobre *Yesod*. Una vez adquiridos los atributos de *Yesod*, *Maljut* puede recibir la Luz, y esta recepción de la Luz sobre *Yesod de Maljut* es denominada "*Míftaja*" (que proviene de la palabra *Maftéaj*-llave: la llave que abre el acceso para la Luz Superior).

Sin embargo, dado que la propia *Maljut*, *Maljut de Maljut*, ("las puertas cerradas") se vuelve inaccesible para la Luz durante 6 000 años, Rabí Jiya (un determinado grado espiritual) no podía entender cómo Rabí Shimon (el *Partzuf* espiritual denominado Rabí Shimon) pudo alcanzar una perfección tan completa como la que alcanzó. De hecho, Rabí Shimon es un *Partzuf* de tal elevación espiritual que recibe la Luz de *Yejidá*. Y resulta imposible recibir esta Luz sin utilizar un *Zivug* sobre la propia *Maljut de Maljut*.

Sin embargo, esta parte de *Maljut* permanece sin corrección hasta completar los 6 000 años (el final de la corrección) y, en consecuencia, no puede ser utilizada. Al oponerse a estos deseos, es como si el hombre los corrigiera parcialmente. Y todos los Mandamientos prohibitorios se refieren a *Maljut de Maljut*. En consecuencia, la prohibición impuesta sobre su utilización es denominada "restricción".

Pero, si es imposible llenar con Luz el "corazón de piedra" (*Lev HaEven*), es decir, la propia *Maljut de Maljut* (la raíz y semilla del egoísmo, la base de la creación), entonces ¿cómo puede un alma particular alcanzar la corrección completa? Después de todo, la corrección completa implica la recepción de la Luz en la totalidad de *Maljut*. Cada alma, cada parte de *Maljut* que el hombre está destinado a corregir, contiene también una parte de las otras partes de *Maljut*, incluyendo una porción de *Maljut de Maljut* con la que no tiene derecho a trabajar hasta el final de la corrección.

Por otro lado, Rabí Jiya ve a Rabí Shimon en un estado de corrección final. Pero ¿cómo pudo este último alcanzar tal estado? Esta contradicción causó tal conmoción a Rabí Jiya que se postró sobre la tierra y alzó un lamento.

Es imposible "traducir" constantemente las palabras de la *Torá* o de *El Zóhar* a un lenguaje que podamos entender; señalar continuamente que "tierra" significa egoísmo y "polvo" se refiere a las fuerzas impuras, que "alzar un lamento" significa la elevación de MAN, etc. Todas las palabras y definiciones en el texto de *El Zóhar* debemos tratar de percibirlas de un modo más sensitivo y no literalmente, como si de acciones físicas de nuestro mundo se tratara. En otras palabras, lo que recoge *El Zóhar* está relacionado únicamente con sensaciones espirituales internas y con las experiencias de aquel que percibe el mundo espiritual.

Todos los mundos constituyen el "entorno", la esfera espiritual, dentro de la cual el Creador llevó a cabo Su única creación: el hombre (Adam). Todo lo demás fue creado simplemente para ayudar al hombre a realizar su tarea: llegar a ser semejante a su Creador.

Del mismo modo que el mundo y todo lo que habita en él (excepto el hombre) son robots operados por su naturaleza animal en lugar de criaturas con libre albedrío, en los mundos espirituales, todos los seres espirituales –a excepción del alma– también son robots operados por su naturaleza espiritual. Asimismo, el hecho de nacer en nuestro mundo hace que el hombre sea un animal sin libre albedrío para actuar contra su deseo egoísta de gozar. Normalmente, así permanece a lo largo de su existencia sobre la Tierra, sin ser en absoluto diferente a los niveles inanimado, vegetal y animado de la naturaleza, siguiendo automáticamente las órdenes de su maestro interno: la naturaleza egoísta.

Solo con ayuda de la Cabalá puede el hombre recibir gradualmente desde Arriba las fuerzas espirituales, y así adquirir libre albedrío: esto es, liberarse de la gobernanza de las fuerzas egoístas, impuras, y llegar a ser libre en sus deseos, como el Creador. Sin embargo, tal oportunidad se concede al hombre solamente en la medida que sea capaz de controlar su automática naturaleza egoísta: según sea la fuerza de su pantalla, el hombre se elevará (se moverá internamente, en sus sensaciones) desde este mundo al mundo espiritual.

Una vez que creó los mundos espirituales como hogar para su futura creación, el Creador hizo a la criatura: el alma, Adam. El alma constituye el deseo de deleitarse con la sensación del Creador (con Su Luz). La sensación de la percepción del Creador es denominada "Luz". ¡Y no existe nada más en todo el universo excepto la Luz y el alma!

Aunque el alma es *Maljut de Maljut* (la única creación egoísta), el Creador le concedió el atributo del altruismo, creándola conectada con los *Kelim* (los deseos) de *Biná*, demostrando de ese modo cuán maravilloso es ser como Él.

En el proceso de realización de acciones altruistas, el alma (Adam) decidió usar su egoísmo natural, *Maljut de Maljut*, para recibir dentro de ella la Luz del Creador con intenciones altruistas. Sin embargo, cuando comenzó a recibir la inmensa Luz de *Yejidá* dentro de *Maljut de Maljut*, no fue capaz de resistirlo; y deseó disfrutarla de manera egoísta. Tal cambio en los deseos del alma es lo que denominamos "el pecado original".

Como resultado del pecado original, el alma de Adam se fragmentó en multitud de pedazos (600 000), y todos ellos fueron apresados por las fuerzas impuras, egoístas (adquirieron deseos egoístas). Tras su caída, Adam corrigió algunas de las almas (consiguió una pantalla anti-egoísta), pero solo parcialmente. Y, en consecuencia, entre el número total de almas, unas cuantas fueron seleccionadas para la corrección, y descienden a este mundo para revestirse de un cuerpo generación tras generación.

El descenso (el distanciamiento con el Creador) a nuestro mundo (las sensaciones egoístas de nuestros propios deseos exclusivamente) sucede como resultado de agregar un "peso adicional" de egoísmo al alma. En el mundo espiritual, el movimiento (el alejamiento o el acercamiento a Él) y la distancia (desde Él) están determinados por la correlación entre deseos egoístas y altruistas dentro del alma.

El propósito que hay detrás del descenso de las almas a nuestro mundo es la transformación de nuestros deseos egoístas con ayuda de la Cabalá: mediante nuestras intenciones, retornar al Creador ejecutando acciones altruistas. El descenso de las almas continuará hasta que todas –tanto individualmente como en conjunto– alcancen la corrección completa.

Las almas más sublimes, que pertenecen a los grados de la Luz de *Yejidá* y *GAR* de *Jayá*, dependen de la corrección de *Maljut* en *Maljut* del mundo de *Atzilut*, denominada "las puertas cerradas". Durante 6 000 años, esta no será sujeto de corrección: será corregida una vez corregidos todos los demás. Esto es debido a la relación inversa entre las almas y la Luz en ellas: cuanto más egoísta es el alma y más bajo esté situada, más grande será la Luz que entre al *Partzuf* común (el alma común) en el momento de su corrección.

LA LUZ DE LAS ALMAS	Yejidá	Jayá	Neshamá	Rúaj	Néfesh
MALJUT (tipos de almas)	Kéter	Jojmá	Biná	ZA	Maljut

Es por ello que estas almas sublimes son consumidas por el polvo de la tierra (la fuerza impura), es decir, la fuerza impura gobierna sobre ellas con su enorme poder insolente, pues ella está segura de que nada ni nadie puede salvar a estas almas de su cautiverio.

Y por eso Rabí Jiya lloró diciendo: "Polvo de la tierra, cuán cruel eres", que las almas más sublimes "se descomponen en ti, sin esperanza alguna de escapar de ti". Es decir, la propia semilla de la creación, el egoísmo primordial, no puede ser corregida.

Ocurre entonces que, a raíz de la caída de esas almas sublimes bajo el control de las fuerzas impuras, todos los justos que brillan sobre el mundo entero no pueden alcanzar la perfección. Porque todas las almas están interconectadas y ningún alma puede alcanzar el final de la corrección hasta que todas las demás estén corregidas. Y por eso, ellas también son susceptibles de la despiadada gobernanza del polvo de la tierra.

En un primer momento, Rabí Jiya quiso decir que el propio Rabí Shimon también había sido consumido por el polvo, que no alcanzó la corrección completa. Él había escuchado que Rabí Yosi también deducía que las puertas cerradas están cerradas para todos. Sin embargo, tras cierta contemplación, él preguntó: "Si Rabí Shimon vivifica todos los mundos y los gobierna, ¿cómo puede ser que él no haya alcanzado la perfección?".

Por lo que él concluyó que Rabí Shimon no había sido consumido por el polvo, es decir, que había alcanzado la corrección completa, y que probablemente se encuentra en un estado de absoluta perfección. Lo que Rabí Jiya no podía entender era cómo alguien (un alma individual) podía alcanzar tal estado antes de (sin) la corrección completa de todos los demás. Rabí Jiya no lograba explicárselo.

50. Rabí Jiya se levantó, y comenzó a caminar y llorar. Rabí Yosi le acompañó. Ayunó cuarenta días para poder ver a Rabí Shimon. Le fue contestado que aún no era digno de verle. Lloró y ayunó otros cuarenta días. Entonces le fue dada una visión: Rabí Shimon y su hijo Rabí Eliezer estaban debatiendo las palabras de Rabí Jiya, las cuales había dicho a Rabí Yosi, y eran miles los que escuchaban su conversación.

Aunque el ayuno del que habla *El Zóhar* es un acto espiritual, tal descripción es un buen ejemplo en nuestro mundo de cuán fuerte debe ser un deseo para que reciba respuesta desde Arriba. El lloro, las lágrimas, representan la misma acción espiritual: el estado pequeño (*Katnut*) de un *Partzuf* espiritual en este caso denominado "Rabí Jiya". Naturalmente, Rabí Shimon y los demás personajes que aparecen en *El Zóhar* son *Partzufim* espirituales, y en ningún caso personas de nuestro mundo.

Aunque, a decir verdad, el nivel espiritual de una persona que vive en nuestro mundo –y es conocida bajo un cierto nombre– puede coincidir con su nivel espiritual descrito en la *Torá*. No obstante, el esclarecimiento de este asunto excede el propósito de este artículo que nos ocupa. Es preciso señalar que el Faraón en el Egipto terrenal, naturalmente no fue un Faraón espiritual en la manera que se describe en *El Zóhar* (el *Partzuf* que incluye toda la *Maljut*) y Labán, descrito en la *Torá* como un malvado villano, es la Luz Superior espiritual del *Partzuf AB*, la Luz Superior de *Jojmá*. Esto es algo que explicaremos más adelante.

El gran deseo de alcanzar el grado de Rabí Shimon le permitió a Rabí Jiya verle, pues estaba convencido de que Rabí Shimon no había sido consumido por el polvo. Él llegó a esta conclusión precisamente a raíz de su conversación con Rabí Yosi, tras la cual deseó apasionadamente ver a Rabí Shimon.

51. En esa misma visión, Rabí Jiya contempló varias alas inmensas y celestiales: cómo Rabí Shimon y su hijo Rabí Eliezer montaron en ellas y surcaron los cielos hasta llegar a la Asamblea Celestial. Mientras, las alas les aguardaban. Después, ambos retornaron a su lugar brillando con más Luz que nunca antes, con más Luz que la del sol.

La Asamblea Celestial se refiere a la asamblea del ángel Matatrón. Sin embargo, no se pronuncia su nombre completo, y en su lugar se emplea el nombre Matat; porque el hecho de pronunciar un nombre es equivalente a una acción, la cual puede que no siempre sea deseable. "Asamblea Superior" se refiere a la Asamblea del Creador, mientras que la Asamblea Celestial es la Asamblea de Matat.

Las alas que aguardaban a Rabí Shimon y a su hijo Eliezer son ángeles (fuerzas espirituales, semejantes a robots o a animales de tracción en nuestro mundo), cuya tarea es ayudar a las almas a elevarse de un grado espiritual a otro. Y como esas alas deben asistir a las almas en su ascenso, también deben ayudarlas a descender a sus lugares. Así, se dice que las alas estaban esperando a Rabí Shimon y su hijo Rabí Eliezer para llevarlos de vuelta abajo.

Y cuando Rabí Jiya los vio regresar de la Asamblea Celestial a sus lugares (a la Asamblea de Rabí Shimon), él comprobó que había una nueva Luz en sus rostros, y un halo a su alrededor que era más brillante que el sol.

52. Rabí Shimon abrió y dijo: "Que entre Rabí Jiya y contemple cómo el Creador renueva el rostro de cada justo en el mundo venidero. Dichoso aquel que aquí llegue sin rastro de vergüenza. Dichoso aquel que se erige en el otro mundo como un rígido pilar opuesto a todo". Y Rabí Jiya se vio a sí mismo entrando, y Rabí Eliezer y todos los demás pilares del mundo allí sentados, se levantaron ante Rabí Jiya. Y él, Rabí Jiya, se sintió avergonzado; entró postrándose, y se sentó a los pies de Rabí Shimon.

Rabí Shimon abrió (abrió el camino a la Luz) y dijo: "Dichoso aquel que entra sin rastro de vergüenza". Y ninguno de los allí presentes sentía vergüenza. Únicamente Rabí Jiya estaba avergonzado. Era así porque ellos tenían fuerzas para oponer resistencia al polvo, pero Rabí Jiya carecía de ellas. Todos ellos eran perfectos, sin embargo Rabí Jiya tenía un defecto: el deseo de alcanzar. Y de eso se avergonzaba.

53. Se escuchó una voz: "Baja los ojos, no levantes la cabeza y no mires". Bajó sus ojos y vio una luz que brillaba a lo lejos. De nuevo surgió la voz y dijo: "Los Superiores, ocultos y cerrados, que poseen ojos para vigilar sobre el mundo entero, miran y ven: los inferiores están durmiendo y la Luz de sus ojos está oculta en sus pupilas. ¡Despertadlos!".

Después de seguir las indicaciones de bajar los ojos y no levantar la cabeza (no usar su deseo de recibir Luz, sino únicamente los deseos de otorgar), mereció oír (Luz de *Jasadim*) el reclamo con ayuda del cual pudo alcanzar todo aquello que deseaba. La voz divide las almas en dos grupos: el primer grupo es el de los Sagrados Superiores Ocultos, que fueron merecedores de abrir sus ojos para contemplar el mundo entero. El segundo grupo de almas tiene la Luz de sus ojos oculta en las cuencas de sus ojos, lo cual les llevó a la ceguera. Por eso la voz exhortó a las almas del primer grupo a contemplar, es decir, a utilizar la recepción de la Luz Superior, a atraer la Luz Superior junto con el segundo grupo.

54. ¿Quién entre vosotros, quién ha convertido la oscuridad en Luz y saborea lo amargo como si fuera dulce incluso antes de venir aquí, esto es, cuando aún vivía en el otro Mundo? ¿Quién entre vosotros anhela y cada día espera la Luz que brilla cuando el Señor se distancia, cuando aumenta la Grandeza del Señor y Él es llamado Rey de todos los reyes en el mundo? Y sin embargo, aquel que no anhela esto cada día mientras vive en este mundo, tampoco tiene un lugar en el otro mundo.

La meta del Creador es que el hombre Le alcance plenamente mientras vive en este mundo, que llegue a sentir al Creador tal y como lo había hecho antes de descender a este mundo, antes de la encarnación en un cuerpo fisiológico. A partir de esto, la división de la gente de nuestro mundo en dos grupos es más que evidente, y la voz se dirige a ellos.

La voz resalta la principal ventaja de cada grupo. A las almas del primer grupo, les dice que han convertido la oscuridad en Luz. Estas son las almas del mundo de *Atzilut*, dado que el Creador creó dos sistemas opuestos en los mundos de *BYA*: el sistema de la oscuridad y la amargura frente al sistema de la Luz y la dulzura. Por eso, en la *Torá* de *BYA* existe una división entre lo apropiado y lo inapropiado, lo puro y lo impuro, lo permitido y lo prohibido, lo sagrado y lo profano; mientras que en la *Torá* del mundo de *Atzilut* (que se compone enteramente de los nombres sagrados del Creador) no hay nada que sea impuro.

Y el pecador Labán es considerado un nombre sagrado en el mundo de *Atzilut*, al igual que el Faraón. Todos los nombres que son fuerzas impuras en los mundos de *BYA*, en el mundo de *Atzilut* se corrigen: se vuelven fuerzas y objetos elevados y puros, espirituales, con sus correspondientes nombres sagrados. Por lo tanto, las almas que han alcanzado la Luz del mundo de *Atzilut* transforman toda la oscuridad en Luz y toda la amargura en dulzura. Es decir, la única diferencia entre lo sagrado, lo puro, lo apropiado y lo opuesto a ellos, radica en la corrección del deseo, y en la adquisición de una pantalla anti-egoísta sobre el deseo de recibir.

Al segundo grupo, la voz le dijo que ellos aguardaban la ayuda del Creador, y que Él resurgirá (*Shejiná*, Su revelación a los inferiores) del polvo (en sus sensaciones). Pero aquellos que no Le aguardan, y que están ocupados con otras aspiraciones, no resurgirán del polvo, y la sensación del Creador seguirá oculta para ellos.

55. En su visión, Rabí Jiya contempló a muchos de sus amigos reuniéndose en torno a aquellos pilares erguidos. Y los vio mientras eran elevados a la Asamblea Celestial; algunos eran elevados, mientras que a otros se les hacía bajar. Y por encima de todos ellos, contempló a Matat –el que posee las alas– aproximarse.

Mientras la voz exhortaba, Rabí Jiya contempló algunas almas de justos –pertenecientes a los dos grupos– erguidos en torno a los dos pilares que habían estado presentes previamente en la asamblea de Rabí Shimon, y a los que él ya había visto elevándose a la Asamblea Celestial. Algunos ascendían, otros descendían; es más, este movimiento tenía lugar en respectivas direcciones opuestas.

De esta manera los dos grupos se ayudaban el uno al otro de acuerdo a lo que les exhortaba la voz: al primer grupo le indicaba que descendiera y al segundo que ascendiera. Rabí Jiya también vio que, debido a que se despertaron esas aspiraciones en todas aquellas almas, es decir, debido a la fuerza de los dos grupos, Matat descendió desde la Asamblea Celestial a la Asamblea de Rabí Shimon y realizó un juramento.

56. El ángel Matat juró que había oído detrás de la cortina cómo cada día el Creador se acuerda y se apena por *Maljut*, arrojada al polvo. Y cuando Él la recuerda, golpea 390 firmamentos, y todos ellos tiemblan con terrible temor ante Él. Y el Creador derrama lágrimas por la *Shejiná* (Divinidad), *Maljut* que ha caído en el polvo. Y esas lágrimas hierven como el fuego, y caen al Gran Mar. Y con la fuerza de estas lágrimas, aquel que gobierna el Mar, denominado *Rajav*, revive, bendice el sagrado nombre del Creador y promete devorarlo todo, desde los primeros días de la creación, y acopiar todo dentro de sí cuando todas las naciones se congreguen contra la nación sagrada, cuando las aguas se sequen, e Israel camine sobre la tierra firme.

Este juramento quiere decir que el Creador nunca olvida. Al contrario, cada día recuerda que la *Shejiná* yace en el polvo. No obstante, esto no hace referencia a toda la *Shejiná*: el Creador no necesita jurar sobre esto, pues es visible y manifiesto para todos aquellos que se encuentran en los Mundos Superiores, que todo lo que Él hace va dirigido a la *Shejiná* (*Maljut*) exclusivamente.

Sin embargo, esto solamente hace alusión a *Maljut de Maljut*. Ella es la que Rabí Jiya cree cautiva de las fuerzas impuras, completamente abandonada. Y por eso lloraba: "¡Oh, polvo de la tierra, que todo lo consumes!". Y aquí, el ángel Matat, que acude a la Asamblea de Rabí Shimon, le reveló a Rabí Jiya un gran secreto: que el Creador reina sobre todo y que cada día Él recuerda a *Maljut de Maljut*.

Un *Zivug* –unión de la pantalla (*Masaj*) con la Luz (placer)– se define como un golpe de Luz sobre la pantalla, provocado por el deseo de la Luz de entrar y cruzar la barrera de dicha pantalla, al mismo tiempo que la pantalla la restringe y la repele. Este acto de rechazo recibe el nombre de Luz Retornante (que vuelve hacia atrás), pues se eleva desde la pantalla hacia arriba y envuelve a la Luz entrante.

Es algo que podemos comparar con el ejemplo del anfitrión (el Creador) que ofrece exquisiteces (Luz) a su huésped (el *Kli*), el cual desea disfrutar de esas delicias (Luz). Sin embargo, debido a la vergüenza que siente por ser el receptor, el huésped se niega a tomar, y su pantalla repele la comida (la Luz). Es como si le dijera al anfitrión (el Creador) que se niega a recibir placer (la Luz) para sí mismo, para su propio deleite. Este acto de repeler la comida (la Luz) da lugar a la Luz Retornante, puesto que no proviene simplemente del deseo de evitar sentir vergüenza –como ocurre en nuestro mundo–, sino porque el *Kli* espiritual desea ser semejante al Creador.

La Luz Retornante es esa intención altruista, ese deseo. Es también el *Kli* espiritual, y únicamente dentro de él puede recibirse la Luz: únicamente en esa intención puede el hombre sentir al Creador.

Una vez que el *Kli* logró rechazar todo el placer que llegaba hasta él y demostró que podía cumplir la condición de la primera restricción (no recibir para sí mismo), comienza entonces a calcular cuánta Luz puede recibir en beneficio del Creador. El *Kli* recibe dentro de sí únicamente aquella cantidad de placer de la cual tiene certeza que puede recibir en beneficio del Creador.

El placer recibido dentro del *Kli* es denominado "Luz Interior". La cantidad de Luz recibida determina el grado de semejanza con el Creador; el *Kli* actúa como el Creador: del mismo modo que Él desea otorgar placer al *Kli*, el *Kli* desea deleitar al Creador según la cantidad de Luz Interior recibida. En consecuencia, el tamaño del *Kli* (desde *Pe* hasta *Tabur*, donde el *Kli* recibe la Luz) determina el grado de adhesión (de unión) con el Creador. Y en este lugar el *Kli* se une con Él en atributos e intenciones.

Si la capacidad de resistencia del *Kli* no es suficiente para recibir por amor al Creador, y únicamente es capaz de abstenerse de recibir, se considera entonces que el *Kli* está en un estado denominado "pequeño", *Katnut*. El *Kli* que fue hecho por el Creador es el más fuerte de todos. Sin embargo, posteriormente, a medida que desciende, la pantalla del *Kli* poco a poco se va debilitando hasta alcanzar el grado en que el *Kli* ya no tiene fuerzas de recibir por amor al Creador. Las únicas fuerzas que le quedan son para *no* recibir en beneficio propio. Por ello, desde este grado hacia abajo existe una prohibición de recepción de Luz dentro de los "deseos de recibir" del *Kli*. El *Kli* puede usar su GE, pero no su AJaP. Y la barrera –más allá de la cual la Luz no puede expandirse dentro de AJaP– es denominada *Parsá*, el firmamento. Esta barrera se construye desde Arriba, y así, incluso si el *Kli* desea recibir Luz para sí mismo, no podrá hacerlo.

La pantalla divide el firmamento y consta de cuatro partes: *Jojmá*, *Biná*, *Tiféret* y *Maljut* (J-B-T-M), las cuatro letras de *HaVaYaH*. Dado que *Maljut* se ha unido con *Biná*, y por ende ha transformado sus atributos egoístas en altruistas, la pantalla no está localizada en *Maljut*, sino en *Biná*. *Biná* es contabilizada en centenas, por eso las cuatro partes J-B-T-M equivalen a 400. Sin embargo, no hay *Zivug* (recepción de Luz) sobre *Maljut de Maljut*, por lo que es denominada "las puertas cerradas". Esto significa que *Maljut* contiene 90 *Sefirot* y no 100: 9 *Sefirot*, cada una compuesta de otras 10.

Por lo tanto, la pantalla que es denominada "el firmamento" y que, reflejando la Luz Superior, lleva a cabo un *Zivug* con ella, consta de 390 partes porque falta la parte de *Maljut de Maljut*. Así, se dice que el firmamento consta de 390 firmamentos y que sobre él se realiza un *Zivug* diario con la *Shejiná*, pero no con el polvo, el cual representa diez partes sobre las que está prohibido realizar un *Zivug*.

El impacto entre la pantalla y la Luz entrante se asemeja a un estremecimiento por miedo a recibir la Luz dentro de uno mismo, más allá de los límites de nuestras propias restricciones.

Existen cinco *Sefirot* en *Rosh* (la cabeza) de un *Partzuf*:

Kéter	- Galgalta (or Métzaj)	- frente
Jojmá	- Einaim	- ojos
Biná	- Oznaim	- oídos
ZA	- Jótem	- nariz
Maljut	- Pe	- boca

Del mismo modo que la secreción de nuestros ojos fisiológicos es llamada "lágrimas", la secreción de *Or Jojmá* de los "ojos" del *Kli* espiritual también la llamamos "lágrimas". Las lágrimas son aquella parte de Luz que el *Partzuf* repele a falta de una pantalla sobre *Maljut de Maljut*. Toda Luz que llega a un *Partzuf* desea entrar a través de la pantalla y llenarlo de placer (también a aquella parte del *Partzuf* que no posee una pantalla para recibir con intenciones altruistas). Por eso, la pantalla rechaza de inmediato esta porción de Luz.

Pero entre el impacto de la Luz que llega desde Arriba y la resistencia que ofrece la pantalla desde abajo, se filtran pequeñas gotas de Luz a través de la pantalla, la cual, debido a su apresuramiento, es incapaz de repelerlas. Estas gotas no tienen nada que ver con el nivel de *Jojmá* del *Partzuf*, porque carecen de la vestidura de la Luz Retornante. Ellas salen fuera del *Partzuf* de *Jojmá* y reciben el nombre de "lágrimas". ¡Y sin embargo son Luz!

Es algo similar a cuando nuestros ojos se llenan de lágrimas de compasión por otra persona. Ciertamente, todo lo que hay en nuestro mundo existe porque proviene de su prototipo espiritual, y todo lo que sucede en este mundo, sucede únicamente porque proviene de una raíz espiritual Superior.

Después de todo, que la Luz Superior golpee la pantalla tratando de traspasar su restricción, proviene del hecho de que la Luz Superior desciende desde el Lugar Supremo, desde el Mismo Creador, y no está relacionado con el deseo de la criatura de recibir dicha Luz dentro de los límites de sus capacidades altruistas. La Luz llega desde el Mundo del Infinito, desde el Creador, mucho antes de que el *Kli* apareciera y deseara aceptar todas las restricciones sobre sí mismo.

La Luz Superior desea llenar el deseo de recibir placer que ella creó, como está escrito: "el Creador desea morar en Sus criaturas abajo". La Luz y el Creador son uno y lo mismo; al fin y al cabo, el hombre define la sensación del Creador como Luz espiritual. Y esta Luz Superior lucha por atravesar la pantalla y entrar en los deseos del hombre, pero la pantalla la expulsa hacia fuera. Así, esta Luz Superior que es rechazada se convierte en Luz Retornante, término que designa las intenciones altruistas del hombre de dar deleite al Creador.

A raíz de la colisión con la pantalla, caen hacia fuera porciones de Luz; estas lágrimas tienen su origen en el amor y la compasión que el Creador siente por Su creación. Y esta acción espiritual ocasiona las lágrimas que en nuestro mundo el hombre derrama cuando está abrumado de sufrimiento o amor. Si bien las lágrimas espirituales nunca desaparecen.

Encontramos la descripción de esto en *El Cantar de los Cantares* (8:6): "Fuerte es el amor como la muerte y los celos tan crueles como el infierno: sus brasas son de fuego, ¡el fuego del Señor!". Y es así porque estas lágrimas provienen del amor y la compasión del Superior por el inferior. Y así como las ardientes lágrimas derramadas por alguien en nuestro mundo queman, también las hirvientes y ardorosas lágrimas Superiores queman como el fuego, ¡como la propia llama del Señor!

Al estar relacionada con el atributo de *Jojmá*, *Maljut* es denominada "el mar". Y por eso se dice que estas lágrimas (*Or Jojmá* que no ha sido envuelta con *Or Jasadim*) caen al mar, a *Maljut*. Y está escrito que las muchas aguas de los mares no extinguirán el amor del Creador por sus criaturas, expresado en esas lágrimas.

Y así se dijo durante la creación del mundo: "Júntense las aguas que están bajo los cielos en un lugar" (*Bereshit*, 1:9). Pero el ángel que gobernaba el mano quiso tragar esas aguas y por ello fue aniquilado (fue vaciado de Luz). Ahora, gracias a las lágrimas que caen, el ángel vive de nuevo.

La razón de esto es que, durante la creación del mundo, *Maljut de Maljut* no tuvo ningún tipo de corrección, porque el Creador creó los mundos de ABYA con una corrección especial, denominada MAN de Biná o Atéret Yesod, y no MAN de Maljut o Maljut de Maljut. Es decir, la corrección es posible si el hombre corrige no a la propia *Maljut de Maljut* (la esencia del hombre) sino que, mientras se abstiene completamente de su uso (la utilización del egoísmo), *Maljut de Maljut*, él adquiere deseos más elevados y altruistas desde *Biná*, y recibe la Luz del Creador en ellas (en las *Sefirot* de *K-J-B-ZA de Maljut*, en las 390 *Sefirot*).

Estos deseos altruistas superiores son denominados los deseos de *Biná*, o MAN *de Biná*, y la recepción de Luz en ellos (*Zivug*) se lleva a cabo no sobre el egoísmo (sobre *Maljut*) sino sobre el deseo de otorgar, denominado *Atéret Yesod*. Por eso, este *Zivug* es suficiente únicamente para llenar las nueve primeras *Sefirot* en *Maljut*, pero no llena a la propia *Maljut*.

El profeta Yeshayahu (Isaías) escribe en este sentido: "¿Con quién estáis vosotros, compañeros? Yo inicié los mundos, ¡y vosotros los culminaréis!". Puesto que la corrección de *Maljut de Maljut* incumbe solamente a las criaturas. Por ello, cuando le fue dicho al que gobierna los mares: "Júntense las aguas en un lugar", él se negó y no quiso tragar todas las aguas creadas, ya que debido al estado no corregido de *Maljut de Maljut*, las fuerzas impuras prevalecieron y gobernaron sobre él. Y esa es la razón por la que fue aniquilado.

Sin embargo, estas lágrimas corrigen a *Maljut de Maljut*, y así vivifican al que gobierna los mares, para que pueda resucitar, santificar el nombre del sagrado Creador, cumplir la voluntad de Él, y devorar las aguas primigenias. Porque entonces, todo el mal en el mundo, todas las fuerzas impuras, desaparecerán y todos (los deseos) se reunirán en un lugar (atributo) cuyo nombre es *Atzilut*. Esto es porque el mundo de *Atzilut* se extenderá desde el extremo del mundo de AK hacia abajo, hacia nuestro mundo, y entonces llegará el final de la corrección, porque los mundos de BYA retornarán a sus atributos del mundo de *Atzilut*.

En el futuro, al final de la corrección, tras la corrección de las primeras nueve *Sefirot* de *Maljut*, cuando únicamente quede por corregir *Maljut de Maljut*, la última y décima *Sefirá*, cuando todas las naciones del mundo (*Maljut de Maljut*) se unan para destruir a Israel (las nueve primeras *Sefirot* de *Maljut*, o el deseo de corregir todas las diez *Sefirot* de *Maljut*), la acción de aquel que gobierna los mares será revelada cuando él trague todas las aguas primigenias, las aguas malignas; y las aguas (las severas restricciones) se secarán, y los hijos de Israel (aquellos que aspiran al Creador) caminarán sobre tierra firme.

El profeta Mija (Miqueas) habla sobre ello: "Apenas escapamos de la tierra de Egipto, contemplamos maravillas". Sin embargo, solo era el comienzo, pues solo ocurrió en el Mar Final (el Mar Rojo, pero el nombre en hebreo *Yam Suf*, "Mar Final", significa el final de *Maljut*, o *Maljut de Maljut*), y solamente por un tiempo limitado. Pero, al final de la corrección, la muerte desaparecerá para siempre.

Es así como Matat explicó su juramento: el Creador nunca olvida a *Maljut*, que fue arrojada al polvo. Aunque se lleve a cabo un *Zivug* diario con la *Shejiná* solamente sobre 390 firmamentos, sobre las nueve *Sefirot* de *Maljut*, y no sobre la propia *Maljut de Maljut*, que permanece yaciendo en el polvo, y, a nuestros ojos, completamente olvidada por el Creador. Sin embargo, no hay nada más lejos de la realidad. Lo cierto es que Él la corrige con cada *Zivug*, ya que con cada *Zivug*, debido a los impactos que reciben los 390 firmamentos, las lágrimas caen hacia fuera. Y esas lágrimas no se pierden, sino que caen en el Gran Mar (*Maljut de Maljut*), que recibe de ellas lentas pero graduales correcciones, incluso si se trata de *Or Jojmá* sin la envoltura de *Or Jasadim*. Y a medida que se va corrigiendo, aquel que gobierna los mares revive, hasta que se acumulen suficientes lágrimas para corregir a toda la *Maljut*, de modo que todas sus intenciones vayan dirigidas al Creador.

Esto ocurrirá cuando todas las naciones del mundo se unan para atacar a Israel. Entonces, aquel que gobierna los mares recobrará la vida y se tragará todas las aguas primigenias, porque *Maljut de Maljut* recibirá la corrección que le falta; pues el Creador la cuida cada día hasta que ella, Su única criatura, alcance la corrección final.

Y aquí le fue revelada a Rabí Jiya su equivocación: comprendió que nada desaparece en el polvo, sino que, por el contrario, cada día, toda la *Maljut* experimenta correcciones, como juró Matat.

57. Y a través de todo esto, escuchó una voz: "¡Despejad este lugar, despejad este lugar! El *Mashíaj* (Mesías), el Rey Redentor viene a la asamblea de Rabí Shimon". Porque todos los justos allí reunidos son la cabeza de los grupos y las asambleas, mientras que todos los miembros ascienden desde esta asamblea a la Asamblea Celestial. Y el *Mashíaj* se encuentra en todas estas asambleas y confirma la *Torá* que brota de la boca de los justos. Y en ese momento, el *Mashíaj* viene a la asamblea de Rabí Shimon, rodeado por los que encabezan todas las Asambleas Supremas.

A consecuencia de la gran revelación –el final de la corrección– oculta en el juramento de Matat, todos los justos presentes en la asamblea de Rabí Shimon se elevaron, especialmente los dos grupos de justos que originaron la aparición de Matat y su juramento. Gracias a lo cual, todos ellos lograron Grados Superiores y alcanzaron los niveles de "cabeza de las asambleas", pues cada asamblea se compone de miembros y una cabeza. Y la diferencia entre ellos es similar a las diferencias entre *VAK*, *GE* del grado o *Partzuf*, y *GAR*, el *Partzuf* completo.

Así, está escrito que el lugar debe ser despejado para el *Mashíaj*. Después de todo, cuando Matat reveló el secreto del final (de la corrección), es decir, cómo la creación será liberada del egoísmo, apareció una voz y les exhortó a preparar un lugar para el *Mashíaj*, el Rey Redentor, porque el final de la corrección está conectado con el Rey-*Mashíaj*.

Sin embargo, solo los justos de la asamblea de Rabí Shimon, aquellos que están por encima de todas las cabezas de las asambleas, merecen el advenimiento del *Mashíaj*, porque solo aquellos que están en el mismo nivel espiritual que el Rey-*Mashíaj* (aquellos que ya han corregido todos sus otros atributos: las nueve primeras *Sefirot* en su fracción de los deseos-*Maljut*, todos sus atributos exceptuando el egoísmo original, *Maljut de Maljut*) pueden merecer la revelación del rostro del *Mashíaj*.

El nivel del *Mashíaj* es la Luz de *Yejidá*. Y si todos los miembros no hubieran alcanzado el nivel de las cabezas de las asambleas, el GAR de los grados, es decir, si no hubieran corregido todo lo que podían corregir por sí mismos, no habrían merecido la revelación del rostro de *Mashíaj*. No obstante, las cabezas de las Asambleas no son el nivel de GAR de los grados inferiores. Al contrario: representan un nivel tan alto, que todos los miembros han merecido alcanzar la Asamblea Celestial, la Asamblea de Matat.

Y ahora todos los miembros ya merecieron llegar a ser las cabezas de las Asambleas, desde las cuales merecieron elevarse a la Asamblea Celestial. Y lo que es más: gracias a sus correcciones, merecieron que el mismo *Mashíaj* viniera a todas estas asambleas para ser adornado con sus acciones en la *Torá*. Y ahora todos los miembros merecen alcanzar el nivel de cabeza de las asambleas. Por eso el *Mashíaj* está adornado con la *Torá* de las cabezas de las asambleas, es decir, gracias a ellas, el *Mashíaj* mismo asciende a un Grado Superior.

58. En ese momento, todos los miembros se pusieron de pie. Rabí Shimon también se levantó y su Luz se elevó al firmamento. Le dijo el *Mashíaj*: "Dichoso tú, Rabí, porque tu *Torá* se eleva rodeada de 370 rayos de Luz, y cada rayo se divide en 613 rayos (atributos) que ascienden y se bañan en los ríos del sagrado *Afarsemón*. Y el Creador confirma y rubrica la *Torá* de tu Asamblea, de la Asamblea de Jizkiyá, el Rey de Yehuda, y de la Asamblea de Ajiyá HaShiloní".

Cuando el *Mashíaj* se reveló a sí mismo ante ellos y vino a la Asamblea de Rabí Shimon, todos los miembros se levantaron (ascendieron del nivel de VAK al nivel de GAR), y Rabí Shimon se colocó en el mismo grado que el *Mashíaj*. Y la Luz se elevó a lo alto, al firmamento. Esto indica que Rabí Shimon había alcanzado la Luz de los diez firmamentos, el décimo firmamento que anteriormente faltaba a consecuencia de las clausuradas puertas de *Maljut de Maljut*, y había alcanzado la Luz de *Yejidá*, la cual ahora era capaz de recibir, pues podía realizar un *Zivug* sobre *Maljut de Maljut*. Y la Luz de *Yejidá* que brilla desde este *Zivug* es denominada *Mashíaj*. El nivel "estar sentado" es 390, o VAK; el nivel "estar de pie" es 400, o GAR.

Y el *Mashíaj* le dijo a Rabí Shimon que su *Torá* originó la Luz de *Yejidá* en el *Partzuf Átik*, porque:

Unidades (0 – 9) están en *Maljut*;
Decenas (10 – 90) están en ZA;
Centenas (100 – 900) están en *Ima*;
Millares (1 000 – 9 000) están en *Aba*;
Decenas de miles (10 000 – 90 000) están en *Árij Anpin*;
Y centenares de miles (100 000 – 900 000) están en *Átik*.

Dado que cada *Sefirá* del *Partzuf Átik* equivale a 100 000, las cuatro *Sefirot* de *HaVaYaH* (J-B-T-M de *Átik*) hacen un total de 400 000.

Sin embargo, en este caso él debió haber dicho que la *Torá* llevó a cabo la acción en 400 000; y sin embargo, dijo que la Luz emanada de *Ima* no es empleada sobre los 400, sino solamente sobre los 370, pues aunque la *Torá* ha alcanzado el cénit del firmamento, todavía no ha alcanzado el GAR de la última centena Superior. Por ello, solamente hay 370, faltando los Treinta Superiores en *Ima*.

Lo mismo sucede en relación a los millares: la Luz de ABA no utiliza GAR de cada millar, sino solamente VAK de cada uno de ellos, es decir, 600 en vez de 1 000. En lugar de GAR de cada millar, utiliza trece (*Jojmá* de los "treinta y dos *Netivot* (senderos de) *Jojmá*"). El número trece significa *Jojmá* de los "treinta y dos *Netivot Jojmá*", la Luz débil de *Jojmá*, denominada "el sagrado *Afarsemón*"

Por ello, se dice que la *Torá* ha alcanzado 370 Luces, y cada una de ellas se divide en 613 rayos; así, en los 400 de *Ima* faltan treinta de la Luz Superior de *Jojmá*, lo cual la deja solamente con 370. Y cada millar carece de los 400 Superiores (GAR de *Jojmá*). En vez de usar los trece senderos del sagrado *Afarsemón*, cada millar contiene no más de 613, pues todos los secretos Superiores están ocultos en la asamblea de Rabí Shimon. Y el Creador los selló, porque Él asciende y se adorna con los logros de todos los justos en la *Torá*.

Sabemos por *El Talmud* (*Sanhedrín*, 99:1) que todo aquello que los profetas dijeron se refiere exclusivamente a los días de la llegada del *Mashíaj*, pero en el futuro (*Yeshayahu*, 64), cada uno contemplará al Creador por sí mismo. Porque todos los grados y niveles que se refieren a los días del *Mashíaj* estarán entonces corregidos y todos los secretos de la *Torá* serán revelados, todo el mundo alcanzará dentro de sí la completa revelación de la Luz, del Creador: como está escrito, cada uno verá con sus propios ojos ("ver" se refiere a GAR de *Or Jojmá*).

De todo ello se deduce con claridad que existe una oportunidad de corregir nuestra *Maljut de Maljut* personalmente, incluso antes de que todas las almas lo logren en el futuro. En tal caso, el hombre alcanza su nivel INDIVIDUAL de 400, aunque su nivel GENERAL no puede ser superior a 370, como ocurre con todo el mundo. Este es el grado que Rabí Shimon, Rabí Jizkiyá y Ajiyá HaShiloní habían alcanzado.

59. El *Mashíaj* dijo: "He venido aquí no a confirmar la *Torá* de tu asamblea, sino únicamente porque "el que posee las alas" se dirige hacia aquí. Pues tengo certeza de que él no entrará en ninguna otra asamblea, solo en la tuya". Mientras tanto, Rabí Shimon le contó acerca del juramento hecho por el "que posee las alas". En ese preciso instante el *Mashíaj* tembló sobrecogido y elevó su voz; los Cielos se estremecieron, y el Gran Mar se embraveció, y el Leviatán se agitó y el mundo entero amenazó con volverse al revés.

En aquel momento, él vio a Rabí Jiya en los adornos de Rabí Shimon. Y él preguntó: "¿Quién dio al hombre los adornos, las vestiduras del otro mundo?" (vestiduras del otro mundo sobre el cuerpo de este mundo). Rabí Shimon respondió: "¡Este es Rabí Jiya! ¡Resplandor de la *Torá*!" Y él le dijo: "Reúne a él y a sus hijos (aquellos que han abandonado este mundo), y que se unan a tu Asamblea". Rabí Shimon dijo: "El tiempo le fue concedido, le fue concedido el tiempo" (el tiempo de Rabí Jiya aún no ha llegado).

El *Mashíaj* le dijo a Rabí Shimon que él había venido no por amor a la *Torá*, sino porque el "que posee las alas" había venido a la asamblea, deseando saber lo que Matat había dicho. Y es que Matat había revelado que el final de la corrección vendría precedido de terribles sufrimientos para Israel: los Cielos y el Gran Mar se estremecerían, el mundo se encontraría al borde del colapso, como se predijo en *El Talmud* (*Sanhedrín*, 97): "Todo está roto". Por eso, él elevó su voz deseando mitigar toda esta conmoción.

El *Mashíaj* estaba sorprendido de ver las vestiduras de Rabí Jiya (sorprendido de ver que Rabí Jiya existe en un cuerpo físico de nuestro mundo, en el atributo de nuestro mundo), porque si él había alcanzado tal grado como para merecer la aparición de Matat y su juramento, él había alcanzado el grado de la completa corrección de toda su maldad. Y dado que había merecido contemplar el rostro del *Mashíaj* –recibir la Luz de *Yejidá*– obviamente había completado su trabajo en este mundo, y ya no le quedaba nada por hacer aquí. De ahí que debiera abandonarlo y entrar en la Asamblea de Rabí Shimon, en el Jardín del Edén.

Sin embargo, Rabí Shimon persuadió a Rabí Jiya de que necesitaba seguir efectuando nuevas y adicionales correcciones en este mundo. Y ambos, el *Mashíaj* y Rabí Shimon, le explicaron a Rabí Jiya lo que concretamente estaba obligado a hacer todavía en este mundo.

60. Rabí Jiya tembló estremecido cuando el *Mashíaj* se fue, y sus ojos se llenaron de lágrimas. Porque el *Mashíaj* abandonó la Asamblea de Rabí Shimon llorando debido a su gran deseo por la corrección final y la redención. Y Rabí Jiya también estaba afligido por su ferviente deseo de alcanzar la corrección completa. Rabí Jiya lloró y dijo: "Dichoso el destino de los justos en el otro mundo, y dichoso el destino de Rabí Shimon Bar-Yojay, que ha merecido todo esto".

¿Quién es tu socio?

61. *Bereshit*: Rabí Shimon abrió: "Pon mis palabras en tu boca. Cuánto esfuerzo debe el hombre realizar en la *Torá* día y noche, porque el Creador presta atención a quienes la estudian. Y el hombre, con cada palabra que alcanza en la *Torá* a través de su esfuerzo, erige un firmamento".

El Creador le dio a los justos el poder de Su discurso. Y así como el Creador crea a la criatura con el poder de Su palabra, también los justos crean nuevos Firmamentos con el poder su palabra. Es por ello que Rabí Shimon abrió su discurso con este verso, explicando las palabras "Al principio, el Creador creó el Cielo y la Tierra", ya que la palabra *Bará* (creó) también significa "cerrar", "confinar". Y debemos entender por qué el Creador lo creó de una forma tan cerrada. Él responde: "Para depositar la corrección del Cielo y la Tierra en el discurso de los justos, para que sean Sus socios-copartícipes en la creación del Cielo y la Tierra".

Hay dos tipos de renovación del Cielo y la Tierra que el Creador depositó en las bocas de los justos:

1. La corrección del pecado de Adam, la corrección del pasado. Ya incluso antes de la creación de Adam, el Creador había realizado una corrección oculta del Cielo y la Tierra, como se describe en el comienzo de la *Torá*, en el capítulo *Bereshit*: ZON del mundo de *Atzilut* ascendieron a AVI y a AA, mientras que Adam se elevó a ZON y YESHSUT. Y el resultado fue que Adam recibió la Luz de *NaRaN* de *Atzilut* porque envolvió YESHSUT y ZON del mundo de *Atzilut*, es decir, ascendió al nivel de aquellos.

Adam está situado dentro de los mundos de BYA y asciende junto a estos mundos. Todos los mundos pueden elevarse más allá de su estado permanente o descender a sus lugares con Adam en su interior. Tanto el nivel espiritual de Adam como la Luz que recibe, están determinados por el lugar en que se encuentra:

DURANTE EL ASCENSO	ESTADO PERMANENTE
	Átik
AVI	AA
ZON	AVI
Adam - Briá	YESHSUT + ZON
————— Parsá del mundo de Atzilut —————	
Adam – Yetzirá	Briá
Adam - Asiyá	Yetzirá
	Asiyá

En otras fuentes, como *El Talmud* (*Bava Batra, 58:2*), esto queda recogido como el ascenso de Adam al nivel del sol (ZA de *Atzilut*). Esta Luz es denominada "*Zehará Ilaá*" (*Zehará* es la palabra aramea que significa *Zóhar* en hebreo, o "Luz radiante" en español).

A raíz de su pecado, Adam cayó espiritualmente al nivel de nuestro mundo corporal (*Talmud, Jaguigá*, 12:1). Y en vez de *NaRaN* del mundo de *Atzilut* que solía recibir antes de su caída, ahora recibe la Luz de los mundos de *BYA* que están por debajo de la *Parsá*. Asimismo, a consecuencia del pecado de Adam, el Cielo (ZA) y la Tierra (*Maljut*) del mundo de *Atzilut*, descendieron al nivel de *VAK* en ZA y al punto en *Maljut* respectivamente, ya que descendieron hasta situarse por debajo del *Tabur* del *Partzuf* AA.

Y a los justos que viven en este mundo, pero ya existen espiritualmente en los mundos de *BYA*, se les ha confiado la misión de corregir todo lo que ocurrió a raíz del pecado de Adam, así como regresar, renovar el Cielo y la Tierra (ZON de *Atzilut*) y elevarlos hasta AVI y AA, ZA hasta AA, y *Maljut* hasta AVI, como ocurría antes del pecado. Y gracias a su trabajo, los justos recibirán la Luz del mundo de *Atzilut* que merece el Adam corregido, porque ellos (sus almas, los *Kelim* espirituales o *Partzuf* espiritual interno) son sus partes.

2. Pero incluso antes del pecado, Adam no se encontraba en el más perfecto de los estados, el estado para el cual el Creador le había creado. Así, una vez que los justos corrijan las consecuencias del pecado de Adam y alcancen *NaRaN* del mundo de *Atzilut*, que existía en Adam antes del pecado, les espera una nueva labor: recibir una nueva Luz Superior que nunca antes descendió. En otras palabras, si el primer objetivo es corregir el pecado, el segundo es alcanzar todavía más. Esto es denominado "crear el nuevo Cielo y la nueva Tierra", nuevos atributos de ZON, en los que puede recibirse una nueva Luz Superior.

Este nuevo nivel o grado que nunca estuvo presente en ningún *Kli* es descrito como "nunca un ojo había visto a un Dios, salvo el tuyo propio" y los grados que los justos añaden a los mundos son llamados "nuevo Cielo" y "nueva Tierra", porque verdaderamente son nuevos y jamás antes existieron en la realidad.

Y este Cielo y esta Tierra que los justos corrigen hasta el nivel donde se encontraban antes del pecado de Adam –durante la creación (*Bereshit*)– no son llamados nuevos, puesto que ya existían y el Creador los corrigió incluso antes del pecado de Adam. Por lo tanto, reciben el nombre de "renovados", y los justos que los corrigen no son denominados los "socios" del Creador.

"Deposita en sus bocas" implica la recepción de una Luz Superior que no ha sido recibida por Adam ni tampoco emanada del Creador. Y ahora, gracias a las acciones de los justos, por las cuales ellos son llamados socios, colaboradores y copartícipes, dicha Luz Superior brota y brilla en la creación. Así, vemos que todos los justos están divididos en dos grupos: aquellos que corrigen el pecado de Adam, y aquellos que crean nuevos grados de alcance. Estos últimos son los denominados socios del Creador.

ZA es llamada "voz" y *Maljut* es llamada "discurso". Cuando un justo estudia la *Torá*, y mediante ello eleva MAN (con la voz y el discurso de su *Torá*), desde su alma hasta ZON, su voz se eleva a ZA y su alma asciende a *Maljut*. La voz de la *Torá* que se eleva con MAN hasta ZA es llamada "el Creador" (*Kadosh Baruj Hu*).

Asimismo, cada palabra renovada en la *Torá* erige un nuevo firmamento. Una palabra significa el discurso, y cada discurso que renueva la *Torá* por medio de quienes la estudian, asciende en forma de MAN a *Maljut*, que es llamada "palabra y discurso". Y esto origina un nuevo firmamento en forma de pantalla, sobre la cual se realiza el *Zivug* entre el Creador y la *Shejiná*. *Esto es lo que se alcanza gracias al MAN que elevan los justos al estudiar la Torá.*

Sin embargo, la renovación de las palabras de la *Torá* entraña que no hay nada nuevo en la voz de la *Torá*. Y es así porque *Maljut* debe volver a crearse a sí misma para cada nuevo *Zivug*, porque después de cada *Zivug*, *Maljut* regresa a un estado de virginidad gracias al MAN elevado por los justos, quienes constantemente renuevan los atributos en ella, su *Yesod*: el *Kli* para la recepción de Luz desde ZA. Por lo tanto, está escrito que la *Torá* es renovada con cada palabra, ya que una palabra (*Maljut*) se renueva gracias al discurso de los justos en la *Torá*, porque tras cada *Zivug*, el *Kli* anterior desaparece y nace uno nuevo.

62. Hemos aprendido que cuando la *Torá* es renovada por boca del hombre, dicha renovación asciende y aparece ante el Creador. Y el Creador toma esta sabiduría, la besa, y la adorna con setenta adornos. Y la propia sabiduría renovada asciende y se asienta en la cabeza del justo que vivifica los mundos, y luego vuela, surcando los cielos por los 70 000 mundos, hasta ascender a *Átik*, la *Sefirá Kéter*. Y todo lo que existe en *Átik* es sabiduría Celestial oculta.

Cuando una persona eleva MAN desde su *Torá*, esta palabra, que es *Nukva de ZA*, se eleva y queda incluida en el Creador mediante un *Zivug* con Él. El

Creador toma esta palabra, la besa y la adorna, y estos son los dos tipos de *Zivuguim* (plural de *Zivug*) en ZON:

1. *Zivug de Neshikín* (besos)
2. *Zivug de Yesodot* (bases/fundamentos).

Cada *Zivug* se compone de dos *Zivuguim*, porque un *Zivug* sobre *Or Jojmá* debe envolverse con el *Partzuf* (la vestimenta) de *Or Jasadim*. Por lo tanto, debe realizarse un *Zivug* preliminar sobre *Or Jasadim*, cuya labor es llegar a ser vestimenta para *Or Jojmá*. Este es el motivo por el cual cada *Zivug* está compuesto por dos *Zivuguim*:

1. Un *Zivug* sobre el grado de *Jojmá*, llamado *Zivug de Neshikín*, porque se encuentra en *Pe de Rosh* del *Partzuf*, al nivel de *Rosh* y GAR.
2. Un *Zivug* sobre el grado de *Jasadim*, llamado *Zivug de Yesodot*, porque se lleva a cabo en el nivel de los cuerpos de los *Partzufim*.

Por lo tanto, se dice que el Creador tomó la *Nukva* en esta palabra y la besó, es decir, realizó un *Zivug de Neshikín* al nivel de GAR, y luego la adornó, es decir, hizo un *Zivug de Yesodot* al nivel de *Jasadim*. Como resultado de todo ello, *Or Jasadim* envolvió a *Or Jojmá*, y *Nukva* pudo recibir la Luz completa.

EN SETENTA ADORNOS: la perfecta Luz de *Nukva* se llama "setenta adornos", porque *Maljut* es el séptimo día, y cuando ella recibe de ZA, sus *Sefirot* se vuelven decenas, como las *Sefirot* de ZA; esto convierte a *Maljut* en $7 \times 10 = 70$. *Mojin* (sabiduría), *Or Jojmá* es denominada *Atará* (adorno o corona), y por lo tanto, todo lo que ella recibe es llamado "setenta adornos". Una vez que *Maljut* recibe *Or Jasadim* con ayuda del MAN de los justos, ella se vuelve apta para recibir la Luz Superior de *Jojmá*, los setenta adornos.

Como ya hemos mencionado, hay dos tipos de renovación del Cielo y la Tierra (ZON):

1. Cuando todo vuelve al estado que precede al pecado de Adam. En ese caso, *Maljut* es llamada "la palabra de la *Torá*" (VAK), y la *Torá* es ZA.
2. Cuando el Cielo y la Tierra son creados con una nueva Luz, que ni siquiera Adam logró alcanzar antes de su pecado. Y esta palabra que uno puede alcanzar es llamada GAR.

Está escrito (*Talmud*, *Brajot*, 7:1) que los justos se sientan con adornos en sus cabezas, porque *Maljut* se elevó para convertirse en el adorno de la cabeza del justo (ZA) en su *Yesod*, llamado *Jay Olamim* (aquel que revive mundos), o para ser más exactos, en su *Atéret Yesod* (el lugar de la circuncisión). Y esto ocurre gracias al MAN elevado por los justos que ya han alcanzado la Luz Superior de la *Zehará Ilaá* de Adam, la cual él mismo ya poseía; y la cual alcanzaron Rabí Shimon y sus amigos.

Or Jojmá es denominada *Or Jayá*. Y puesto que ZA únicamente desea *Jasadim*, solamente puede recibir *Or Jayá* con ayuda de su *Nukva*, *Maljut*. Resulta que ZA vive (*Jay*), es decir, recibe *Or Jayá* solamente si está en *Zivug* con *Nukva*, llamada *Olam* (mundo). Así es como se originó el nombre *Jay Olamim* (aquel que revive los mundos).

Asimismo, *Nukva*, el adorno en su cabeza, se vuelve importante (*Kéter* – corona) porque ZA recibe esta Luz solamente gracias a su *Maljut*. A pesar de que *Maljut* nació de ZA –ya que es *Maljut* y nadie más quien origina y hace posible la recepción de la Luz de la Vida–, ZA la llama "madre". Pues ciertamente, ZA recibe *Or Jayá* (Luz de la Vida) desde ella.

Por lo tanto, está escrito que *Maljut* vuela y surca los cielos por 70 000 mundos, y después de su *Zivug* con ZA sobre la *Atará* de este (el adorno en su cabeza), ella asciende aún más, hasta AA, en donde las siete *Sefirot de Maljut*, llamadas 70 000 mundos, son corregidas, pues una *Sefirá* de ZA equivale a 10 000. A continuación, *Maljut* asciende todavía más arriba, hasta *Átik*. Y todos esos ascensos de ZON hasta *Átik* tienen lugar gracias a los esfuerzos realizados por todos los justos que elevan MAN: el *Zivug* con *Atará* eleva ZON hasta AVI, y desde allí ascienden a AA (denominado "70 000 mundos") para volver a elevarse hasta *Átik*, el punto más elevado al que es posible ascender.

Por lo tanto, está escrito que todas las palabras de la sabiduría Celestial de *Átik* están cerradas, pues *Maljut* recibe la Luz Superior al subir a *Átik*, y cada grado que ella recibe desde *Átik* es Sabiduría Superior oculta, es decir, GAR de *Jojmá*. Y ocurre así porque las palabras de sabiduría representan el grado de *Jojmá*, y las palabras "oculto", "secreto", y "Superior" se refieren a GAR. Ellos también son únicamente revelados a quienes alcanzan el nivel de *Átik*, y nunca por debajo de este, porque *Tzimtzum Bet* (la segunda restricción) ya existe en AA.

63. Y cuando esta sabiduría oculta, que es renovada aquí, en este mundo, asciende, se junta con Átik, asciende y desciende, entra en 18 mundos, donde nunca un ojo había visto al Creador, salvo el tuyo propio. Ellos emergen desde ese lugar y aparecen ante Átik, completos y perfectos. Mientras tanto, Átik la examina y la considera la más deseable, por encima de todo lo demás. Entonces, Él la toma y la adorna con 370 000 adornos. Y ella, la Torá renovada, asciende y desciende, y es transformada en un firmamento.

Durante el ascenso de *Maljut* a *Átik*, ella se une al *Zivug* que allí tiene lugar, y crea *Or Jozer* (Luz Retornante) al aceptar *Or Yashar* (Luz Directa) al nivel de los atributos de *Átik*. El ascenso de *Maljut* significa que *Maljut* eleva *Or Jozer* desde sí misma hacia arriba. El descenso de *Maljut* significa que ella envía *Or Yashar* desde Arriba hacia abajo. Y entonces *Maljut* recibe la sabiduría oculta, secreta y Celestial. La palabra "se une" expresa su toma de contacto con *Or Jozer* y *Or Yashar* dentro *Átik*.

Este *Zivug* se realiza en *Átik*, sobre su *Yesod*, pero no sobre *Maljut*, ya que *Maljut de Átik* se encuentra oculta hasta el final de la corrección. Como el *Yesod de ZA* durante su ascenso a *AVI*, este *Yesod* también es llamado *Jay Olamim*. La diferencia entre ellos es que *Yesod de Átik* es llamado "Nadie más que tú puede ver al Creador", porque el *Zivug* sobre *Yesod* eleva *Or Jozer* (Luz Retornante) y hace que *Or Yashar* quede envuelta con ella. Esta pantalla se determina en *AVI*, debajo de *Átik*, como alas que ocultan la Luz Superior. Esto muestra que la pantalla cuenta con una fuerza de restricción, ley, juicio. Este es el motivo por el cual *Or Jozer* es también llamada "la Luz de Restricción". Como resultado de todo ello, *Or Jozer* existe en *AVI*.

Por el contrario, la pantalla en *Yesod de Átik*, de la cual se dice que en ella "el Creador ya no se oculta de ti" (*Yeshayahu*, 30:20), a pesar de que eleva *Or Jozer*, no oculta al Creador y, por lo tanto, no posee el atributo de las alas. Este es el motivo por el cual es llamada *Jay Olamim* (aquel que revive los mundos).

No obstante, se oculta hasta que el hombre alcance ese nivel por sí mismo, como está escrito: "Solo tus ojos verán al Creador". No hay alas ni ninguna otra cosa que oculte al Creador de los ojos ajenos, ya que no se impone restricción alguna, todo está revelado. Asimismo, tampoco existen restricciones en *Or Jozer*, sino solo misericordia y benevolencia, como en *Or Yashar*.

El nombre *Jay Olamim* implica que se realiza un *Zivug* pero no sobre diez *Sefirot* de *Or Yashar* desde arriba hacia abajo y diez *Sefirot* de *Or Jozer* desde abajo hacia arriba, ni tampoco en la totalidad de las veinte *Sefirot*; es decir, no en la misma *Maljut*, sino sobre *Yesod de Maljut*. En este caso, hay nueve *Sefirot* de *Or Yashar* y nueve *Sefirot* de *Or Jozer*, ya que *Yesod* es la novena *Sefirá*: $9 + 9 = 18 = 10 + 8$ = *Yud* + *Jet*, que es pronunciada al revés que *Jet-Yud* (*Jay*), pues esta es la Luz Retornante. Ambas componen la palabra *Jay*. La palabra "vida" (*Jaim*) deriva de la palabra "vivo" (*Jay*) porque aquel capaz de hacer un *Zivug* sobre *Yesod* recibe la Luz Superior de vida, *Or Jojmá*.

Una tremenda Luz Superior se manifiesta en *Átik* como resultado de este *Zivug* Supremo. Esto es así, porque todos los mundos y todo lo que habita en ellos se incluyen en *Nukva*, y juntos logran la verdadera perfección, el nivel para el que inicialmente fueron concebidos y creados por el Creador.

Por lo tanto, se dice que la palabra "vuela por el firmamento", que significa la creación de *Or Jozer* desde abajo hacia arriba, causa que *Or Yashar* descienda del Creador desde arriba hacia abajo. Y el revestimiento de *Or Yashar* con *Or Jozer* crea un firmamento, porque la pantalla que aparece en *Maljut* para la creación de *Or Jozer* llega como resultado de las buenas acciones de los justos, la elevación de su *MAN* (peticiones para ascender espiritualmente) con ánimo de complacer al Creador. Entonces, una vez que esta pantalla ha realizado un *Zivug* con la Luz Superior, se convierte en un firmamento, con la ayuda del cual, los justos alcanzan toda la altura del grado sobre el que han realizado ese *Zivug*.

Esto sucede porque cuando este grado desciende hacia los justos a través del firmamento, se envuelve con *Or Jozer* (la vestidura de este firmamento), la cual, con *Or Yashar* en su interior, se voltea, y ambas descienden hasta situarse debajo de la pantalla (firmamento). Y gracias a ello los justos pueden alcanzarlas.

Aquellos justos que han merecido tal perfección que pueden elevar MAN a un *Zivug* tan excelso, ya se deshicieron por completo del egoísmo y en ellos no hay deseo de recibir nada para sí mismos. Al contrario, elevan su MAN (petición) con el único propósito de complacer al Creador. Así, gracias a sus correcciones (MAN), ellos van corrigiendo la pantalla en *Maljut* y, mediante la creación de *Or Jozer* en ella –la cual asciende de la pantalla de *Maljut* hacia Arriba–, se hace apta para llevar a cabo un gran *Zivug*. Esto es así porque todo lo que asciende es altruismo, otorgamiento, junto con resistencia y rechazo a la recepción para uno mismo y al placer egoísta.

Luego tiene lugar un *Zivug* con la Luz Superior, la cual se envuelve con la Luz Retornante que asciende. Dicha Luz Superior que desciende se envuelve con la Luz Retornante, y entra en el justo que ha elevado MAN. La expresión: "de abajo hacia arriba", implica que la persona ha rechazado la Luz, y "de arriba hacia abajo" designa la recepción por parte de la persona.

Y dado que la Luz Superior llega al hombre a través de un firmamento, ella toma la Luz Retornante del firmamento como vestidura, y el hombre recibe la Luz Superior envuelta de Luz Retornante. Esto significa que, incluso después de que uno ya ha recibido la información espiritual de todo el grado, se deleita en la Luz Superior que desciende hasta él solamente en la medida en la que pueda complacer al Creador con ello, es decir, en la medida de la fuerza de su pantalla, y de la cantidad de Luz Retornante en la que esté envuelta la Luz Superior Directa.

Esta recepción de la Luz Superior (solo en la medida de la magnitud de *Or Jozer* creada por el hombre) recibe el nombre de recepción en beneficio del Creador. Y en todo aquello donde uno no pueda encontrar la manera de otorgar al Creador, uno no recibe.

Por eso, su recepción se reviste de otorgamiento: la Luz Directa Superior está envuelta con Luz Retornante, es decir, el inferior recibe solamente esa Luz Superior revestida desde el Superior, solamente a través del firmamento.

64. Y así, cada acción crea firmamentos que aparecen ante *Átik*, y él las llama "nuevos Cielos" o más exactamente "firmamentos renovados", ocultos, que contienen la Sabiduría Suprema. Y todas las otras partes de la *Torá* que no son renovadas por medio de la Sabiduría Suprema, aparecen ante el Creador, ascienden y se convierten en "las tierras de vida" (*Artzot HaJaim*). Luego,

descienden y adornan una tierra. Y ella es renovada, y nace una nueva tierra a partir de todo lo que ha sido renovado en la *Torá*.

Los justos constantemente elevan cada vez un nuevo MAN, y así, reciben nuevos grados de alcance de *Átik*, con la ayuda de los firmamentos creados por el *Zivug* Superior. De estos firmamentos emergen los nuevos Cielos, que son renovados en los grados de *Átik*. Por lo tanto, estos elevados alcances de los justos son llamados los secretos ocultos de la Sabiduría Suprema, ya que descienden envueltos con las vestiduras recibidas desde los firmamentos.

Maljut es llamada "Tierra", y *Biná* es llamada "las tierras de vida" (*Artzot HaJaim*). Cuando *Maljut* alcanza todos los grados de *Biná*, recibe el nombre de "la tierra de vida". *Maljut* es también llamada la "nueva tierra", pues ha cambiado sus propios atributos por los de *Biná*. Y todo lo que anteriormente era *Maljut*, ahora se convierte en *Biná*.

Así, está escrito que, en el futuro, BON se convertirá en SAG, y MA se convertirá en AB, porque el Cielo es ZA que ahora se ha elevado hasta el grado de *Átik* (AB, *Jojmá*). La Tierra, *Nukva* de ZA, *Maljut*, se convirtió en SAG, *Biná*. Y por ello la nueva tierra y el nuevo Cielo son *Maljut* y ZA que se convirtieron en SAG y AB, *Átik* y AA.

65. Está escrito: "Cuando la nueva tierra y el nuevo Cielo, que Yo hago". No está escrito "Yo he hecho", en tiempo pasado, sino "yo hago", en tiempo presente, porque constantemente se hacen a partir de la renovación y los secretos de la *Torá*. Y sobre esto está escrito: "Y yo lo pondré en tu boca y en la sombra del ropaje de tus manos, al establecer los cielos y poner los cimientos de la tierra" (*Yeshayahu*, 51:16). Simplemente se menciona "Cielo", pues entraña la renovación del Cielo con la *Torá*.

Todo lo descrito en la *Torá* está escrito en tiempo presente, porque en el mundo espiritual no existe el tiempo: todo está escrito en relación al hombre que alcanza la *Torá* en ese preciso momento. Esto es lo que *El Zóhar* quiere recalcar aquí: que tal cuestión atañe al trabajo constantemente realizado por el hombre sobre sí mismo, sobre su naturaleza. Y los justos que ya han alcanzado la Luz Superior, continúan creando nuevos Cielos y nuevas tierras a cada vez, como está escrito: "Los justos ascienden de cima a cima", un proceso que es infinito.

66. Rabí Eliezer dijo: "¿Cuál es el significado de 'en la sombra del ropaje de tus manos'?". Le respondió: "Cuando la *Torá* le fue entregada a Moshé, decenas de miles de ángeles Supremos aparecieron para abrasarlo con las llamas de sus bocas, pero el Creador le protegió. Por eso, ahora, cuando la renovación de la *Torá* se eleva y aparece ante el Creador, Él la protege, y cobija a quien la realizó, impidiendo que los ángeles se enteren y lo envidien, hasta que el nuevo Cielo y la nueva Tierra sean elaborados a partir de esta renovación en la *Torá*. Así, está escrito: "Tomar el Cielo y establecer los cimientos de la tierra a partir de la sombra del ropaje de tus manos". Resulta que todo lo que está oculto a los ojos alcanza un resultado celestial. Por ello se dice "en la sombra del ropaje de tus manos". Pero ¿por qué debería estar oculto de los ojos en aras de un resultado celestial? Por lo cual de inmediato se replica: "para que yo pueda tomar el Cielo y establecer los cimientos de la tierra". Como hemos aprendido: para que el nuevo Cielo y la nueva Tierra surjan de este ocultamiento.

La frase "En la sombra del ropaje de tus manos" alude a *Or Jozer*, la vestidura que surge del firmamento, que envuelve y cubre a *Or Jojmá*. Al igual que una sombra, esta vestidura oculta *Jojmá* de los ojos de los extraños, y ellos no saben lo que hay dentro. ¿Por qué los grandes grados se ocultan de los ángeles? Para que no envidien al hombre, porque cuando los ángeles, que están hechos de un material muy ligero (sin egoísmo), miran a uno que es justo y ven sus atributos negativos, sienten envidia por el gran grado que ha alcanzado. Luego, comienzan a difamar al justo, a denigrar los atributos que en él descubren. Y esto causa daño a los justos.

Por lo tanto, cuando un grado se envuelve con la vestidura de un firmamento (*Or Jozer*), dicha vestidura mide el grado mismo, su magnitud, para impedir que el hombre reciba más de lo que permite su intención de deleitar al Creador, es decir, solamente en la medida de *Or Jozer*. Y por ello es protegido de la envidia de los ángeles y de su capacidad para dañar la condición espiritual del hombre, pues este se iguala con ellos en sus atributos: su Luz Retornante le hace igual a ellos.

Como todo lo demás que llena los mundos, los *Malajim* (ángeles) son los atributos y fuerzas internas del hombre. Para evitar hacerse un daño a sí mismo al desear alcanzar grados más elevados antes de haber adquirido *Or Jozer*, dichos grados deben permanecer ocultos. Pero además de *Or Jozer*, uno debe ser cauteloso con su deseo.

Esto explica la regla "El ojo ve y el corazón anhela", el hombre no sería capaz de proteger su intención, de mantenerla exclusivamente por el beneficio del Creador, y desearía recibir para sí mismo. Sin embargo, una vez envuelto en la vestidura del firmamento, él puede estar seguro de que no recibirá más allá de la que sea su intención de recibir en beneficio del Creador.

Examinemos sucintamente cómo concibe el hombre un deseo. Uno se fija en algo por primera vez, pero aún sin saber qué es lo que va a ver. Es como si accidentalmente un objeto hubiera entrado en su campo de visión. Obviamente no se puede imponer ninguna prohibición sobre ello, ya que este suceso no depende de la persona, y por lo tanto, no es premiada ni castigada.

Pero cuando uno lo mira por segunda vez, en este caso, la persona ya tiene libre albedrío. Y si la segunda vez que lo mira trae como resultado el deseo de recibir placer, está prohibido. Si la persona no puede contenerse y mira por segunda vez, sus ojos envían una señal a su corazón, y este comienza a desear. De modo que la persona tiene la facultad de decidir si va a permitir que el deseo nazca en él o no. Este es el significado de la frase: "Los ojos ven y el corazón anhela".

67. Él les dijo tanto a estas puertas como a las palabras que estaban colocadas una sobre otra en la *Torá* renovada: "¿Con quién estáis? Vosotros sois mis socios. Del mismo modo que Yo hago el Cielo y la Tierra con Mis palabras –como está escrito: 'Con la palabra del Creador fue creado el Cielo'– vosotros también creáis nuevo Cielo y nueva Tierra con vuestra labor en la *Torá*".

Los atributos de recepción son denominados "puertas", porque cual puertas abiertas, ellos están siempre listos para recibir. "Palabras" son los atributos de otorgamiento, de elevación de MAN al Creador. La frase "colocadas una sobre otra" significa que una envuelve a la otra, teniendo así lugar la recepción con intención de otorgar.

68. Pero si uno afirmara que la renovación de la *Torá* por uno que ni siquiera sabe lo que está diciendo, crea un firmamento, entonces observa a uno que no está familiarizado con los secretos de la *Torá*: puesto que renueva la *Torá* sin tener suficiente conocimiento, todo lo que renueva asciende, y el lado antitético del hombre (la parte masculina de la fuerza impura) y la lengua falaz (de la *Nukva* de la fuerza impura, llamada *Tehom Rabá*: gran abismo) vienen hacia él. Este hombre antitético salta 500 *Parsaot* (medidas de distancia) para recibir esta renovación de la *Torá*, y con ella elabora un falso firmamento llamado *Tohu* (abismo).

Como ya sabemos, los justos elevan MAN para complacer al Creador. Y esto es denominado "palabras de la *Torá*", porque las palabras son renovadas a consecuencia del *Zivug* Superior, y ZON reciben nueva Luz de este *Zivug*; y como resultado merecen la renovación del Cielo y la Tierra con sus acciones. Así, ellos se convierten en socios-compañeros del Creador, ya que, al igual que Él, renuevan el Cielo y la Tierra con sus palabras.

Y uno que no esté familiarizado con los secretos de la *Torá* (los caminos del Creador) para saber cómo protegerse y no dañar los Grados Superiores, aunque se diga a sí mismo que su intención es por la elevada meta, en realidad, se está engañando; porque no conoce lo que su alma seguramente sabe: que sus intenciones son solo para sí mismo. Y le aguarda un terrible castigo, porque permite que las fuerzas impuras aniquilen a quienes trabajan en la *Torá*. *El Zóhar* explica: si uno no conoce el significado exacto de las palabras, es decir, si eleva MAN al gran *Zivug* sin un profundo conocimiento de todos los intrincados detalles de lo que ocurre, el hombre antitético y la lengua falaz se adueñan de su palabra.

Las *Klipot* (las fuerzas impuras del hombre) también están formadas por una parte masculina y otra femenina. La parte masculina es llamada "retorno infructuoso", y la parte femenina es llamada "falsedad". La parte masculina de la *Klipá* no es tan mala como la parte femenina. Y cuando está sola, no instiga a que uno mienta en nombre del Creador; al revés, la bondad llega a sus ojos, aunque el ojo en sí sigue siendo malo. Y aquel que cae en manos de la fuerza impura masculina, usa el nombre del Creador en vano, porque se aleja del Creador y no recibe Luz desde Él. Es decir, pronuncia palabras y actúa en apariencia, pero infructuosamente, pues no se trata de acciones entre la pantalla y la Luz.

Por eso, los sabios dijeron: "El Creador dice del orgulloso: 'él y Yo no podemos estar juntos'" (*Talmud, Sotá, 5:1*), porque sus intenciones son recibir para sí mismo, para su propio beneficio, para su orgullo y vanidad, ya que la sensación del "Yo" propio es la mayor manifestación de orgullo. Y por ello el hombre cae bajo el poder del mal de ojo. En consecuencia, el MAN que eleva no recibe respuesta desde Arriba, y él pronuncia el nombre del Creador en vano. Esta es la razón por la que la parte masculina de la fuerza impura es denominada vacía, sin fruto, falsa, vana, no exitosa e inefectiva, ya que el Creador no puede unirse con él dada la disparidad en sus atributos.

Pero si, por el contrario, el hombre, percibe que no es semejante al Creador, sino que sus atributos son opuestos a los Suyos, y se percibe a sí mismo como el peor de los hombres, puede inclinarse ante el Creador y refrenar todos sus atributos por odio a ellos. Y entonces el Creador efectuará la parte que falta de su corrección. Sin embargo, aquel que es orgulloso no solo no puede entender hasta qué punto se encuentra alejado del Creador, sino que además realmente cree que merece recibir más que otros y que el Creador está en deuda con él.

Nukva de Klipá es denominada "falsedad". Una vez que el hombre cae en la red de la parte masculina de la fuerza impura, esta realiza un *Zivug* con su *Nukva* (fuerza impura, amarga y malvada) la cual, a consecuencia de su conexión con la parte masculina, falsifica el nombre del Creador, desciende e instiga al hombre, para después ascender y quejarse contra él, y finalmente apoderarse de su alma. No importa cuán sagrada haya sido esa alma, la *Nukva de Klipá* se apodera de toda ella.

Naturalmente, esto se refiere a aquel que se esfuerza en mejorar y avanza hacia la espiritualidad, a aquel que hace del trabajo en beneficio del Creador el propósito de su vida. Pero a veces el hombre puede observar todas las restricciones de manera imprecisa, y por lo tanto puede encontrarse en las situaciones mencionadas anteriormente. No obstante, una persona que ni trabaja sobre sí mismo ni estudia la Cabalá, en modo alguno está en conexión con fuerzas espirituales, ya sean puras o impuras.

Por ejemplo, la fuerza masculina impura dice que uno debe estudiar la *Torá*, pero luego se apropia de los resultados del trabajo del hombre. Y a raíz de ello, el hombre pierde interés en sus estudios, y de nuevo debe consolidar sus esfuerzos y su avance. Y a pesar de que logra alcanzar al Creador y la revelación de Luz hasta cierto punto, todo es en vano, porque todos sus alcances desaparecen de él, no obtiene nada de ellos.

Por eso, la *Torá* define esto como el "hombre antitético", porque inicialmente comió y bebió, y dijo "Anda", o lo que es lo mismo: eleva MAN al Creador y recibe la Luz en beneficio de esta elevada meta pero no para beneficio propio. Y se muestra no como si fuera la fuerza impura, sino lo opuesto. Pero a causa de ese atributo suyo llamado "retorno infructuoso", realiza un *Zivug* con su *Nukva* (el gran abismo), la cual roba el alma del hombre y logra destruirle con su falsedad, ¡y el hombre se queda sin la más mínima parte de su alma sagrada y pura!

De ahí que esté escrito que salta por 500 *Parsaot*: en un primer momento, ZON de las fuerzas impuras tienen solamente VAK en ZA y un punto en *Maljut*. Por consiguiente, solo pueden ser iguales a ZON *de Atzilut* en su estado pequeño, cuando ellos también son VAK y un punto, y carecen de la facultad y también de un lugar para unirse a *Biná*.

No obstante, gracias al MAN elevado por los inferiores, la fuerza impura masculina recibe la oportunidad de saltar por ZAT *de Biná*, que mantienen a ZON en un estado puro y sagrado. ZON contienen las *Sefirot* J-G-T-N-H = 5 x 100 = 500, ya que una *Sefirá* en *Biná* es igual a 100. Y esto ocurre gracias al MAN elevado por el hombre que no tiene certeza de sus intenciones (si está actuando en beneficio del Creador o no).

El "hombre antitético", realiza entonces un *Zivug* con su *Nukva* sobre este falso MAN, y recibe la Luz Superior para la construcción de su *Partzuf*, de manera muy similar a esos Cielos espiritualmente puros que fueron creados sobre el MAN puro. Asimismo, los nuevos Cielos creados sobre el MAN impuro, son denominados "antitéticos", "vacíos". Y puesto que la *Maljut* impura participó en ello, estos Cielos son llamados *Tohu* (caos).

69. Y entonces, este hombre antitético vuela a través del firmamento vacío atravesando 6 000 *Parsaot* de una vez. Y cuando este firmamento vacío se detiene, de inmediato una mujer impura emerge, se apodera de dicho firmamento vacío y participa en él. Ella lo abandona y mata a cientos de miles, porque, mientras permanezca en este firmamento, tiene la autoridad y el poder para volar y atravesar el mundo entero en un instante.

Todo lo que proviene del firmamento vacío, proviene de la fuerza impura, la cual es opuesta a la sabiduría Celestial y sagrada de *Or Jojmá*. La *Sefirá Jojmá* equivale a 1 000. Por ello, está escrito que vuela a través del firmamento en 6 000 = seis *Sefirot Jésed-Guevurá-Tiféret-Nétzaj-Hod-Yesod* del *Partzuf Jojmá*, cada una de las cuales es igual a 1000.

Después de que fueron concluidos los nuevos Cielos de la parte masculina impura, llamada "cielos vacíos", fue revelada la fuerza de su mitad femenina, *Nukva*, ("El Gran Abismo"). Esta fuerza atacó al firmamento con falsedad utilizando el nombre del Creador: ella surcó el cielo, y entonces los cielos fueron denominados *Tohu*.

Dado que *Nukva* de las fuerzas impuras participa en este firmamento, ella se hace más fuerte, y crece en mayor medida que el nivel masculino de la parte impura. Es así porque la parte masculina impura crece hasta subir a *VAK de Jojmá*, que equivale a 6 000 *Parsaot*, mientras que *Nukva*, con su ayuda, crece hasta completar las diez *Sefirot* (el mundo entero).

Por lo tanto, ella es inmensamente poderosa y puede destruir a muchos, porque, como dice Rashi, "El Creador creó uno opuesto al otro". Así como los nuevos sagrados Cielos y las nuevas sagradas tierras son creadas gracias al *MAN* elevado por los justos, también son creados nuevos cielos impuros y nuevas tierras impuras por medio del *MAN* que elevan quienes no saben exactamente cómo se debe trabajar para el Creador.

70. Sobre ello está escrito: "No facilitéis la transgresión infructuosa". La transgresión está relacionada con la parte masculina, y es pesada como los ejes de una carreta. ¿Qué es esta transgresión? Es la *Nukva* impura. Con riendas ella conduce a la parte masculina impura hacia el vacío. Como consecuencia, se comete entonces una transgresión, porque la parte masculina arrastra hacia esta *Nukva*, que crece y emprende su vuelo para matar a las gentes. Y son muchos los que ella mató. ¿Quién causó todo esto? Aquellos que estudian la *Torá* pero que no alcanzan *Orá* y *Morá* (Luz y otorgamiento). ¡Que el Creador se apiade de ellos!

Como ya hemos mencionado más arriba, la parte impura masculina no es tan mala como la parte femenina. Y es así porque esta última se vuelve semejante a la parte sagrada de la criatura, y por ello se la denomina "vacía". Debido a dicha similitud, tiene una mayor capacidad para atrapar al hombre en sus redes, ya que, por ejemplo, tal como hacen los sabios, ella anima a las personas a estudiar la *Torá*. Sin embargo, sus objetivos son muy distintos a los del Creador: quiere recibir sabiduría (*Jojmá*) pero no desea volverse altruista.

Una vez que el hombre es atrapado en sus redes, la parte impura masculina realiza un *Zivug* con su *Nukva* impura y entonces, como los pesados ejes de una carreta, arrastran al hombre a un abismo tan grande y oscuro, que ni siquiera se da cuenta de la oscuridad en la que se encuentra. Al contrario: se considera sabio y justo. La parte masculina solamente atrapa al hombre, lo ata, y lo lleva hasta la *Nukva* impura, arrojándolo a sus pies. Y entonces es empujado, cae al gran abismo y muere.

71. Rabí Shimon dijo a sus amigos: "Os ruego que no pronunciéis ninguna sabiduría de la *Torá*, para que no podáis aprender y escuchar del Gran Árbol de la Verdad, para que no colaboréis con la *Nukva* impura en la matanza de multitudes en vano". Todos ellos abrieron y dijeron: "¡Sálvanos, Misericordioso!" "¡Sálvanos, Misericordioso!".

Rabí Shimon dijo que si uno ha alcanzado la sabiduría, entonces recibe permiso, pero si no es así debe entonces escuchar al Gran Árbol (el gran sabio, en cuya sabiduría y pureza se puede confiar), para aprender cómo trabajar por el Creador.

72. Ven y ve, que el Creador creó el mundo entero con la *Torá*. Y Él miró en la *Torá* no una, ni dos, ni tres, ni cuatro veces. Solo después de eso Él creó el mundo. Esto debe mostrar a las personas cómo no errar.

73. Frente a estas cuatro veces, el Creador vio, contó, preparó e investigó lo que Él había creado. Por lo tanto, está escrito: "*Bereshit* (Al principio) *Bará* (creó) *Elokim* (El Creador) *Et*[7] (partícula)", cuatro palabras que se corresponden con las cuatro más arriba. Y después, está escrito "Cielo" frente a todas estas cuatro palabras, porque el Creador miró en la *Torá* antes de comenzar a plasmar Su pensamiento en realidad.

Las cuatro palabras representan cuatro períodos de tiempo o cuatro *Sefirot* J-B-ZA-M. "Vio" designa a *Jojmá*, "contó"- *Biná*, "preparó"- ZA, e "investigó"- *Maljut*. Después de estas cuatro, el Creador creó lo que creó.

Esto mismo lo encontramos en la *Torá*: *Bereshit* es *Jojmá*, *Bará* es *Biná*, *Elokim* es ZA, y *Et* (partícula) es *Maljut*, la cual incluye todo desde *Álef* hasta *Tav*: todas las letras y todos los atributos. Y por eso ella queda reflejada en la *Torá* con la palabra *Et* = *Álef-Tav* (desde la primera letra del alfabeto hebreo, *Álef*, hasta la última, *Tav*). Y después de estas cuatro, Él creó el Cielo y la Tierra, es decir, reveló el siguiente nivel inferior, situado debajo de *Maljut*.

---

7 En hebreo, existe una partícula (Et) que no tiene traducción al español y que precede a los complementos de acusativo con artículo determinado (N. del T.)

EL ARRIERO DE ASNOS

74. Rabí Eliezer, el hijo de Rabí Shimon, se dirigía a visitar a su suegro –Rabí Yosi, hijo de Lakunia– y Rabí Aba le acompañaba. Un hombre caminaba detrás de ellos arreando sus asnos. Rabí Aba dijo: "Abramos las puertas de la *Torá*, pues ha llegado la hora de corregir nuestro sendero".

En arameo, la lengua en que fue escrito *El Zóhar*, arriero significa "aquel que aguijonea". Porque el trabajo del arriero supone apremiar a los asnos a que se muevan aguijoneándolos con el extremo de un palo.

75. Rabí Eliezer abrió y dijo: "Está escrito: observaréis mis *Shabatot*[8]". Veamos: el Creador creó el mundo en seis días. Y cada día revelaba Sus acciones y daba fuerzas a ese mismo día. ¿Cuándo reveló Él Sus acciones y dio a aquellos las fuerzas? En el cuarto día de la creación, porque los tres primeros días estaban completamente ocultos y no se revelaban. El cuarto día llegó y Él reveló las acciones y fuerzas de todos los días.

La frase "Dio las fuerzas a aquel día" significa que Él le otorgó todo al día de *Shabat*. Porque los seis días son las *Sefirot* J-G-T-N-H-Y que, en *Shabat* (*Maljut*), revelan las fuerzas y el trabajo realizados durante dichos días.

Sin embargo, si las acciones de todos los días están en ocultación y se revelan al final, en *Shabat*, ¿por qué está escrito que son reveladas en el cuarto día de la creación? Ocurre que *Maljut* es denominada tanto el cuarto día como el séptimo día: ella es la cuarta en relación con las tres primeras *Sefirot* J-G-T, denominadas "los Patriarcas" (*Jésed* es Avraham, *Guevurá* es Yitzjak y *Tiféret* es Yaakov). Y es la séptima en relación a las seis *Sefirot*, tras las tres *Sefirot* adicionales, denominadas "los hijos": *Nétzaj* es Moshé, *Hod* es Aarón y *Yesod* es Yosef.

Y *Maljut* es el Rey David, el día de *Shabat*. *Maljut* crece y acumula sus correcciones gradualmente en dos etapas principales llamadas *Ibur* (concepción).

---

8 En hebreo, Shabat es una palabra femenina. Pero en español esta palabra se ha naturalizado como un término masculino: el Shabat (fórmula elidida de "El día de Shabat"). De ahí que aparezca con el sufijo femenino plural -ot. (N. del T.)

Los tres primeros días corresponden a *Ibur Álef* (la primera concepción) y los segundos tres días corresponden a *Ibur Bet* (la segunda concepción, *Gadlut*, la recepción de *Or Jojmá*).

Dicho de otro modo, *Maljut* es creada paulatinamente a partir de las *Sefirot* de ZA: *J-G-T* son creadas en tres días, y ella se forma el cuarto día y se vuelve la *Sefirá Nétzaj* de ZA. Así, en esta fase de su crecimiento, *Maljut* nos es referida como cuarta desde los Patriarcas. Y luego *Shabat* viene a nuestra tierra (*Maljut* es denominada "tierra" y "*Shabat*"). El estado que *Maljut* alcanza a consecuencia de su crecimiento a partir de las *Sefirot* de N-H-Y de ZA es llamado *Shabat* sobre la Tierra. Y al ser la séptima *Sefirá*, dicho estado lo recibe de todas las *Sefirot* de ZA.

Los tres primeros días no se revelan en *Maljut*, porque mientras un *Partzuf* carezca de *Maljut*, será definido como cerrado o secreto. Así están definidos los días de la semana. Y cuando *Maljut* alcanza completamente el nivel donde se encuentra, por ende se alcanza a sí misma. Este estado es definido como *Shabat*.

Sin embargo, si *Maljut* recibe de las seis *Sefirot* de ZA, ¿no deberían ellas, que representan los seis días de la semana, ser más importantes que *Maljut-Shabat* (una *Sefirá* inferior en relación a aquellas de las que recibe)?

La verdad es que todos los días de la semana constituyen grados individuales de corrección (el trabajo durante los días de la semana) que están desprovistos de *Maljut*. En consecuencia, son denominados "días de la semana", porque un *Partzuf* sin *Maljut* se considera un grado cerrado, incapaz de recibir Luz, y por eso está desprovisto de santidad. Después de todo, en ausencia de *Maljut*, no hay GAR de la Luz, *Or Jojmá*. Y solo cuando *Maljut* se revela en el *Partzuf* (lo cual se traduce en la llegada de *Shabat*) la santidad del grado ENTERO es revelada: ENTERO porque los seis días reciben lo que han ganado, y la Luz brilla en todos los días de la semana únicamente gracias a ellos.

Cuando, antes de la aparición de *Maljut*, surgieron los primeros tres días de la creación *J-G-T*, estas tres *Sefirot* carecían de Luz, es decir, estaban ocultas. Y cuando *Maljut* apareció, llegó el cuarto día y se manifestó la importancia y la santidad de todos los cuatro días, porque *Maljut* complementa todo el grado; y la perfección de la creación se revela gracias a ella. En el lenguaje de la sabiduría de la Cabalá, esto es descrito de la siguiente manera: los seis días de la creación son *Or Jojmá*; *Shabat* es *Or Jasadim*. *Or Jojmá* está presente en los días de la semana, pero no puede brillar debido a la ausencia de *Or Jasadim*, y cuando en *Shabat* llega *Or Jasadim*, toda la *Or Jojmá* resplandece gracias a esta *Or Jasadim* de *Shabat*.

76. Existen fuego, agua y aire (J-G-T) los tres primeros días de la creación. Pero aunque son las bases Iniciales y Supremas de todo lo que seguirá, sus acciones no son reveladas hasta que la Tierra (*Maljut*) las revele. Únicamente

entonces el trabajo de cada base Suprema se revela por completo. Por eso, la fuerza de los tres primeros días solo se revela durante el cuarto.

77. Sin embargo, el tercer día puede describirse mejor como el que revela la creación de los tres primeros días. Ya que está escrito sobre él: PRODUZCA LA TIERRA HIERBA. Es decir, la revelación de las acciones de la Tierra (de *Maljut*) tuvo lugar ya durante el tercer día. No obstante, aunque esto estaba escrito en el tercer día (*Tiféret*) tuvo lugar en el cuarto día (*Maljut*). *Maljut* se unió al tercer día, pues *Tiféret* y *Maljut* son inseparables. Y entonces el cuarto día reveló sus acciones para esclarecer el trabajo de todas las *J-G-T*, ya que el cuarto día es "la cuarta pata" del Trono Superior (la *Sefirá Biná*), cuyas cuatro patas son *J-G-T-M* (*Jésed, Guevurá, Tiféret* y *Maljut*).

Maljut revela la santidad y la fuerza espiritual de los tres días. Por eso *Maljut* ascendió y se unió con el tercer día, para revelar mediante la unidad de estos tres días (tres líneas) la elevada esencia espiritual en ellos.

Está escrito que la acción es revelada durante el cuarto día, pues solamente *Maljut* completa la revelación de estos tres días a la conclusión de los mismos. Y posteriormente, emergen otros tres días (*N-H-Y*). Tras la revelación de la santidad de los tres primeros días, *J-G-T*, denominados "los Patriarcas" y que constituyen la base de ZA, ZA entra en ellos (su parte principal se manifiesta) y después llega el momento de que nazcan los Hijos (*N-H-Y*, los tres últimos de los seis días de la creación).

Por ello está escrito que ZA se define como la cuarta pata del trono de *Biná*, y que el trono permanecerá imperfecto e incompleto hasta que su cuarta pata (base) se manifieste y sea completada. De hecho, ZA permanece incompleto hasta que *Maljut* se manifiesta dentro de él, es decir, hasta que llega el cuarto día. Y solo después de que *Maljut* aparezca, ZA puede engendrar los Hijos: los tres días finales de la creación.

78. Todas las acciones de todas las *Sefirot*, tanto en los tres primeros días de la creación, *J-G-T*, como en los tres últimos, *N-H-Y*, dependen del día de *Shabat, Maljut*, GAR del grado completo de ZA y su perfección. Por eso está escrito: Y EL CREADOR DESCANSÓ EN EL SÉPTIMO DÍA, DURANTE SHABAT. Esto alude a la cuarta pata del trono, ya que tanto el séptimo como el cuarto día son *Maljut*. Únicamente el cuarto día es la *Maljut* que incluye la *Sefirá Tiféret* de ZA, desde el pecho hacia arriba. Mientras que el séptimo día es *Maljut* de todo ZA, y ella realiza con él un *Zivug* (unión) cara a cara.

Aunque los tres primeros días, *J-G-T*, terminan con el cuarto día (el resultado de sus acciones) ellos permanecen, no obstante, sin estar enteramente completos en el cuarto día: su perfección se manifiesta únicamente en *Shabat*, junto con los tres días finales, *N-H-Y*.

Por tanto, está escrito que *Shabat* es la cuarta pata del trono a pesar de que es el séptimo día; porque, aunque aparece después de los Hijos, también completa las obras de los Patriarcas, pues los tres primeros días no completaron sus correcciones hasta el cuarto día, y se necesita un séptimo día (*Shabat*) para completarlas.

La razón de esto es que en el cuarto día, *Maljut* se encuentra en el estado de *Katnut*, denominado la fase pequeña de la Luna. A consecuencia de lo cual, la Luna (*Maljut*) regresa al estado denominado *Shabat*, cuando toda la Luz de todos los días de la creación se manifiesta y brilla dentro de ella. Por eso, los tres primeros días también se revelan mediante su propia Luz únicamente en *Shabat*.

79. Pero si *Shabat* es *Maljut*, entonces ¿por qué la *Torá* dice: "Observaréis mis *Shabatot*", pregunta que implica la existencia de dos? Está escrito acerca de las dos partes de *Shabat*: la noche (*Maljut*) y el día (ZA) que brilla en *Maljut*. Así, no hay división entre ellos, porque ambos se unen cara a cara en un *Zivug*, y por eso son denominados "dos *Shabatot*".

Él pregunta: están separadas por completo las dos *Maljuyot* (plural de *Maljut*) del cuarto y séptimo día tal y como está escrito: "Tú guardarás mis *Shabatot*", es decir ¿"dos"? No obstante, cuando aclaramos que el cuarto día se manifiesta en perfección únicamente durante el séptimo día, queda claro que solamente hay una *Shabat*. Si bien a lo que aquí se hace alusión es a ZA y *Maljut*, que brillan en la santidad de *Shabat*, porque el día de *Shabat* es la parte masculina, de otorgamiento (*Zajar*), que se manifiesta en la parte femenina (*Maljut* o *Nukva*). Por ello, es denominado *Shabatot* (en plural). Sin embargo, al unirse en perfección, se convierten en un todo único. Y como resultado, ZA también adopta el nombre de *Shabat*.

80. Preguntó el arriero, que caminaba tras ellos con sus asnos: ¿Por qué se dice: "Y temerás a la santidad"? Ellos le respondieron: "Eso se refiere a la santidad de *Shabat*". El arriero preguntó: "¿Qué es la santidad de *Shabat*?". Ellos le respondieron: "Es la santidad que desciende desde Arriba, desde AVI". Y él les dijo: "Si es así, entonces las *Shabatot* (plural de *Shabat*) no son días sagrados, puesto que la santidad desciende a ellas desde Arriba, desde AVI". Rabí Aba le respondió: "Ciertamente es así. Y está escrito: "Y llama delicia a *Shabat*, un día sagrado dedicado al Creador". Un día de *Shabat* y un día sagrado se mencionan por separado". El arriero preguntó: "Si ello es así, ¿qué significa entonces un día sagrado para el Creador?". A lo que él respondió: "Cuando la santidad desciende desde Arriba, desde ZA, para llenar *Shabat*, *Maljut*". El arriero objetó: "Pero si la santidad desciende desde Arriba, entonces, el día de *Shabat* en sí no es un día especial. Y sin embargo está escrito: 'Santificarás *Shabat*', es decir, a *Shabat* en sí". Rabí Eliezer le dijo a Rabí Aba: "Dejemos en paz a este hombre, porque en él hay gran sabiduría de la cual nosotros nada sabemos". Y le dijo al arriero: "Habla, que nosotros escucharemos".

La pregunta del arriero es esta: si *Shabat* es ZA, entonces ¿por qué se describe como santidad? Al fin y al cabo la santidad es la cualidad de *AVI*, y solamente *AVI* son denominados sagrados. Tal fue la razón por la que objetó diciendo que *Shabat* debería estar separada de la santidad. *Shabat* (ZA) en sí no es la santidad, sino que recibe la santidad desde Arriba, de *AVI*. Y precisamente eso, lo que ZA recibe desde *AVI*, es lo que se denomina la santidad del Creador.

81. El arriero abrió y dijo: "Está escrito: *Shabatot*, es decir, normalmente existen dos. Y esto hace alusión al límite de *Shabat*, que es 2 000 *Amá* (codos) en cada dirección partiendo la ciudad. Y por ello la palabra *Et* fue colocada antes de la palabra *Shabatot*, que designa el plural: tanto la *Shabat* Superior como la *Shabat* inferior uniéndose en uno".

Aunque se dice que "El hombre no abandonará su lugar durante el séptimo día" (*Shemot*, 16), es decir, se emplea la forma en singular, en muchos lugares de la *Torá* la palabra *Et* es utilizada, por ejemplo en la frase "*Et* 2 000 *Amá* en cada dirección desde su lugar". La palabra *Et*, compuesta por la primera y la última letra del alfabeto, *Álef* y *Tav*, designa a *Maljut* uniéndose con ZA, es decir, el estado de *Shabat*. En consecuencia, la Luz de *AVI* se revela y brilla (como una luminiscencia adicional) en ZON. Por eso, *AVI* son denominados "dos mil" y, por lo tanto, la palabra *Et* se encuentra aquí presente para designar una añadidura a la Luz en *Shabat*.

Existe una *Shabat* Arriba y una *Shabat* abajo: la *Shabat* Superior es el *Partzuf Tevuná* y la parte inferior del *Partzuf Biná*; mientras que la *Shabat* inferior es el *Partzuf Maljut*, *Nukva* de ZA del mundo de *Atzilut*.

En el mundo de *Atzilut*, el *Partzuf Biná* se divide en dos *Partzufim*: la Parte Superior de *Biná* es llamada *Partzuf AVI* y la parte inferior de *Biná* (la parte donde ella recibe la Luz de la Parte Superior para entregarla a ZA) es llamada *Partzuf YESHSUT* (*Israel Saba ve Tevuná*) o simplemente *Tevuná*. La relación entre *Biná-AVI* y *Tevuná* es similar a aquella entre ZA y *Maljut*. *Biná* es denominada "el Mundo Superior" y *Maljut* "el mundo inferior". En *Shabat*, ZON se eleva a *Biná*, ZA a *AVI* y *Maljut* a *Tevuná*.

En *Shabat*, *Maljut* se une con *Tevuná*. Sin embargo, esto no significa que no quede ninguna diferencia entre ellas, pues *Maljut* recibe la Luz desde *Tevuná* únicamente porque ella se ha elevado al nivel de *Tevuná*. Pero en su emplazamiento, en el último grado –el más bajo del mundo de *Atzilut*– *Maljut* es incapaz de recibir la Luz de *Tevuná*. Y en la medida que *Maljut*, en su estado habitual, no pueda recibir la Luz de *Tevuná*, ella será definida como "cerrada".

Además, *Tevuná* sufre cuando *Maljut* permanece cerrada, porque mientras se encuentra en su lugar, ella no puede recibir la Luz desde *Tevuná*: la revelación de *Tevuná* únicamente es posible a través de *Maljut*. Durante *Shabat*, *Tevuná* e *Ima* se unen para formar un *Partzuf*, y nada está cerrado en ella. No obstante, dado que la Luz de *Tevuná* solamente brilla cuando *Maljut* se eleva hasta ella, *Tevuná* siente el estado cerrado de *Maljut* y también sufre.

82. Quedaba una *Shabat*, no mencionada anteriormente, y se sintió avergonzada. Ella le dijo a Él: "Creador del Universo, desde el día en que fui creada, se me ha llamado *Shabat*, pero no existe día sin noche". Y el Creador le respondió: "Hija mía, Tú eres *Shabat*, y Yo te he dado ese nombre. Pero ahora te cerco y te adorno con los más sublimes ornamentos". Él entonces elevó Su voz y proclamó: "Aquellos que santifiquen, temerán. Y esta es la noche de *Shabat* que irradia miedo". ¿Pero quién es ella? Es la unión entre el "Yo" (*Maljut*, las noches de *Shabat*) y el Creador (ZA), que a su vez se une con *Maljut* en un todo. Y yo he oído de mi padre que la palabra *Et* se refiere a los límites-bordes de *Shabat*. *Shabatot* (dos *Shabat*) son definidas como un círculo con un cuadrado dentro, que en total hacen dos. Según ellos, hay dos santidades que debemos mencionar durante las bendiciones de *Shabat*: *Vayejulú*, que consiste en treinta y cinco palabras, y *Kidush*, también de treinta y cinco palabras. En conjunto, ellas componen los setenta nombres de ZA, con los cuales, ZA (el Creador) y *Maljut* (la Asamblea de Israel) se adornan.

83. Puesto que el círculo y el cuadrado son *Shabatot*, ambos están incluidos en la instrucción "Deberéis observar el día de *Shabat*". Sin embargo, la *Shabat* Superior no está incluida en la instrucción "Observa" sino más bien en "Recuerda". Porque el Rey Supremo, *Biná*, es tan perfecto como la memoria. Y por ello *Biná* es llamada "Rey", cuya perfección reside en la paz y la memoria. De modo que no existe contradicción Arriba.

Maljut de Maljut se denomina "el punto central de la creación", y no recibe Luz ni siquiera en *Shabat*, dado que al ser una *Mánula* (cerradura), está cerrada a la Luz. Y toda la Luz entra en ella solo en forma de *Míftaja* (llave), en *Yesod de Maljut*, en la *Maljut* que se une con *Biná* mediante sus cualidades. Y, por eso, la propia *Maljut* es llamada "cerrada".

Este punto central de la creación es lo único que el Creador creó, y aquí se incluyen todas las criaturas, también las almas humanas. Y ella arguyó con el Creador sobre el hecho de que, en el comienzo de la creación, en el mundo de AK, toda la Luz fue revelada y brilló en las criaturas gracias a ella, pues no había otra *Maljut* en el mundo de AK salvo este punto central. Y solo a consecuencia de *Tzimtzum Bet* (la segunda restricción) en el mundo de *Atzilut*, ella se restringió y quedó cerrada a la recepción de la Luz.

Y este es un secreto grande y maravilloso, porque, como objeta *Maljut*, incluso durante el primer día, está escrito: "Y fue la tarde y fue la mañana: un día" (*Bereshit*, 1:5). En otras palabras, la unidad es revelada sobre ambos, sobre la noche y el día juntos. Sin embargo, ¿por qué la noche de la primera *Shabat* no es mencionada en la *Torá* y solo se dice "en el séptimo día"? El Creador le respondió a *Maljut* que esto significa una futura *Shabat*: la *Shabat* del séptimo milenio, cuando el día de *Shabat* llegue y dure por siempre.

Mientras tanto, en el transcurso de los 6 000 años, el Creador eleva *Maljut* hasta *Biná*, gracias a lo cual ella recibe los Adornos Superiores, aun mayores que los que había tenido en el mundo de AK. Y es así porque allí *Maljut* ejercía como final de todas las *Sefirot*, pero ahora ella se ha elevado para ejercer en el lugar de GAR, en AVI, denominados "el Santo de los Santos".

Si *Maljut* se encuentra en *Yesod*, siente la ausencia de *Or Jojmá*. Pero si *Maljut* se eleva a AVI (donde *Or Jasadim* está presente y no existe ninguna necesidad de *Or Jojmá*), dicho estado es definido como perfecto.

Maljut es llamada "temor" porque fue restringida para no recibir la Luz del Creador en su deseo de gozar. Por eso, ella no recibe Luz desde Arriba, dentro de sí, en su deseo de disfrutar en beneficio propio, sino que solo recibe la Luz en *Or Jozer* (la Luz que ella misma refleja, la Luz Retornante), cuando rechaza utilizar su egoísmo.

Esto ocurre de la siguiente manera: primero *Or Yashar* (Luz Directa) llega a *Maljut* desde el Creador y desea entrar en ella (*Maljut* siente el placer pero también siente su propio deseo de recibir y disfrutar dicho placer). En segundo lugar, debido al deseo de ser semejante al Creador, *Maljut* rechaza la Luz (se prohíbe a sí misma recibir placer). Esta renuncia al placer egoísta es denominada *Or Jozer* (Luz Retornante), porque *Maljut* rechaza la Luz (el placer). Tercero, una vez que *Maljut* ha creado *Or Jozer*, comienza a recibir *Or Yashar* dentro de *Or Jozer* (su nuevo deseo de recibir solo porque el Creador así lo quiere de ella). Esta recepción es posible porque *Maljut* posee una fuerza que se opone al egoísmo, una fuerza de voluntad; algo a lo que llamamos "pantalla".

El mundo espiritual es un mundo de sensaciones, deseos y fuerzas que no están envueltos en las vestiduras-cáscaras que son los cuerpos físicos de nuestro mundo. Análogamente, todas las figuras descritas en la Cabalá no designan ninguna imagen: lo que nos muestran son interacciones entre fuerzas y cualidades. Así, un círculo implica que la Luz brilla en todos los lugares en la misma medida y sin restricción alguna, por lo que no hay ningún cambio en su brillo.

Un cuadrado o un rectángulo indican restricciones que crean diferencias entre los lados: derecha e izquierda, arriba y abajo. De ahí que la cabeza tenga una forma circular en comparación con la forma rectangular del cuerpo, porque *Rosh* (la cabeza) no tiene las restricciones, pero VAK (el cuerpo) sí tiene. *Shabat* es el estado espiritual en que ZON ascienden hasta AVI y los envuelve. Como resultado, la *Shabat* inferior (ZON) y la *Shabat* Superior (AVI) se funden en único todo.

La *Shabat* Superior (AVI) es representada con un círculo, y la *Shabat* inferior (ZON) es representada con un cuadrado. En *Shabat*, ZON se unen con AVI y se representa como el ascenso del cuadrado y su inserción dentro del círculo.

Or Jojmá es designada por la letra *Ayin*. Dado que *Or Jojmá* solo se revela durante el ascenso de la *Shabat* inferior a la *Shabat* Superior, *Or Jojmá* se divide en dos partes: una mitad para la *Shabat* Superior y la otra para la inferior. Por este motivo, el pasaje *Vayejulú (Bereshit, 2:1)* se compone de treinta y cinco palabras que aluden a la mitad de la Luz de *Shabat* Superior, mientras que la bendición en sí se compone de las treinta y cinco palabras que hacen alusión a la mitad de la Luz de *Shabat* inferior. Y el alma común, denominada "La Asamblea de Israel" o *Maljut* (*Shabat*), es adornada con esta Luz.

Puesto que el círculo y el cuadrado se unen y adoptan el nombre de *Shabatot* (dos *Shabat*), tanto la Luz del círculo como la del cuadrado es definida como OBSERVA, (protectora). La palabra OBSERVA alude a las restricciones y límites que uno debe observar y temer su transgresión, mientras que la *Shabat* Superior (designada mediante un círculo) no posee restricciones ni límites, pero debido a la unión de las dos *Shabatot* en un todo, aparecen restricciones y límites.

La *Shabat* Superior es denominada RECUERDA, y no OSBERVA, pues está completamente libre de restricciones. Sin embargo, dado que se unió con la *Shabat* inferior, denominada OBSERVA, la necesidad de GUARDAR apareció en ella también, lo cual normalmente solo existe en *Maljut*. Solamente a consecuencia del ascenso de *Maljut* a *Biná*, apareció en *Biná* la necesidad de guardar que estaba presente en *Maljut*. Pero *Biná* se encuentra solo en la cualidad de RECUERDA, porque es preciso GUARDAR únicamente los deseos que incluyen deseos egoístas de recibir placer.

La *Shabat* Superior (*Biná*) es designada mediante las letras MI = *Mem-Yud*. La *Shabat* inferior (*Maljut*) es designada con las letras MA = *Mem-Hey*, y tiene la forma de un cuadrado, lo cual implica la contraposición de sus cualidades: el lado izquierdo y derecho que dan forma al cuadrado.

84. Existen dos tipos de paz abajo: una es Yaakov (*Tiféret*) y la otra es Yosef (*Yesod*). Y por ello está escrito PAZ dos veces en el saludo: "PAZ, PAZ al distante y al cercano". "El distante" se refiere a Yaakov, y "el cercano" a Yosef. O, como está escrito: "Desde la distancia contemplo al Creador", "Se detuvo en la distancia".

"Abajo" significa ZON, que contiene una de las cualidades, denominada Yaakov (la *Sefirá Tiféret* de ZA). ZON también contienen la cualidad llamada Yosef (la *Sefirá*

Yesod). Estas dos *Sefirot* indican el lugar de un potencial *Zivug* entre ZA y *Maljut*, pues Paz significa *Zivug*. El propósito del *Zivug* Superior (Yaakov) es la recepción de *Or Jojmá* desde Arriba, y el *Zivug* inferior (Yosef) llena *Maljut* solamente con *Or Jasadim*.

Ya hemos explicado que es imposible recibir *Or Jojmá* sin que esta se haya envuelto con *Or Jasadim*. Por eso, *Or Jojmá* o el *Zivug* que se lleva a cabo sobre ella, es definido entonces como distante, porque primero debe envolverse con *Or Jasadim* y solo después podrá recibir *Or Jojmá*. Así, está escrito: "Desde la distancia contemplé al Creador".

El *Zivug* inferior es denominado "el cercano", porque el *Partzuf* recibe *Or Jasadim* sin ninguna acción previa. Es más, con la ayuda de esta *Or Jasadim*, el *Partzuf* llegará a recibir *Or Jojmá*. Este es el motivo por el que la palabra "paz" se emplea dos veces: "Paz al distante y paz al cercano", un saludo a Yaakov y a Yosef respectivamente, pues ambos participan en el gran *Zivug* (la recepción de *Or Jojmá*) en ZA.

Estos dos saludos son representados en ZON como un cuadrado pues existe una contradicción entre ellos, definida como la contradicción entre los lados derecho e izquierdo. Y ellos terminan con la letra *Hey* (*Nukva*, *Maljut*) mientras que la *Nukva* Superior (*Biná*) finaliza con la letra *Yud*, que designa no a la parte femenina, sino a la masculina. Por esto, no existe contradicción en ella.

Ni siquiera existen en *Biná* las nociones "cercano" y "distante": ella pertenece a GAR, la perfección, y GAR puede recibir la *Jojmá* cercana, lo cual significa que ellas no necesitan envolverse previamente en *Or Jasadim*. Y reciben *Or Jojmá* sin *Or Jasadim*. Por eso se dice que la *Maljut* Superior es el Rey que tiene paz. Dicho Rey carece de las dos nociones de paz que están presentes en ZON.

85. "Desde la distancia" es el Punto Supremo, que se encuentra en Su palacio, del cual está escrito: "Guardad". "Temed Mi santidad" se refiere al punto situado en el centro y que debe ser temido más que cualquier otra cosa, porque su castigo es la muerte, como está escrito: "Todos aquellos que cometan pecado en ella morirán". ¿Quiénes son estos transgresores? Aquellos que entraron en el espacio del círculo y el cuadrado, y han cometido un pecado. Por eso, está escrito: "¡Temed!". Este punto es denominado "Yo", y hay una prohibición sobre su revelación, llamada *HaVaYaH*. "Yo" y *HaVaYaH* son una sola unidad. Rabí Eliezer y Rabí Aba desmontaron de sus asnos y lo besaron. Dijeron: "¡Cuán grande es tu sabiduría! ¡Y sin embargo arreas asnos detrás de nosotros! Entonces, ¿quién eres tú?". Él les respondió: "No preguntéis quién soy y avancemos, estudiemos la *Torá*. Cada uno de nosotros expondrá su sabiduría para así iluminar nuestro sendero".

El punto distante se refiere al punto que abre el camino hacia el *Partzuf* para los treinta y dos regueros de *Or Jojmá*. Y esta es la letra *Bet* en la primera palabra de la *Torá* (*Bereshit*) denominada "el punto en la sala", desde el cual *Or Jojmá* desciende a ZON, cuando ZON se elevan a AVI. Puesto que, entonces, las dos *Shabatot* (Superior-*AVI* e inferior-*ZON*) se unen. Acerca de ellas está escrito: "Yo contemplé al Creador desde la distancia", porque ZON no pueden recibir *Or Jojmá* sin haber sido envueltos en *Or Jasadim*.

Jojmá y *Biná* (llamadas "el punto en la sala") reciben el apelativo de "distantes de ZON", ellas necesitan el revestimiento con *Or Jasadim* desde el mundo inferior, *Nukva*, denominada MA. *Maljut* del mundo de AK es el punto central, llamada "la cerradura", mientras que *Maljut* del mundo de *Atzilut* (el punto en la sala) es "la llave", ya que la Luz desde ZAT *de Biná* (YESHSUT) puede ser recibida sobre ella.

El círculo es denominado AVI, y el cuadrado, ZON. ZON se elevan a AVI y así el cuadrado entra en el círculo. Como resultado, dos cualidades aparecen en *Maljut* de AVI: la "cerradura" (*Maljut de Maljut*, el punto central o *Maljut de AVI*), y la "llave" (el punto en la sala, *Yesod de Maljut* o *Maljut de YESHSUT*).

Maljut de AVI es llamada "espacio" porque es inalcanzable, y aquel que desea llenarlo con Luz es castigado con la muerte. Sobre eso está escrito: "Tened cuidado con Mi santidad".

Ese punto es denominado "yo", y AVI es *HaVaYaH* y se une con él. Y ellos son definidos como un todo; en consecuencia, el punto recibe el nombre de AVI, es decir, es definido como sagrado, como la cualidad de AVI.

Como ya hemos mencionado antes, *El Zóhar* y la totalidad de la *Torá* hablan exclusivamente de grados espirituales, de la estructura de los mundos espirituales, y la revelación de la gobernanza del Creador sobre nosotros. No hay una sola palabra en la *Torá* que hable de nuestro mundo. La *Torá* entera es, como está escrito, "Los sagrados nombres del Creador". Y aquellos que, con sus comentarios, trasladan la *Torá* desde Su altura espiritual al nivel corporal de nuestro mundo, La desvirtúan por completo. Rashi dice que la *Torá* viene expresada con el lenguaje humano, pero lo que nos cuenta trata únicamente sobre los caminos espirituales que conducen al hombre hacia su Creador.

Por lo tanto, cuando leemos que un Rabí fue a visitar a otro, esto se refiere al tránsito de un grado espiritual, llamado por ejemplo Rabí Eliezer, a otro grado espiritual llamado por ejemplo Rabí Yosi.

ZA tiene su propio AVI, denominados los AVI Superiores. La esposa de ZA (*Nukva* o *Maljut*) también contiene AVI, denominados YESHSUT. Primero, ZA alcanza los AVI de su esposa (YESHSUT o Luz de *Jasadim*). Luego se eleva a un Grado Superior y alcanza a AVI: *Or Jojmá* (también llamada Luz de *Jayá*).

Los justos que se elevan por los grados espirituales son los que constituyen el *Partzuf* ZA. Puesto que el grado de Rabí Eliezer y Rabí Aba es *Or Jasadim* (la Luz de *Neshamá*), esta elevación significa que fue (espiritualmente) a ver (en *Or Jojmá*) a otro grado espiritual.

En los mundos espirituales, el arriero de asnos constituye una fuerza espiritual especial que ayuda a las almas de los justos a moverse de un nivel a otro. Sin dicha ayuda enviada por el Creador, resulta imposible salir de un grado para ascender al siguiente. Precisamente por ello, el Creador envía un alma Superior a cada uno de los justos (los justos son aquellos que desean elevarse). Cada uno recibe la suya, de acuerdo con su grado, sus atributos y su propósito.

Y sucede que, al principio, el justo no acierta a reconocer esta alma elevada: la considera baja, que se ha arrimado a él en su camino espiritual. Dicho estado es llamado *Ibur*: la concepción del alma del justo. Dado que el alma Superior no ha completado su propósito ni ha podido proporcionar ayuda, aún no es percibida por el justo como esa alma elevada que es.

Sin embargo, una vez que completa enteramente su tarea y logra conducir el alma del justo al Grado Superior predeterminado para ella, entonces el justo alcanza las elevadas cualidades del alma que le ha ayudado. Esto es conocido como la revelación del alma al justo.

En nuestro caso, el alma enviada para ayudar a las almas de Rabí Eliezer y Rabí Aba fue el alma de Rabí Hamnuna-Saba, un alma muy elevada y perfecta, la Luz de *Yejidá*. Sin embargo, inicialmente, ella se revela a los justos en su dimensión más pequeña denominada *Ibur*, concepción (en sensaciones). Por eso, ellos la perciben como el nivel de un arriero espiritual de asnos: un alma común y corriente.

La palabra hebrea para designar a un asno es *Jamor*, ¡pero también significa materia: *Jómer*! Por ello, todo aquel que puede controlar su asno, su cuerpo, sus deseos, se encuentra por encima de la materia; ya es un hombre espiritual. Y puesto que él anhela elevarse por encima de la materia en sus deseos, se le considera un justo. No obstante, aquí, *El Zóhar* habla de Grados Superiores.

La tarea del arriero es llevar a las gentes, montadas sobre sus asnos, de un lugar a otro. Sin embargo, él se coloca al frente de sus asnos, y de ese modo los guía a través de los grados espirituales. Dado que cada palabra en la *Torá* encierra varios significados, debido a la diversidad de las Raíces Superiores (desde donde desciende el sentido de las palabras), el significado de un "arriero de asnos" se acerca al de un "guía para asnos", e implica atributos poco refinados, corrompidos y de lo más abyecto.

Por lo que Rabí Aba dijo: "Abramos las puertas de la *Torá*, porque ha llegado el tiempo de corregir nuestro camino"; esto es, de abrir sus almas con ayuda de los secretos de la *Torá*, pues así su camino quedaría corregido y les conduciría al Creador. Rabí Eliezer entonces comenzó a debatir sobre un pasaje de la *Torá* que dice: "Guardad Mis *Shabatot*", ya que él se encontraba en este grado (la Luz de *YESHSUT*) en sus atributos. Él, por tanto, concluyó que *Shabat* es la cualidad de

ZON que aún no han alcanzado el atributo de la santidad, pues solo reciben la Luz de YESHSUT en *Shabat*. Sobre esta Luz está escrito: "Tened cuidado con Mi santidad", porque cuando *Or Jojmá* pasa de YESHSUT a ZA, suscita miedo en ellos.

Y aquí ellas recibieron la ayuda del arriero, el cual les reveló el secreto de la Luz de *Jayá*. Él explica que la frase "Guardad Mis *Shabatot*" quiere decir las *Shabatot* Superior e inferior, que vienen juntas, debido a la elevación de ZON hasta AVI. A raíz de esto, ZON llegan a ser sagrados (el cuadrado dentro del círculo) y reciben las cualidades de *Biná*: misericordia, altruismo, *Or Jasadim*. Por eso, con respecto a ellas se ha escrito: no las temáis y observadlas. Porque la Luz de *Jayá* rechaza las fuerzas y deseos ajenos e impuros, y todas las restricciones son levantadas en *Shabat*; por eso, allí no hay miedo.

Y, según la explicación del arriero de asnos, la frase "Temed Mi santidad" se refiere únicamente al punto central utilizado en GAR *de* AVI, en GAR de la Luz de *Jayá*, que es inalcanzable y donde sí existe el miedo.

Con esto, el alma del arriero completa su misión: ha llevado a las almas a la obtención de la Luz de *Jayá*. Y solamente entonces merecen alcanzar la altura del alma que las ha ayudado, pues han alcanzado su revelación y gracias a ello son capaces de apreciarla.

Por eso Rabí Eliezer y Rabí Aba desmontaron de sus asnos y lo besaron, pues el logro del Superior es definido como un "beso". Sin embargo, esta alma elevada no ha acabado aún de asistirles: todavía debe ayudarles a alcanzar la Luz de *Yejidá*. Pero, dado que el alcance del nivel de la Luz de *Jayá* ya proporciona perfección, gracias a esto, ellos ya han conseguido alcanzar el grado del hijo de Rabí Hamnuna-Saba.

El nivel de Rabí Hamnuna-Saba es el nivel del alcance de la Luz de *Yejidá*. Por eso, al alcanzar solo la Luz de *Jayá*, se equivocaron al pensar que el alma que les guiaba pertenecía al hijo de Rabí Hamnuna-Saba. Sin embargo, una vez que el arriero les ha revelado el secreto del alcance de la Luz de *Yejidá*, comprendieron que quien les acompañaba no era otro que el propio Rabí Hamnuna-Saba.

Y la razón por la que no pudieron reconocerle antes es porque las fuerzas de esta alma que ayuda no pueden ser vistas hasta que haya cumplido su misión. Esa es la razón por la que le pidieron que les revelara su nombre, pero él contestó que no preguntaran por ello, porque sin haber completado todas las correcciones, no eran dignos de la revelación de los secretos de la *Torá*. Y él debía ayudarles en sus estudios de la *Torá*, todavía necesitaba iluminarles el camino: ellos no habían alcanzado aún aquello que deseaban.

86. Él le dijo: "¿Quién te ha designado para que camines aquí y seas un arriero de asnos?". Él respondió: "La letra *Yud* libró una guerra con dos letras, *Jaf* y *Sámej*, para que yo viniera a unirme. La letra *Jaf* no quería dejar su lugar porque ella debe apoyar a aquellos que caen, porque, sin una pantalla, no pueden sobrevivir".

87. La letra *Yud* se acercó solitaria a mí, me besó y lloró conmigo. Me dijo: "Hijo mío, ¿qué puedo hacer por ti? Yo desaparezco de muchas buenas acciones, y de las letras básicas, secretas y supremas. Pero yo regresaré a ti y te ayudaré. Para ayudarte, te daré dos letras que son más elevadas que aquellas que han desaparecido: las letras *Yud* y *Shin*. Ellas se convertirán en un tesoro para ti, siempre lleno. Por eso, hijo mío, ve y arrea los asnos. Para eso estoy aquí, en ese cometido".

Como ya sabemos, el arriero es una fuerza auxiliadora que se otorga a quien desea elevarse a un grado espiritual Superior en su camino hacia el Creador –del mismo modo que los asnos cargan personas sobre su lomo para ayudarlas a viajar de un lugar a otro–. Cuando esto ocurre, el justo cae de su grado previo y entra en el estado embrionario de un nuevo grado, tal como hace el alma que viene a ayudarle. Sin embargo, la cualidad de *Ibur*-embrión (*Ibur* también proviene de la palabra *HaAvará*, traspasar) implica la desaparición de toda la Luz que el alma tenía en su grado previo para la concepción (*Ibur*) de un nuevo Grado Superior.

Y esto es lo que ellos querían saber del arriero de asnos: "¿Cómo hizo el Creador para que llegaras hasta nosotros en el estado de *Ibur*, en nuestro estado de *Ibur*, a raíz de lo cual ha desaparecido la Luz en nosotros? ¿Quién te hace bajar de los Grados Superiores?". Por eso el arriero de asnos respondió que la letra *Yud* batalló contra las letras *Jaf* y *Sámej* para unirse con ellas. El grado de *Jasadim* se denomina *Sámej* (Luz de *Neshamá*).

"Cuando llegó el tiempo de que alcanzarais la Luz de *Jayá* (*Yud* desde *HaVaYaH*, el grado desde el cual yo vine para ayudaros a alcanzar *Or Jayá*) *Jojmá* realmente deseó conectar la Luz de *Neshamá* (que previamente estaba en vosotros) conmigo. Y aquí *Yud* libró batalla contra *Jaf* y *Sámej*. La *Maljut* del *Partzuf* Superior se envuelve en el *Partzuf* inferior, y esto es designado por la letra *Jaf*. Solía haber Luz de *Neshamá*, pero ahora hay Luz de *Jayá*. Mientras que *Yud*, que también desea la Luz de *Neshamá*, se une con ella y no desea a *Jaf*".

Esto es así porque la conexión entre los grados, desde el Grado Supremo del mundo de *Atzilut* hasta el final del mundo de *Asiyá*, se lleva a cabo gracias al descenso de la *Maljut* del Superior para envolverse con el *Partzuf* inferior. La *Maljut* del Superior no puede descender desde su nivel de YESHSUT (el grado de *Neshamá*) ni siquiera por un momento, porque la conexión entre los grados quedaría rota inmediatamente.

La cualidad de *Sámej* es la cualidad de la Luz, la cual el alma recibe desde las *Sefirot* J-B-D-J-G-T de AVI (más arriba del *Jazé*), y que AVI pasan a ZON cuando ellos se encuentran en el estado pequeño (*Katnut*), y les apoyan ("apoyo" en hebreo es *Somej* y proviene del nombre de la letra *Sámej*) para que ZON no caigan desde el mundo de *Atzilut*.

La letra *Jaf*, *Jasadim*, no desea abandonar su lugar y unirse con *Jojmá*, ya que necesita conectar el *Partzuf* Superior con el inferior. Por ello, debe permanecer siempre en su lugar, pues todos los grados son constantes: solamente cambia el alma mientras se mueve de un grado a otro dentro de los mundos. Y por eso el alma es llamada "la parte interior" con respecto al mundo (la parte externa): el alma existe dentro de él y, cambiando sus atributos, se desplaza por el interior de dicho mundo.

Así, la Luz del alma no deseó unirse con la letra *Yud* (grado de *Jojmá*, es decir, el alma de Rabí Hamnuna-Saba) durante su descenso para ayudar a Rabí Eliezer y Rabí Aba. Esto es así porque ellos necesitaban una nueva Luz que construyera un nuevo grado dentro de ellos: el grado de la Luz de *Jayá*. Cada nuevo grado se construye a partir de cero, desde el estado de *Ibur* (concepción). Cuando esto ocurre, el todo el grado previo, toda su Luz, desaparece. Del mismo modo, en el caso de ellos, el nuevo grado comienza con *Ibur* y alcanza el nivel de *Jayá*. Es algo similar a una semilla, que primero debe abandonar su presente forma y pudrirse para poder convertirse en un árbol.

Por eso, está escrito que ella vino a mí sin la Luz de *J-B-D-J-G-T* de AVI, denominada *Sámej* , *Or Jasadim*. *Sámej* es el atributo de la misericordia, el deseo de dar sin reservas, puro altruismo espiritual. De ahí que no desee unirse con *Yud*, *Or Jojmá*. Sin embargo, *Or Jojmá* no puede entrar y llenar el *Partzuf* sin haberse envuelto antes en *Or Jasadim*, porque este revestimiento de *Or Jojmá* en *Or Jasadim* significa que el *Partzuf* recibe *Or Jojmá* no para sí, sino por amor al Creador. Pero *Or Jasadim*, *Sámej*, no desea recibir nada dentro de sí, ¡no quiere estar conectada con *Or Jojmá*! Y por eso lloraba la letra *Yud*, porque era incapaz de llenar el *Partzuf* con su Luz dado que *Jasadim* no querían aceptar *Jojmá*.

En este sentido, está escrito: "por eso, ahora yo debo desaparecer, y tú, arriero de asnos, debes llegar al estado de *Ibur* para construir de nuevo a través de ti mismo los grados del desarrollo progresivo del nuevo *Partzuf*-estado: *Ibur* (embrión), *Leidá* (nacimiento), *Yeniká* (lactancia), *Mojin* (madurez).

Y debes saber que tal es el orden para la creación (nacimiento) de todo nuevo grado: cada vez que un hombre va a recibir un nuevo grado, debe experimentar (en sus sensaciones) la completa desaparición del grado previo (nivel de alcance-Luz) y comenzar de nuevo. Él debe recibir nuevos alcances desde el grado nuevo más bajo, la Luz de *Néfesh* (el grado de *Ibur*), después la Luz de *Rúaj* (el grado de *Yeniká*) y así sucesivamente, como si nunca hubiera alcanzado ningún nivel espiritual.

Esto es así porque es imposible que una persona traiga consigo algo del grado previo: uno debe comenzar de nuevo desde el nivel más bajo, IBUR, DENOMINADO "EL ARRIERO DE ASNOS". La Luz de *Jayá* de AVI es llamada YESH (*Yud-Shin*) donde *Yud* es *Jojmá* y *Shin* es *Biná*. Sin lugar a dudas, ellas son más importantes que la Luz de *Neshamá* que previamente se encontraba en el *Partzuf*.

88. Rabí Eliezer y Rabí Aba se regocijaron, lloraron y dijeron: "Siéntate sobre el asno y nosotros lo empujaremos". Él respondió: "¿No os he dicho que es una orden del Rey que yo actúe de este modo hasta que llegue el otro arriero?" (hace alusión al *Mashíaj*, quien, como está escrito, llegará como un pobre a lomos de un asno). Ellos le dijeron: "¡Ni siquiera nos has revelado tu nombre! ¿Dónde moras?". Él les dijo: "El lugar donde vivo es maravilloso y muy preciado para mí. Es una torre que surca el aire, grande y especial. Solamente dos viven en esa torre: el Creador y yo. Ese es el lugar en el que vivo. Y estoy exilado de allí para arrear asnos". Rabí Eliezer y Rabí Aba lo miraron: sus palabras no les resultaban claras, pues eran más dulces que el maná y la miel. Ellos le dijeron: "¿Tal vez nos puedas decir el nombre de tu padre, para que podamos besar la tierra bajo sus pies?". Él respondió: "¿Para qué? No tengo por costumbre alardear de la *Torá*".

Una vez que hubieron alcanzado la grandeza del grado del arriero, no podían soportar más su pequeño estado de *Ibur*, al cual él había bajado por ellos. Así, le dijeron que, puesto que ya habían alcanzado *Or Jojmá*, era suficiente lo que había hecho por ellos y que podía abandonar el estado de *Ibur*. Y que si hubiera necesidad de agregarles algo más, ellos ya estarían capacitados para entrar en *Ibur* por sí mismos, que él no debía sufrir por ellos.

Sin embargo, el arriero les advirtió de antemano que no preguntaran por su nombre: ellos aún necesitaban revelaciones de los secretos de la *Torá*. Una vez más, insinuó que lo que les faltaba era el grado de *Or Yejidá*. Dicho grado significa la recepción de la Luz del rostro del Rey-*Mashíaj*, la cual mencionó aludiendo al pobre arriero de asnos, como describe el profeta (*Zejaria*, 9:9). Y el mandato del Creador era que les proporcionara ayuda para alcanzar la Luz de *Yejidá*.

Por consiguiente, ellos le preguntaron sobre su tipo de alma: "No quieres revelar tu nombre, porque aún no hemos recibido de ti aquello que debemos alcanzar. Pero si es así, siquiera dinos: ¿dónde vives, cuál es tu grado? Entonces al menos sabremos lo que nos falta, qué es lo que nos queda por alcanzar, recibir de ti".

Él respondió que su lugar se encuentra mucho más arriba que su emplazamiento actual, porque ahora él por sí solo no puede alcanzar su nivel individual. Esto es lo que ocurre cuando un *Partzuf* Superior desciende hasta donde se encuentra el inferior, se vuelve idéntico a él y, en ese momento (ese estado), no es capaz de alcanzar su propio nivel. La torre que vuela en el aire es *Biná*, *Jasadim*. La torre del *Mashíaj* (la gran torre) señala el tiempo (el estado) de la elevación a GAR de AA, cuando *Or Jojmá* está disponible.

89. Pero el lugar donde moraba mi padre era el Gran Mar. Él era un gran pez que continuamente daba vueltas al Gran Mar, de uno a otro confín. Él era fuerte y envejeció, hasta que se tragó a todos los otros peces en ese mar. Más tarde los dejó salir vivos y llenos de todo lo mejor del mundo. Y en su poder estaba nadar atravesando todo el mar en un instante. Y Él lo empujó fuera y lo remolcó con una flecha, como un guerrero, y lo condujo al lugar del que os he hablado, a la torre que surca el aire, pero él regresó a su lugar y desapareció en aquel mar.

El *Zivug* oculto es denominado *Shaar HaNun* (la quincuagésima puerta). El Gran Mar es *Maljut*. Todos los *Zivugim* desde el *Partzuf Átik* del mundo de *Atzilut* hacia abajo, no incluyen el Gran Mar en su totalidad, todas las *Sefirot* de *Maljut*. Únicamente incluyen las nueve primeras *Sefirot* de *Maljut*. Es más, ninguno de los *Zivugim* incluye a *Maljut de Maljut*.

Esta *Sefirá*, *Maljut de Maljut*, es la única creación, ya que todas las demás *Sefirot* constituyen cualidades de fuerzas espirituales y deseos que se encuentran en el Creador, por encima de *Maljut*, y que hacen referencia a Él con el único propósito de corregir a *Maljut de Maljut*. El *Zivug* sobre esta *Maljut* existe únicamente en *Átik*, y solo será revelado a todos al final de la corrección.

Rabí Hamnuna-Saba tuvo su origen en este *Zivug* en *Átik*, oculto a todos: por ello, el arriero le llama "mi padre". Y dice que su padre vivió en el Gran Mar porque este *Zivug* se encontraba sobre toda la *Maljut*, *Maljut de Maljut*, llamada el "Gran Mar".

Sin embargo, si uno quisiera argumentar que todos los *Partzufim* realizan un *Zivug* entre la Luz y la pantalla situada frente a *Maljut*, lo cierto es que ese *Zivug* fue realizado sobre la quincuagésima puerta, sobre todas las partes-deseos, en la total profundidad del Gran Mar (*Maljut*), hasta el último de sus deseos y cualidades, desde *Kéter de Maljut* hasta *Maljut de Maljut*, de uno a otro confín del Gran Mar. No obstante, esto tiene lugar únicamente en el *Partzuf Átik* del mundo de *Atzilut*, pero no por debajo de él. Y este no es el arriero, sino su padre.

La razón de que así suceda es que el gran *Zivug* absorbe todos los otros *Zivugim* individuales ("se traga todos los demás peces en el Gran Mar") y todas las almas en todos los mundos, pues ellas son mucho más débiles que él. Por eso, es como si ellos no existieran en su grandeza y poder. Y puesto que él incluye absolutamente a todos, ellos reciben el nombre de *Nunín*, que proviene de la letra *Nun* (50).

Esto indica que, después de todas las grandes correcciones que siguen a este gran *Zivug*, todas esas Luces y almas, que él tragó durante ese gran *Zivug*, retornan y renacen para la vida eterna: ellas están totalmente llenas de Luz a consecuencia del gran *Zivug*, porque él las tragó en su gran *Zivug*.

Todos los *Zivugim* por debajo del *Partzuf Átik* provienen de la unión mutua de las *Sefirot*, unas con otras. Estas uniones son definidas como interrupciones en un *Zivug*, mientras que el *Zivug* en *Átik* es directo y sin uniones. Por eso, es definido como "instante", porque continúa ininterrumpidamente. Y por ende está escrito que "él podía atravesar el mar entero en un instante", sin ninguna vestidura-unión. Y se monta un ataque, porque hay un gran poder de recepción de *Or Jojmá* en este *Zivug*; así, él dijo: "Engendró, como una flecha en las manos de un guerrero".

Sobre este *Zivug* en el *Partzuf Átik* está escrito: "Nadie, excepto tú, contemplo al Creador". Sin embargo, ningún nacimiento es posible sin las fuerzas de resistencia, porque, como está escrito: "La semilla que no es arrojada como una flecha, no engendra" (*Talmud, Jaguigá*, 16). Por ello, después de haberme engendrado y escondido en la Gran Torre, él regresó a su *Zivug* oculto.

90. Rabí Eliezer contempló sus palabras y respondió: "Eres el hijo de la Fuente Sagrada, eres el hijo del Rabí Hamnuna-Saba, eres el hijo de la Fuente de la *Torá*, ¡y tú arreas asnos detrás de nosotros!". Lloraron juntos y se besaron, y continuaron avanzando. Entonces él dijo: "Que nuestro maestro nos revele su nombre si ello le place".

Está escrito "contempló" porque visión significa *Jojmá*, y ninguna otra palabra como "dijo", "oyó" (*Biná*) o "pensó", etc. podría ser utilizada en su lugar. Dado que ellos aún no habían alcanzado plenamente lo que el arriero les había contado –y sus logros solamente llegaban al nivel de la Luz de *Jayá*– se admiraron con lo engendrado por Rabí Hamnuna-Saba, pues Rabí Hamnuna-Saba es la Luz de *Yejidá*.

Él le pidió que revelara su nombre, esto es, recibir su grado, porque el logro de un nombre indica el logro del grado espiritual. Por eso, el dicho "La *Torá* entera consiste únicamente en los nombres del Creador" significa que la *Torá* entera constituye los grados que uno debe alcanzar hasta llegar al grado Supremo denominado "Amor" (véase "Introducción al Estudio de las Diez *Sefirot*", puntos 70-71).

Cada grado en el alcance de los Mundos Superiores tiene su propio nombre. Todos los nombres del Creador: Moshé, Faraón, Avraham, el Templo, Sinaí; todas las palabras de la *Torá*, son grados de percepción del Creador, grados de Su alcance, porque nada existe salvo el hombre y su Creador. Todo lo demás que encontramos en el mundo, tal y como lo percibimos, son los distintos grados de nuestra percepción del Creador. Él puede aparecerse a nosotros en forma de este mundo, después puede aparecer como mundo de *Asiyá*, a continuación como el de *Yetzirá*, *Briá* y *Atzilut*. Después puede que Él se revele completamente sin ocultamientos parciales, como ocurre en los mundos espirituales, o bien puede que se revele en ocultamiento total, como en nuestro mundo. No en vano, la palabra *Olam* (mundo) deriva de *Olamá* (ocultamiento).

91. Él abrió y comenzó. Está escrito: "Benayahu Ben (el hijo de) Yahuyada". Esta narración es bella, pero nos sirve para mostrar los elevados secretos de la *Torá*. Y el nombre de "Benayahu Ben Yahuyada" indica el secreto de la Luz de la Sabiduría, *Or Jojmá*. *Ben Ish Jay* es el justo que revive los mundos. *Rav Paalim* significa que Él es el Soberano de todo lo que sucede y que todas las fuerzas y el Ejército Supremo provienen de Él. Él es llamado el Creador de la Fuerza, el Dueño de todo, y Él está en todas las cosas.

Está escrito en el libro de los Profetas: "Benayahu, el hijo de Yahuyada", (Shmuel II, 23:20). Aquí *El Zóhar* nos revela secretos muy elevados de la *Torá*, porque el sagrado nombre de Yahuyada se compone de dos: *Yud-Hey-Vav*, las tres primeras letras de *HaVaYaH*, y *Yeda* (conocimiento).

Kéter del mundo de *Atzilut* es denominado RADLÁ (cabeza inalcanzable), mientras que el propio *Átik* rodea todos los demás *Partzufim* del mundo de *Atzilut*: AA, AVI y ZON. *Átik* es denominado *Makif* (circundante), porque los otros, los *Partzufim* inferiores, no pueden alcanzar *Átik* ni su *Zivug*. De hecho, no pueden alcanzar nada que provenga de él.

Esto significa que no hay nada que descienda de *Átik* hacia los *Partzufim* inferiores. Incluso AA está oculto de los *Partzufim* inferiores; por eso, este es denominado la "*Jojmá* oculta". Sin embargo, a diferencia de *Átik*, no es definido como inalcanzable ya que encierra un *Zivug* sobre *Or Jojmá*. No obstante, esta Luz no desciende hasta los inferiores, solamente desciende su pequeña luminiscencia, denominada *Hearat Jojmá*.

Y toda la Luz que llena los mundos a través de los 6 000 años llega desde AVI y YESHSUT denominados "*Jojmá* de los treinta y dos caminos" o "las treinta y dos fuerzas (*Elokim*) de creación", es decir, treinta y dos tipos de la pequeña luminiscencia, *Hearat Jojmá*.

Esta Luz de *Jojmá* es el resultado de la elevación de *Biná* a AA, donde ella recibe *Or Jojmá* y brilla hacia abajo. Por eso, toda la *Or Jojmá* que es revelada a durante los 6 000 años hasta el final de la corrección, no es más que la Luz de *Biná* que ha recibido *Or Jojmá* mientras asciende a AA.

AA es denominado *Yeda* (conocimiento) porque le da *Or Jojmá* a *Biná*, y conoce todos los caminos de *Or Jojmá* dentro de *Biná* y, a través de ella, hacia los inferiores. Mientras hace un *Zivug*, AA no pasa su Luz hacia abajo, pero AVI, al elevarse a *AA*, reciben *Or Jojmá*, denominada "los treinta y dos arroyos" o "caminos de la sabiduría", que pueden ser alcanzados por los inferiores.

Todo lo que está escrito en *El Zóhar* se refiere a todas las almas en general. Sin embargo, existen excepciones que normalmente no se estudian. Existen almas especiales, elevadas, que merecen convertirse en un *Kli*, *MAN* para el gran *Zivug* de *RADLÁ* tras su exilio, y recibir desde este *Zivug* en el Mundo Superior el grado de *Yejidá*. Estas son las almas de Benayahu Ben-Yahuyada, de Rabí Hamnuna-Saba y unas pocas más. Estas elevadas almas se revelan a los justos en el mundo y, como resultado, los justos merecen el deleite de la Luz de *Yejidá*, la cual brilla únicamente en estas almas elevadas aun si están en este mundo.

Por consiguiente, el nombre de Benayahu Ben-Yahuyada revela que procede de la sabiduría interior, la inalcanzable Luz de *Jojmá* de *Átik*. Este nombre provoca el ocultamiento de la luminiscencia de *Jojmá*, porque el nombre *Yahuyada* –*Yud-Hey-Vav* + *Yeda* (conocimiento)– significa que solamente aquel que alcanza *Yud-Hey-Vav*, las tres primeras letras del nombre del Creador *HaVaYaH*, lo alcanzará a Él. Y de no hacerlo así, ningún otro Le alcanzará.

Por eso, este nombre permanece oculto en su lugar. Primeramente, el arriero explica la cualidad de este *Zivug* en *Átik*, su altura, la fuerza de la Luz que emerge sobre este en *Rosh* del *Partzuf Átik*. Todo lo anterior queda recogido en el nombre de este *Zivug*: "*Ben Ish Jay Rav Paalim ve Mekabtziel*". Y a continuación, él explica qué está oculto y qué desciende a las almas.

Ya hemos mencionado que este *Zivug* tiene lugar cuando toda la *Maljut* completa su corrección. De ahí que él incluya todos los *Zivugim* individuales y los grados que surgen sobre ellos a lo largo de los 6 000 años. Todas las Luces se acumulan en una sola. Todos los tipos de *MAN* se unen dentro de uno solo y ascienden para suplicar por este *Zivug*, que incluye todos los sufrimientos y castigos gradualmente experimentados durante 6 000 años.

Por eso, la altura y la grandeza de este *Zivug* y del grado de la Luz que emerge de él no tienen límites. Y este *Zivug* destruye todas las fuerzas impuras de una vez por todas. *Yesod de ZA*, de donde es emanada la Luz de este *Zivug* (que incluye todas las Luces a lo largo de los 6 000 años), es denominada "*Ish Jay Rav Paalim*": un hombre vivo de múltiples acciones. Sin embargo, *Maljut*, que combina dentro de ella todo el *MAN*, los sufrimientos y el trabajo efectuados durante los 6 000 años, es denominada *Mekabtziel* (aquella que reúne).

El Zóhar también otorga a esto el nombre de *Tzadik Jay Olamim*: el justo, aquel que revive los mundos; porque, de ese modo, el justo apunta a la *Sefirá Yesod*, la cual entrega la Luz a *Maljut*. La *Sefirá Yesod* no tiene un lugar para recibir la Luz por sí misma. En consecuencia, ella solamente vive (*Jay*) para pasar la Luz a *Maljut*. Y por ello es denominada *Tzadik* (el justo), aquel que "revive los mundos" (*Jay Olamim*).

Su nombre, *Rav Paalim* (aquel que ejecuta múltiples acciones) indica que incluye todo el *MAD* de todas las buenas acciones y todos los grados que se revelaron gradualmente a lo largo de los 6 000 años. Esto es porque todos estos grados ahora se revelan a la vez en una Luz acumulada, integrada, y todos juntos abandonan *Yesod* y entran en *Maljut*. Y puesto que ahora *Yesod* acumula en una sola Luz toda la Luz emanada durante los 6 000 años y la pasa a *Maljut*, recibe su nombre de dicha acción: *Rav Paalim*.

92. *Rav Paalim* es también *Mekabtziel*: el árbol elevado, Que Reúne y Ejecuta Múltiples Acciones, el más grande de todos. ¿De dónde vino? ¿Desde qué grado se originó? Una vez más, la fuente nos indica: de *Mekabtziel*, porque él es un grado supremo y oculto que nadie ha visto. Él incluye todo, reúne toda la Luz Superior dentro de sí, y todo se origina a partir de él.

Maljut-Nukva es denominada también *Mekabtziel*, porque ella recibe y acumula dentro de sí toda la Luz desde *Yesod*. Por eso, *Yesod* es denominado *Rav Paalim* (Aquel que ejecuta múltiples acciones). El grado que emerge sobre este *Zivug* es llamado el "Árbol Alto y Principal" que se originó en *Yesod* y entró en *Maljut*. *El Zóhar* explica que para mostrarnos la cualidad y el origen de este sublime grado, se emplea el nombre *Mekabtziel* (aquel que reúne): *Yesod* acumula la Luz Superior y se la pasa a *Nukva*. Y ambos, *Yesod* y *Maljut*, son llamados *Mekabtziel*.

Y el grado que emerge sobre este *Zivug* de *Yesod* y *Maljut* es denominado "Nadie sino tú contempló al Creador". Este grado aparece una vez que se ha alcanzado la corrección completa, cuando se incorpora la última corrección que los completa a todos. En consecuencia, este grado es definido como el grado que lo incluye todo, pues recolecta toda la Luz durante todo el transcurso de los 6 000 años y, de este modo, se manifiesta de una sola vez su verdadera perfección.

93. Todos los grados se unen en esta Sala Suprema, Sagrada y Oculta, donde todos los grados se unen y todo permanece oculto. Todos los mundos están dentro de esa Sala. Todas las fuerzas sagradas reviven y se sustentan gracias a ella, y todas son dependientes de ella.

El Zóhar habla de *Rosh de Átik*, donde todos los grados y toda la Luz de todos los mundos están concentrados y ocultos. Más adelante explica cómo este *Zivug* puede ocurrir antes de la corrección final, ya que combinaría todos los grados emergentes, uno tras otro, durante los 6 000 años. Él podría surgir instantáneamente durante los 6 000 años de la existencia del mundo (mundo-*Olam*, de la palabra *Alamá*-ocultamiento; la revelación total del Creador a Sus criaturas tendrá lugar al final de los 6 000 años, entonces, el mundo-ocultamiento dejará de existir), cuando los grados están en un constante proceso de elevación y descenso, porque tan pronto un nuevo grado, un nuevo logro del Creador –la nueva Luz– es revelado, el grado en cuestión desaparece. Esto ocurre debido al pecado de los inferiores, que no pueden retener este grado permanentemente.

Así, siempre que un grado desaparece, lo hace únicamente desde la sensación del hombre que ha alcanzado un nuevo grado. En realidad, este grado se eleva a *Rosh de Átik* y se esconde allí, para que, al unirse con otros grados, pueda manifestarse al final de la corrección.

De ese mismo modo, *Átik* acumula todos los grados revelados en los mundos durante los 6 000 años, y los oculta dentro de sí hasta que llega el momento del final de la corrección: CUANDO CORRIGE LA ÚLTIMA PORCIÓN DE LO QUE DEBE CORREGIR, Y ASÍ YA NO PUEDE PECAR MÁS. YA NO NECESITA PECAR PARA CORREGIR LA PRÓXIMA PORCIÓN DE EGOÍSMO. POR ESO, ESTE GRADO FINAL SE MANTIENE CONSTANTEMENTE, NO DESAPARECE. Entonces, *Átik* reúne todos los grados, y todos ellos se manifiestan simultáneamente.

Cada persona tiene su propio *Partzuf Átik*. ¿Cómo puede uno acelerar su avance por los grados de corrección en este mundo y en los mundos espirituales? Está escrito en *El Talmud* que un anciano camina encorvado, como si buscara algo que hubiese perdido. Ese anciano simboliza alguien con sabiduría, *Jojmá*, porque incluso sin haber perdido algo, él de antemano busca cosas que pueda corregir en sí mismo; y las encuentra. Por consiguiente, él no necesita que el grado previo de logro desaparezca de él. Y si uno no descubre dentro de sí nuevas cualidades egoístas que necesiten ser corregidas, su grado previo desaparece y uno nuevo comienza. No obstante, si uno no actúa como un anciano en busca sus defectos, este será un proceso mucho más lento.

A lo largo de los 6 000 años, *Átik* es definido como inalcanzable. Por tanto, su cabeza se denomina RADLÁ (acrónimo de las palabras arameas *Reisha de lo Etiada*, "la cabeza inalcanzable"); el término *Átik*, por su parte, deriva de la palabra *Neetak* (aislado) de los inferiores, porque no brilla sobre ellos. Y, aunque acumula en su interior todas las Luces que emergen de sí mismo y que llegan a revelarse en los mundos inferiores, no es así, sin embargo, cómo se revela la Luz del final de la corrección. Resulta que tras la desaparición de cada grado a causa de los pecados de los inferiores, *Átik* asciende a *Rosh de Átik* y se oculta allí.

Sin embargo, *Guf de Átik*, desde *Pe* hacia abajo, se encuentra dentro de todos los demás *Partzufim* del mundo de *Atzilut*, es decir, puede ser alcanzado por ellos. Así, al revestirse de los *Partzufim* del mundo de *Atzilut*, *Átik* brilla a través de ellos, y da Luz a todos los mundos inferiores de *BYA*. Cualquier Luz que brille en la creación durante los 6 000 años proviene únicamente de *Guf de Átik*, de ningún otro objeto espiritual.

Normalmente decimos que lo que contiene el *Rosh* (cabeza) de un *Partzuf* se manifiesta en su *Guf* (cuerpo). Esto también se cumple en relación a todos los *Partzufim* del mundo de AK y todos los otros *Partzufim* de todos los mundos, a excepción del *Partzuf* Átik. Esto es debido a que, respecto a sí mismo, Átik se mantiene en *Tzimtzum Álef* y desciende hasta nuestro mundo. Sin embargo, en relación a todos los demás *Partzufim* por debajo de él, Átik actúa como si estuviera en *Tzimtzum Bet*, haciendo un *Zivug* especial sobre sí mismo, y esta influencia desciende hacia los mundos inferiores.

La Luz que llega para dar vida a los mundos es denominada "sustento" u *Or Jasadim*, y la Luz que viene para estimular el crecimiento de los *Partzufim*, para convertir un *Partzuf* pequeño (*Katnut*) en uno grande (*Gadlut*), es *Or Jojmá*. Tanto una como otra tienen su origen en el cuerpo de Átik. *Or Jojmá*, la encargada de hacer crecer un *Partzuf*, es denominada "la Luz que eleva el *Partzuf*"; porque la posición supina es llamada *Ibur* (embrión), la posición sentada es llamada *Katnut* (pequeño), y la posición de pie es *Gadlut* (grande).

94. Él dio muerte a dos: Ariel y Moav. Existieron dos Templos Sagrados gracias a Átik y recibieron de este: el Primer Templo y el Segundo Templo. Desde la desaparición de Átik, se había detenido el proceso que proviene de Arriba. Es como si los hubiera golpeado y destruido.

Tan solo es preciso corregir *Maljut de Maljut*, nada más. El resto de atributos no necesitan corrección. Esta *Maljut de Maljut* es *Maljut* de *Olam Ein Sof* (el Mundo del Infinito), *Bejiná Dálet*, *Nukva de ZA* o el *Partzuf BON*: la única creación del Creador, el deseo de recibir (placer) en beneficio propio. Y fue precisamente ese deseo el que causó el rompimiento de los *Kelim* (vasijas), el pecado de Adam.

Todo el trabajo de los justos durante los 6 000 años, se centra en la corrección de *Maljut* para que pueda llegar a ser como era antes del rompimiento de los *Kelim* y del pecado de Adam. Y a consecuencia de ello, se revelará el gran *Zivug* sobre *Tzimtzum Álef* en *Rosh de Átik*. La Luz de este *Zivug* capacita al hombre para clasificar y separar los deseos puros de los impuros, y así librarse para siempre de las fuerzas egoístas e impuras. Esto es exactamente lo que el profeta Yeshayahu escribió al respecto: "Él erradicará la muerte para siempre" (*Yeshayahu*, 25:8).

Puesto que *Maljut*, el *Partzuf* BON del mundo de *Atzilut*, está totalmente corregida y no requiere de correcciones futuras, su *Partzuf* BON asciende hasta el nivel del *Partzuf* SAG del mundo de AK. De ese modo, *Maljut* adquiere los atributos completos de *Biná*.

Sin embargo, mientras tanto, después del gran *Zivug* en Átik pero antes de la elevación del *Partzuf* BON a SAG, el brillo de la Luz Átik desaparece. Y en consecuencia, fueron destruidos los dos Templos. Los dos Templos son las dos luminiscencias de *Jojmá*: la Luz desde AVI es *Or Jojmá de Jayá*, que brilla en el Primer Templo, y la Luz desde YESHSUT es *Or Neshamá*, que brilla en el Segundo Templo. Y toda la Luz que Israel recibió desde *Átik* desaparece.

Sin embargo, todas esas destrucciones y desapariciones de la Luz son correcciones y puntos significativos en el sendero hacia la liberación y la completa corrección. No significan devastación, sino creación de perfección, pues precisamente ellas son las correcciones finales que hacen que BON regrese a SAG.

Todas las raíces y fuentes de lo que sucede en este mundo existen en la espiritualidad, y todas ellas deben manifestarse en un momento dado en nuestro mundo: toda raíz espiritual debe "tocar" su rama en nuestro mundo. El cuándo esto ocurra, es algo que carece de importancia. En el mundo espiritual, todo se desarrolla siguiendo un estricto proceso de causa y efecto. En nuestro mundo, sin embargo, esas mismas consecuencias pueden manifestarse en ocasiones totalmente diferentes.

Un ejemplo de esto es la destrucción del Primer y Segundo Templo, algo que ya ha sucedido en nuestro mundo; no obstante, en el mundo espiritual, algo así solo tendrá lugar cuando se alcance el último grado de corrección. Examinaremos la causa de todo esto en otro libro dada la complejidad de las cuestiones que transcienden la noción de tiempo.

Sin embargo, de una manera u otra, únicamente nuestros atributos espirituales internos pueden llegar a ser el Templo en el cual sentir al Creador y en el cual... ¡Él vivirá para siempre!

Al final de la corrección, la Luz de *Jayá* y la Luz de *Neshamá* serán denominadas el Primer y el Segundo Templo respectivamente. Además, hasta el final de la corrección, la Luz de *Jayá*, la cual recibimos sobre el *Zivug* de *Maljut* la cual está incluida en *Yesod*, es llamada *Shabat* (Sábado); por su parte, la Luz de *Neshamá* es llamada *Jol* (días de la semana). Como podemos ver, no hay ninguna conexión entre estas Luces y los días de la semana en nuestro mundo.

Después de la destrucción de los Templos espirituales (la desaparición de la Luz), ellos serán reconstituidos desde Arriba, desde el Cielo: mediante la pantalla de *Biná*, llamada "Cielo". Esto es así porque la pantalla del *Partzuf* SAG es el atributo de misericordia absoluta y no hay restricción alguna en sus acciones, ya que solamente desea otorgar y abstenerse de recibir Luz de *Jojmá*. Por eso, está fuera de la influencia de cualquier tipo de restricción o limitación.

A consecuencia de este *Zivug*, los dos Templos serán restaurados para siempre y "la Luz de la luna (*Maljut*) será como la Luz del sol (*Biná*)" (*Yeshayahu*, 30:26). La Luz de *Biná*, que es ahora la Luz de ZA (denominado "el sol") será siete veces mayor, como ZAT de *Átik*. Desde allí, esta Luz descenderá a AVI y creará los siete primeros días de la creación, porque ZA (el sol) llegará a ser igual que *AB* y contendrá la Luz del *Guf de Átik*. *Maljut* será como ZA y recibirá su Luz, la Luz del sol.

Al final de la corrección, tendrá lugar un *Zivug* sobre la propia *Maljut* (el egoísmo primigenio, pero corregido), y todos los *Zivugim* particulares que fueron realizados sobre todas las Luces a lo largo de los 6 000 años (realizados no sobre *Maljut*, sino sobre su inserción en *Yesod*) desaparecerán.

El Templo será restaurado desde el Cielo, porque la propia *Biná* no deseará recibir *Or Jojmá*. Y eso no va a ocurrir porque ella sea incapaz, sino porque no lo desea. Este grado es conocido como "en manos del Cielo". Por ejemplo, está escrito en la bendición de la luna nueva: "La vida, que contiene el temor al Cielo y el temor a pecar"; por encima de nuestra razón y nuestros deseos, pues ya fue dicho que la fe debe estar "por encima de la razón". De otro modo, los pecados acaecerán.

Por eso, nada desea más el hombre que ir con la fe por encima de la razón y de los deseos, pues teme pecar. No obstante, existe un grado aún más elevado: cuando ya no teme pecar porque cuenta con una pantalla, pero todavía prefiere actuar con fe por encima de la razón y los deseos porque anhela disolverse dentro del Superior.

La razón de la desaparición de la Luz desde el *Guf de Átik* antes de estas correcciones es que las dos *Maljuyot* (*Biná* y *Maljut* denominadas SAG y BON) ya no existen. Después del gran *Zivug* de *Átik*, BON se anula junto con la pantalla de SAG, porque el *Guf de Átik* encierra la conexión entre *Biná* y *Maljut*, ambas diseñadas para su interacción durante los 6 000 años.

Como resultado de dicha interacción entre *Biná* y *Maljut*, surgió una oportunidad para corregir a *Maljut* parcialmente, gradualmente. En tal *Zivug* sobre *Maljut* unida con *Biná* (las cualidades de *Biná*), *Átik* primero crea AA y después todos los demás *Partzufim* de los mundos de *Atzilut* y de BYA.

Y dado que la pantalla de *Maljut* (*Masaj de BON*) ahora desaparece, la pantalla de *Biná* (*Masaj de SAG*), que está unida a ella, también desaparece. En ausencia de *Maljut* y de la pantalla, este *Zivug* se detiene, y toda la luminiscencia desde el *Guf de Átik* que emana de este *Zivug* sobre la pantalla conjunta de *Maljut* y *Biná*, desaparece. Por eso, toda la Luz que descendía desde su *Guf* (denominado Templos) también desaparece.

En *Rosh de Átik* existe un *Zivug* sobre la *Maljut* de *Tzimtzum Álef*. Unida con *Biná* y habiendo existido durante 6 000 años, la pantalla de *Maljut* desapareció. Y por consiguiente, la Luz también desapareció. *Maljut* todavía no se ha elevado hasta SAG para recibir su perfección, porque todavía no hay Luz nueva. Y esta ausencia absoluta de Luz es denominada "destrucción". Sin embargo, posteriormente, *Maljut* recibe la Luz de AVI, y los mundos de BYA se unen con el mundo de *Atzilut*.

95. Y el Trono Sagrado (*Maljut*) es derrocado. Así, el profeta Yijezkel escribió: "Yo estoy en el exilio", lo cual significa que el grado denominado "Yo" (*Maljut*) está en el exilio. ¿Por qué? "Por el río *Kevar*". *Kevar* (ya) es el río que ya ha existido, pero ahora se encuentra desaparecido. Como está escrito: "El río fue destruido y se secó". "Fue destruido" en el Primer Templo y "se secó" en el Segundo Templo. Por eso, está escrito: "Él golpeó y destruyó a ambos, Ariel y Moav". Moav (o *Mi Av*) significa "desde el Padre Celestial". Ellos fueron destruidos para Él, y toda la Luz que brillaba sobre Israel desapareció.

La palabra *Kursá*, derivada de la palabra *Kisé* (trono) o *Kisuy* (cubierta), significa la confluencia de los atributos de *Maljut* y *Biná*, lo cual lleva a la Luz que desciende a *BYA* durante 6 000 años. El Trono Sagrado es derrocado porque la pantalla de *Biná* (*Kisé*) ha sido anulada, y está escrito: "Yo estoy en el exilio", y aquí "Yo" designa a *Maljut*.

Todo el sistema espiritual está construido como una escalera, donde *Maljut* del *Partzuf* Superior llega a ser (desciende a) *Kéter* del inferior. Esto también está indicado en los nombres: *Maljut* es denominada "Yo" (*Aní* = *Álef-Nun-Yud*) y *Kéter* "No" (*Ein* = *Álef-Yud-Nun*), porque es completamente inalcanzable. Solamente aquello que es percibido dentro de *Maljut* puede ser alcanzado; por eso, ella se denomina "Yo".

Únicamente *Maljut* del *Partzuf* Superior actúa como vínculo entre los *Partzufim*: el Superior realiza un *Zivug* sobre su *Maljut*, crea *Or Jozer*, recibe (envuelve) la Luz Superior dentro de *Or Jozer* y entonces *Maljut* del Superior desciende al *Partzuf* inferior en forma de *Or Jozer*. Este estado del Superior envolviéndose en el inferior es denominado "el exilio del Superior", porque el *Zivug* con la Luz Superior desaparece de él y la Luz Superior desaparece de todos los *Partzufim*. Y el río se seca: la pantalla corregida es denominada "río" porque ella ocasiona el descenso de la Luz Superior a los inferiores.

Sin embargo, ahora que la pantalla (el río) desaparece, el descenso de la Luz Superior también desaparece. La destrucción del río en el Primer Templo causó la desaparición de la Luz de *Jayá*; el río en el Segundo Templo se seco, y la Luz de *Neshamá* desapareció. El río en el Primer Templo es destruido porque el *Zivug* en *AVI* se detuvo: la Luz de *YESHSUT* se agotó, y el río en el Segundo Templo se secó.

La fuente de la Luz de *Jayá* y de la Luz de *Neshamá* es *Aba* –llamado "Padre Celestial"–, porque brilla en *ZA* –llamado "Cielo"– con la Luz que *ZON* eleva a *YESHSUT* (el Segundo Templo) y a *AVI* (el Primer Templo). Y dado que la Luz dejó de brillar desde el *Guf de Átik*, toda la Luz que descendía sobre Israel desapareció. Esto no solo se refiere a la Luz de los dos Templos, sino a toda la Luz que brilla sobre Israel, incluyendo la Luz de *VAK* y la Luz en los mundos de *BYA*.

96. Más aún, Él descendió y golpeó al león. Al principio, cuando las aguas de este río corrían hacia abajo, Israel estaba en un estado de perfección, pues hacía ofrendas y sacrificios para expiar sus pecados y salvar sus almas. Entonces, la imagen de un león solía descender desde Arriba, y ellos le veían destrozar en el altar los cuerpos de los sacrificios, devorándolos, y todos los perros (todos aquellos que calumnian a Israel) quedaban acallados.

El fuego que consumía los sacrificios sobre el altar del Templo se asemejaba a un león y como tal se elevaba sobre los sacrificios (*Talmud, Yoma*: 21:2); y aquel fuego quemó los sacrificios ofrendados por los hijos de Israel. Sin embargo, se trata de una imagen corpórea que cualquier persona en nuestro mundo podría percibir.

Nosotros, sin embargo, proseguiremos con nuestro análisis de lo Superior e intentaremos distanciarnos de esa imagen física y explicar cuál es la acción en el mundo espiritual a la que hace alusión esta imagen. Todos los lenguajes en la *Torá*, también aquel que describe la imagen física de un sacrificio, nos hablan exclusivamente de acciones espirituales.

El lenguaje más adecuado para la descripción de estas acciones es el lenguaje de la Cabalá. Sin embargo, este lenguaje únicamente es comprensible para aquellos que se han elevado a los mundos espirituales y pueden contemplar tanto las raíces (es decir, los eventos que tienen lugar en dichos mundos espirituales) como sus consecuencias en nuestro mundo.

Antes de la desaparición de la Luz de *Átik*, cuando la Luz Superior todavía brillaba sobre Israel como las aguas de un río que fluye, Israel estaba en un estado de perfección: por medio de sacrificios, elevaba su MAN (súplica), despertando así un *Zivug* Superior sobre su pantalla. Y en consecuencia, MAD (la Luz, la abundancia) descendía sobre él. Como resultado de dichas acciones, se acercó al Padre Celestial, y todas las fuerzas impuras se distanciaron de Israel, porque redimieron sus almas; y la redención significa alejarse de las fuerzas impuras (deseos) de la misma forma en que se limpia la suciedad a una prenda de ropa.

La palabra hebrea para sacrificio es *Korbán*, que proviene de la palabra *Karov* (cercano). Así, sacrificio significa que la persona rechaza una parte de su egoísmo animal interno para acercarse al Creador. Esto es lo que lleva a Israel más cerca de su Padre Celestial.

Y dado que Israel existió en perfección y elevó su MAN únicamente para complacer al Creador, su MAN ascendía hasta *Biná*. La Luz de *Biná* es llamada *Or Jasadim*, y su forma recuerda a la imagen de un león, como el atributo de otorgamiento, *Jésed*. Esto significa que el león-*Biná* recibía los buenos deseos y las buenas acciones de Israel. Y vieron cómo *Biná* consumía el MAN de Israel:

Or Jasadim desciende desde *Biná* sobre este MAN, igual que un león destrozando su presa (MAN), devorándola.

El león devorando su presa es el principal aspecto del sacrificio, porque significa la elevación de MAN para fortalecer la pantalla y crear *Or Jozer*. Y puesto que la magnitud de la *Or Yashar* recibida viene determinada por la magnitud (altura) de la *Or Jozer* que crea la pantalla, podemos deducir que la existencia y desarrollo de *Or Yashar* depende de *Or Jozer*. Cuanto más grande es *Or Jozer*, más grande será la *Or Yashar* que desciende.

En otras palabras, en la medida que cada uno desee "otorgar", suscita una correspondiente respuesta Arriba, en la raíz de su alma. Y del mismo modo que en nuestro mundo la vida y las fuerzas de un ser vivo dependen de su nutrición (sin ella dejaría de existir), la Luz Superior depende de la Luz Reflejada por la pantalla. Cuando esta se detiene, la Luz Superior desaparece del *Partzuf*, es decir, el hombre deja de percibirla.

La Luz Superior desciende desde *Biná* como *Or Yashar* (llamada "león"), es decir, bajo la forma de "otorgamiento" de acuerdo a la naturaleza de *Biná*. Y el hombre ve (¡siente!) cómo *Or Yashar* se envuelve con *Or Jozer*, que se eleva desde su sacrificio (el rechazo del egoísmo), el alimento del león.

El león devora su presa y de ese modo crece: la medida de perfección en Israel y su capacidad para ofrecer sacrificios, para "otorgar", determina la magnitud de su MAN y la fuerza con la cual *Or Yashar* golpea la pantalla, la cual refleja la Luz Directa (el placer) desde abajo hacia Arriba con todas sus fuerzas. Es más, la pantalla refleja la Luz Superior con gran miedo: ¿y si es incapaz de reflejarla y desea disfrutar egoístamente la Luz de este Mandamiento?

Precisamente ahí reside el trabajo del hombre. Esto es denominado *Emuná Lemaala Mi Dáat* ("fe por encima de la razón"), el trabajo en la fe, porque debe elevarse por encima del conocimiento (el egoísmo y la razón). Por el contrario, aquellos que reciben la seguridad interna de que basta con avanzar dentro de nuestra propia naturaleza son denominados "inanimados sagrados" (*Domem de Kedushá*): un ser puro pero inanimado (incapaz de evolucionar), porque tal conocimiento les impide el crecimiento espiritual.

Por consiguiente, si la altura de *Or Jozer* es grande, la definimos como un león que desgarra y devora su presa: como un vencedor, porque crece y asciende a un nivel espiritual más elevado gracias a los esfuerzos del inferior (el hombre).

La fuerza impura, el deseo egoísta de recibir placer, es denominado "un perro", como está escrito: "La sanguijuela tiene dos hijas (que demandan): Da, da" (*Mishley*, 30:15). Ellas ladran como un perro, y piden (recibir) tanto este mundo como el mundo venidero. Y cuanto más se eleva el hombre, más poderosa se hace esta fuerza impura denominada *Klipá*. Y su parte más fuerte corresponde a la Luz de *Yejidá*, opuesta al león que devora sus presas.

El león representa la misericordia y el otorgamiento, el deseo de no recibir para uno mismo. Como está escrito en el tratado *La Ética de los Padres*, 95: Un *Jasid*, el justo piadoso, dice: 'Lo que es tuyo es tuyo, y lo que es mío es tuyo'"; así es la fuerza impura (perro), orientada enteramente a la recepción y sin ninguna aspiración de otorgar. Y está escrito en *El Talmud* (*Bava Batra*, 10:2): "Los justos entre las naciones del mundo: toda su misericordia es exclusivamente para sí mismos", y por lo tanto ellos están conectados con la fuerza impura de un perro. (Bajo ninguna circunstancia debe esto interpretarse literalmente, porque, como hemos explicado en repetidas ocasiones, la Cabalá únicamente habla de un arquetipo de hombre. Israel es nuestra aspiración interna hacia el Creador, y un *Goy* (un gentil) representa su egoísmo: no tiene nada que ver con el origen de cada uno). Podemos comparar esto con los Templos espirituales y los corpóreos, mencionados anteriormente: no existe conexión entre las piedras y los objetos espirituales. Asimismo, resulta algo confuso para los no iniciados que el altruismo sea el atributo del león, y que un perro –un animal fiel– sea el egoísmo y la impureza.

Por eso está escrito que cuando Israel era perfecto, mereció la cualidad de un león, y todos los perros lo dejaron en paz, pues él le dio a *Maljut* la fuerza para elevar *Or Jozer* a una altura aún mayor (devoraba a su presa como un vencedor); la fuerza impura, al igual que un perro, tenía miedo de acercarse a Israel y, por miedo al león, se ocultó.

97. Pero cuando los pecados aumentaron, él descendió a los grados inferiores y dio muerte al león. Y fue así porque el león no quiso renunciar a su presa como antes; y esto es como si le hubiera matado. En consecuencia, él golpeó al león y lo arrojó a un pozo, al lado oscuro (de acuerdo a su entendimiento). El lado oscuro vio esto y envió un perro para devorar los sacrificios del altar en lugar del león. ¿Cuál es el nombre de ese león? ¿Y cuál es el nombre de ese perro? *Baladán* es su nombre: *Baladán* está formado por las palabras *Bal-Adam*, donde la letra *Nun* es reemplazada por *Mem*, porque en absoluto se trata de un ser humano, sino de un perro; y su rostro es como el hocico de un perro.

("Él" se refiere a Benayahu Ben Yahuyada Ben Ish Jay, *Rav Paalim u Mekabtziel*, en el cual toda la Luz brilla a la vez, el grado de *Átik*). A consecuencia de la desaparición de las pantallas de *Maljut* (BON) y de *Biná* (SAG), Israel no pudo seguir elevando MAN (el deseo de "otorgar", la pantalla, el alimento del león). El *Zivug* se detuvo y la Luz Superior (león) desapareció en lo alto, en su raíz.

"Le arrojó a un pozo": la raíz del deseo de recibir para sí mismo está en los ojos, como dijo Rashi, "El ojo ve y el corazón anhela" (La porción semanal de *Shlaj*). Este deseo de recibir en beneficio propio es denominado "Un pozo vacío, sin agua" (*Torá, Bereshit*, 37:24). La Luz Superior no lo llena. Aunque está vacío, no sirve como vasija para la Luz, como está escrito: "Yo y él no podemos morar en el mismo lugar" (*Talmud, Suta*, 5).

Así, el león fue arrojado dentro de un pozo, porque fue golpeado frente a los ojos de la fuerza impura y egoísta llamada "pozo vacío, sin agua". Y estos pozos ahora emergen desde sus escondrijos y revelan su poder. Y, en lugar del león, aparece un perro ladrando.

ZA-MA = 45 se denomina Adam = *Álef* + *Dálet* + *Mem* = 1 + 4 + 40 = 45, cuando él recibe la Luz de *Biná*. La cualidad de *Biná* es el otorgamiento. Por eso, está escrito: "Hombre es tu nombre" (*Talmud, Yevamot*, 61), refiriéndose a aquellos que alcanzan la cualidad de otorgamiento y no a los demás, de quienes está escrito: "Incluso su misericordia es únicamente para su propio beneficio" (*Talmud, Bava Batra*, 10:2), y por lo cual reciben el nombre de BALADÁN (BAL-ADÁN).

98. En un día de nieve, el día en que el infortunio desciende desde Arriba, desde la Corte Superior, está escrito: "Su hogar no teme a la nieve", esto es, la Corte Superior, denominada "nieve". Puesto que su hogar está doblemente vestido, y puede por ello soportar un poderoso fuego. Así lo dice el libro.

La rigurosidad, el juicio (*Din*) o restricción impuesta en el uso del egoísmo en la parte masculina se denomina "nieve" y proviene de la Corte Superior. Estas rigurosidades y restricciones son muy poderosas, pero quedan mitigadas por debajo del *Jazé*, lugar donde *Maljut* las recibe. *Nukva* describe estas rigurosidades de la siguiente manera: "Rodéame de rosas" (*Shir HaShirim*, 2), refiriéndose a dos fuegos: el Superior-*Biná*, y el inferior, su propia-*Maljut*.

Una vez que adquiere estos dos fuegos, *Maljut* debilita la rigurosidad de la nieve con su fuego. Por eso, está escrito en *El Cantar de los Cantares* que su hogar no teme a la nieve (la Corte Superior, la restricción impuesta sobre la parte masculina), porque su hogar está vestido doblemente. Al contrario, la nieve ayuda a *Maljut* a resistir el calor de su fuego. Y precisamente ahora que no existen ni la pantalla ni el *Zivug* y los dos fuegos se han apagado, regresan las restricciones de la nieve.

99. ¿Qué es lo siguiente que está escrito? "Y él golpeó a un egipcio". Esto se refiere a un secreto: cada vez que Israel pecó, el Creador se ocultó de él y le restringió la recepción de la bondad y toda la Luz que Él derramaba sobre él. "Él golpeó a un egipcio". "Él" se refiere a Moshé, la Luz que brilla sobre Israel. Porque él nació y creció en Egipto, y allí alcanzó la Luz Superior.

La *Torá* no habla de un hombre, sino de la Luz que desapareció y se ocultó. Por eso, esto es definido como "dar muerte". Desapareció la gran Luz con la cual Moshé brillaba sobre Israel. Y esta Luz es denominada "egipcio", porque Moshé nació y creció en Egipto, y mereció la gran Luz Superior, la Luz que liberó a Israel de Egipto.

100. Un hombre del espejo. Como está escrito, espejo y hombre, como está escrito, un hombre de Dios, el esposo de este espejo, de la grandeza del Creador, *Maljut*. Porque él mereció gobernar con este grado sobre la tierra entera, en la totalidad de su deseo. Y nadie más logró igualar algo así.

La diferencia entre Moshé y los otros profetas es que Moshé es la base de ZA, él construye y transmite la Luz desde ZA a *Maljut*, mientras que los otros profetas son la base de *Maljut* y reciben desde ella. Así, está escrito sobre él: "El hombre de Dios", el esposo de *Maljut*, denominado "la grandeza del Creador". ¿Y por qué Moshé es llamado el esposo de *Maljut*? Porque él alcanzó el nivel de ZA y le da la Luz a *Maljut*. Por ello, se dice de él que logró lo que nadie más ha logrado, porque los otros profetas reciben desde *Maljut* y, en consecuencia, son dirigidos por ella.

Aquel que alcanza *Maljut* recibe de ella. El grado denominado Moshé significa que aquel que se encuentra allí le da la Luz a *Maljut*, en vez de recibirla desde ella. Sin embargo, ¿cómo puede ser así? ¿Cómo uno puede subir por encima de *Maljut* si todas nuestras almas se originan a partir de ella y existen en los mundos de BYA? ¿Cómo se puede alcanzar tal nivel? Esto viene a indicar el estado de elevación por encima de *Maljut*, que es el modo en que Moshé se elevó hasta *Biná*.

101. Esta es la vara del Creador, que le fue entregada a él, como está escrito: "Con la vara del Creador en mi mano". Esta es la vara que fue creada en el sexto día de la creación, antes de *Shabat*. Y contiene Su Nombre Sagrado. Y Moshé pecó al golpear con esta vara dos veces contra la roca. El Creador le dijo: "Moshé, Yo no te di Mi vara con ese propósito; por lo que, en lo sucesivo, ya no estará en tu posesión".

Las palabras "anochecer" y "crepúsculo" significan el estado de atenuación de la rigurosidad de *Maljut* gracias a las cualidades de *Biná*, y en una medida tal, que se hace imposible distinguir a *Maljut* de *Biná*. Esto es así porque, en *Shabat*, *Maljut* asciende a AVI y se convierte en *Biná*. Sin embargo, en el crepúsculo que precede a *Shabat*, aunque *Maljut* todavía no es *Biná*, ya ha dejado de ser *Maljut* (todo *El Zóhar* habla únicamente de cualidades de objetos espirituales, porque en los mundos espirituales no hay nada más que deseos. Solamente en nuestro mundo encontramos deseos revestidos de cuerpos físicos).

Por eso, se dice que diez cosas fueron creadas durante el crepúsculo, cuando es imposible distinguir entre la cosa en sí y su origen (*Biná* o *Maljut*), ya que *Maljut* no siente la diferencia dentro de sí. Y exactamente igual es el atributo de la vara creada en el crepúsculo antes de la primera *Shabat* del mundo. Por consiguiente, ella posee el sagrado (especial) atributo del nombre del Creador, una alusión al atributo de *Biná*, del cual desciende la santidad (altruismo). Y *Maljut* está lista para recibir dicha santidad.

Y estos dos atributos de *Biná* y *Maljut* estaban contenidos en la vara del Creador. Y puesto que fueron creados durante el crepúsculo, eran totalmente indistinguibles. Así, con ayuda de dicha vara - es decir, por medio del atributo de unión de *Maljut* con *Biná*- toda la fortuna, las maravillas y toda la Luz pueden llegar hasta Israel: esa es la razón del descenso de la Luz desde *Biná* a *Maljut*. Con ayuda de este atributo (la vara), Moshé mereció elevarse hasta *Biná*, hasta el grado de "hombre de Dios". Así, la vara es conocida como la vara del Creador, según el nombre de *Biná*.

Maljut es llamada *Tzur* (roca), pero al elevarse a *Biná*, ella es denominada *Sela* (otro término para designar a una roca). El *Zivug* interno entre ZON (ZA y *Maljut*) cuando están en el estado de ascenso a AVI –en donde *Nukva* utiliza los *Kelim* de *Ima*– es denominado EL DISCURSO. El *Zivug* externo entre ZON, cuando ellos se encuentran en su ubicación, es llamado "*Zivug de Hakaá*" (un *Zivug* por Impacto).

Así, en la porción semanal de la *Torá* (*Bashalaj*), le fue dicho a Moshé: "Golpearás la roca (*Tzur*), y de ella saldrá agua" (*Shemot*, 17:6), porque dentro de la propia *Maljut* ocurre un *Zivug* de *Hakaá*. Sin embargo, está escrito en la porción semanal *Jukat*: "Hablad a la roca ante los ojos de todos, y ella dará su agua" (*Bamidbar*, 20:8), porque la "roca" está en *Biná*, y el *Zivug* dentro de ella es denominado "el habla".

Y ahí radica el pecado de Moshé: golpeó la roca dos veces. Golpea el *Tzur* y además golpea en *Sela*, a la cual le faltaba un golpe, y únicamente tiene un *Zivug* en forma de discurso. Dado que la vara del Creador está relacionada con *Maljut* y *Biná*, Moshé la utilizó con *Sela-Biná*. Y el Creador le dijo que la vara le fue entregada para ser empleada con *Tzur*, pero no con *Sela*.

102. Inmediatamente, Él descendió hasta él con rigurosidad y arrancó la vara de la mano del egipcio porque, cuando la vara le fue arrebatada, quedó retenida para siempre. Y él recibió muerte por ella: a consecuencia del pecado que supuso golpear la roca con la vara, murió y no entró en la Tierra Sagrada. Y aquella Luz fue ocultada de Israel.

Como ya hemos comentado en el punto 94, debido al gran *Zivug* en *Átik*, solamente tuvo que desaparecer BON pero no SAG, porque BON podía haber ascendido inmediatamente y podía haber llegado a ser como SAG de manera eterna. Sin embargo, al llevarse a cabo la unión entre SAG y BON, SAG desapareció junto con BON.

La Luz de Moshé desapareció de Israel por la misma razón: porque él cometió un pecado aún mayor y dañó la unión entre BON y SAG al golpear *Sela*. Por eso, descendió sobre él un severo juicio que indicaba la desaparición de la Luz de SAG. Y, de hecho, ahora SAG está completamente desconectado de BON, y la anulación de BON no tiene ninguna influencia sobre él.

Tal es el significado de lo escrito en los Salmos: "Se parecen a los que alzaron sus hachas en medio del bosque; pero ahora, con hachas y martillos, han quebrado todos los adornos" (*Tehilim*, 74:5). Debido a la elevación de *Maljut* a *Biná* y su corrección allí, *Maljut* es igual a un "bosque", porque SAG también es anulado a consecuencia de la unión con BON y del ascenso de *Maljut*, como si fuera golpeado con martillos y hachas.

Y así, está escrito que la vara fue arrebatada al egipcio, y que nunca regresará a él, pues la vara se refiere a *Maljut*. De ahí que la Luz desapareciera para siempre, porque BON se renueva después y se convierte en SAG a perpetuidad. Por ello, ya no es preciso utilizar la vara para golpear.

Está escrito con relación a esto que él recibió muerte precisamente de esa vara, porque, si él hubiera sido cuidadoso y la hubiera usado solamente una vez, golpeando solo *Tzur* y no *Sela*, entonces SAG no habría sido anulado junto con BON, y él no habría muerto. En vez de ello, habría sido inmediatamente elevado a SAG.

Por eso está escrito que Moshé no entrará en la Tierra Sagrada, Israel, pues Israel es BON en el estado de elevación a SAG, algo que es denominado la Tierra Sagrada, porque la Luz de *Biná* ("la sagrada") brilla en él. Sin embargo, hasta la llegada del final de la corrección, aún habrá elevaciones y descensos causando destrucciones (desapariciones de la Luz) y revelaciones (brillo de la Luz). Pero al final de la corrección, BON permanecerá para siempre dentro de SAG como *Éretz Israel*, y los exilios desaparecerán.

103. "El más respetable de los treinta" se refiere al Superior que recibe de Arriba y pasa hacia abajo, uno que recibe y acerca. Sin embargo, él no va a los tres primeros, sino que ellos vienen a él y le otorgan de todo corazón, pero él no viene a ellos.

GAR (J-B-D) son llamados "treinta". Cada una de las tres *Sefirot* J-B-D se compone de diez, lo cual hace un total de treinta. Y su Luz brilla en todos los 6 000 años. El alma de Benayahu aparece como resultado del gran *Zivug* de *Átik*, que acumula todos los *Zivugim* durante los 6 000 años. Por eso, él es denominado *Rav Paalim* (efectuando múltiples acciones) y *Mekabtziel* (uniendo a todo dentro de un grado-*Partzuf*, llamado Benayahu Ben Yahuyada).

Por eso, él recibe la Luz de todas las Treinta Superiores, que desciende a su alma. De hecho, él consiste en *Zivugim* individuales que han tenido lugar a lo largo de los 6 000 años que él reúne en uno solo. Y, aunque ellos le conceden sus mejores cualidades de todo corazón, él aún no puede acercarse a ellos y mucho menos recibir de ellos. Esto sucede porque la desaparición de la pantalla en ZON causó que también desapareciera la pantalla en SAG. Por eso él no puede llegar hasta ellos, elevar MAN y recibir más desde ellos.

104. A pesar de no ser considerado como uno de ellos, David escuchó el significado que nunca está apartado del corazón, pues nunca pueden estar separados. David prestó atención a ello con todo su corazón, pero él no prestó atención a David. Porque mediante los elogios, los himnos y la misericordia que la luna le ofrece al sol, ella le atrae para poder estar junto a él.

David es *Maljut*: *Maljut* viene de la palabra *Mélej* (Rey). Así, David es Rey, porque sus cualidades son las de *Maljut* (reino). Y esta es la cuarta pata (soporte) desde GAR. Por eso, está escrito que aunque él no pueda estar junto con las treinta (GAR), él, no obstante, se aferra a estas cualidades y nunca se separa de ellas.

La causa de esto es que toda la perfección de *Maljut* se revela en él, porque proviene del gran *Zivug* de *Átik*, que destruye todas las fuerzas impuras de BON, como está escrito: "Él destruye el mal para siempre".

Así, David aceptó esto sobre su corazón para no separarse de ello nunca, pues es su perfección. Sin embargo, Benayahu Ben Yahuyada no le prestó atención a David, ya que David es el cuarto soporte proveniente de GAR. Y por consiguiente, es como si no pudiera recibir de GAR. Y dado que no puede recibir de David, no le presta atención.

Con ayuda del MAN de *Maljut* (denominado *Seará*: viento de tormenta), que es elevado a ZA (denominado "Cielo") gracias a los himnos, los elogios y la misericordia, *Maljut* recibe la Luz del alma de Benayahu Ben Yahuyada, que es absoluta perfección; y se une a él para toda la eternidad.

105. Rabí Eliezer y Rabí Aba cayeron sobre sus rostros ante él y ya no le vieron más, después se levantaron y fueron por todos lados, pero no pudieron verle. Entonces se sentaron y lloraron, ni siquiera podían hablar entre ellos. Luego dijo Rabí Aba: "Es verdad lo que hemos aprendido, que la *Torá* acompaña a los justos en todos sus caminos. Los justos del otro mundo vienen a ellos y les revelan los secretos de la *Torá*. Y ese debe haber sido Rabí Hamnuna-Saba, que vino a nosotros desde el otro mundo para revelarnos estos secretos. Pero desapareció antes de que pudiéramos reconocerlo". Se levantaron y trataron de seguir arreando sus asnos, pero no pudieron. En

repetidas ocasiones intentaron aguijonear a sus asnos, pero estos no podían moverse. Se asustaron y dejaron atrás sus asnos. Y hasta el día de hoy, dicho paraje es conocido como "el lugar de los asnos".

Al no ser capaces de soportar la gran Luz que les fue revelada cuando fueron desvelados los secretos, ellos cayeron (*Katnut*) y se levantaron (*Gadlut*): era algo tan difícil de soportar. Y una vez que merecieron recibir de él tan gran grado, dicha Luz desapareció de inmediato y no volvió a aparecer. Y no pudieron alcanzarla más. Por eso lloraron (un tipo de *Katnut*) -por el gran dolor que les causaba la pérdida del logro tan elevado- y no podían hablar (ausencia de *Kelim*).

La amargura de su pérdida les hizo entender que aquel era el grado del propio Rabí Hamnuna-Saba, y no un grado inferior como erróneamente pensaron en un principio. Las fuerzas que recibieron del alma de Rabí Hamnuna-Saba se denominan "asnos", con ayuda de los cuales pueden elevar MAN (la súplica) para alcanzar los grados superiores, *Jayá* y *Yejidá*.

En otras palabras, el alma es una fuerza espiritual de Luz: igual que la fuerza un asno que tira, que ayuda a superar los deseos egoístas y nos permite desplazarnos en el mundo espiritual, hasta un nivel más alto. Elevar MAN significa sentir lo que nos falta y lo que es preciso alcanzar: ahí radica todo el trabajo del hombre.

Y tal es el trabajo del alma de un justo: ayudar al hombre a elevarse por encima de su asno (egoísmo) y colocarse delante de él (tirando de él) para iluminarle (darle fuerza) por el sendero de los justos. Y ahora, una vez completada su misión, dicha alma desaparece, aunque a ellos les hubiera gustado seguir ascendiendo y montando sus asnos, es decir, deseaban elevar MAN nuevamente para regresar y alcanzar una vez más.

Sin embargo, ya no eran capaces de recibir fuerza para elevar MAN. Y por eso, se asustaron y dejaron sus asnos en ese paraje conocido como "el lugar de los asnos": ellos ya no podían utilizarlos más.

106. Rabí Eliezer abrió y dijo: "¡Cuán grande es Tu bondad, que has guardado para aquellos que Te temen! (*Tehilim*, 31:20). Cuán infinita es la bondad que el Creador otorgará sobre el género humano en el futuro, sobre los justos exaltados, que temen pecar y que estudian la *Torá*, cuando ellos lleguen al Mundo Superior".

Las palabras "gran bondad" se refieren a *Gadlut*, el logro de la Luz de GAR. Porque la base del *Partzuf* es su VAK: la cantidad de Luz necesaria para su existencia, recibida del *Zivug* de AVI, que realizan este *Zivug* y emiten *Or Jasadim*, necesaria para sustentar los mundos. Y toda la Luz sobrante, necesaria para la existencia, es denominada GAR u *Or Jojmá*: una gran (*Rav*) Luz placentera y adicional.

Esta *Or Jojmá*, la Luz de GAR, proviene de *Biná*, llamada "el mundo por venir". Y está envuelta en la *Or Jasadim* que surge de un *Zivug* de la *Sefirá Yesod* (*Jay Olamim*: vida de los mundos), y de ahí desciende a los justos que temen pecar.

El *Zivug* de AVI, cuando ellos están en el grado de *Biná*, entrega a ZA la *Or Jasadim* que sustenta la existencia de los mundos. Sin embargo, cuando AVI se elevan a AA, su *Zivug* engendra nuevas almas; pero se trata de un *Zivug* inconstante, porque emite *Or Jojmá*, también llamada "nuevas almas".

107. El nombre "gran bondad" puede ser explicado en mayor profundidad como el que contiene todos los secretos de la Sabiduría Suprema, que desciende de ZA a *Maljut*. Hay un gran árbol, denominado ZA o *Rav* (grande, fuerte), y hay un árbol pequeño, *Maljut*, que crece de aquel. Y lo eleva al Firmamento Supremo.

Adicionalmente al logro de la Luz de GAR, existe también la parte interna de la Sabiduría Suprema con sus secretos, que se revelan en el *Zivug* de *Átik* al completarse los 6 000 años, el final de la corrección. MA designa el mundo inferior, *Maljut*. El árbol grande y fuerte es ZA en el estado de elevación al *Partzuf* AB, porque en este estado él recibe Luz de *Jojmá*, y *Jojmá* es fortaleza (no es que el "saber sea poder", sino que la fortaleza de *Or Jojmá* reside en que permite al hombre ir contra la razón, desafiando el sentido común, con fe por encima de la razón).

Sin embargo, cuando ZA está en su lugar, él es denominado simplemente "un árbol", porque carece de *Or Jojmá* y solo tiene VAK, *Or Jasadim*. *Maljut* también es denominada "un árbol" y crece junto con ZA; ZA se eleva a *Aba*, a la máxima altura, AL FIRMAMENTO SUPREMO: *Átik*.

108. La "gran bondad" es la Luz que fue creada durante el primer día de la creación y ocultada para ser revelada en un futuro por los justos en el otro mundo. Tus acciones son el Jardín del Edén Superior, creado por la ACCIÓN del Creador.

La Luz que fue creada en el primer día de la creación es la Luz en la que Adam contempló desde un extremo del mundo al otro. Así, la palabra "Luz" es empleada cinco veces en la descripción que nos da la *Torá* sobre el primer día de la creación. Esta Luz va dirigida a los justos en el mundo venidero, pues ella está oculta en la *Sefirá Yesod* de *Aba*, y en *Yesod* de *Ima*, que en conjunto son llamados "el justo y la justicia".

(En hebreo, las palabras *Tzédek* (justicia) y *Tzadik* (recto, justo) tienen la misma raíz. Este último es el nombre dado a todo aquel que alcanza la gobernanza del Creador y entiende que es justa; y al justificar todas las acciones del Creador, es denominado justo. El otro significado de la palabra "justo" se refiere a la creencia humana de que el Creador es justo, porque en la espiritualidad, el hombre asume el nombre del grado que alcanza. Si logra entender que el Creador es justo –recibiendo dicho logro desde el grado al cual se ha elevado– él recibe el nombre de ese mismo grado).

Or Jojmá únicamente puede recibirse en "preciosas vestiduras" denominadas rectitud y justicia; es decir, solo con dichas intenciones. El extracto anterior habla de una acción abierta que implica una expansión sin restricción de la Luz, tal y como tendrá lugar al final de la corrección. Dicho estado es denominado "El Jardín Superior del Edén".

Mientras tanto, en aquel Jardín Superior del Edén, se encuentran solo los plena y perfectamente justos, es decir, las almas de Benayahu Ben Yahuyada y otros que merecieron la recepción de la Luz desde el gran *Zivug* de *Átik*, el cual une toda la Luz de los 6 000 años. Ese es el nombre que recibe el lugar para el descanso de estas almas: "Jardín del Edén".

Existe el Jardín del Edén inferior de la Tierra (VAK), y el Superior (GAR). Todas las almas moran en el Jardín del Edén inferior. Y solo durante el Primer Día del Mes (que coincide con el primer día de la luna nueva) y *Shabatot*, ascienden al Jardín del Edén Superior para luego regresar a su lugar. Sin embargo, existen personas especiales (almas) cuyo lugar es el Jardín del Edén Superior. Sobre tales almas, Rabí Shimon dice así: "Vi cómo se elevaban, pero eran pocos en número".

109. Todos los justos se encuentran en el Jardín del Edén inferior, vestidos con preciosos adornos, similares en atributos y forma a aquellos que llevaron en este mundo, es decir, de la misma forma que la gente en este mundo, y de acuerdo a la acción del hombre en este mundo. Allí se encuentran y desde allí, surcando el aire, ascienden a la Asamblea en el Jardín del Edén Superior, vuelan allí y se bañan en el rocío del límpido río *Afarsemón* (persimón, caqui), y descienden y vuelan abajo, en el Jardín del Edén Inferior.

La principal diferencia entre GAR y ZAT en relación tanto a los *Partzufim* como a las almas, es que GAR (K-J-B) no necesitan revestirse de *Or Jasadim*: pueden recibir *Or Jojmá* tal y como es. Sin embargo, los *Partzufim* de VAK y las almas generadas por ZON, cuya base es VAK (*Or Jojmá* envuelta de *Or Jasadim*), solamente pueden recibir *Or Jojmá* cuando esta se reviste de *Or Jasadim*.

La *Rúaj de Tzadikim* (el espíritu de los justos) en el Jardín del Edén inferior está envuelta en Luz de *Jasadim*, como las almas humanas en este mundo. Y con ayuda de esta preciosa vestidura, ellas pueden ascender al Jardín del Edén Superior y recibir allí *Or Jojmá*. A continuación, regresan a su lugar en el Jardín del Edén inferior, pues ese es su lugar permanente.

Ellas se elevan por la fuerza de *Or Jasadim*, denominada "aire", y vuelan hasta el Jardín del Edén Superior para recibir *Or Jojmá*, llamada río *Afarsemón*. Sin embargo, ellas no pueden permanecer allí e inmediatamente descienden del Jardín del Edén Superior al inferior. *El Zóhar* las compara con almas humanas, porque ambas, las almas Superiores y las almas humanas, necesitan recibir la vestidura de *Or Jasadim* para corregirse y elevarse.

110. Y en ocasiones, estos justos se aparecen como personas para obrar milagros, como ángeles celestiales, tal como nosotros hemos visto la luminiscencia de la Luz Superior, pero no hemos merecido ver ni conocer los grandes secretos de la sabiduría.

NO HEMOS MERECIDO CONOCER LOS GRANDES SECRETOS DE LA SABIDURÍA, pues el arriero se fue de su lado y desapareció. Aquí se alude a las almas especiales que moran en el Jardín del Edén Superior. Estas se han elevado tan alto que las almas del Jardín del Edén inferior ascienden a ellas solo durante el Primer Día del Mes y *Shabatot*; aunque, al no ser capaces de permanecer allí, inmediatamente descienden a su lugar permanente. No obstante, ellas son similares a las almas humanas, que descienden desde el Jardín del Edén Superior a este mundo y tratan con las personas, como ángeles superiores que rara vez descienden a este mundo.

Todo esto se puede comparar al hecho de que ahora ellos han visto la Luz del Astro Supremo, la Luz de Rabí Hamnuna-Saba, que ha descendido sobre ellos desde el punto más alto, desde el Jardín del Edén Superior, y se ha revelado ante ellos en este mundo (mientras están viviendo en este mundo).

COMO PERSONAS se refiere a las almas que moran en el Jardín del Edén inferior, que tienen forma de personas, y la Luz del Jardín del Edén Superior ejerce una influencia sobre ellas. Pueden recibir esta Luz durante su elevación solamente el Primer Día del Mes y *Shabatot*, con lo cual merecen conocer a las almas del Jardín del Edén Superior, y luego descienden a su lugar permanente.

Pero, asimismo, podemos decir que las palabras COMO PERSONAS hacen referencia a la gente de nuestro mundo corpóreo; mientras que las almas del Jardín del Edén Superior en ocasiones descienden a este mundo y, como ángeles superiores, se aparecen ante los ojos de los justos.

111. Rabí Aba abrió y dijo: "Y el muerto dijo a su mujer, 'Moriremos, porque he visto al Creador'". Pero él ni siquiera había sido consciente de su acción, como está escrito: "Él no sabía que aquel era un ángel". Sin embargo, puesto que está escrito: "El hombre que Me vea no podrá seguir vivo", comprendemos que él había muerto. Y nosotros hemos merecido que esta gran Luz nos acompañe, y el mundo existe porque el Creador nos lo entregó, para revelarnos los secretos de Su Sabiduría Suprema. ¡Qué gran felicidad!".

Cuando el ángel vio al muerto, él no tenía todavía el nivel apropiado de logro; y por ello el ángel no quiso revelar su nombre. Pero, aunque no lo conoció y no lo alcanzó, aún le atemorizaban las palabras: "El hombre que Me vea no podrá seguir vivo" (*Shemot*, 33:20).

Sin embargo nosotros hemos merecido el alcance completo, pues vinimos a conocer su nombre, Rabí Hamnuna-Saba. Y nosotros vivimos y existimos en este mundo. Y por tanto está claro que el grado Rabí Hamnuna-Saba es denominado "Muéstrame Tu gloria" (*Shemot*, 33:18), la petición de Moshé al Creador.

Pero el Creador respondió: "No podrás ver Mi rostro, porque el hombre no puede verme y seguir vivo". A raíz de estas palabras entendemos que ellos han alcanzado más que Moshé. Dicho estado es descrito por los sabios como: "No hubo profeta más excelso que Moshé, pero existió un sabio" (*Yalkut Shimoni*, el final). Asimismo está escrito: "Es preferible un sabio a un profeta" (*Talmud, Bava Batra*, 12:1). Y ellos se habían elevado tanto espiritualmente, que merecieron la aparición de un alma tan elevada mientras vivían en este mundo.

112. Caminaron y llegaron a una montaña. El sol se había ocultado. Las ramas del árbol en aquella montaña comenzaron a agitarse y a cantar. Mientras seguían caminando, oyeron una voz atronadora que proclamaba: "Hijos del Sagrado Creador, dispersos entre la vida en este mundo, iluminados por los hijos de la Asamblea, reuníos en vuestros lugares y regocijaos con vuestro Creador en la *Torá*". Ellos se asustaron y pararon. Y se sentaron.

"Llegaron a una montaña" se refiere a las palabras del Rey David (*Tehilim*, 24:3): "¿Quién subirá a la montaña del Creador y quién permanecerá en Su lugar sagrado?", lo cual significa: ¿quién es digno de ello? Cuando acabaron de subir la montaña, el sol ya se había puesto (la Luz abandonó el *Partzuf*). Pero ellos oyeron algo desde los árboles, como está escrito: "Entonces todos los árboles del bosque cantarán de gozo" (*Tehilim*, 96:12).

Ellos oyeron una voz que les dijo que regresaran a su lugar para regocijarse en el Creador y Su *Torá*, y que descendieran de la montaña. Y esta los llama por el nombre de ese Alto Grado que ellos habían alcanzado. Pero ella les da a entender que las personas no son dignas de estar en aquel grado y en este mundo a la vez. Sin embargo, aunque sentían temor, permanecieron en la montaña, se sentaron y no se movieron de su lugar. "Se asustaron", "pararon" y "se sentaron" son los estados espirituales del *Partzuf*.

Vemos cómo *El Zóhar* explica el camino de los justos, de aquellos que cruzan el *Majsom* (la barrera que separa nuestro mundo del mundo espiritual) y comienzan a elevarse por los grados de la escalera espiritual. Este camino es amplio, y cada libro de la *Torá* lo describe en su propio lenguaje: el lenguaje de la Cabalá, el de las leyendas, el judicial, los relatos históricos del Pentateuco, etc. *El Zóhar* nos dibuja una lucida composición: es como un libro-guía para aquellos que pasarán por el mismo lugar que aquellos eminentes viajeros en el mundo espiritual. Una vez allí, uno mismo podrá comprender lo que quieren decir nociones como "montaña", "árbol" y "voz". ¡Es entonces cuando *El Zóhar* se convertirá en tu verdadero libro-guía!

Resulta imposible proporcionar una descripción más detallada de los *Partzufim*, es decir, de las percepciones internas de alguien que se eleva espiritualmente. Esto es así porque el lector debe tener primero una sensación análoga de las suyas propias. Si uno pudiera ver tan solo una vez el significado del contenido aquí descrito (o algo semejante), entonces estaría capacitado para imaginar claramente aquello de lo que se habla.

Ocurre lo mismo en nuestro mundo: aun cuando no hayamos estado en un determinado país, podemos imaginar lo que otros nos describen por analogía con lo que ya conocemos. Pero en este caso, no hay ninguna analogía. ¡Aquel que contempla el mundo espiritual por primera vez se da cuenta de cuán equivocados estaban todos sus planteamientos previos! Por eso, nada podemos decir respecto a muchos de los estados descritos en *El Zóhar*.

113. Mientras tanto, una voz se oyó de nuevo: "Oh, firmes rocas, grandes martillos de truenos, Biná se yergue sobre un pilar, así que entrad y reuníos". Mientras tanto, ellos escucharon la poderosa voz de miles de árboles diciendo: "La voz del Creador rompe los cedros". Rabí Eliezer y Rabí Aba cayeron sobre sus rostros. Un gran miedo los sobrecogió. Se levantaron a toda prisa y se fueron sin oír nada más. Bajaron de la montaña y prosiguieron su camino.

Ya hemos dicho previamente que ellos no podían montar sus asnos, lo cual significa que no eran capaces de elevar MAN, pues Rabí Hamnuna-Saba ya había cumplido su misión de ayudarles. Esa es la razón por la que perdieron la fuerza de sus asnos, y no pudieron seguir utilizándolos para elevar MAN y merecer Grados Superiores.

Por eso, Rabí Eliezer dijo que ellos no merecieron ni ver ni alcanzar los secretos de la Sabiduría Suprema. El hecho es que una vez que alcanzaron el grado de *Yejidá*, es decir, revelaron el alma de Benayahu Ben Yahuyada con ayuda de Rabí Hamnuna-Saba, la desaparición de la pantalla (*Masaj*) de BON causó la pérdida del *Masaj de SAG*. En consecuencia, ellos no pudieron elevar más el MAN.

La Luz dejó de descender hacia ellos desde el *Guf de Átik* precisamente para darles la oportunidad, o mejor dicho, la fuerza para rehacer *Masaj de SAG*. En consecuencia, BON llegará a ser igual que SAG, ellos reanudarán la elevación de MAN y nuevamente podrán ascender de grado en grado.

Por eso, desde el momento en que Rabí Eliezer y Rabí Aba dejaron sus asnos, perdieron la fuerza para elevar MAN que devolvería BON al nivel de SAG. Sin embargo, la voz proclamó que ellos eran fuertes como rocas y truenos, porque hasta entonces habían resistido todas las pruebas. Y que reunirían fuerzas para soportar las poderosas rocas y superar todos los obstáculos como antes, hasta que destruyan esos obstáculos, como grandes martillos de truenos se precipitan desde Arriba.

Aunque *Biná* en sí es incolora, recibe el nombre de "la fuente de los colores". Y la razón es que ella es toda misericordia, mientras que las demás cualidades se originan a partir de ella al soportar todas las pruebas, como rocas. De todo esto, *Biná* recibe nuevas formas, y de ahí que reciba las fuerzas de una nueva pantalla sobre la cual surgen todos los nuevos grados y los *Partzufim*.

Junto con la voz que les informó sobre las nuevas fuerzas de *Biná*, escucharon otra voz –"La voz del Creador rompe los cedros" (*Tehilim*, 29:5)– la cual les permitió saber que todos los cedros (obstáculos) habían sido retirados de su camino hacia los logros superiores. Esto les dio fuerza para bajar de la montaña y seguir el camino hacia los Grados Superiores.

114. Cuando llegaron a la casa de Rabí Yosi, hijo del Rabí Shimon Ben Lakunia, vieron a Rabí Shimon Bar-Yojay. Se regocijaron. Rabí Shimon Bar-Yojay también se regocijó. Les dijo: "Habéis viajado correctamente por este sendero de signos Superiores y de maravillas, porque mientras dormía, pude veros, a vosotros y a Benayahu Ben Yahuyada, el cual os enviaba dos coronas con un anciano, para adornaros con ellas. Estoy seguro de que el Creador estaba en este sendero también, porque puedo ver cómo han cambiado vuestros rostros". Rabí Yosi dijo: "Ciertamente está escrito que es preferible un sabio a un profeta". Rabí Eliezer vino, reposó su cabeza sobre las rodillas de su padre, Rabí Shimon, y le contó lo que había pasado.

Aquí, *El Zóhar* nos da una explicación alegórica de dos estados: primero, ellos merecieron alcanzar una vez más la Luz de SAG (denominada Rabí Yosi); y segundo, ahora SAG y AB se unen en un *Zivug* constante. Comprendemos esto al ver su encuentro con Rabí Shimon, que representa *Or Jojmá*. En otras palabras, ellos merecieron que su BON retornara y se hiciera igual a SAG de manera eterna, en un constante *Zivug* con AB.

Benayahu Ben Yahuyada les envió dos coronas a través de Rabí Hamnuna-Saba: la Luz de *Yejidá*, denominada Benayahu Ben Yahuyada, y una nueva Luz AB-SAG, que precisamente acababan de alcanzar. Esta Luz también descendió hasta ellos a través de las fuerzas de Benayahu Ben Yahuyada como recompensa por haber superado todas las pruebas, gracias a las cuales, ellos y no otros merecieron este grado que emanó desde la gran Luz de su alma.

Así, les envió dos coronas. Sin embargo, todas estas caídas en su camino espiritual no fueron fracasos: al contrario, el Creador Mismo los estaba guiando hacia aquel Grado Superior, que ahora han alcanzado. Y por ello está escrito: ESTOY SEGURO DE QUE EL CREADOR ESTABA EN ESTE SENDERO (contigo). Sin embargo, CÓMO HAN CAMBIADO VUESTROS ROSTROS –ya que habéis obtenido algo más– queda descrito en la frase: ES PREFERIBLE UN SABIO A UN PROFETA.

115. Rabí Shimon tuvo miedo y lloró. Él dijo: "He oído al Creador y estoy atemorizado". Fue el profeta Javakuk quien proclamó este versículo cuando contempló su propia muerte y cómo Elisha le devolvía a la vida. ¿Por qué su nombre es Javakuk? Porque está escrito que en ese tiempo habría un JUVKAT: el hijo que es abrazado. Porque Javakuk era el hijo de la Shunamit. Y había dos abrazos: uno de la madre y otro de Elisha, como está escrito, "Puso su boca sobre la de él".

Primero, no está claro cómo el profeta Elisha pudo pasar una semilla en su bendición a la Shunamit, porque esta semilla no puede existir (procrear). Elisha fue, ciertamente, el profeta más grande después de Moshé; su alma viene del Jardín del Edén Superior. Por eso, su BON –en hebreo, la palabra Ben (hijo) y BON se escriben de la misma manera: Bet-Nun– ya era absolutamente perfecto y puro.

Por consiguiente, cuando él le pasó su hijo a ella, lo ató al lado masculino, mientras que a Javakuk lo ató únicamente al lado femenino. Y dado que el lado femenino, Nukva, está más cerca de la fuerza impura, esta se aferró a él y murió. Así, la causa de su muerte la encontramos en el elevado nivel del profeta, ya que su BON es puro y está a salvo de que las fuerzas impuras se aferren a él.

Y, por lo tanto, el profeta oró: "¡El Creador me ocultó esto y nada me manifestó!" (Melajim II, 4:27). En otras palabras, desconocía por completo el hecho de que podía morir por estar conectado únicamente a BON. Por eso era necesario regresar, volver a la vida, y conectarse con el Mundo Superior, con la resurrección de los muertos.

La esencia del embrión es el blanco (Or Jojmá) en él, como está escrito (Talmud, Nidá, 31:1) que Aba (el padre) es Jojmá, porque Jojmá es denominada "blanco", como está escrito: "Él hizo todas las cosas con Jojmá (sabiduría)" (Tehilim, 104). Sin embargo, existe además una necesidad de envolverse en Or Jasadim, la intención "en beneficio del Creador", porque es imposible recibir Or Jojmá –la Luz de la Sabiduría, alcance y satisfacción– sin la envoltura de Or Jasadim, sin la intención altruista.

Por lo tanto, la madre debe proporcionar el rojo, la pantalla, que suministra la Or Jasadim necesaria para que Or Jojmá se envuelva con ella. El resultado de Or

Jasadim abrazando (vistiendo, envolviendo) a *Or Jojmá* es que el embrión puede existir. Y aquí, todo el abrazo del embrión provenía exclusivamente de la madre, la Shunamit, es decir, únicamente del lado femenino (*BON*).

Así, cuando Elisha le devolvió a la vida, le entregó el blanco (*Jojmá*) y el rojo (*Jasadim*) de nuevo. Fue el propio Elisha quien lo abrazó esa segunda vez. Por eso está escrito que había dos Javakuks (de la palabra *Jibuk*–abrazo): uno de la madre y el otro de Elisha.

116. Encontró en el libro del Rey Shlomó que el nombre Javakuk contiene setenta y dos nombres. Elisha lo creó con palabras. Cada palabra se compone de tres letras, porque las letras del alfabeto, las cuales el Padre le confirmó inicialmente, volaron lejos en el momento de su muerte. Pero Elisha lo abrazó y con su espíritu confirmó en él todas esas letras en sus setenta y dos nombres. En total, existen 216 letras en sus setenta y dos nombres, tres letras en cada uno de ellos.

El embrión está formado con 216 = RYU (*Resh* = 200 + *Yud* = 10 + *Vav* = 6) de las letras que designan la *Or Jojmá* que desciende hacia YESHSUT. Y esto significa que el embrión tiene el RYU de las letras, y la *Guematría* de REIYAH = *Resh-Álef-Yud-Hey*, es decir, la Luz de la visión. *Reiyah* significa visión en hebreo, y la visión solo es posible en *Or Jojmá*, porque "ver" significa "alcanzar" y la Luz de los ojos es *Or Jojmá*.

Cuando un *Partzuf* que crece alcanza *Gadlut*, él recibe la envoltura de *Or Jasadim* del Mundo Superior desde AVI, y RYU se reviste de *Or Jasadim*; en ese momento, este *Partzuf* es denominado AB (72) nombres, porque cada tres letras se unen para formar una y RYU = 216 letras se convierten en AB = 72 grupos de letras, con tres letras en cada grupo, es decir, se convierten en AB = 72 nombres.

Cuando *Or Jasadim*, la vestidura del *Partzuf*, proviene únicamente del mundo inferior, ella es definida como RYU = 216 letras. Y cuando alcanza AB (*Jasadim* del Mundo Superior), una vez más se forma un grupo con cada tres letras, lo cual da como resultado AB = 72 nombres, como está escrito: CONFIRMÓ EN ÉL TODAS ESTAS LETRAS. Cuando Elisha devolvió la vida a Javakuk, el hijo de la Shunamit, creó el nombre Javakuk, AB = 72 letras desde RYU = 216, porque le entregó *Or Jasadim* del Mundo Superior desde AB.

En consecuencia, las 216 letras se unieron en grupos de tres formando tres líneas desde Arriba hacia abajo: la derecha, la izquierda y la media. Una célula compuesta de tres letras –de la línea derecha, la izquierda y la media, que se sitúan horizontalmente (que pertenecen a la misma pantalla y tipo de *Kli*)– es considerada como una sola. Por lo tanto, el AB (72) de las letras es empleado en lugar del *AB* (72) de los nombres, pues aquí, cada letra incluye tres, convertidas en una sola. Cuando *Or Jojmá* entra en estas 72 células, el *Partzuf* es denominado *AB* y se considera que tiene la completa Luz de *Jojmá*.

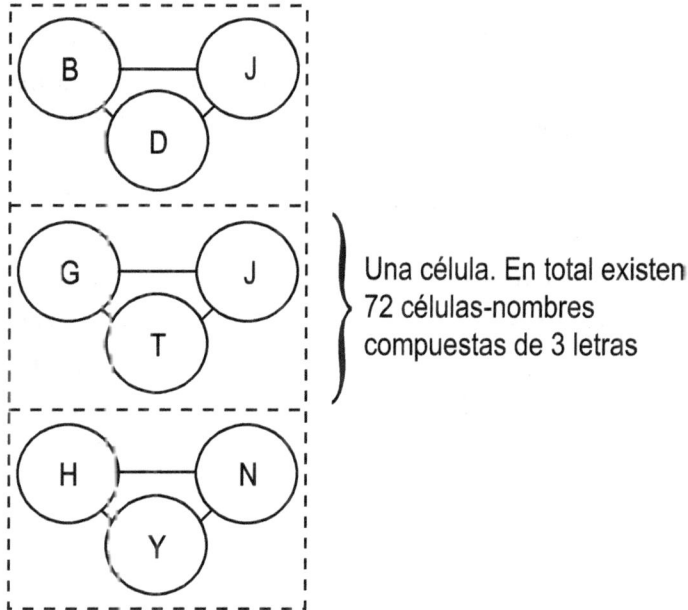

Una célula. En total existen 72 células-nombres compuestas de 3 letras

Or Jasadim es la Luz que trae paz al estado del *Partzuf* en un momento dado, pues su cualidad consiste en otorgar y no desear nada para sí. Hay que señalar que la *Or Jasadim* recibida desde el mundo inferior es simplemente un paliativo "a falta de algo mejor", mientras que la *Or Jasadim* recibida desde el Mundo Superior genera una cualidad de "otorgamiento" tan poderosa que el *Partzuf* recibe *Or Jojmá* mostrando así que, aunque posee *Or Jojmá*, prefiere *Or Jasadim*.

Es algo similar a una persona en nuestro mundo que asegura que no necesita nada. Sin embargo, existe una diferencia: ¿acaso dice algo así cuando no posee nada y puede tener todo lo desea, pero aún así prefiere restringirse y quedarse solamente con lo necesario donando todo lo demás?

Por lo tanto, cuando ese *Partzuf* que crece (el hijo = *BON*) únicamente tenía *Or Jasadim* del mundo inferior, no podía recibir *Or Jojmá* dentro de ella, y por eso era denominado *RYU* de las letras. Pero las fuerzas impuras aún se aferran a estas e intentan inducir al *Partzuf* a recibir *Or Jojmá* para sí mismo. Y por ello *Or Jojmá* no puede envolverse con ellas.

El *RYU* de las letras que Javakuk tenía desde el día en que nació VOLARON LEJOS EN EL MOMENTO DE SU MUERTE. Por eso, era esencial darle de nuevo el *RYU* de las letras y el *AB* de los nombres. Y es algo que Elisha hizo CON SU ESPÍRITU, pues estaba obligado a volver a crear en él dicho *RYU* de las letras con objeto de unirlas en el *AB* de las células con ayuda de los *Jasadim* Superiores (unir todo dentro de las tres líneas), cuando todo se une dentro del *AB* de los nombres.

117. Elisha confirmó todas esas letras en el alma de Javakuk para devolverle la vida con las letras de los setenta y dos nombres. Y lo llamó Javakuk, pues ese es su nombre completo, el que describe todas sus cualidades porque alude a los dos Javakuks y a las 216 letras del Nombre Sagrado, porque la *Guematría* (valor numérico) del nombre Javakuk es 216, y a partir de él los setenta y dos nombres se originaron. Mediante los nombres *AB* él le devolvió la vida e hizo que su espíritu regresara a él, y mediante las letras *RYU* infundió vida a su cuerpo permitiéndole así existir. Por eso es llamado Javakuk.

Javakuk = *Jet* + *Bet* + *Kof* + *Vav* + *Kof* = 8 + 2 + 100 + 6 + 100 = 216. La palabra Javakuk indica dos abrazos (*Jibukim*, plural de *Jibuk*). Como todo nombre hebreo, nos revela la cualidad de aquel que lo porta. Por ejemplo, Yaakov deriva de *Akev* ("esquivó" a Esav), y Avraham significa *Av*-padre, *Am*-de la nación.

El primer abrazo vino de *Ima*, pero *Or Jojmá* aún no podía entrar en el *Partzuf*, en el *RYU* de las letras, pues la fuerza impura se aferra al rojo en *Ima*-madre. Pero después Elisha lo abrazó desde *Jasadim* del Mundo Superior procedente de *AVI*. Esto unió las letras en grupos (nombres), y *Or Jojmá* entró en estos nombres permanentemente: la fuerza impura no puede aferrarse a *Jasadim* del Mundo Superior.

Como en el ejemplo de arriba, incluso si toda la *Or Jojmá* fuera ofrecida, el *Partzuf*, que ha recibido protección en forma de deseo por *Jasadim* del Mundo Superior, recibe tal fuerza (deseo) de otorgar que nunca desea *Jojmá*. Y precisamente por eso *Jojmá* puede llenarlo por toda la eternidad.

Por consiguiente, el nombre Javakuk denota dos *Jibukim* (abrazos): uno de la madre y otro de Elisha, transmitiéndole así perfección desde todos los lados: del lado de *Or Jojmá* pero también del lado de *Or Jasadim*. "Abrazos" significa *Or Jasadim* desde *AVI*, y la *Or Jojmá* recibida dentro de *Or Jasadim* es denominada "los secretos de *RYU*".

Y está escrito que MEDIANTE LOS NOMBRES *AB* DEVOLVIÓ LA VIDA A SU ESPÍRITU, MEDIANTE LAS LETRAS *RYU* INFUNDIÓ VIDA A SU CUERPO. Él volvió a la vida gracias al abrazo de Elisha, porque los nombres fueron formados por el *RYU* de las letras; es decir, ellos son las tres líneas en las que poder recibir *Or Jojmá*, gracias a la recepción de *Or Jasadim* desde *AVI* (el Mundo Superior).

Y en esta Luz, las fuerzas impuras (los deseos egoístas del hombre) no pueden atacar. Por eso, la muerte (consecuencia de recibir *Or Jojmá* para uno mismo) no existe. Posteriormente, él recibe *Or Jojmá*, la cual le lleva a la completa corrección de su *Guf*.

Sin embargo, el *Partzuf* (el hijo de la Shunamit) tenía el *RYU* de las letras desde su nacimiento, pero le abandonaron en el momento de su muerte. ¿Por qué es entonces llamado Javakuk (dos abrazos)? Después de todo, el primer abrazo de *Ima* (madre) le abandonó en el momento de su muerte, y Elisha le devolvió la vida abrazándole una sola vez. Entonces, ¿no contiene solo el abrazo de Elisha?

Lo cierto es que Elisha no le había dado nada nuevo cuando le devolvió la vida, salvo el abrazo, la Luz de la *Ima* Superior-*SAG*, y dicha Luz ocasiona la resurrección de los muertos. Y el *RYU* de las letras fue devuelto a la vida gracias al abrazo de su madre inferior-*BON*. Estas son las mismas *RYU* procedentes de *BON* con las que había nacido. De otra manera, hubiera sido un alma enteramente nueva, sobre la cual uno no habría podido decir que estaba muerta y resucitó.

Entonces ahora tiene, en efecto, dos abrazos, porque el primero de ellos ha sido devuelto a la vida, es decir, *BON* se elevó a *SAG*. Y puesto que *BON* se sitúa en la ubicación de *SAG*, sus *Jasadim* son considerados como los de la Madre Superior. Ellos neutralizan completamente las fuerzas impuras y la muerte, pues sus cualidades (deseos) son exclusivamente de otorgamiento. Y esto es algo que la fuerza impura no puede soportar y pierde su capacidad para tentar al hombre. Por eso, él recibe el nombre de Javakuk, de acuerdo con la acción de los dos abrazos.

118. Él dijo: "He oído al Creador y siento temor por Su Nombre". He oído acerca de lo que yo tenía y he probado el sabor del otro mundo en el momento de la muerte, antes de que Elisha le devolviera a la vida. Y estoy atemorizado. Él comenzó a pedir misericordia para su alma. Y dijo: "¡Oh, Creador, las acciones que Tú realizaste para mí a través de los años eran mi vida!". Y quienquiera que se conecte a los años pasados (el nombre de las *Sefirot* de *Átik*), se conecta a la vida. A través de los años, da vida al grado que carece de vida propia, es decir, al grado de *Maljut de Maljut*.

Su miedo procede del pasado, de estados previos, porque ahora se ha vuelto perfecto en todos sus aspectos, y por ello el miedo ya no tiene lugar. Este miedo es un remanente del pasado, del momento en que abandonó el mundo. Y describe el estado entre la muerte y la resurrección. Sin embargo, él continúa recibiendo temor del estado previo, para así poder crear una pantalla y elevar *MAN*. Es precisamente este miedo que procede de tiempos (estados) pasados lo que le estimula para empezar a elevar *MAN* (la súplica por misericordia).

Este es el secreto de la pantalla futura, cuando BON se convierta en SAG. Porque entonces "Él erradicará la muerte para siempre" (*Yeshayahu*, 25:8) y no habrá fuerza que suscite el miedo a la muerte y los sufrimientos, no habrá fuerza capaz de causar daño a la pureza y la santidad del hombre. Y no habrá necesidad de rehuir de nadie, no habrá nadie a quien temer o evitar.

Pero, si el hombre ha alcanzado un estado espiritual tan grande, ¿de dónde podría obtener el temor? (*no hay que olvidar que no podrá ascender sin él*). Únicamente podrá conseguirlo de sus estados previos. Porque el *Partzuf* BON retiene las reminiscencias, los registros, los recuerdos de estados pasados, incluso después de su elevación a SAG, cuando BON llega a ser como SAG.

Si no fuera por la rememoración del miedo de estados pasados –en un estado en el que no queda nada que temer– el *Partzuf* no podría crear una pantalla. Y mientras explicaba esto, Rabí Shimon les habló de Javakuk para enseñarles a adquirir temor tal y como hizo Javakuk, tomándolo del pasado.

ESTAS ACCIONES QUE TÚ HAS REALIZADO... A LO LARGO DE LOS AÑOS... ERAN MI VIDA –pues él vivió a lo largo de dos períodos: los años precedentes a su muerte y los años posteriores a su resurrección. Entre ambos períodos, hubo un estado en el que abandona este mundo, la muerte (el tiempo durante el cual existió en el otro mundo, entre los dos períodos). Es decir, puesto que yo recuerdo el tiempo de mi muerte, yo me conecto a la vida del Mundo Superior, la cual me fue dada por Elisha cuando me resucitó.

ZAT *de Átik* es denominado "años pasados (y algunas veces de mucho tiempo atrás)", ya que ellos reciben su Luz desde la *Maljut* del mundo de AK, *Maljut* de *Tzimtzum Álef*. Sin embargo, ZAT *de Átik* no brillan sobre los *Partzufim* y los mundos inferiores con su Luz de *Tzimtzum Álef*. Durante los 6 000 años ZAT *de Átik* brillan hacia abajo atenuando su Luz, restringiéndola según las leyes de *Tzimtzum Bet*. Solamente al final de la corrección comenzarán a enviar hacia abajo toda su Luz. Está escrito en la *Torá* que la Luz entregada por *Átik* durante los 6 000 años es designada con la letra *Hey* pequeña de la palabra AVRAhAM.

Pero la muerte purificó a Javakuk completamente, como en el final de la corrección, y por eso él mereció la unión con los "años pasados" de *Átik*. Porque ahora tenía las fuerzas que había recibido del abrazo y de la resurrección llevada a cabo por Elisha. Por eso, está escrito que una vez que se hubo purificado y sintió el temor en el momento de su muerte, la fuerza de ese miedo le hizo merecedor de conectarse con ZAT *de Átik* y recibir la Luz denominada "la vida eterna".

Porque, a raíz de la purificación que le trajo su muerte, BON recibió la corrección completa elevándose y convirtiéndose en SAG en el momento de su muerte. Acto seguido llega al grado de *Maljut de Maljut* (el *Zivug* sobre ella únicamente es posible al final de la corrección) y alcanza este grado, la Luz de su vida.

119. Rabí Shimon lloró y dijo: "Y yo he visto del Creador lo que he oído". Elevó las manos sobre su cabeza, y dijo: "Pero vosotros habéis merecido ver cara a cara a Rabí Hamnuna-Saba, la Luz de la *Torá*, mientras que yo no merecí tal cosa". Cayó sobre su rostro y vio a aquel que arranca montañas y enciende velas en la sala del Rey-Mashíaj. Y le dijo: "Rabí, en el otro mundo estaremos junto a los que dirigen las asambleas ante el Creador". Desde ese momento, él llamó a su hijo, Rabí Eliezer, y a Rabí Aba por el nombre de Paniel (el rostro de Dios), como está escrito: "Pues he visto al Creador cara a cara".

Él se ensalzó a sí mismo por usar el mismo miedo que el profeta Javakuk, es decir, el miedo del pasado.

Todas las correcciones ya están listas, preparadas en la sala del Rey-*Mashíaj*, hasta en el último detalle. Todas ellas deben ser reveladas al final de todas las correcciones con la aparición del Rey-*Mashíaj*. Y las almas en esa sala son las que merecieron llevar a cabo sus correcciones individuales, pues existe una corrección individual y otra general.

Maljut de Maljut es la única creación, y está dividida en partes denominadas almas. Dichas partes se integran en las personas de nuestro mundo, y deben alcanzar su propia corrección mientras existen dentro del hombre; es decir, deben reemplazar gradualmente sus propias cualidades-deseos por las cualidades-deseos del Creador. Esto es lo que denominamos la corrección individual o personal del alma. Así, las almas que han alcanzado sus correcciones individuales alcanzan y existen en el estado llamado "estancia en la sala del Rey-*Mashíaj*".

La Luz en aquella sala (la Luz de la *Torá*), también denominada Hamnuna-Saba, libera al hombre por completo de las fuerzas impuras: le purifica de todos sus primigenios deseos egoístas y corrige a *Maljut de Maljut*, la cual "aparece ante los justos como una alta montaña" (*Talmud, Sota,* 52). Esta corrección se efectúa mediante la creación de una nueva pantalla del estilo de SAG a fin de elevar MAN (súplica para la corrección final). MAN es denominado *Meorey Esh* (chispas de fuego), como está escrito: "El alma del hombre es la vela del Creador" (*Mishley,* 20:27).

La Luz del sol indica el descenso de la Luz, MAD, del mismo modo que la Luz del sol desciende sobre nosotros, mientras que la llama del fuego denota

Or Jozer, que se eleva de abajo hacia arriba, como la Luz de la llama de una vela. Por ello, *El Zóhar* dice que estas dos correcciones –dirigidas a la destrucción de las fuerzas impuras y a la elevación para encender la luz de las velas en la sala del Rey-*Mashíaj*– están en manos de Rabí Hamnuna-Saba.

Y aquellos justos perfectos que necesitan estas dos correcciones finales solamente merecen recibirlas mediante la revelación del alma de Rabí Hamnuna-Saba. Y él afirmó que ellos (los discípulos de Rabí Eliezer y de Rabí Aba) merecerán el honor de servir en la sala del Rey-*Mashíaj* tras su muerte, y llegarán a ser sus vecinos y cabezas de las Asambleas del Creador.

Los dos puntos

120. Rabí Jiya comenzó y abrió: "El principio de *Jojmá* –sabiduría– es el temor al Creador, y aquellos que cumplan con esto, recibirán todo el bien". Él pregunta: "¿El principio de la sabiduría?". Sin embargo, debería decir que el final de la sabiduría es el temor al Creador, porque el temor al Creador es el atributo de *Maljut*, y ella es el extremo final de *Jojmá*-sabiduría". "Pero –contesta él– precisamente *Maljut* es el umbral de la entrada a los grados de recepción de la sabiduría Suprema". Por eso está escrito: "Abridme las puertas de la justicia", es decir, las puertas de *Maljut* (denominada "justicia") son las puertas del Creador. Y si no cruza (el hombre) estas puertas, no llegará hasta el Rey Supremo atravesando ninguna otra, pues Él está oculto, distanciado, y erigió innumerables puertas en el camino hacia Él.

El temor al Creador es la *Sefirá Maljut*. Pero si *Maljut* es la última de las diez *Sefirot* ¿cómo puede servir de entrada? En efecto, ella puede ser denominada "el extremo final de *Jojmá*" o el final de *Partzuf*, pero nunca el principio. No obstante, no se trata de una expresión alegórica, sino de la propia esencia. Porque ÉL ESTÁ OCULTO Y DISTANCIADO, y no hay pensamiento en el hombre que pueda alcanzar al Creador. Por eso, Él erigió innumerables puertas EN EL CAMINO HACIA ÉL. Y gracias a esas puertas, el Creador confirió a aquellos que anhelan acercarse a Él la oportunidad de lograr el alcance.

A esto precisamente se refiere el verso: "Abridme las puertas de la justicia" (*Tehilim*, 118), puertas que son las que el Creador creó para, a través de ellas, llegar a Él. PERO AL FINAL DE TODAS LAS PUERTAS ERIGIÓ UNA PUERTA ESPECIAL CON MULTIPLES CERRADURAS: esta puerta es *Maljut de Maljut*, el punto último de toda la creación, el punto último de todas las puertas celestiales.

Y esta última puerta (de arriba abajo) es la primera puerta (de abajo arriba) hacia la sabiduría suprema, pues resulta imposible merecer la *Jojmá* (sabiduría) Suprema si no es precisamente a través del alcance de esta última. Porque esta puerta es la primera para el alcance de la Sabiduría Suprema. Por eso está escrito (*Tehilim*, 111:10): "El principio de la sabiduría es el temor (veneración) al Creador", porque el temor al Creador es denominado la última puerta, que constituye la primera en el camino del alcance supremo.

121. Y al final de todas las puertas erigió la puerta especial con varias cerraduras, varias entradas y varias salas, unas encima de otras. Y dijo Él: "Aquel que desee llegar a Mí, sea esta la primera puerta en su camino hacia Mí. Todo aquel que consiga franquear esta puerta, entrará". Esta –y solamente esta– es la primera puerta hacia la Sabiduría Suprema, las puertas del temor al Creador, *Maljut*, quien por ello es llamada "el principio".

Cerraduras, entradas y salas son tres procesos consecutivos de alcance, el conocimiento de lo espiritual en las sensaciones internas del hombre. El pensamiento que dio origen al mundo fue el pensamiento por parte del Creador de llevar a cabo la creación (el alma del hombre) para colmarla de placer. Sin embargo, es imposible deleitarse estando alejado del Creador. Porque Él es lo único que existe. Y nos creó de tal manera que, cuanto más cerca de Él nos encontremos, mayor será el placer que descubrimos; mientras que nuestro alejamiento de Él, es percibido como sufrimiento.

En nuestro mundo –es decir, aquellos que únicamente perciben este mundo– lo que acabamos de mencionar solo se puede aceptar mediante la fe o sencillamente rechazarlo. Sin embargo, los cabalistas, capaces de elevarse, es decir, de acercarse al Creador, dan testimonio de esto y nos describen sus alcances. Solo de nosotros va a depender cómo y cuándo recorrer ese mismo camino hacia el Creador y alcanzar la completa adhesión (unión) con Él. E independientemente de que lo deseemos o no, será preciso recorrer todo el camino desde nuestro mundo hasta llegar a esa unión completa con el Creador; todo ello mientras existimos en nuestros cuerpos, en alguna de nuestras vidas en este mundo. Esta es la meta de creación. Y hasta que el hombre no cumpla con ella, deberá volver a reencarnar, deberá volver a este mundo, como dijeron los sabios: "Deseó el Creador morar en los inferiores".

Nuestro mundo está construido de manera totalmente opuesta al Creador, pues fue creado en el atributo del deseo egoísta de gozar. Este atributo es precisamente la antítesis del atributo-deseo del Creador de deleitarnos. Es más, en el Creador no hay ni el más mínimo rastro de deseo de recibir placer.

Por eso está escrito sobre el hombre en nuestro mundo (*Iyov*, 11:12): "El hombre nace como un asno salvaje". Por tal motivo, a aquellos que existen en nuestro mundo, toda la gobernanza del Creador les parece contraria a la meta de la creación: dar placer a las criaturas. Así sentimos Su gobernanza sobre nosotros, percibiendo el mundo que nos rodea en nuestras sensaciones egoístas.

El plan del Creador es que el hombre corrija sus deseos egoístas y los transforme en altruistas, después de lo cual, el Creador les llenará con un placer supremo y absoluto, siempre en la medida de su corrección. Antes de alcanzar dicho estado, el hombre seguirá sufriendo por causa de su deseo de disfrutar, ya sean los placeres de este mundo o del espiritual.

Estas sensaciones son denominadas "las cerraduras de la puerta", porque todas las numerosas contradicciones sobre la unicidad de las acciones del Creador que sentimos en este mundo, nos separan del Creador y nos impiden acercarnos a Él. Pero cuando, con amor, nos esforzamos en el cumplimiento de la *Torá* y Mandamientos –con todo el corazón y toda el alma, tal y como fue establecido para nosotros (incondicionalmente, con la única intención de deleitar al Creador y sin buscar beneficio propio)– entonces, todas estas fuerzas, cada contradicción que superamos en nuestro camino hacia Él, se convierten en una puerta para el alcance de Su Sabiduría Suprema, de *Or Jojmá*. Y sucede así porque cada contradicción revela su propia unicidad en el alcance.

De esta manera, las mismas preguntas y contradicciones, que en un primer momento parecían impedirnos aceptar la unicidad de la gobernación del Creador, llegan a convertirse en conocimiento. Y, gracias a él, llegamos al entendimiento y al alcance de Su unicidad en la gobernanza.

Y aquellos que son merecedores transforman (en su interior) las tinieblas en Luz, la amargura en dulzura. Así sienten ellos el alcance, precisamente en aquellas sensaciones pasadas de tinieblas y amargura. Porque las fuerzas que nos alejan del Creador, que conforman nuestra inteligencia y que son percibidas por el cuerpo como amargas, se transforman en las puertas de alcance de los Grados Superiores. Y de ese modo, las tinieblas se convierten en Luz, lo amargo en dulce.

Y cuanto más negativamente se ha percibido la gobernanza del Creador, tanto más profunda será con posterioridad la comprensión de que Su gobernanza es perfecta. Todo el mundo acabará encontrándose en una balanza de méritos, porque cada fuerza y discernimiento ahora sirven como SHAAREY-TZÉDEK (las puertas de la verdad), a través de las cuales podemos acceder y recibir del Creador lo todo que Él se propuso otorgar en el momento del Pensamiento de la Creación. Así, sobre tales contradicciones está escrito que se transforman en una compresión de la Unicidad (*Tehilim*, 118:20): "Esta es la puerta del Señor; los justos entrarán por ella".

Por ello, hasta que el hombre se haga merecedor de transformar –con ayuda de la *Torá* y Mandamientos– sus deseos de "recibir en beneficio propio" en deseos de "recibir para deleitar al Creador", todas las puertas que conducen hacia Él contarán con férreas cerraduras (sensaciones de imperfección en la gobernanza del Creador), ya que ellas desempeñan la función contraria: distanciar y apartar al hombre del Creador. Y se llaman "cerraduras" porque obstruyen las puertas del acercamiento y nos alejan del Creador.

Pero si nos esforzamos en superarlas para que no influyan sobre nosotros y no enfríen el amor que sentimos por el Creador en nuestro corazón, acabaremos convirtiendo esas cerraduras en entradas, las tinieblas en Luz, la amargura en dulzura. De ahí que por cada cerradura recibimos un grado especial de alcance del Creador. Estos grados se convierten en accesos a los grados de percepción del Creador. Y los propios grados se transforman en salas, aposentos de sabiduría.

Por tanto, vemos que cerraduras, entradas y salas son tres tipos de sensaciones sobre la misma materia: nuestro deseo de "recibir", nuestro egoísmo. En efecto, antes de que transformemos nuestro deseo egoísta de recibir placer en recepción (de placer) para deleitar al Creador (altruismo), dicha materia va a convertir la Luz en tinieblas, la dulzura en amargura, dependiendo de nuestro gusto (egoísta). Es decir, bajo el mismo tipo de influencia el egoísmo siente sufrimiento y el altruismo placer. Por tanto, únicamente tenemos que transformar nuestros sentidos para percibir la Luz (placer) que nos rodea. Pero hasta que no cumplamos con esto, sentiremos la Luz como sufrimientos, como "oscuridad".

Inicialmente, cualquier ejemplo que veamos de la gobernanza del Creador nos alejará de Él, pues lo percibimos de forma negativa: en ese momento nuestro egoísmo (el deseo de recibir placer) genera las cerraduras. Sin embargo, una vez que hayamos podido transformar nuestros deseos en una "recepción para beneficiar al Creador", esas cerraduras se convierten en accesos, y los accesos se convierten en salas, el receptáculo de la sabiduría, *Or Jojmá*.

Como ya sabemos, el final de todos los grados (es decir, el último grado de todos, por debajo del cual nada puede existir) es denominado *Maljut de Maljut*. Para alcanzar la Sabiduría Suprema, uno debe franquear en primer lugar esta última puerta; y ella se convierte en la primera puerta de nuestro ascenso desde abajo hacia arriba, hacia la sala de la sabiduría Suprema (la *Sefirá Jojmá*). Todas las puertas se convierten en entradas y salas de la sabiduría del Creador. Por eso está escrito: AL PRINCIPIO (palabra que abre la *Torá*); porque AL PRINCIPIO significa "temor al Creador", la última puerta, *Maljut*, que se convierte en la primera en el camino del alcance de la Sabiduría Suprema.

122. La letra *Bet* en la palabra BERESHIT –AL PRINCIPIO– indica que los dos se unen en *Maljut*. Ambos son puntos: uno está oculto, mientras que el otro es perceptible. Sin embargo, dado que no existe división entre ellos, son denominados PRINCIPIO, es decir, solo uno, y no dos, pues aquel que toma uno, toma el otro a la vez. Y todo es uno, porque Él y Su nombre están unidos, como está escrito: "Y conocerán que este es el único nombre del Creador".

La letra *Bet* tiene un valor numérico de dos, que hace referencia a dos puntos. Estos dos puntos representan la corrección del punto egoísta de *Maljut*, sobre el cual existe rigurosidad, una restricción en su uso impuesta por el punto de misericordia (*Biná*). La corrección es alcanzada durante la elevación de *Maljut*-rigurosidad hacia *Biná*-misericordia, como está escrito (*Megilat Rut*, 1:19): "Anduvieron las dos", *Biná* y *Maljut*. De ahí que la pantalla en *Maljut* conste de esos dos puntos, y estos se unan como uno solo.

En *Megilat Rut* (el Libro de Rut) se explica cómo llegan a unirse *Maljut* y *Biná*, Rut y Naomi, lo cual llevaría a la corrección de *Maljut* y al nacimiento del primer rey (rey = *Mélej*, de la palabra *Maljut*) de Israel: David.

Sin embargo, UNO ESTÁ OCULTO, MIENTRAS QUE OTRO ES PERCEPTIBLE, porque la rigurosidad en el punto de *Maljut* está oculta, y solamente el atributo de misericordia desde el punto de *Biná* es aparente. De otro modo, el mundo no podría existir, como mencionan las Escrituras: "Al principio creó el mundo con el atributo de rigurosidad; luego, viendo que no puede existir así, añadió el atributo de misericordia" (*Bereshit Rabá*, 1).

Aunque la restricción se encuentra oculta, esto no significa que no se lleve a cabo un *Zivug* sobre ella, porque estos dos puntos se funden en uno solo, y el punto de *Maljut* recibe un *Zivug* junto con el punto de *Biná*, aunque participa en él de manera secreta. Por ello está escrito AL PRINCIPIO, porque la palabra "principio" habla de un punto, que, a su vez, incluye dos puntos que son como uno solo.

Y puesto que *Maljut* participa junto con *Biná* en todos los *Zivugim* que tienen lugar durante 6 000 años (aunque de manera secreta), ella se corrige hasta tal punto que, al final de toda la corrección, incluso su atributo de restriccion queda corregido adquiriendo la propiedad de *Biná*. Y sobre este estado está escrito que en aquel día el Creador y Su nombre serán uno.

Dado que el atributo de restricción también está en su forma oculta dentro de la letra *Bet* en la palabra BERESHIT (al principio), este atributo es denominado RESHIT (el primero) en *Jojmá*-sabiduría. Sin embargo, la correccion de este atributo ocurre únicamente al final de todas las correcciones, cuando se revele la Sabiduría Suprema, como dijo el profeta (*Yeshayahu*, 11:9): "porque la Tierra estará llena del conocimiento del Creador". Por eso, la última puerta será la primera. Y por ello está escrito: (*Tehilim*, 83:18) "Que sepan que Tú eres el Señor, que ese es Tu nombre; que sepan que solamente Tú eres el Altísimo sobre toda la Tierra", porque el conocimiento del Creador les será revelado a todos en nuestro mundo.

123. ¿Por qué *Maljut* es llamada "temor al Creador"? Porque *Maljut* es el Árbol del Bien y del Mal: si el hombre mereció, es bondadoso; pero si no mereció, es nocivo. Por eso el temor mora en aquel lugar. Y a través de esta puerta se llega a todo lo bueno que existe en el mundo. TODO LO BUENO hace referencia a dos puertas, a dos puntos que son como uno solo. Rabí Yosi dijo que TODO LO BUENO es el Árbol de la Vida, pues es bondadoso y está libre de mal. Y porque no contiene rastro de mal, es absolutamente bueno: sin maldad alguna.

Sobre la última puerta está escrito: EL PRINCIPIO DE LA SABIDURÍA ES EL TEMOR AL CREADOR. ¿Por qué es denominada "temor al Creador"? Porque este es el secreto del Árbol del Conocimiento, por el cual pecó Adam; y el uso de este punto (los deseos egoístas) está penado con la muerte (desaparición de la Luz). Y es necesario gran temor para no tocarlo, para no utilizarlo antes de la corrección de todo el resto, de todos los demás deseos. No obstante, al final de la corrección, cuando uno y otro punto estén completamente corregidos, la muerte desaparecerá para siempre. Por eso es denominado "temor".

El Creador creó una única creación: la egoísta *Maljut*. Y la meta de la creación es colmarla con la Luz del Creador utilizando una intención altruista. En consecuencia, *Maljut* se adhiere con el Creador y recibe placer ilimitado.

Maljut, la única creación, se compone de cinco partes: K-J-B-ZA-*Maljut*. Las partes K-J-B-ZA, a excepción de *Maljut de Maljut*, poseen atributos altruistas que recibieron de la Luz.

A consecuencia de la decisión de no recibir Luz en sus deseos egoístas, lo que denominamos "la primera restricción", *Maljut* recibe la Luz únicamente en sus cuatro primeros deseos: K-J-B-ZA. La Luz no puede entrar en *Maljut de Maljut*. Entonces, ¿cómo podemos corregirla?

Para corregir los atributos (deseos) de *Maljut de Maljut*, el Creador establece ciertas condiciones bajo las que *Maljut* y *Biná* se mezclan entre sí, y en consecuencia, *Maljut* adquiere los atributos de *Biná*.

Dicho proceso debe tener lugar más de una vez para que todas las partes de *Maljut* puedan mezclarse con *Biná*; y esto ocurre cada vez en un estrato más profundo de *Maljut*, y se denomina "rompimiento de la santidad", porque *Biná* desciende a *Maljut* y le transmite sus atributos, pero durante este mezclamiento, ella misma se rompe –como si perdiera sus atributos altruistas–.

De todo esto podemos concluir que el rompimiento de las vasijas, el rompimiento del alma de Adam, la destrucción del Primer y Segundo Templo y otras catástrofes espirituales suceden *no* como castigo –pues en la espiritualidad no existe el castigo tal y como nosotros lo entendemos– sino que ocurre para que los deseos altruistas de *Biná* puedan penetrar más profundamente en los deseos egoístas de *Maljut*.

El último punto de *Maljut*, la todavía sin corregir *Maljut de Maljut*, es denominado el punto cuyo uso está penado con la muerte (la desaparición de la Luz es llamada "muerte"). Está prohibido utilizar este punto, *Maljut de Maljut*, hasta que todos los demás atributos de *Maljut* (K-J-B-ZA) hayan sido corregidos. Para ser más exactos, si el hombre rechaza utilizar el egoísmo (el punto de *Maljut de Maljut*) en sus acciones, y solamente emplea sus otros deseos altruistas, irá construyendo gradualmente una pantalla de "no recepción" sobre *Maljut de Maljut*.

Una vez colmados con Luz sus otros deseos corregidos, el hombre alcanza el final de la corrección de todo lo que podía corregir por sí mismo. En cuanto esto ocurre, es decir, en cuanto el hombre recibe la Luz en las nueve primeras *Sefirot* de su alma (K-J-B-ZA excepto *Maljut*), la Luz denominada *Mashíaj* desciende desde Arriba entregando a *Maljut de Maljut* el atributo altruista de otorgamiento -actuar en beneficio del Creador. Con esto concluye el proceso de trabajo del hombre en la corrección de su alma alcanzando la adhesión con el Creador. El objetivo del Creador es que el hombre logre dicho estado mientras vive en este mundo en su cuerpo fisiológico, para que logre combinar todos los mundos –tanto el material como los espirituales– dentro de sí.

Y ESTA PUERTA CONDUCE A TODO LO BUENO: pues no existe nada mejor en nuestro mundo que la revelación de la Sabiduría Suprema, incluida en el plan de la creación. Y del mismo modo que el temor al Creador es la última puerta hacia la Sabiduría Suprema, dicho temor también constituye una puerta hacia todo lo bueno.

ESTAS DOS PUERTAS son como una: se refiere a estos dos puntos (*Biná* y *Maljut*), que se encuentran unidos en la letra B (*Bet*) de la palabra BERESHIT (AL PRINCIPIO), la primera palabra de la *Torá*. Y estos dos puntos son mencionados porque hacen alusión al estado posterior a la corrección, en el cual estos dos puntos reciben el nombre de "dos puertas", pues ambos resultan ser buenos, libres de todo mal, trayendo al hombre el bien perfecto.

Sin embargo, hasta el final de la corrección, el hombre debe esforzarse en separar dentro de sí los deseos que se refieren al punto de *Biná* de aquellos deseos que se refieren al punto de *Maljut*. Debe negar los deseos provenientes de *Maljut*, rechazar su utilización y, enfrentándose al egoísmo, utilizar los deseos de *Biná*. Durante este período de trabajo en la corrección de uno mismo –llamado "el período de los 6 000 años"– estos dos puntos son denominados "el Árbol del Conocimiento del Bien y del Mal".

RABÍ YOSI DIJO: Rabí Yosi no contradice a Rabí Jiya. Ellos hablan sobre dos estados diferentes: Rabí Jiya hace alusión al estado tras la corrección final de *Maljut*, cuando ambos puntos se conviertan en una puerta y en ellos no exista el mal. Mientras que Rabí Yosi nos explica un estado en el proceso de corrección, cuando los dos puntos (*Biná* y *Maljut*) se encuentran en nosotros como nuestro

Árbol del Conocimiento del Bien y del Mal. Y por ello nos dice que TODO LO BUENO ES (se encuentra únicamente en) EL ÁRBOL DE LA VIDA.

ZA lleno con la Luz de *Ima-Biná* es denominado "El Árbol de la Vida", pues solamente cuenta con atributos buenos. Y los dos puntos, el bien y el mal, *Biná* y *Maljut*, permanecen en *Maljut* hasta el final de la corrección; de ahí que *Maljut* sea llamada "El Árbol del Bien y del Mal".

124. Todo lo que actúa es la misericordia de David que sustenta la *Torá*. Aquellos que sustentan la *Torá* es como si ellos mismos la crearan. Todos los que estudian la *Torá*: no existe acción en ellos cuando la estudian. Pero aquellos que sustentan la *Torá*: en ellos, hay acción. Y el mundo existe gracias a esta fuerza, eternas son la sabiduría y la *Torá*, y el trono permanece tal y como debe permanecer.

Anteriormente mencionamos que el temor al Creador constituye la última puerta, aunque se trata de la primera hacia la Sabiduría Suprema. Y ocurre que TODOS LOS QUE ESTUDIAN LA TORÁ ya han corregido la última puerta; y para ellos, los dos puntos, se convierten en dos entradas, en todo lo bueno sin rastro de mal. Por eso se dice que NO HAY ACCIÓN EN ELLOS, es decir, no hay trabajo en el análisis del bien y del mal, pues ya han corregido todo.

Pero aquellos que todavía no han alcanzado el final de la corrección, son denominados "los sustentadores de la *Torá*". En ellos hay acción, pues aún no han corregido el bien y el mal en El Árbol del Bien y del Mal de cada uno; no todo el mundo es consciente en su árbol interno (en todas las cualidades de la persona) de lo que está bien o está mal en relación a la auténtica espiritualidad.

Por eso, está escrito que AQUELLOS QUE SUSTENTAN LA TORÁ ES COMO SI ELLOS MISMOS LA CREARAN: gracias al esfuerzo del hombre por rechazar el uso de esas fuerzas (pensamientos, deseos) del punto de *Maljut* que repelen y obstaculizan, ellas se convierten en puertas, todas las cerraduras se convierten en entradas; y todas las entradas se transforman en salas plenas de *Or Jojmá*.

Sucede que toda la sabiduría y toda la *Torá* se revelan únicamente gracias a los esfuerzos de los sustentadores de la *Torá*; por eso ES COMO SI ELLOS MISMOS LA CREARAN. Las fuerzas del bien y del mal están mezcladas en ellos, pero ellos llegan a ser los sustentadores de la *Torá*, porque la *Torá* se revela gracias a su trabajo interno de separación y corrección del bien y el mal.

Y tales hombres son denominados "los que actúan", porque es como si crearan la *Torá* por sí mismos. Después de todo, sin la sensación de ocultamiento del Creador (la *Torá*, la Luz) y la superación de dicho ocultamiento –el cual convierten en puertas, entradas y salas– la *Torá* nunca hubiera podido ser revelada.

La perfección de las acciones del Creador reside en que, creando como creó al hombre tan miserable (con sus miserables deseos egoístas, tan alejado del Creador en sus atributos y con una debilidad absoluta para reformarse) el Creador concedió al hombre la oportunidad de llegar a ser como Él (en sus atributos, grandeza y sensación de ser su propio creador), de crear por sí mismo todos los mundos y la *Torá* en su interior. Al revelar toda la Luz, es como si fuera el propio hombre quien la creara.

Por ello, a tales individuos se les considera como creadores de la *Torá*, porque la revelan. Y se emplean las palabras COMO SI, porque la *Torá* fue creada con anterioridad a la creación de nuestro mundo (*Talmud, Psajim*, 54:1) y, por supuesto, es obra del Creador. Sin embargo, sin las buenas acciones de aquellos que sustentan la *Torá*, no hubiera sido revelada al mundo. Y por lo tanto, se les considera constructores y creadores de la *Torá*.

La sabiduría y la *Torá* son eternas: seguirán existiendo después de toda corrección, ya que entonces el temor al Creador también será necesario. No obstante, una vez que todo el egoísmo haya sido corregido, no habrá lugar del que obtener este temor, pues el Árbol del Bien y del Mal se convertirá en únicamente bueno, no podrá proporcionar temor al Creador.

Pero el hecho de que recibieran temor en el pasado, hace que puedan continuar utilizándolo en el presente, tras el final de toda corrección, cuando ya no haya nada que temer (restricciones en *Maljut*). Esto es así porque durante la corrección trabajaron para crear dentro de sí la sensación de la absoluta gobernanza del Creador y la eternidad de la *Torá*. Y dado que este temor no cesa jamás, el trono del Creador permanece eternamente en el alcance de aquellos individuos.

La noche de la novia

125. Rabí Shimon estaba sentado estudiando la *Torá* la noche en que la novia, *Maljut*, se une con su esposo, *Zeir Anpin*. Y todos los amigos que estuvieron en los aposentos nupciales de la novia la noche que sigue a la fiesta de *Shavuot*, deben permanecer bajo la *Jupá* junto con el novio, y estar con él durante toda la noche y alegrarse con él por la corrección de la novia; esto es, estudiar la *Torá*, después los Profetas, luego las Sagradas Escrituras y después la Sabiduría, porque precisamente estas correcciones son las joyas de la novia. Y la novia se corrige, se engalana con ellas y se regocija con ellas durante toda esa noche. Y a la mañana siguiente, en el día de la fiesta de *Shavuot*, ella acude a la *Jupá* solo junto con ellas. Y sus amigos, aquellos que durante toda la noche estudiaron la *Torá*, son llamados "los hijos de la *Jupá*". Y cuando ella llega a la *Jupá*, el Creador pregunta por ellos, los bendice y los engalana con las joyas de la novia. ¡Dichosos los dignos de ello!

Todos los días del exilio son denominados "noche", ya que este es el tiempo del ocultamiento del rostro del Creador a Israel, pues el dominio de las fuerzas impuras separan al Creador de aquellos que trabajan por Él. Pero es precisamente en este tiempo cuando la novia se une con su esposo (en hebreo "esposo" y "dueño" son la misma palabra, por lo que es preciso tener en cuenta este otro sentido de la palabra "esposo"). La *Jupá* es el palio nupcial bajo el cual se celebra la ceremonia de unión entre el novio y la novia, su fusión en un *Zivug*.

La unión de la novia con su esposo (*El Zóhar* utiliza la palabra "esposo" en lugar de "novio") se lleva a cabo gracias a la *Torá* y los Mandamientos (*Mitzvot*) de los justos, llamados en este tiempo "sustentadores de la *Torá*". Y todos los Grados Elevados, llamados "los secretos de la *Torá*", se revelan precisamente gracias a ellos, porque son denominados LOS QUE LLEVAN A CABO –como si hicieran la propia TORÁ– según lo descrito en el punto 124. Por tanto, el tiempo del exilio es denominado LA NOCHE EN QUE LA NOVIA SE UNE CON SU ESPOSO. Y TODOS LOS AMIGOS, LOS HIJOS DE ESTE REGOCIJO DE LA NOVIA, SON LLAMADOS SUSTENTADORES DE LA TORÁ.

Y después DEL FINAL DE LA CORRECCIÓN y la liberación completa, sobre lo cual el profeta Zejaria dijo (14:7): "Será un día único, el Creador lo conoce, y no habrá día ni noche, sino que al anochecer habrá Luz". LA MAÑANA SIGUIENTE, LA NOVIA ENTRA CON SU ESPOSO BAJO LA JUPÁ, porque BON llegará a ser como SAG; y MA llegará a ser como AB (véase el punto 64).

Por eso, tal estado se define como el día siguiente y la nueva *Jupá*. En este tiempo, en este estado, los justos son llamados LOS HIJOS DE LA JUPÁ, en los cuales no hay ninguna acción porque, entonces, tal como está escrito (*Yeshayahu*, 11:9): "No harán daño ni estragos en mi monte sagrado, porque el conocimiento del Creador llenará la tierra como las aguas cubren el mar".

Y dado que estos justos elevaron BON a SAG con sus acciones, es decir, le hicieron semejante en cualidades a SAG, es como si hubieran hecho una *Jupá* nueva. Y por ello son llamados "los hijos de la *Jupá*".

La noche de la fiesta de *Shavuot* es conocida como LA NOCHE EN QUE LA NOVIA SE UNE CON SU ESPOSO. Porque, a la mañana siguiente, en el día de la fiesta de *Shavuot*, el día de la entrega de la *Torá*, la *Jupá* acontece. En el día de la entrega de la *Torá*, la creación entera alcanza el estado del final de la corrección, como dijo el profeta (*Yeshayahu*, 25:8): "Destruirá a la muerte para siempre; y el Creador enjugará las lágrimas de todos los rostros".

Acerca de este estado, está escrito en la *Torá* (*Shemot*, 32:16): "grabado sobre las tablas". En hebreo la palabra "grabado" (*Jarut*) debe leerse *Jerut* (libertad): la liberación del ángel de la muerte. Si bien posteriormente, al producirse el pecado del becerro de oro, perdieron ese altísimo nivel. No obstante, dado que *Shavuot* es el día de la entrega de la *Torá*, dicho día equivale al final de la corrección.

Así, todas las preparaciones necesarias (las correcciones durante todo el período de ocultamiento), quedan finalizadas de antemano, en la noche previa a la fiesta de *Shavuot*. Por eso, esta noche es definida como la noche en que la novia se une con su esposo para, a la mañana siguiente, entrar con él bajo la *Jupá*: esto es, durante el día, en la fiesta de *Shavuot*, cuando las correcciones terminan y se liberan del ángel de la muerte gracias a las acciones de los justos. Por medio de esto, ellos hacen la nueva *Jupá*.

Todos los amigos de la novia que sustentan la *Torá*, llamados "hijos del aposento de la novia", deben estar unidos con la *Shejiná-Maljut* ("novia") durante toda la noche llamada "exilio". Únicamente entonces, con los actos de ellos en la *Torá* y Mandamientos, la *Shejiná-Maljut* se corrige y se depura de las impurezas del mal que contiene el bien, para presentarse con atributos en los que solamente existe el bien sin el mal.

Así, los que sustentan la *Torá* tienen que regocijarse junto con la novia por todas las grandes correcciones que han hecho en ella. Y después, ellos continúan con alegría sus correcciones EN LA *TORÁ*, LUEGO en LOS PROFETAS, DESPUÉS en LAS SAGRADAS ESCRITURAS. Todos los grados y revelaciones de los secretos de la *Torá*, que son la construcción de la *Shejiná* al final de su corrección, son efectuados solamente por los justos que sustentan la *Torá* en el tiempo del exilio.

Por lo tanto, todos los grados engendrados por los justos en el tiempo (el estado) del exilio, son denominados las correcciones y los adornos de la novia procedentes de la *Torá*, los Profetas y las Sagradas Escrituras: las *Sefirot* de *JaGaT* son la *Torá*, las *Sefirot* de *N-H-Y* son los Profetas, y *Maljut* es las Sagradas Escrituras; la Luz de *VAK* es llamada *Midrashim*, la Luz de *GAR* se denomina "los secretos de la *Torá*". Y todas estas correcciones es necesario hacerlas en *Maljut* (la novia) durante la noche en que ella termina sus correcciones. Es decir, precisamente en las tinieblas del exilio de la espiritualidad es donde el hombre lleva a cabo todo el trabajo para su corrección interna.

Es sabido que el final de la corrección no trae consigo nada nuevo que antes fuera desconocido. Pero gracias a la Luz de *Átik* se unen todos los MAN y MAD. Asimismo, todos los *Zivugim* y todos los grados que, uno tras otro, han ido surgiendo durante 6 000 años, se unirán en un único grado; y con ayuda de él, todo se corregirá.

La novia entrará entonces bajo su *Jupá* y EL CREADOR PREGUNTARÁ POR CADA UNO, es decir, acerca de cada hombre que alzó MAN –aunque fuera solo por una vez– para el *Zivug* Supremo y final. Porque el Creador aguarda a que todos los pequeños *Zivugim* se reúnan juntos, como si Él estuviera preguntando por cada uno, esperando a cada uno. Y una vez se reúnan juntos, tendrá lugar un gran *Zivug* llamado RAV PAALIM U MEKABTZIEL, AQUEL QUE LA BENDICE Y ADORNA, cuando todos los creados sean bendecidos y adornados al mismo tiempo. Es entonces cuando terminará la corrección llamada "el adorno de la corona de la novia".

126. Por eso Rabí Shimon y todos sus amigos velaron toda esa noche, y todos ellos renovaban la *Torá* una y otra vez. Rabí Shimon estaba feliz, y con él se alegraban sus amigos. Rabí Shimon les dijo: "Hijos míos, vuestra suerte es agraciada, porque mañana la novia llegará a la *Jupá* con vosotros, porque todos los que esta noche corrigen a la novia y se alegran por ella, serán inscritos en el Libro de la Remembranza, y el Creador los bendecirá con setenta bendiciones y joyas de las coronas del Mundo Superior".

El Libro de la Remembranza es mencionado por el profeta Malají (3:14, 15, 16, 17): "Habéis dicho: 'Es inútil servir al Creador ¿Qué hemos ganado con guardar Su mandamiento y andar afligidos ante el Creador? Así, declaramos bienaventurado al soberbio; no solo prosperan los que hacen el mal, sino que también ponen a prueba al Creador, y salen impunes'. Entonces los que temen al Señor hablaron el uno con el otro; y el Creador prestó atención y escuchó, y frente a Él fue escrito el Libro de la Remembranza para los que temen y veneran Su nombre. Y ellos serán míos –dice Él– en el día que Yo determinaré, y los perdonaré como un hombre que perdona al hijo que le sirve".

Pero ¿cómo se puede entender que, cuando hablaban mal del Creador, afirma el profeta que se referían al temor al Creador? Más aun: ¿fueron inscritos en el Libro de la Remembranza como temerosos del Creador que veneran Su nombre?

Lo cierto es que, al final de la corrección, cuando se manifieste el *Zivug* de *Átik* grande y general, se revelará una gran Luz en todos los mundos. Y, en esta Luz, todos volverán al Creador con amor absoluto. Tal como está escrito (*Talmud, Yoma* 86:2, *La Introducción al Talmud Éser Sefirot*): "Aquel que alcance el retorno por amor, sus pecados intencionados, se convertirán en méritos".

Y esto dice el profeta sobre los pecadores que alegan la inutilidad del trabajo espiritual: en el gran día del final de la corrección, cuando brille la Luz del retorno por amor, todos los pecados –los más viles e intencionados, los peores que uno pueda imaginar– se convertirán en méritos y sus palabras serán consideradas no como un desdén, sino como temor al Creador.

Por lo tanto, todos los pecados, al igual que todas las buenas acciones, quedan registrados ante el Creador, pues Él los necesitará aquel gran día en que realice el milagro: todos los méritos se juntarán y completarán al *Kli*, que recibirá la Luz faltante para la corrección total. Por eso está escrito que el Creador inscribirá en el Libro de la Remembranza a los temerosos de Él, porque en ese día los necesitará para completar el *Partzuf* común. Esto es lo que dice el profeta: en aquel tiempo, los que queden, serán cercanos a Él, como hijos que han trabajado por Él.

Por eso, está escrito que todos y todo quedará inscrito en el Libro de la Remembranza, también los pecados malintencionados. Si bien es cierto que el Creador los inscribirá como méritos, como si hubieran trabajado para Él, tal como dijo el profeta.

El número setenta significa *Or Jojmá*, GAR, el adorno, la corona; y *Or Jasadim* es denominada "bendición", porque el mundo fue creado con la letra *BET*- bendición, como está escrito *Tehilim* (89:3): "El mundo fue creado con benevolencia (misericordia)", que es VAK. Pero al final de la corrección, *Or Jasadim* también será como setenta coronas, como *Or Jojmá*, porque MA y BON ascenderán hasta AB y SAG. Y por esta razón, *El Libro del Zóhar* dice que el Creador los bendecirá con setenta bendiciones y joyas de las coronas del Mundo Superior.

127. Rabí Shimon abrió y dijo: "Los cielos hablan de la grandeza del Creador. Ya he explicado esto, pero cuando la novia se despierta para entrar al día siguiente bajo la *Jupá* con todos los amigos que con ella se alegraron durante toda la noche, ella se regocija con ellos, se corrige y brilla con sus joyas".

128. Y al día siguiente la multitud –las masas–, el ejército y las legiones llegan a ella. Y ella junto con todas estas masas, ejércitos y legiones, esperan a cada uno de los que la corrigieron estudiando la *Torá* durante aquella noche. Pues *Zeir Anpin* y *Maljut* se han reunido juntos; *Maljut* ve a su esposo, y está escrito: "Los cielos hablan de la grandeza del Creador". "Los Cielos" son el novio (ZA) que viene bajo la *Jupá*. "Los Cielos hablan", es decir, brillan con el brillo de un zafiro, de uno a otro confín, sobre toda la *Maljut*.

El día del final de la corrección se denomina "el día siguiente", como está escrito (*Talmud, Eruvín* 22:1): "Hacer hoy, pero recibir mañana la recompensa". Las masas son las masas terrenales, que no incluyen a aquellos que trabajan para el Creador. Los ejércitos son los que trabajan para el Creador. Las legiones son los carros con guerreros vestidos de armadura, que son grupos supremos de ángeles que acompañan a las almas, como está escrito (*Tehilim*, 91:11): "Pues te encomendará a Sus ángeles para que te guarden en todos tus caminos". Como hemos mencionado anteriormente, el Creador espera a cada uno, y lo mismo hace la *Shejiná*.

"Los Cielos" (el novio que entra bajo la *Jupá*) son el estado del final de la corrección, sobre el que está escrito (*Yeshayahu*, 30:26): "Y entonces la luz de la luna (*Maljut*) será como la luz del sol (ZA)". El Creador es denominado "el Cielo", sin embargo, al final de la corrección, es denominado "novio", como está escrito (*Yeshayahu*, 62:5): "Así como el novio se alegra con su novia, tu Creador se alegra contigo".

Porque, en cualquier parte donde se mencione que el Creador desciende, se muestra Su rigor y justicia, pues esto hace referencia a una disminución de Su grandeza ante los ojos de los inferiores, según lo escrito: "Su poder y grandeza en Su lugar". Pero al final de la corrección, cuando todos los pecados se conviertan en méritos –ya que quedará claro que todos los descensos espirituales no fueron otra cosa que ascensos espirituales– el Creador será llamado "el novio" y la *Shejiná*, "la novia".

En hebreo la palabra "novia" es *Kalá*, de las palabras *Kalat Moshé* (*Bamidbar* 7), donde se habla de la finalización de las obras del altar. Por eso, en la *Torá*, la palabra *Kalá* significa la finalización del trabajo de construcción. La palabra "novio" es *Jatán*, y significa el descenso por los escalones espirituales, como está escrito (*Talmud, Yevamot* 63, 1): "Desciende por los escalones". Sin embargo, este descenso es más acusado que todos los ascensos anteriores.

porque tiene lugar de camino hacia la novia en el momento del final de la corrección.

La *Jupá* es la suma de toda la Luz Retornante, que es resultado del MAN elevado por los justos en todos los *Zivugim* de todos los tiempos a lo largo de 6 000 años. Porque ahora todos ellos se han reunido en la gran Luz Retornante que asciende y planea por encima del Creador y la *Shejiná*, por encima del novio y la novia. Y cuando la Luz Retornante planea por encima de ellos, es como una *Jupá*, un palio nupcial.

En este estado, los justos son denominados los hijos de la *Jupá*, porque cada uno de ellos tiene su parte en esta *Jupá* en la medida del MAN que alzaron a la pantalla de *Maljut*, el cual originó y engendró Luz Retornante en correspondencia con la magnitud de ese MAN. En el momento del final de la corrección, el Creador es denominado *Jatán* (novio) porque Él *Nejit Dargá*: desciende desde Su grado hacia la novia y entra bajo la *Jupá*.

En este tiempo (estado) los Cielos HABLAN: este es un gran *Zivug* futuro, como está escrito (*Talmud*, *Brajot* 3:1): "La esposa habla con el esposo", donde la palabra "habla" (*Mesapéret*) significa *Zivug*. Y la palabra *Mesapéret* deriva de la palabra *Sapir* (zafiro), el nombre de la *Shejiná*, como dice la *Torá* (*Shemot*, 24:10): "Bajo los pies del Creador había como un embaldosado de zafiro".

EL ZAFIRO LUMINISCENTE es la Luz Retornante que se eleva desde abajo hacia arriba. LUMINISCENTE COMO LA LUMINISCENCIA, tal como sea la Luz Retornante, así será la Luz Directa, LA LUMINISCENCIA. En este gran *Zivug* se reunirá la Luz Retornante de todos los *Zivugim* durante 6 000 años, y la Luz Directa brillará en él, como está escrito: DE UNO A OTRO CONFÍN.

129. La Grandeza del Creador = EL: es la novia, *Maljut*, denominada EL, como está escrito, "EL se enfurece cada día". Todos los días del año ella es llamada EL. Y ahora, en la fiesta de *Shavuot*, una vez que ha entrado bajo la *Jupá*, ella es llamada LA GRANDEZA y se denomina EL, importante entre lo importante, luminiscente entre lo luminiscente, poder entre los poderes.

El nombre *EL* es el nombre de la gran misericordia. Sin embargo aquí se dice: "*EL* se enfurece cada día", algo que es contrario a la misericordia. Escrito está en la *Torá*: "Y fue la tarde y fue la mañana: un día". Porque la *Shejiná* es un pequeño lucero, la luna, que reina en la noche, y es denominada "el temor al Cielo"; porque este es el atributo de los justos, que deben alzar MAN a través de su aspiración por corregirse: gracias a ello corrigen a *Maljut* con la Luz Retornante, haciendo que la Luz descienda a ella de arriba hacia abajo.

Por eso está escrito (*Kohélet*, 3:14): "Y el Creador lo hizo para que teman los hombres ante Él". Porque es imposible alzar MAN sin la sensación de temor.

La ausencia de temor al Creador es justamente el dominio de *Maljut* por las noches, en el estado de las tinieblas. Y en ausencia de Luz, se manifiestan todas las limitaciones y sufrimientos que son opuestos al atributo del día, de la misericordia: así surge el temor al Creador. De no ser por este temor, el atributo de la mañana y el día no podría revelarse.

Por consiguiente, está escrito: "Y fue la tarde y fue la mañana: un día", pues la noche también entra en la mañana; porque, sin la noche, no existiría la mañana, y es imposible prescindir la noche. Por eso está escrito que EL SE ENFURECE CADA DÍA. Porque el atributo de la misericordia, EL, se revela solo con ayuda de la noche, con el atributo de la IRA. Por eso, este atributo también es considerado como misericordia, y de ahí que la *Shejiná* sea denominada EL.

Por tal motivo se dice que LA GRANDEZA DEL CREADOR = EL: ES LA NOVIA, *MALJUT*, LLAMADA EL, ya que es imposible alcanzar el estado de "el día" sin el estado de "la noche". Así ocurre en los seis días de la creación, acerca de los cuales está escrito: "Y fue la tarde y fue la mañana: un día", o segundo día, etc. Vemos que la noche está incluida en el nombre de "el día". Y del mismo modo que todos ellos son denominados los SEIS DÍAS de la creación, los 6 000 años son denominados "la noche" en el atributo de misericordia.

En el gran *Zivug* al final de la corrección, llegará el día; la luz de la luna llegará a ser como la luz del sol, como dijo el profeta (*Zejaria* 14:7): "Y sucederá que a la hora de la tarde habrá luz"; y por lo tanto, los grados de *Maljut* crecerán doblemente, porque durante 6 000 años la luz de la luna también fue según lo ya mencionado: "Y fue la tarde y fue la mañana".

Pero al final de la corrección, cuando la luna llegue a ser como el sol (ZA) el tamaño de la luna será doble, porque ella misma se habrá convertido en la grandeza, ya que igualará a ZA en su tamaño; y *El Zóhar* dice sobre esto: "IMPORTANTE ENTRE LO IMPORTANTE, PODER ENTRE LOS PODERES". Porque, aunque durante 6 000 años ella se ha adherido a la luz de la mañana, como está escrito: "Y fue la tarde y fue la mañana: un día", ahora, cuando ella es grande como el sol (ZA), se convierte en Luz, LUMINISCENTE ENTRE LO LUMINISCENTE. Antes, su Luz era únicamente el resultado de la incorporación de los atributos de las *Sefirot* Supremas en ella.

Y también PODER ENTRE LOS PODERES: porque durante 6 000 años su hegemonía fue solamente la de un lucero pequeño, durante las noches. Ahora, se ha añadido además la hegemonía durante el día, pues es grande como el sol.

130. La hora en que el cielo (ZA) entre bajo la *Jupá* e ilumine a *Maljut*, todos sus amigos, aquellos que la corrigieron con sus estudios de la *Torá*, serán conocidos cada uno por su nombre, como está escrito: "De las obras de Sus manos el cielo relata". "Las obras de Sus manos" son los participantes

en este pacto, denominados "las obras de Sus manos". Como tú dices: "Confirma la obra de nuestras manos", que es el signo del pacto grabado en el cuerpo del hombre.

"Los amigos" son los que sustentan la *Torá*, en la cual están incluidas buenas y malas acciones, y también aquellas partes en ellos que todavía son el mal, que están sin corregir; SON CONOCIDOS CADA UNO POR SU NOMBRE (su parte corregida), como está escrito: EL CIELO RELATA ACERCA DE LA OBRA DE SUS MANOS. "El Cielo" es el Libro de la Remembranza (o el Libro de la Memoria), la Luz del gran *Zivug* que lleva al retorno-corrección por amor, cuando los pecados malintencionados se convierten en méritos, como está escrito (*Talmud*, *Yoma* 86:2).

E incluso está escrito sobre los que hablaron mal: "Entonces, uno a otro se relatarán su temor al Creador" (véase el punto 126). Por eso, esta acción llamada "los que sustentan la *Torá*", que incluye tanto el bien (predestinado a los dignos) como el mal (predestinado a los indignos), ahora se convierte en completamente buena y sagrada. Y esto se transforma en LA OBRA DE SUS MANOS: las obras del Creador, porque incluso sobre los indignos EL CIELO RELATA. Y se descubre que todos los amigos únicamente han realizado buenas acciones y trabajo sagrado, pues todos corregían a *Maljut*, y TODOS SON CONOCIDOS POR SUS NOMBRES.

Por eso está escrito: "CONFIRMA LA OBRA DE NUESTRAS MANOS" (*Tehilim*, 90:17). Aunque no queda claro a qué manos se refiere: ¿a nuestras manos o a las de Él? Aquí se habla exclusivamente de que el pacto es denominado "las obras de nuestras manos", porque su confirmación es *Yesod* (*Yesod* no solo es el nombre de una *Sefirá*, también es "base" o "fundamento" en hebreo), la base de todo el edificio.

La corrección de *Yesod* es *Brit Milá* (circuncisión). Por eso está escrito que la existencia del pacto se denomina "la obra de nuestras manos", porque nosotros, con la acción de nuestras manos, separamos la *Orlá* (prepucio) de *Yesod*. Y esto es así hasta que llegue el final de la corrección. Al final de la corrección, LA OBRA DE SUS MANOS se revelará. Es decir, el Creador mismo separará la *Orlá* de nosotros, y EL CIELO RELATA ACERCA DE LA OBRA DE SUS MANOS. Pero hasta llegar a ese estado, se nos ha encomendado la corrección por medio de la circuncisión, y por eso pedimos "CONFIRMA LA OBRA DE NUESTRAS MANOS".

131. Rabí Hamnuna-Saba dijo lo siguiente: "No permitas que tu boca lleve a tu cuerpo a cometer pecado", esto es, no permita el hombre que su boca se acerque al mal, no permita que su boca sea la causa del pecado del cuerpo sagrado, que contiene el sello del pacto sagrado con el Creador. Pues de obrar así, sería arrastrado al infierno. Y el regente del infierno, llamado *Domé*, y cientos de miles de ángeles con él, están a las puertas del infierno; si bien él no tiene permiso para acercarse a aquellos que hayan cumplido el pacto sagrado en este mundo.

Aquí hay una advertencia para que cada persona tenga cuidado con aquello que pronuncia, con su elevación de MAN con ayuda de la *Torá* y la oración, para que esta sea pura. Puesto que si la fuerza impura se adhiere a la oración, esta recibirá su MAN. Y a consecuencia de ello, surgirán en el hombre quejas hacia el Creador y pensamientos ajenos, con lo que nuevamente atraerá la *Orlá* al pacto sagrado y su alma sagrada caerá prisionera de las fuerzas impuras que la arrastrarán al infierno. Esto es semejante a lo dicho por Rabí Eliezer (véase el punto 68) sobre la caída en manos de Lilit.

LA CARNE SAGRADA QUE PORTA LA MARCA DEL PACTO SAGRADO hace alusión al alma sagrada protegida por el pacto sagrado, como está escrito: "Desde mi carne veré al Creador", es decir, desde mi naturaleza, mis cualidades. Sin embargo, por causa de las dudas, regresa la fuerza impura de ORLÁ: toca el pacto sagrado y el Alma Divina Suprema se aleja inmediatamente. Por esta razón "el Árbol exclamó: Pecador, no me toques", pues este Árbol es *Yesod*, *Atéret Yesod*, el prepucio (la esencia misma de la creación, el egoísmo), el Árbol del conocimiento del bien y del mal.

DOMÉ, EL REGENTE DEL INFIERNO: DOMÉ proviene de la palabra *Dmamá* (ausencia de vida) porque se apodera del alma del hombre dejándole sin vida. Este es el ángel que provoca dudas en el hombre sobre la grandeza del Creador así como deseos de cometer pecado, provocando en la persona una percepción de los pensamientos del Creador como si estos provinieran de uno que nace de mujer, es decir, los pensamientos de nuestro mundo. En la imaginación de la persona, él hace que los pensamientos del Creador parezcan semejantes a los del hombre, y por ello es denominado DOMÉ, que también significa "semejanza".

Primero, el hombre entiende que los pensamientos del Creador no son semejantes a los suyos, que los caminos del Creador no son semejantes a los suyos; es decir, la mente creada no tiene capacidad de alcanzarlo ni a Él, ni a Sus pensamientos, ni a Su gobernanza, pues nuestra mente fue creada por debajo de Él. Pero, a consecuencia del pecado, el ángel *Domé* infunde en el hombre un espíritu necio que le incita a decir que un nacido de mujer es semejante en inteligencia al Creador, con lo cual, el hombre queda expuesto a todas las dudas que LE ARRASTRAN AL INFIERNO.

Por eso, todo el poder del ángel *Domé* reside en su nombre, como está escrito: "¿Quién como Tú es poderoso, quién SEMEJANTE a Ti, Rey que mata y resucita?". Aquí se indica que la relación con el SEMEJANTE lleva a la muerte, mientras que, al comprender que no hay nadie semejante a Él, el hombre encuentra la vida.

Pero las dudas y los pensamientos que el hombre recibe del ángel *Domé* son innumerables, como dice *El Libro del Zóhar*, CIENTOS DE MILES DE ÁNGELES ESTÁN CON ÉL, y todos ellos se encuentran cerca de las puertas del infierno a través de las cuales el hombre es arrastrado al averno, aunque las puertas en sí no son consideradas como infierno.

SIN EMBARGO ÉL (EL ÁNGEL) NO TIENE PERMISO PARA ACERCARSE A AQUELLOS QUE HAN CUMPLIDO EL PACTO SAGRADO EN ESTE MUNDO, y aunque el hombre no haya cumplido (guardado) el pacto completamente, y todas sus acciones todavía incluyan el bien y el mal, aun así se considera que está cumpliendo el pacto sagrado. A menos que el hombre haya llegado a tener dudas, el ángel *Domé* no tiene permiso para arrastrarle al infierno.

132. Cuando esto aconteció con el rey David, el miedo se apoderó de él. En aquel tiempo subió *Domé* ante el Creador y dijo: "Señor del mundo, está escrito en la *Torá* (*Vayikrá*, 20:10): 'Si un hombre comete adulterio con mujer casada'. David rompió su pacto, ¿no es así?". Y replicó el Creador: "David es justo, y su pacto sagrado continúa siendo inmaculado, pues es sabido por Mí que Bat Sheva estaba destinada a él desde la creación del mundo".

Pero David no cometió pecado, como explica *El Talmud* (*Shabat*, 56:1): todo aquel que diga que David cometió pecado se equivoca. En cualquier caso, el miedo se apoderó de él como si realmente hubiera pecado. Y todo ello a causa de la queja presentada contra él por el ángel *Domé*, en la cual cita la *Torá*.

Bat Sheva estaba destinada a David desde la creación del mundo (*Talmud*, *Sanhedrín* 107:1), por eso él no rompió su pacto. Sin embargo, si Bat Sheva estaba destinada a David ¿por qué fue antes esposa de Uriyá? Después de todo, la mujer es la mitad del cuerpo de su esposo. Entonces, si ella es la mitad del cuerpo de David ¿cómo pudo Uriyá haberla tomado cuando él no tenía nada que se correspondiera con ella?

Lo cierto es que Bat Sheva es la verdadera *Nukva* de David desde el día en que el mundo fue creado, porque David es la parte masculina de *Maljut*, mientras que Bat Sheva es *Nukva* de *Maljut*. Pero dado que, durante la creación del mundo, *Maljut* ascendió a *Biná* para recibir de ella los atributos de misericordia-otorgamiento, también Bat Sheva necesitó esa misma corrección en *GAR*: sin ella no hubiera podido engendrar el alma del rey Shlomo.

Uriyá HaJití (Uriyá el Hitita) era un alma elevada, los atributos de *GAR*, de ahí su nombre Uriyá = Ur-iyá, donde Ur = Or (Luz) e iyá = iy (*Yud*) + a (*Hey*) = las dos primeras letras de *HaVaYaH*. En otras palabras, Uriyá significa "la Luz del Creador". Y el hecho de que su nombre solamente incluya *Yud-Hey* = *Jojmá-*

Biná sin las dos últimas letras, *Vav-Hey* = ZA-*Maljut*, indica que su Luz es la Luz de GAR. Por eso, para corregir a Bat Sheva en el atributo de misericordia, fue dada en unión a Uriyá. Así, Bat Sheva se convirtió en apta para reinar, y llegó a ser Reina de Israel.

133. Le dijo *Domé*: "Señor del mundo, aunque esto es sabido por Ti, para él, se encuentra oculto". El Creador le contestó: "Todo lo que David ha hecho, ha sido con Mi permiso. Pues ningún hombre que parte a la guerra lo hace sin antes conceder *Guet* (el documento de divorcio) a su esposa". Entonces dijo *Domé*: "Pero en ese caso, David tenía que haber esperado tres meses, y no esperó". El Creador replicó: "Esa espera es necesaria únicamente para asegurarse de que la mujer no se encuentra encinta de su anterior marido. Pero es sabido por Mí que Uriyá nunca se acercó a ella, porque Mi nombre está estampado en él como testimonio. De hecho, Uriyá es *Or-Ia*, la Luz del Creador, aunque está escrito *Uriau* = Or + I + A + U = Or (Yud-Hey-Vav), sin la *Hey* final, *Maljut*, lo cual significa que no había utilizado *Maljut*".

Las letras *Yud-Hey* en el nombre Uriyá (*Álef-Resh-Yud-Hey*) revelan que nunca había tocado a Bat Sheva, porque Uriyá pertenece a GAR sin VAK. Para indicar la utilización de VAK, entonces se emplea el nombre *Uriau*, tal y como señala *El Zóhar*. Sin embargo, aquí se indica que Uriyá fue el primer esposo de Bat Sheva, lo cual significa que no había nada de VAK en él, sino únicamente GAR, es decir, *Or Jojmá* sin *Or Jasadim*, puesto que *Vav* significa *Jasadim*. Y por este motivo le es imposible acercarse a Bat Sheva.

134. Le dijo: "Señor del mundo, eso es exactamente lo que he dicho: si es sabido por Ti que Uriyá nunca yació con ella, ¿quién reveló esto a David? Tenía que haber esperado tres meses. Si dices que David sabía que Uriyá nunca yació con ella, ¿por qué David envió a Uriyá a que fuera con su esposa diciéndole: 'Baja a tu casa y lava tus pies'?".

A menudo, los que leen la *Torá* utilizan este ejemplo de "triángulo" como evidencia de unas cualidades del rey David poco elevadas, y como ejemplo de la inconsistencia del juicio del Creador: Él perdona a David "el asesinato" de Uriyá, hecho que perpetró por Bat Sheva. Pero debemos recordar que todo lo que la *Torá* nos relata es la esencia de los mundos superiores y sus leyes, que carecen de consecuencias evidentes en nuestro mundo. Existe una conexión de causa y efecto: lo que ocurre en nuestro mundo es la consecuencia de una causa superior, pero jamás a la inversa: lo que es descrito en el mundo espiritual no necesariamente ocurre en nuestro mundo. Creer que lo que está descrito en la *Torá* es un relato de nuestro mundo significa hacer descender la *Torá* desde el mundo de *Atzilut* (los nombres sagrados del Creador, la Luz del Creador) hasta el nivel más bajo de la creación; y sobre esto existe una prohibición expresa: "No te harás escultura ni imagen".

135. Le contestó: "Ciertamente, David no lo sabía, pero esperó más de tres meses, porque cuatro meses habían transcurrido". Como hemos estudiado, el día 15 del mes de *Nisán*, David ordenó a toda la nación de Israel que se preparara para la guerra, Yoav: el día 7 de *Nisán*, conquistaron las tierras de *Moav* y permanecieron en ellas durante cuatro meses, hasta que en el mes de *Elul*, él se acercó a Bat Sheva. Y en el Día del Perdón, el Creador le absolvió de su pecado. Y hay quienes afirman que, en el séptimo día del mes de *Adar*, David envió un escrito, en el día 15 del mes de *Iyar* congregó al ejército, en el día 15 del mes de *Elul* él se acercó a Bat Sheva, y en el Día del Perdón fue absuelto por el Creador y librado de sufrir pena de muerte a manos del ángel *Domé*".

Domé es un gobernante y el encargado del adulterio. Y puesto que David fue absuelto en el Día del Perdón, evitó la muerte a manos de *Domé*. No obstante, su muerte aconteció como resultado de la muerte de Uriyá, quien fue muerto a espada por los hijos de Amón, como queda registrado en el Libro de los Reyes (*Melajim* I, 15:5): "Porque David había hecho acciones justas ante los ojos del Creador y ningún día de su vida se había desviado de todo lo que el Creador le mandó, a excepción de su acción contra Uriyá HaJití".

136. *Domé* dijo: "Señor del mundo, tengo, no obstante, un reclamo contra él: ¿por qué abrió su boca y dijo: 'El Señor es justo puesto que un mortal obra del mismo modo', condenándose a sí mismo a muerte? Por ello, tengo potestad para darle muerte". El Creador le replicó: "No tienes permiso para darle muerte, pues él se ha arrepentido y confesado: 'He pecado ante el Creador', aun cuando no había cometido pecado. Aunque sí pecó en un punto: la muerte de Uriyá. Yo he registrado su castigo y lo ha recibido". Entonces *Domé* cesó de inmediato sus quejas y, abatido, regresó a su lugar.

La letra *Hey* final en el nombre *HaVaYaH* tiene dos puntos: la restricción (rigurosidad) y la misericordia. Y el objetivo de todas las correcciones de *Maljut* con ayuda del pacto (circuncisión) es ocultar el punto de rigurosidad y revelar la misericordia. Entonces, el nombre del Creador desciende a *Maljut*. Si bien la *Maljut* que está bajo la prohibición de la primera restricción (rigurosidad y juicio), aquella de la que succionan todas las fuerzas impuras, se encuentra allí. Pero dado que este punto está oculto y solamente el atributo de misericordia de *Biná* se encuentra revelado, las fuerzas impuras, ajenas a la santidad y la espiritualidad, no tienen fuerza (deseo) de aglutinarse allí.

Romper el pacto significa revelar rigurosidad y juicio en *Maljut*, la letra *Hey*. Y en consecuencia, las fuerzas impuras, ajenas (no espirituales), inmediatamente se aferran y succionan de ella, pues ese atributo forma parte de ellas. A raíz de ello, el alma sagrada, el nombre del Creador, desaparece inmediatamente, como está escrito (*Iyov* 4:9): "Perecen por la respiración del Creador".

David es la parte de *Maljut* que proviene del lado del atributo de misericordia en *Maljut*, y por eso necesita una protección especial para que el atributo de rigurosidad de *Maljut* no se revele en él. Porque aquel que revela el atributo de rigurosidad, es decir, aquel que rompe el pacto con el Creador, se está rindiendo a las fuerzas impuras que le sentencian a muerte. Esto es así porque en él se revela el atributo de rigurosidad ante la fuerza impura, el ángel *Domé*, que quiso aferrarse al alma de David y arrastrarla hasta el infierno.

Aunque era inocente, David pidió perdón por el adulterio y lo obtuvo. Pero el ángel *Domé* no tuvo derecho a pedir castigo por la acción de David que envió a Uriyá a la muerte. Pues *Domé* se encarga únicamente del adulterio.

137. Y David contestó a todo esto: "De no haber sido por la ayuda del Creador, *Domé* casi se apodera de mi alma". "De no haber sido por la ayuda del Creador" significa "si el Creador no hubiera sido mi Guardián y mi Guía contra el ángel *Domé*". "Casi" significa que tan solo una distancia del grosor de un hilo me separaba del lado impuro. Así de cerca estuve de que *Domé* arrastrara mi alma al infierno.

David es *Maljut*, sobre la cual está escrito (*Mishley*, 5:5): "Sus pies descienden hacia la muerte", porque ella es el final, la conclusión de la santidad-espiritualidad. Las fuerzas impuras se originan en *Maljut* y ella las reaviva, como está escrito (*Tehilim*, 103:19): "Su reino domina sobre todo".

Pero cuando *Maljut* está en su atributo de misericordia corregido (véase el punto 122) es definida como la que consta de dos puntos: el punto de rigurosidad y el punto de misericordia recibido de *Biná*. El punto de rigurosidad está oculto, mientras que el punto de misericordia se encuentra revelado. Y gracias a esta corrección, las fuerzas impuras reciben de *Maljut* tan solo *Ner Dakik* (pequeña luminiscencia), que sirve únicamente para mantener la existencia de las fuerzas impuras, sin recibir de ello ninguna fuerza para expandirse.

Ner Dakik, la fuente de existencia de las fuerzas impuras, también es llamado *Joté Dakik* (pecado insignificante o raíz de los pecados) como está escrito (*Talmud*, *Suká* 52:1): "Al hombre, en un primer momento, la fuerza impura le parece como la fina tela de una araña, pero luego se hace gruesa como el eje de una carreta". Sin embargo, se denomina *Ner Dakik* porque tanto la rigurosidad como las restricciones se encuentran ocultas dentro del atributo (punto) de misericordia.

Pero aquel que rompe el pacto, provoca la revelación del punto de rigurosidad en *Maljut*. En consecuencia, las fuerzas impuras se acercan a ella y absorben abundante Luz de ella, recibiendo con ello fuerzas para expandirse. Y todo aquel que así ha obrado, entrega su alma con sus propias manos, como está escrito (*Iyov* 4:9): "Perecen por la respiración del Creador".

Posteriormente, cuando merece regresar al Creador, se vuelve y corrige a *Maljut* con el atributo de misericordia. Y por eso este proceso es denominado *Teshuvá* (retorno), de las palabras *Tshuv* + *A*, donde la letra *A* (*Hey*) designa al Creador, es decir, el retorno al atributo de misericordia. Mientras que el atributo de rigurosidad, regresa a su estado oculto: se oculta dentro del atributo de misericordia, como una pequeña candela y nada más.

Por eso está escrito: DE NO HABER SIDO POR LA AYUDA DEL CREADOR, refiriéndose al hecho de que Él aceptó mi retorno y repelió al ángel *Domé* al devolver a *Maljut* a su lugar, al atributo de misericordia, y reduciendo el atributo de rigurosidad a una pequeña candela, una chispa, fina como un hilo, CUYA LUZ ME SEPARA DE LA FUERZA IMPURA.

Es precisamente esta mínima magnitud lo que debe quedar entre *Maljut* y la fuerza impura para que tenga posibilidad de existir gracias a esta Luz diminuta llamada "pecado insignificante", tan diminuta que ASÍ *DOMÉ* NO ARRASTRARÁ MI ALMA AL INFIERNO.

Precisamente esta magnitud me salvó de las manos de *Domé*, porque si la fuerza de rigurosidad en *Maljut* no hubiera regresado bajo el tamaño de un pecado insignificante, estaría entonces en manos de *Domé*.

138. Por lo tanto, el hombre debe tener cuidado de no hablar como David, porque es imposible decir a *Domé* que "fue un error" (*Kohélet*, 5:5), como sucedió con David cuando el Creador venció en el juicio contra *Domé*. "¿Por qué debería el Creador enojarse por tu discurso?" (*Kohélet*, 5:5), esto es, por lo que tú has dicho. "Destruida la obra de tus manos", (*Kohélet*, 5:5), es decir, el cuerpo sagrado, el pacto sagrado, el cual has roto y por ende eres arrastrado al infierno por el ángel *Domé*.

Hay dos tipos de retorno al Creador (véase *La Introducción al Talmud Éser Sefirot*, los puntos 45, 59, 64; *Talmud, Yoma* 86:2):

- el retorno por temor, cuando los pecados premeditados se convierten en *no* premeditados,
- el retorno por amor, cuando los pecados premeditados se convierten en méritos.

Antes del final de la corrección, cuando la fuerza de rigurosidad, las restricciones y el juicio aún son necesarios en el mundo –como está escrito (*Kohélet*, 3:14): "El Creador lo hace para que teman los hombres ante Él"– *Maljut* está obligada a sostener la existencia de fuerzas impuras como *Ner Dakik*, la pequeña candela, para que dichas fuerzas impuras no desaparezcan del mundo.

Por tal motivo, en este tiempo (en este estado), toda la corrección de *Maljut* se lleva a cabo en dos puntos: misericordia y rigurosidad. No obstante, mientras que la rigurosidad está oculta, la misericordia actúa abiertamente. Por eso existe el temor al Árbol del Bien y Mal: si el hombre es merecedor de ello, es bueno; si no es merecedor de ello, es malo (véase los puntos 120-124).

Por eso, DURANTE 6 000 AÑOS VOLVEMOS AL CREADOR SOLAMENTE POR TEMOR y, en consecuencia, nuestros pecados premeditados se transforman en involuntarios, en errores. Como resultado de nuestro retorno, logramos que *Maljut* retorne al atributo de misericordia. Pero rigurosidad y juicio se encuentran ocultos en ella en la medida de la pequeña candela y el pecado insignificante, pues *Maljut* ya está obligada a permanecer en el atributo del miedo. De ahí que tal retorno sea denominado "retorno por temor".

El pecado insignificante que debe permanecer, recibe el nombre de pecado no premeditado, error o falta; y no se considera pecado en sí mismo, aunque lleva al hombre a cometer un pecado no premeditado. El hombre comete un pecado premeditado solamente después de haber cometido uno no premeditado: ha hecho algo de manera involuntaria, pero resulta que ha pecado.

De ese modo, el pecado insignificante se queda en *Maljut*, pero a pesar de que permanece, no es realmente un pecado. Si bien como resultado de este juicio oculto y rigurosidad, llegamos a los pecados premeditados. Y por eso está escrito: "En un primer momento, es como un fino pelo", es decir, como un pecado insignificante. Pero luego, si no guardamos correctamente nuestro pacto, "se vuelve como el eje de una carreta", dado que el atributo de rigurosidad y el juicio se revelan en *Maljut*.

De ahí que esté escrito que *Domé* se encuentra a las puertas del infierno, porque la fuerza del pecado insignificante solamente es una entrada, ya que está escrito que inicialmente este se asemeja a un pelo, al hilo de una tela de araña. Así, nuestro retorno se denomina "los pecados que son como si estuvieran perdonados", y pasan a ser faltas involuntarias, como si de errores se tratara. Porque el pecado insignificante permanece y puede conducirnos a pecados premeditados.

Todo esto hace referencia al retorno por temor. Por otro lado se encuentra el segundo tipo de retorno, el retorno por amor: cuando los pecados premeditados se convierten en méritos (véase el punto 126).

Así, EL HOMBRE DEBE TENER CUIDADO DE NO HABLAR COMO DAVID, es decir, de no pronunciar la palabra que provoca la revelación del atributo de rigurosidad en *Maljut*, como hizo David; PORQUE ES IMPOSIBLE DECIR A *DOMÉ* QUE "FUE UN ERROR", ya que él no está seguro de poder regresar inmediatamente al Creador para que su pecado sea perdonado y se convierta en no premeditado, COMO OCURRIÓ CON DAVID CUANDO EL CREADOR VENCIÓ EN EL JUICIO CONTRA *DOMÉ*.

Con David sucedió así porque durante toda su vida sus acciones ante el Creador habían sido directas (puras) y no había cometido delito alguno, salvo la acción contra Uriyá. Por eso el Creador se erigió en su defensor y le ayudó a regresar a Él inmediatamente. Y su pecado fue convertido en una equivocacion, como está escrito en *El Zóhar* (punto 137), DE NO HABER SIDO POR LA AYUDA DEL CREADOR, *DOMÉ* CASI SE APODERA DE MI ALMA. Pero el resto de la gente debe temer a este ángel, porque, a raíz de un pecado involuntario, se puede caer en manos de *Domé* y acabar en el infierno.

DESTRUIDA LA OBRA DE TUS MANOS, EL CUERPO SAGRADO, EL PACTO SAGRADO, QUE HAS ROTO Y POR LO TANTO ERES ARRASTRADO AL INFIERNO POR EL ÁNGEL *DOMÉ*: la corrección en nosotros, denominada el pacto sagrado, es llamada la obra de nuestras manos, como está escrito: "Confirma la obra de nuestras manos". El alma sagrada es denominada el cuerpo sagrado, la carne sagrada, como está escrito (*Iyov* 19:26): "De mi carne veré al Creador" (véase el punto 131). Como resultado de la revelación del atributo de rigurosidad y juicio en *Maljut*, la corrección del pacto quedó corrompida, y el alma es arrastrada al infierno por el ángel *Domé*.

Por eso, EL CIELO RELATA ACERCA DE LA OBRA DE SUS MANOS (punto 130). Al final de la corrección, el Cielo relatará Sus acciones porque será entonces cuando se revelará la recompensa por todas estas correcciones. Se revelará que ellas no son LA OBRA DE NUESTRAS MANOS, sino LA OBRA DE SUS MANOS, y EL CIELO relata acerca de esto. Y el gran *Zivug* RAV PAALIM U MEKABTZIEL se realizará sobre estas acciones-correcciones (véase el punto 92). RELATA hace referencia al descenso de la Luz completa desde Arriba.

Esta es toda la diferencia entre nuestro mundo antes de que acabe la corrección y después de ella. Puesto que, antes del final de la corrección, *Maljut* es denominada el Árbol del Bien y del Mal, porque *Maljut* es la revelación de la gobernanza del Creador sobre nuestro mundo. Y previamente a que las gentes lleguen al estado en que puedan recibir Su Luz (tal y como Él pensó y preparó para cada uno de nosotros cuando concibió el plan de la creación) la gobernanza se realiza mediante el bien y el mal, mediante recompensa y castigo.

La causa de esto es que nuestros *Kelim de Kabalá* (los deseos de recibir) son impuros, están manchados de egoísmo, el cual 1) no permite recibir la Luz del Creador en estos deseos, 2) nos separa del Creador. Por el contrario, sí es posible recibir el bien infinito que Él ha preparado para nosotros, aunque únicamente en los deseos altruistas; pues estos placeres no están limitados por los marcos de la creación, como les ocurre a los placeres egoístas, en los que el llenado extingue el placer al instante.

Por eso está escrito (*Mishley*, 16:4): "Todo lo ha hecho el Creador para Su gloria", es decir, todas las acciones en el mundo fueron inicialmente creadas por Él únicamente para que Le podamos deleitar. Así, las gentes en nuestro mundo se preocupan por todo aquello radicalmente opuesto a lo que debería preocuparles de acuerdo al fin para el que fueron creados. Ya que el Creador dice claramente que creó el mundo entero para Sí Mismo (*Yeshayahu*, 43:7): "Para gloria mía los creé".

Y, sin embargo, afirmamos justo lo contrario: que el mundo entero fue creado para nosotros y deseamos consumirlo por completo para nuestro propio llenado, placer, satisfacción y exaltación. Así que no debe sorprendernos que no seamos dignos de recibir el bien perfecto desde el Creador. Por consiguiente, Él nos gobierna mediante el bien y el mal, en forma de recompensa y castigo, ya que el uno depende del otro: la recompensa y el castigo dan origen al bien y al mal.

Dado que utilizamos nuestros deseos de recibir (placer), nos convertimos en lo contrario al Creador y percibimos Su gobernanza como algo perjudicial para nosotros. Esto se debe a que el hombre no puede sentir un mal evidente que provenga de Él, ya que deterioraría la grandeza y perfección del Creador (si las criaturas Le percibieran como Aquel que hace el mal), pues no es algo digno de Aquel que es Perfecto.

Así, el hombre siente el mal en la misma medida que niega el gobernanza del mundo por parte del Creador. E inmediatamente un velo desciende sobre él y la sensación de existencia del Creador desaparece. *Y no hay peor castigo en este mundo.*

Por eso, la sensación del bien y del mal en Su gobernanza nos da una sensación de recompensa y castigo. Pues aquel que se esfuerza por no perder la fe en la existencia y la gobernanza del Creador, aunque pruebe el mal en Su gobierno, recibe recompensa al encontrar fuerzas para no abandonar la fe en la gobernanza y los buenos propósitos de esta "mala" influencia del Creador. Pero si aún no ha merecido la posibilidad de esforzarse en creer que es el Creador quien persigue un determinado propósito al enviarle estas sensaciones desagradables, él será castigado con un alejamiento de la fe en el Creador y de la sensación de Su existencia.

Por eso, aunque solo Él hizo, hace y hará todas las acciones en el mundo, deja esto semioculto a aquellos que perciben el bien y el mal. Porque cuando perciben el mal, la fuerza impura tiene permiso para ocultar el gobierno del Creador y la fe en Él. De ese modo, el hombre recibe el mayor castigo del mundo -la sensación de separación del Creador- y se llena de dudas, y niega la existencia del Creador y Su gobernanza. Pero cuando regrese al Creador, recibirá la correspondiente recompensa, y podrá unirse de nuevo con Él.

Mediante esta gobernanza de recompensa y castigo, el Creador nos ha preparado la posibilidad de alcanzar -con ayuda de esta gobernanza- el final de la corrección, el momento en que todas las personas alcanzarán los *Kelim* (deseos) corregidos y los utilizarán para deleitar al Creador, ¡pues está escrito que Él ha creado TODO para Sí Mismo desde un principio! En otras palabras, nuestro otorgamiento debe ser absoluto.

Entonces, el gran *Zivug* de *Átik* se revelará, y como resultado de ello todos regresaremos al Creador por amor. Y todos los pecados premeditados se convertirán en méritos, todo el mal se sentirá como bien infinito, y Su gobernanza se revelará por el mundo entero. Es decir, TODOS VERÁN que solo Él hizo, hace y hará todas las acciones en el mundo, y que no hay nadie más que actúe sino Él. Y una vez que esta sensación de mal y castigo se convierta en una sensación de bien y recompensa (mediante la transformación de los deseos egoístas en altruistas) se nos da la posibilidad de alcanzar al Actuante, pues nos asemejamos a las obras de Sus manos porque Le bendecimos y alabamos por encima de todos aquellos males y aquellos castigos que una vez sentimos.

Pero lo más importante a recalcar aquí es que, hasta el final de la corrección, todas las correcciones son consideradas como LA OBRA DE NUESTRAS MANOS. Y por este motivo recibimos recompensa o castigo por ellas. Sin embargo, durante el gran *Zivug* al final de la corrección se revelará que todas las correcciones y todos los castigos son OBRA DE SUS MANOS. Por eso, decimos que EL CIELO RELATA ACERCA DE LA OBRA DE SUS MANOS, puesto que el gran *Zivug* significa que el Cielo relatará que todas ellas son Sus acciones, que Él hizo, hace y hará todas las acciones en la creación.

139. Por lo tanto, "el Cielo relata acerca de la obra de Sus manos". Estos son los amigos que se han unido en la novia (*Maljut*) mediante su estudio de la *Torá* en la noche de la fiesta de *Shavuot*. Todos ellos son partícipes de la unión con ella y son denominados "la obra de Sus manos". Y ella alaba y anota a cada uno de ellos. ¿Qué es el Cielo, el firmamento? Es el firmamento, donde están situados el sol, la luna, las estrellas y todos los signos de la suerte (zodiaco). Este firmamento es denominado el Libro de la Memoria, y él los inscribe y declara para que lleguen a ser los hijos de su sala, y él satisfará todos sus deseos.

Yesod de ZA –sobre el que se lleva a cabo un *Zivug* para la revelación de los grados superiores, llamados el sol, la luna y los signos del zodiaco– se denomina "firmamento". Todos los astros celestiales están en el firmamento, denominado *Yesod de ZA*. Y todos existen gracias a él, pues él hace un *Zivug* con *Nukva*, llamada Tierra, y brilla para ella con todos los astros, es decir, le da todos estos astros.

Y ocurre que *Maljut* es más pequeña que el sol (ZA). Pero al final de la corrección, la luz de la luna será como la luz del sol, y la luz del sol será setenta veces mayor de lo que era antes: *Maljut* llegará a tener el volumen de ZA durante los seis días de la creación. ¿Cuándo sucederá esto? Rabí Yehuda contesta: "Cuando la muerte desaparezca para siempre, en aquel día el Creador y Su nombre serán uno".

El Cielo o el firmamento (ZA) es *HaVaYaH*, denominado "el sol". *Maljut* (*Nukva*) recibe de él y es denominada "la luna". Durante 6 000 años *Maljut* recibe desde los seis días de la creación, sin embargo, ZA no revela que el Creador y Su nombre son uno. Por eso la luna es más pequeña que el sol. Sus dimensiones más reducidas son la consecuencia de que *Maljut* consiste en el bien y el mal: está compuesta de bien y de mal, de recompensa y de castigo.

Hay una gran diferencia entre "Él" y "Su nombre": Su nombre es *Maljut*, donde se unen, *Zivug* tras *Zivug*, los estados de unión y alejamiento. Pero al final de la corrección, en el tiempo sobre el que está escrito "la muerte desaparecerá para siempre", "*HaVaYaH* y Su nombre serán uno solo". El nombre (*Maljut*) llegará a ser como la Luz de ZA: únicamente el bien sin el mal. La gobernanza privada se revelará en ella, lo cual significa que la luz de la luna llegará a ser igual que la luz del sol.

Por tanto, en ese tiempo (ese estado) *Nukva* será denominada "el Libro de la Inscripción" o "el Libro de la Memoria". *Maljut* es llamada "libro" porque todas las acciones humanas de las personas quedan inscritas en ella. *Yesod de ZA* es denominado "la memoria", pues recuerda las acciones de todo el mundo, investiga y analiza a todas las criaturas que reciben de él.

Durante 6 000 años, hasta el final de la corrección, "el Libro" y "la Memoria" a veces están juntos y otras veces separados. Pero al final de la corrección, estos dos grados se unen en un único grado, y la propia *Maljut* es denominada "el Libro de la Remembranza" una vez que ZA y *Maljut* se convierten en un todo, pues la Luz de *Maljut* llega a ser como la Luz de ZA.

Por eso, el firmamento es el lugar donde se hallan todas las estrellas, la luna, el sol y los signos del zodiaco. El firmamento es *Yesod de ZA*, de donde emana toda la Luz del mundo. Y gracias a ella, todo existe. Él hace llegar la Luz a *Maljut* cuando esta es más pequeña que él, cuando el estado "Él y Su nombre son uno" todavía no ha sido alcanzado. Al final de la corrección él será como *Maljut*, por lo que ella recibe el nombre de "Libro de la Remembranza".

Por eso, cuando *Maljut* reciba todos los atributos de ZA (el firmamento, denominado "la memoria") recibirá el nombre de "Libro de la Remembranza", es decir, ella y el firmamento serán uno.

140. Un día tras otro traerá *Ómer* –una gavilla–. El día sagrado entre esos días (*Sefirot*) del Rey (ZA) alaba a los amigos que estudian la *Torá* en la noche de *Shavuot*. Se dicen unos a otros: "Un día tras otro traerá una gavilla", y lo alaban. Y "noche tras noche" se refiere a todos los grados, *Sefirot de Maljut*, que reinan en la noche, se alaban uno a otro por lo que cada uno recibe de un amigo, de otra *Sefirá*. Y el estado de absoluta perfección los hace ser amigos bien amados.

Una vez que *El Zóhar* ha explicado que EL CIELO RELATA ACERCA DE LA OBRA DE SUS MANOS es EL LIBRO DE LA REMEMBRANZA, *El Zóhar* prosigue aclarando lo escrito en el libro de *Malají* (3:14): "Habéis dicho:

'¡Es inútil servir al Creador! ¿Qué hemos ganado con guardar Su mandamiento y andar afligidos ante el Creador? Así, declaramos bienaventurado al soberbio; no solo prosperan los que hacen el mal, sino que también ponen a prueba al Creador y salen impunes'. Entonces los que temen al Señor hablaron EL UNO CON EL OTRO; y el Creador prestó atención y escuchó, y frente a Él fue escrito el LIBRO DE LA MEMORIA para los que temen (cada día) y veneran Su nombre (Sagrado). Y ellos serán míos –dice Él– en el día que Yo determinaré, y los perdonaré como un hombre que perdona al hijo que le sirve; ese día en que Yo haré un milagro, al final de la corrección".

Antes del final de la corrección, es decir, hasta que preparemos nuestros deseos de recibir para únicamente deleitar al Creador y no para el deleite de uno mismo, *Maljut* es denominada El Árbol del Bien y del Mal, pues *Maljut* es la gobernanza del mundo según las obras-acciones del hombre. Y puesto que todavía no estamos preparados para recibir todo ese deleite supremo que el Creador concibió para nosotros en Su plan de la creación, nos vemos obligados a recibir la gobernanza de *Maljut* a través del bien y del mal.

Precisamente este gobernanza nos prepara para llegar a corregir todos nuestros deseos de recibir (*Kelim de Kabalá*) y transformarlos en deseos únicamente de otorgar (*Kelim de Ashpaá*) y alcanzar así el bien y los placeres que Él concibió para nosotros.

Como ya hemos dicho, la sensación del bien y del mal crea en nosotros la sensación de recompensa y castigo. Por tanto, si cuando el hombre se siente mal, él se esfuerza en que esa sensación no haga disminuir su fe en el Creador –y continúa observando la *Torá* y Mandamientos tal y como hacía antes de sentir el mal– él recibirá recompensa.

Pero si no puede superar con éxito esta prueba y recibe alejamiento del Creador, se llenará de dudas con respecto a la buena gobernanza o dejará de creer que el Creador gobierna el mundo, o bien surgirá un descontento con el Creador en respuesta a todas las malas sensaciones. Y el Creador castiga por todos los pensamientos, al igual que por todas las acciones (*Talmud, Kidushim* 40:1).

También está escrito que la virtud del justo no le ayuda en el día de su pecado. Pero, a veces, las dudas en el hombre se hacen tan fuertes que llega incluso a arrepentirse de las buenas acciones que realizó en el pasado, de todos sus esfuerzos, y dice: (*Malají*, 3:14) "Habéis dicho: 'Es inútil servir al Creador ¿Qué hemos ganado con guardar Su mandamiento y andar afligidos ante el Creador?'". Se convierte entonces en el pecador absoluto y lamenta su recto pasado (se arrepiente de haber malgastado tiempo y esfuerzos en vez de disfrutar de este mundo, como hacen los demás). A consecuencia de sus dudas y lamentos, pierde todas las buenas acciones realizadas, como advierte la *Torá*: "La impecabilidad del justo no le ayudará en el día de su pecado".

Pero, hasta en tal estado, tiene lugar el retorno al Creador. Sin embargo, él se percibe como uno que se encuentra al comienzo del camino, como un recién nacido, pues todas sus buenas acciones del pasado han desaparecido.

No hay que entender lo mencionado al pie de la letra (incluso en un contexto espiritual), porque el hombre que trabaja para alcanzar acciones altruistas incondicionales, constantemente experimenta elevaciones y caídas, en las que, de forma alterna, se llena de dudas y trata de resistirse a ellas. Únicamente a aquel que avanza de este modo le parece que cada vez comienza su trabajo de nuevo y no entiende nada, cual recién nacido. En cambio, aquel que pertenece a las masas, aquel que trabaja en sus deseos egoístas, siempre se siente pleno de dignidad personal. Y a cada día él le añade el anterior. Le da la impresión de que nada desaparece. Y esto hace imposible su crecimiento espiritual.

Solo aquel que verdaderamente asciende por los grados espirituales, se siente a cada instante como un recién nacido, como un niño ante su Creador. Ya que, cuando uno pasa de un grado a otro, se encuentra en completa oscuridad, siente que todo empieza de nuevo y que no añade nada a su experiencia. Justo al contrario de cómo siente aquel que no crece espiritualmente (*Domem de Kedushá*).

La gobernanza mediante el bien y el mal provoca en nosotros las elevaciones y caídas, cada persona a su manera... Toda elevación se considera como un día separado (la sensación de Luz). Porque, a raíz de la gran caída que acaba de sufrir por arrepentirse de sus buenas acciones en el pasado (esto es denominado *Toé al HaRishonot*), el hombre se encuentra en un estado de elevación, como un recién nacido.

Por eso, con cada elevación, es como si uno comenzara de nuevo su camino hacia el Creador. Así, cada elevación es considerada como un día por separado, ya que hay una pausa (una noche) entre estos estados. Y, por tanto, cada descenso es considerado como una noche por separado.

Esto nos dice *El Zóhar*, UN DÍA TRAS OTRO TRAERÁ UNA GAVILLA: en cada elevación, nos acercamos al día supremo del Creador (el final de la corrección), ALABA A LOS AMIGOS Y SE DICEN UNOS A OTROS. Así, gracias al gran *Zivug* del final de la corrección, todos ellos serán dignos del retorno por amor, porque el deseo de "recibir" se habrá corregido por completo y las personas empezarán a recibir solamente en beneficio del Creador, para causar alegría en Él.

Todo el bien supremo y el placer del plan de la creación nos serán revelados en este gran *Zivug* (unidad). Veremos entonces con nuestros ojos que todos esos castigos que hemos sentido en el estado de caída y que nos traían dudas y arrepentimiento por los esfuerzos hechos en la *Torá*, eran purificación y corrección para nosotros. Precisamente ellos serán la causa directa de la recepción y de nuestra sensación de todo lo mejor en el momento del final de la corrección.

Porque si no fuera por los sufrimientos y los terribles castigos, no habríamos podido llegar al estado de llenado con el placer perfecto. Por eso estos mismos pecados premeditados se convierten en méritos, como está escrito: UN DÍA TRAS OTRO TRAERÁ UNA GAVILLA. Hasta el final de la corrección, cada elevación en *Maljut* es como un día separado.

Este día viene revelado por la palabra, que sostiene la *Torá* en toda su grandeza. ¿Cuál es esta palabra? Cuando dijeron: "Es inútil servir al Creador. ¿Qué hemos ganado con guardar Su mandamiento y andar afligidos ante el Creador?".

Estas palabras causaron los castigos que ahora se han convertido en méritos, ya que toda la perfección y riqueza de ese gran día puede ahora revelarse gracias a los castigos del pasado. Así, los que pronuncian estas palabras ahora son considerados temerosos del Creador y ensalzadores de Su nombre –y estas palabras únicamente pudieron ser pronunciadas por aquel que hizo esfuerzos por avanzar en el camino Verdadero y se sintió frustrado al recibir egoísmo del más alto nivel sin corregir. Es decir, la frustración únicamente llega a aquellos que verdaderamente trabajan para el Creador–.

Por eso, sobre ellos se dice: "Y ellos serán míos –dice Él– en el día que Yo determinaré, y los perdonaré como un hombre que perdona al hijo que le SIRVE", porque todas las noches (los estados de caída, sufrimientos y castigos que interrumpen la conexión con el Creador) ahora se han convertido en méritos y buenas acciones. Y la noche reluce como el día, las tinieblas como la Luz. No hay intervalo alguno entre los días, y todos los 6 000 años se unen en un gran día.

Y todos los *Zivugim* que fueron realizados uno tras otro, que revelaron las elevaciones y los grados separados y consecutivos –uno tras otro–, se unen en un grado de un gran *Zivug*-Unidad, luciendo de uno a otro extremo del mundo. Por eso está escrito: UN DÍA TRAS OTRO TRAERÁ UNA GAVILLA, es decir, los intervalos entre días se convierten ahora en una enorme grandeza, pues se han convertido en méritos. Y de ese modo *todo llega a ser el gran día del Creador*.

Pero "noche tras noche" se refiere a todos los grados que gobiernan en la noche. Se alaban uno a otro y cada uno recibe todo lo que el hombre siente como sufrimientos en los estados de caída: esto es lo que se denomina "la noche". Y, como consecuencia de esas sensaciones, surgen los intervalos entre las sensaciones del día.

En general, cada grado se encuentra separado del otro a través de todo esto. La noche es la sensación de anhelo por alcanzar al Creador. Y cada una de las noches está llena de tinieblas. Pero ahora todas las noches se unen (los estados de sensación de deficiencia, las tristezas, la pesadez de los esfuerzos, el ocultamiento del Creador) y forman una vasija para recibir el conocimiento Supremo, que llena toda la tierra con el Conocimiento del Creador. Y las noches brillan como el día.

Y cada noche recibe su parte de Conocimiento solamente a raíz de su conexión con otras noches. Por eso, cada noche se considera que ayuda en Conocimiento a otras noches: es decir, el hombre se encuentra listo para recibir el Conocimiento, pero solamente si se une con otras noches.

Y puesto que la noche es una sensación de carencia de conocimiento, alcance y sensación del Creador, al unirse juntas, las noches constituyen la vasija perfecta para recibir el Conocimiento del Creador. Y cada uno alaba al otro, pues cada uno ha recibido su parte de Conocimiento del Creador gracias al otro, como resultado de su unión con él. Y si no se hubiera unido, no habría recibido: solamente todos juntos han llegado a ser dignos de recibir el Conocimiento Supremo. Por eso, se dice que gracias a la perfección alcanzada por todos conjuntamente, las noches empezaron a amarse unas a otras.

141. ¿Habla de aquellos otros en el mundo que no obedecen al Creador y a quienes Él no desea escuchar? Pero formaron filas a lo largo de toda la Tierra, es decir, estas cosas forman una fila de los que residen Arriba y de los que residen abajo. De los primeros, se hacen los firmamentos; y de los segundos, de su retorno, la Tierra. Y si dijeras que ellos giran en torno a la Tierra en un lugar, se dice que también ellos se encuentran en el extremo del mundo.

Hasta ahora hemos hablado sobre los castigos y sufrimientos más terribles del mundo: el alejamiento del Creador, el alejamiento de la fe en Él. Es más, *El Zóhar* dice que todos los castigos del mundo –desde los pecados personales, pasando por los sufrimientos del infierno y los sufrimientos del cuerpo, de los cuales el mundo está lleno– también se unen y se incluyen en el gran *Zivug* común, como está escrito (*Devarim*, 28:63): "Y sucederá que así como el Señor se deleitó en haceros prosperar y multiplicaros, también se deleitará en arruinaros y destruiros".

Y todos se unirán y llegarán a ser una Luz grande, todo se convertirá en gran alegría y felicidad. Por eso, se dice que NO HAY UNA GAVILLA Y NO HAY COSAS EN LAS OTRAS PALABRAS DEL MUNDO, que el hombre percibe como sufrimientos en este mundo. No obstante, se convertirán en felicidad y alegría, por lo que el Rey sagrado también deseará escucharlas.

Entonces, todos los sufrimientos que hubo durante los 6 000 años se unirán y se convertirán en un enorme placer al final de la corrección, como dijo el profeta (*Yirmiyahu*, 50:20): "En aquellos días y en aquel tiempo –dice el Creador– se buscará la iniquidad de Israel, pero no aparecerá".

Todo se convertirá en méritos, hasta tal punto, que pedirán y empezarán a buscar "más pecados del pasado que también puedan ser incluidos en el *Zivug*, y sobre los cuales podrán reírse, pues los sintieron como sufrimientos y ahora reciben felicidad y alegría". Pero no encontrarán. No habrá más sufrimientos en su forma verdadera, como en el pasado, aunque realmente les gustaría encontrarlos y sentirlos, porque ahora todos los sufrimientos se convierten en gran Luz.

Este es un gran grado –creado por el gran *Zivug* de todas las almas y todas las acciones, buenas y malas en conjunto– ahora definido como una columna de Luz que brilla de un extremo a otro del mundo. Es la unidad perfecta y la unión, como dijo el profeta (*Zejaria*, 14:9): "En aquel día el Creador será uno, y uno Su nombre. Y habrá un único alcance en todas las sensaciones, el alcance del nombre completo y perfecto del Creador: 'Aquel Infinitamente Bondadoso'".

Este grado Supremo aparece como resultado de la conjunción de todos sufrimientos y castigos. Y precisamente por eso, este grado llena con Luz todo el universo, incluida la Tierra. Es preciso señalar que los sufrimientos de los que aquí habla *El Zóhar*, no son sufrimientos causados porque el cuerpo no recibe suficiente placer: *se trata de sufrimientos por falta de adhesión con el Creador*.

En cualquier caso, si los sufrimientos son tan útiles, ¿por qué entonces está escrito "ni ellos ni la recompensa para ellos"? Los sufrimientos son necesarios porque son corrección. Sin embargo, los verdaderos sufrimientos –aquellos por medio de los cuales el hombre puede recibir el grado del final de la corrección– son los causados por la sensación de los propios sufrimientos. El hombre que siente temporalmente el dolor de tales sufrimientos, se aleja de la *Torá* y los Mandamientos. Y entristece con ello al Creador. ESTO PROVOCA SUFRIMIENTOS A LA *SHEJINÁ*, porque cuando el hombre sufre en su corazón, involuntariamente habla mal de ella. El hecho de que el hombre no desee seguir soportando y lograr el final de la corrección, humilla a la *Shejiná*; y esto hace sufrir al hombre. A pesar de ello, la *Torá* le dice que espere, es decir, que resista y crea por encima de la razón, con fe desinteresada, que todo esto son correcciones que él debe pasar.

El alma del hombre es también un *Partzuf* compuesto de diez *Sefirot*. En su estado inicial (aún no desarrollado, sin nacer espiritualmente) el alma es definida como un punto, un futuro cuerpo espiritual en potencia. Si el hombre trabaja sobre sí, este punto adquirirá gradualmente una pantalla. Y sobre esta pantalla, el hombre hace un *Zivug*: rechaza todos los placeres en pro de los deseos del Creador y recibe Luz dentro de este punto. De ese modo lo aumenta hasta convertirlo en un *Partzuf*, transformando ese punto en un cuerpo, un *Partzuf* recién nacido.

Después, continúa cultivando su pantalla, creando gradualmente estados más grandes a partir de ese estado pequeño, hasta que recibe toda la Luz que el Creador predestinó para él en su cuerpo espiritual. Dicho estado es denominado "el final de la corrección personal o particular". Cuando todas las correcciones personales se unan, tendrá lugar la corrección general de todo el mundo (de toda la *Maljut*). *Maljut* es el *Partzuf* que consiste en almas separadas. Cada alma, el *Partzuf* de cada alma, es una parte de *Maljut*. *Maljut* es una colección, una suma de todos los *Partzufim* que todas las personas deben hacer: ellas deben crear una pantalla y llenarse de Luz.

LOS QUE RESIDEN ARRIBA Y LOS QUE RESIDEN ABAJO: el orden de los tiempos en la espiritualidad, en el mundo eterno, es diferente al de nuestro mundo. Cuando el Creador deseó crear el mundo, creó todo instantáneamente: todas las almas y su llenado con Luz en una forma completa y perfecta denominada "el final de la corrección", donde todas las criaturas reciben el placer infinito que Él concibió.

Este estado final nace con el primer pensamiento del Creador de crear el mundo, y existe en su forma completa desde el primer instante, porque futuro, presente y pasado son uno en el Creador. En Él no existe el factor del tiempo.

Ha sido necesario todo el progreso de la humanidad para que podamos imaginar que lo siguiente, también es posible:

a) Cambio del tiempo: la dilatación del tiempo hasta el infinito, es decir, cuando el tiempo deja de transcurrir y presente y futuro se funden en uno; cuando el tiempo transcurre inversamente; cuando hay ausencia de tiempo. Y sin embargo, el tiempo es lo único que nos da sensación de existencia. Si eliminamos el tiempo, ¡dejamos de percibir que vivimos!

b) Transformación del espacio: se expande o se comprime en un punto; el espacio bajo otras formas y dimensiones; en el infinito y en ausencia total de espacio.

Ya he tratado estas cuestiones muchas veces en mis anteriores libros y no querría desviarme de la conexión con el texto del *Zóhar*. Sin embargo, para comprender nuestro estado verdadero y no el que sentimos ahora, es necesario recordar que el Creador no cuenta con las nociones de espacio y tiempo. En efecto, somos absolutamente distintos, tenemos un estado y forma diferente respecto a la manera en que nos percibimos ahora. Sin embargo, en este momento nos percibimos así porque nuestras sensaciones se encuentran distorsionadas por el egoísmo que impregna nuestros sentidos, que reside en nuestros cuerpos, como "una nube del espíritu".

Por eso, todo lo descrito en la *Torá* hace referencia únicamente al mundo espiritual. Y es absolutamente intemporal: habla de nuestro pasado, presente y futuro a la vez, porque el tiempo existe solo en relación a los que todavía se encuentran en sus *Kelim*-deseos egoístas. Así, podemos entender lo escrito en la *Torá* (*Talmud, Sanedrín* 38:2): "El Creador mostró a Adam cada generación y sus representantes, y también se los mostró a Moshé".

Pero si lo descrito ocurre antes de la creación de estas generaciones, ¿cómo logró entonces mostrarles el Creador a Adam y Moshé? Esto es posible porque todas las almas y todos sus destinos –desde su creación hasta el final de sus correcciones– surgieron ante el Creador en su plena realidad y todas se encuentran en el jardín del Edén, el Paraíso Supremo. Y, desde este lugar, ellas descienden y entran los cuerpos, cada una a su "tiempo". Y allá, "Arriba", el Creador mostró a Adam, a Moshé y a otros que eran dignos de ello. Esta es una noción difícil, no toda mente está lista para percibirla.

Por eso, está escrito en *El Zóhar* (*Terumá* 163): "Del mismo modo que las seis *Sefirot* de ZA se unen entre ellas Arriba, sobre el pecho de ZA, en UNO SOLO, donde están libres de fuerzas impuras, también *Maljut* se une con ZA por debajo su pecho, en UNO SOLO, para que tanto abajo como Arriba sea la unidad". Porque el Creador, ZA, es Único Arriba. Y *Maljut* se vuelve Única para que el Único pueda estar con la Única. Esto expresa el secreto de la unión: "Él y Su nombre son uno", porque Él es ZA y Su nombre es *Maljut*. Y ellos se encuentran el uno en el otro.

Este grado que nace al final de la corrección, en el estado "Él y Su nombre son uno", ya existe Arriba, a raíz de la suma de todas las 600 000 almas y acciones "durante" 6 000 grados (llamados "años") en el mundo que aparecerán antes del final de la corrección, pero que ya existen Arriba en su forma eterna, donde el futuro existe como presente.

Así, la columna de Luz que iluminará el mundo entero de un extremo al otro, al final de la corrección, ya existe en el jardín del Edén, y lo ilumina con la misma intensidad que nos será revelada en el futuro. Por eso, en el final de la corrección, los dos grados relucirán como uno, y "Él y Su nombre serán uno". Surgirá una columna-línea que relucirá desde aquellos que residen Arriba (las almas que se encuentran en el jardín del Edén Supremo, y de aquellos que están abajo (las almas revestidas de los cuerpos de nuestro mundo). Y "uno recibe a uno", estos dos grados relucen juntos, y revelan así la unidad del Creador, como está escrito, que en ese día "Él y Su nombre serán uno".

A partir de lo mencionado, uno puede pensar que la columna de Luz que brilla en el jardín del Edén desciende y brilla en el jardín del Edén en nuestro mundo. Pero no ocurre así. Y A PARTIR DE ELLOS SE HACEN LOS FIRMAMENTOS, porque este grado surge como resultado del *Zivug Yesod* de ZA, que es denominado "firmamento". Por eso todos los *Zivugim* que surgen por encima del firmamento, brillarán sobre aquellos que los reciben desde el firmamento y abajo. El grado que asciende por encima del firmamento es llamado "Cielo", y el grado que recibe desde el firmamento es llamado "Tierra".

Cuando la línea (la columna) de Luz conecta a los que viven Arriba con los que viven abajo, la diferencia entre el jardín del Edén y los que habitan este mundo aún persiste, porque los que viven en el jardín del Edén reciben de un *Zivug* que se encuentra encima del firmamento. Y lo que ellos reciben es denominado "el nuevo Cielo para los que residen Arriba". Y solamente una pequeña luminiscencia, llamada "la nueva Tierra", desciende debajo del firmamento hacia los que habitan abajo. Esto es lo que dice *El Zóhar*: "Los firmamentos son creados a partir de estos, mientras que la Tierra es creada a partir de aquellos, a partir del retorno".

Aunque en este gran *Zivug*, como en todos los *Zivugim*, lo que se decide Arriba (encima del firmamento, encima del *Zivug*) se extiende luego a la Tierra (debajo de la línea del *Zivug*) uno no debe pensar que este *Zivug*, al igual que todos los anteriores, es una simple fina línea de Luz que se denomina "un lugar único", esto es, limitado, como está escrito al comienzo de la creación: "Reúnanse las aguas en un lugar", es decir, en el lugar interno de los mundos, el lugar de Israel, y no en el externo.

Pero la Luz de este *Zivug* gira alrededor mundo y lo llena por completo: esta Luz llega a los confines del mundo, es decir, incluso a las partes externas del mundo (las naciones del mundo) como está escrito por el profeta (*Yeshayahu*, 11:9): "La tierra estará llena del conocimiento del Señor".

142. Y puesto que los Cielos fueron creados a partir de ellos, ¿quién reside allí? Regresó y dijo: "Hay un escondrijo para el sol en ellos. Este es el sol sagrado, llamado ZA, y mora y reside allí. Y se adorna con ellos".

143. Puesto que ZA reside en esos firmamentos y se reviste de ellos, él, como un novio, sale de su palio (baldaquín) nupcial y se alegra y corre por todos esos firmamentos; y sale de ellos y entra, y corre hacia una torre, en un lugar diferente. Él surge desde un extremo del cielo, desde el Mundo Superior, desde el lugar más Supremo, es decir desde *Biná*. Y su época, ¿dónde está? Es el lugar opuesto más abajo, es decir, *Maljut*, que es la época del año que forma todos los extremos y todo lo conecta: desde el Cielo hasta este firmamento.

El Zóhar habla sobre el gran secreto del sol que sale de su escondrijo. Debemos señalar que la palabra "secreto" se utiliza con frecuencia en los libros cabalísticos; acto seguido, el autor empieza a explicar, como si revelara el secreto. Pero el lector tiene que entender que no hay secretos en el mundo. El hombre alcanza todo desde el grado en que él se encuentra. Incluso en nuestro mundo, el hombre, en su avance, alcanza nuevas nociones a cada etapa de su desarrollo intelectual. Y lo que ayer era un secreto para él, hoy se muestra como algo evidente y revelado ante sus ojos.

Lo mismo ocurre en los grados de alcance espiritual. La Cabalá es denominada la sabiduría secreta porque no se ha revelado a las masas y supone un secreto para ellas. Pero en cuanto el hombre recibe la pantalla y empieza a percibir el mundo espiritual, comienza a sentir como realidad lo que antes era un secreto. Y este proceso continúa hasta que el hombre alcanza el universo entero, todos los secretos del Creador (véase *La Introducción al Talmud Éser Sefirot*, el punto 148).

El sol sale de su escondrijo (*Nartik*), de la *Jupá*, el palio nupcial: sale y corre hacia una torre, en otro lugar, después del gran *Zivug* bajo la *Jupá*. *Zeir Anpin* sale de su escondrijo en *Maljut*, llamada la torre *Oz* (fuerza) del nombre del Creador, porque entonces *Maljut* asciende y se une con él, y se hacen uno.

El extremo de *Maljut* es denominado "la época del año". Y hasta el final de la corrección, las fuerzas impuras, llamadas "el fin de los días", se adhieren a él. Y ahora, tras el final de la corrección, es necesario corregir esta parte de *Maljut* llamada "el fin de los días". Para ello, el sol emerge de su escondrijo, ÉL SALE COMO UN NOVIO DEL PALIO NUPCIAL, y brilla, y se adentra en la torre llamada *Oz* (*Maljut*) y CORRE, y brilla en todos los extremos de la *Maljut* para corregir "la época del año" del margen inferior del Cielo.

Esta última acción corrige todos los extremos de *Maljut* y une todo, desde el Cielo hasta el firmamento. En otras palabras, *Maljut* recibe la Luz de UN EXTREMO DEL CIELO por encima del firmamento (ZA).

144. No hay nada oculto a causa de la época del año y la fase del sol que gira en todas direcciones. Y no hay ocultamiento, es decir, ni un solo Grado Superior se oculta de él, porque todos fueron aunados juntos y cada uno apareció frente a él; y ninguno podía ocultarse de él. Gracias a él y gracias a ellos, él regresó a ellos, a los amigos, en el tiempo del retorno completo y la corrección. Todo este año y todo este tiempo es para la *Torá*, para su estudio. Como está escrito: "La *Torá* del Creador es perfecta".

Después del gran *Zivug*, surgió un ocultamiento de toda la Luz Superior (véase el punto 94). Y por eso es necesario un nuevo *Zivug* (LA TORRE) que revele de nuevo toda la Luz Superior que está oculta a raíz de la desaparición del grado de *BON* antes de que comenzara a ascender en *SAG*. Por eso, NO HAY NADA OCULTO DE ESTA FASE DEL SOL QUE GIRA EN TODAS DIRECCIONES.

De hecho, el *Zivug* de la fase del sol con la época del año corrige los extremos de *Maljut* en toda su extensión, hasta que se completa toda la corrección. De ese modo, *BON* se elevará y llegará a ser como *SAG*, que es su corrección completa, después de lo cual NO HAY OCULTAMIENTO, NI UN SOLO GRADO SUPERIOR QUE ESTÉ OCULTO DE ÉL, porque todos los grados y la Luz Superior de nuevo se revelan en su forma perfecta y absoluta. Y NINGUNO PODÍA OCULTARSE DE ÉL, porque todos los grados y la Luz regresan y vienen a él gradualmente, hasta que todo sea revelado.

Por eso se dice que esta revelación no ocurre en un instante, porque, durante su fase, el sol se mueve y brilla en suficiente medida para que EL RETORNO COMPLETO tenga lugar, como está escrito: Él castiga a los pecadores y sana a los justos. Y después todos merecen la revelación completa del Astro.

145. La palabra *HaVaYaH* está escrita seis veces y hay seis versos desde "los cielos relatan" hasta "La *Torá* del Creador es perfecta" en *Tehilim* (19: 2-8). Y este es el secreto de la palabra BERESHIT, que consta de seis letras: "EL CREADOR CREÓ ET (partícula en hebreo) EL CIELO Y LA TIERRA", seis palabras en total. Las otras fuentes del verso desde "La *Torá* del Creador es perfecta" hasta "ellas son mejor que el oro" (*Tehilim*, 19: 2-8) corresponden a las seis enunciaciones del nombre *HaVaYaH* en ellas. Las fuentes desde "el Cielo relata" hasta "La *Torá* del Creador es perfecta" son para las seis letras de la palabra BERESHIT, mientras que los seis nombres son para las seis palabras desde "el Creador creó" hasta "los Cielos y la Tierra".

Se sabe que cada grado que nace y se revela en los mundos, se revela primeramente a través de sus letras, lo cual significa algo ya inalcanzable. Después, él se presenta bajo la combinación de letras. Y es entonces cuando ese grado se vuelve alcanzable. Su contenido se hace conocido, como hemos explicado antes sobre las letras *RYU* = 216 y *AB* = 72 (véase el punto 116).

Las seis letras de la palabra *BERESHIT* encierran todo lo que existe en el Cielo y la Tierra, pero bajo una forma inalcanzable, y por eso son designados únicamente por estas letras, sin sus combinaciones. Después hay seis palabras: *Bará Elokim Et Ha-Shamayim Ve-Et Ha-Áretz* (EL CREADOR CREÓ ET (partícula en hebreo) EL CIELO Y LA TIERRA), donde todo lo que la palabra *BERESHIT* encierra (el cielo, la tierra y todo lo que habita en ellos) ya está alcanzado.

Con ayuda del mismo principio se puede entender lo que contienen los seis versos desde "los Cielos relatan" hasta "La *Torá* del Creador es perfecta". Este es solamente el comienzo de la revelación del alcance del final de la creación, es decir, en forma de letras, como las seis letras de la palabra *BERESHIT*. Y la revelación completa, es decir, el alcance del final de la corrección, comienza con el verso "La *Torá* del Creador es perfecta". En él existen seis nombres, cada uno de los cuales constituye un alcance especial, indicando así que, después de la finalización de este grado, todas las combinaciones de letras que existen en el gran *Zivug* al final de la corrección, llegan a ser reveladas y alcanzadas, como está escrito: A CONSECUENCIA DE ÉL NO HAY NADA OCULTO.

Por eso *El Zóhar* dice que SOBRE ESTE SECRETO ESTÁ ESCRITA (DICE) LA PALABRA *BERESHIT*, QUE CONSTA DE SEIS LETRAS. En la palabra *BERESHIT* hay seis letras en las que el Cielo y la Tierra se encuentran ocultos; después, ellos llegan a ser revelados a través de seis palabras, *Bará Elokim Et Ha-Shamayim Ve-Et Ha-Áretz* (EL CREADOR CREÓ *ET* (partícula en hebreo) EL CIELO Y LA TIERRA). Lo mismo ocurre con los seis versos (*Tehilim*, 19: 2-8): el gran *Zivug* del final de la corrección todavía no se revela desde EL CIELO RELATA hasta LA *TORÁ* DEL CREADOR ES PERFECTA. Solo después de A CONSECUENCIA DE ÉL NO HAY NADA OCULTO, se revelan los seis nombres y, a su vez, en ellos se revela el final de la corrección en toda su plenitud y perfección.

146. Y mientras ellos estaban sentados hablando, Rabí Eliezer, el hijo de Rabí Shimon, entró. Él les dijo: "En verdad, el rostro de la *Shejiná* ha aparecido, por eso os llamé Paniel (*Pani* (*Panim*)-rostro + *El*-Creador = el Rostro del Creador)" (véase el punto 119) porque vosotros habéis visto la *Shejiná* cara a cara. Y ahora que habéis alcanzado, que se os ha revelado acerca de Benayahu Ben-Yahuyada, ciertamente esto hace referencia a *Átik*, la *Sefirá* de *Kéter*, como todo lo que ocurrió después, como está escrito en la *Torá*: "Y él mató al egipcio". Y aquel que se encuentra oculto de todos es *Átik*.

Se menciona en la continuación de "El arriero de asnos", el cual reveló el alma de Benayahu Ben-Yahuyada a Rabí Eliezer y Rabí Aba, a consecuencia de lo cual, Rabí Shimon les dio el nombre de *Paniel*. Porque el alma de Benayahu Ben-Yahuyada es un grado que se revelará en el futuro, al final de la corrección. Y por eso, ellos estaban en un estado de ocultación de la Luz Superior (véase el punto 113) –como ya fue mencionado en relación al *Zivug* de la fase del sol y la época del año– hasta encontrar a Rabí Shimon Ben Lakunia y a los demás, mereciendo entonces toda la Luz de nuevo.

Por eso, aquí Rabí Shimon les dice: HABÉIS ALCANZADO Y SE OS HA REVELADO ACERCA DE BENAYAHU BEN YAHUYADA. Esto quiere decir que ellos ya han alcanzado los seis versos, la esencia de LOS CIELOS RELATAN, y existen ya en los seis nombres, pues ya han alcanzado la revelación del alma de Benayahu Ben-Yahuyada. Porque, cuando alcanzaron su alma con ayuda del arriero de asnos, su alcance no les había sido revelado aún, ya que todavía existían en los en seis versos, la razón de la ocultación. Pero ahora, han alcanzado y revelado el alma de Benayahu Ben-Yahuyada, que es el gran *Zivug* de *Átik*, cuando todo será revelado a todos.

147. Las palabras "Él mató al egipcio" se explican en otro lugar, es decir, en un grado diferente, de una manera distinta. Él abrió y dijo: "Él mató al egipcio, un hombre de buena estatura, de cinco codos de altura". Todo esto hace referencia al mismo secreto. Este egipcio es aquel que es bien conocido y

descrito como "muy grande en la tierra de Egipto a ojos del judío", porque él es grande y apreciado, como ya había explicado aquel anciano (véase el punto 99).

En la propia *Torá* se relata el asesinato del egipcio en el libro *Shemot* (2:12). Como ya hemos aclarado en el artículo sobre Rabí Hamnuna-Saba, se expresa con otras palabras, a otro grado (es decir, en otro lenguaje, el de *Divrey HaYamim*). Sin embargo, estos dos versos son el mismo secreto, porque en el libro de *Shmuel* (II, 23:21) está escrito: "Y mató al egipcio, que era un prominente", mientras que en *Divrey HaYamim* (I, 11: 23) está escrito: "Él mató al egipcio, un hombre de gran estatura, de cinco codos de altura". Ambos versos son el mismo secreto, y *El Zóhar* continúa esclareciéndolo.

148. Este caso ya había sido examinado en la Asamblea Suprema. "Un hombre prominente" y "un hombre de gran estatura" son lo mismo. Pues ellos constituyen *Shabat* y los límites de *Shabat*. Como está escrito: "Tú lo medirás desde fuera de la ciudad". También está escrito: "No impedirás con límites en la medida". Por lo tanto, él era un hombre de buena estatura. Precisamente desde un extremo a otro del mundo. Así es él, el primer hombre, Adam. Y si disintieras en relación a lo escrito, "cinco codos", debes saber que estos cinco codos se extienden desde un extremo a otro del mundo.

El asunto concierne a la Asamblea del Creador, sobre la que Rabí Shimon dijo: "Yo vi a los que ascienden, pero qué pocos eran" (*Talmud, Suká* 45:2). Hay una asamblea inferior, la asamblea del ángel Matat. Pero lo descrito aquí tiene lugar en la Asamblea Suprema, lo cual aclararemos más adelante.

"El hombre prominente" es el grado de Moshé, de quien se ha escrito (*Devarim*, 34:10): "No hubo en Israel otro profeta como Moshé", y de quien se ha escrito (*Bamidbar*, 12:7-8): "No así con mi siervo Moisés; en toda Mi casa él es fiel. Cara a cara hablo con él, abiertamente y sin enigmas".

"El hombre prominente" también significa tamaño, cuya medida se extiende desde un extremo del mundo al otro. Además, su forma y tamaño se asemejan respectivamente a "*Shabat*" y a "los límites de *Shabat*", donde los límites de *Shabat* son el final de la medida de *Shabat*. Durante 6 000 años los límites de *Shabat* se encuentran restringidos únicamente por 2 000 *Amá* (codos). Pero tras el final de la corrección, los límites de *Shabat* se extenderán de un extremo a otro del mundo, como está escrito (*Zejaria*, 14:9): "El Señor será rey sobre toda la tierra".

Como ya sabemos, la Luz Superior puede descender hasta la *Parsá* del mundo de *Atzilut* y llenar los *Partzufim*. *Shabat* es el estado espiritual en que los mundos de *BYA*, con todos los que residen en ellos, se elevan por encima de la *Parsá* hasta el mundo de *Atzilut*. Más arriba de la *Parsá* únicamente existen las fuerzas buenas, los deseos-*Kelim* corregidos. Por eso, naturalmente, no hay que llevar a cabo ningún trabajo para separar los *Kelim* puros de los *Kelim* impuros, no hay que corregirlos en *Shabat*.

Pero la luminiscencia de *Shabat* actúa no solo en el mundo de *Atzilut*, sino también fuera de sus fronteras: influye en dieciséis *Sefirot* desde la *Parsá* hasta el *Jazé* del mundo de *Yetzirá*, de modo que el alma pueda estar con estos deseos también en el estado de "*Shabat*". El lenguaje de nuestro mundo describe las leyes espirituales como el permiso para traspasar en 2 000 *Amá* los límites de la ciudad-*Atzilut* (sesenta *Amá*) hasta el *Jazé* del mundo de *Briá* y otros 2 000 *Amá* desde el *Jazé* del mundo de *Briá* hasta el *Jazé* del mundo de *Yetzirá* (setenta *Amá* se consideran como estar dentro de las fronteras de una ciudad).

No obstante, una vez que estén corregidos todos los *Kelim*-deseos, no habrá restricciones: *Atzilut* se extenderá hacia nuestro mundo, y únicamente el estado de *Shabat* prevalecerá en el mundo entero, en todos los deseos de todas las criaturas.

Por eso está escrito: "UN HOMBRE PROMINENTE" Y "UN HOMBRE DE GRAN ESTATURA" SON LO MISMO. PUES ELLOS CONSTITUYEN *SHABAT* Y LOS LÍMITES DE *SHABAT*. COMO ESTÁ ESCRITO: "TÚ LO MEDIRÁS DESDE FUERA DE LA CIUDAD". TAMBIÉN ESTÁ ESCRITO: "NO IMPEDIRÁS EL JUICIO EN LA MEDIDA". En función de esto, deducimos que la medida del objeto es su límite final, del mismo modo que las palabras EL HOMBRE PROMINENTE indican el final, el límite de *Shabat* tras el final de la corrección, que se extenderá de un extremo a otro del mundo.

Y SERÁ PRECISAMENTE UN HOMBRE DE GRAN ESTATURA, indica que no es el tamaño lo que gobierna sobre el hombre, sino el hombre quien gobierna sobre el tamaño. Y él es quien va a determinar dicho tamaño, según su deseo. ASÍ ES ÉL, ADAM, el cual, con anterioridad a su pecado, se extendió de un extremo a otro del mundo (*Talmud, Jaguigá* 12:1) y brilló de un extremo a otro del mundo, como los límites de *Shabat* tras el final de la corrección.

ESTOS CINCO CODOS SE EXTIENDEN DE UN EXTREMO A OTRO DEL MUNDO, porque los cinco codos son cinco *Sefirot*: *Kéter, Jojmá, Biná, ZA,* y *Maljut*, que tras el final de la corrección se extenderán y llenarán todo, de un extremo a otro del mundo.

149. Y esto es, tal como está escrito, "como un rodillo de telar" (*Shmuel I*, 17: 7), "así es la vara del Creador" (*Shemot*, 4:20) que estaba en su mano, que revela a través del nombre sagrado confirmado en él, a través de la Luz de las combinaciones de letras que Betzalel y sus discípulos grabaron, llamadas "tejiendo", como está escrito: "Llenó a ellos y a otros, y los ató". Y aquella vara, en su interior, brilló un nombre secreto, grabado en todos sus lados por la Luz de los sabios que confirmaron el nombre secreto en cuarenta y dos

atributos. Y lo que está escrito de aquí en adelante, es lo que el anciano ya nos había explicado. ¡Agraciado es su destino!

El secreto de la combinación de letras en los nombres sagrados es denominado "tejer" o "la tejedura". Del mismo modo que un tejedor une hilos y los convierte en tela, así se unen las letras en las combinaciones de nombres sagrados que designan el alcance espiritual supremo del hombre. Por eso, *El Libro del Zóhar* dice que la vara del Creador que Moshé llevaba en sus manos grabó estas combinaciones de letras del nombre secreto, las cuales Betzalel y sus discípulos grabaron cuando construyeron el Tabernáculo.

Por eso la vara del Creador es denominada "un rodillo de telar". El rodillo del telar en hebreo es denominado MANOR, de la palabra OR (Luz). Esto significa que lo que Betzalel había tejido y grabado era la Luz de la combinación de letras del nombre secreto, como está escrito: "por la Luz de la combinación de letras que Betzalel grabó".

Pero hasta el final de la corrección, la vara no brilló por todos sus lados, porque la vara de Moshé era distinta de la vara del Creador. Está escrito sobre la vara de Moshé (*Shemot*, 4:20): "Él extendió su mano y tomó la serpiente, y ella volvió a ser vara en su mano". Esto significa que brillaba, pero no por todos sus lados.

No obstante, tras el final de la corrección, ella brillará por todos sus lados, como está escrito: "Y dentro de aquella vara brilló un nombre secreto, grabado en todos sus lados por la Luz de los sabios, quienes confirmaron el nombre secreto en cuarenta y dos atributos". Porque el nombre secreto que fue grabado en la vara brilló por todos sus lados, es decir, en el atributo "Él destruirá la muerte para siempre" (*Yeshayahu*, 25:8). Y por eso brillará uniformemente por todos sus lados. Y la Luz del nombre que está grabado en el bastón es *Or Jojmá* del nombre *MB*.

150. Tomad asiento, queridos amigos. Tomad asiento y renovemos la corrección de la novia en esta noche, porque todo aquel que se une con ella en esta noche estará protegido todo el año, desde Arriba y desde abajo. Y todo este año transcurrirá en paz para él. Tales personas son descritas en el verso (*Tehilim*, 34:7-8): "El ángel del Señor acampa en torno a los que Le temen, y los defiende. ¡Probad y ved que el Creador es bueno!".

Como hemos mencionado anteriormente (véase el punto 125), hay dos explicaciones de lo expuesto aquí. La primera es que el día de la entrega de la *Torá*, es la Luz del final de la corrección. En este día, la muerte desaparecerá para siempre, surgiendo la liberación del ángel de la muerte. Por eso, es deseable esforzarse en recibir esta Luz durante el día de la fiesta de *Shavuot*, pues dicha Luz, que se renueva en esta fiesta, trae la liberación de la muerte.

Según la segunda explicación, *Maljut* es denominada un "año"; y gracias a la renovación de la Luz por parte de los que sustentan la *Torá*, tras el final de la corrección, tendrá lugar también la corrección completa y final del año (*Maljut*). Porque la renovación de la Luz por aquellos que sustentan la *Torá* es conocida como la corrección de la noche de la novia, *Maljut*, llamada un "año". Y a raíz de ello, surge el año corregido.

Cielo y tierra

151. Rabí Shimon abrió y dijo: "Al principio el Creador creó el Cielo y la Tierra". Este verso debe ser examinado cuidadosamente, porque todo aquel que proclame que hay otro Creador, desaparece del mundo, como está escrito: "Aquel que proclame que hay otro Creador desaparece tanto de la Tierra como de los Cielos, porque no hay otro Creador, solo el Altísimo".

Aquí *El Zóhar* prosigue con la corrección de la novia. Empieza con la oración que abre la *Torá*: AL PRINCIPIO EL CREADOR CREÓ, con la que es la raíz y la fuente de todas las correcciones de la novia (*Maljut*) durante los 6 000 años.

La corrección completa de *Maljut* llega únicamente por medio de su unión con *Biná* y la recepción de los atributos de *Biná*. Por eso, está escrito en la *Torá*: AL PRINCIPIO EL CREADOR CREÓ, donde el Creador es denominado *Elokim*, es decir, *Biná*. Esto significa que Él creó el mundo con el atributo de *Biná* para el propósito de la corrección.

Elokim consta de *MI-Biná* y *ÉLEH-Maljut*. Gracias a la unión constante entre MI y ÉLEH, puede existir el mundo. El Creador es *Biná*, llamada *Elokim*; y debido al revestimiento de *Or Jojmá* con *Or Jasadim*, la unión entre MI y ÉLEH proporciona a ÉLEH el atributo de *Biná*. Gracias a esta corrección, el mundo puede existir.

La unión de MI y ÉLEH impide la existencia de fuerzas ajenas y egoístas dentro del *Partzuf*. Estas son lo que se conoce como "otros dioses", "otros *Elokim*", incapaces de dar la existencia al mundo, pues separan MI de ÉLEH y no envuelven la Luz del placer (*Jojmá*) con la intención altruista de *Jasadim* (en beneficio del Creador). Y a raíz de ello, *Or Jojmá* debe abandonar el *Partzuf*, debe salir de ÉLEH. Por lo tanto, está prohibido creer que el hombre es gobernado por otras fuerzas que no sean el Creador porque, en vez de la existencia y la recepción de la Luz de Vida, tales creencias traen destrucción y la desaparicion de esa Luz en el hombre y en el mundo.

152. A excepción de ÉLEH, todo está escrito en arameo, al cual denominamos "traducción". Él pregunta: No obstante, si dijeras que es así porque los ángeles sagrados no entienden la traducción, es decir, la lengua aramea, entonces todo debería haberse expresado en hebreo, para que los ángeles sagrados escuchen y sientan gratitud por ello. Él contesta: Precisamente por eso está escrito en la traducción (arameo), para que los ángeles sagrados no lo escuchen, no lo entiendan, y así no puedan envidiar a las gentes, pues sería perjudicial para ellas. Ya que, en este caso, incluso los ángeles sagrados son denominados "creadores", y están incluidos en el grupo de los creadores, pero ellos no han creado el Cielo y la Tierra.

Con el término "traducción", se hace alusión a la lengua aramea. Está muy cerca de la sagrada lengua hebrea, pero los ángeles no la conocen ni tampoco la necesitan. Sin embargo, ellos saben y necesitan todas las demás lenguas de las naciones del mundo. Y es así porque la traducción de la lengua sagrada es denominada "su lado reverso", su *VAK* sin *GAR*.

Dicho de otro modo: existe una lengua altruista y por ello es denominada "sagrada"; y su reverso, su estado preliminar, recibe el nombre de "traducción", la lengua aramea. Ninguna otra lengua en el mundo salvo el arameo puede hacer las veces de traductora de la lengua sagrada. Las otras lenguas, pertenecientes a las naciones del mundo (deseos egoístas), son estrictamente egoístas y sin relación alguna con el altruismo. No son *AJaP* con respecto a *GE* (la lengua sagrada).

Así, la traducción es algo muy próximo a la lengua sagrada. Aunque es preciso señalar un aspecto que la convierte en innecesaria para los ángeles: la lengua sagrada es como el indicador de una balanza que muestra la medida de equilibrio entre el lado derecho e izquierdo. Dicho indicador se mueve oscilando entre ambos lados y da su dictamen: hacia el lado de la recompensa por méritos o hacia el lado del castigo por pecados. Devuelve todo al estado de corrección, a la pureza y la perfección, y por ello recibe el nombre de "la lengua sagrada" ("Introducción al Estudio de las Diez *Sefirot*", punto 120).

Como está escrito en el punto 16, el Cielo, la Tierra y todo lo que habita en ellos fueron creados por *MA*, es decir, *Maljut*, como está escrito: "*MA* = QUE = ¡QUÉ glorioso es Tu nombre en toda la Tierra, que Tú fundaste sobre el Cielo!". De hecho, el Cielo fue creado con el nombre (atributo) de *MA* (*Maljut*), aunque el Cielo que aquí se menciona hace referencia a *Biná*, llamada *MI*. No obstante, todo ello queda explicado mediante el nombre *Elokim*.

El nombre *Elokim* se revela en el Cielo y la Tierra (creados con la fuerza de *MA*) añadiendo únicamente las letras *ÉLEH* de *Ima-Biná* con ayuda de *MAN* y las buenas acciones de los inferiores. Por eso, la Luz de *GAR*, es decir, *Or Jojmá*, denominada *Elokim*, no es constante ni en el Cielo (*Biná*) ni en la tierra (*ZON*).

En general, únicamente GE se sitúan más arriba de la *Parsá*, en ZON del mundo de *Atzilut*; mientras que su AJaP está debajo de la *Parsá*, en los mundos de BYA. Y la razón para ello es que ZON no desean recibir *Or Jojmá* salvo en caso de que sea necesario transferirla a los *Partzufim* (las almas de los justos) en los mundos de BYA.

Eso es así porque cuando los inferiores, los justos que se encuentran espiritualmente en los mundos de BYA, elevan MAN desde abajo hacia arriba, desde su ubicación en BYA hacia *Maljut* del mundo de *Atzilut*, MA se convierte en MI y las letras ÉLEH se unen con MI. Juntos crean la palabra *Elokim*, que es la Luz del Cielo y la Tierra. No obstante, si los inferiores pervierten sus acciones dejándose llevar por las intenciones egoístas, la Luz desaparece y las *Sefirot* KJ se quedan con la Luz de *Rúaj-Néfesh* (llamadas MI o MA); las letras ÉLEH, por su parte, caen a las fuerzas impuras, pues MI es GE y ÉLEH es AJaP.

Por lo tanto, toda la corrección depende exclusivamente de la anexión de las letras ÉLEH a MI con ayuda de MAN. Esta corrección es denominada la "lengua sagrada", como ese indicador de la balanza que señala el equilibrio entre los deseos egoístas y las intenciones altruistas; o dicho de otro modo: la recepción en beneficio del Creador. Tal es la razón por la que el indicador de la balanza se sitúa en el medio, y a través de esa interacción entre los atributos de *Maljut* (el deseo de recibir) y *Biná* (el deseo de otorgar), uno puede alcanzar la recepción de *Or Jojmá* en beneficio del Creador.

La Luz denominada "sagrada" -pues pasa el nombre sagrado de *Elokim* a ZON- desciende desde *Biná* hacia ZON y transfiere las letras ÉLEH al lado puro y sagrado, a la balanza del mérito. Así, vemos que la palabra hebrea para "balanzas" es *Moznaim* (de la palabra *Ozen*), porque la Luz en AJaP (*Ozen-Jótem-Pe*) es nombrada de acuerdo a su Luz Superior, la Luz de *Ozen* de la *Sefirá Biná* u *Or Neshamá*.

Kéter	- Galgalta	- Frente /Cráneo	- Yejidá	⎫
Jojmá	- Einaim	- Ojos	- Jayá	⎬ GE
———————— Parsá ————————				
Biná	- Ozen	- Oreja	- Neshamá	⎫
ZA	- Jótem	- Nariz	- Rúaj	⎬ AJaP
Maljut	- Pe	- Boca	- Néfesh	⎭

La lengua de traducción, denominada TARGUM, es opuesta a la lengua sagrada de *Moznaim* (balanzas). Y sucede así porque cuando los inferiores no elevan MAN y no albergan intenciones puras, su estado es definido como un anhelo de utilizar exclusivamente los deseos de recibir (designados por las letras

ÉLEH) y ellos no aspiran a unirlos con el deseo (las letras *MI-Biná*) o atributo de otorgamiento. Y la consecuencia es que *AJaP* de ZON (denominados MA) descienden, y el Cielo y la Tierra (ZON) vuelven al estado de VAK.

Tal estado es conocido como la lengua de *Targum*. La *Guematría* de la palabra TARDEMÁ (dormir) coincide con la de la palabra *Targum*. En hebreo, la palabra *Targum* contiene las mismas letras que las palabras *Tered MA* ("MA que desciende") porque, mediante esta lengua espiritualmente impura, *AJaP* = MA (designado por las palabras TERED MA) se revela. Esto conduce a un descenso desde la balanza del mérito hasta la balanza del castigo. Mientras esto sucede, el estado de GE es denominado "sueño".

No obstante, todo esto se refiere únicamente a ZON, es decir, al Cielo y Tierra creados en MA, los deseos de recibir. Esto es así porque ellos surgieron como resultado de un *Zivug* sobre *Yesod*, denominado MA. Pero los ángeles sagrados que nacieron a partir del *Zivug de Neshikín* (*Zivug* por beso) de AVI, y que tienen MI pero no MA (solamente deseos altruistas de otorgamiento, el atributo de *IMA-Biná*), existen permanentemente en el estado de VAK sin GAR, es decir, sin *Or Jojmá*.

Por otro lado, su VAK es la Luz de la misericordia, *Or Jasadim* desde MI = *Ima-Biná*. *Or Jasadim* en *Biná* es tan importante como GAR, pues llena los deseos con una sensación tan perfecta como lo hacen GAR, y tanto es así que los deseos rechazan *Or Jojmá*, igual que *Ima*. Por eso, ellos son sagrados y, por ende, GAR también son llamados sagrados.

Hay dos razones por las que los ángeles no responden a la lengua de TARGUM, que anexa MA a ZON y devuelve a ZON al estado de VAK:

1. Incluso cuando ZON se encuentran en el estado de GAR debido a la influencia de la lengua sagrada, los ángeles no reciben GAR (*Jojmá*) de él. Y la razón es que, al igual que *Ima*, únicamente desean *Or Jasadim*.

2. La añadidura de *Ajoraim* (*AJaP*) en modo alguno hace referencia a los ángeles: ellos carecen de los atributos de MA. Por eso *El Zóhar* nos dice que LOS ÁNGELES SAGRADOS NO TIENEN NECESIDAD ALGUNA de traducción Y NO LA ESCUCHAN. No la necesitan porque no ganan nada con su presencia. Tampoco pierden nada con su ausencia, pues ellos constituyen el atributo de VAK y carecen del atributo de MA.

Y NO ENVIDIARÁN AL HOMBRE: esta oración se refiere principalmente a la maldición de otros dioses-fuerzas que impiden al hombre la revelación de GAR, *Or Jojmá*. En consecuencia, él pierde la Luz y las letras ÉLEH, pues los ángeles tampoco poseen el atributo de GAR *de Jojmá*, sino únicamente GAR *de Jasadim*. Y por lo tanto, sienten vergüenza de su caída a un grado tan bajo y nos envidian por la alta consideración en que nos tenemos a nosotros mismos.

El Zóhar dice que, en este caso, incluso los ángeles sagrados son denominados "creadores". No obstante, ellos no crearon el Cielo y la Tierra: reciben el nombre de "creadores-*Elokim*" (fuerzas) porque proceden de *Ima-Biná* (denominada *Elokim*) y existen, por lo tanto, en el *Elokim* general. Pero ELLOS NO CREARON EL CIELO Y LA TIERRA, pues no pueden mantener la existencia del Cielo y la Tierra en GAR de Jojmá. No obstante, Cielo y Tierra (la corrección del mundo hasta su adhesión última con el Creador) no pueden existir a menos que el hombre more allí (el hombre debe contener deseos egoístas y altruistas) y siembre y recoja frutos (corrija sus deseos egoístas uniéndolos con el atributo de *Biná*). Esta existencia solo es posible en la Luz de GAR *de Jojmá* (en la recepción de *Or Jojmá* en beneficio del Creador). Por eso, los ángeles no crean el Cielo y la Tierra.

153. Él pregunta: Tierra es llamada *Arka*, pero debería decirse *Ará*. Él responde: porque *Arka* es uno de los siete países más abajo, donde moran los hijos de los hijos de Caín. De hecho, tras haber sido desterrados de la faz de la Tierra, descendieron hasta allí y engendraron las generaciones; el conocimiento se confundió de tal manera que todo entendimiento cesó, y esto es un país doble, compuesto de Luz y oscuridad.

Cada una de las siete *Sefirot* (las seis *Sefirot* de ZA y *Maljut*) posee los atributos de las otras seis. Así, cada una de ellas contiene las siete *Sefirot* J-G-T-N-H-Y-M. En otras palabras, también *Maljut*, tiene siete *Sefirot*, y la tierra inferior también contiene siete países denominados: ÉRETZ, ADAMÁ, ARKA, GUÍA, NESHIYA, TZIYA, TÉVEL.

Nuestro país (tierra) es denominada TÉVEL y se dice que es "el más alto de los siete países". *Arka* es el tercero de los siete países. Las almas de Caín y Ével se originaron a partir de la palabra *Elokim*. No obstante, debido a la impureza que Javá, la mujer de Adam, recibió de la serpiente, el alma de Caín fue la primera en salir de las letras ÉLEH seguida por el alma de Ével, que surgió de las letras MI. Estos dos *Partzufim* estaban destinados a unirse y a depositar los atributos del uno en el otro. Y esto hizo que el nombre *Elokim* brillara en ambos, como cuando MI está continuamente presente en ÉLEH.

Pero la fuerza impura que surgió junto con el alma de Caín le instigó a ir contra su hermano (contra MI de la palabra *Elokim*) hasta tal punto, que se rebeló contra Ével (MI desde *Elokim*) y acabó con su vida. Tal hecho tuvo lugar porque había hecho desaparecer el atributo de MI-*Biná* en él, en ÉLEH, y esto se traduce en asesinato.

Al carecer del apoyo de los atributos de MI, ÉLEH (el atributo de Caín) cayó en las fuerzas impuras: desde el nivel espiritual de la tierra santa a un lugar impuro (de deseos egoístas). Y perdió a sus descendientes (*Partzufim* llenos de Luz) por culpa del dominio de las fuerzas impuras (la desaparición de la pantalla). Así pues, perdió la lengua sagrada que había en él (siendo esta reemplazada por la traducción) porque había perdido la sabiduría (*Or Jojmá*): las fuerzas impuras carecen de sabiduría, ellas únicamente cuentan con la Luz de J-B sin *Dáat*.

El asesinato de Ével, es decir, el vaciado de Luz en este *Partzuf* (véase el punto 152) tiene lugar porque MI se forma en ZON exclusivamente por la fuerza del MAN (elevado por los pensamientos puros de los justos en los mundos de BYA). A continuación surgen las letras ÉLEH, y la palabra *Elokim* se vuelve tan completa en ZON, como en AVI. Y *Maljut* termina como ZA, como *Ima*, debido a la sustitución de la letra *Hey* por la letra *Yud* (véase el punto 17).

Sin embargo, la letra *Hey* no desaparece de MA para siempre. Simplemente entra en la parte interna de *Maljut* y se oculta allí (el deseo de recibir obtiene su llenado de las acciones altruistas, de *Or Jasadim*; y por eso, por un tiempo, no se perciben sus aspiraciones egoístas pues están ocultas en *Or Jasadim*). Mientras tanto, la letra *Yud* en MI es revelada externamente.

Tal es la razón por la que el sagrado nombre del Creador *Elokim* se encuentra también en ZON, en el Cielo y la Tierra. Caín no elevó MAN en santidad y pureza, sino que deseó utilizar las letras ÉLEH -relacionadas con él- para recibir placer egoísta. Esto se describe como Y CAIN SE LEVANTÓ CONTRA ÉVEL, SU HERMANO, ya que se situó por encima de su hermano para dominar sobre MI (Ével).

Sin embargo, AJaP de *Nukva* (la hasta ahora oculta letra *Hey* de MA) se revelaron inmediatamente, y la palabra MI desapareció de *Maljut*. Por eso, el alma de Ével, que tiene su origen en MI de *Nukva* (MI llena el *Partzuf* con Luz denominada "su alma") asciende y desaparece también, como se describe en las palabras Y LE ARREBATÓ LA VIDA, pues la salida de la Luz en el *Partzuf* es definida como "muerte".

Y por consiguiente, *El Zóhar* describe este proceso de la siguiente manera: en el interior de Caín existía la fuerza impura de la serpiente (*Bereshit*, 2:4); a raíz de lo cual él quiso reforzar las letras ÉLEH, anular MI, y dominarlas. Y por eso reveló AJaP de *Nukva* (MA), y MI desaparecieron de *Nukva*, tras lo cual, el alma de Ével que descendía de MI, también desapareció (Y LE ARREBATÓ LA VIDA).

Así, el propio Caín (ÉLEH) cayó bajo el poder de las fuerzas impuras, denominadas *Arka* ó ÉRETZ NOD, como está escrito en la *Torá*: "Y él se estableció en la tierra de *Nod*" (*Bereshit*, 4:16).

El Zóhar se refiere a él como el país doble, aquel que contiene tanto la Luz como la oscuridad. La razón de ello es que la Luz y la oscuridad se mezclan y actúan (gobiernan) juntas, sin dividirse, ya que hay dos regentes en ese país que dividen el poder de manera igualitaria entre ellos. Uno gobierna sobre la oscuridad, el otro sobre la Luz. Por eso, en tal estado, el hombre es incapaz de separar Luz de oscuridad, y solamente la ayuda desde Arriba, la Luz de la razón que llega desde Arriba, le permite diferenciar entre el verdadero Gobernante y el señor de la oscuridad.

154. Y hay dos gobernantes allí: uno gobierna la oscuridad y el otro la Luz, y se vuelven hostiles uno contra otro. Cuando Caín descendió allí, se unieron juntos y se hicieron completos. Y todos vieron que eran de la estirpe de Caín. Por ello, sus dos cabezas son como dos serpientes, salvo cuando aquel que gobierna la Luz derrota al otro, al que gobierna la oscuridad. Y así, ellos se insertan en la Luz y la oscuridad, y se vuelven uno solo.

Es preciso revisar el punto 14, que expone el origen del sagrado nombre *Elokim*. Primero, las letras *ÉLEH* ascienden y se unen a *MI* para formar una palabra simple, ya que *Or Jasadim* todavía es escasa, y la santidad (*Or Jojmá*) no puede entrar el *Kli* (deseo de gozar) sin la envoltura de *Or Jasadim*. Y por lo tanto, está oculta en el nombre *Elokim*.

Por eso se lleva a cabo un *Zivug* en *MI*, para recibir *Or Jasadim* que envuelva a *Or Jojmá* y corregir con ello el nombre *Elokim*: MI BARÁ ÉLEH –BARÁ es la fuente de *Or Jasadim*, que envuelve *Or Jojmá*, conectando de ese modo *MI* con *ÉLEH* y llevando el nombre *Elokim* a la corrección–. *MI-Biná* consta de GAR (AVI con el atributo de altruismo absoluto), que nunca recibe *Or Jojmá*, y ZAT (YESHSUT), que sí recibe *Or Jojmá*.

Por eso, cuando las letras ÉLEH comienzan a elevarse a MI, primero ascienden a ZAT de MI (YESHSUT), que reciben *Or Jojmá*. Pero en ese momento están ocultas en el nombre *Elokim*. Luego tiene lugar el segundo *Zivug* sobre GAR de MI, AVI, los deseos altruistas, que proporcionan *Or Jasadim* a ÉLEH, y gracias a lo cual se corrige nombre *Elokim*.

AVI	– GAR de Biná	– Luz de Jasadim
YESHSUT	– ZAT de Biná	– Luz de Jojmá
ZON		

Dado que ÉLEH carece de *Or Jasadim*, todos aquellos despojados de *Or Jojmá* son llamados *Partzuf* Caín. Caín no elevó MAN para recibir MI con *Jasadim*, y además deseó recibir *Or Jojmá* desde AVI; con ello destruyó el *Partzuf* denominado Ével, pues los deseos egoístas de AJaP de Maljut del mundo de Atzilut habían quedado al descubierto. La Luz desapareció del *Partzuf* Ével, lo cual entrañó su muerte. Y Caín fue a caer en las fuerzas impuras, es decir, en ÉLEH.

El lugar de dichas fuerzas impuras es denominado ARKA. También allí existen dos gobernantes que provienen de las ÉLEH impuras: cuando AJaP de MA en *Maljut* está oculto, mientras AJaP de MI se revela, ella puede pasar a las almas la Luz del nombre puro y sagrado de *Elokim* en el estado de perfección.

Y entonces, la *Or Jojmá* de las letras *ÉLEH* (recibida por *YESHSUT*) se envuelve con *Jasadim* (recibida desde *AVI*), y se revela el nombre sagrado *Elokim*.

No obstante, dado que las fuerzas impuras se aferran únicamente al *AJaP* de las fuerzas puras (a *MA*), las letras *ÉLEH* que hay dentro de ellas existen en dos estados incompletos (a) cuando *Jasadim* está ausente por completo; (b) cuando *Or Jojmá* en *ÉLEH* no puede revestirse de *Jasadim* debido a la ausencia de *Jasadim de MI*; de ahí que *ÉLEH* se encuentren en oscuridad.

Esta es la parte masculina de las *ÉLEH* impuras, ya que estos *Kelim* están destinados a *Or Jojmá*. Sin embargo, no cuentan con *Jojmá* debido a la ausencia de *Jasadim de MI*. Por eso, permanecen en la oscuridad, desprovistos tanto de *Jojmá* como de *Jasadim*. No obstante, estos son grandes *Kelim*, ya que si hubieran sido capaces de recibir *Or Jasadim*, podrían haber recibido *Or Jojmá* dentro de ella.

La parte femenina de las *ÉLEH* impuras tiene su origen en *AJaP de MA* de la *Nukva* sagrada, que es el *Kli* para *Or Jasadim*. Pero la *Nukva* impura está notablemente herida, pues ella es la causa de nuestro alejamiento del Creador, ya que suplanta a la *Maljut* sagrada. Y ella tiene multitud de nombres impuros, dependiendo del que sea su grado de corrupción. No obstante, ella aún conserva una diminuta Luz (*Ner Dakik*) dado que sus *Kelim* proceden de *AJaP de MA*, los cuales, en su raíz, son *Kelim de Or Jasadim*.

Estas partes masculina y femenina de las *ÉLEH* impuras son *ZA* y *Maljut* de las fuerzas impuras, los dos gobernantes de *ARKA*: la parte masculina gobierna la oscuridad; la parte femenina gobierna la Luz que allí se encuentra. Y una parte se queja de la otra, pues son opuestas. La parte masculina se queja porque son *Kelim* de las letras *ÉLEH* desprovistos de *Or Jojmá*: esta parte detesta las fuerzas de alejamiento del Creador y de falsedad que existen en los *Kelim* de la parte femenina de las fuerzas impuras, y prefiere seguir en su oscuridad.

Por el contrario, la *Nukva* de las fuerzas impuras, la cual contiene una pequeña Luz de *Jasadim*, no desea *Or Jojmá*, y aún siente un menor deseo por la oscuridad en la que mora su parte masculina. Por eso, se queja de la parte masculina y se distancia de ella. Como dice *El Zóhar*, dos gobernantes rigen allí: uno (la parte masculina) sobre la oscuridad, y la otra (la parte femenina) sobre la Luz, y son hostiles entre sí, porque la parte masculina gobierna la oscuridad y la parte femenina la Luz. Y por lo tanto, se odian, se calumnian y se quejan el uno del otro. Y dada la distancia que existe entre uno y otro, no pueden expandir su dominio y son incapaces de causar daño alguno.

Sin embargo, después de que Caín pecara y dejara caer las letras puras de *ÉLEH* de su alma en las fuerzas impuras de *ARKA*, su *ÉLEH*, que están ocultas de *Jasadim*, se envolvieron con la pequeña luminiscencia presente en las fuerzas impuras. Esto hace que los pequeños *Kelim de Jojmá* revivan en

ÉLEH de Caín, pues la Luz de las fuerzas impuras les otorga vida, como hace la Luz pura de *Jasadim*.

Como resultado, la parte masculina de ÉLEH de las fuerzas impuras, también realizó un *Zivug* con esta *Nukva* que envolvió las ÉLEH de Caín, ya que él también tiene esos *Kelim* de Caín. Y con ayuda de este *Zivug*, Caín tuvo su descendencia: las chispas de *Or Jojmá* que permanecen en las letras ÉLEH, las que no se mezclaron con los *Kelim* masculinos impuros de ÉLEH que se vistieron en la Luz de *Nukva* de las fuerzas impuras.

Esto explica las palabras de *El Zóhar* que nos dicen que cuando Caín descendió hasta allí, todo se unió y se hizo completo, pues las chispas de *Or Jojmá* que quedaron en ÉLEH de Caín se revistieron con la Luz de *Nukva* de las fuerzas impuras. En consecuencia, su fuerza impura masculina deseó disfrutar de las chispas de *Or Jojmá* que están en ÉLEH de Caín.

Por eso, ellos hicieron un *Zivug*, es decir, se expandieron y se completaron mutuamente; y todos vieron que eran los descendientes de Caín, que este *Zivug* produjo descendientes, el revestimiento de las chispas de *Or Jojmá* en las ÉLEH impuras de Caín. Así, las chispas de *Or Jojmá* del alma de Caín fueron reveladas, y todos vieron que eran los descendientes de Caín, nacidos de un *Zivug* indigno.

Y de ahí que sus dos cabezas sean como dos serpientes, pues nacieron de la unión de la parte masculina y femenina de las ÉLEH impuras, que en principio son contrarias. Los descendientes de Caín tienen dos cabezas por las dos fuerzas impuras: una anhela la oscuridad de los deseos de recibir *Or Jojmá*, y la otra anhela la Luz que se encuentra en los deseos impuros de *Nukva*. Y las dos cabezas de serpiente corresponden a los dos animales pertenecientes al sistema de fuerzas puras: el toro y el águila.

No obstante, las dos cabezas solamente existen en el estado en que la parte masculina impura es dominante, cuando la oscuridad gobierna. De hecho, al envolverse con la Luz de *Nukva* para disfrutar de las pequeñas chispas de *Or Jojmá*, la parte masculina también apoya (contra su voluntad) el dominio de su *Nukva*, pues quiere Luz de ella. Y en consecuencia, sus descendientes tienen dos cabezas: la primera empuja en una dirección y la segunda en otra.

La *Nukva* de las fuerzas impuras no necesita a la parte masculina en ellas: dicha parte masculina existe en la oscuridad y a ella no puede darle nada. Por eso, *Nukva* domina y prevalece en su impureza, eliminando los atributos de su parte masculina. Por consiguiente, los descendientes bicéfalos de Caín pasan a tener una sola cabeza.

El Zóhar nos explica que aquel que gobierna la Luz derrota al señor de la oscuridad. Cuando la impura *Nukva* (que posee la Luz) domina, derrota a la parte impura masculina, así como al otro gobernante masculino. Ella vence a la parte masculina, sometiéndola por completo a su dominio. Y ambos entran en su Luz y oscuridad, y se convierten en uno. En consecuencia, el poder de la parte masculina (oscuridad) queda bajo el dominio de la parte femenina (Luz), y las dos cabezas se convierten en una.

155. Estos son los dos gobernantes llamados Afrira y Kastimón, que se asemejan a ángeles sagrados de seis alas. Uno tiene la apariencia de de un toro; el otro, la de un águila. Y cuando se unen, forman la imagen de un hombre.

La fuerza impura masculina es denominada Kastimón (de la palabra *Kosti*, destrucción) porque es oscuridad, y no es apta para la vida del hombre. La impura *Nukva*, la parte femenina, es denominada Afrira (de la palabra *Afar*, polvo), y no es apta para la siembra. Es llamada así para mostrar que, aunque ella contiene Luz, resulta insuficiente para sembrar semilla y producir cosechas con la que alimentar a los seres humanos.

También nos dice *El Zóhar* que la parte impura femenina se asemeja a ángeles sagrados de seis alas, pues los ángeles supremos cuentan con seis alas, que se corresponden con la letra *Vav* del nombre de *HaVaYaH*. En cambio, únicamente hay cuatro alas en las fuerzas impuras –debido al nombre *ADNI*– e indican la altura de las fuerzas impuras en relación a los ángeles sagrados, opuestos a esas fuerzas impuras.

La Luz Superior es denominada "vino", y trae alegría tanto al Creador como a los seres humanos. No obstante, los posos del vino contienen *Siguim* o levadura del vino. Y de dicha levadura surge el principal destructor del mundo, pues él aún está conectado a la pureza (a la levadura) y tiene la imagen de un hombre. Sin embargo, cuando desciende para infligir daño a las gentes, adopta la forma de un toro. Y de ahí que el toro sea el primero de los cuatro principales tipos de destructores.

Por eso, *El Zóhar* nos cuenta que Kastimón es un destructor bajo la imagen de un toro, indicando así que constituye la base de todos los destructores llamados "el toro impuro". Él es el *Siguim* de la Suprema *Or Jojmá* del sagrado nombre *Elokim*, las *ÉLEH* impuras que corresponden a las *ÉLEH* puras del nombre *Elokim*. Tanto *Siguim* como la levadura se sitúan debajo de él, pero dado que aún está conectado a la pureza, tiene la imagen de un hombre, porque *Or Jojmá* del nombre *Elokim* es TZÉLEM (imagen y semejanza) del hombre, sobre el cual se dice: "BE TZÉLEM ELOKIM –creó el hombre a su imagen y semejanza"–.

Pero cuando se separa (mediante el deterioro de sus deseos) de la pureza (altruismo) y, en la medida que estén corruptos sus atributos, desciende al correspondiente lugar en ARKA, adopta la imagen (atributos) de un toro. Y su *Nukva*, que se encuentra en ARKA, adopta la forma (atributos) de un águila, en congruencia con su meta y la acción de *Linshor* (desprenderse), provocar que las almas humanas caigan bajo su poder.

Esta es la razón por la que palabra *Nésher* (águila) procede de la palabra *Neshirá* (caída) -tal y como caen las hojas de los árboles-, porque la *Nukva* impura tiene por misión buscar a las gentes por el mundo y llevarlas a un estado de tinieblas y oscuridad, es decir, a la destrucción del pacto sagrado. Y en consecuencia, las almas de los hombres los abandonan (véase el punto 131).

Así, *El Zóhar* nos dice: "Y cuando se unen, forman la imagen de un hombre", es decir, si regresan y se unen con la pureza -existiendo como posos de levadura del vino- regresan entonces y adoptan de nuevo la imagen de un hombre, como antes de que descendieran a ARKA y se convirtieran en destructores.

156. Cuando están cubiertos de oscuridad, se convierten en una serpiente de dos cabezas, y se mueven como una serpiente. Atraviesan el vacío y se bañan en el Gran Mar, y cuando se aproximan a las cadenas de Aza y Azael, los enfurecen y despiertan, y saltan al interior de las montañas de oscuridad, pensando que el Creador desea impartir justicia sobre ellos.

Yo sugiero que el lector haga una interpretación sobre *El Zóhar* por sí solo, sin ninguna ayuda. Y que, a continuación, compare sus pensamientos con lo mencionado más abajo. De ese modo, probablemente podamos apreciar lo que Rabí Yehuda Ashlag nos legó con sus comentarios. Antes de que aparecieran dichos comentarios sobre los libros del ARI y *El Zóhar*, nos era imposible entender la Cabalá de manera correcta. En cada generación, apenas unas cuantas almas estaban capacitadas para ascender ellas solas por la escalera espiritual.

Pero hoy en día, yo aseguro al lector que simplemente con una lectura incluso de mis libros, que son una reelaboración de las composiciones de los grandes cabalistas -Rabí Yehuda Ashlag así como del que fuera su primogénito y mi mentor, Rabí Baruj Ashlag- todo lector puede alcanzar la ascensión hacia el Creador. ¡Pienso que aquellos que ya han leído libros anteriores entienden que estoy hablando de algo absolutamente factible!

Como ya mencionó *El Zóhar* en el punto 154, cuando la *Nukva* impura domina al hombre mediante su Luz, las dos cabezas se convierten en una. Pero en la oscuridad, es decir, cuando domina la parte masculina llamada Kastimón, ambas se convierten en una serpiente con dos cabezas. Y sucede así porque la parte masculina es incapaz de anular el poder de la parte femenina, pues necesita vestirse con su Luz. Por eso la serpiente tiene dos cabezas. Y se mueven como una serpiente con el único objetivo de hacer daño (el atributo de la serpiente), es decir, tentar a Javá para que pruebe la fruta del Árbol del Conocimiento.

Con la fuerza de *Rosh* de la *Nukva* impura, ellos atraviesan volando el vacío, el cual contiene la raíz de la fuerza impura, denominada "vacío", la caída más grande, como está escrito: "Ellos subieron hasta el Cielo, ellos bajaron al abismo" (*Tehilim*, 107:26). Con la fuerza de la parte impura masculina, se bañan en el Gran Mar, en la *Or Jojmá* de las fuerzas impuras.

Y en consecuencia, ARKA es denominada la Tierra de NOD, porque constantemente oscila por la gobernanza de las dos cabezas: los que en ella residen alternan ascensos al Gran Mar con descensos al vacío.

Los ángeles Aza y Azael son ángeles muy elevados. Ciertamente, incluso después de su caída desde el Cielo a nuestro mundo –a las montañas de oscuridad, conectadas por una cadena de metal– su poder era tan grande que, gracias a su ayuda, Bilam (Balaam) alcanzó el grado de profecía, sobre el cual está escrito: "Vio la presencia del Creador" (*Bamidbar*, 24:4).

Esto ha sido descrito como "cae y abre sus ojos", ya que Aza se denomina "cayendo" a raíz de su caída del Cielo a la Tierra. Y Azael se denomina "aquel que abre sus ojos" con respecto a Aza, a cuyo rostro el Creador arroja oscuridad. Y en relación al grado de profecía de Bilam, nuestros sabios dijeron lo siguiente: "No ha habido un profeta en Israel como Moshé, no en Israel; pero hubo uno entre las naciones del mundo, y su nombre era Bilam" (*Bamidbar-Rabá*, 14). Tal era la grandeza de su grado profético.

El motivo de su caída del Cielo a la Tierra radica en sus quejas contra el hombre en el momento en que este fue creado. Lo cierto es que fueron muchos los ángeles que se quejaron y objetaron; entonces, ¿por qué el Creador expulsó solamente a esos dos? La respuesta a esta pregunta la encontramos en los puntos 416-425 del capítulo "*Balak*" en *El Zóhar*. En él se expone que cuando el deseo de crear a Adam (o al hombre, ya que la palabra Hebrea para hombre es *Adam*) apareció en el Creador, Él convocó a todos los ángeles Supremos, los sentó ante Él y les expresó Su deseo de crear al hombre.

Los ángeles Le replicaron (*Tehilim*, 8:5): "¿Qué es el hombre para que Tú pienses en él?". Es decir, ¿qué atributos tiene ese hombre que Tú tanto deseas crear? Y Él les replicó: "El hombre será semejante a Mí y su sabiduría sobrepasará la vuestra, porque el alma humana contiene todos los ángeles y Grados Superiores, del mismo modo que su cuerpo contiene a todas las criaturas de este mundo".

Así, en el momento de la creación del alma del hombre, el Creador convocó a todos los ángeles Supremos para que transfirieran todos sus atributos y fuerzas al alma del hombre. Por eso está escrito: "Hagamos al hombre a nuestra imagen y semejanza", es decir, que la "imagen y semejanza" del hombre incluya las cualidades de todos los ángeles.

Las palabras "imagen y semejanza" están escritas entre comillas porque las palabras TZÉLEM y DEMUT (imagen y semejanza) no son simples palabras que describan similitud: encierran nociones espirituales muy significativas.

Pero volviendo a la pregunta de los ángeles, debe ser interpretada como sigue: "¿Qué clase de criatura es este hombre y cuál es su naturaleza? ¿En qué nos beneficiamos nosotros transfiriéndole nuestros atributos?". El Creador respondió a esto: "Este hombre será semejante a Mí y su sabiduría sobrepasará la vuestra". Dicho de otro modo: el Creador les prometió que el hombre reuniría todas sus cualidades (los atributos de *TZÉLEM*), y que sería más sabio que ellos. Si bien, gracias a su conexión con él, ellos también se beneficiarían de sus grandes alcances y obtendrían todo aquello de lo que carecen.

Y resulta así porque el alma humana incluye todos los grados espirituales y los más elevados atributos de todos los ángeles. Del mismo modo que su cuerpo incluye todos los materiales y criaturas de nuestro mundo –todos sus atributos– fue el deseo del Creador que el alma humana pudiera acoger a toda la creación dentro de sí.

Está escrito en la *Torá*: "Yaakov e Israel deberán conocer acerca de los trabajos del Creador" (*Bamidbar*, 23:23). Los sabios han dicho que, en el futuro, los ángeles preguntarán a Israel por cosas que ellos no saben por sí mismos, ya que el alcance de Israel irá más que el de los ángeles. Así pues, todos los ángeles tomaron parte en la creación del hombre y depositaron todos sus atributos dentro de él.

Pero tras su creación, el hombre cometió el pecado, volviéndose culpable ante el Creador. Fue entonces cuando los ángeles Aza y Azael se acercaron al Creador con acusaciones: "ese hombre que Tú has creado, ha pecado ante Ti". Y esas palabras provocaron que el Creador los despojara de su grado, muy excelso y sagrado. Así comenzaron a embaucar a los humanos.

De todos los ángeles, únicamente estos dos, Aza y Azael, se acercaron al Creador para quejarse de los pecados de Adam, pues únicamente ellos sabían que el hombre terminará regresando al Creador. Pero Aza y Azael también sabían que todo el daño causado por el pecado del hombre no será corregido mediante su regreso al Creador. Es más, ellos deseaban que el hombre no retornara con sus deseos al Creador. Así, ellos fueron los únicos que protestaron por el pecado de Adam, porque, en lo que respecta a ellos dos, este pecado es incorregible.

La cuestión es que el rompimiento de las vasijas y el pecado de Adam constituyen la misma ruptura, la desaparición de la pantalla (la fuerza de voluntad anti-egoísta o intención de actuar en beneficio del Creador). Sin embargo, la diferencia radica en que el rompimiento de las vasijas es la ruptura de la pantalla en el *Partzuf* llamado "mundo", mientras que el pecado de Adam es la ruptura, la desaparición de la pantalla en el *Partzuf* llamado "alma". La diferencia entre estos dos *Partzufim* es que el *Partzuf* denominado "mundo" es externo con respecto al *Partzuf* interno denominado "alma". El alma existe en el interior del mundo y recibe todo de él.

La ruptura tiene sus causas y sus consecuencias. Era algo necesario para conseguir mezclar todos los atributos de *Biná* y *Maljut*. Asimismo, debe tener lugar en el mundo espiritual pero también dentro del alma para, de ese modo, entregar los atributos de *Biná* a *Maljut* y que esta pueda corregirse a sí misma.

El rompimiento del mundo de *Nekudim* llevó al rompimiento de las ocho *Sefirot Jésed-Guevurá-*2/3 de *Tiféret* y 1/3 de *Tiféret-Nétzaj-Hod-Yesod-Maljut*, cuatro *Sefirot J-B-ZA-M* en cada una que, a su vez, están compuestas de diez *Sefirot*; en total: 8 x 4 x 10 = 320 (SHAJ) partes. Como resultado de la mezcla de todas las partes, cada parte consta de 320 partes. Todas estas 320 partes, denominadas *Nitzutzín* (chispas), adoptaron el deseo egoísta de gozar con la recepción de la Luz del Creador, lo que implica su caída al interior de las fuerzas impuras.

En los mundos espirituales no hay lugares o secciones de lo puro y lo impuro. Sin embargo, para que la transmisión de la información sea lo más aclaratoria posible, representamos la recepción de los atributos más bajos como una caída, la recepción de nuevos atributos espirituales como un ascenso, el alcance de la equivalencia de forma como una unión, y la aparición de un nuevo atributo como una separación. La aparición de deseos egoístas en un objeto espiritual es considerada una caída dentro de las fuerzas impuras, aunque dichas fuerzas existan dentro de ese objeto espiritual (y no viceversa): simplemente se muestran de forma más evidente. No hay nada alrededor del hombre, todo está en nuestro interior; todos los mundos y todos los deseos, tanto puros como impuros.

Al estudiar Cabalá estamos atrayendo sobre nosotros la emanación de la Luz que rodea nuestra alma (véase "Introducción al Estudio de las Diez *Sefirot*", punto 155). Y dicha Luz despierta en nosotros un deseo de corrección. De tal modo que, a medida que vamos alcanzando grados en los mundos espirituales, comenzamos a percibir la Luz espiritual correspondiente a cada grado. Y con ayuda de ella, empezamos a discernir entre las partes egoístas y altruistas de nuestras cualidades.

En contraste con la Luz, el hombre percibe su lado egoísta como el mal. Y en la medida que sea capaz de percibirlo, se distanciará de él y rechazará utilizar esos deseos. Por el contrario, percibe los deseos altruistas como beneficiosos para él; pero, dado que carece de la fuerza para usarlos, hace un ruego en ese sentido, recibe la fuerza necesaria y acepta la Luz en beneficio del Creador. Así, se eleva a un nivel más alto, donde este proceso vuelve a repetirse.

El significado del regreso (*Teshuvá*) es que, al elevar *MAN* (nuestra petición de corrección), estamos elevando alguna de las 320 partes corrompidas desde las fuerzas impuras a las que cayeron. Y las elevamos de regreso al mundo de *Atzilut*, donde existían antes del pecado de Adam. No obstante, nosotros no tenemos la fuerza para clasificar y corregir, es decir, para elevar las treinta y dos partes de *Maljut*, que existen en las ocho *Sefirot* de este *Partzuf* (mundo): su grado de corrupción está más allá de nuestra capacidad de repararlas.

Por eso, de las 320 (SHAJ = Shin + Jet = 300 + 20) partes, podemos, mejor dicho, tenemos la facultad y la obligación de clasificar y corregir únicamente 320 − 32 = 288 partes (RAPAJ = 288) mediante nuestro retorno al Creador. O en otras palabras: 9 x 32, donde 9 se refiere a las primeras nueve *Sefirot* de cada *Sefirá* que nos están permitidas corregir. No obstante, no tenemos la posibilidad de corregir la *Maljut* de cada *Sefirá*: para ello es preciso una Luz con un poder especial. Y dicha Luz solo la recibiremos del Creador tras haber corregido las otras 288 partes, es decir, al final de la corrección.

Estas treinta y dos partes de *Maljut*, que son algo imposible y que, por tanto, está prohibida su corrección, son conocidas como *Lev HaEven* (*Lámed-Bet Even*: treinta y dos piedras). Como hemos mencionado en repetidas ocasiones, no existe la noción de "prohibición" en Cabalá: esta palabra es empleada únicamente para indicar la futilidad del intento, en vista de la debilidad y limitación del hombre. "Prohibido" significa imposible, que no está en la mano del hombre llevarlo a cabo. Y lo que es más, no se trata de "la prohibición" del Creador. Al contrario, uno debería aceptar, con ayuda de la fe personal y la experiencia, que "prohibido" hace alusión a lo que se encuentra más allá de nuestra capacidad para corregir.

Y por eso, GAR de AVI están ocultas y su Luz no brilla. Después de todo, para que la Luz y sus diez *Sefirot* brillen, es necesario realizar un *Zivug* sobre la propia *Maljut*, pues *Lev HaEven*, las treinta y dos partes no corregidas de *Maljut*, complementan a sus diez *Sefirot*. Y mientras falten estos *Kelim*, es imposible realizar un *Zivug* completo. No obstante, cuando el completo análisis y corrección de los 288 (RAPAJ *Netzutzín*, RAPAJ = Resh + Pey + Jet = 200 + 80 + 8 = 288) *Netzutzín* sea ultimado, *Lev HaEven* se corregirá por sí mismo, y no se requerirá ningún esfuerzo o corrección de nuestra parte.

Así dice el profeta: "Os daré un Nuevo corazón, y un nuevo espíritu pondré dentro de vosotros; Yo arrancaré de vuestra carne el corazón de piedra, y os daré un corazón de carne" (*Yejezkel*, 36:26). Es entonces cuando AVI recibirán su Luz. No obstante, esto tendrá lugar al final de la corrección. Antes de ella, AJaP de AVI no podrán recibir corrección mediante nuestro retorno, ya que podremos corregir todos nuestros deseos egoístas pero no nuestra propia esencia: *Maljut de Maljut*.

Estos ángeles −Aza y Azael− son los verdaderos AJaP de AVI destruidos durante el rompimiento de las vasijas. Y casi fueron restablecidos por completo antes del pecado de Adam. Sin embargo, quedaron destruidos una vez más debido al pecado de Adam. Esta vez hasta el final de la corrección.

Esa es la razón por la que los dos ángeles expresaron una queja ante el Creador acerca de su Luz, que había desaparecido por culpa de Adam, pues ambos vieron que no había esperanza de que Adam los corrigiera mediante su retorno al Creador. Es más, pudieron ver que, con su retorno, Adam había hecho que su grado descendiera aún más: ahora toda la corrección y el regreso estaban limitados a solo 288 partes, sin participación alguna o aproximación a las treinta y dos partes prohibidas (*Lev HaEven*) que suponen la corrección de AVI, y cuya Luz es la de estos ángeles, del mismo modo que los *Kelim* de la verdadera *AJaP de AVI* son sus *Kelim*.

Cada elevación de MAN significa un truncamiento, una disociación de impureza (*Lev HaEven*) de la comida, *RAPAJ* = 288 *Netzutzín*, las partes que pueden ser corregidas. Se deduce que al impedir que Aza y Azael participen en la corrección de *Lev HaEven*, los hacemos descender aún más. Y por ello, estos dos ángeles protestaron ante el Creador y trataron de impedir el retorno de Adam. Al fin y al cabo, su retorno era la causa de que descendieran todavía más, pues las treinta y dos partes están relacionadas con ellos.

Por lo tanto, cuando el Creador vio que sus quejas podían debilitar las fuerzas del hombre en su regreso a Él, les aseguró que en nada les había perjudicado Adam con su pecado. Porque, aunque tienen grandeza y santidad mientras están en el Cielo y ninguna fuerza impura puede aferrarse a ellos, se trata de una perfección parcial, pues ellos aún no pueden existir en nuestro mundo, un lugar de fuerzas impuras.

El Creador les dijo: "Por eso, nada habéis perdido a raíz del pecado del hombre, ya que, no sois mejores que él en modo alguno: vuestro grado solo es el resultado del lugar donde moráis". Y puesto que las palabras del Creador constituyen Su acción, ambos cayeron instantáneamente del Cielo a la Tierra (por supuesto, cayeron dentro del egoísmo ¡en ningún caso al planeta Tierra!).

Y puesto que ellos llegaron (descendieron espiritualmente) a la vida corpórea (a lo que la Cabalá entiende por ella), comenzaron a seleccionar y analizar las treinta y dos partes de egoísmo absoluto, denominadas las "hijas de los hombres", sobre lo cual la *Torá* menciona: "Y los hijos de los grandes (ángeles) vieron que las hijas de los hombres (la egoísta *Nukva*) eran hermosas (vieron en ella una oportunidad para la recepción egoísta del placer), y tomaron para sí mujeres (usaron sus deseos egoístas), escogiendo entre todas las que les gustaban (ellos mismos eligieron este bajo estado)" (*Bereshit*, 6:2). Porque ellos no desearon separar la impureza de las treinta y dos partes y escoger solo 288, sino que tomaron todo lo que desearon, incluido *Lev HaEven*.

Así, ellos también transgredieron con *Nukva* Lilit la pecadora, y desearon arrastrar al mundo al pecado, precipitarlo hacia el último estadio de egoísmo:

no deseaban el retorno del hombre pues esto entra en contradicción con la que es la raíz de ellos.

¿Y cómo actuó el Creador? ¡Los aprisionó con cadenas de hierro! Porque el Creador vio que si lograban regresar al Cielo tras el pecado, el hombre fracasaría en su intento de aspirar a Él en sus deseos, pues el dominio de esos ángeles egoístas (fuerzas) sobre el hombre sería demasiado importante. (*Rashi* –el gran cabalista del siglo XI y exégeta bíblico– escribe que toda la *Torá* se expresa con las palabras del hombre. De ahí que todo esté descrito empleando nociones de tiempo y secuencias de eventos. Y del mismo modo, el Creador aparentemente crea y solo con posterioridad ve los resultados de su obra).

Por eso, aunque su raíz es ciertamente elevada, el Creador dio a la raíz de las fuerzas impuras Su permiso para actuar (y en esto vemos que el Creador gobierna todas las fuerzas de la creación). Dicha raíz es denominada *Barzel* (hierro), y está escrito: "No se escuchaba martillo ni hacha ni utensilio de hierro alguno en la casa mientras se estaba construyendo" (*Melajim* I, 6:7), ya que el hierro es una fuerza impura.

Y puesto que esta fuerza impura se aferró a los dos ángeles y los engranó –cual cadena, con los deseos que dictaba sobre ellos– este estado se caracteriza por ser como estar confinado en las montañas de oscuridad, desde las cuales ya no podrán ascender hasta el final de la corrección.

Cuando se acercan a las cadenas de Aza y Azael, los enfurecen y los despiertan; y esto está en relación con el despertar de la cuarta parte del deseo de recibir, *Maljut de Maljut*, el mayor deseo de recibir, denominado "ira y cólera". Y ellos saltan por encima de las montañas de la oscuridad, pensando que el Creador desea impartir justicia sobre ellos, porque, al encontrarse aprisionados en cadenas de hierro, no pudieron ascender a sus raíces y recibir *Jojmá*.

Por lo tanto, esta acción es representada como un salto, un intento de ascender, seguido de una caída, a raíz de la cual descienden aún más en las montañas de oscuridad. Y ellos piensan que, debido a sus saltos (los intentos de recibir la Luz desde sus raíces), el Creador se muestra cada vez más estricto con ellos. Y finalmente, deciden dejar de saltar.

Pero aunque ellos son incapaces de dar nada (pues sus intentos por elevarse se traducen en meros saltos y caídas) resulta, no obstante, suficiente para que los dos gobernantes reciban de ellos *Or Jojmá*, ya que esto les da la fuerza para nadar en el mar de *Jojmá* de la fuerza impura. Antes solamente tenían la fuerza para bañarse en él.

La razón para ello es que no existe ninguna acción en esta elevada fuerza impura, y todo se reduce a pensamientos y deseos, porque tal es la esencia de las fuerzas impuras (deseos) que nos separan del Creador: antes de que sea alcanzado el nivel de una acción, la pureza desaparece de ella. Y en consecuencia, las fuerzas impuras nunca podrán alcanzar la acción.

Por lo tanto, "*Avodá Zará*" (el trabajo ajeno a lo espiritual, el trabajo para las fuerzas impuras, se lleva a cabo según las instrucciones y deseos que las fuerzas impuras siembran en los pensamientos del hombre) es llamada ajena, porque es opuesta al trabajo "en beneficio del Creador". En un trabajo así para un señor también ajeno, el Creador castiga incluso por los meros pensamientos y deseos, como dice el profeta: "Para que la casa de Israel pueda entender en su propio corazón" (*Yejezkel*, 14:5). Los sabios dijeron que el hombre es acusado y castigado incluso por pensamientos, deseos, y dudas en su corazón relacionadas con "el trabajo ajeno" del mismo modo y en la misma medida que por una acción completa. Por lo tanto, los saltos de Aza y Azael son suficientes en su deseo de recibir *Jojmá*, aunque en realidad no recibieran nada.

157. Y estos dos gobernadores designados por el Creador nadan en el Gran Mar, vuelan alto desde allí y por la noche van a Naama, madre de las brujas, por la que se apasionaron las primeras personas (*Bereshit*, 6:1-4). Ellos desean acercarse a ella, pero esta salta 60 000 *Parsaot* y adopta diferentes formas, para poder así engañar y seducir a las gentes.

Una vez recibida la fuerza desde Aza y Azael, ellos pueden realizar un *Zivug* con Naama, del mismo modo que los primigenios ángeles Aza y Azael cometieron un error. De ese *Zivug* con Aza y Azael, Naama da nacimiento a todos los espíritus y brujas del mundo (véase *El Zóhar*, *Berershit 1*, punto 102). La *Torá* denomina a Aza y Azael los "hijos de los dioses" o "hijos de los grandes" (*Bereshit*, 6:2).

Surge entonces la pregunta: ¿cómo pueden ángeles tan elevados prestarse a esos depravados actos con Naama? ¿Y por qué ella alumbra espíritus y brujas en vez de personas?

Lo cierto es que el Mundo Superior (*AVI*) fue creado con la letra *Yud*, la parte masculina, que no contiene nada de la cuarta parte de *Maljut*, denominada *Maljut de Maljut*. Sin embargo, ZON (el mundo inferior) fue creado con la letra *Hey*, la cual incluye a *Maljut de Maljut*. AVI aspira únicamente a *Or Jasadim*, a acciones altruistas (otorgamiento), pues así emergió *Biná* en las cuatro fases del nacimiento de *Maljut*, antes incluso de la aparición del primer *Kli* (*Maljut de Maljut*).

No obstante, ZON necesitan *Or Jojmá*, porque así fue creado ZA en las cuatro fases del nacimiento de *Maljut*. Asimismo, ZA desea recibir *Or Jojmá* dentro de *Or Jasadim*, Luz que él ya tiene.

El *Zivug* de *AVI*, denominado el "Mundo Superior", engendra ángeles que solamente desean *Or Jasadim*, como AVI, a partir de los cuales nacieron. Las almas humanas nacieron del *Zivug* de ZON, denominados "el mundo inferior", y ellas, al igual que ZON, únicamente desean *Or Jojmá*.

El momento en que nació el alma general de todas las criaturas (Adam) desde ZON del mundo de *Atzilut*, ZON ya existían en el nivel del Mundo Superior (AVI), al cual envolvían. Al igual que AVI, también ellos terminan por la letra YUD del nombre *HaVaYaH*. Y la letra HEY del nombre *HaVaYaH* estaba oculta en su parte posterior, *Ajoraim* o *AJaP*.

Por lo tanto, la altura de Adam era considerablemente elevada, porque ZON estaban en el Mundo Superior y terminaban en la letra *Yud*. Y por eso el nivel de ZON era el de los ángeles nacidos de AVI; con lo cual, ZON recibían *Or Jojmá* según sus deseos, como se supone que debe ocurrir con ZON.

En consecuencia, ZON contiene el nombre *Elokim*, la *Jojmá* Suprema, en la perfección del Mundo Superior. Esto es porque la prohibición de la primera restricción para no recibir *Or Jojmá* no afecta a la letra *Yud*. Caín y Ével nacieron de ese estado: Caín nació de ÉLEH y Ével de MI. *Maljut* (la última letra *Hey* del nombre *HaVaYaH: Yud-Hey-Vav-Hey*) estaba oculta en ambos, y solo la letra *Yud* se encontraba revelada. Por lo tanto, ellos contenían la *Jojmá* Suprema.

Pero, en general, *Jojmá* es recibida por el alma de Caín en los *Kelim* ÉLEH, ZAT de *Biná*. Este atributo de Caín está oculto en MI, porque la última *Hey* oculta está dentro de *Yud*, y Caín deseó realizar un *Zivug* con ella para recibir *Or Jojmá* en la *Maljut de Maljut* oculta en el alma de Ével.

Y por medio de esto asesinó a Ével, porque tras la revelación de la última *Hey*, junto con ella, se reveló la prohibición de la primera restricción para recibir *Or Jojmá*. Por lo tanto, el nombre *Elokim* del Creador desapareció de MI y de ÉLEH: MI, dado que están relacionadas con GAR, ascendieron y desaparecieron (el asesinado de Ével), y las ÉLEH de Caín, dado que están relacionadas con ZAT, cayeron al lugar de las fuerzas impuras denominado ARKA.

Sin embargo, aunque cayó en las fuerzas impuras, las chispas de *Or Jojmá* aún permanecían en estos *Kelim* (deseos), como está escrito, que sus hijas no sufrieron en gran medida por ello y las chispas de *Biná* todavía permanecen en ellas. Y así, podemos entender que Naama, una de las hijas de Caín, fuera la más mujer más hermosa del mundo, pues el pecado se manifestó principalmente en la parte masculina de Caín, no en la parte femenina, como se describe en *El Talmud* (*Sanhedrín*, 74:2).

En consecuencia, una vez que el Creador hubo arrojado a Aza y Azael a este mundo –creado por la letra *Hey*– al ver a Naama, apareció en ellos un nuevo deseo hasta entonces inexistente: el deseo de recibir *Or Jojmá*, ya que, en esencia, únicamente desean *Or Jasadim*, y la imagen de Naama dio lugar en ellos a un nuevo deseo por *Or Jojmá*.

La esencia de ellos no contiene la última *Hey*, sobre la cual existe una prohibición en la recepción de *Or Jojmá*. Asimismo, la esencia de Naama carece de esa última *Hey* revelada, pues esta proviene de las *ÉLEH* de Caín. Y debido a todo esto, cometieron un error al pensar que ella podía recibir *Or Jojmá*. Y realizaron un *Zivug* con ella.

Fue un error por partida doble:

1. A pesar del hecho de que ellos carecen de la última *Hey* desde su nacimiento –esto ocurre dado que el lugar determina y ellos existen en este mundo– la última *Hey* ya gobierna sobre ellos. Y por tanto tienen prohibido recibir *Or Jojmá*.

2. Ellos pensaron que la última *Hey* estaba ausente en la estructura de Naama, cuando en realidad estaba oculta. Y como resultado de ese *Zivug* con ella nacieron espíritus y brujas.

Esto arroja luz sobre lo escrito en *El Talmud* (*Jaguigá*, 16:1), acerca de que las brujas son mitad ángeles mitad personas, ya que por parte de sus padres (Aza y Azael) son ángeles, pero por parte de Naama, son como personas. Y es que ella no podía alumbrar personas, porque la semilla que llevaba dentro procedía de los ángeles, y no de una persona.

La razón del daño que ellos originan la encontramos en el hecho de que nacieron de la depravación, lo cual entraña un máximo alejamiento del Creador. Y por ende la impureza siempre va con ellos, llevando el daño dondequiera que pueden. Por eso, *El Zóhar* dice que, por la noche, ellos se acercaron a Naama, la madre de las brujas, por quien se sintieron fatalmente atraídos las primeras personas (véase *Bereshit*, 6:1-4).

De hecho, al recibir fuerza de estos ángeles, que fueron los primeros en cometer la depravación con Naama, también ellos pudieron continuar participando en la depravación con ella. *El Zóhar* indica que precisamente por eso ellos llegan de noche: el poder de *Jojmá* de las fuerzas impuras solamente gobierna en la oscuridad de la noche (momento en que gobierna el juicio y las restricciones); y también a consecuencia de las raíces, es decir Aza y Azael, que residen en las montañas de oscuridad.

Sin embargo, tras cometer depravación con ellos, ella saltó 60 000 *Parsaot*, es decir, se elevó tan alto que quiso anular la *Parsá* que se encuentra por encima de *VAK de AA*, y cada *Sefirá* del mismo es definida como 10 000. Y de ahí que su $VAK = 6$ *Sefirot* sean equivalentes a 60 000.

Pero en cuanto pensaron en acercarse a ella, esta saltó 60 000 *Parsaot* aunque inmediatamente cayó hacia atrás y no pudo tocarlos, pues no hay acción en estas fuerzas impuras superiores, y todas las transgresiones y errores son solo en pensamientos e intenciones.

No obstante, aún hay suficiente poder en ella para engañar y seducir a los hombres, aunque el hombre no alcance el nivel de las acciones impuras y únicamente se sienta atraído por ella en pensamientos y deseos. Sin embargo, el Creador castiga por tales pensamientos y deseos, al igual que castiga por acciones, como nos advierte el profeta: "Para que la casa de Israel pueda entender en su propio corazón" (*Yejezkel*, 14:5). Y la fuerza impura adopta variadas y diferentes formas, como la depravación con mujeres casadas, el asesinato y otras cosas depositadas sobre Lilit.

158. Estos dos gobernantes vuelan por todo el mundo y luego regresan a sus lugares. Y ellos despiertan a los hijos de los hijos de Caín con un espíritu de deseos malvados para engendrar descendencia.

"Vuelan por todo el mundo": procuran dañar al hombre en todos sus pensamientos, allí donde puedan, y lo arrastran a la oscuridad de la noche. Porque, una vez que el hombre ha pecado, ellos regresan a su ubicación permanente en ARKA, donde despiertan a los hijos de Caín para corromper a los descendientes con impurezas.

Es más, *El Zóhar* nos dice que además de empujar a los hijos de Caín al pecado en ARKA, ellos también vuelan por nuestro mundo (TÉVEL), y obligan a los hijos de esta tierra a pecar.

159. Los Cielos que allí gobiernan no son como los nuestros, y la tierra no produce semillas ni fruta por el poder del Cielo, a diferencia de la nuestra, y los granos solo vuelven a brotar al transcurrir varios años. Por eso, sobre ellos se ha escrito que no podían corregir SHEMAYA y ARKA, y desaparecieron de la tierra Suprema, llamada TÉVEL, donde no podrán existir, ni gobernar sobre ella, ni podrán provocar que los humanos pequen a causa de la noche. Por lo tanto, desaparecieron de ARÁ y del espacio de SHEMAYA, creado por el nombre ÉLEH (como mencionamos en el punto 14).

Nuestro Cielo recibe la Luz esencial para el nacimiento de los subsecuentes *Partzufim* de ZA, que contiene *Or Jojmá*. Por eso, nuestra tierra, que recibe en *Maljut de ZA*, recibe un grano y una semilla.

Sin embargo, el Cielo en ARKA no tiene la Luz para generar frutos y producir, todo ello debido a la gobernanza de las fuerzas impuras allí. Por lo tanto, a diferencia de nuestra tierra, ARKA no puede producir: su tierra no tiene la facultad de recibir y hacer germinar una semilla, y tal atributo aparece en ella una única vez cada varios años.

Aquí *El Zóhar* de nuevo habla de los dos gobernantes: Afrirón y Kastimón, quienes no pueden corregir SHEMAYA y ARKA y hacer que produzcan frutos. Por lo tanto, a estos gobernantes no se les permite estar aquí –en nuestra tierra

(TÉVEL)- e inducir a las gentes a pecar, porque cuando están aquí, traen perjuicio a nuestra tierra para hacerla como su SHEMAYA y ARKA.

Por eso, *El Zóhar* dice que ellos desaparecieron de la tierra Suprema de TÉVEL, de nuestra tierra, ya que aquí buscaban hacer daño con el poder de la noche. Ellos incitan a la gente al pecado mediante la noche, y esta es una maldición que se cierne sobre ARKA debido a su gobernanza allí.

Bajo nuestro Cielo, creado con el nombre ÉLEH: puesto que nuestro Cielo recibe de ZA, corregido gracias a los atributos de ÉLEH, con las palabras "AL PRINCIPIO EL CREADOR CREÓ", donde MI está conectada a ÉLEH. Por eso, nuestra tierra se encuentra corregida por la Suprema santidad y pureza. Y por lo tanto, a estos dos gobernantes no les está permitido dominar aquí.

160. Así pues, existe un TARGUM, una traducción (del hebreo al arameo, que *El Zóhar* denomina *Targum*), para que los ángeles sagrados no piensen que lo que se menciona hace referencia a ellos y no nos hagan daño. Este, como ya hemos explicado, es el secreto de la palabra ÉLEH: una palabra sagrada que no tiene traducción en *Targum*.

A excepción de la palabra ÉLEH todo ha sido traducido a la lengua de *Targum*. Como se menciona en el punto 159, ÉLEH desaparecieron de ARÁ y del espacio de SHEMAYA dado que la palabra ÉLEH no tiene traducción ya que constituye la conexión completa entre ÉLEH y MI, los cuales causan el descenso de *Or Jojmá*. Y todo aquel que pecara y corrompiera las letras ÉLEH, como hizo Caín, caería en las fuerzas impuras. E incluso la santidad de *Targum* los abandona, es decir, VAK de las fuerzas puras.

Entre todos los sabios de las naciones del mundo, no hay nadie como Tú

161. Dijo Rabí Eliezer: "Está escrito: '¿Quién no teme al Rey de las naciones del mundo?' ¿Qué clase de alabanza es esta?". Rabí Shimon respondió: "Eliezer, hijo mío, en varios sitios se menciona esto. Pero el dicho 'Entre todos los sabios de las naciones del mundo, en todos sus reinos, no hay nadie como Tú' no debe interpretarse en su sentido literal y simple. Porque, ciertamente, sirve como pretexto a las malvadas intenciones de los pecadores: a los que creen que el Creador no conoce sus oscuros pensamientos, sus dudas e intenciones. Y por eso es necesario explicar su insensatez. Un filósofo procedente de las naciones del mundo vino hasta mí y me dijo: 'Vosotros decís que vuestro Creador gobierna todos los Cielos, y que todas las fuerzas celestiales no pueden alcanzarle ni conocer Su morada. Pero esto no aumenta Su Grandeza, como está escrito: 'entre todos los sabios de las naciones del mundo, en todos sus reinos, no hay nadie como Tú'. ¿Qué clase de comparación es esta, en la que Él es comparado con el hombre, que es insignificante?'".

Esto se asemeja a lo escrito en *Tehilim* (73: 11-12) sobre los pecadores: "Y dicen: ¿Cómo sabe el Creador? ¿Es cierto que Él tiene el Conocimiento? Pues estos pecadores siempre están serenos, son ricos y poderosos". Así dice en nuestro caso el filósofo. Él era uno de los más prominentes sabios de las naciones del mundo y se presentó ante Rabí Shimon para denigrar la sabiduría de Israel y el trabajo de Israel en la fe absoluta para beneficio del Creador. Fe que debe estar en la mayor plenitud, perfección, honradez y pureza, pues ningún pensamiento puede abarcar al Creador.

El sabio representaba a los filósofos, los cuales afirmaban que lo más importante en el trabajo por el Creador es el alcance de Su esencia, y no el servicio al Creador por la fe, porque, a su entender, ellos alcanzan al Creador. Y él vino con intención de burlarse de los planteamientos de Israel.

Por eso dijo: "El Creador está por encima de toda la sabiduría humana y así Él gobierna, y os pidió que trabajarais para Él con fe y pureza, sin dudar de Él, pues la mente humana no es capaz de alcanzarle. Ya que incluso las fuerzas celestiales, Sus ángeles y ejércitos no Le alcanzan, como está escrito sobre aquellos que dicen: 'Bendito sea el Creador en Su morada', porque no conocen 'Su morada'".

Pero la expresión "entre todos los sabios del mundo, no hay nadie semejante al Creador", no habla de la grandeza del Creador. Porque, si la proclamación profética se emplea para exaltar al Dios de Israel y mostrar que es el más importante -más aún que el dios al que alcanzan los sabios de las naciones del mundo con sus fuerzas humanas y su mente-, obviamente, esto no aumenta la grandeza del Dios de Israel, pues Le comparan con fuerzas insignificantes y efímeras. Por el contrario, tal expresión encierra un gran desprecio hacia vuestro Creador, al ser comparado con los sabios de las naciones del mundo, criaturas mortales, limitadas". Estas fueron las palabras pronunciadas ante Rabí Shimon por el sabio erudito, representante de la sabiduría de las naciones del mundo.

Evidentemente, *El Zóhar* no se refiere a un sabio extranjero que se presenta ante Rabí Shimon. Como ocurre con otros nombres de lugares y personajes en la *Torá*, *Talmud*, y la *Cabalá*, los nombres de lugares, animales, personas y acciones en el *Libro del Zóhar* -al igual que en los otros libros de la *Torá*- describen exclusivamente el mundo espiritual, las acciones del Creador y cómo conseguir el objetivo de la creación. *De ningún modo describen acontecimientos de nuestro mundo.*

Así, el sabio de las naciones del mundo debe entenderse como un atributo interior y egoísta del hombre por investigar y conocerlo todo, en lugar de creer con la fe por encima de la razón como insta la *Torá*. Este atributo del hombre, "el sabio de las naciones del mundo", la razón egoísta, se encuentra en una constante disputa interior con el atributo espiritual altruista del hombre, denominado Israel, la aspiración al Creador. Al oponerse a él, el hombre se construye a sí mismo y crece.

162. Es más, vosotros decís, como está escrito en vuestra *Torá*: no hay en Israel otro profeta como Moshé. ¡En Israel no, pero sí lo hay entre las naciones del mundo! Y yo digo también: No hay nadie semejante a Ti entre las naciones del mundo, pero entre los sabios de Israel los hay que son como Tú. Pero si existen quienes son como Él entre los sabios de Israel, Él no puede ser el Gobernante Supremo. Fíjate en mis palabras y verás que estoy en lo cierto.

Aquí el filósofo (la voz interior y egoísta del hombre) habló con sabiduría. Entendía que si hablaba con franqueza escucharía respuestas precisas a sus preguntas. Está escrito: "Entre todos los sabios de las naciones del mundo, no hay nadie como Tú", lo cual significa que no hay quien Te haya alcanzado.

Porque "no hay nadie como Tú" significa que no hay comparación contigo, que no se Te puede conocer, que no se puede alcanzar Tu grado.

Sin embargo, puesto que los sabios de las naciones del mundo (la razón humana) se enorgullecen con su alcance al Creador (entienden Sus intenciones y acciones), ellos se suponen semejantes a Él, porque el alcance significa semejanza en atributos con el grado al que se llega. Por lo tanto, se dice que esto es una falsedad y que no hay semejante a Él, pues no Le están conociendo, simplemente se engañan con que Lo alcanzan.

Esto entendió el filósofo (dentro del hombre) y por eso empezó (alejando al hombre del camino de la fe, que sobrepasa la razón y la desafía) a partir de una pregunta absolutamente distinta: "Si está escrito de manera explícita que no hay nadie igual al Creador entre los sabios de otros pueblos, ¿significa esto que entre los sabios de Israel hay quien pueda alcanzarlo a Él? Si no, ¿por qué sería necesario especificar que no hay nadie como Él entre los sabios de las naciones del mundo?

Pero en tal caso, si es semejante a vosotros, ¡Él no puede ser el Gobernante Supremo! ¿Cómo podéis decir entonces que el Dios de Israel es imperceptible por medio de la razón y que gobierna a todos? Habláis por la fuerza de la fe de Su Grandeza, pero existen entre vuestros sabios aquellos que son como Él, es decir, que Le alcanzan.

163. Le respondió (Rabí Shimon): "Tú objeción es correcta, entre los sabios de Israel hay quienes son semejantes al Creador. ¿Quién resucita a los muertos sino el Creador? ¡Pero aparecieron Eliyahu y Elisha y resucitaron a los muertos! ¿Quién manda las lluvias sino el Creador? ¡Pero apareció Eliyahu y las abrogó, y después las invocó con su plegaria! ¿Quién creó el Cielo y la Tierra sino el Creador? Pero apareció Avraham, y para él, como está escrito, revivieron Cielo y Tierra".

Rabí Shimon responde que el sabio (dentro del hombre) dice la verdad, al afirmar que entre los sabios de Israel hay quienes son semejantes al Creador. Pero esto no anula la fe simple en que el Creador es inalcanzable para la mente humana. Y, por supuesto, Él posee y gobierna todos los Cielos y está por encima de ellos, hasta tal punto que incluso los ángeles Superiores no pueden alcanzarlo y no conocen Su morada.

Pero precisamente por eso nos han dado la *Torá* y los Mandamientos: para que, al utilizarlos, observando los Mandamientos (un *Zivug* de la pantalla con la Luz) y estudiando la *Torá* (recibiendo la Luz) en beneficio del Creador, nosotros, Israel, es decir, los que aspiramos al Creador, podamos unirnos totalmente a Él (con nuestros atributos), para que Su Luz penetre en nosotros, se revista de nosotros. Y hasta tal punto, que nosotros mismos merezcamos (empecemos a desear y recibamos las fuerzas de una pantalla) realizar las mismas acciones que el propio Creador: resucitar a los muertos (corregir el egoísmo), mandar lluvias (*Or Jasadim*), reavivar el Cielo y la Tierra (llenar con la Luz, proveniente de nuestras acciones, los *Partzufim* de todos los mundos).

En esto somos absolutamente iguales a Él, como está escrito: "Por Tus acciones (sintiéndolas en mí mismo) Te conoceré". No obstante, todo esto lo conocemos únicamente gracias a la fe (el atributo de *Biná*) completa y verdadera que a nadie deja intención de conocerle con nuestra razón (comprobar y después hacer), como en el camino de los sabios de las naciones del mundo (nuestro egoísmo). Nuestro egoísmo está compuesto del *Partzuf* llamado "el sabio de las naciones del mundo", su *Rosh* (cabeza) es el conocimiento, el deseo de saberlo todo; y el cuerpo es el deseo de deleite propio.

El filósofo argumenta que si Israel puede hacer lo mismo que el Creador, significa que Israel alcanza al Creador. Es cierto, porque si el hombre es capaz de comportarse como el Creador, entonces, en la medida de sus acciones, Le alcanza y percibe. Pues está escrito: "Por Tus acciones Te conoceré". Si la persona actúa como el Creador, a través de sus acciones, entenderá la analogía de las acciones del Creador con las suyas propias, y por medio de esto, Le percibe. Pero el hombre debe transitar primero por el camino de la fe por encima de la razón. Como resultado, alcanza los atributos del Creador y se asemeja a Él en sus acciones.

164. (Rabí Shimon prosigue): "¿Quién dirige el sol, sino el Creador? Pero apareció Yehoshua y lo detuvo. El Creador toma Su decisión pero, de inmediato Moshé toma otra decisión: y esta se cumple. El Creador desea castigar, pero los justos de Israel anulan Su decisión. Es más, El Creador nos pide seguir fielmente Sus caminos y ser semejantes a Él en todo". Se fue aquel filósofo y se convirtió en Israel, vivió en el pueblo *Shajalayim*, y le llamaban *Yosi HaKatán* (el pequeño Yosef). Estudiaba con profusión la *Torá* y se encontraba entre los justos y sabios de ese pueblo.

La cuestión es que si el hombre lo hace todo solamente por la fuerza de su fe, se verá sin posibilidades de alcanzar al Creador, porque el alcance llega mediante la utilización de su razón. Y una vez que empieza a utilizar su razón, inmediatamente disminuye su fe. ¿Cómo pueden compaginarse la fe y la razón?

Es verdad que los que intentan acercarse al Creador, llamados Israel, disminuyen su fe, sincera e inocente, pero solamente lo hacen porque Él les ordena actuar así, para alcanzar Sus acciones, para más tarde asemejarse a Él, como está escrito en la *Torá* (*Devarim*, 21): "Ve por Su camino". Y con esto cumplen aquello que Él les legó. Esta verdad impresionó en tal medida al filósofo, que se convirtió en "Israel", observante de la *Torá* y de los Mandamientos.

Fue grande su impresión cuando supo que las acciones de Israel, es decir, sus alcances de los mundos espirituales, no disminuyen su fe por encima de la razón, pues todas sus acciones y alcances proceden de la fe y se basan en ella. Israel alcanza al Creador porque Él ordena que se Le conozca, y no porque ellos lo deseen con su egoísmo.

165. Y ahora llegó el momento de contemplar lo que está escrito. Se dice que todas las naciones del mundo no son nada ante Él. ¿Pero en qué Le engrandece esto? De ahí que esté escrito: "¿Quién ve al Rey de las naciones del mundo?". ¿Pero acaso el Rey de las naciones del mundo no es también el Rey de Israel? El Creador desea elevar a Israel en todas partes y por ello en todos lados Le llaman "Rey de Israel". Las naciones del mundo dicen que tienen otro Rey en los Cielos, pues les parece que Él los gobierna únicamente a ellos, no a nosotros.

Las naciones del mundo están seguras de que su Rey Supremo no es el Rey de Israel, que el Rey sentado en los Cielos y que las gobierna, es solamente su Rey, que el Rey de Israel no las gobierna. Así, al egoísmo humano le parece que se encuentra bajo algún otro sistema de gobernanza distinto al altruismo. El egoísmo no es consciente de que así es precisamente como fue creado por el Creador, para la consecución del que es Su propósito: llevar al hombre, con ayuda del egoísmo, al altruismo absoluto, desde "para sí mismo" a "en beneficio del Creador".

166. Está escrito: "¿Quién no te temerá, Rey de las naciones del mundo?" (*Yirmiyahu*, 10:7). En otras palabras, su Rey Supremo está para atemorizar, perseguir y hacer con ellos como Le plazca. Por eso hay que temerle. Y Le temen todos los Superiores e inferiores. Porque está escrito que entre todos los sabios (ángeles gobernantes de estos pueblos) de las naciones del mundo, en sus reinos (Arriba), no hay nadie como Tú. Existen cuatro reinos Arriba, y ellos gobiernan a todos los pueblos según la voluntad del Creador. Y no hay ninguno que pueda realizar la más mínima acción sin la orden personal del Creador. Los sabios de las naciones del mundo son sus fuerzas dirigentes desde Arriba, y toda la sabiduría de las naciones del mundo procede de estos gobernantes. "En todos sus reinos" significa que la voluntad del Creador Supremo gobierna sobre ellos.

En estas líneas, se describe cómo la novia -en el estado de exilio- se prepara para su corrección futura y definitiva. Toda la fuerza de las naciones del mundo (en cada uno de nosotros) se concentra en conquistarnos (los deseos altruistas hacia el Creador) y situarnos bajo su poder (servir únicamente al cuerpo), desterrarnos el poder del Creador y llevarnos hacia el poder de otros deseos, denominados "las naciones del mundo". Nuestros deseos egoístas, "las naciones del mundo", lo hacen con ayuda de su poder (seduciéndonos con los distintos placeres) y sabiduría (apelando a nuestro sentido común y al uso de la razón).

Sus acciones sobre nosotros (las intenciones espirituales) provienen del sistema de fuerzas impuras, sus ángeles (nuestras fuerzas egoístas internas) impuros (egoístas), que conceden a las naciones del mundo la fuerza y la razón. Y estos (nuestros deseos egoístas), con ayuda de su sabiduría, nos llevan (a los hijos de Israel, aquellos que solamente aspiran al Creador) a todo tipo de dudas y deseos por entender al Creador, Sus caminos y pensamientos, sin ningún tipo de temor o reverencia a Su Grandeza y Poder.

A raíz de estas dudas nos alejamos del Creador, de Su Luz Superior, que, debido a esto, se trasfiere a ellos (a nuestros deseos egoístas). Como está escrito: "Se construye *Tzur* (la capital de las fuerzas impuras) solo mediante la destrucción de *Jerusalén* (la capital de las fuerzas puras)". Y así ellos obtienen fuerza para perseguir y humillar a Israel, y le obligan a cumplir su voluntad (con sus convicciones y pruebas de su razón "real", menoscaban el único camino verdadero hacia lo espiritual: la fe por encima de la razón, en contra de la razón). Y como ya se explicó en la *Introducción al Libro del Zóhar* (puntos 69-71), nuestra esclavitud espiritual interna nos lleva a nuestra esclavitud exterior, corpórea, a la persecución y la humillación por parte de las naciones del mundo.

Y este es el secreto de los cuatro reinos que gobiernan sobre nosotros en nuestros cuatro exilios (espirituales y por lo tanto físicos), correspondientes a las *Sefirot Jojmá-Biná-ZA-Maljut*, simbolizadas por el personaje de Navujadnetzar, como dijo el profeta (*Daniel*, 2:32-33): "Aquí está este ídolo: su cabeza es de oro puro, el pecho y los brazos de plata, su vientre y muslos de bronce, sus piernas de hierro; sus pies, en parte de hierro y en parte de barro cocido".

Cuando este ídolo nos gobierna, las naciones del mundo se burlan de nosotros diciendo que ellas tienen su propio Rey. Pero todo fue ideado por el Creador, como está escrito (*Kohélet*, 3:14): "El Creador lo concibió así, para que delante de Él teman los hombres", porque la percepción del Creador, denominada *Shejiná*, también es llamada "el temor a Él". Sin embargo, hasta que no percibimos al Creador, no merecemos sentir temor ante Él. Solo a raíz de la percepción de Su grandeza y poder sentimos el temor ante el Rey de las naciones del mundo.

Esto significa que no tenemos otra posibilidad que no sea la de unirnos completamente y para siempre con el Creador, con ayuda del gran temor a Su grandeza, aceptando Su *Torá* y Sus deseos (Mandamientos) con fe plena y sincera, sin ninguna duda de Sus atributos.

Solo entonces nos fundimos con Él eternamente, en adhesión absoluta, y el Creador vuelca en nosotros todo lo bueno –aquello para lo que Él nos creó– que concibió ya en el principio de la creación y que supone la causa de toda la creación. Este estado es denominado "la liberación y corrección completa y final".

Sin embargo, previamente a esto, antes de conseguir un estado espiritual tan elevado, así es como el profeta describe a los que aspiran hacia el Creador (*Jagay*, 1:6): "Sembráis mucho, pero recogéis poco; coméis, pero sin saciar el hambre; bebéis, pero sin saciar vuestra sed", porque, constantemente, en cualquiera de nuestras acciones (de los que aspiran hacia lo espiritual), la fuerza impura (nuestro egoísmo) recoge la Luz para sí misma. Esto ocurre como resultado de nuestras dudas en la fe en el Creador, y que esa misma fuerza acrecienta en nosotros.

¡Pero estos castigos no son en absoluto para nuestra desgracia! Todo sucede de acuerdo al plan del Creador, únicamente para que avancemos hacia la corrección. Por eso, mientras el hombre esté en un estado en el que solo sea capaz de escuchar razonamientos egoístas, el Creador hará que nos desarrollemos de manera paulatina a través de estas fuerzas. Y con su ayuda, poco a poco, llegamos a ser capaces de sentir temor ante el Creador, por medio de las múltiples pruebas y sufrimientos que nos ocasiona nuestro exilio (de la espiritualidad).

No obstante, al final somos dignos de recibir la fe plena y sincera, y el temor a Su Grandeza. Y sobre dicho estado está escrito (*Tehilim*, 98:3): "Se ha acordado de Su misericordia y de Su lealtad a la casa de Israel, y han visto todos los miserables de la Tierra la ayuda y la liberación a manos del Creador".

Porque, al final de los días, el Creador se acordará de nosotros con Su misericordia y nos dará la fuerza para recibir una fe plena y sincera en ÉL Y todo ello como consecuencia del restablecimiento de *Jerusalén* (la capital del altruismo) sobre las ruinas de *Tzur* (la capital del egoísmo), porque toda la Luz que *Maljut* de la fuerza impura nos robó durante el periodo de nuestro exilio (de la espiritualidad), retornará a nosotros tras el nacimiento en nuestro interior de la fe plena y sincera. Y brillará en nosotros con toda su fuerza.

Entonces, todos los miserables de la Tierra (las manifestaciones del egoísmo) verán con sus propios ojos cómo son salvados (corrección) por nuestro Creador. Porque todas las naciones del mundo (que están en nosotros) verán que siempre -hasta el último momento antes de la corrección- han guardado esta Luz para nosotros a fin de devolverla en el momento necesario. ¡Y todos verán "El dominio del hombre sobre el hombre para su mal"! (*Kohélet*, 8:9).

¡La carga de nuestra esclavitud y el poder de la fuerza impura sobre nosotros, sobre la santidad, solo perjudican a la fuerza impura, porque ella nos obliga a llegar más rápido hacia la fe plena y sincera en el Creador! Y sobre este tiempo habla el profeta: "¿Quién no teme al Rey de las naciones del mundo?", porque ahora ha sido revelado que Él es el Rey de las naciones del mundo, que persigue y gobierna a las mismas naciones del mundo. Porque antes les parecía (a nuestras intenciones egoístas) que nos perseguían (nuestras intenciones altruistas), pero ahora se revela lo contrario: que solo eran ciegas ejecutoras de la voluntad del Creador, sirvientes y esclavas nuestras para llevarnos hacia la perfección.

Y lo que antes sentíamos como golpes, ahora se revela que en realidad se golpeaban a sí mismas, porque debido a estos golpes (los sufrimientos de los deseos egoístas sin cumplir, la persecución y la eterna insatisfacción) ellas aceleraron nuestra liberación, el alcance de la perfección (por nuestra comprensión de la necesidad de aceptar el camino de la fe por encima de la razón). Y de esta manera, aceleraron su propio final (su corrección).

Y allí donde parecía (a nuestra razón) que ellas se sublevaban contra el Creador (nos mostraban con sus razones que el Creador no es la fuente de todo lo que sucede) y se comportaban (supuestamente) a su antojo para humillarnos y satisfacer sus mezquinos deseos egoístas, y daba la impresión de que no había juez (Superior) ni ley (del desarrollo de la creación hacia su meta), ahora se ha revelado que siempre, en todo, estaban cumpliendo el deseo del Creador: llevarnos (a todos nuestros deseos, es decir, a nosotros mismos) hacia la perfección.

Y así, todo hombre en el mundo, lo quiera o no, siempre y en toda manera, solo cumple el deseo del Creador. ¿Por qué no se le llama entonces "el trabajador del Creador"? Porque lo hace de forma inconsciente, no por la fuerza de su deseo. Y para obligar al hombre a cumplir Su deseo, el Creador le da algún deseo ajeno y constante, un deseo de gozar, que obliga al hombre a realizar una acción, pero que cumple como esclavo de su deseo, no como un hombre que cumple el deseo del Creador.

A modo de ejemplo: en el libro "Cabalá, una sabiduría secreta. El sistema de universo", se menciona que el Creador da al hombre un deseo ajeno de obtener dinero, obligándole a abrir un restaurante para que cumpla acciones altruistas como esclavo de su deseo egoísta.

Es decir, para obligarnos a cumplir lo necesario, el Creador creó en nosotros un deseo egoísta de recibir placer en beneficio propio, obligándonos así a acatar lo que Él desea, permitiéndonos hallar placer en aquellas acciones y objetos sobre los que quiere que trabajemos. Por ello, constantemente perseguimos placeres, aunque, de forma inconsciente y permanente, lo que estamos haciendo es cumplir la voluntad del Creador. Es semejante al hecho de dar numerosos juguetes a un niño para que pueda jugar con ellos; no obstante, al jugar, está llevando a cabo un trabajo.

Todo el mundo cumple la voluntad del Creador, pero nuestra meta, la meta de nuestro desarrollo, es llegar al cumplimiento de dicha voluntad de manera consciente. Es decir, alcanzarla, ser conscientes: elevarnos hasta tal punto que deseemos cumplirla no como ahora -de manera inconsciente e involuntaria- sino con todo nuestro deseo; y todo ello con objeto de que los deseos del Creador y los nuestros coincidan plenamente, lo cual representa la adhesión completa y consciente con Él.

Así, queda claro que el Rey de las naciones del mundo es el mismo Creador, que reina sobre ellos y los obliga a cumplir todos Sus deseos, como un Rey a sus esclavos. Y ahora se revela, a todos los pueblos del mundo, el temor a Su Grandeza. La frase "a todos los pueblos del mundo" hace referencia a los ángeles –gobernantes de las naciones del mundo, como *Aparirón, Kastimón, Aza, Azael*, etc.– de los cuales los sabios de las naciones del mundo (nuestro egoísmo y la razón) toman su sabiduría, y con la ayuda de la cual, posteriormente, oprimen a Israel (nuestros deseos altruistas).

EN SUS REINOS: solo existen cuatro reinos, que gobiernan sobre setenta naciones del mundo (ZON = siete *Sefirot*, en cada una de las diez *Sefirot* particulares, haciendo un total de setenta *Sefirot*) y sobre nosotros (las intenciones altruistas) en nuestros cuatro exilios, correspondientes a las *Sefirot* impuras *Jojmá-Biná-ZA-Maljut*, (descritos por Navujadnetzar), como dijo el profeta (*Daniel*, 2:32): "Aquí está este ídolo: su cabeza es de oro puro (primer reino), el pecho y los brazos de plata (segundo reino), el vientre y muslos de bronce (tercer reino), sus piernas, de hierro; sus pies, en parte de hierro y en parte de barro cocido (cuarto reino)".

No hay entre ellos ninguno que sea capaz de hacer la más mínima acción propia, sino solo aquello que Tú les ordenas. Pero esto solamente se revelara al final de la creación, y a todos se revelará el hecho de que la totalidad de nuestros sufrimientos y problemas –que tenían la capacidad de separarnos del lado del Creador–, fueron ni más ni menos que los fieles ejecutores de los anhelos del Creador para acercarnos a Él. Lo único que estas crueles fuerzas han hecho es cumplir lo que Él les mandaba.

Y todo sucedía con el único propósito de llevarnos hasta un estado en que pudiéramos recibir todo el bien, perfecto e infinito, que desde el principio estaba en Su intención entregarnos, en el mismo plan de la creación. El Creador está obligado a llevarnos hacia una fe plena y sincera, y el resultado de la misma debe ser, como dice el profeta (*Daniel*, 2:35): "Entonces fueron desmenuzados todos a la vez, el hierro, el barro, el bronce, la plata y el oro. Quedaron como la barcia de las trilladeras en verano; y el viento se los llevó y no quedó rastro alguno de ellos. Y la piedra que había destrozado su ídolo se convirtió en una gran montaña que llenó toda la Tierra".

La fe plena es denominada "la piedra irrompible (inquebrantable)". Una vez que el hombre merece por la fe plena, desaparece la fuerza impura (sus deseos internos y pensamientos egoístas), como si nunca hubiera existido. Y con ella, todos los miserables pobladores de la Tierra (la razón, la lógica, la filosofía y el sentido común) ven la liberación a manos del Creador, como dice el profeta (*Yeshayahu*, 11:9): "Dejarán de hacer el mal y no matarán en Mi monte sagrado, porque llena estará la Tierra (todo el mundo interno del hombre) del conocimiento del Creador, como lleno de aguas está el mar".

167. Sin embargo, entre todos los sabios de las naciones del mundo, en todos sus reinos, he encontrado en los libros antiguos que, los ejércitos Superiores, aunque seguían con precisión los mandatos y cada uno recibía las instrucciones exactas para cumplir, ¿quién de ellos puede cumplir esto sino Tú? ¿Quién lo hará mejor que Tú? Porque Tú prevaleces sobre todos, tanto en tus atributos como en tus acciones. Por eso se dice que "no hay nadie como Tú".

El propio Creador realiza con Su Luz todas las acciones de la creación y las lleva hacia la meta elegida por Él. La tarea del hombre consiste únicamente en tomar conciencia de toda la creación y gobernanza, y estar de acuerdo de todo corazón con las acciones del Creador, convirtiéndose en participante activo de la creación espiritual.

168. Rabí Shimon dijo a sus amigos: "Esta boda debe ser una boda para todos vosotros, cada uno debe traer un regalo (su parte en la *Maljut* común) a la novia". Y dijo a Rabí Eliezer, su hijo: "Entrega un regalo a la novia, porque mañana ZA mirará cuando entre bajo el palio nupcial, al compás de las canciones y alabanzas de los hijos de la boda, presentes ante el Creador".

¿Quién es esta?

169. Rabí Eliezer abrió y dijo: "¿Quién es esta que sube del desierto?". MI ZOT –quién es esta– es la cosa común a las dos cuestiones, a los dos mundos, *Biná* y *Maljut*, enlazados juntos. SUBE: sube para llegar a ser "El Santo de los Santos". Porque MI es *Biná*, llamada "el Santo de los Santos". Y ella se une a ZOT, a *Maljut*, para que *Maljut* pueda subir del DESIERTO, puesto que ha heredado ESTA del desierto, y pueda convertirse en novia y entrar bajo el palio nupcial.

El Zóhar explica el siguiente pasaje de *El Cantar de los Cantares* (*Shir HaShirim*, 8:5): "¿Quién es esta que sube del desierto, recostada sobre su amado?". Describe un estado al final de la corrección, cuando la novia se adentra bajo el palio nupcial. *MI ZOT: MI es Biná. ZOT es Maljut*. En el final de la corrección, *Maljut* y *Biná* se unen, y ambas reciben el nombre de sagradas. Pero hasta el final de la corrección solo *Biná* se denomina sagrada, y *Maljut* sube hasta ella y recibe la santidad de *Biná*.

Sin embargo, al final de la corrección, *Maljut* llega a ser como *Biná* y ambas se convierten en sagradas. *Maljut* se une completamente con *Biná* a través de la equivalencia de forma, y se funde en su totalidad con la fuente de la vida, porque la pantalla (la restricción sobre la recepción de Luz en *Maljut*), da lugar a la Luz Retornante que reúne a todas las *Sefirot* en una.

Toda la *Or Jojmá* del Creador puede recibirse precisamente en esta Luz Retornante. Y debido a ello, *Maljut* termina con la letra *YUD* y llega a ser perpetuamente semejante a *Biná*. Por eso está escrito que, por medio de la equivalencia de deseos, *Maljut* y *Biná* se unen juntas como una única entidad.

Asimismo, la Luz de *Maljut* quedará permanentemente conectada a la Luz de *Biná*, como un todo, porque la propia *Maljut* se eleva hasta el nivel del "Santo de los Santos", llegando a ser como *Biná*. SUBE, tal y como asciende el sacrificio, que es "el Santo de los Santos". Pues MI (AVI, *Biná*, "el Santo de los Santos") se une con ZOT, *Maljut*, para que *Maljut* se eleve y se convierta en "el

Santo de los Santos". El sacrificio es una parte de *Maljut* (el egoísmo animal del hombre) que se eleva a *Biná* con sus atributos.

Y cuando MI se une con ZOT, *Biná* con *Maljut*, y ZOT llega a ser "El Santo de los Santos", ya no hay disminución en el estado de *Maljut*, pues la disminución tuvo lugar únicamente a consecuencia del deterioro de los atributos de *Maljut*, cuando los nuevos deseos egoístas empezaron a surgir en ella.

Y ahora que *Maljut* se ha hecho sagrada –altruista en sus atributos como *Biná*– la muerte desaparece, la caída de *Maljut* en sus deseos egoístas resulta imposible, pues se ha corregido completamente, ha alcanzado los atributos de *Biná*. Y a los atributos de *Biná* se les denomina santos. Y como resultado de la adquisición de estos atributos por parte de *Maljut*, la Luz Superior, la vida, entra en ella. *Maljut* se eleva desde el desierto (la sensación de falta de la Luz de Vida dada la ausencia de atributos altruistas) y asciende hasta colocarse bajo su palio nupcial.

Esto ocurre gracias a los esfuerzos del hombre, denominados "aquellos que sustentan la *Torá*" (punto 124). Dichos esfuerzos son lo más importante en la creación, porque ellos crean la *Torá*, llevan a *Maljut* al gran *Zivug* en su corrección final, al llenado completo de *Maljut* con la Luz. Y este gran *Zivug* sobre toda la *Maljut* corregida (incluyendo a *Maljut de Maljut*) se alcanza precisamente desde la sensación de DESIERTO espiritual que experimenta el hombre.

170. Ella sube del desierto, del desierto de voz suave en los labios, ella sube, como está escrito: "Tu boca es hermosa" (*Shir HaShirim*, 4:3). Porque la palabra MIDBAR (desierto) es como la palabra DIBUR (el habla). Sobre las grandes fuerzas está escrito que golpean Egipto con todas las plagas del desierto, porque todo lo que el Creador les hizo, no fue en el desierto, sino en los poblados. Y "en el desierto" significa que Él lo hizo mediante el habla, mediante las palabras. Esto asciende desde el habla, desde la boca, desde *Maljut*, cuando ella se eleva y se coloca bajo el ala de *Ima*-madre-*Biná*. Y luego, a través del habla, ella desciende a toda la nación sagrada (la diferencia entre el habla y el discurso consiste en que el habla es lo que precede al discurso).

Antes de la corrección final, cuando *Maljut* es aún llamada "El Árbol del Bien y del Mal", todas las correcciones ocurren con ayuda de MAN-oraciones-peticiones, con ayuda de las cuales, los justos (aquellos que desean acercarse en sus atributos al Creador) elevan *Maljut* hasta *Biná*. A raíz de que durante la elevación de *Maljut* a *Biná* ella recibe los atributos de *Biná* ("elevación" significa alcanzar atributos), *Maljut* llega a ser sagrada (altruista) como *Biná*.

MAN es una oración silenciosa en el corazón del hombre, porque *Maljut* significa el "habla". Sin embargo, hasta la corrección final, no es posible que existan únicamente palabras buenas sin palabras malas. Es decir, esto no ocurrirá hasta que tanto la voz como el discurso procedan de *Biná*, cuando *Maljut* llegue a ser como *Biná*, lo cual implica una unidad entre voz y discurso: el *Zivug* de ZON en su estado de *Gadlut* ya corregido.

ZA recibe la voz desde *Imá* y la transmite en el discurso a *Maljut*. Por ello, este discurso es absolutamente bueno, está desprovisto de todo mal. Y *Maljut* recibe de *Biná* la Luz de la santidad (*Jasadim*). Pero a falta de la corrección con la voz de *Biná* –absolutamente buena y altruista– la voz de *Maljut* siempre está compuesta de bien y de mal. Por eso, las fuerzas impuras y egoístas se aferran a ella y *Maljut* no puede recibir nada desde la santidad (*Biná*).

Y por eso, el MAN que los justos alzan en sus oraciones es como un suave murmullo de los labios, el discurso sin voz, como dice el profeta (*Shmuel I*, 1:13): "Solamente se movían sus labios, y su voz no se oía". Esto ocurre porque no existe ninguna conexión entre MAN y la fuerza impura, y *Maljut* puede ser elevada a *Biná* para que ella reciba la voz desde *Biná*.

Y en consecuencia, el edificio sagrado de *Maljut* se erige. Ella recibe la Luz desde un *Zivug* entre la voz y el discurso, y la santidad de su discurso desciende sobre las cabezas de los justos que han elevado MAN vivificando con ello a *Maljut*.

Por eso está escrito que ELLA SUBE DEL DESIERTO, porque ahora la novia (*Maljut*) está invitada al gran *Zivug* bajo el palio nupcial. Esto tiene lugar gracias a que los justos elevan MAN reuniendo, de ese modo, a *Biná* (la voz-*Imá*) con *Maljut* (el discurso). Y, como consecuencia, los discursos de *Maljut* llegaron a ser tan hermosos como *Biná*.

Y todos esos *Zivugim* individuales realizados sucesivamente por los diversos justos (que constituyen una pequeña porción de la *Maljut* común) durante 6 000 años, unen todas las partes de *Maljut* (todas las almas de los justos) en un gran *Zivug* a medida que la novia se va adentrando bajo el palio nupcial.

Dicho de otro modo, es precisamente la oración silenciosa –la elevación de MAN durante 6 000 años por parte del discurso sin voz (dado que en la voz de *Maljut* el bien y el mal todavía están mezclados)– lo que crea las condiciones para el gran *Zivug* de *Maljut* con ZA: del hombre con el Creador.

Y debido a que *Maljut* recibió la voz desde *Biná* (*Imá*-madre) con ayuda de los justos, es decir, desde todas las buenas acciones llevadas a cabo por los justos durante 6 000 años, ahora todo se une en un gran *Zivug* Supremo bajo el palio nupcial. Esto sucede porque *Maljut* se vuelve completamente buena, sin rastro alguno de maldad, y se convierte en "el Santo de los Santos", como *Ima*.

El discurso silencioso es definido como el movimiento de los labios sin la participación de paladar, garganta, lengua o dientes. Así es alzado MAN: cuando *Maljut* asciende entre las alas de *Biná*, es decir, cuando recibe la voz de las alas de *Ima* en su discurso. Y luego, una vez recibido el discurso, desciende sobre las cabezas de la nación sagrada. Pues tras la recepción de la voz mediante el atributo de misericordia de *Ima*, *Maljut* llega a ser sagrada como la propia *Biná*, y su santidad desciende sobre aquellos que la han corregido. En consecuencia, ellos reciben el nombre de "la nación sagrada", pues ahora los discursos de *Maljut* son sagrados, como los discursos de *Ima-Biná*.

Existe la voz y existe el discurso. La "voz" es la parte interna, el "discurso" es la revelación de la voz en el exterior. La base de la revelación es la expiración, la letra *Hey*, que es insonora. ZA es llamado "voz", y *Maljut* es llamada "discurso". Estos se cantan mediante las notas (*Taamim*); acto seguido vienen las letras y los puntos que definen las vocales.

El nivel de la Luz de *Jayá*, llamado en hebreo *Kol* (voz), surge de la pantalla en la boca del tercer nivel de espesor, denominado "dientes". Desde esta Luz, ZA recibe *Or Jojmá* y su voz se oye entonces en el exterior (engendra las almas de los inferiores).

Sin embargo, por debajo del nivel de *Neshamá*, la voz de ZA no se oye, pues su pantalla no es lo suficientemente fuerte como para recibir *Or Jojmá*. El nivel de la Luz de *Yejidá* en ZA, llamado *Dibur* (discurso), surge de la pantalla que se encuentra en la boca (*Pe*), el cuarto nivel de espesor. Esta grandísima pantalla, que revela toda la Luz, es denominada "los labios".

La Luz de *NaRaNHaY* revela la sabiduría (*Jojmá*) interna, Suprema y oculta, el pensamiento oculto, la Luz interna de *Biná*, la cual no puede brillar para los inferiores, es decir, en ZA, porque ZON no pueden recibir desde *Pe* de AA. Pero los dos niveles de la Luz (*Jayá* y *Yejidá*) que descienden desde AA con ayuda de *Biná*, se convierten en la voz y el discurso, a pesar de que esta es la Luz del pensamiento, la sabiduría y la razón.

La voz se forma en ZA y el discurso en *Maljut*. Si el justo eleva sus oraciones (MAN) a *Maljut*, causando así la elevación de ZON a AVI (que están en combinación constante para proporcionar Luz a los inferiores), entonces ZON reciben desde AVI esta Luz llamada "voz y discurso". Este es el atributo de los justos: crear, construir lo puro y destruir lo impuro con su voz. Al principio, existía una sola lengua en toda la Tierra, *Lashón HaKodesh* (la lengua sagrada), el discurso único. En hebreo la palabra "lengua" –tanto la verbal como la anatómica– es la misma palabra (*Lashón*), mientras que el discurso viene designado por la palabra *Safa* (labio).

171. Pregunta: "¿Cómo se eleva *Maljut* en el discurso?". Y contesta: "Cuando el hombre se despierta por la mañana, cuando abre sus ojos, en primer lugar está obligado a bendecir a su Creador, su Señor. ¿Cómo debe bendecirlo? Tal y como hacían los primeros *Jasidim*: ellos solían poner una vasija con agua delante de sí para que, al despertarse por la noche, pudieran lavar inmediatamente sus manos y levantarse a estudiar la *Torá* tras haberla bendecido. Cuando el gallo llamó con su voz, anunciando precisamente la medianoche, el Creador se encontraba con los justos en el Jardín del Edén. Y en la mañana está prohibido bendecir con las manos impuras".

Él pregunta: dado que está escrito que el comienzo de la corrección de *Maljut* debe venir expresado en un murmullo de los labios, ¿cómo es posible, entonces, bendecir a plena voz de inmediato cuando uno despierta (espiritualmente)? En efecto, esta bendición también debe ser pronunciada en un murmullo, para poder recibir primero la voz desde *Ima*, y para poder elevar a *Maljut* hasta *Biná* con la voz-fuerza de *Ima-Biná* e infundir en ella los atributos altruistas.

El Zóhar contesta: los primeros *Jasidim* corrigieron esto. Cuando el hombre empieza a dormir (cuando cae hasta el nivel de la Luz en su *Partzuf* espiritual llamado "sueño") su alma sagrada (la Luz que estaba en su *Partzuf* espiritual) asciende, y en él solamente queda el espíritu impuro de la serpiente primigenia (atributos egoístas), puesto que el sueño es la sexagésima parte de la muerte (*Talmud, Brajot, 57:2*).

Y dado que la muerte es el atributo impuro de la serpiente primigenia, al despertar (al recibir nueva Luz desde Arriba), el espíritu impuro no sale completamente del hombre (deseos egoístas), sino que se queda en las yemas de los dedos de sus manos (no todos los deseos del hombre cambian bajo la influencia de la Luz recibida desde Arriba, llamada "Luz de la mañana" o "Luz del despertar". Y cuanto mayor sea su santidad, cuanta más Luz haya en el hombre antes de que este vaya a dormir (antes de la caída en el estado espiritual más bajo, llamado "sueño"), tanto mayor la adherencia de la fuerza impura a estos deseos cuando las intenciones altruistas salen de ellos al adormecerse.

Las yemas de los dedos constituyen el lugar (el deseo) más puro de todo el cuerpo (todos los deseos), los deseos más espirituales del hombre, porque ese es el lugar donde ocurre el llenado con *Or Jojmá* (con ayuda de una pantalla y a raíz de un *Zivug*, *Or Jojmá* entra en estos deseos).

Por eso, hasta después de despertar (con el comienzo de la elevación espiritual), la fuerza impura (egoísta) no abandona este lugar de los deseos y anhela recibir al menos una parte de aquella gran Luz que pueda llenar a estos, los deseos más altruistas del hombre.

De ahí que sea necesario el lavado de las manos, la expulsión de los deseos egoístas que han quedado en ellas. Para ello, es preciso preparar dos vasijas: la Superior (la jarra) y la inferior, la cual aceptará las impurezas que desciendan a ella.

La Vasija Elevada y Superior designa a *Biná*, cuya Luz ahuyenta la fuerza impura.

Por eso, lavar las yemas de los dedos con las aguas (fuerzas-deseos de *Biná*) hace que la fuerza impura (deseos egoístas del hombre) huya de ese lugar. Y gracias a ello *Maljut* se llena de bendición, se libera del mal, del egoísmo que había en ella, y se convierte en completamente buena y bondadosa. Y después de esto, se puede estudiar la *Torá* y bendecir al Creador por ella, porque el lavado de las manos es como la elevación de MAN al pronunciar la oración en un murmullo hacia las alas de *Ima*.

Cuando el gallo canta (signo espiritual del ángel Gabriel) es exactamente medianoche, como está escrito (*Bereshit*, 1:16): "El lucero grande para el dominio del día, y el lucero pequeño para el dominio de la noche". Porque el lucero pequeño, la *Shejiná* (*Maljut*) sagrada, menguó, se revistió de fuerzas impuras y (*Mishley*, 5:5) "Sus pies descienden hasta la muerte".

Y esto es así porque durante 6 000 años, antes de su corrección final, *Maljut* incluye dentro de sí el Árbol (fundamentos) del Bien y del Mal: si el hombre es digno, entonces se convierte en su bien, él se purifica. Si es indigno, entonces se convierte en mal para él. Por eso, el dominio de la noche también se divide en dos partes: la primera mitad hace referencia a un estado llamado "indigno, maldad", mientras que la segunda mitad de la noche corresponde al estado llamado "digno, bondad".

La primera corrección de la parte buena de *Maljut* es llevada a cabo exactamente a medianoche (en el estado denominado "medianoche"), puesto que es entonces cuando *Maljut* recibe la voz de *Biná*. Es decir, *Maljut* se eleva y se corrige dentro de *Maljut* de *Ima* = *Biná*. Como resultado, la rigurosidad y el juicio en *Maljut* se convierten en rigurosidad sagrada, el juicio del buen lado, con ausencia absoluta de mal. Esto significa que la rigurosidad y el juicio caen sobre las fuerzas impuras. Sin embargo, esto se convierte en misericordia para Israel.

Yitzjak es la restricción, el atributo de *Maljut* dentro de *Biná*. El gallo, en hebreo, es *Tarnegol*, que proviene de la palabra *Guéver* (hombre). Este es el ángel Gabriel, que sirve a *Maljut*, el lucero pequeño. La rigurosidad de *Biná* agujerea las alas del gallo (Gabriel) y de ese modo, *Maljut* recibe la voz de *Biná* a través de él.

Y cuando Gabriel entrega la voz de *Biná* a *Maljut*, su llamada llega a todos los gallos de este mundo, es decir, al atributo de rigurosidad en el vacío espiritual, al estado llamado "este mundo", *Maljut de Maljut*. Y todos hablan solo con esta voz, el atributo corregido de misericordia de *Biná*. Y por ende, la voz de *Maljut* y su rigurosidad ya no dominan en la segunda mitad de la noche, y la voz de *Biná* ocupa ese lugar. Esto es lo que proclama "el gallo de nuestro mundo" (el atributo de rigurosidad en *Maljut de Maljut*).

Por esta razón el canto del gallo (el cambio de atributos) se oye precisamente a medianoche (tiene lugar el cambio de estados), porque esta llamada significa que *Maljut* ya ha sido corregida por la voz de *Biná*, la voz de *Biná* ya se encuentra en *Maljut*: exactamente a medianoche, momento que marca el comienzo de la segunda mitad, el bien absoluto sin el mal.

Una vez que *Maljut* ha recibido la voz de *Biná*, los justos (los atributos del hombre en los mundos de *BYA*) alzan MAN con ayuda de los estudios de la *Torá* tras (en el estado de) la medianoche. Ellos elevan este MAN hasta "la rigurosidad alegre" en *Ima*, sobre lo cual está escrito (*Mishley*, 31:15): "Se levanta aún de noche", pues es precisamente por la noche cuando la *Maljut* Suprema se revela a sí misma en todo su esplendor.

La revelación en sí de *Maljut* únicamente ocurre en el Jardín del *Edén*, es decir, ella es para los justos que la han corregido mediante su trabajo y sus estudios (en el estado) tras la medianoche. El Creador se alegra con ellos (la alegría significa el llenado con *Or Jojmá*) en el Jardín del *Edén*, ya que *Maljut* corregida se denomina "la *Shejiná* Sagrada" o "el Jardín del *Edén*", puesto que ella recibe *Jojmá* y se alegra con los justos que, dentro de ella, componen su MAN.

Y lo escrito acerca de que la impureza (deseos egoístas) desaparece de las yemas de los dedos del hombre (de sus deseos más supremos) únicamente después de su lavado (su corrección en atributos altruistas), se cumple no solo para la noche. Es decir, se eleva desde el grado más bajo de "sueño" al grado más alto de "despertamiento"; y la diferencia entre ellos es que antes solo recibía *Or Jasadim*, necesaria para la vida, que era llamada "sueño", mientras que "despertamiento" significa la recepción de *Or Jojmá*. Dado que la fuerza impura se adhiere constantemente a las yemas de los dedos del hombre (precisamente para que la corrija y así alcance las alturas espirituales más supremas), él está obligado a lavar sus manos (hacer sus deseos-intenciones "para el Creador") antes de cada bendición (súplica al Creador para la recepción).

172. Pues durante el sueño del hombre, su alma (espíritu) le abandona. Y en cuanto el alma sale de él, de inmediato el espíritu impuro la reemplaza, llena sus manos y las profana, y está prohibido bendecir sin lavarse las manos. Y si objetaras que, cuando el hombre no está durmiendo, su alma no le abandona y la fuerza impura no desciende hasta él, entonces, aun así, si accede a un lavabo, debe lavar sus manos, y antes de hacerlo tiene prohibido leer ni una sola palabra de la *Torá*. Y si dices que es porque están sucias, es incorrecto, ya que ¿con qué se ensuciaron?

173. Pero, ¡ay de aquellos que no cuidan ni guardan el honor del Creador, y no conocen los fundamentos de este mundo! En cada sentina de este mundo hay un espíritu que habita en ella, un espíritu que se deleita con la inmundicia y el excremento, y que desciende inmediatamente hasta los dedos del hombre.

Tal y como hizo el Rabí Y. Ashlag, yo también me abstengo de comentar los puntos 172 y 173 en *El Zóhar*; y el que sea digno de ello, entenderá este texto por sí solo.

AQUEL QUE SE REGOCIJA EN LAS FIESTAS

174. Abrió Rabí Shimon y dijo: "Aquel se regocija en las fiestas y no entrega una parte al Creador, un mal de ojo –Satanás– le odia y le calumnia, le aparta del mundo y le acarrea cuantiosas desgracias".

Ya estudiamos en el punto 68 que, en las fuerzas impuras (las fuerzas espirituales egoístas del hombre, conocedoras del deleite que se existe en la Luz del Creador y deseosas de utilizarla para sí mismas), existen dos partes: la masculina y la femenina. La parte masculina es menos perjudicial que la femenina. Induce a pecados tales como mentir en nombre del Creador: como si alentara al hombre a cumplir los Mandamientos (*Mitzvot*), pero no en completa pureza, no solo en pro del deleite del Creador, sino con una pizca de interés propio, de deleite personal, como está escrito en *Mishley del Rey Shlomo* (23: 6): "No tomes el pan del adversario y no desees sus manjares. Porque tal como piensa en el seno de su alma, así es él. Te dirá: '¡Come y bebe!', pero su corazón no estará contigo".

Dado que la parte masculina no tiene ninguna intención de otorgar, el Mandamiento queda desprovisto de temor y amor, es decir, sin corazón. No obstante, puesto que la fuerza impura masculina ya tiene atrapado al hombre en sus redes, en ella aparecen fuerzas para la realización de un *Zivug* con su parte impura femenina, la *Nukva* impura, la fuerza malvada y amarga que miente en nombre del Creador y, como resultado de sus seducciones, atrapa por completo el alma del hombre.

Por eso *El Zóhar* dice que el mal de ojo odia al hombre y lo calumnia, y lo aparta del mundo al provocar que no observe el mandamiento de alegrarse en el festejo (recepción de *Or Jojmá*, la alegría en un grado más alto), por ser esta alegría no en beneficio del Creador: como cuando uno come solo y no entrega nada a los necesitados, debido a lo cual la fuerza impura masculina realiza un *Zivug* con *Nukva* y toma el alma del hombre.

175. La acción del Creador reside en alegrar a los pobres, conforme a Su posibilidad. Porque, en los días de las fiestas, el Creador viene a ver a todos Sus *Kelim* rotos, y accede a ellos y ve que no hay nada de qué alegrarse, llora por ellos y asciende a lo Alto para aniquilar el mundo.

Para entender esto y las protestas de los ángeles, primero hay que comprender las palabras de los sabios (*Midrash Rabá* 86): "Al crear el mundo, preguntó el Creador a los ángeles: "¿Vamos a crear al hombre a nuestra imagen (TZÉLEM) y semejanza?". Y cuatro ángeles (fuerzas, atributos) de la creación Le respondieron:

La Misericordia dijo: CREAREMOS, porque él hace *Jasadim*, la misericordia. La verdad dijo: NO CREAREMOS, porque él es todo falsedad. La justicia dijo: CREAREMOS, porque obra con justicia. La paz dijo: NO CREAREMOS, porque él es todo enemistad. ¿Qué hizo el Creador? Tomó la verdad y la escondió en la tierra, como está escrito: "arrojó por tierra la verdad" (*Daniel*, 8: 12). La única razón de nuestro estudio de la *Torá* y los Mandamientos radica en que gracias a ellos, el hombre llega a los estudios "*LiShmá*" (en beneficio del Creador), como dice *El Talmud* (*Psajim*, 50:2): "De los estudios "*Lo LiShmá*", (en beneficio propio), el hombre llega a los estudios "*LiShmá*" (en beneficio del Creador)".

El hombre, al nacer con deseos y fuerzas tan miserables, es incapaz de empezar a estudiar prontamente los Mandamientos del Creador para deleite de Aquel que entrega estos Mandamientos, tal como está escrito: "El hombre nace como un asno salvaje" (*Iyov*, 11:12). Y debido a su naturaleza egoísta, no es capaz de efectuar ningún movimiento o acción interna si no es en beneficio propio.

Por ello, el Creador estableció la posibilidad de que el hombre observe los Mandamientos solamente para sí mismo, buscando el beneficio personal. PERO A PESAR DE ESTO, ATRAE LUZ ESPIRITUAL A SUS ACCIONES. Posteriormente, con ayuda de la Luz recibida, empieza a cumplir los Mandamientos con el fin de agradar y complacer al Creador.

Y precisamente este era el alegato de la VERDAD sobre el cual basaba su desaprobación a la creación del hombre: afirmaba que todo él es falsedad. Ya que, ¿cómo se puede crear al hombre para que estudie la *Torá* y los Mandamientos en un estado de absoluta mentira, es decir, "para sí mismo"?

Pero la MISERICORDIA dijo "crearemos", porque él realiza obras de misericordia. Los Mandamientos de misericordia, los cuales el hombre en un principio quizá cumpla de manera mecánica, "para sí mismo", aunque simplemente son acciones sin intención de otorgar (es decir, acciones externas), con su ayuda, el hombre corrige gradualmente sus intenciones hasta lograr cumplir todos los Mandamientos "en beneficio del Creador". Por lo tanto, hay una seguridad completa, una garantía de que, como resultado de todos sus esfuerzos, el hombre alcanzará la meta: las acciones altruistas "en beneficio del Creador", y por eso el hombre puede ser creado.

Del mismo modo se pronunciaba la PAZ, afirmando que el hombre es todo "enemistad" y, por lo tanto, puede dedicarse a los Mandamientos "en beneficio del Creador" solamente si también existe la ventaja de "para sí mismo". No obstante, a raíz de esta mezcla entre intención y acción, el hombre se encuentra en constante enemistad con el Creador, pues le parece que él es un gran justo y no ve en absoluto sus defectos. Es decir, no se da ninguna cuenta de que todo su estudio de la *Torá* y Mandamientos son en su propio beneficio.

Y dado que se siente así, se llena de odio y exigencias hacia el Creador: ¿Por qué el Creador no le trata como debe tratarse a un justo absoluto? Y sucede que alterna estados de paz con estados de desavenencia con el Creador. Por ello, la PAZ insistió en que no valía la pena crear al hombre.

Sin embargo, la JUSTICIA afirmó que hay que crear al hombre, pues él imparte justicia. Y al observar el Mandamiento de ayuda a los pobres, aun con la intención "en beneficio propio", paulatinamente se adquiere el atributo de "otorgamiento", logra las acciones "en beneficio del Creador". Y merece la PAZ eterna con el Creador.

El Creador, después de escuchar estas opiniones, estuvo de acuerdo con los ángeles de JUSTICIA y MISERICORDIA, y Él entregó la VERDAD al interior de la "tierra". Con ello, Él permitió que el hombre comenzara a observar los Mandamientos, aun cuando su intención fuera "para sí mismo" y a pesar de que esto es falsedad.

Resulta que el Creador bajó la VERDAD al interior de la tierra, ya que Él aceptó la afirmación de la MISERICORDIA y JUSTICIA de que, a raíz del Mandamiento de la ayuda y limosna a los pobres, el hombre acaba llegando a la VERDAD, es decir, al trabajo en beneficio del Creador, y por eso la VERDAD se elevará desde la tierra.

Lo único que fue creado por el Creador, es *Maljut de Maljut* –el egoísmo– y solo puede ser corregida "inyectándole" los atributos del Creador, los atributos de *Biná*, la misericordia. Pero ¿cómo hacerlo si estos son los atributos opuestos? Y en lo espiritual las distancias son proporcionales a la diferencia de atributos. Entonces, ¿cómo puede unirse *Maljut* con *Biná*?

Para eso tuvo lugar la rotura del *Kli*: el deseo espiritual, es decir, el deseo altruista perdió la pantalla y se convirtió en un deseo egoísta. Pero quedaron en él chispas de Luz. Y estas chispas de Luz existen en los deseos egoístas, y por eso los deseos egoístas tienen fuerza sobre nosotros.

De estas chispas de Luz Superior nace todo tipo de amor y placer, porque la Luz es placer. Y dado que estas chispitas de Luz se encuentran en el interior de las vestiduras impuras –bajo el poder de las fuerzas impuras– el hombre empieza a percibir estos sentimientos de placer y amor como si fueran el atributo de las fuerzas impuras, como si las vestiduras egoístas llevaran consigo el placer y este fuera su atributo. Y el hombre asocia los atributos de amor y placer con las fuerzas impuras, y no entiende que esas fuerzas impuras le atraen con esa chispa de espiritualidad que cayó en ellas.

Dada la atracción que tiene la fuerza impura, esta lleva al hombre a cometer distintos pecados como el robo, el vandalismo o el asesinato. Y, al mismo tiempo, ella nos da un deseo de observar la *Torá* y los Mandamientos para beneficio propio. Incluso si empezamos a cumplirlos en el estado de "no para el Creador", sino "para nosotros mismos", es decir, en beneficio propio, para llenar nuestras bajas aspiraciones, según los deseos de las vasijas –los *Kelim* fraccionados (las vasijas que se volvieron egoístas)–, entonces, poco a poco, con nuestras acciones llegamos a la intención "en beneficio del Creador"; y nos volvemos merecedores de la meta de la creación: recibir todo aquel placer supremo que estaba pensado y preparado para nosotros ya en el plan de la creación, "otorgar placer al hombre". De este modo, las fuerzas impuras se destruyen a sí mismas; pero ese era el designio y con ese propósito fueron creadas por el Creador.

Dice *El Zóhar* que, en estos días de fiesta, el Creador viene para contemplar a todos los *Kelim* rotos. Porque, en los días de las fiestas –cuando el hombre cumple el Mandamiento de la alegría, a consecuencia de la gran cantidad de la Luz que recibió del Creador–, Él aparece para observar sus *Kelim* fragmentados, con los que el hombre tiene la posibilidad de observar los Mandamientos "no en beneficio del Creador". El Creador recorre y observa hasta qué punto estas vasijas rotas han cumplido su propósito: llevar al hombre al cumplimiento de los Mandamientos con la intención "en beneficio del Creador".

Pero el Creador se acerca a ellos y ve que no hay nada por lo que alegrarse. Y llora por ellos, pues ve que, de esas vasijas rotas, aún no ha nacido nada espiritual, altruista: ve que el hombre no ha corregido todavía ni una vasija rota (ni un deseo egoísta propio). En otras palabras, no hay ni una vasija de las intencionadamente rotas por el Creador que haya llevado al hombre a la intención "en beneficio del Creador", y únicamente se regocija en las fiestas por propio placer.

Y entonces el Creador llora y se lamenta por haber roto las vasijas, porque las ha fragmentado y bajó la VERDAD al interior de la tierra solamente en beneficio del hombre, para darle la oportunidad de empezar a trabajar en la falsedad (con la intención "para sí mismo") y paulatinamente llegar a la verdad, a la intención "en beneficio el Creador". Y cuando el Creador ve que el hombre no ha cambiado en absoluto en sus aspiraciones de placer propio, llora por las vasijas rotas; como si las hubiera roto en vano.

Y Él se eleva hasta lo Alto para aniquilar el mundo: asciende para detener el descenso de la Luz y, de ese modo, aniquilar el mundo. Porque el mundo, las criaturas, únicamente pueden existir si reciben –incluso de manera inconsciente– la Luz del Creador. Sin embargo, si el estado y las acciones del hombre "para sí mismo", no consiguen llevarle a una intención "para el Creador", la Luz resulta ser dañina para el hombre, ya que en la persecución de esta Luz, él se hunde cada vez más en los deseos egoístas (las fuerzas impuras), con una cada vez mayor dependencia del egoísmo. Y por eso es preferible –más beneficioso para el hombre– que cese en él la sensación de placer en los deseos impuros, para que eso no le destruya por completo, para que no adquiera poderosos deseos egoístas desde los cuales nunca podría llegar a la espiritualidad (al ser esclavo de ese placer).

176. Ante el Creador se presentan los participantes en la asamblea y dicen: "Señor del mundo, Te llaman misericordioso e indulgente. Vuelca Tu misericordia sobre Tus hijos". Él les responde: "¿Acaso no lo hice cuando creé el mundo basado en la misericordia? como está escrito: el mundo fue creado con misericordia". Y el mundo se basa en esto. Pero si con los pobres no se practica la misericordia, el mundo será aniquilado". Y dicen los ángeles superiores ante Él: "Señor del mundo, aquí tenemos a un hombre que comió y bebió a gusto, podría haber sido misericordioso con los pobres, pero no hizo nada". Aparece el acusador, se le da permiso y persigue a aquel hombre.

Las almas exaltadas, llamadas "participantes o hijos de la asamblea", empiezan a rezar por los inferiores, para que el Creador tenga misericordia de Sus hijos y no interrumpa el flujo de Luz que desciende sobre ellos. Ellos intentan por todos los medios justificar el estado del hombre y dicen que, en tanto cumpla sus Mandamientos con fe, será llamado "el hijo del Creador". Y por ende, es merecedor de la misericordia del Creador, como cuando un padre es misericordioso con su hijo.

El Creador les responde que creó el mundo con el atributo de la misericordia, y el mundo únicamente está basado en este atributo. Es decir, ninguna corrección con la Luz del Creador llegará al hombre mientras este menosprecie al pobre. Porque la creación del mundo fue el resultado del acuerdo entre el Creador y el ángel de la MISERICORDIA, el cual establece que, a raíz de las acciones misericordiosas del hombre, el mundo podrá existir y poco a poco llegará a la intención de "en beneficio del Creador". Pero ahora, puesto que no se practica la misericordia, no habrá corrección.

Entonces responden los ángeles Superiores: "Señor del mundo, aquel hombre comió y bebió a gusto y se hartó, y podía haber realizado una acción de misericordia con los pobres pero no les dio nada". Es decir, en este caso los ángeles Superiores también comienzan a acusar al hombre en vez de defenderlo, incluso los ángeles de MISERICORDIA y JUSTICIA. Y todos los que estuvieron de acuerdo en crear al hombre, no deseaban crear un hombre egoísta con deseos "para sí mismo", pero acordaron su creación solamente porque pensaron que, a través de actos de misericordia y justicia, él podría pasar del egoísmo "para sí mismo" al atributo "para el Creador". Ahora todos ellos también están en contra del hombre.

Cada vez que el hombre no es capaz de adquirir la intención "en beneficio el Creador", los ángeles se arrepienten y lamentan haber dado su consentimiento para la creación del hombre. Y ahora lo acusan ante el Creador. Y cuando se hace obvio que el hombre no va a llegar al atributo altruista de "en beneficio el Creador" con el cumplimiento de los Mandamientos, es entregado al acusador.

177. No hay nadie más grande en este mundo que Avraham, que actuó con misericordia hacia todas las criaturas. Sobre el día en que organizó un festejo, se dice: "Ha crecido el hijo, se ha hecho grande, y Avraham hizo un gran festejo el día que Yitzjak dejó de ser lactante". Avraham organizó el festejo e invitó a todos los líderes de esa generación. Es bien sabido que en todo festejo se encuentra el acusador supremo y está vigilando. Y si hay personas pobres en la casa, el acusador se aleja de esa casa y no entra más en ella. Pero si el acusador entra y ve regocijo sin los pobres –sin haber practicado primero misericordia con los pobres–, se eleva hacia lo Alto, acusa y denuncia al anfitrión de ese festejo.

178. Puesto que Avraham fue el líder de su generación, el acusador descendió de los Cielos y se detuvo ante la puerta de su casa, con aspecto de hombre pobre. Pero nadie le miró. Avraham estaba sirviendo a reyes y ministros, y Sará amamantaba a todos los niños, pues no creían que hubiera alumbrado a un hijo y decían que Yitzjak era un niño expósito, adquirido en un mercado. Por eso trajeron consigo a sus hijos y Sará los amamantaba frente a todos. Y el acusador permanece en la puerta. Sará dijo: "El Creador me ha hecho reír" ("Cualquiera que oiga se reirá de mí", *Bereshit*, 21: 6). En ese instante, el acusador se elevó hasta el Creador y Le dijo: "Oh, Señor del mundo, Tú has dicho que Avraham es Tu preferido. Él organizó este festín y no Te ha entregado nada, ni a Ti ni a los pobres, no ha sacrificado para Ti ni siquiera una paloma. Y Sará dice que Te reíste de ella".

Hasta el final de la corrección, es imposible librarse por completo de las fuerzas impuras. Por ello, incluso a los justos supremos –por más que intenten cumplir los Mandamientos del Creador con la pureza de todas sus intenciones altruistas y sin rastro de provecho propio– las fuerzas impuras podrán inculparlos y encontrar defectos e imperfecciones en el cumplimiento de los Mandamientos.

Por eso, el Creador estableció otra oportunidad para que los justos puedan acallar al acusador –entregando el justo al acusador una parte de santidad y pureza, como en un soborno–. Y con ello, le silencia. De ese modo, el acusador ya no desea culpar al justo para que no desaparezca, porque, con ello, el acusador, es privado de su parte de santidad: de la Luz que recibe cada vez que el justo cumple los Mandamientos.

De aquí surge la necesidad de la hebra externa en los *Tefilín* (filacterias), la liberación del ternero, la ternera roja, etc. (véase *"El Zóhar"*, *Emor*: pág. 88). Con esto podemos ver hasta qué punto el mundo fue creado de una forma extraordinaria, versátil y compleja, hasta qué punto es imposible juzgar los actos humanos y la Gobernanza Superior por sus manifestaciones externas, por cómo se presentan ante nuestros ojos, y cuán "entrelazadas" están todas las conexiones entre fuerzas puras e impuras, cuán grande es su interdependencia.

En los ejemplos sobre nuestros grandes líderes-cabalistas podemos ver cuánto han sufrido. ¡Cómo tuvieron que rebajarse ante unos miserables gobernantes o ante las masas incultas! ¡A qué persecuciones se enfrentan los más cercanos al Creador! E incluso aquellos que han comenzado recientemente su camino espiritual, sienten estos obstáculos.

Aquí, con el ejemplo de Avraham, no se habla de un acusador común, porque ciertamente Avraham había dado comida a todos los pobres –como siempre había hecho– antes de ofrecer comida a los invitados importantes. Pero este acusador exigía su parte de la santidad-Luz. Sin embargo, Avraham no quería dar nada de santidad a la impureza, sino que deseaba abatir su fuerza y rechazarla por completo. Por eso el acusador se elevó, fue hacia Arriba e inculpó a Avraham.

No obstante, *"El Zóhar"* dice que el acusador no era pobre: únicamente se hizo pasar por tal y exigió ser agasajado con el banquete de Avraham. Avraham percibió que no era un pobre, sino una fuerza impura haciéndose pasar por pobre. Y por eso no quiso darle nada.

De ahí las palabras: "No sacrificó ni siquiera una paloma". Porque según el ritual del sacrificio (el repudio a las partes egoístas, al "yo" humano) solo se ofrecen dos palomas, correspondientes a los dos puntos unidos entre sí en *Maljut*: el atributo de *Maljut* corregida con el atributo de la misericordia, *Biná*. En este punto común, existen al mismo tiempo la restricción y la misericordia, pero la cualidad de restricción está oculta y la de misericordia está revelada (véase el punto 122).

Sin esta combinación de los atributos de *Maljut* con *Biná*, llamada mitigación o endulzamiento de *Maljut*, el mundo (*Maljut*) no podría existir, es decir, recibir la Luz del Creador. Por lo tanto, hay que sacrificar concretamente dos crías de paloma. Una paloma es la que Nóaj envió (Noé) desde su arca y nunca regresó (*Bereshit* 8), porque la paloma representa el atributo de restricción en *Maljut*, sin ninguna mitigación de ella con el atributo de misericordia de *Biná*. Y debido a que Nóaj no pudo corregir nada en ella, la paloma no regresó a él (véase *"El Zóhar", Shlaj*, pág. 52).

Las pretensiones y quejas del acusador sobre la comida de Avraham el día que se dejó de amamantar a Yitzjak, procedían de su exigencia por recibir su parte, es decir, la corrección de aquella parte de *Maljut* que es imposible corregir hasta *Gmar Tikún* (el fin de la corrección, la corrección total). Y esto es el atributo de restricción en *Maljut*, con el cual el mundo no puede existir y por ello debe permanecer oculto. Dicho atributo es la paloma que no volvió a Nóaj.

Al hombre no se le ha encargado la corrección de su egoísmo primordial –instaurado por el Creador– porque lo creado por el Creador, no se puede modificar. Pero el hombre puede optar por no utilizar el egoísmo y emprender sus acciones recibiendo los deseos desde *Biná*, escondiendo su egoísmo, ocultando a *Maljut*. Por eso se creó en el hombre la combinación de los atributos de *Maljut* (egoísmo) y *Biná* (altruismo), para que él ocultara con sus esfuerzos los atributos de *Maljut* y actuara solamente según los atributos de *Biná*.

Cuando el hombre pueda rechazar por completo la utilización de su egoísmo y guiarse por los atributos de *Biná*, alcanzará el estado llamado "el final de su corrección". La corrección se efectúa durante 6 000 años, es decir, por los grados de 6 000 acciones sucesivas. Y después, el *Mashíaj* (Mesías-salvador) del hombre, la Luz Superior, llega a él y transforma todo su egoísmo –la naturaleza primigenia del hombre– rechazado durante 6000 años, convirtiéndolo en lo contrario, en altruismo. Y entonces, los atributos egoístas del hombre sirven para recibir la Luz del placer en beneficio del Creador, y ya no tiene que rechazar su utilización.

El atributo de *Maljut* con el que el hombre no puede trabajar en beneficio del Creador hasta su corrección final, se llama "restricción". Hasta la corrección completa de *Maljut*, durante 6 000 años, a través de la purificación gradual con las cualidades de *Biná*, existe una prohibición sobre la utilización de las cualidades de *Maljut*. Esta restricción también es llamada "rigurosidad" o "juicio", ya que dicha restricción es también la fuente de todos los castigos y prohibiciones.

Avraham no pudo corregir este atributo de restricción en *Maljut*, es decir, recibir la Luz en toda *Maljut*. Y por lo tanto, no recibió nada en esta parte. Precisamente así se comportó con el acusador, y por ello este subió de inmediato para acusar a Avraham ante el Creador, aseverando que Avraham, con su festejo, no había corregido nada en el atributo de restricción de *Maljut*. Esta parte o atributo de restricción se llama POBRE, porque no tiene Luz, no la recibe. Y por eso representa la esencia de la misma *Maljut*: el egoísmo.

Como el Creador mitigo con el atributo de misericordia el atributo de restricción de *Maljut* -mezcló *Maljut* con *Biná* solamente para dar al mundo la posibilidad de existir- entonces, aquella Luz, recibida gracias al atributo de misericordia, se define como la parte de Luz que pertenece a todos los habitantes del mundo. Y gracias a ella se corrige *Maljut*. *Maljut* representa la parte personal del Creador, pues la creó para llenarla personalmente.

A consecuencia del milagro del amamantamiento de los bebés que fueron llevados a Sará, Avraham recibió toda la Luz contenida en el atributo de misericordia y empezó a dudar de su capacidad de corregir también la parte de *Maljut* llamada "POBRE", la cual no recibe nada (porque está prohibido utilizarla durante 6000 años) y constituye la parte personal del Creador.

Por eso subió el acusador con la denuncia de que Avraham no otorga a los POBRES y no otorga a la parte del Creador, es decir, a la propia *Maljut de Maljut*, la cual el hombre es incapaz de corregir por sí mismo -ni siquiera Nóaj supo corregirla-. Y no Te ha dado nada, ni a Ti ni a los pobres. Ni siquiera una paloma ha sacrificado para Ti.

Y Sará dice que Te reíste de ella: *Sará* es la parte de *Biná* que brilla en *Maljut*. Con las palabras "Cualquiera que oiga se reirá de mí" (*Bereshit*, 21:6), *Sará-Biná* le dio a *Maljut* una Luz de *Jasadim* tan grande que *Maljut* dejó de percibir los deseos egoístas, sintió la perfección del altruismo y, de manera temporal, con la influencia de *Or Jasadim*, adquirió los atributos de *Biná*.

Pero surge el temor de que el sentimiento de perfección y la falta de sufrimientos por los deseos insatisfechos -la ausencia de sensación de carencia- puedan tener como consecuencia que *Maljut* se quede sin corrección.

Este estado es semejante a lo descrito en la *Torá* respecto al estado de Adam. (*Bereshit*, 3: 22.) "Que no extienda su mano y tome también del Árbol de la Vida y, comiendo de él, viva eternamente". En otras palabras, no debe dejar de percibir su propia naturaleza, no debe olvidar su obligación de corregir su defecto en "el Árbol del Conocimiento". Y por eso Adam quedó relegado al sitio más apropiado para la corrección, el sitio más bajo y egoísta de todos: nuestro mundo.

179. El Creador le dijo: "¿Quién en el mundo es semejante a Avraham?". Y el acusador no salió de allí hasta que hubo apurado todos los manjares. Y el Creador ordenó sacrificar a Yitzjak. E indicó que Sará moriría de pena por su hijo. La causa de este pesar reside en que no dio nada a los pobres.

El sacrificio de Yitzjak tenía como propósito la corrección de la propia *Maljut*, tenía como propósito aquello que no pudo corregir Avraham en su gran banquete por el día en que Yitzjak dejó de ser lactante. La muerte de Sará fue el resultado de una grandísima Luz que ella transfirió a *Maljut* al decir: "El Creador me ha hecho reír", una Luz que entorpece la corrección de *Maljut*.

Por eso, esta Luz que desciende a *Maljut* y le da sensación de perfección, le estorba en su corrección; y por ende fue interrumpida por el Creador. Este es el significado de la muerte de Sará, porque Sará representa la Luz de *Biná* que entra en *Maljut*. Así, todo lo que relata la *Torá* no es sino la esencia de la fase del proceso de corrección de *Maljut*, hasta su corrección completa.

La Torá y la plegaria

180. Rabí Shimon abrió y dijo: "Está escrito que Jezkiyahu giró su rostro hacia la pared y rezó al Creador". Veamos cuán grande y eficaz es la fuerza de la Torá, hasta qué punto es superior a todo. Aquel que estudia la Torá, no teme ni a Superiores ni a inferiores, no teme a ninguna enfermedad ni a mal de ojo en el mundo, pues está unido con el Árbol de la Vida y aprende de él cada día.

181. Porque la Torá enseña al hombre a ir por el camino de la verdad, le enseña a regresar a su Señor y anular lo establecido. E incluso si se indica al hombre que lo establecido para él no es anulado, se anula y se elimina por completo, desaparece de inmediato y no oprime al hombre en este mundo. Por eso el hombre, día y noche, debe estudiar la Torá y no dejarla. Como está escrito: "Estúdiale día y noche". Y el que abandona la Torá es como si abandonara el Árbol de la Vida.

"Estúdiale día y noche": 'Estúdiale" *se refiere al Creador*. En otro punto, El Zóhar dice que la plegaria de Jezkiyahu fue aceptada por el Creador, ya que no había nada (ningún deseo egoísta) que le separara de la pared (la pared es la Shejiná, la percepción del Creador, algo parecido al Muro de las Lamentaciones).

Este fue el consejo que recibió de la Torá cuando, a consecuencia de sus esfuerzos en la Torá, comprendió la forma en que conseguir el retorno completo al Creador de manera que no existiera nada que pudiera separarle de Él (de la pared, de la Shejiná: la percepción del Creador). Y el resultado de esto fue que se anuló la sentencia de muerte (eliminación de la Luz de su Partzuf) a la cual estaba predestinado anteriormente. Hasta ese punto es grande la fuerza de la Torá.

182. "Ven y ve", se le aconseja al hombre: cuando por la noche se acuesta en su lecho, debe aceptar sobre sí la gobernanza del Creador desde Arriba y, con todo su corazón, entregar el alma al Creador. En consecuencia, el hombre se libra inmediatamente de las distintas perniciosas enfermedades, el mal de ojo y las influencias malignas, que ya no podrán gobernarle.

Hay que entender aquí con precisión algunas definiciones de la *Torá*, que se alejan de lo que entendemos comúnmente: la luz del día es la sensación de unión con el Creador. Y se llama "Luz" porque a todo sentimiento benigno en el hombre se le denomina "Luz". Por lo tanto, el día es cuando el hombre siente la cercanía del Creador, la grandeza de la espiritualidad.

La oscuridad es la noche en nuestro mundo. De manera correspondiente, en los estados espirituales del hombre, la oscuridad es una falta de percepción del Creador, una falta de percepción de Luz Superior, debido a las acciones de las fuerzas impuras egoístas del hombre, que le separan del Creador. En nuestro mundo, dormimos por la noche. Cuando un *Partzuf* espiritual está mínimamente lleno de Luz, se encuentra en un estado inconsciente llamado "sueño". Y tiene tan poca Luz que es llamado "la sexagésima parte" (6 *Sefirot* de ZA x 10 en cada parte) de la muerte, la falta absoluta de Luz espiritual, porque es la hegemonía de las fuerzas impuras.

Debido a estas dos fuerzas que nos gobiernan y dirigen, no podemos adherirnos con el Creador por completo y para siempre. Porque las fuerzas impuras -que predominan por la noche- nos obstaculizan, ya que la hegemonía de estas fuerzas sobre nosotros vuelve periódicamente, y con ello se interrumpe nuestra conexión con el Creador y el trabajo por el Creador. Y todo a consecuencia de la percepción del estado de noche.

Para corregirlo, Rabí Shimon nos da un consejo: cada "noche" (la sensación de alejamiento de lo espiritual), cuando el hombre va a "dormir" (se hunde con sus sensaciones cada vez más en nuestro mundo), debe aceptar sobre sí (con todo su corazón) el poder del Creador, entregarse al poder del Creador. Porque, si la noche (la sensación de noche) ha sido corregida como en el acto de la creación -donde al principio había noche y después día, como está escrito: "Y fue la tarde y fue la mañana: un día"- entonces, la noche y el día se convierten en uno solo.

Y la noche, llamada el poder de *Maljut*, no se mezclará con ninguna fuerza impura: los deseos egoístas y obstáculos de la "razón" no atacarán al hombre por la desaparición de la percepción del Creador. Porque, ante todo, él entendió la necesidad de la noche para el alcance del día siguiente (una percepción aún mayor del Creador, un deseo altruista más grande) y percibe los dos estos estados como un todo, como un movimiento hacia adelante; aunque en su percepción, la noche es el alejamiento de lo espiritual.

En el lenguaje del trabajo espiritual, esto significa que si el hombre siente alejamiento del Creador y, a pesar de otros posibles placeres, no está alegre, entonces tal estado para él se denomina "noche". Precisamente en ese estado de falta absoluta de percepción, de desconfianza en el Creador, puede con su esfuerzo y estudios -sin sentir ningún gusto en la *Torá*- entregarse al poder del

Creador. Es decir, cierra los ojos como si fuera a dormir y dice: "Acepto el poder del Creador, cumplo Su voluntad". Este estado se denomina "la caída para la siguiente elevación", como un trampolín desde el cual el hombre consigue un "día" todavía más límpido.

No obstante, para esto el hombre debe aceptar completamente el poder del Reino Superior y que, de ese modo, no haya nada que le separe del Creador. En otras palabras, debe aceptar incondicionalmente el Poder Supremo: la vida o la muerte, y que ninguna fuerza en el mundo obstruya su unión con el Gobernante Supremo, como está escrito: "Ama a tu Creador con TODO tu corazón, con TODA tu alma y con TODAS tus fuerzas" (*Devarim*, 5).

Y si el hombre acepta de corazón todo lo que el Creador le envía, entonces tendrá la certeza de que nada más le separará del Creador. Esto va a determinar el cumplimiento de la condición de su entrega (la entrega de su alma) al Creador. Porque se entrega a manos del Creador por adelantado cuando decide cumplir todos Sus deseos-Mandamientos en un estado de perfección. Hasta llegar al sacrificio personal.

Por eso, durante el sueño, cuando su alma (la percepción del Creador), la Luz que le llenó anteriormente, deja su cuerpo (los deseos), él no siente el sabor de la sexagésima parte de la muerte, pues las fuerzas impuras (egoístas) no tienen poder sobre él. Es decir, no le separan del Creador: tan solo deja de sentir al Creador temporalmente.

Por eso, las fuerzas impuras no pueden interrumpir su trabajo espiritual incluso en el estado llamado "noche", porque él ya tiene la tarde y la mañana como un solo día (la Luz del Creador). La noche se ha convertido en parte del día, porque, precisamente gracias a la noche, entiende que merece recibir a continuación una Luz más grande.

Porque su noche no proviene del poder de las fuerzas impuras: él entiende que el Creador le manda estos estados a propósito. Ve en el sentimiento de la noche una posibilidad para unirse con el Creador, incluso en este estado de oscuridad y de falta de percepción, de falta de sabor y atracción por lo espiritual. Y esto significa que no hay nada que le separe, que exista entre él y ese muro.

183. Y por la mañana, cuando se levanta de su lecho, tiene la obligación de bendecir al Creador, entrar en Su casa e inclinarse ante Él con temor y estremecimiento, y después, rezar. Que tome el consejo de sus Sagrados Padres, como está escrito: "Yo, por Tu gran misericordia, entraré en Tu casa, para inclinarme con estremecimiento ante Tu sagrada grandeza".

Gracias a Tu bondad infinita, puedo bendecirte ahora por ser misericordioso conmigo –poniendo fin a mi caída espiritual– y porque de nuevo vuelvo a Tu casa, a la percepción de Ti. Y estoy feliz por el cambio en mi percepción, no porque los sufrimientos hayan sido reemplazados por estados agradables, sino porque ahora puedo darte gracias. Vengo a Tu casa para inclinarme con estremecimiento ante Tu Sagrada Grandeza, la cual ahora, más que nunca, alcanzo.

La plegaria que pronunciamos en nuestro corazón es la corrección en *Maljut* (la *Shejiná*, la percepción del Creador, el alma común de Israel) y el llenado de esta alma común con la Luz Superior (con la percepción del Creador), lo cual sucede en concordancia con todos sus deseos corregidos. Por eso, todos nuestros ruegos se expresan en plural, porque la plegaria no es por su alma particular, sino por el alma general de Israel. Y todo lo que está presente en la *Shejiná*, está presente de forma natural en cada alma particular de Israel. Y lo que le falte al alma general de Israel, también le faltará a cada alma particular.

Por eso, antes de empezar con la plegaria, debemos entender (sentir) qué es exactamente lo que le falta a *Maljut*, a la *Shejiná*, y así saber qué es preciso corregir en ella, con qué llenarla. Nuestro corazón, el cúmulo de nuestros deseos, es una pequeña parte de esta *Maljut-Shejiná*. Todas las generaciones de Israel se incluyen en el alma general: la *Shejiná*. Aunque lo que han corregido las generaciones pasadas ya no tenemos que corregirlo. Debemos corregir únicamente aquello que quedó tras las correcciones de las generaciones pasadas de almas.

Nuestros patriarcas, los *Partzufim* espirituales, llamados Avraham, Yitzjak, Yaakov (*Sefirot Jésed-Guevurá-Tiféret* del *Partzuf* ZA del mundo de *Atzilut*) incluyen en sí a toda la colectividad de Israel, todos los atributos, que se revelan a continuación en la *Maljut* corregida, llamada en su estado corregido "Israel". Porque los Patriarcas son tres raíces espirituales de las 600 000 almas de Israel a lo largo de todas las generaciones. Es decir, son las tres fuentes de deseos nacidos en la parte *Maljut* que hay en el hombre para la corrección de este.

Todas las buenas acciones –es decir, la recepción de la Luz y su otorgamiento– realizadas por "la colectividad de Israel", es decir, por los cabalistas de todas las generaciones, originan primero la recepción de la Luz Superior por parte de nuestros Sagrados Patriarcas (*Sefirot* de ZA), porque toda la Luz desciende a través de ellos desde Arriba hacia abajo. De ellos desciende la Luz Superior a la colectividad de Israel, a los justos de aquella generación que se encuentran con sus cualidades en los mundos de BYA y provocan el descenso de esta Luz con sus rezos.

Porque este es el orden de los grados espirituales: ninguna rama puede recibir de manera independiente, sino solo a través de su raíz (el grado anterior, más elevado). La Luz esencial se queda en la raíz, y solamente una pequeña porción de Luz desciende a la rama que la atrajo. Por eso, todas las correcciones ya realizadas en la colectividad de Israel, en la *Shejiná*, en el alma común, están protegidas y existen en las almas de nuestros Patriarcas.

(La Luz recibida en los *Kelim* corregidos permanece en ellos para siempre. Y cuando decimos que la Luz se escapa, hay que entenderlo de manera metafórica, pues el *Partzuf* recibió nuevos deseos vacíos que tiene que corregir, y la sensación de vacío que proviene de estos deseos, se percibe como una salida de la Luz. No obstante, al corregir los nuevos deseos recibidos, el *Partzuf* recibe en ellos una Luz todavía más grande que aquella que anteriormente le llenaba).

Por eso, toda la esencia de nuestra plegaria radica en completar la *Shejiná* con aquello que le falta hasta llegar a la corrección completa, después de todas las correcciones previas llevadas a cabo por las anteriores generaciones de cabalistas. Así, todo aquel que ascienda, tiene primero que conocer y realizar todas las correcciones -ya implementadas en la *Shejiná*-, y solo después podrá entender qué es lo que queda por corregir.

Tal es la razón por la que está escrito que el hombre no puede entrar en la casa de los rezos (en hebreo, "la casa de las reuniones": *Beit Knéset*, que proviene de la palabra *Kones*: reunir) antes de que reúna toda la plegaria, pida consejo a los Sagrados Padres. Porque antes hay que saber qué es lo que ya está corregido y qué es lo que se necesita corregir. Y esto solo es posible después de recibir a través de *Shejiná* todo lo corregido por los Patriarcas: únicamente después sabrá el hombre qué falta aún por corregir en la *Shejiná*.

Los Patriarcas corrigieron la plegaria en la *Shejiná*. La plegaria y la *Shejiná* son lo mismo, porque la plegaria es una súplica, una elevación de MAN, un *Kli*, la *Maljut* corregida, el deseo en beneficio del Creador. La corrección realizada por Avraham se denomina *Shajarit* (la plegaria matutina), la realizada por Yitzjak, *Minjá* (la plegaria del mediodía), y la realizada por Yaakov, *Aravit* (nocturna). Por lo tanto, ante todo, el hombre debe repetir en su plegaria todo lo corregido por ellos. Y entonces conocerá aquello por lo que tiene que rezar de manera personal y cuáles son las faltas que solo él puede y debe corregir en el universo.

184. El hombre puede entrar en Beit-Knéset, la casa de las plegarias, únicamente si recibe permiso de Avraham, Yitzjak y Yaakov, pues ellos han corregido la plegaria ante el Creador. Por eso está escrito: "Y yo, en Tu gran misericordia, entraré a Tu casa" es Avraham, porque su cualidad es la misericordia, la Sefirá Jésed. "Inclinarse ante Tu sala sagrada" es Yitzjak, porque gracias a él Maljut es denominada Eijal (sala), la Sefirá Guevurá. "En el temor y estremecimiento" es Yaakov, porque su cualidad es la cualidad de la Sefirá Tiféret, llamada "estremecimiento". Y es necesario entrar antes en estas cualidades y después entrar en Beit-Knéset, alzar la plegaria. Acerca de ese estado está escrito: "Aquí está Mi esclavo, Israel, con el que me embellezco".

Aquí *El Zóhar* analiza las tres primeras correcciones que los Sagrados Padres realizaron en la *Shejiná*: Avraham corrigió en ella el atributo "*Bait*" (la casa, la vivienda permanente), y esto permite al hombre unirse a ella y existir -de forma permanente y sin interrupciones- en los atributos y sensaciones del Creador, del mismo modo que uno mora siempre en su casa.

Yitzjak completó la corrección y corrigió a *Maljut* en la cualidad llamada "la sala sagrada", para que el propio Rey estuviera en ella de manera permanente, tal y como un rey se encuentra de forma permanente en su sala. Yaakov añadió a la corrección con la cualidad del temor, la cual corresponde a las puertas frente a la casa. Cumplir esta condición permite que el hombre entre en *Maljut*, en la casa de Avraham, que se encuentra en ella. Asimismo, le permite entrar en la sala sagrada de Yitzjak, que también se encuentra en ella.

Una vez que el hombre incluye en sí estas tres correcciones de los Patriarcas en completa perfección, él conoce qué es lo que está corregido en la sagrada *Shejiná*, para luego proceder a corregir lo que todavía no está corregido.

Avraham es la fuente del atributo de la misericordia en las almas de Israel. Por eso, corrigió a la sagrada *Shejiná* de manera tal que pudiera recibir *Or Jasadim*, la Luz de la misericordia. Y la *Shejiná* recibió esta Luz por completo para todas las almas de Israel. Y de haberse quedado así, todas las almas de Israel existirían en una unión completa y constante con los atributos del Creador, en adhesión con el Creador, y la *Shejiná* estaría llena de Luz (placer). Y no habría nadie que deseara separarse de la *Shejiná* (la percepción del Creador), ni por un segundo.

Pero toda la corrección de Avraham consistió en la construcción de un perfecto *Kli* "de otorgamiento" que únicamente contenía *Or Jasadim*, sin posibilidad alguna de estropear sus atributos -introducir en él algo no corregido-, porque este *Kli*-deseo estaba compuesto exclusivamente de deseo de otorgar y deleitar al Creador, como la cualidad de Avraham -*Jésed* (misericordia)- como está escrito (*Avot*, 85): "El mío es el tuyo y el tuyo es tuyo: esta es la cualidad de la misericordia". Al atribuir a la creación su cualidad, Avraham separó por completo las fuerzas impuras (pensamientos, deseos) de la *Shejiná* y la hizo absolutamente sagrada y pura.

Pero el plan de la creación no termina aquí, ya que consiste en otorgar deleite a las almas. Y la medida del placer depende del anhelo de deleitarse, del tamaño de la sensación de hambre. Y en la misma medida del hambre previa (del deseo de recibir placer) será la medida del consiguiente sentimiento de placer durante la recepción del mismo.

Por eso, después de que la *Shejiná* (*Maljut* del mundo de *Atzilut*, la suma de todas las almas) recibiera la corrección desde Avraham -la fuerza Superior de *Jasadim*, la *Sefirá Jésed* de ZA del mundo de *Atzilut*-, y adquiriera de ella la cualidad de misericordia, completamente libre de deseo de recibir para sí misma (es decir, desapareció en ella el deseo de recibir nada desde el Creador) solo quedó el deseo de otorgarle a Él: el deseo de "otorgar para otorgar". Sin embargo, con esto no llegó corrección alguna a las almas (las partes de la *Shejiná*), porque su misión es recibir del Creador el placer preparado. Para ello, estas deben contar con el deseo de "recibir": porque el placer solamente se siente si antes hay un anhelo por él y en la misma proporción de dicho deseo.

Por eso, está escrito que Avraham engendró a Yitzjak: Yitzjak encontró a la *Shejiná* en completa perfección espiritual, en la cualidad de únicamente otorgar, sin reservas. La encontró llena de *Or Jasadim*, gracias a todas las correcciones que en ella hizo Avraham. Pero Yitzjak (la fuerza espiritual izquierda), conforme a sus cualidades, percibió en este estado de *Shejiná* una carencia: todavía no está corregida para poder "recibir" todo aquello que fue pensado en el plan de la creación.

De modo que la corrigió haciendo de su *Kli* (vasija) un recipiente para la recepción, añadiéndole el deseo de "recibir", y que así pudiera recibir toda la perfección preparada para ella. Yitzjak despertó en la *Shejiná* el deseo de recibir el placer desde el Creador, pero solamente a modo de "recepción en beneficio del Creador", con la intención de recibir placer solo para deleitar al Creador.

La recepción en beneficio del Creador implica que, a pesar del ferviente deseo de recibir placer, se recibe no porque uno desea deleitarse, sino únicamente porque el otorgante-Creador desea que se reciba. Y si el otorgante-Creador no deseara esto, no existiría en el hombre deseo de recibir de Él.

Ya sabemos que la recepción en beneficio del Creador equivale al otorgamiento sin reservas, y por eso la fuerza impura, egoísta, no tiene posibilidad de aferrarse a tal deseo. Por eso, Yitzjak corrigió a la *Shejiná* hasta llegar a su perfección total, grande y definitiva, pues ahora es capaz de recibir todo lo que el Creador concibió como Meta de la Creación.

Así, en tal estado, una vez que la *Shejiná* es corregida por Yitzjak, *Maljut-Shejiná* es denominada *Eijal* (la sala del Creador) porque ahora el Creador la puede llenar de Sí Mismo, de Su Luz, lo cual significa que Él mora en ella, vive en sus aposentos.

Sin embargo, la corrección de Avraham, denominada "la casa", no permitía todavía que la *Shejiná* se llenara, no permitía hacerla digna de que el Creador morara en ella. De ahí que se considere que Yitzjak corrigió todas las *Guevurot* (fuerza de voluntad y oposición al egoísmo en las almas de Israel), y esto significa que dulcificó todos los juicios y restricciones en la gobernanza del Creador. Sucede así porque todas las prohibiciones y castigos llegan al mundo exclusivamente con el fin de corregir el deseo de recibir intrínseco a las almas, con el fin de que estas se vuelvan aptas para recibir todo el bien infinito que se encuentra en Su pensamiento de la creación. Y puesto que Yitzjak corrigió a la *Shejiná* hasta la completa perfección, están corregidas en ella todas las restricciones y fuerzas. Y todas sus cualidades han alcanzado la meta deseada.

Pero su corrección no quedó del mismo modo en la *Shejiná*, sino que se corrompió, ya que el mundo aún no estaba preparado para el final de la corrección. Por eso Yitzjak engendró al pecador Esav. Este corrompió la corrección de Yitzjak en la *Shejiná* y, a diferencia de Yitzjak, fue incapaz de resistir la recepción en beneficio propio. Esav no pudo resistir y recibió para sí mismo. Es decir, incluso cuando tenía claro que el otorgante-Creador no deseaba que recibiera, aun así quiso recibir, pues deseaba deleitarse.

Por lo tanto, la fuerza impura (*Klipot*-cáscaras, el envoltorio de las fuerzas puras) se aferró a la *Shejiná*. Y con ello descendieron las piernas (las *Sefirot N-J-Y-M*) del *Partzuf Maljut* del mundo de *Atzilut* al lugar de las *Klipot*, debajo de la *Parsá*, donde los deseos egoístas gobiernan sobre los deseos de *N-J-Y-M*. No obstante, la cabeza y la parte superior del cuerpo –hasta la cintura del *Partzuf Maljut*– quedaron por encima del poder las fuerzas impuras. Y por eso, la cabeza entiende cómo hay que actuar (de ahí que la cabeza de Yitzjak esté enterrada junto con los cuerpos de Avraham y Yaakov en la cueva de Majpelá), pero el cuerpo intenta recibir el placer para sí mismo.

Yaakov vio el daño causado por Esav y corrigió a la *Shejiná* añadiendo a esta su atributo de temor, como está escrito: "Su mano sujeta la cadera de Esav" (*Torá, Bereshit,* 25). Es decir, puesto que Yaakov entendió la corrupción que Esav introdujo en la *Shejiná* –en las almas creadas– se corrigió a sí mismo en el temor, hasta tal punto que elevó a la *Shejiná* como una corona-adorno. Y con esto, guardó también lo corregido por Avraham e Yitzjak.

Sin embargo la corrección de Yaakov no es final, pues este temor es más parecido al temor del pecado que al temor sincero procedente de sí mismo. Porque dicho temor nace en él desde la cadera de Esav, aun cuando no pecó con la recepción, como hizo Esav. El final de la corrección traerá otro estado: la cadera de Esav será eliminada, como está escrito: "Desaparecerá la muerte del mundo para siempre", y el temor será solo porque el Creador es Grande y Todopoderoso.

Yaakov alcanzó este temor verdadero. Sin embargo, toda la colectividad de Israel, todas las almas que componen la *Shejiná*, todavía necesitan corregirse en todas las generaciones, de la primera a la última, hasta el final de la corrección. (Solo Moshé, nadie más, alcanzó la cualidad del temor verdadero, el temor que proviene de la grandeza, del amor. Por eso, como nos dice *El Talmud*, ni siquiera existe una descripción del temor procedente del amor al Creador).

El Zóhar dice: "Y yo, por Tu gran bondad, llegaré a Tu casa": es Avraham, porque Avraham corrigió la *Shejiná* hasta el atributo de "la casa", llena de todo lo bueno, es decir, de *Or Jasadim*. "Inclinarse ante Tu sala sagrada": es Yitzjak, que corrigió a la *Shejiná* de "casa" a "sala", y ella es digna del Creador. "En el temor": es Yaakov, que corrigió a la *Shejiná* con su atributo del temor. Gracias a ello, él convierte a la *Shejiná* en un *Kli* (vasija) de recepción que incluye todas las correcciones de Avraham e Yitzjak.

Pero ¿cómo supo lo que había que corregir en la *Shejiná*? Únicamente corrigiéndose e incluyendo estas tres correcciones ya realizadas por los Patriarcas. Significa que, al igual que ellos, puede actuar según las condiciones de estas correcciones. En otras palabras, Yaakov se unió con sus cualidades, se elevo hasta su nivel.

De este modo, el hombre primero debe alcanzar estas cualidades, corregir estos atributos dentro de sí. Y solamente una vez que acepte en su interior estas tres cualidades –los atributos de las tres correcciones– podrá empezar a corregirlos desde aquel lugar que nos dejó nuestro Patriarca Yaakov. Esto significa elevar el temor hasta la medida de la grandeza y omnipotencia del Creador y, con la plegaria, atraer la Luz Superior, por medio del temor ante la grandeza del Creador. Y la Luz Superior traerá consigo el llenado de la *Shejiná*, el final de su corrección. Por eso, en la plegaria del hombre debe haber dos intenciones: alcanzar el temor ante la verdadera grandeza del Creador y, con ayuda de tal conocimiento, alcanzar la corrección final del egoísmo.

La salida de Rabí Shimon desde la cueva

185. Rabí Pinjás se encontraba ante Rabí Rajuma en la orilla del lago Kinéret. Él era sabio, anciano y prácticamente ciego. Y dijo a Rabí Pinjás: "He oído que nuestro amigo Shimon Bar-Yojay tiene una piedra preciosa: su hijo. He contemplado la Luz de esta piedra preciosa, y ella, al igual que la luz del sol, ilumina todo el mundo".

La *Maljut* completamente corregida es denominada "piedra preciosa" (generalmente "la perla"). Rabí Nájum dice a Rabí Pinjás que Rabí Shimon ya ha merecido la corrección completa. Pues "el hijo" designa el próximo estado, el *Partzuf* siguiente, que surge y nace del anterior. Y Rabí Pinjás ve esto al contemplar (con su visión espiritual, denominada *Rúaj HaKódesh*: el espíritu sagrado) la Luz de esta perla, que brilla como el sol cuando sale de su escondrijo (*Nartik*). Esto quiere decir que tras la corrección de *Maljut* (la luna) su Luz llegará a ser como la luz del sol, e iluminará todo el mundo.

Y cuando la Luz de la luna-*Maljut* llegue a ser como la del sol, esta se elevará hasta al cénit e iluminará todo el mundo con un pilar de rayo de Luz desde el Cielo hasta la Tierra. Y brillará hasta que Rabí Shimon complete la corrección de *Átik*. Esto hace alusión al hecho de que él ya ha merecido alcanzar los grados de las dos revelaciones del Creador, es decir, el final de la corrección.

186. Y aquella Luz se extiende desde el Cielo hasta la Tierra, e ilumina hasta que aparezca *Átik-Kéter* y ocupe su trono. Esto tendrá lugar al final de la corrección. Y toda aquella Luz mora en tu casa (puesto que la hija de Rabí Pinjás era la esposa de Rabí Shimon Bar-Yojay y, por lo tanto, Rabí Eliezer era su nieto). Y desde la Luz que llena la casa, se desprende un pequeño y fino rayo de Luz (denominado "el hijo de la casa", Rabí Eliezer) que sale al exterior y brilla sobre el mundo entero. ¡Dichosos aquellos que han merecido tal destino! ¡Sal, hijo mío, sal! ¡Ve tras esa piedra preciosa que ilumina el mundo, pues el tiempo es propicio para ello!

Dado que la hija de Rabí Pinjás era la esposa de Rabí Shimon (Rabí Shimon y su esposa son dos *Partzufim* espirituales, inferiores a Rabí Pinjás), Rabí Shimon (con su esposa) pertenecía a la casa (estaba incluido en el *Partzuf*) de Rabí Pinjás. Esto hace alusión a Rabí Eliezer –el *Partzuf* que surgió de la Luz e iluminó el mundo– que llena la casa (diez *Sefirot* del *Partzuf*) de Rabí Pinjás, es decir, que surgió del *Partzuf* de Rabí Shimon y su esposa.

187. Apareció ante él, y permaneció a la espera de una embarcación a la que subir. Dos mujeres estaban con él. Observó dos aves que planeaban por encima del agua. Alzó su voz y dijo: "Aves, vosotras que voláis alto sobre el mar, ¿habéis oteado el lugar donde se encuentra Bar-Yojay?". Aguardó unos instantes y dijo: "Aves, aves, volad". Ellas se alejaron volando y desaparecieron en el mar.

Rabí Shimon escapó de las autoridades que le condenaron a muerte escondiéndose en una cueva con su hijo. Y nadie conocía su paradero. Por eso, Rabí Pinjás partió en su búsqueda.

Aunque todo lo aquí descrito se trata una verdad histórica es, no obstante, necesario entender las palabras del *Zóhar* esencialmente como una influencia de causas espirituales y Superiores, cuyas consecuencias van determinar todo lo que ocurre en la Tierra. Los poderes (fuerzas) egoístas de un *Partzuf* tan elevado como el de Rabí Shimon, tratan de superar sus propias aspiraciones altruistas, privarle de Luz, es decir, matarlo. Él se esconde de ellos en una cueva: acepta sobre sí el estado pequeño (*Katnut*), y brilla con la Luz de la misericordia. Esto es lo que denominamos "ocultarse en una cueva": hacerse invisible a las fuerzas egoístas propias, pues ellas desean *Or Jojmá* pero no pueden ver *Or Jasadim*.

188. Antes de subir al barco, se acercaron las aves, y en el pico de una de ellas había una carta. En ella estaba escrito que Rabí Shimon, el hijo de Yojay, había abandonado la cueva con su hijo Rabí Eliezer. Rabí Pinjás llegó hasta ellos y los encontró muy cambiados: sus cuerpos estaban cubiertos de llagas (como hendiduras en la tierra, véase *Talmud, Bava-Batra* 19: 2) por haber estado sentados en la cueva durante tanto tiempo. Lloró y dijo: "¡Ay de mí! ¡Por qué os he visto en tal estado!". Y le contestó Rabí Shimon: "¡Feliz estoy con mi destino y por que me hayas visto así, pues de no haber sido así, yo no hubiera sido quien soy!". Abrió Rabí Shimon sobre los Mandamientos de la *Torá* y dijo: "Los Mandamientos de la *Torá* que el Creador entregó a Israel están todos descritos de un modo general".

Durante muchos años (grados) de permanencia en la cueva (en *Or Jasadim*), Rabí Shimon tenía que permanecer sentado en arena (el ropaje –*Levush*– exterior, el cubrimiento del *Partzuf* con un atributo determinado perteneciente a la "tierra") cubriendo su cuerpo (deseo) desnudo con ella, para estudiar la *Torá* (recibir la Luz Superior en su *Partzuf* con la intención de deleitar al Creador).

Y a consecuencia de haber estado cubierto de arena, todo su "cuerpo" quedó lleno de "herrumbre y llagas" (sin embargo, estas eran correcciones necesarias).

Y no solamente el *Partzuf* denominado Rabí Shimon necesitaba la corrección del ocultamiento en *Jasadim* (la cueva) y el revestimiento de un ropaje ajeno (la Luz Retornante). Sin embargo, su siguiente estado, engendrado por él y denominado Rabí Eliezer, su hijo (un *Partzuf* inferior), también necesitaba de estas correcciones para alcanzar toda la Luz del Creador.

Lloró y dijo: "¡Ay de mí! ¡Por qué os he visto en tal estado!". Y le contestó Rabí Shimon, "¡Feliz estoy con mi destino y por que me hayas visto así, pues de no haber sido así, yo no hubiera sido quien soy!". En otras palabras: si mi aspecto no hubiera sido este, no habría merecido los secretos de la *Torá*, de los cuales yo era digno, pues todo lo que he alcanzado, lo he hecho durante esos trece años (trece correcciones sucesivas) escondido en la cueva.

Abrió Rabí Shimon. Está escrito sobre los Mandamientos de la *Torá*: "Los Mandamientos de la *Torá*, que el Creador entregó a Israel, están descritos de un modo general". Todos los Mandamientos están descritos en el pasaje de la *Torá* que comienza con: "Al principio creó el Creador" y que termina con "Hágase la Luz". Pues estos son los Mandamientos del temor y el castigo, que incluyen todos los Mandamientos de la *Torá*. Por eso, son designados "de un modo general".

Los mandamientos de la Torá

EL PRIMER MANDAMIENTO

189. *BERESHIT BARÁ ELOKIM* (Al principio creó el Creador). Este es el primer Mandamiento, el fundamento y principio de todo. Es denominado también "temor al Creador" o *Reshit* (Comienzo), como está escrito: "El temor al Creador es el comienzo de la Sabiduría". El temor al Creador es el comienzo del conocimiento, porque el temor se denomina "comienzo". Y esta es la puerta que conduce a la fe. El mundo se erige sobre este Mandamiento.

Es difícil comprender por qué el temor es denominado "comienzo", y por qué precede a la sabiduría y la fe. Se nos da una respuesta: porque el temor es el comienzo de cada *Sefirá* y resulta imposible alcanzar ninguna *Sefirá* (cualidad), sin previamente lograr la cualidad del temor. Es decir, ¿constituye el temor simplemente un medio para alcanzar otras cualidades? Y de ser así: ¿por qué se incluye en la lista de Mandamientos como primer Mandamiento? ¿Es el temor una especie de condición preliminar?

Por eso dice *El Zóhar* que es imposible alcanzar una fe perfecta y abnegada si no es por medio del temor al Creador. Y la medida del temor determinará la medida de nuestra sensación de fe. De ahí que la totalidad del universo se sustente sobre el Mandamiento del temor, pues el mundo entero existe únicamente gracias a la *Torá* y Mandamientos, tal como dijo el profeta: "Si no fuera por mi pacto con el día y con la noche, no hubiera establecido las leyes del Cielo y la Tierra" (*Yirmiyahu* 33:25).

Y dado que el temor es el comienzo y la puerta hacia el resto de Mandamientos (pues el temor también es la puerta que conduce a la fe), la totalidad del universo se sostiene sobre la cualidad del temor. Por eso, está escrito que el Mandamiento del temor incluye todos los demás Mandamientos de la *Torá*. Y de no haber sido por él, el Creador no habría creado nada.

190. Existen tres tipos de temor: dos de ellos no tienen una base real, pero el otro sí la tiene. Si un hombre teme la muerte de sus hijos, si teme a la enfermedad, a los sufrimientos corpóreos, si le preocupan sus bienes materiales, este tipo de temor, aunque perdure en él, no constituye el fundamento o raíz, porque la causa de dicho temor son los resultados satisfactorios. Esto es lo que se conoce como "temor al castigo en este mundo". Pero existe otro tipo de temor: el temor al castigo en el mundo venidero, en el infierno. Ambos tipos –el temor al castigo en este mundo y en el mundo venidero– no son ni la base ni la raíz verdadera.

191. El verdadero temor es el temor al Creador, porque Él es grande y todopoderoso, porque Él es la Fuente de todo y todo lo demás carece de valor al compararlo con Él. Que el hombre centre toda su atención en alcanzar este tipo de temor.

Existen tres tipos de temor ante el Creador, no obstante solo uno de ellos se considera temor verdadero. Si el hombre teme al Creador y cumple Sus Mandamientos para que así él y sus hijos conserven la salud y la prosperidad, esto significa que el temor es del primer tipo: temor a los distintos castigos en este mundo. Si cumple los Mandamientos del Creador por temor al castigo en el infierno, se trata de un temor del segundo tipo. Y *El Zóhar* señala que ninguno de estos dos tipos de temor son verdaderos, ya que el hombre cumple los Mandamientos únicamente por miedo al castigo, buscando su propio bienestar, y no porque se trate de los Mandamientos del Creador.

En este caso, el cumplimiento se debe a un deseo de bienestar personal: el temor es una consecuencia del deseo de satisfacción. En cambio, el temor verdadero debe originarse en el hecho de que el Creador es grande y poderoso, por su dominio absoluto. Porque Él constituye la Fuente de todas las cosas, el origen de todos los mundos. Y Sus acciones atestiguan Su grandeza. Y en comparación con Él, todo lo que creó no representa nada, pues no consigue añadirle nada a Él.

Es precisamente en esto donde podemos ver que no hay diferencia en la acción: uno los cumple por un temor del primer y segundo tipo, mientras que el otro los cumple por el tercer tipo de temor. Para cualquiera que los observe, ellos llevan a cabo las mismas acciones, Mandamientos del Creador. Pero la enorme diferencia entre ellos radica exclusivamente en la intención que albergan en su interior, en los fundamentos: *en **cuál es la razón** por la que observan el decreto del Creador*.

De ahí que resulte imposible determinar el nivel espiritual del hombre por el cumplimiento externo de los Mandamientos, algo visible para todos. Es más, aquel que los cumple para obtener una aprobación inmediata de los que le rodean, normalmente los cumple con mayor celo de cara al exterior. En cambio, aquel cuyas intenciones y pensamientos van dirigidos hacia dentro, aquel que busca la observancia verdadera, en general, suele pasar desapercibido entre las masas.

Uno debe buscar constantemente perfeccionar sus intenciones con la observancia del Mandamiento del temor de una forma más interna, centrándose en la contemplación cada vez más cuidadosa y viendo adonde se dirigen sus pensamientos. En ningún caso debe caer en una "observancia mecánica", sobre ello hay una prohibición específica: "No enfatices en exceso los Mandamientos".

En cambio, el hombre debe consagrar todos sus esfuerzos, con todo el anhelo de su corazón, a la obtención del temor verdadero, como ordena el primer Mandamiento del Creador. Tal y como dijo Rabí Baruj Ashlag: "El Temor al Creador es un deseo constante y altruista que queda expresado en el pensamiento: '¿He hecho por el Creador todo lo que estaba en mi mano, o todavía hay algo más que pueda hacer por Él?'".

192. Rabí Shimon lloró lamentándose: "¡Ay de mí si revelo! y ¡ay de mí si no revelo!: si hablo, los pecadores sabrán cómo trabajar para el Creador; y si no hablo, esto no llegará a mis amigos". Porque, dondequiera que exista temor verdadero, frente a él, en la correspondiente parte inferior, se encuentra el temor nocivo, que golpea y enjuicia. Este es el látigo que azota a los pecadores (que los castiga por sus pecados). Por eso teme revelar, pues los pecadores pueden enterarse de cómo librarse del castigo, ¡y es el castigo lo que constituye su corrección!

Aquí Rabí Shimon nos advierte de que no puede revelar todo en su totalidad (esto hace referencia a *Avodá Lishmá*: trabajar "para complacer al Creador") ya que quiere evitar causar un daño a los pecadores. Y es así porque él desea revelar aquí cómo acercarse y unirse con el Árbol de la Vida, evitando con ello tocar el Árbol de la Muerte. Sin embargo, esto solamente atañe a aquellos que ya se hayan corregido con respecto al Árbol del Bien y del Mal.

No obstante, los pecadores (aquellos que aún deben corregir sus pecados en el Árbol del Bien y del Mal) no tienen derecho a conocer todo esto: todavía necesitan esforzarse en todas las labores hasta que se corrijan en el Árbol del Bien y del Mal. Así, vemos que la *Torá* considera pecador a todo aquel que aún no haya corregido el Árbol del Conocimiento en su alma.

La indicación de no revelar la verdadera esencia del trabajo en beneficio del Creador, se basa en lo que menciona la *Torá* (*Bereshit*, 3:22): "He ahí a Adam que ha llegado a ser como uno de nosotros, conocedor del bien y del mal. Que no vaya ahora a extender su mano y tome del Árbol de la Vida y, comiendo de él, viva para siempre".

Y, tras haber pecado en el Árbol del Conocimiento, el Creador expulsó a Adam del paraíso para descartar la posibilidad de que este se uniera al Árbol de la Vida y lograra la vida eterna. Ya que entonces, lo que había corrompido en el Árbol del Conocimiento, permanecería sin corregir. Y por lo tanto, para que únicamente los hombres justos alcancen todo esto, Rabí Shimon revela esta sabiduría a modo de insinuación.

193. Pero el temor verdadero al Creador no puede descender a aquel que teme el castigo con golpes. Y es, en cambio, el temor maligno en forma de temor al castigo con látigo lo que desciende sobre él.

194. Por lo tanto, el lugar denominado "temor al Creador", recibe el nombre de "el comienzo del conocimiento". Por eso se incluye aquí este Mandamiento. Y es la fuente y la base para todos los demás Mandamientos en la *Torá*. Y quien observa el Mandamiento del temor al Creador, con ello observa todos los demás. En cambio, quien no observa el Mandamiento del temor al Creador, no cumple los demás Mandamientos de la *Torá*, pues este Mandamiento constituye la base de todos los demás.

Aquí *El Zóhar* vuelve a recordarnos que en un lugar está escrito "el comienzo de la sabiduría es el temor al Creador", mientras que en otro lugar está escrito "el temor al Creador es el comienzo del conocimiento". Y *El Zóhar* explica que ahí donde acaba el temor al Creador, allí donde termina dicha cualidad, comienza un temor maligno que calumnia y golpea. Y en ese sentido, la Cabalá dice que los pies de un *Parzuf Maljut* puro descienden donde se encuentran las fuerzas impuras.

Sin embargo, aquel que observa el Mandamiento del temor porque el Creador es grande y poderoso, se une con Él (se hace igual al Creador en sus atributos) para no sentir vergüenza por el hecho de recibir de Él. Fuera de esta corrección, no existe ningún otro trabajo para las criaturas.

Y esto es conocido como "el temor al Creador para conservar la vida", porque a consecuencia de la unión con el Creador, las criaturas se llenan de vida. De otro modo, caerían bajo el poder de la restricción, porque en la primera restricción se bloqueó la recepción de la Luz en los deseos egoístas. Y semejante *Kli* (deseo) conlleva la muerte, pues se trata de un lugar vacío (de Luz). Por esta razón debe existir temor al incumplimiento de la corrección que la creación tiene que llevar a cabo.

No obstante, aquellos que observan los Mandamientos por temor –y no por haber llegado al discernimiento de la grandeza del Creador y Su decreto– son dominados y golpeados por el temor a la vacuidad de *Maljut*. Y dado que el final del temor se encuentra en el látigo maligno, el temor verdadero es llamado "el principio del conocimiento del temor al Creador", lo cual indica la necesidad de aspirar únicamente a este tipo de temor y guardarse del temor maligno. Y a consecuencia de ello, se corrige el pecado de Adam.

195. Por lo tanto, está escrito: AL PRINCIPIO (es decir, "temor") EL CREADOR CREÓ EL CIELO Y LA TIERRA. Porque quienquiera que infrinja esto, quebranta todos los Mandamientos de la *Torá*. Y su castigo es el látigo maligno, es decir, el temor maligno que golpea sobre él. Y LA TIERRA ERA UN CAOS Y ESTABA VACÍA, Y LAS TINIEBLAS CUBRÍAN EL ABISMO, Y EL ESPÍRITU DEL CREADOR: aquí se hace referencia a los cuatro castigos de los pecadores.

196. ESTABA VACÍA significa asfixia. UN CAOS quiere decir apedreamiento, es decir, las piedras que caen a un gran abismo para castigar a los pecadores. LAS TINIEBLAS significan incineración, el fuego sobre la cabeza de los pecadores para abrasarlos. EL ESPÍRITU DEL CREADOR hace referencia a la decapitación.

Los que observan el Mandamiento del temor al Creador no porque este sea Su decreto, sino por temor al castigo, caen en la trampa de la fuerza impura denominada "estaba vacía". Y a consecuencia de ello, quedan perplejos, sin comprender los pensamientos y acciones del Creador. Y esta fuerza impura es descrita como una cuerda en el cuello del hombre que impide el acceso de aire puro (sagrado) a su alma, que no le permite recibir vida. ¡Y en la misma medida de su ignorancia, la fuerza impura lo ahoga!

Y cuando es atrapado por la fuerza impura y el dogal aprieta sobre su cuello, ya tiene la fuerza impura potestad para dirigir al hombre a su antojo: apedrearlo, incinerarlo o decapitarlo. Apedrear significa que los pensamientos impuros golpean su cabeza con deseos de deleite, arrastrándolo al abismo. Allí, es castigado con tinieblas (incineración), y la fuerza impura da vueltas al hombre sobre un fuego ardiente hasta que se consume en él toda la fuerza pura de vida.

197. El Espíritu del Creador significa decapitación, porque el viento abrasador (*Rúaj Seará*) es una espada que quema, es el castigo para los que no observan los Mandamientos de la *Torá* que se indican seguidamente al Mandamiento del temor, denominado "fundamento", pues incluye todos los Mandamientos. Porque después de BERESHIT-PRINCIPIO, que significa temor, está escrito ESTABA VACÍA, CAOS, TINIEBLAS y ESPÍRITU: las cuatro penas de muerte que existen. Y a continuación, siguen el resto de Mandamientos de la *Torá*.

Tras la primera oración con la que se abre la *Torá*, el resto de la *Torá* nos habla de los demás Mandamientos; y estos resultan particulares frente al Mandamiento general del temor, que los abarca a todos.

EL SEGUNDO MANDAMIENTO

198. El segundo Mandamiento es un Mandamiento inherentemente vinculado al Mandamiento del temor, y no es otro que el Mandamiento del amor: que el hombre ame a su Creador con amor perfecto. ¿Qué es amor perfecto? Es un amor grande, como está escrito: "Anda delante de su Creador con entera honestidad y pureza", lo cual hace referencia a la perfección en el amor. Por eso está escrito: "Y dijo el Creador: Hágase la Luz". Eso es amor perfecto, un "amor grande". Así es como debe amar el hombre a su Creador.

Existe el amor condicional, que surge a raíz de toda la abundancia recibida desde el Creador (véase "Introducción al *Talmud Éser Sefirot*", puntos 66 - 74), y esto da lugar a que el hombre se una al Creador con toda su alma y corazón. Pero aunque se une con el Creador en completa perfección, este tipo de amor se considera imperfecto. Se asemeja al amor de Nóaj por el Creador (véase *Bereshit Rabá*, punto 30), el cual constantemente necesitaba reforzar sus sentimientos: necesitaba ver que el Creador le enviaba únicamente cosas buenas.

Sin embargo a Abraham no le era necesario nada para reforzar su amor por el Creador, según lo escrito: "Anda delante del Creador con entera honestidad", porque "Anda delante" significa que no necesita reforzar sus sentimientos, es decir, no precisa nada para sentir el amor por el Creador. E incluso si nada recibe de Él, su amor se mantiene constante, entero y desinteresado. Y desea unirse con el Creador con toda su alma y corazón.

199. Dijo Rabí Eliezer: "He escuchado lo que es el amor perfecto". Le dijeron: "Descríbeselo a Rabí Pinjás, pues él existe en ese grado". Dijo Rabí Eliezer: "Amor perfecto significa que es perfecto por ambas partes; y de no incluir a ambas partes, no se trataría de amor perfecto".

Le dijeron que se dirigiera a Rabí Pinjás, porque este ya había alcanzado el grado del amor perfecto y podría entender con exactitud. "Ambas partes" hace referencia tanto al lado bueno como al malo. En otras palabras, tanto si recibiera prosperidad como limitaciones (percibidas como algo desagradable) desde el Creador –e incluso si llegara a arrebatarle el alma– aun así, su amor por el Creador seguiría siendo absolutamente perfecto. Como si Él le estuviera enviando toda la prosperidad del mundo.

200. Por eso, hay quien ama al Creador para hacerse rico, para tener una larga vida, para engendrar hijos sanos, para prevalecer sobre sus enemigos: él recibe todo lo que desea, y por ende, ama al Creador. Pero si recibe lo contrario, si el Creador le hace atravesar una rueda de sufrimientos, llegará a odiar al Creador y no sentirá ningún amor por Él. Por lo tanto, este es un amor sin fundamento.

Puesto que su amor se basa en lo que recibe del Creador, cuando deja de recibir, deja de amar. Queda claro que solo es posible una de estas dos: ¡o amarse a sí mismo o amar al Creador!

201. El amor es denominado perfecto si existe por ambas partes: del lado de la ley y del lado de la misericordia (éxito en la vida). Como ya hemos mencionado, cuando el hombre ama al Creador, aun en el caso de que el Creador le arrebatara su alma, este amor sería perfecto y completo por ambas partes: la de la misericordia y la de la ley. Esa es la razón por la que la Luz de la primera acción de la creación se reveló, pero luego quedó oculta. Y a consecuencia de este ocultamiento, apareció la ley severa en el mundo, y se unieron las dos partes, misericordia y ley, para que apareciera la perfección. Y ese es el amor al que aspirar.

La Luz originada en el primer día de la creación (en la expresión "Hágase la Luz") fue posteriormente ocultada, según lo escrito, para los justos en el mundo venidero. Y se ocultó para que pudiera surgir la ley severa en este mundo. Esto llevó a la unión de ambas partes, la ley y la misericordia, pues se hace posible descubrir la perfección del amor incluso cuando el Creador arrebata el alma del hombre, y se le da así una oportunidad de completar y perfeccionar el amor. Y en el caso de que la Luz no hubiese estado oculta, la rigurosidad de la ley no se habría manifestado, y el AMOR GRANDE habría quedado oculto para los justos, sin posibilidad de revelarlo.

202. Rabí Shimon lo besó. Rabí Pinjás se aproximó, lo besó y lo bendijo. Y apuntó: "Con certeza el Creador me ha enviado aquí. Es aquel estrecho rayo de Luz del cual se dice que brillaba en mi casa y que luego iluminará al mundo entero" (véase el punto 186). Dijo Rabí Eliezer: "Por supuesto, el temor no debe olvidarse en ningún Mandamiento, y con más razón en este, el Mandamiento del amor; el temor debe estar constantemente vinculado a este Mandamiento". ¿Cómo se une a él? El amor es bueno cuando recibe del Amado el bien, la salud, el alimento y la vida. Y es aquí donde se vuelve preciso despertar el temor al pecado, para que la rueda no gire, como está escrito: "Dichoso aquel que constantemente teme", porque el temor existe en el seno de su amor.

203. Ese es el modo en que se vuelve preciso despertar el temor del lado de la ley severa, ya que cuando el hombre ve que el juicio severo se cierne sobre él, debe avivar el temor ante su Señor. Así, su corazón no se endurecerá, sobre lo cual está escrito: "El que endurece su corazón cae en el mal", cae a al otro lado: al lado "malo". Por lo tanto, el temor se une con ambas partes: con la buena, con el amor, pero también con la parte de ley severa. Y consta de las dos. Pues si el temor está unido a la parte buena y con amor, a la par que con la severidad de la ley, entonces, ese amor es perfecto.

El temor es un Mandamiento que incluye todos los demás Mandamientos de la *Torá*: constituye la puerta hacia la fe en el Creador, ya que, en la medida del temor, el hombre recibe fe en la Gobernanza del Creador. Ese es el motivo por el cual no debe olvidar el temor mientras observa un Mandamiento, y en especial si se trata del Mandamiento del amor: precisamente en él se vuelve necesario activar el temor, pues en el Mandamiento del amor debe estar presente en todo momento el Mandamiento del temor. Por eso es necesario activar el temor en nuestro interior en los dos estados del amor: en el amor del lado bueno –cuando se reciben buenas sensaciones desde el Creador– y en el amor del lado malo – cuando el Creador envía rigurosas limitaciones, según la ley.

Pero sería un error pensar que el amor perfecto es amor en un estado en el cual el hombre recibe del Creador sensaciones desagradables, hasta el punto de ser desposeído del alma. No hay que confundirse pensando que el hombre no debe temer el juicio y la rigurosidad del Creador y, a pesar de lo que siente, aferrarse a Él con amor y entregar toda el alma al Creador. Todo ello sin ningún temor.

Primero, el hombre debe despertar temor en su interior no sea que su amor por el Creador se debilite; así, el hombre combina amor y temor. Asimismo, desde el otro lado del amor, del lado de la sensación de la rigurosidad, debe despertar dentro de sí temor al Creador y no dejar que su corazón se endurezca y deje de prestar atención a las desagradables sensaciones de castigo. De ese modo, también en este caso, el hombre incluye temor en el amor. Y actuando de tal manera sobre los dos lados del amor, su amor permanecerá siempre vinculado al temor, gracias a lo cual su amor será perfecto.

Sobre la inclusión del temor en el amor desde el lado bueno está escrito: "Dichoso aquel que constantemente teme". Aquí, la palabra CONSTANTEMENTE implica que, aunque el hombre CONSTANTEMENTE reciba prosperidad del Creador, aun así Le teme: le atemoriza la posibilidad de caer en el pecado.

Sobre la inclusión del temor en el amor por parte del lado malo, cuando el hombre percibe los castigos y la rigurosidad de la ley, está escrito: "Aquel que endurece su corazón acabará estremeciéndose". Tales palabras significan que, bajo ninguna circunstancia y de ningún modo, debe dejar que se endurezca su corazón bajo la influencia de la ley. De otro modo, caería en las fuerzas impuras llamadas "maldad". En tal caso, se vuelve necesario despertar con una mayor intensidad el temor al Creador e incluir dicho temor en el amor.

Sin embargo, ninguno de estos tipos de temor es una preocupación por uno mismo, por el propio bienestar. Son más bien un temor para no reducir sus acciones e intenciones por amor al Creador: que todo lo que haga sea para deleitar al Creador.

Por consiguiente, hemos intentado aclarar los dos primeros Mandamientos de la *Torá*: el Mandamiento del temor y el Mandamiento del amor. El Mandamiento del temor, la base de todos los demás Mandamientos y de toda la *Torá*, está contenido en la primera palabra de la misma, BERESHIT -AL PRINCIPIO-, en su primer versículo: AL PRINCIPIO CREÓ EL CREADOR EL CIELO Y LA TIERRA. El temor es denominado PRINCIPIO, del cual nacen el CIELO y la TIERRA, es decir ZON y su descendencia, los mundos de BYA. Por su parte, el segundo versículo de la *Torá* hace alusión al castigo bajo la forma de cuatro tipos de muerte espiritual: VACÍA es la asfixia, CAÓTICA el apedreamiento, TINIEBLAS es la incineración y ESPÍRITU la decapitación. El Mandamiento del amor queda descrito en la *Torá* en el versículo: "Y DIJO EL CREADOR: 'HÁGASE LA LUZ'".

En este Mandamiento hay dos aspectos: "el bien y la longevidad" y "con toda el alma". Esto nos viene a decir que el hombre debe sentir amor, tanto en la peor de las situaciones (cuando el Creador arrebata el alma), como en la mejor.

Y precisamente para revelar ese amor perfecto, fue ocultada la Luz de la creación. El temor debe estar presente en ambos lados del amor. Un lado es aquel donde el hombre debe temer caer en el pecado, disminuyendo su amor por el Creador. El otro lado es aquel donde el hombre debe temer a causa del ocultamiento en razón del cual el Creador le juzga. Pero para comprender estas categorías espirituales, es preciso aclararlas de una forma un tanto distinta.

Los llamamientos al amor aparecen en la *Torá* en repetidas ocasiones: "Ama al prójimo...", "No hagas a los demás lo que no quieres que te hagan a ti...", etc. Pero la base de todo esto es el amor entre el Creador y el hombre; en esa dirección se dirigen nuestras plegarias: "Atráenos con amor...", "Aquel que elige a Israel con amor...".

La revelación del Creador es la revelación de Su amor por el hombre. Y lo cierto es que el amor altruista es algo muy alejado de nuestro concepto de amor: nuestro amor siempre tiene su raíz en una causa egoísta. Si dicha causa desapareciera, el amor también desaparecería inmediatamente.

Tomemos como ejemplo no un amor entre extraños, sino entre padre e hijo, un amor natural. Los padres aman a su hijo más que a nada en este mundo. Por su parte, el hijo, también debería sentir un amor grande por sus padres.

Sin embargo, vemos que no sucede así: si el hijo siente el amor incondicional de sus padres, por ley natural, independientemente de su voluntad, su amor hacia ellos comienza a mermar. La razón reside en que el amor del padre hacia su hijo es natural. Y del mismo modo que el padre desea el amor del hijo, el hijo desea ser amado por su padre. Este deseo recíproco hace que surja el sentimiento del temor en el corazón de ambos: el padre teme que el hijo pudiera odiarlo (aunque fuera levemente) y el hijo teme lo mismo por su parte.

Ese miedo constante hace que entre ellos aparezcan las buenas acciones: cada uno intenta mostrar al otro su amor, y despertar con ello el amor recíproco. Pero cuando el amor crece hasta su máxima expresión –de un modo tal que sería imposible añadirle nada más– el hijo amado descubre el amor absoluto e incondicional en el corazón del padre.

Y es entonces cuando el amado ya no siente temor de que el amor hacia él desaparezca. Tampoco espera que ese amor hacia él crezca, y por eso este amor es denominado "absoluto". Y esto desemboca en que el hijo comienza a sentir cierta pereza a la hora de manifestar su amor con buenas acciones. Y a medida que estas van disminuyendo, también merma su amor, llegando incluso a lo opuesto, al odio. Porque, a su modo de ver, todo lo que haga el padre resulta insignificante e insuficiente comparado con las que deberían ser las acciones del padre por amor "absoluto". Por lo tanto, la unión entre amor y temor en el hombre le lleva a un estado de perfección.

Las cuatro letras del nombre *HaVaYaH* = *Yud* + *Hey* + *Vav* + *Hey* corresponden a las *Sefirot* J-B-ZA-M. *El Zóhar* les da los siguientes nombres respectivamente: TEMOR, AMOR, TORÁ, MANDAMIENTO:

YUD	–	JOJMÁ	–	TEMOR
HEY	–	BINÁ	–	AMOR
VAV	–	ZA	–	TORÁ
HEY	–	MALJUT	–	MANDAMIENTO

El *Partzuf* AA es el principal y encierra dentro de sí todo el mundo de *Atzilut*. Él brilla sobre todos los demás mundos a través de sus vestiduras, denominadas AVI, YESHSUT y ZON, donde AVI y YESHSUT envuelven a AA desde su *Pe* hasta el *Tabur*, mientras que ZON envuelven a AA desde el *Tabur* hasta el final de sus *Sium Raglaim* situados sobre la *Parsá*.

AA es llamado la "*Jojmá* oculta", porque su Luz de *Jojmá* está oculta en su cabeza y no brilla sobre los demás mundos y *Partzufim*, únicamente su *Biná* brilla hacia abajo. Y por tanto, *Biná* (y no AA) es denominada BERESHIT-PRINCIPIO, pues ella es la base y raíz de todos los mundos.

Y también es llamada TEMOR AL CREADOR, es decir, temor a su Grandeza, "Porque Él es el único Señor y la raíz de todo, y todo lo demás carece de valor al compararlo con Él". Y ZON, (llamados CIELO Y TIERRA) surgen desde *Biná*. Por eso, está escrito en la *Torá*, AL PRINCIPIO (es decir, con temor), AVI, EL CREADOR CREÓ EL CIELO (es decir, ZA), Y LA TIERRA (*Maljut*).

Por eso está escrito: "El temor al Creador es el principio de la sabiduría (*Jojmá*)" y "El temor al Creador es el principio del conocimiento (*Dáat*)". Esto significa que *Or Jojmá* no proviene de *Jojmá* de *AA*, sino exclusivamente de *Biná* de *AA*. Porque cuando la *Sefirá Biná* de *AA* se eleva a la cabeza de *AA*, se convierte en la *Sefirá Jojmá* y luego propaga la Luz hacia abajo. Así, vemos cómo *Biná*, el temor al Creador, constituye la fuente de *Or Jojmá*. Y en consecuencia, se dice: "El temor al Creador es el comienzo de *Jojmá*".

Asimismo, el temor supone también el comienzo del conocimiento, pues la *Sefirá Dáat* es el inicio de *ZON*: *ZON* elevan su súplica hacia la cabeza de *AA* para recibir *Jojmá*. Y dicha súplica de *ZON* para recibir Luz de *Jojmá* –que es recibida y percibida por *AA*– se denomina *Dáat*, conocimiento. Y justamente por eso está escrito: "El temor al Creador, *Biná*, es el comienzo del conocimiento, *Dáat*".

El Zóhar además nos dice que el temor y el amor se unen juntos para no separarse jamás, pues *Jojmá* es denominada "amor". Ciertamente, la letra *Yud* del nombre *HaVaYaH* es la propia *Biná*, es decir, GAR de *Biná* (AVI) que únicamente desea *Or Jasadim*, mientras que *Or Jojmá* está oculta en *Biná*.

Por otro lado, ZAT de *Biná*, el lugar donde se revela *Or Jojmá*, denominado YESHSUT, es la primera letra *Hey* del nombre *HaVaYaH*. Por eso este lugar es llamado amor y es el segundo Mandamiento, que sigue al Mandamiento del temor, el cual brilla en ZON, pues esta *Or Jojmá* no es recibida desde la propia *Jojmá* de AVI, sino desde *Biná*. Y *Biná* recibe el nombre de "temor".

Y dice *El Zóhar* que el temor se une al amor y no deja que se vaya jamás. Esto significa que *Biná* se une de manera eterna a *Jojmá* y no se separa de ella. Y allá donde se encuentre *Biná*, *Jojmá* permanece a su lado. Y aunque pueda parecer que el primer Mandamiento es el temor y el segundo es el amor (como si se tratara de Mandamientos por separado) lo cierto es que siempre están juntos y nunca existen por separado. Del mismo modo que el primer Mandamiento contiene el segundo, este último contiene el primero.

El motivo por el que reciben un nombre por separado es que los distinguimos por lo que predomina en ellos: en el primer Mandamiento domina AVI, GAR de *Biná*, es decir la propia *Biná* y su cualidad. Y por eso se llama "temor". En el segundo Mandamiento, sin embargo, es *Jojmá* quien domina, y por eso es llamado "amor".

Por tanto, las palabras de la *Torá* AL PRINCIPIO EL CREADOR CREÓ están ocultas, y la revelación de lo que contienen estas palabras comienza a partir de las palabras HÁGASE LA LUZ, que indican la elevación de *Biná* (PRINCIPIO) a la cabeza de AA, lugar donde *Biná* se vuelve como *Jojmá*.

La combinación de *Jojmá* y *Biná* juntas es, entonces, lo que se denomina AMOR GRANDE. Y ese es precisamente el sentido de las palabras HÁGASE LA LUZ, porque *Biná* se elevó hasta AA y envía Luz a todos los mundos inferiores con AMOR GRANDE, es decir, mediante las dos Luces: *Jasadim* y *Jojmá*.

Por eso se dice que DESDE DOS LADOS SE ESCLARECE EL AMOR DEL CREADOR, como está escrito: HÁGASE LA LUZ EN ESTE MUNDO Y HÁGASE LA LUZ EN EL MUNDO VENIDERO. El Creador vio que este mundo no podía recibir Luz y, en consecuencia, ocultó Su Luz y la elevó por encima de la *Parsá* de AA, lugar que es denominado "el mundo venidero" (dado que sus cualidades están corregidas), por encima del pecho de AA, donde se sitúan AVI y GAR de *Biná*.

La *Parsá* se encuentra bajo el *Jazé* de AA, que separa las Aguas Superiores (AVI) de las inferiores (YESHSUT + ZON). Y en vista de que *Or Jojmá* no brilla por debajo del pecho de AA, se dice que la Luz está oculta de los *Partzufim* YESHSUT y ZON.

Así, vemos que *Biná* se divide en dos partes: GAR de *Biná* (AVI), situados por encima del pecho (*Parsá* de AA o Aguas Superiores). Y en ellas brilla la Luz Superior, es decir, en ellas se da la revelación de los secretos. Aquel que se eleva hasta este grado recibe su Luz, y con ello merece obtener "riquezas (*Jojmá*) y longevidad (*Jasadim*). Sus hijos (sus correcciones futuras) son como brotes de olivo (el aceite representa *Or Jojmá*), que se encuentran alrededor de su mesa (*Jasadim*), prevalece sobre sus enemigos (las fuerzas impuras) y prosperará en todo lo que se proponga (pues *Or Jojmá* existe en el seno de *Or Jasadim*)". ZAT de *Biná* son las aguas inferiores ubicadas por debajo del pecho de AA. La Luz se encuentra oculta de ellas. Así, todos los que reciban de ellas, deben amar al Creador con ese tipo de amor llamado "aunque arrebate tu alma".

Estos son los dos grados de amor al Creador. Es decir, el amor al Creador no es exclusivamente deseo y decisión del hombre: como cualquier otro deseo en nosotros, surge únicamente a raíz de la conquista de un determinado grado: si el hombre alcanza el grado de YESHSUT, dicho nivel le capacita para amar al Creador "aunque el Creador arrebate su alma". Y en el hombre que se eleva hasta el grado de AVI surge un amor aun más perfecto: es tal la Luz recibida desde este grado, que su amor por el Creador se vuelve perfecto por ambos lados.

No obstante, el temor debe estar presente en ambos tipos de amor. Porque en el nivel de AVI, es necesario el temor para no cometer una transgresión en el estado de elevación espiritual en AVI. Y mientras que uno se encuentra en el grado de YESHSUT, debe sentir temor no sea que se endurezca el corazón, pues *Jojmá* y *Biná* se corresponden con el amor y el temor eternamente unidos. Y por ello es necesario incluir las cualidades de *Biná* (temor) en GAR de *Biná* (AVI), así como en ZAT de *Biná* (YESHSUT).

Solo entonces el amor será perfecto por ambos lados, en ambos tipos: GAR y ZAT de *Biná*. El amor no puede ser perfecto únicamente por un lado: únicamente puede serlo si el temor está presente en ambos lados, puesto que no puede haber *Jojmá* sin *Biná*, amor sin temor.

Y sucede que el amor condicional es el grado de *AVI*, mientras que el amor incondicional (perfecto) es el grado de *YESHSUT*. Sin embargo, *YESHSUT* se encuentra por debajo de *AVI*. Y lo cierto es que el hombre primero recibe las *Sefirot* más elevadas de su emergente *Partzuf* (siguiendo el orden K-J-B-ZA-M), sin embargo, la Luz entra en ellas en orden inverso a *NaRaNJaY*: en un primer momento el hombre recibe la *Sefirá Kéter* con la Luz de *Néfesh* y termina recibiendo la *Sefirá Maljut*, aunque es en la *Sefirá Kéter* donde entra la Luz de *Yejidá*. Por eso, si medimos según las *Sefirot* (*Kelim*), el nivel de AVI = GE = K-J (amor condicional) es menor que el nivel de YESHSUT = AJaP = B-ZA-M (amor incondicional).

EL TERCER MANDAMIENTO

204. El tercer Mandamiento es saber que existe un Gran Señor que gobierna todo el universo. Y cada día unir esto en las seis extremidades Superiores J-G-T-N-H-Y de ZA, y unificarlas en las seis palabras de la oración "Escucha, oh Israel", y con ella llevar sus deseos hacia arriba. Por lo tanto, debemos prolongar la palabra UNO en esas seis palabras: "Escucha Israel, nuestro Creador es UNO".[9]

Y siguiendo el requerimiento de "alargar" la palabra UNO, todo aquel que enuncia dicha oración, extiende el sonido en la palabra U-U-U-N-O. Sin embargo, *El Zóhar* evidentemente no se refiere a lo que producen los órganos fonadores del ser humano, sino a las verdaderas intenciones de nuestro corazón.

Lo que aquí se quiere decir es que es necesario SABER y realizar una UNIÓN. Al principio es preciso conocer estos dos lados del amor, *AVI* y *YESHSUT*. *AVI* son llamados "los grandes y grandiosos en *Jasadim*" en tanto que *YESHSUT* se denomina "aquel que domina en el mundo" pues contiene ley y restricciones.

Una vez que el hombre alcanza los dos niveles de amor y merece el amor perfecto, debe saber que existe un gran gobernador de todo el universo. Y cada día unir esto en las seis extremidades Superiores (lados), es decir, elevar MAN a ZON del mundo de *Atzilut*, y ZON, a su vez, elevarán este MAN a YESHSUT. A consecuencia de esto, ZON y YESHSUT se elevan y se unen al *Partzuf* AVI. Este *Partzuf* conjunto tiene seis lados Superiores (extremidades), porque todos ellos envuelven a VAK, las seis *Sefirot* inferiores de AA.

A consecuencia de esta unión, YESHSUT se eleva por encima de la *Parsá* de AA, al lugar situado entre la boca y el pecho, el lugar de las Aguas Superiores. Esta es la ubicación permanente de AVI, donde la Luz está revelada. Cuando YESHSUT se llena con esta Luz, la transmite a ZON, y ZON transmite esta

---

9   Esta oración es el conocido: "*Shemá Israel: Adonay Eloheinu, Adonay Ejad*" (N. del T.)

Luz a todos los mundos inferiores; y entonces *Or Jasadim* se revela en todos los mundos. Y este es el secreto de la unidad "Escucha, Israel".

Las seis palabras: "**Escucha, Israel, el Señor es nuestro** Creador, el **Creador es Uno**" son los seis lados de ZON que hay que unir para que confluyan con las seis Partes Superiores, es decir, AVI y YESHSUT. Y el hombre tiene que dirigir las intenciones de sus deseos y su *NaRaN* hacia Arriba, para que ellos también se unan con Unidad Superior, como MAN.

Para lograr unidad en VAK de ZA, en sus seis lados, es necesario alargar la palabra UNO, algo que representa la recepción de *Or Jojmá* en la palabra UNO. Y es así porque *Or Jojmá* parte desde *Ein Sof* (el infinito) hacia los VAK Superiores, es decir, hacia AVI y YESHSUT, y une VAK de ZA con la Luz de *Ein Sof*. Porque la *Guematría* de la palabra hebrea EJAD (UNO) = Álef + Jet + Dálet = 1 + 8 + 4 = 13, lo que indica la recepción de *Or Jojmá*.

Por eso, en la palabra UNO es necesario albergar la intención de que *Or Jojmá* descienda a VAK de ZA. No obstante, esta unión carece de la intención de recibir GAR dentro de ZA: solamente aspira a aumentar su VAK mediante la unión con el VAK Superior y obtener un VAK del estado grande.

205. Por eso está escrito: "Júntense las aguas, que están bajo los cielos, en un solo lugar". Esto quiere decir que se reúnan en un lugar todos los grados que se encuentran bajo el cielo, para volverse perfectos en seis extremos. Adicionalmente a eso, debe agregarse el temor en la unidad de las palabras "Escucha, Israel", lo cual se efectúa mediante el alargamiento de la letra *Dálet* en la palabra EJAD. Y por ello la letra *Dálet* en la palabra EjaD tiene un tamaño mayor que las otras letras. Está escrito: "Y que aparezca lo seco", para que la letra *Dálet* (que indica la tierra firme) sea agregada a aquella unión.

Como ya explicamos más arriba, la unión que encierran las palabras "Escucha, Israel", indica la recepción de VAK *de Gadlut*, porque "un solo lugar" significa el VAK Superior, donde brilla la Luz del Infinito dentro de *Or Jojmá*, bajo el Cielo (*Biná*), en relación a ZA (Tierra). "En un lugar" se refiere a la unión de todos los seis lados Superiores e inferiores para que los inferiores reciban *Or Jojmá* y se unan a VAK de ZA, pero solo como VAK *de Gadlut*.

Asimismo, como ya aclaramos, existen dos tipos de temor y dos tipos de amor: el temor y el amor Superiores son denominados AVI; mientras que el temor y el amor inferiores son llamados YESHSUT. Sin embargo, la perfección se logra solamente al alcanzar ambos grados juntos. Por eso la Luz se oculta en YESHSUT, para revelar el amor inferior del tipo "incluso si arrebata el alma". Pero incluso en ese caso, el temor debe aferrarse al amor y no permitir el endurecimiento del corazón. Solo entonces el hombre revela el amor perfecto, se une con AVI y YESHSUT y recibe todo el bien del Creador.

En la unión "Escucha, Israel", una vez que ZON se eleva y se une mediante sus cualidades en los seis lados Superiores para recibir dentro de sí "el Amor Grande" de la palabra "UNO", él recibe esta Luz originada el primer día de la creación, y sobre la cual está escrito: "Y dijo el Creador: 'Hágase la Luz'" (punto 198).

Y a toda esta unión uno debe añadir el temor, pues está obligado a revelar y recibir la Luz que está deliberadamente oculta en YESHSUT para que sea posible unir el amor y el temor inferiores, ya que, de todas maneras, aún no pueden ser considerados perfectos.

¡Por eso se dice que es necesario alargar la sonoridad de la letra *Dálet* en la palabra EJAD-D-D (uno, unido) en "*Shemá Israel, Ado-nay Elo-heinu, Ado-nay EjaD-D-D!*" (Escucha, Israel, nuestro Creador es Uno). Y en este caso la letra *Dálet* se escribe con tamaño grande (véase en el libro de rezos) porque las letras de mayor tamaño se refieren a *Tevuná* y esta gran letra *Dálet* de la palabra *EjaD* indica que su lugar está en *Tevuná*, donde está oculta la Luz. Y mediante esa prolongación –no con la voz, claro está, sino con la acción espiritual– el hombre une el ocultamiento que existe en ella con el temor y el amor inferiores.

Y APARECIÓ LA TIERRA SECA significa que no hay perfección en el temor y amor Superiores, manifestados mediante las seis palabras de "Escucha, oh Israel" con ayuda de la palabra UNO. Dichas palabras corresponden a "Hágase la Luz", hasta que abajo se alcance la unión entre el temor y del amor. Dicha unión se revela en la Luz oculta en *Tevuná*, la cual viene indicada por la letra *Dálet*. Esta Luz es denominada "D" en la palabra "*EjaD*".

Por eso, después de que SE JUNTARAN LAS AGUAS EN UN LUGAR, lo cual representa el descenso de *Or Jojmá* en las seis partes de ZA, APARECIÓ LA TIERRA SECA, que denota la "D" de la palabra *EjaD*, la cual es preciso pronunciar prolongadamente (en sentido espiritual), con intención de que se convierta en tierra mediante el ocultamiento de Luz.

Todo esto es necesario para que esta D, *Tevuná*, se una con *AVI*, a consecuencia de lo cual desciende la Luz a *VAK de ZON* para que el amor se convierta en perfecto.

206. Después de que *Maljut* y ZA se unieran Arriba, en VAK de ZON, ahora deben ser unidos abajo, en las masas, es decir, en los seis lados de *Maljut*, en las palabras BARUJ SHEM KVOD MALJUTÓ LEOLAM VAED (Bendito sea el gran nombre de Su reino eternamente), en las cuales hay otras seis palabras de unidad. Y entonces, lo seco se convirtió en tierra fértil que produce frutos y plantas.

Después de la Unión Superior, cuando la letra *Dálet* de la palabra *EjaD* se une Arriba, en *AVI*, es necesario unir la letra *Dálet* de la palabra *EjaD* abajo, en

VAK, en los seis lados de *Nukva* de ZA (Rajel), que se sitúa desde el pecho de ZA y más abajo. Rajel contiene todas las 600 000 almas de Israel, denominadas "los habitantes de *Nukva*".

Después de que ZA se una en la Luz de *AVI* y se revele en él lo que estaba oculto en *Tevuná* (en las palabras APAREZCA LO SECO o la letra *Dálet*) es necesario llenar a *Nukva* con estas dos. Esto es designado por las seis palabras de BENDITO SEA EL GRAN NOMBRE DE SU REINO ETERNAMENTE, correspondientes a las seis *Sefirot* J-G-T-N-H-Y de *Nukva*.

Ya se explicó que la Luz fue ocultada para revelar ambos lados del amor, el bueno y el malo. Pero ninguno de los lados del amor se manifiesta mediante ocultamiento, sino solo a través de la revelación de la rigurosidad. Antes de la revelación de la rigurosidad, la letra *D* de la palabra *EjaD* era LO SECO, sin ninguna utilidad, porque surgió de Luz a raíz de ocultamiento. Ni siquiera se encontraba en ella el temor para poder unirse en el temor y el amor inferiores que complementan el temor y el amor Superiores: aún no se encuentra descubierta la rigurosidad que revela el temor y el amor inferiores.

La rigurosidad y la ley están ubicadas en las piernas del *Partzuf* Lea, las cuales están insertadas en la cabeza del *Partzuf* Rajel. ZA tiene dos *Nukvaot* (plural de *Nukva*): la que está encima de su pecho (Lea) y la que está debajo de su pecho (Rajel). Las piernas de Lea llegan hasta el pecho de ZA y lindan con la cabeza de Rajel:

Mundo de Atzilut

Átik	
AA	
AVI	
YESHSUT	
Nukvaot de ZA	ZA
Lea: Cabeza	Cabeza
Cuerpo	Boca
Piernas	Pecho
Rajel: Cabeza	Pecho
Cuerpo	Piernas
Piernas	Pies

— Parsá

Mundos de BYA

— Majsom

Nuestro Mundo

La rigurosidad y la ley se encuentran donde acaban las piernas del *Partzuf* Lea y, por tanto, esto afecta solamente al *Partzuf* Rajel: cada atributo espiritual actúa únicamente desde el lugar de su manifestación hacia abajo. Así, el ocultamiento del amor y el temor inferiores se manifiesta exclusivamente en el emplazamiento de Rajel, allí donde se manifiesta la fuerza de la rigurosidad y del juicio.

Previamente a la revelación de la rigurosidad, la letra D de la palabra *EjaD*, era tierra seca, un lugar no apto para la vida. Pero ahora, tras el descenso del *Partzuf* Rajel a VAK, que se encuentra bajo el pecho de ZA, lo seco se convirtió en tierra fértil, habitable y con posibilidad de dar frutos. Es decir, el amor y temor inferiores se revelaron en ella completamente, en su perfección. Y estos complementan al amor y temor Superiores, para que todo sea perfecto por ambos lados, ya que precisamente entonces todo el bien se revela en *AVI*.

Por eso está escrito: Y A LO SECO EL CREADOR LO LLAMÓ TIERRA-ÉRETZ; (*Éretz* deriva de la palabra *Ratzón-*deseo), pues es la cualidad de la letra D en la palabra *EjaD* en las seis *Sefirot* (los lados de *Nukva de ZA*) donde la cualidad de rigurosidad y ley ya está revelada. Y entonces, la D (que se encontraba en LO SECO y transformó su atributo en inanimado haciéndolo no apto para la vida) se convierte en la TIERRA en *Nukva de ZA*, a raíz de un *Zivug* con este último; dicha TIERRA produce frutos, apta para ser poblada, y por eso, el Creador le dio el nombre de "tierra".

207. Está escrito: Y A LO SECO EL CREADOR LO LLAMÓ TIERRA. Esto se refiere a la misma unión abajo, en las palabras: BEDITO SEA SU GRAN NOMBRE ETERNAMENTE, cuando la tierra, llamada "deseo", se convirtió en lo que debía. Porque "tierra" (ÉRETZ), proviene de la palabra RATZÓN (deseo). De ahí que BUENO esté escrito dos veces en el tercer día de la creación: una vez en relación a la Unidad Superior y una vez en relación a la unidad inferior. Porque Maljut se une con los dos lados de ZA, con VAK de ZA y con su propio VAK. De ahí en adelante, la tierra produce hierba porque ha sido corregida para producir frutos.

La Unidad Superior señalada por las palabras JÚNTENSE LAS AGUAS QUE ESTÁN BAJO LOS CIELOS EN UN SOLO LUGAR, transmite la Luz generada el primer día de la creación desde Arriba hacia abajo, desde las seis partes superiores de *AVI* hasta *VAK de ZA*. Y esto es designado con la primera palabra BUENO que el Creador pronunció en el tercer día de la creación.

Y luego tiene lugar la unión inferior, señalada por las palabras BEDITO SEA SU GRAN NOMBRE ETERNAMENTE. Esto indica que la D de la palabra *EjaD* recibe la perfección únicamente desde los seis lados de *Nukva*. Y a esta perfección se hace referencia en las palabras Y EL CREADOR LLAMÓ TIERRA A LO SECO y en las palabras PRODUZCA LA TIERRA HIERBA, porque en *VAK de Nukva* LO SECO se convirtió en TIERRA que produce frutos.

En relación a esta unidad de VAK *de Nukva*, el Creador dijo BUENO por segunda vez en el tercer día de la creación. La primera vez que se dice BUENO hace alusión a la Unidad Superior; y la segunda vez se dice con respecto a la inferior. Como resultado de la unidad inferior, el amor alcanza la perfección por ambos lados, y la Luz de AVI desciende a VAK *de Nukva* y da frutos a las 600 000 almas de Israel que habitan en ella.

EL CUARTO MANDAMIENTO

208. El cuarto Mandamiento es saber que HaVaYaH –el Creador– es ELOKIM –el Señor– como está escrito: Y CONOCE HOY Y SIENTE EN TU CORAZÓN QUE HaVaYaH-CREADOR ES ELOKIM-SEÑOR. Es decir, que el nombre ELOKIM se adentra en el nombre HaVaYaH y no es posible distinguir el uno del otro.

HaVaYaH es ZA, y *Elokim* es *Nukva* de ZA. Es necesario unir a ZA y *Nukva* mediante la equivalencia de sus cualidades, para que no haya diferencia entre ellos. Así, el nombre *Elokim* de *Nukva* quedará incluido en el nombre *HaVaYaH* de ZA y la propia *Nukva* llegará a ser como el nombre *HaVaYaH*.

Esta unión significa la recepción de Or Jojmá (GAR) dentro de ZON. Porque la unión implícita en las palabras ESCUCHA, ISRAEL, es la recepción en ZON de la Luz de VAK proveniente de AVI. Mientras que aquí, la unión en cuestión, es la recepción en ZON de la Luz de GAR (*Jojmá*) procedente de AVI. Es imposible recibir el grado entero de una vez: primero se recibe VAK y después GAR.

209. Por eso está escrito: "Y brillen los astros en el firmamento para alumbrar la Tierra". Esto significa que dos astros, los dos nombres de HaVaYaH y ELOKIM, son como uno solo. Que *Maljut*, *Elokim*, se adentre en el nombre HaVaYaH (ZA); la Luz negra (*Maljut*) con la Luz blanca (ZA) sin distinción alguna, como si de una sola se tratara. La nube blanca durante el día (ZA) con la columna de fuego por la noche (*Maljut*). La cualidad del día (ZA) se ha unido con la cualidad de la noche (*Maljut*) de tal modo que empiezan a brillar como un único astro.

Nukva es denominada "astro pequeño". Al principio había dos astros, ZA y *Maljut*, iguales en dimensión. Sin embargo, la luna (*Maljut*) se quejaba de que dos astros no pueden utilizar una misma corona (fuente de Luz). A lo que el Creador respondió: "Vete y mengua" (*Talmud, Julín*, 60:2).

A consecuencia de esto, las nueve *Sefirot* inferiores de *Maljut* descendieron al mundo de *Briá* hasta situarse por debajo la *Parsá*, y en el mundo de *Atzilut* quedó solamente una *Sefirá*: *Kéter de Maljut*. La tarea de los justos es elevar las nueve

Sefirot inferiores de *Maljut* desde el mundo *Briá*, hasta el nivel de ZA, corregir lo que le diferencia de ZA, es decir, hacerla crecer de nuevo para que se iguale a ZA, para que pueda realizar un *Zivug* con él cara a cara. De ese modo, lograrán corregir el alejamiento de *Maljut* desde ZA, producido a raíz de la queja de la luna.

La luna protestó porque no podía recibir la Luz directamente desde *Ima*, sino solo a través de ZA. Por lo que el Creador le dio Su consejo: que menguara hasta convertirse en punto (la *Sefirá Kéter*) e hiciera descender las nueve *Sefirot*, de *Jojmá* hasta *Maljut*, situándolas por debajo de la *Parsá*. Y que, a continuación, con ayuda de la unión "Escucha, Israel", construya nuevamente *Maljut* en VAK, en la unidad inferior de "Bendito sea Su gran nombre eternamente", porque la fuerza del juicio que ella contiene corrige a la *Dálet* de la palabra *EjaD*, convirtiendo lo SECO en TIERRA productora de frutos.

Por eso, ahora el punto negro de *Maljut* que provocó su caída se hace tan importante como la Luz, porque, precisamente con la rigurosidad del juicio, se construye la letra *Dálet* de la palabra *EjaD* y dicha letra se hace fructífera. Y si tal fuerza de rigurosidad no existiera en *Maljut*, la letra *Dálet* de la palabra *EjaD* (*Tevuná*) hubiera seguido siendo LO SECO. Por tanto, cuando la Luz se expande dentro de ella, la fuerza de rigurosidad y restricción se considera más importante que la propia Luz, pues se convierte en la causa, la fuente de Luz (Luz de VAK, Luz de *Jasadim*).

Así, ahora es posible recibir *Or Jojmá* en VAK de *Maljut*, al elevar ZON a AVI. Porque ahora, *Nukva*, al igual que ZA, también puede unirse con sus cualidades con AVI. Esto constituye la base de su queja previa porque, en ella, la fuerza para restringir la Luz se convirtió en causa de la expansión de la Luz. Por eso ZA y *Maljut* se consideran como un todo: él es fuente de Luz para ella, ella es fuente de Luz para él. Mientras que antes, *Maljut* dependía por completo de ZA y eso era lo que le hacía sentirse humillada.

A raíz de la unión en AVI entre ZA y *Nukva*, ZA se incorpora a *Aba* y *Nukva* se incorpora a *Ima*. ZA se convierte en nubes blancas a la luz del día, y *Nukva* se convierte en columna de fuego a la luz de la noche; es decir, las cualidades del día y la noche se unen en una sola, como está escrito: Y HUBO NOCHE Y HUBO MAÑANA, UN DÍA, y juntos iluminan a la TIERRA, a aquellos que habitan en *Nukva* en los mundos de BYA.

210. Y este es el pecado de la serpiente primigenia, que une abajo pero separa Arriba; precisamente por eso causó al mundo lo que causó. Porque es necesario unir Arriba y separar abajo. La Luz negra, *Maljut*, debe ser unida Arriba con ZA en un único todo, y ser separada del lado malo.

La unidad y llenado de ZON con *Or Jojmá* ocurre solamente durante su elevación a AVI, por encima del pecho de AA, donde ZA se une con *Aba* y

Nukva se une con *Ima*. En consecuencia, ellos se unen y ZA transmite *Or Jojmá* a *Maljut*. Pero, por debajo del pecho de AA (la ubicación permanente de ZON), no les está permitido unirse para que *Nukva* reciba *Or Jojmá*.

Esa y no otra fue la causa del pecado de Adam, el cual permitiría que la Serpiente trajera la muerte al mundo (provocó la desaparición de *Or Jojmá* de *Maljut*) empujando a Adam y Javá a realizar el *Zivug*-cópula en la ubicación permanente de ZON, bajo el pecho de AA. Y en consecuencia, cesó el *Zivug* Arriba en AVI, pues ZA empezó a entregar *Or Jojmá* desde AVI hacia abajo, hacia *Maljut*.

Y lo que sucedió es que todas las partes de *Maljut* que se encontraban en el mundo (las almas) fueron privadas de *Or Jojmá* desde AVI. Esto es equivalente a la muerte. Porque tan pronto como las fuerzas impuras se acercan a ZON para succionar *Or Jojmá* en ellos, inmediatamente AVI detienen el *Zivug* que realizaban para ZON, e impiden así que la fuerza impura se aferre a ZON. Y en cuanto *Or Jojmá* abandona ZON, acto seguido la fuerza impura también los abandona, pues solo se aproxima a ZON para alimentarse con *Or Jojmá*.

En cambio, *Maljut*, una vez que ha recibido *Or Jojmá* al estar en *Ima*, desciende a su lugar permanente y entrega esta *Or Jojmá* a las almas de los justos, denominados "los habitantes de *Maljut*". Ella se une con ellos mediante la equivalencia en sus cualidades, ya que debido a la falta de unión abajo con ZA, *Maljut* se aleja del lado malo y las fuerzas impuras no logran recibir de ella.

211. Al mismo tiempo, es necesario saber que ELOKIM y HaVaYaH son uno, sin distinción alguna. HaVaYaH es ELOKIM. Y si el hombre sabe que todo es uno y no causa separación, entonces, incluso las fuerzas impuras –opuestas– desaparecen del mundo y no descienden hacia abajo.

A pesar de que existe gran temor a un *Zivug* de ZON en su ubicación abajo, esto no debe ser un motivo para no aspirar al *Zivug* de ZON Arriba, en AVI. Es más, uno debe alcanzar que HaVaYaH es ELOKIM, algo que se logra mediante la unión entre ZA y *Nukva*. Y si el hombre eleva su MAN, provocando con ello la elevación de ZON a AVI y su unión allí, entonces las fuerzas impuras son completamente expelidas de la Luz, se debilitan y acaban desapareciendo del mundo.

212. El secreto de la palabra MEOROT, que está compuesta por las palabras MAVET OR, radica en que las fuerzas impuras van detrás del saber, del entendimiento, del pensamiento. Y esto es la Luz, que es lo contrario de la muerte (MAVET). Porque la Luz (OR) se encuentra dentro de la palabra muerte: MAVET (se escribe Meot) en la palabra MEOROT (MEorOT). Esto indica que la Luz separa a la muerte, pero cuando la Luz desaparece, las letras se unen y componen la palabra "muerte".

Las fuerzas impuras vienen después de la razón (del conocimiento, del entendimiento, del pensamiento). La razón es la "Luz" y la fuerza impura es la "muerte", donde la "Luz" constituye el vínculo entre letras, mientras que la muerte es lo que las separa.

La explicación es la siguiente: la fuerza de restricción en *Maljut* es la fuente para el surgimiento de las fuerzas impuras. A raíz de la unión entre ZON y AVI para recibir la Luz de VAK y GAR, la fuerza de la restricción en *Maljut* se convierte en Luz una vez que recibe la Luz de VAK en la unión inferior. Luego, se eleva nuevamente a AVI y *Maljut* se fusiona en el grado de AVI. Esta Unión Superior es designada con la palabra MEOROT = OR + MAVET: a consecuencia del descenso hasta *Nukva* de la Luz de VAK y GAR en la unión con ZA en el nivel de AVI, la fuerza de restricción en *Maljut* se convierte en Luz, y todas las fuerzas impuras engendradas por esta restricción desaparecen, pues su raíz se transforma en Luz. Por consiguiente, las letras de la palabra MAVET (muerte) desaparecen de las fuerzas impuras y aparecen las palabras MEOROT OR.

213. Con estas letras comenzó Javá y trajo el mal al mundo. Como está escrito: la mujer VIO que era bueno devolver las letras de la palabra MEOROT. De allí tomó las letras *Vav-Tav-Resh-Álef*, dejando únicamente las letras *Mem-Vav*. Y estas tomaron consigo la letra *Tav*, componiendo así la palabra *Mem-Vav-Tav* = *Mavet* (muerte). Y trajeron la muerte al mundo.

Gracias a la unión entre las letras de la palabra MEOROT, que indican la recepción de *Or Jojmá* en ZON, en la unión de ZON Arriba, la Luz recibida por ellos separa las letras MAVET (muerte) en AVI: brilla dentro de ellas y forma una nueva combinación de las letras (MEOROT). Pero si ZON realizan una unión abajo, en su ubicación permanente, la Luz desaparece de la combinación de las letras MEOROT y queda la palabra MAVET (muerte).

Y VIO LA MUJER QUE EL ÁRBOL ERA BUENO (*Bereshit*, 3:6): "y vio" en hebreo es VETIRÉ = *Vav-Tav-Resh-Álef*, precisamente las letras que fueron arrancadas de la palabra MEOROT (astros), quedando solo las letras *Mem-Vav*. Y estas se unen a la letra *Tav* (*Nukva* de las fuerzas impuras) y forman juntas la palabra MAVET (muerte), el nombre de las fuerzas impuras (*Klipot*).

Javá atrajo estas letras desde la palabra MEOROT, es decir, obedeció el consejo de la Serpiente: unir ZON abajo, en su ubicación. Y con esto violo la combinación sagrada de las letras de la palabra MEOROT. Porque la unión de ZON abajo, provoca la separación inmediata de AVI y la palabra MEOROT, dando como resultado las palabras OR (Luz) y MAVET (muerte).

Las fuerzas impuras, denominadas "muerte", contienen una parte masculina llamada "Sam" y una femenina llamada "Lilit". La letra *Mem* (la parte masculina de la palabra *MaVeT*), se denomina "Sam", mientras que la letra *Tav* (la parte femenina de la fuerza impura), se denomina "Lilit". Y así tuvo lugar el *Zivug* entre las partes masculina y femenina: *Mem*, *Tav* y *Yesod* (la letra *Vav*) formaron la palabra *MaVeT* (muerte), como el nombre de la fuerza impura.

Precisamente esto significa que la Serpiente apareciera ante Javá y le transmitiera su impureza. Porque a raíz de haber seguido el consejo de la Serpiente, entró en ella la letra *Tav* y dividió la palabra *OR* (Luz), uniendo las letras en la combinación *VETIRÉ* (Y VIO). A continuación apareció la parte masculina de la fuerza impura (*Mem-Vav*) y realizó un *Zivug* con *Tav*, que ya se encontraba en Javá. Y apareció *MaVeT*: la muerte en el mundo.

214. **Y contempla:** dijo Rabí Eliezer "Padre mío, he aprendido que después de que Javá tomara las letras *VeTiRÉ* de la palabra **MEOROT**, no quedaron las letras *Mem-Vav*. Sino que solo quedó la letra *Mem*. Porque la letra *Vav* (que es la letra de la vida) se convirtió en muerte por haber atraído hacia sí a la letra *Tav*, a consecuencia de lo cual se formó la palabra *MaVeT* (muerte)". Y le respondió: "¡Bendito seas, hijo mío!".

Rabí Eliezer respondió que la letra *Mem* se quedó sola, sin la letra *Vav*, pues *Vav* designa a *Yesod*, en tanto que Sam (la parte masculina de las fuerzas impuras) carece de *Yesod*; por eso está escrito que él no puede engendrar descendencia, cual hombre castrado. La letra *Vav* representa a *Yesod*, el lugar de realización del *Zivug*, la unión entre las partes masculina y femenina de ZON. La letra *Vav* siempre significa vida, *Yesod* de las fuerzas puras, y cuyo *Zivug* da frutos porque se realiza sobre la pantalla que se encuentra en *Yesod*.

Aquí, en este caso, *Vav* dejó de ser pura y se volvió impura, se convirtió en *Yesod* de la fuerza impura, en la muerte (*MaVeT*). Y *Vav*, tras haber recibido desde *Yesod* de las fuerzas puras, se unió en un *Zivug* con *Tav*, formando así la palabra *MaVeT*. Precisamente ese fue el pecado de Adam; y dicho pecado expulsó a *Vav* de las fuerzas puras hacia las fuerzas impuras.

EL QUINTO MANDAMIENTO

215. El quinto Mandamiento. Está escrito: "QUE REBOSEN DE SERES VIVIENTES LAS AGUAS" (*Bereshit*, 1:20). Este verso contiene tres Mandamientos. El primero es estudiar la *Torá*, el segundo es procrear y multiplicarse, y el tercero es extirpar el prepucio en el octavo día. Y es necesario estudiar la *Torá* todos los días, constantemente, para corregir el alma y el espíritu de uno.

Los cuatro Mandamientos previos se originan en los primeros cuatro días de la creación, y su objetivo es la corrección de los grados J-B-ZA-M del mundo de *Atzilut*.

El **Primer Mandamiento** se origina en la palabra BERESHIT (*Biná*, el temor al Todopoderoso Creador que todo lo domina), refiriéndose solamente a GAR de *Biná*, que se encuentra en AVI. La ubicación de AVI va desde la boca hasta el pecho de AA, Yud del nombre *HaVaYaH*.

El **Segundo Mandamiento** se origina en las palabras "HÁGASE LA LUZ", y está destinado a la corrección de ZAT de *Biná* (llamados YESHSUT), situados desde el pecho hasta el *Tabur* de AA, es decir, debajo de su *Parsá*. Sin embargo, las palabras "HÁGASE LA LUZ" significan que YESHSUT se han elevado y se han unido con AVI, formando un *Partzuf* por encima del pecho de AA. Y desde allí ellos ascendieron a la cabeza de AA.

Ese estado (grado) se denomina "Amor Grande", la primera letra (*Hey*) del nombre *HaVaYaH*: Yud-HEY-Vav-Hey, y desde ella viene la Luz hasta ZON. Pero ZON no pueden recibir *Or Jojmá* desde AVI, porque son GAR de *Biná* y permanecen en todo momento únicamente con *Or Jasadim*, sin deseo de recibir. De ahí que reciban por nombre TEMOR.

No obstante, ZON reciben *Or Jojmá* desde ZAT de *Biná* (YESHSUT), que ascendieron por encima de la *Parsá* de AA y son llamados "Gran amor". Pero YESHSUT, que están por debajo de la *Parsá* de AA, no pueden entregar *Or Jojmá* a ZA ya que *Or Jojmá* se encuentra oculta dentro de ellos. Asimismo, su *Tevuná* es llamada LO SECO.

El **Tercer Mandamiento** tiene su origen en los dos astros creados el tercer día de la creación, sobre lo cual está escrito: "JÚNTENSE LAS AGUAS QUE ESTÁN BAJO LOS CIELOS EN UN LUGAR, Y APAREZCA LO SECO... PRODUZCA LA TIERRA HIERBA VERDE...". Este Mandamiento tiene por propósito la corrección de VAK de ZON, cuya unión Superior se origina en el verso "JÚNTENSE LAS AGUAS" refiriéndose a ZA, mientras que la unión inferior se origina en el verso, "PRODUZCA LA TIERRA HIERBA VERDE", y se refiere a VAK de *Nukva*.

El **Cuarto Mandamiento** tiene su origen en el verso "QUE LOS ASTROS", y está destinado a la corrección de GAR en ZA y *Maljut*.

Así, todas las correcciones necesarias para AVI, YESHSUT y ZON del mundo de *Atzilut* ya se han efectuado en los cuatro primeros días de la creación. ZON recibieron GAR (*Or Jojmá*) y pudieron realizar un *Zivug* cara a cara por todo lo largo de su altura, que era la misma. Por lo tanto, el resto de los Mandamientos están dirigidos a este *Zivug* de ZON.

El **Quinto Mandamiento** es "QUE REBOSEN DE SERES VIVIENTES LAS AGUAS". Ahora existe una necesidad de llevar a ZON a un *Zivug* perfecto cara a cara, es decir, (a) para recibir Luz de *Neshamá* sobre este *Zivug*, y que con ello también Adam reciba esta Luz y realice un *Zivug* sagrado y puro, esto se logra gracias a los esfuerzos de la persona en el estudio de la *Torá*; (b) para engendrar almas sagradas; y (c) para corregir el pacto sagrado por medio de la circuncisión y el rechazo.

Los esfuerzos del hombre consisten en el estudio de la *Torá* aunque es perfectamente consciente de que no la alcanza (no recibe nada en sus deseos corregidos, denominados *Guf*, cuerpo). Al no ser capaz todavía de recibir en su cuerpo la Luz (*Torá*) por amor al Creador, él se limita a pronunciarla con su "boca", no obstante, a raíz de ello, alcanza la Luz de *Néfesh*.

Los esfuerzos del hombre deben traducirse en su disposición a realizar todo lo que esté en su poder para alcanzar y entender la *Torá*. Y esto hace que logre alcanzar la Luz de *Rúaj*. Sin embargo, el hombre no debe contentarse con lo que ha logrado, sino que tiene que multiplicar sus acciones para alcanzar la Luz de *Neshamá*. De tal modo que, cada día, uno debe aspirar a corregir su *Néfesh* y *Rúaj*, y multiplicándolas alcanza *Neshamá*.

216. Puesto que el hombre se esfuerza en el estudio de la *Torá*, corrige la otra alma sagrada, como está escrito: "QUE REBOSEN DE SERES VIVIENTES" en referencia al alma sagrada que otorga vida, *Maljut*. Porque cuando el hombre no estudia la *Torá*, carece de alma sagrada y de la santidad que desciende de Arriba. Pero cuando estudia la *Torá*, merece su Luz, como los ángeles sagrados.

Nukva de ZA, que realiza un *Zivug* cara a cara con ZA en el estado de *Gadlut*, es llamada "viva", pues ZA entonces recibe el nombre de "Árbol de la Vida". Por consiguiente, *Nukva* es llamada "Vida". Gracias a la elevación de MAN durante el estudio de la *Torá* para deleitar al Creador, el hombre propicia que ZON realice un *Zivug* del cual va a recibir *Or Néfesh*. Y si no estudia la *Torá* para deleitar al Creador, no logrará alcanzar ni siquiera la Luz de *Néfesh*, pues no da pie al *Zivug* entre el Creador y la *Shejiná*. Y un *Zivug* solo puede alcanzarse elevando MAN.

Por lo tanto, está escrito: QUE REBOSEN DE SERES VIVIENTES LAS AGUAS, pues la *Torá* recibe el nombre de "agua". Si el hombre eleva MAN con ayuda de la *Torá*, merecerá la Luz de *Néfesh* (el espíritu sagrado) desde la Luz de *Jayá* (Vida). Es más, el hombre se fusiona con el Creador solo una vez que ha alcanzado *Néfesh*, *Rúaj* y *Neshamá* de JAYÁ (Santa Vida Suprema). Él une la Luz de *Néfesh* con la Luz de *Rúaj*, la Luz de *Rúaj* con la Luz de *Neshamá*, y la Luz de *Neshamá* con el Creador.

217. Está escrito: "Ángeles del Creador Lo bendecirán". Esto se refiere a quienes estudian la *Torá*, que son llamados ángeles en la Tierra. También está escrito VUELEN LAS AVES SOBRE LA TIERRA. Esto hace alusión a este mundo. Sin embargo, como está escrito, en el mundo venidero el Creador les hará alas como las del águila, para que puedan sobrevolar el mundo entero.

¿Por qué *El Zóhar* menciona a los ángeles? Porque los ángeles son fuerzas espirituales que mecánicamente efectúan la voluntad del Creador. Son comparados en repetidas ocasiones con animales de nuestro mundo (un caballo, por ejemplo) que cumplen la voluntad del hombre. Los ángeles son fuerzas espirituales sin libertad y desprovistas de egoísmo. Y precisamente por eso, nunca pecan ni necesitan la *Torá*, porque son espiritualmente inanimados, estáticos: no se desarrollan espiritualmente.

El hombre está creado de tal forma que, para realizar una tarea, necesita ser consciente de qué es lo que debe hacer. Los ángeles, sin embargo, antes de escuchar y comprender qué es lo que el Creador les pide, ya han ejecutado su misión: Su deseo los domina. Y no hay nada que pueda impedirles realizar Su voluntad inmediatamente. Los ángeles siguen siempre al Creador, como la sombra del hombre sigue a este. Por tal motivo, se considera que actúan antes de haber siquiera escuchado.

El hombre, por lo tanto, puede llegar a actuar como un ángel (a pesar de que sus deseos sean egoístas por naturaleza) siempre que sus deseos se vuelvan como los de los ángeles, cuyas acciones preceden a su entendimiento (oído). Al igual que un ángel, dicha persona cumple todos los deseos del Creador antes incluso de darse cuenta de ellos, antes de escucharlos y comprenderlos, porque sigue al Creador como al hombre le sigue su sombra.

Podemos ilustrar esto mediante el siguiente ejemplo: cuando el fuerte viento lanza arena a los ojos del hombre, antes de que su cerebro y pensamientos se den cuenta de la necesidad de cerrarlos, el hombre cierra sus ojos: la acción (cerrar los párpados) precede a la propia comprensión del pensamiento de arena.

A pesar de que el cuerpo físico de una persona así exista junto a nosotros en este mundo, su cuerpo espiritual (sus deseos) se vuelve como los ángeles, y sus acciones preceden a su oído. La persona no necesita escuchar para cumplir la voluntad del Creador, sino que observa todo Mandamiento incluso antes de que su cerebro perciba lo que está haciendo. Por lo tanto, se le considera un ángel.

El Zóhar dice que, en el futuro, el Creador le proveerá alas para darle la habilidad de sobrevolar el mundo entero. Porque, hasta que el hombre alcanza el alma sagrada (la Luz de *Néfesh*, la menor de las Luces espirituales), la fuerza impura lo domina, como dijo el profeta: "Él lanzará las almas de tus enemigos, como desde el hueco de una honda" (*Shmuel*, 25:29).

Por lo tanto, es imposible la unión con el Creador o cumplir Sus deseos (Mandamientos) hasta que se adquiera la fe en los nombres del Creador y se comprenda que Él es absolutamente bueno para todos, que Él hace solamente el bien. Y si uno no ha alcanzado todavía el alma sagrada, y la fuerza impura lo domina, cuando sus pensamientos vuelan sobre el mundo, le parece que el dominio del Creador no es tan bueno como debería ser si atendemos a Sus nombres. Este sentir del hombre infunde corrupción en los nombres sagrados del Creador, y él no logra encontrar un resquicio de paz para sí mismo; no puede tener fe en Sus nombres y acercarse más a Él.

Por lo tanto, se contamina con tal impureza que le lleva a la ausencia de fe en el Creador y Sus nombres. Sin embargo, nada de esto afecta a lo espiritual: simplemente ocurre porque el hombre todavía no ha alcanzado la espiritualidad y no está haciendo ningún esfuerzo para entrar en ella.

Pero en el momento que recibe el alma sagrada (la Luz de *Néfesh*), su cuerpo (deseos y pensamientos) se vuelve de inmediato como los ángeles: merece que sus acciones precedan la compresión. Sobre dicha persona está escrito: "Y las aves volarán sobre la tierra" puesto que, en el futuro, el Creador le dará alas y podrá sobrevolar el mundo entero.

Porque él vuela mentalmente por encima de todo el mundo y ve cómo el Creador lo gobierna todo. Y no solo no yerra cuando ve la manifestación de esta gobernanza, sino que recibe fuerza para elevar MAN e incrementar su poder espiritual en contra del egoísmo. Precisamente contemplando todas las formas del dominio del Creador sobre este mundo, viendo la dureza de las manifestaciones externas de esta gobernanza, a dicha persona se le da la oportunidad de pedir que su fe sea fortalecida. Y gracias a su fe en la unidad del Creador y en la absoluta bondad de Su gobernanza, eleva MAN y recibe una Luz cada vez más grande por el bien del Creador.

218. Está escrito en este sentido: VUELEN LAS AVES SOBRE LA TIERRA, porque la *Torá*, llamada "LAS AGUAS", REBOSARÁN DE SERES VIVIENTES, y desde su lugar de vida, *Maljut*, todo descenderá hacia abajo. Sobre esto dijo el Rey David: "EL CREADOR CREÓ EN MÍ UN

CORAZÓN PURO" para estudiar la *Torá*, y "UN ESPÍRITU SAGRADO FUE RENOVADO EN MÍ".

Para continuar explicando el texto mencionado, *El Zóhar* compara la *Torá* con el agua: al igual que las criaturas vivientes surgieron del agua, del mismo modo la Luz de la vida desciende desde *Maljut* (llamada "vida") al mundo entero. Esa es la Luz que el Rey David le pidió al Creador. Él suplicó tener un corazón puro para estudiar la *Torá* y elevar MAN, porque esto le permitiría la recepción del espíritu sagrado de renovación: la fuerza para unirse todavía más al Creador.

EL SEXTO MANDAMIENTO

219. El sexto Mandamiento es procrear y multiplicarse, porque quien lo cumple, convierte a la fuente, llamada *Yesod de ZA*, en una fuente inagotable. Y el mar, *Maljut*, se llenará desde todos los ángulos, y surgirán nuevas almas de ese árbol, y una multitud de fuerzas aparecerá junto a esas almas, para guardarlas. Por lo tanto, está escrito: "QUE REBOSEN DE SERES VIVIENTES LAS AGUAS". Esta es la señal del Pacto Sagrado. La fuente se hace más caudalosa, se convierte en un río, y trae más y más nuevas almas a la vida.

Un despertar abajo provoca un despertar Arriba: la elevación de MAN -las plegarias y súplicas de los inferiores para recibir fuerzas y poder así realizar acciones espirituales altruistas- desencadena Arriba un *Zivug* entre el Creador y la *Shejiná*. Como resultado de ello, la fuente, *Yesod de ZA*, se llena de agua y desciende a *Nukva de ZA*, llenándola desde todos los ángulos, deseando vivificar todos los mundos (otorgarles *Or Jasadim*) y engendrar nuevas almas (enviar *Or Jojmá* hacia abajo, porque el nacimiento es posible solamente en *Or Jojmá*).

Hay dos tipos de *Zivuguim de ZON*: a) un "*Zivug* de existencia", un *Zivug* sobre *Or Jasadim*, desde el que *Or Jasadim* desciende para proporcionar a los inferiores todo aquello que necesitan para su existencia. Asimismo, este *Zivug* sobre *Or Jasadim* da origen a los ángeles; b) un "*Zivug* de nacimiento", un *Zivug* sobre *Or Jojmá*, que lleva a la creación de nuevos *Partzufim*, nuevas almas humanas.

Estas nuevas almas emergen del Árbol (ZA). Sin embargo, aunque son denominadas "nuevas", las almas genuinamente nuevas se originan en el Mundo de *Ein Sof* (Infinito), mientras que estas otras almas ya estaban dentro de Adam, pero cayeron a las fuerzas impuras a raíz de su pecado. Ahora reviven con ayuda del Árbol de la Vida (ZA), y de ahí que reciban el nombre de "almas nuevas". Una multitud de otras fuerzas, denominadas "Ejércitos y Fuerzas Celestiales", descienden junto con ellas. Pero las almas enteramente nuevas descienden al mundo solo después de que se haya completado la corrección del pecado de Adam.

Yesod de ZA es denominado "pacto", porque nosotros (*Maljut*, las almas) percibimos y recibimos de él toda la Luz para nuestra vida. Él constituye la fuente de nuestra vida al descender hasta nosotros desde el Árbol de la Vida (ZA). ZA asciende a AVI (llamado "jardín") para tomar aguas de ellos y llenar a *Maljut*, su *Nukva*. Un *Zivug* de VAK (*Jasadim*) se denomina QUE REBOSEN LAS AGUAS, y el *Zivug* de GAR (*Jojmá*) se denomina SERES VIVIENTES.

220. Un número de aves (ángeles) que sobrevuelan el mundo entero entran en *Maljut* junto con esas almas. Cuando un alma llega a este mundo, el ave que salió del árbol junto con esa alma la acompaña. ¿Cuántos ángeles salen con cada alma? Dos: uno por la derecha y otro por la izquierda. Y si ella lo merece, ellos la guardan, como está escrito: PORQUE ÉL ORDENARÁ A SUS ÁNGELES QUE TE GUARDEN. Pero si no lo merece, ellos denuncian y la acusan. Rabí Pinjás dijo: "Existen tres ángeles que guardan al hombre, si así lo merece, como está escrito, SI HAY UN ÁNGEL SOBRE ÉL, UN GUARDA, UNO ENTRE UN MIL QUE AVISA AL HOMBRE. Si hay un ÁNGEL sobre él: es el primero; UN GUARDA: es el segundo; uno entre un mil QUE AVISA al hombre: es el tercero".

221. Rabí Shimon dijo: "Hay cinco ángeles en total, porque está escrito también: "Hay uno después del otorgante y dos más, por lo tanto, hay cinco en total". Él replicó: "No es así. 'El otorgante' se refiere al Creador, no a un ángel, ya que nadie más tiene permiso para otorgar, sino solo el Creador".

Un número de ángeles nacen juntos con las almas engendradas. Estos ángeles son llamados SURCAR o VOLAR. Ellos ayudan a las almas a que la balanza se incline hacia el lado del mérito. O bien, por el contrario, se quejan de estas almas al Creador, y las empujan al lado del pecado, lo cual conlleva castigos. Estos ángeles sobrevuelan el mundo, ven cómo el Creador gobierna todo, y dan cuenta de ello al alma. Si el alma es digna, hace que la balanza se incline hacia el lado del mérito, lado en el que ahora se encuentran ella y el mundo entero; de no ser digna, arrastra al mundo entero y a sí misma al lado del pecado en la balanza.

Por lo tanto, Rabí Pinjás no contradice a Rabí Shimon cuando afirma que solamente nacen dos ángeles con cada alma. Al contrario, dice que mientras solamente haya dos ángeles, el hombre no puede hacer que la balanza se incline completamente hacia el lado de mérito, y permanece oscilando entre el lado del pecado (castigo) y el del mérito (recompensa). Sin embargo, gracias a las buenas acciones del hombre, nace un tercer ángel en él que le capacita para que todo pueda inclinarse hacia el lado del mérito. Por tanto, solo con la ayuda de los tres ángeles podrá alcanzar su corrección.

222. Y aquel que se abstiene de procrear y multiplicarse –como si uno hiciera mermar a la forma que incluye a todas las demás formas, la forma del hombre- provoca que se sequen las aguas de la fuente, *Yesod de* ZA, y daña a todos los lados del Pacto Sagrado (*Yesod de* ZA). Sobre tal persona está escrito: "Acercaos y observad los cadáveres de las personas que pecan contra el Creador. Por supuesto, aquellos que pecan contra Mí". Esto es lo que se dice acerca del cuerpo, ya que el alma ni siquiera llega a entrar en la pantalla, es decir, en el ámbito del Creador. Y una persona así debe ser expulsada del mundo.

Maljut es denominada una "forma", una "cualidad" que encierra el resto de cualidades, porque de ella surgen todas las formas del *NaRaN* de los justos y de los ángeles en los tres mundos de *BYA*. Ellos constituyen todas las fuerzas y ejércitos. Y todos aquellos que no procrean y se multiplican, están disminuyendo la forma de *Maljut* e impidiendo que ella despliegue todas sus fuerzas y ejércitos. Porque, con ayuda del *MAN* que los inferiores elevan, la Luz desciende desde Arriba y provoca un *Zivug* entre el Creador y la *Shejiná*. Y este *Zivug* engendra a *NaRaN*: las almas de los justos y de los ángeles en los mundos de *BYA*.

Y los que dificultan este *Zivug* provocan que la fuente (*Yesod de* ZA) se seque y que sus aguas masculinas dejen de fluir hacia la sagrada *Shejiná, Maljut*. Al obrar así, están dañando el pacto sagrado en todas sus cualidades, porque retrasan las dos partes del *Zivug*: VAK (sobre *Or Jasadim*) y GAR (sobre *Or Jojmá*).

Es así, porque el Mandamiento de procreación y multiplicación constantemente hace crecer el alma. Gracias a ello, el hombre vence a su cuerpo para siempre y durante la resurrección de los muertos, este podrá levantarse de nuevo. Y todo aquel que se abstiene de procrear y multiplicarse, convierte su cuerpo en un cadáver. Sobre esto está escrito: ACERCÁOS Y OBSERVAD LOS CADÁVERES DE LAS PERSONAS, porque su alma no podrá entrar en el ámbito del Creador y unirse a Él. Y por eso él será rechazado en el mundo venidero.

EL SÉPTIMO MANDAMIENTO

223. El séptimo Mandamiento es llevar a cabo la circuncisión en el octavo día, y así extraer la impureza del prepucio, pues *Maljut* constituye el octavo grado comenzando desde *Biná*. Y el alma que se eleva volando desde ella debe aparecer ante ella el octavo día; por eso, ella constituye el octavo grado.

Nukva de ZA es llamada *Jayá* cuando se eleva y envuelve a *Ima-Biná*, el octavo grado desde *Maljut* (si contamos las diez *Sefirot* de abajo hacia arriba). *Maljut* es entonces llamada "la octava", pues ascendió ocho grados: desde su emplazamiento hasta donde se encuentra *Biná*. Y cuando ella se eleva a *Biná*, recibe el nombre de *Jayá*, al igual que *Biná*.

Así, el alma del hombre, con origen en *Maljut* (la cual ascendió a *Biná*), debe aparecer ante *Maljut* con todas las correcciones necesarias de la circuncisión, la extirpación del prepucio y el plegar sus restos en el octavo día a partir de su nacimiento en *Maljut*. Y es entonces cuando se esclarece que es un alma que no ha nacido en ningún otro lugar sino en el sagrado grado de *Jayá*.

A causa de la fuerza de la circuncisión y del acto de replegar, el alma del hombre se deshace de la fuerza impura y puede recibir la perfección de Luz de *Jayá*. QUE REBOSEN LAS AGUAS: mediante ello, *Maljut* recibe desde ZON las aguas Superiores masculinas, y se llena de ellas.

224. Es entonces cuando queda claro que el tipo de esta alma es *Jayá*. Es decir, dicha alma proviene del grado sagrado de *Jayá* (*Maljut*) y de ningún otro. Y esto es lo que entrañan las palabras QUE REBOSEN LAS AGUAS –como queda explicado en el libro de Janoj–, las aguas de la sagrada semilla se mezclan en las cualidades del alma de *Jayá*. Y es el atributo de la letra *Yud*, marcada en el cuerpo sagrado más que cualquier otra marca en el mundo.

A consecuencia de la circuncisión, las aguas Superiores masculinas llenan el alma del hombre en la forma que él recibió en *Nukva* (llamada "el alma de *Jayá*"). El Mundo Superior, denominado *Biná*, es designado con la letra *Yud*, y el mundo inferior, *Maljut*, con la letra *Hey* (su atributo). Pero cuando *Maljut* asciende a *Biná*, la letra *Hey* desaparece de ella y se convierte en *Yud*, igual que *Biná*.

De manera análoga, mediante el cumplimiento del Mandamiento de la circuncisión espiritual, la letra *Hey* desaparece en el hombre y aparece la cualidad de la letra *Yud*, al igual que en la *Nukva* que ascendió a *Biná*. Y si el cuerpo del hombre adquiere la cualidad de la *Yud*, puede recibir el alma de *Jayá* desde la *Nukva*.

225. VUELEN LAS AVES SOBRE LA TIERRA se refiere a Eliyahu, que atraviesa volando todo el mundo en cuatro vuelos para estar presente en el lugar donde se lleva a cabo el Pacto Sagrado. Y debe prepararse una silla para él, y debe decirse en voz alta: ESTA ES LA SILLA DE ELIYAHU. Porque, de no hacerlo, él no aparecerá en ese lugar.

Los ángeles tienen su origen en AVI, y por consiguiente permanecen exclusivamente en el cielo y se componen de J-G-T-N-H-Y. Por lo tanto, cuando aparecen en la tierra para llevar a cabo su misión, se dice que realizan seis vuelos, porque se revisten de seis *Sefirot*.

No obstante, Eliyahu no proviene de AVI, sino de *Maljut*. Y por eso está constantemente conectado a la Tierra. Y puesto que *Maljut* solo contiene cuatro *Sefirot* de ZA –porque su posición es paralela a las *Sefirot* TNHY (*Tiféret-Nétzaj-Hod-Yesod*, pronunciado *Tanhí*)– desde el pecho de ZA hacia abajo, está escrito que Eliyahu hace cuatro vuelos, es decir, se envuelve con las *Sefirot* de TNHY.

Bajo ningún concepto debe uno interpretar de manera literal lo que se dice sobre la presencia de Eliyahu en cada rito de circuncisión. No obstante, si obligatoriamente tiene que estar ahí, ¿por qué entonces debe ser invitado?

El Zóhar explica esto en otro lugar (*Shlaj, 18*): Existen cuatro fuerzas impuras, llamadas "Viento Huracanado", "Gran Nube", "Fuego Devorador" y *Noga*. La inferior de ellas, el Viento Huracanado, se encuentra en el interior, como envuelta por la Gran Nube que, a su vez, está envuelta por el Fuego Abrasador. Y a todas ellas las envuelve *Noga*.

Los mundos, las fuerzas, absolutamente todo lo que fue creado se encuentra dentro del hombre. Y estas son nuestras fuerzas espirituales, con ayuda de las cuales podemos llegar al objetivo de la creación.

Las tres primeras fuerzas impuras son completamente impuras (egoístas), mientras que una mitad de *Noga* es buena y la otra mitad malvada. Aunque, ¿cómo es posible algo así si la espiritualidad siempre es veraz? ¿Cómo algo puede contener al mismo tiempo una mitad buena (altruista) y otra mala (egoísta)?

Lo cierto es que esto es imposible. *Noga* es una fuerza neutral que puede ser utilizada como fuerza pura (entonces *Noga* es considerada buena), o como fuerza impura (entonces considerada mala). Por lo tanto, *Noga* es denominada "medio buena y medio mala", a pesar de ser neutral en sí. Puede llegar a aferrarse a las fuerzas puras o a las impuras. Esto depende exclusivamente del hombre.

LAS FUERZAS ESPIRITUALES DEL HOMBRE:

Las fuerzas puras –	altruistas
Noga –	neutrales
Fuego Devorador –	egoístas
Gran Nube –	egoístas
Viento Huracanado –	egoístas

Estas cuatro fuerzas impuras se sitúan al final de cada *Partzuf* espiritual, en la *Sefirá Yesod*. La *Sefirá Yesod* tiene dos capas de piel superpuestas. Una capa es llamada *Orlá* y contiene las tres fuerzas impuras. La otra se denomina *Priá*, y esta es *Noga*.

El primer hombre, Adam, nació circuncidado, es decir, carecía por completo de las tres fuerzas impuras: no sentía en absoluto sus deseos egoístas. En otras palabras, estos no podían aferrarse a él. *Noga* prevalecía en Adam, en sus sensaciones. Y como estaba separada de las tres fuerzas impuras y conectada con la fuerza pura (los deseos altruistas de Adam), *Noga* era considerada completamente buena.

Las tres fuerzas impuras en conjunto son denominadas la Serpiente. Estos tres deseos impuros se despertaron en Adam y lo tentaron para que hiciera uso de ellos. Al hacerlo, Adam atrajo *Orlá* hacia sí, como está descrito en *El Talmud* (*Sanhedrín, 38:2*). Y en el momento en que conectó la *Orlá* consigo mismo, su alma pura (la Luz del mundo de *Atzilut*) desapareció inmediatamente: sus deseos se volvieron egoístas, y cayó con sus cualidades (deseos) al último nivel del mundo de *Asiyá*, llamado "este mundo", y fue condenado a morir (la desaparición de la Luz Espiritual Superior).

Por eso, acerca de él está escrito que, puesto que violó la prohibición de comer frutas del Árbol del Conocimiento, él acopló la *Orlá* sobre sí mismo. En consecuencia, los deseos impuros adquirieron ambas capas de piel sobre la *Sefirá Yesod* del *Partzuf* de Adam; y *Priá*, llamada *Noga*, también se volvió impura a raíz del contacto con la *Orlá*, con las tres fuerzas impuras. Pero hay una diferencia entre ellas, y reside en que antes del pecado de Adam, *Priá* era pura: toda su impureza viene causada por su contacto con *Orlá*.

Consecuentemente, hay dos tipos de corrección: la circuncisión y el plegar la piel restante. *Orlá* debe ser seccionada y arrojada al polvo, ya que solo así el hombre puede librarse de sus deseos egoístas. Pero *Priá* puede quedarse unida a *Yesod*, aunque la piel alrededor de la *Sefirá Yesod* debe ser plegada. Se trata de una acción espiritual especial que libera a *Priá* de las fuerzas impuras que permanecen en ella. Dicha acción ocasiona que la Luz retorne al *Partzuf*. Esta Luz había desaparecido a causa de los deseos egoístas que dominaban en el *Partzuf* antes de que la circuncisión espiritual tuviera lugar.

Sin embargo, resulta aún insuficiente para llenar el *Partzuf* espiritual (llamado Adam) con Luz, como sucedía antes de que él cometiera su pecado, es decir, antes de que usara las fuerzas impuras de la Serpiente y probara el fruto del Árbol del Conocimiento (la recepción de *Or Jojmá* en los deseos egoístas). Por eso, ahora, tras el pecado y la caída de Adam, un ángel especial llamado SAM acusa y se queja contra el hombre.

Para neutralizar el poder de SAM, Eliyahu asumió el papel de acusador; y en consecuencia, le fue dada la oportunidad de defender a Israel (todo aquel que aspira al Creador) cuando este realiza la circuncisión (circuncida sus deseos egoístas).

Por lo tanto, se dice que Eliyahu debe estar presente en cada ritual de circuncisión (en hebreo *Brit Milá*: el Pacto con el Creador). Ya que, en vez de SAM, es él quien se queja al Creador de que Israel abandonó su Pacto; y él también puede ser testigo de que cuando Israel aspira al Creador, es leal al Pacto. Y en consecuencia, la Luz retorna al *Partzuf*.

Esta es la razón por la cual, además de la silla ocupada por el hombre que sostiene al bebé (*Sandak*-padrino), debe prepararse una silla más para el profeta Eliyahu. Porque la silla indica el principio de la corrección, está ahí para tenga lugar la influencia del Superior sobre el inferior. La primera silla, en la que se sienta el *Sandak*, es la silla del Creador, para el llenado de Luz que llegará a raíz de la circuncisión y el acto de replegar las fuerzas impuras. La segunda silla queda reservada para Eliyahu, para que pueda neutralizar las quejas que las fuerzas impuras presentan contra el hombre ante el Creador; para que estas no logren acusar al hombre.

Sin embargo, para que Eliyahu aparezca, debe decirse en voz alta: ESTA ES LA SILLA DE ELIYAHU. El recién nacido varón es circuncidado en el octavo día después de que *Shabat* (*Maljut* con la Luz de *AVI*, llamados "sagrados") haya pasado sobre él. Y dado que los deseos que se rechazan (*Orlá*) son desechados, la fuerza impura ve que se le ha concedido una parte del Pacto del Creador. Gracias a este obsequio, cesan sus quejas y acusaciones hacia el hombre. Al contrario: se erige en su defensor ante el Creador.

Los deseos (objetos) espirituales se transmiten de uno a otro sus cualidades. Dado que la *Orlá* estaba unida a *Yesod*, ella, tras la circuncisión (separación de *Yesod*), se lleva consigo una parte de los deseos puros. Y puesto que la arrojamos al polvo (afuera, a las fuerzas impuras) ellos succionan de ella esa débil Luz que pueden obtener de la circuncisión y de la acción de plegar.

Tal es el motivo por el que las fuerzas impuras dejan de quejarse de Israel y no desean destruir esta Luz: de hacerlo, perderían esa parte que succionan de Israel. Por lo tanto, ellas se vuelven defensoras de las fuerzas puras para permitir que estas se llenen de Luz Superior.

Sin embargo, Eliyahu no puede soportar esta corrección ya que, aunque la impureza deja de deja de quejarse y de obstaculizar a Israel, a cambio toma para sí parte de la Luz. Para corregir esto, Eliyahu asume todas las acusaciones contra Israel, y se niega a entregar ni lo más mínimo de las fuerzas puras a las impuras.

Así, a pesar de que la fuerza impura puso fin a sus quejas contra Israel y se hizo su defensora, es Eliyahu quien continúa acusándole para arrebatar todo el poder a las fuerzas impuras y separarlas por completo de las puras. De ahí que siempre sea necesaria una silla para Eliyahu, porque es él quien separa enteramente las fuerzas impuras de las puras.

Por lo tanto, es preciso decir en voz alta las palabras: ESTA ES LA SILLA DE ELIYAHU. Porque, tras la circuncisión, parte de la Luz permanece en las fuerzas impuras y el hecho de mencionar a Eliyahu las priva de toda conexión con la Luz.

Por eso, a no ser que el hombre exprese (con la pantalla situada en *Pe*) su deseo de desprenderse de las fuerzas impuras por medio de sus propios esfuerzos, algo así no tendrá lugar, a pesar de que la primera silla le corresponda al Creador. Esto es así porque el Creador da comienzo al proceso de la creación (crea Su cimiento en forma de una primera silla), y el hombre continúa y corrige su naturaleza llevando a cabo acciones altruistas.

226. Y el Creador creó grandes Leviatanes –eran dos: *Orlá* y *Priá*, las fuerzas masculina y femenina– y a todas las criaturas vivientes. Esta es la marca del Pacto Sagrado, el alma de la sagrada *Or Jayá*, como está escrito: "QUE REBOSEN LAS AGUAS DE SERES VIVIENTES", las Aguas Supremas que descienden a este Pacto.

Leviatán y su esposa designan aquello que es opuesto a *Orlá* y *Priá*. Ellos también son llamados *Najash* (una serpiente masculina) y *Alcatón* (su mujer). *Orlá* es la Serpiente, *Najash*, la parte masculina que debe ser seccionada y arrojada al polvo. *Priá* es la corrección, supone ser liberados de la parte femenina de la serpiente, *Alcatón*. Gracias a estas correcciones, *Or Jayá* desciende desde el Mundo Superior, desde *AVI*.

227. La razón por la que Israel está escrito abajo en la forma sagrada, semejante a su forma Arriba, es la de separar la parte pura de la impura, para distinguir entre la santidad de Israel y la de las otras naciones, que tienen su origen en el otro lado. Y del mismo modo que fue Israel escrito, también lo fueron animales y pájaros –para determinar cuáles de ellos pertenecen a Israel y cuáles a las naciones del mundo–. ¡Venturoso es el destino de Israel!

La actitud del hombre hacia las criaturas vivientes en nuestro mundo es semejante a la actitud de la creación espiritual general (llamada "hombre") hacia sus partes. Y sucede así porque Adam incluye absolutamente todo dentro de su cuerpo espiritual. Y no existe nada excepto este *Partzuf* espiritual llamado "hombre" o "Adam".

Todos los objetos espirituales, ángeles, almas, fuerzas tanto puras como impuras, constituyen partes del cuerpo de Adam. Todo lo que está descrito en la Cabalá hace referencia exclusivamente al mundo espiritual, a una criatura, el hombre, Adam. Las distintas partes de Adam, sus diferentes deseos, se denominan "Israel", "naciones del mundo", "animales puros", "animales impuros", etc.

Y lo único que debe hacer el hombre en este mundo (ya que cada uno de nosotros fue creado a imagen de Adam, reproduciendo el *Partzuf* completo dentro de sí) es erigir su interior un *Partzuf* puro y altruista. Esto se lleva a cabo seccionando todos los deseos egoístas de su corazón, y separando lo puro de lo impuro, en todos sus deseos y en todos los niveles de su alma.

EL OCTAVO MANDAMIENTO

228. El octavo Mandamiento es amar a todo extranjero de otra nación que desee entrar bajo las alas de la *Shejiná*, *Maljut*. Esta toma bajo sus alas a todos aquellos que se apartan del otro lado, del lado impuro, y se acercan a ella, como está escrito: PRODUZCA LA TIERRA UN ALMA DE SU ESPECIA.

Maljut, la *Nukva* de ZA, es llamada *Shejiná*, porque ella no se aleja de nosotros ni siquiera cuando nuestras cualidades están distanciadas de ella, como está escrito: DONDEQUIERA QUE SEÁIS DESTERRADOS, LA SHEJINÁ ESTARÁ CON VOSOTROS, Y MORA EN ELLOS, EN SU IMPUREZA. ZA recibe el nombre de *Shojén* y *Nukva* es llamada *Shejiná*.

La revelación del Creador en *Maljut*, del *Shojén* en la *Shejiná*, de ZA en *Maljut* del mundo de *Atzilut*, es posible solamente por medio de un *Zivug* de ZON cara a cara en *Gadlut*. Y es así porque, en dicho caso, la Luz de este *Zivug* es tan grande que revela la unidad incluso en los lugares más remotos y ocultos, en los deseos más opuestos y sin corregir.

No obstante, la creación de *Gadlut* de ZON ocurre de manera gradual: primero, se crea un *Partzuf* de ZON en *Katnut* con la Luz de VAK, y solo entonces crece para llegar a *Gadlut*. Es más, este proceso tiene lugar en cada estado de ZON. Además, incluso cuando ZON realizan un *Zivug* en *Gadlut* y reciben Or Jojmá, la Luz de su anterior estado de *Katnut* no desaparece, sino que posibilita la realización de un *Zivug* en *Gadlut*. Y dicha Luz de *Katnut* es llamada "las Alas de la *Shejiná*".

Por lo tanto, está escrito en la *Torá*: "Y los *Keruvim* extenderán sus alas hacia Arriba, tapando la cobertura del arca con sus alas" (*Shemot*, 25:20). Pues lo principal es cubrir la Luz del gran *Zivug* con sus alas, para que incluso los más distantes puedan recibir la Luz y, al mismo tiempo, quede fuera del alcance de las fuerzas impuras.

Y sucede así porque la Luz rechaza a todos aquellos que todavía no han purificado completamente sus deseos egoístas para evitar que esta caiga en las fuerzas impuras. Pero ahora que las alas guardan la Luz tan cuidadosamente, incluso los más próximos no errarán y no permitirán que la Luz llegue a las fuerzas impuras.

Por lo tanto, un extranjero es alguien que decide unirse al pueblo de Israel (desea corregir sus deseos egoístas para convertirlos en altruistas) y ser circuncidado (rechazar sus deseos egoístas), porque su cuerpo (conjunto de deseos) aún conserva las cualidades de la *Orlá*, dado que sus padres (estados espirituales anteriores) no estuvieron frente al Monte Sinaí (no recibieron la Luz llamada *Torá* y no pudieron ser corregidos por ella). Aquellos todavía no se han deshecho de la impureza de la serpiente (y aquel no ha revelado todos los deseos egoístas e impuros en su interior ni tampoco los ha reconocido como nocivos). No obstante, otros deseos altruistas tienen la capacidad de elevarle al nivel de pureza Suprema.

Esto ocurre mediante la elevación de MAN: al incitar el gran *Zivug* de ZON –donde las Alas de la *Shejiná* reinan y cubren la Luz de este *Zivug*– podemos también elevar el alma del foráneo (sus deseos aún no corregidos) a ese nivel y santificarla en la Luz de este *Zivug*.

Y a pesar de que dicha alma todavía no es completamente pura, puede recibir la Luz de este *Zivug*: las alas la protegen y no permiten que la Luz se escape de ella hacia las fuerzas impuras (deseos), por muy cerca que estos se encuentren de ella. Y se dice BAJO LAS ALAS DE LA SHEJINÁ, porque esta alma únicamente puede recibir la Luz de las alas de *Maljut-Shejiná*, es decir, puede recibir solamente la pequeña Luz externa de *Maljut*. Esta no es la Luz que se encuentra en el cuerpo de *Maljut*, no es la Luz de la propia *Shejiná*, y mucho menos la Luz de ZA (El Creador, *Shojén*). Se trata de la mera Luz de las Alas de la *Shejiná*.

El alma del extranjero (los deseos egoístas) puede ser corregida (convertida en altruista) solo durante el gran *Zivug*, porque solamente entonces la Luz recibe la protección de las Alas de la *Shejiná*. Por tanto, nosotros (deseos altruistas) primero debemos elevar MAN para el gran *Zivug* y recibir su Luz en nuestras almas (deseos corregidos por la pantalla). Acto seguido, la *Shejiná* despliega sus alas, protege a este *Zivug* y toma el alma del extranjero bajo sus alas. Y el resultado es que, inicialmente, elevamos el alma del extranjero mediante nuestro MAN, y luego la *Shejiná* la toma bajo sus alas.

229. Uno podría decir que el alma de JAYÁ existe en Israel y está preparada para todo. Él especificó, "De su especie", lo cual hace referencia a ambos, a Israel y al extranjero. Como estancias y pasajes entre ellas, lo mismo existe en la tierra llamada JAYÁ, bajo las alas.

Aquí *El Zóhar* nos dice que, aunque el alma nueva (las cualidades corregidas llamadas "extranjero") recibe la Luz tal y como lo hacen las cualidades llamadas "Israel", cabe señalar que Israel recibe de la Luz interior, mientras que el extranjero recibe de la exterior. Ya hemos mencionado que las alas aluden a la Luz de VAK, recibida durante el gran *Zivug*, pero del estado previo de *Katnut*, para cubrir la Luz del gran *Zivug*.

Este VAK incluye a las *Sefirot* J-G-T-N-H-Y, en las que J-G-T son llamadas "estancias", en las cuales uno puede habitar y sentarse (sentarse significa *Katnut*, en contraste con estar de pie, que es *Gadlut*). Las *Sefirot* N-H-Y son denominadas "pasajes", entradas a las estancias, pero es imposible sentarse allí: su única función es la de permitir el acceso a las estancias.

La causa de ello se encuentra en la cualidad de *Tiféret*, la *Sefirá* principal en J-G-T. *Tiféret* es su línea media, un *Kli* completo para la recepción de *Or Jasadim*. Y la *Sefirá* principal en N-H-Y es *Yesod*, que constituye su línea media. Este no contiene ninguna cualidad del *Kli* receptor, y es empleado exclusivamente para transmitir la Luz a *Maljut* y crear así la Luz Retornante. Por lo tanto, N-H-Y reciben el nombre de "entradas".

En relación a los extranjeros (para purificarse de las cualidades egoístas) de las setenta naciones del mundo (setenta cualidades egoístas), las estancias en J-G-T de las alas, así como los pasajes en N-H-Y de las alas, se encuentran preparadas para ellos. Ellos reciben *Or Néfesh* desde los pasajes (N-H-Y) y *Or Rúaj* desde las estancias (J-G-T).

230. El ala derecha de *Maljut* tiene dos pasajes, que se bifurcan desde esta ala para permitir que accedan dos naciones cercanas a Israel. Y bajo el ala izquierda hay dos pasajes adicionales, llamados Amón y Moav. Y todos ellos son llamados las almas de *Jayá*.

Anteriormente, *El Zóhar* menciona que hay muchas entradas-pasajes, pero ahora habla solamente de dos. Y la razón es que habla en general: hay dos entradas para las naciones pertenecientes a la línea derecha, y dos pasajes para las naciones pertenecientes a la línea izquierda. En general hay dos naciones de la línea derecha, que incluyen a todas las naciones del lado derecho, y hay dos naciones en la línea izquierda que incluyen a todas las naciones del lado izquierdo.

Las naciones del lado derecho pertenecen a los dos pasajes generales en el ala derecha. Pero *El Zóhar* no revela cuáles son estas naciones. Y en relación a las naciones del lado izquierdo, denominadas generalmente "Amón y Moav", existen dos pasajes en el ala izquierda destinados a ellas.

Todas las almas de los extranjeros procedentes de todas las naciones son, en conjunto, denominadas *Néfesh Jayá* (el alma de *Jayá*), pues solamente pueden recibir del gran *Zivug* de ZON, cuando ZON están dentro de AVI. Así, *Maljut* es llamada *Néfesh Jayá* porque recibe *Or Jayá* de AVI. Y puesto que las almas (*Nefashot*) de los extranjeros reciben de las alas de *Néfesh Jayá*, se les adjudica el nombre de la Luz recibida.

231. Cada ala contiene una multitud de estancias y pasajes cerrados. De ellos surgen los espíritus y se dividen entre todos los extranjeros, denominados *Néfesh Jayá*, pero cada uno "de acuerdo a su especie". Y todos van bajo las alas de la *Shejiná*, pero no más allá.

Cada ala incluye a VAK (J-G-T-N-H-Y), llamados "pasajes" y "estancias". Cada nación tiene su propia estancia en J-G-T y su propio pasaje en N-H-Y. Cada una recibe *Néfesh* en los pasajes y *Rúaj* en las estancias. Está escrito que las estancias están cerradas ya que J-G-T de VAK tienen solo Or Jasadim sin Or Jojmá y, por consiguiente, se llaman "cerradas".

232. Sin embargo, el alma de Israel tiene su origen en el cuerpo de aquel árbol (ZA), y desde ahí las almas emprenden el vuelo hacia esta tierra (Maljut). Por lo tanto, Israel es el hijo amado de Maljut, y se alimenta de su vientre, no de las alas que se encuentran fuera del cuerpo. Es más, los extranjeros no tienen parte alguna del Árbol Sagrado (ZA), al menos no en su cuerpo. Ellos solo pertenecen a las alas de Maljut, a ningún otro sitio más. Un extranjero se encuentra bajo de las alas de la Shejiná, en ningún otro sitio más. Los justos entre los extranjeros también pertenecen a la parte externa, y no a la interna. Por lo que está escrito: QUE LA TIERRA PRODUZCA UN ALMA VIVIENTE (Néfesh Jayá) DE SU ESPECIE. Todos reciben Néfesh desde esa Jayá, pero cada uno de acuerdo a su especie.

ZA es denominado "Árbol de la Vida", y su Nukva es llamada "La Tierra (el país) de la Vida". Porque en el estado de Gadlut, ambos se elevan y envuelven a AVI, que tienen Or Jayá (la Luz de Vida). Por tal motivo se dice que el alma de Israel proviene del cuerpo de ese árbol, es decir, del propio ZA.

Y las almas de ese árbol vuelan a la Tierra de la Vida: como resultado de un Zivug entre el árbol (ZA) y la tierra (Maljut), ZA entrega las almas de Israel a Nukva, e Israel recibe dichas almas de ella, en contraste con los extranjeros, que reciben sus almas de las alas de Maljut, pero no de Maljut en sí, no de lo que ZA entregó a Maljut.

La razón de esto es que Nukva tiene tres Partzufim que van cubriéndose unos a otros. Y reciben los nombres de Ibur (embrión), Yeniká (amamantamiento) y Mojín (estado adulto, Gadlut). De estos tres, el gran (Mojín) Partzuf constituye la parte más interna y es envuelto por el Partzuf Yeniká, que a su vez está cubierto por el Partzuf Ibur.

Israel recibe del Partzuf más interno (Gadlut de Nukva). Y por lo tanto, recibe el nombre de "hijo amado", porque tiene su origen en la parte interna de Maljut, no en la parte externa (alas).

N-H-Y de Maljut son denominados "vientre", ya que es donde son concebidas las almas de Israel y donde crecen. Sin embargo, esto no hace referencia a N-H-Y de los dos Partzufim externos, llamados Ibur y Yeniká, pues son las alas de la Shejiná-Maljut. Aquí, El Zóhar se refiere a N-H-Y del Partzuf en Gadlut, el Partzuf más interno (el vientre de Maljut).

A esto se refieren las palabras del profeta: "¿Acaso no es Efraim mi hijo amado? ¿No es un niño en quien me deleito? Porque siempre que hablo de él, vivamente lo recuerdo. Por él Mi corazón se conmueve y ciertamente tendré piedad de él" (Yirmiyahu, 31:20). Puesto que las almas de Israel provienen de la parte interna de *Maljut*, El *Zóhar* dice que salieron del vientre de *Maljut*, de *N-H-Y* del *Partzuf* en *Gadlut*, y no de *N-H-Y* de los dos *Partzufim* externos, llamados "alas".

Los extranjeros (deseos de corrección) no tienen parte alguna del Árbol Supremo, desde luego no en su cuerpo. Su lugar está debajo de las alas de la *Shejiná*, y no más allá. Los extranjeros que llegan (para corregirse a sí mismos) son llamados justos, porque la *Shejiná* también es llamada "el justo". Ellos se sitúan bajo sus alas y se unen en ella. Sin embargo, no hay un lugar para ellos por encima de la *Shejiná*, y reciben de *Néfesh Jayá*, de un *Zivug* en *Gadlut* entre *Maljut* y ZA. Y ellos solo reciben la porción de Luz llamada "alas", por lo cual se dice que están bajo las alas de la *Shejiná*, donde cada uno recibe según sus cualidades.

EL NOVENO MANDAMIENTO

233. El noveno Mandamiento es mostrar misericordia hacia los necesitados y proporcionarles comida, como está escrito: "HAGAMOS AL HOMBRE A NUESTRA IMAGEN Y SEMEJANZA". Y este hombre se compondrá de dos partes: masculina y femenina. A NUESTRA IMAGEN se refiere a los ricos; Y SEMEJANZA se refiere a los pobres.

234. Pues del lado masculino son ricos y del lado femenino son pobres. Y del mismo modo que están unidos, que son misericordiosos entre sí y se ayudan el uno al otro, así debe ser abajo. Abajo el hombre debe ser rico y pobre, como aquellos que están unidos, aquellos que se otorgan uno a otro y que muestran misericordia el uno con el otro

235. Observamos esto en el libro del Rey Shlomó: todo aquel que siente misericordia por los pobres con todo su corazón, su imagen nunca difiere de la imagen de Adam, el primer hombre. Y puesto que contiene la imagen de Adam, él domina a todas las criaturas sobre la Tierra con su imagen, como está escrito: "Infundiréis miedo y temor a todo animal sobre la Tierra" (*Bereshit*, 9:2), todos temen esa imagen, que existe en él. Ya que este Mandamiento, sentir misericordia por los pobres, es el más importante de todos los Mandamientos para elevar al hombre al nivel de la imagen de Adam.

236. ¿Cómo sabemos esto? Por Nebujadnetzar. Aunque él tuvo un sueño, mientras practicó la misericordia con los pobres, ese sueño no se convirtió en realidad. Pero en el momento en que comenzó a ver a los pobres con malos ojos, su imagen cambió de inmediato, y se distanció de la gente. Por lo tanto está escrito: "HAGAMOS AL HOMBRE". Se dice de la misma manera en que se habló de la caridad en otro verso. Por lo tanto, "HAGAMOS" es lo mismo que la caridad.

El rico y el pobre corresponden a los principios masculino y femenino, a ZA y su *Nukva*. Sin embargo, aquí no hay nada que insinúe que los ricos tengan obligación de ser misericordiosos con los pobres y proporcionarles lo que necesitan. Pero esta indicación difiere de las demás en que, en todas ellas, el mandato está separado de la acción, como está escrito: "Y EL CREADOR DIJO: 'HÁGASE LA LUZ'. Y SE HIZO LA LUZ". Y también, "Y EL CREADOR DIJO: 'JÚNTENSE LAS AGUAS'...Y ASÍ FUE"; y así con todas las *Mitzvot*.

Y ningún otro Mandamiento contiene el mandato del Creador mezclado con la acción. Esto es así porque la creación en su totalidad se originó en AVI, donde *Aba* hablaba e *Ima* actuaba: *Aba* entregaba la Luz a *Ima* y, una vez entregada, comenzó a actuar con ella por sí mismo. Porque solo con la cualidad de *Aba* la creación no hubiera podido surgir y manifestarse en acción ya que, en la creación, no existen límites dentro de los cuales puedan ser reveladas las acciones.

Por lo tanto, *Aba* ordena transmitir la Luz desde sí mismo a *Ima*. Sin embargo, dado que él es una simple orden —como una fuerza— y no una acción, se emplea el tiempo futuro. El mismo lenguaje es utilizado en la descripción de la creación del hombre: "Y EL CREADOR DIJO: CREEMOS AL HOMBRE". Nótese que se emplea la forma en plural: "CREEMOS".

Antes de que el mundo de *Atzilut* (llamado el mundo de corrección) fuera creado, tuvo lugar en los mundos espirituales una acción conocida como *Shevirat HaKelim* (el rompimiento de las vasijas en el mundo de *Nekudim*). Está escrito: "El Creador continuó creando y destruyendo mundos, hasta que creó este mundo (*Atzilut*), y Él le ordenó que dejara de expandirse por debajo de los límites en los que fue creado" (*Bereshit Rabá*, 3:7).

La ruptura de las vasijas fue necesaria ya que era la única forma de mezclar las cualidades egoístas (deseos) con las altruistas; después de todo, la distancia en la espiritualidad queda determinada por la disparidad de las cualidades (deseos). Y por tal razón, el egoísmo y el altruismo son infinitamente distantes uno de otro. Pero de ser así, ¿cómo puede ser corregido el egoísmo? ¿Cómo puede albergar el hombre no solamente esas cualidades sino también la noción de existencia de los deseos altruistas?

Así las cosas, para permitir que los deseos egoístas puedan ser corregidos, el Creador efectuó el rompimiento de las vasijas: la unión por impacto entre deseos opuestos, los egoístas y los altruistas. Esto es denominado "por impacto", pues resulta imposible unir estos deseos por cualquier otro medio que no sea una "explosión".

El resultado de esta explosión fue que los *Kelim* (deseos) puros y altruistas penetraron en los egoístas e impuros, dándole así al hombre la posibilidad de tener libre albedrío y llevar a cabo su propia corrección. Tras la destrucción del *Kli* puro y la caída de sus fragmentos a la parte impura, el mundo de *Atzilut* fue formado.

Entre todos los deseos mezclados, el mundo de *Atzilut* escogió solamente los deseos altruistas, los hizo parte de sí, los corrigió y los llenó de Luz. Con esos fragmentos corregidos creó los mundos de *BYA* y todo lo que contienen.

Estas correcciones de los *Kelim* fragmentados y entremezclados realizadas por el mundo de *Atzilut*, están descritas en el primer capítulo de la *Torá* que nos relata la creación. En él, se utilizan las instrucciones de revelación y separación de los *Kelim* egoístas de aquellos altruistas; como por ejemplo en los siguientes versículos: EL CREADOR SEPARÓ LA LUZ DE LAS TINIEBLAS; EL CREADOR SEPARÓ LAS AGUAS DE LO SECO; EL CREADOR SEPARÓ EL DÍA DE LA NOCHE, etc. Todos estos ejemplos tratan de la separación de las fuerzas puras de las impuras: la separación entre el bien y el mal. Y todo lo que se dividió, pasó a formar parte del sistema puro.

Por lo tanto, todo el acto de la creación está contenido en la descripción del primer día de la misma, en las palabras: HÁGASE LA LUZ, ya que fue entonces cuando la Luz quedó separada de la oscuridad. Y es así porque, en términos generales, la pureza es denominada "Luz" y la impureza "oscuridad". Y todas las demás definiciones de pureza e impureza no son más que nombres particulares de sus distintas manifestaciones.

El mundo de *Atzilut* únicamente llevó a cabo una corrección parcial –pues solamente separó los deseos altruistas de los egoístas, la Luz de la oscuridad– y así dio lugar al sistema de la creación descrito en el comienzo de la *Torá*. Y aún no podemos hablar de corrección completa porque la cuestión es que la oscuridad y la impureza simplemente son apartadas –evitando así su participación en la creación– pero se quedan sin ser corregidas por completo. Tan solo son separadas, como una parte innecesaria. Y esto entra en absoluta contradicción con la perfección del Creador, que dio origen a todas las cosas (también a la oscuridad) para Su meta final.

Es más, la corrección termina precisamente con la corrección de la oscuridad, como está escrito: "La noche resplandece como el día; la oscuridad como la Luz", (*Tehilim*, 139:12).

Para corregir esto, el hombre fue creado de manera que contiene todo en su interior. Está conformado de todas las cualidades de la creación: desde el bien más incondicional hasta el mal más absoluto. Y gracias a ello, la persona puede llevar a cabo la corrección y alcanzar la perfección completa. En otras palabras, la persona debe transformar el mal en bien, lo amargo en dulce, la oscuridad en Luz. El resultado será que la muerte desaparecerá para siempre y el Creador se manifestará como el Rey de toda la creación.

Hay, por tanto, una gran diferencia entre la descripción de lo que es la creación del hombre y la de todas las demás criaturas y partes de la creación. Aquí, la acción en sí se encontraba mezclada con las instrucciones, porque las instrucciones y descripciones vienen de *Ima*, no de *Aba*, el cual dijo: CREEMOS AL HOMBRE, junto a *Maljut* del mundo de *Atzilut*.

La razón de esto es que *Maljut* lo incluye todo, pues ella también proporciona la Luz que mantiene a las fuerzas impuras evitando así que estas desaparezcan del mundo. Porque, al igual que todos los demás elementos de la creación, las fuerzas impuras no pueden existir sin Luz, desaparecerían inmediatamente. En ese sentido, está escrito: "SUS PIES DESCIENDEN HASTA LA MUERTE", pues las fuerzas impuras reciben una diminuta chispa de Luz para mantener su existencia.

Y ese es el motivo por el que *Maljut* es llamada "acción", porque se expande y gobierna en toda la creación. También es llamada "oscuridad", ya que brilla con una chispa de Luz para que el mal y la oscuridad puedan mantenerse.

Por consiguiente, cuando *Ima* se une con *Maljut* y sus cualidades mezclan, ella recibe las cualidades de la oscuridad, sobre lo cual fue dicho: "CREEMOS AL HOMBRE A NUESTRA IMAGEN Y SEMEJANZA", porque la Luz es llamada "imagen" y la oscuridad "semejanza". Ciertamente, después de que *Ima* se mezclara con *Maljut*, estas dos fuerzas, IMAGEN y SEMEJANZA, se formaron en ella. Y en consecuencia, el hombre, que fue creado por ella, cuenta con estas dos fuerzas: IMAGEN y SEMEJANZA.

Por la frase HAGAMOS vemos que *Ima* consiste de dos partes: masculina y femenina. A pesar de que *Ima* es una parte masculina (el dar es una cualidad masculina), ella está conectada a *Maljut*. Además, la cualidad masculina sugiere la presencia de Luz, mientras que la cualidad de *Nukva* (la parte femenina) es pobreza y oscuridad.

Dado que *Ima* aceptó a *Maljut* como socia para poder crear al hombre (aceptó las cualidades de *Maljut*), ahora ella contiene pobreza y oscuridad. Así, el hombre se compone tanto de las cualidades de *Ima* (riqueza y Luz) como de las de *Maljut* (pobreza y oscuridad).

Y es precisamente esta posesión de las cualidades de *Ima* y *Maljut* lo que hace posible que el hombre pueda corregir a *Maljut*, que la llene de Luz, y esparza la pureza espiritual y la santidad por toda la Tierra (*Maljut*). Está escrito que, al final de la corrección, "el Creador y Su Nombre serán uno", porque la oscuridad en *Maljut* será reemplazada por la Luz, como en la parte masculina, *HaVaYaH*. Todo quedará unido en la cualidad masculina, como está escrito: "No habrá ningún pobre en tu nación".

Esta *Mitzvá* dice que así como *Ima* se unió con *Maljut* para corregirla - debido a lo cual *Ima* contiene Imagen y Semejanza- el hombre debe corregir sus cualidades para corregir los segmentos de oscuridad en él. Con este fin, él debe reducir sus cualidades, al igual que *Ima*, y dar su parte (limosna) a la necesitada *Maljut*, que está privada de Luz. Él debe mostrar misericordia a la SEMEJANZA (pobreza) en él y proporcionarle todo lo que necesite.

Al observar esta *Mitzvá*, el hombre recibe IMAGEN y SEMEJANZA desde *Ima*, la Luz Superior que recibió Adam, creado a IMAGEN y SEMEJANZA. Por eso, él tiene la facultad de reinar sobre todos los animales del mundo (sobre todos sus deseos animales), hasta tal punto que no quede en él ninguna fuerza (deseo) impura que no pueda vencer y corregir.

El Zóhar da el ejemplo de Nabujadnetzar (Nabucodonosor): aunque se había dictado una sentencia Suprema en relación a él, mientras fue misericordioso con los pobres, lo que había soñado no se convirtió realidad. No obstante, en el momento que accedió a que su mal ojo mirara mal a los pobres, la sentencia fue inmediatamente ejecutada y su imagen transformada (aquellos interesados pueden leer el libro del profeta Daniel). Así, vemos que este Mandamiento es superior a todos los demás: puede anular la sentencia Suprema dictada contra el hombre.

"Caridad" quiere decir la unión entre *Biná* y *Maljut*. De manera análoga, la historia sobre el casamiento de Rut la Moabita, abuela del Rey David (*Maljut*), y Boaz, que fue misericordioso con ella (este matrimonio dio comienzo a la Dinastía Real Israelita), describe la corrección de *Maljut* efectuada por *Biná* (véase *Megilat Rut: El Libro de Rut*).

EL DÉCIMO MANDAMIENTO

237. El décimo Mandamiento obliga al hombre a llevar *Tefilín* y alcanzar las cualidades Superiores, como está escrito: EL CREADOR CREÓ AL HOMBRE A SU IMAGEN. Abrió y dijo: "Tu cabeza se yergue sobre ti como el Carmel". Este texto alude a la Cabeza Suprema, los *Tefilín* que se usan en la cabeza, del Sagrado Rey Supremo *HaVaYaH*, escrito con letras separadas. Cada letra en el nombre sagrado *HaVaYaH* corresponde a cierto párrafo en los *Tefilín*. Así, el Sagrado Nombre Supremo está escrito en los rollos de los *Tefilín*, en los secretos de las letras. Porque EL NOMBRE DEL CREADOR ESTÁ SOBRE TI, Y ELLOS TENDRÁN MIEDO DE TI se refiere a los *Tefilín* de la cabeza, que contienen el Sagrado Nombre *HaVaYaH*.

Cuando uno es misericordioso con los pobres, comienza a recibir la IMAGEN Suprema del Creador. *Biná* absorbe las cualidades de *Maljut*, descritas en el verso CREEMOS AL HOMBRE A NUESTRA IMAGEN Y SEMEJANZA. Al unir las cualidades de *Biná* con las de *Maljut*, AJaP de *Biná* (las letras ÉLEH) cayeron a ZON, y solamente las letras MI (GE) permanecieron en *Ima*. AJaP de *Biná* que cayeron a ZON se componen de *Aba* e *Ima*: *Aba* asume las cualidades de ZA e *Ima* asume las de *Nukva*.

Puesto que AVI descendieron a la ubicación de ZON, ellos llegaron a ser como ZON. Y de ellos, los auténticos ZON reciben el estado de *Katnut*, llamado TZÉLEM *Elokim*, la semejanza con *Biná* (VAK), pues *Ima* perdió el GAR de su estado: su AJaP cayó a ZON, y por lo tanto, ella perdió la Luz de GAR.

Así, únicamente las letras MI = GE = KJ permanecieron en *Ima*, mientras su B-ZA-M = AJaP = ÉLEH cayeron a ZON. Por lo tanto, de las cinco Luces NaRaNJaY que estaban dentro de *Ima*, ella solo retuvo la Luz de *Rúaj* en *Kéter* y la Luz de *Néfesh* en *Jojmá*. De modo que *Ima* puede dar a ZON la Luz de VAK = *Rúaj* + *Néfesh*, pero no la Luz de GAR = NaRaNJaY. Asimismo, se considera que ZON han alcanzado la SEMEJANZA con el Superior únicamente al recibir todas las Luces de NaRaNJaY. Y esto se logra al observar el Mandamiento de los *Tefilín*.

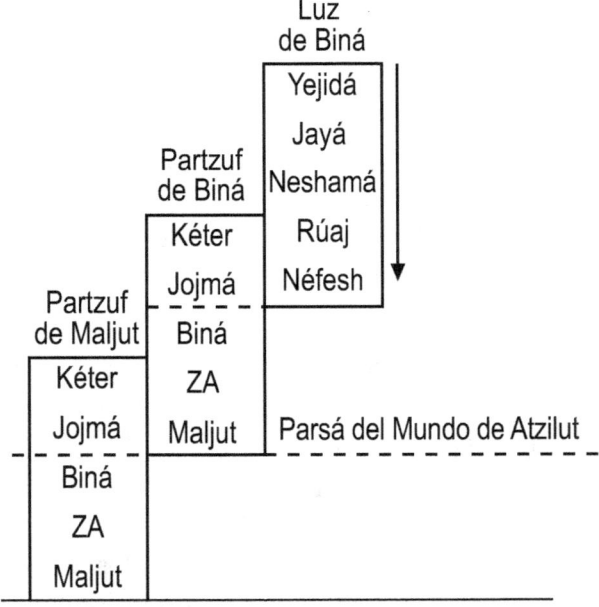

Sin embargo, surge una pregunta: ya hemos visto que para crear el *Partzuf* del hombre inferior a partir de ZON, ZON deben ascender a AVI y recibir la Luz de GAR, ya que un *Partzuf* pequeño, sin Or *Jojmá*, no puede procrear. Entonces, ¿por qué decimos que *Ima* está en estado de *Katnut*?

ZON ascienden a AVI cuando logran recibir la Luz de AVI, y con ello se hacen equivalentes a AVI en cualidades, porque todo inferior que se eleva al Superior se vuelve como Él. De hecho, solo la magnitud de la pantalla nos permite distinguir los distintos objetos espirituales: eso es lo único que determina las cualidades de un objeto, la magnitud de la pantalla.

Por lo tanto, cuando se elevan y envuelven a *AVI*, *ZON* llegan a ser como *AVI*, y todas las cualidades de *AVI* se convierten en cualidades naturales de *ZON*. Del mismo modo que *AVI* crean a *ZON*, *ZON* en *AVI* engendran y transfieren la Luz al *Partzuf* del hombre inferior. Por lo tanto, ni siquiera es necesario cambiar nombres: todo proviene del nivel de *AVI*. Y al elevarse hasta allí, *ZON* ya son denominados *AVI*, y la Luz que ellos entregan al hombre recibe el nombre de Luz entregada a *ZON*.

Está escrito: "EL CREADOR CREÓ AL HOMBRE A SU IMAGEN". La palabra hebrea que aparece en la *Torá* para expresar "imagen" es *TzéLeM*, y está formada por tres letras: *Tzadi-Lámed-Mem*.

En el punto 2, dijimos que no hay *Kelim* para las Luces de *Jayá* y *Yejidá*, y que solamente existen *Kelim Biná-ZA-Maljut* para las Luces de *NaRaN*: *Néfesh-Rúaj-Neshamá*.

Entonces, el hecho de decir que hay un *Kli* llamado *Kéter*, implica que se empieza a contar desde *Biná de Kéter*, y no desde *Kéter de Kéter*. *Biná* y *ZON*, los *Kelim* que quedaron en el *Partzuf*, se dividen en tres líneas: la línea de *Biná-JaBaD*, la línea de *ZA-JaGaT*, y la línea de *Maljut-NeHYM*. Esto es lo que caracteriza a *Or Jasadim*.

Sin embargo, cuando se transfiere *Or Jojmá*, el *Partzuf Biná* se divide en dos *Partzufim*: *AVI* y *YESHSUT*. Estos constituyen *JaBaD* = 3 y *JaGaT* = 3. Junto con *ZAT* = 7 *Sefirot* del *Partzuf ZON* (desde *Jésed* hasta *Maljut*), establecen la *Guematría* de 13 (3+3+7) de la palabra *EJAD*, que alude al estado, alcance y nombre completo.

Biná – Jojmá	
Dáat	Biná
Guevurá – Jésed	
Tiféret	ZA
Hod – Nétzaj	
Yesod	
Maljut	Maljut

Lo que sucede es que las *Sefirot Kéter* y *Jojmá* están ocultas en *AA*, y solo su *Sefirá Biná* hace brillar su Luz hacia abajo. Esta *Sefirá Biná de AA* se divide en dos *Partzufim*, *AVI* y *YESHSUT*: su GAR brilla en *AVI* y su ZAT brilla en *YESHSUT*. Estas dos partes de *Biná* son llamadas M (Mem) y L (Lámed) de la palabra *TzéLeM*:

1. *AVI* son llamados M (Mem) de la palabra *TzéLeM* pues forman un anillo cerrado que salvaguarda a *Or Jojmá* para que no salga fuera, para que no alcance a los otros *Partzufim* más bajos. Esta *Or Jojmá* se denomina "oculta" (de todos los *Partzufim* del mundo de *Atzilut*), y solo *Or Jasadim*, la Luz de *Rúaj*, desciende desde ellos a todos los *Partzufim* del mundo de *Atzilut* durante los seis mil años hasta el final de la corrección.

2. *YESHSUT* es llamado L (Lámed) de la palabra *TzéLeM*, ya que inclina su cabeza (GAR) y se asemeja a una torre. Sobre ella está escrito: "La Torre

de *Oz* (fuerza) del nombre del Creador". Esto es así porque YESHSUT es denominado "la torre", y ZA es denominado "el justo". No hay que olvidar que YESHSUT es ZAT de *Biná*, las cualidades de ZON incluidas en *Biná*; y por lo tanto, él pasa su *Or Jojmá* a ZON.

Si ZON en *Katnut* están llenos de *Or Jasadim*, (*Rúaj* llamada *Avir*, aire), entonces, durante la recepción de *Or Jojmá* desde YESHSUT, la letra *Yud* de la palabra *Avir* desaparece, y *Avir* se convierte en *Or* (Luz). Por lo tanto, YESHSUT recibe el nombre de "torre", es decir, un *Partzuf* en *Gadlut* que contiene *Jojmá* flotando en el aire (*Avir*).

Sin embargo, este estado en ZON no es constante. YESHSUT va pasando intermitentemente de *Katnut* a *Gadlut*, y dicho estado se conoce como "volando". ZA es denominado *Tz* (*Tzadi*) de la palabra *TzéLeM* ya que esa es su cualidad en el interior de esta torre. Por lo tanto:

- AVI-M (*Mem*)-la *Jojmá* que está oculta dentro de un anillo.
- YESHSUT-L (*Lámed*)-*Biná*, aunque cuando se eleva a AA, se convierte en *Jojmá* (torre) y envía *Or Jojmá* hacia abajo.
- ZON-*Tz* (*Tzadi*)-*Dáat*, recibe la Luz desde YESHSUT.

Sin embargo, uno no debe confundir las tres letras *Tz-L-M* con las tres líneas llamadas *J-B-D*: *TzéLeM* se compone de tres *Partzufim*, cada uno de ellos dentro de otro. El *Partzuf Jojmá* (la M de *TzéLeM*, AVI) es el *Partzuf* más interno; el *Partzuf Biná* (YESHSUT, la L de *TzéLeM*) lo envuelve desde el *Jazé* de AVI hacia abajo; y desde el *Jazé* de YESHSUT hacia abajo, el *Partzuf Biná* está envuelto por *Partzuf Dáat*, ZA, la *Tz* de la palabra *TzéLeM*.

EL CREADOR CREÓ AL HOMBRE A SU IMAGEN (*TzéLeM*) significa que, a través de la observancia espiritual del Mandamiento de los *Tefilín*, *Or Jojmá* se recibe siguiendo el orden ascendente de las letras *Tz-L-M*. Esta es la Luz que Adam recibió después de ser creado, pero nosotros primero debemos dar lugar a la recepción de esta Luz en ZON; y desde ZON, hacer que su recepción tenga lugar en nosotros mismos.

EL *TEFILÍN* DE LA CABEZA CONTIENE EL NOMBRE DEL SAGRADO REY, ESCRITO EN LAS LETRAS *HaVaYaH*: el *Tefilín* de la cabeza es el nombre del Rey Supremo, escrito en las letras *HaVaYaH*. Los *Tefilín* son llamados el Carmel (*Kar Malé*: todo lo bueno), como está escrito: TU CABEZA SE YERGUE SOBRE TI COMO EL CARMEL. Es así porque cuando las cabezas de ZA y *Maljut* se colocan el *Tefilín* de la cabeza (La Luz Superior de *TzéLeM*), se hacen semejantes al Carmel (*Kar Malé*: todo lo bueno).

Esta Luz es denominada "El nombre del Sagrado Rey Celestial", las cuatro letras de *HaVaYaH*, donde cada letra está escrita por separado: YUD-HEY-VAV-HEY. Y la razón por la que el hombre siente que las letras están escritas por separado es que cada *Partzuf* contiene las cuatro letras de *HaVaYaH*, y cada una de ellas designa a un *Partzuf* independiente.

Cada letra constituye un pasaje en sí del pergamino (en los *Tefilín*), cuatro pasajes separados que corresponden a las cuatro letras de *HaVaYaH*. Un pasaje (*Parashá* en hebreo) representa un *Partzuf* independiente y completo, y su correspondiente letra en *HaVaYaH* simboliza la Luz de este *Partzuf*. El orden de los *Partzufim* se corresponde con el orden de las letras *HaVaYaH*: *Yud-Hey-Vav-Hey*. Tal *Tefilín* recibe el nombre de *Tefilín de Rashi*.

Sin embargo, hay un *Tefilín* con el orden de los pasajes (*Partzufim*) *Yud-Hey-Hey-Vav*, llamado *Tefilín Rabeinu Tam*. Los pasajes que están escritos en los fragmentos de pergamino son idénticos, pero el orden al colocarlos en las cajas de *Tefilín Rabeinu Tam* es diferente: es de acuerdo a *Yud-Hey-Hey-Vav*.

238. El primer pasaje en los *Tefilín* corresponde a la letra Yud del nombre de *HaVaYaH* (Jojmá) y se refiere a Mandamiento de "Consagra a Mí todo primogénito". Y es así porque Jojmá es el primogénito de todos los Superiores. También abre el lugar para la concepción del futuro primogénito con ayuda de una fina línea de Luz –procedente de Yud– que abre el útero y lo fecunda.

AVI son designados con la letra *Yud* del nombre *HaVaYaH*, donde *Yud* significa *Aba* así como el llenado de dicha letra *Yud* (según su pronunciación *Yud* = *Yud* + *Vav* + *Dálet*), es decir, *Vav* + *Dálet* constituye *Ima*. El *Partzuf AVI* es denominado "sagrado" y "primogénito", porque los *Partzufim YESHSUT* y *ZON* son llamados sagrados solo cuando reciben santidad (*Or Jojmá*) desde *AVI*. Toda la santidad del mundo de *Atzilut* proviene de *AVI*.

Esto es así porque *Or Jojmá* es llamada "santidad" y *AVI* es *Mem* de la palabra *TzéLeM* (Jojmá de *Atzilut*), pues la *Jojmá* Suprema del mundo de *Atzilut* está oculta en ellos. *AVI* en sí son definidos como *Biná* en la cualidad de *Jasadim*, ya que *Jojmá* está oculta dentro de *Rosh de AA*, y los inferiores pueden recibirlo solamente si *Biná* asciende a *Jojmá*, a *Rosh de AA*, donde ella se une con *Jojmá* de *Rosh de AA*. Por eso, *Biná* también es llamada *Jojmá* pero no *Jojmá* a secas, sino "*Jojmá* de los treinta y dos caminos" del descenso de *Or Jojmá*. Y todos los *Partzufim* del mundo de *Atzilut* reciben *Or Jojmá* exclusivamente de esta *Jojmá*.

Por ello, *El Zóhar* dice que este fino rayo de Luz, llamado "el sendero de la Luz", abre el útero y concibe las futuras progenies. Es así porque *Yud* consta de tres partes (i) el "pico" superior de la letra *Yud*, una pequeña línea por encima del punto que se llama *Rosh* y designa al *Partzuf AA* que está oculto en *AVI*; (ii) el cuerpo de la *Yud*, el cual designa al *Partzuf AVI*; y (iii) el "pico" inferior de la letra, que designa a *Yesod*, el final del *Partzuf AVI*.

A raíz del constante *Zivug* entre *Yesod de Aba* y *Yesod de Ima*, las grandes aguas descienden a todos los mundos inferiores y a todo lo que habita en ellos.

Ese *Zivug* sobre *Or Jasadim* es llamado el "*Zivug* que revive a los mundos". *Yesod de Ima* también es llamado *Réjem* (útero), porque todo *Rajamim* (misericordia) se origina en esta parte de su *Partzuf*. Sin embargo, si AVI no realizan un *Zivug*, esta parte de *Ima* queda cerrada y la misericordia no desciende hacia abajo. Únicamente *Yesod de Aba* puede abrir *Yesod de Ima*, y es entonces cuando *Ima* envía sus grandiosas aguas a los inferiores.

239. El segundo pasaje en los *Tefilín*, Y CUANDO VIENES, corresponde a la primera letra Hey del nombre HaVaYaH, la sala (*Biná*) que se abre bajo la influencia de la letra Yud (*Aba*) en cincuenta entradas, pasajes y estancias ocultas dentro de ella. La revelación que hizo la Yud en aquella sala tuvo lugar para que ahí se escuchara la voz del *Shofar* (el asta de carnero), *Biná*. El *Shofar* está cerrado por todos sus lados, pero la letra Yud vino, lo abrió y pudo escucharse su voz. Y puesto que abrió el *Shofar* y le hizo emitir sonidos, Yud condujo a todos a la libertad.

La letra *Hey* del nombre *HaVaYaH* es YESHSUT (la L en la palabra *TzéLeM*), llamado "torre que surca el aire", una sala abierta con cincuenta entradas; porque los AVI ocultos, representados por la M de *TzéLeM*, señalan el anillo que rodea e impide que *Or Jojmá* brille fuera. Y ellos solo brillan con *Or Jasadim*.

Sin embargo, al elevarse a *Rosh de AA*, donde *Biná* se convierte en *Jojmá*, YESHSUT puede transmitir *Or Jojmá* a ZON. *Biná*, que se convierte en *Jojmá* a fin de poder recibir *Jojmá* para ZON, es llamada las "CINCUENTA puertas de *Biná*", porque se compone de cinco *Sefirot* K-J-B-ZA-M, con diez en cada una. Cada una de estas cincuenta *Sefirot* contiene una estancia y una entrada: J-G-T se llaman "estancia" y N-H-Y se llaman "entrada", "pasaje", dando a entender la ausencia de un *Kli* para la recepción. En vez de ello, sirve para que la Luz se reciba dentro de la estancia o bien para que sea emitida desde la estancia.

Por lo tanto, el segundo pasaje usado en los *Tefilín*: Y CUANDO VIENES hace alusión a la letra *Hey* en el nombre *HaVaYaH*, YESHSUT del mundo de *Atzilut*, el cual asciende para aceptar *Or Jojmá* y enviarla a los inferiores, a ZON.

Yud abrió esta sala para escuchar la voz que proviene del asta de carnero, pues dicha asta está cerrada por todos sus lados. Como ya hemos mencionado, YESHSUT (*Biná*) se unió con *Maljut* haciendo descender a sus tres *Sefirot* ÉLEH (las *Sefirot Biná* y ZON) a ZON, mientras YESHSUT permanecía con tan solo con dos *Sefirot* K-J, MI.

A continuación, y a resultado de haber elevado MAN, *Maljut* desciende de *Einaim* (ojos), los *Einaim* de YESHUT se abren, *Maljut* desciende a su propio lugar en *Pe*, y las tres letras ÉLEH se vuelven a unir con MI para formar el nombre ELOKIM. GE = K-J de ZON asciende a *Biná* junto con estos ÉLEH. Sin embargo, aunque ÉLEH ascendieron y se unieron con MI, el nombre ELOKIM se considera que aún está cerrado, porque contiene solo *Or Jojmá*, y *Or Jojmá* no puede brillar en ÉLEH sin *Or Jasadim*.

Y por ende, nos referimos a estas tres letras ÉLEH como un asta (*Shofar*), y ZON -que ascendieron a *Biná* junto con ÉLEH- se ocultan dentro de ellas. Y estos ZON dentro de ÉLEH son definidos como "voz". Dicha voz suena en la sala con ayuda de la letra *Yud*, ya que *Yud* es AVI que otorgan la Luz desde Arriba, y esta permite el descenso de *Maljut* desde *Nikvey Einaim de YESHSUT* a su lugar en *Pe*. Asimismo, permite elevar ÉLEH de vuelta a *Biná*. Y de ese modo *Yud* abre la sala de Luz en *YESHSUT* para hacer que esta Luz llegue a ZON desde el *Shofar* (las letras ÉLEH que se han elevado).

Es así porque ZON se elevan a *Biná* junto con ÉLEH y ahí reciben *Jojmá*. Esta gran Luz en ZA es llamada "voz" y su recepción es conocida como "escuchar a la voz". Sin embargo, dicha asta está cerrada por todos los lados, por los lados de *Jojmá* y *Jasadim*, porque las letras ÉLEH (llamadas "asta") caen a ZON; y allí permanecen cerradas, tanto para *Or Jojmá* como para *Or Jasadim*.

Por consiguiente, son necesarias dos correcciones: (i) elevarlas y unirlas con *Biná*, haciendo así posible que de nuevo alcancen su *Or Jojmá* (ii) proporcionarles *Or Jasadim* para que pueda servir como vestidura a *Or Jojmá*.

Primero, *Yud* (AVI) pasa la Luz a *Hey* (YESHSUT), y a raíz de ello, ÉLEH junto con ZON se elevan por encima de *Maljut* a *Biná*, donde reciben *Or Jojmá*. Sin embargo, esta *Or Jojmá* se llama oculta o cerrada, porque no puede brillar sino está envuelta de *Or Jasadim*. Esto significa que la voz no ha aparecido todavía: aún no ha nacido ZA.

Después de esto, *Yud* entra en la palabra Luz = *Or*, con lo que ella se convierte en *Avir* = aire (*Or Jasadim*). Y dado que el asta o las letras ÉLEH recibieron aire (*Or Jasadim*), ellas pueden engendrar ZA (la voz del *Shofar*), ya que, revestida de *Or Jasadim*, *Or Jojmá* puede entrar en ZA.

La Luz general que recibe ZA se llama "voz". Y dicha voz libera a todos los esclavos subyugados por los deseos egoístas en todos los mundos, pues ZA brilla sobre todos los inferiores. Y así, los hijos de Israel (las aspiraciones espirituales del hombre) merecen la Luz de la salvación (derrotan las aspiraciones terrenales, egoístas).

240. Acompañados por los sonidos del *Shofar*, los hijos de Israel salieron de Egipto. Del mismo modo se soplará el *Shofar* en un futuro, la próxima vez en el final de los días. Y toda salvación tiene origen en este *Shofar* (*Biná*). Por eso se menciona el éxodo de Egipto en este capítulo de la *Torá*, porque este *Shofar* tiene su procedencia en la fuerza de la letra *Yud*, que abre el útero y conduce a los cautivos a su libertad. Y esta es la letra *Hey*, la segunda letra del nombre *HaVaYaH*.

Toda la Luz en ZON procede del asta (ÉLEH), también la gran Luz que libera a Israel de Egipto y la Luz que está destinada a ser revelada en el futuro, al final de los días (la liberación absoluta del egoísmo). Por eso, los *Tefilín* contienen un pasaje que habla sobre el éxodo de Egipto. Toda la Luz que nos libera de Egipto proviene del asta que se encuentra en YESHSUT. Esto se lleva a cabo con la fuerza de AVI (llamados *Yud de HaVaYaH*) que abren el útero de YESHSUT (ÉLEH) y liberan a la voz (ZA) de su cautiverio.

Esta Luz tiene suficiente fuerza para salvar a Israel de la esclavitud. Solo cuando se alcanza esta Luz (*Or Jayá*) -nunca en los grados inferiores a ella- pueden ZA y *Nukva* ser llamados "voz" y "discurso". Toda liberación procede únicamente de *Or Jayá* (solamente tras elevarse al grado espiritual de *Or Jayá* puede el hombre deshacerse de su egoísmo y alcanzar la libertad).

241. El tercer pasaje en los *Tefilín* es el secreto de la unidad en "Escucha, Israel", la letra *Vav* en *HaVaYaH*, que todo lo incluye y designa a ZA, el cual encierra la unidad de todo. Todo desemboca en la unidad dentro de él, y él todo lo recibe. El cuarto pasaje que dice "Escucharéis" incluye dos lados, *Jésed* y *Guevurá*, que se unen con la Asamblea de Israel (la *Guevurá* inferior o *Maljut*). Y esta es la última letra *Hey* del nombre *HaVaYaH*, que las toma a todas ellas y las incluye dentro de sí.

El tercer pasaje en los *Tefilín* ("Escucha, Israel") es el *Partzuf* ZA, la letra *Vav* en *HaVaYaH*, que incluye los cuatro pasajes contenidos en el *Tefilín*. Aunque los dos primeros pasajes (AVI y YESHSUT) representen *Jojmá* y *Biná*, no constituyen en sí mismos *Jojmá* y *Biná*, sino la parte de *Jojmá* y *Biná*, que se envuelve en *Rosh* de ZON, denominados la M y la L de *TzéLeM* de ZA.

De igual modo, el cuarto pasaje, *Maljut* de ZA, no implica que esta sea la propia *Maljut*. Se refiere más bien a su parte incluida en ZA denominada *Mojin* (cerebro) de *Guevurá*. ZA contiene tres partes de *Mojin*: *Jojmá*, *Biná*, y *Dáat*, llamadas respectivamente M, L y Tz de *TzéLeM* de ZA. Son las mismas J-B-ZA-M que se encuentran en *Mojin* de ZA. Esto es así porque *Dáat* (Tz) contiene *Jésed* y *Guevurá*. Y esta *Jésed* en *Dáat* se define como ZA, y *Guevurá* se define como la inclusión (de las cualidades) de *Nukva* en ZA. Y estas J-B-ZA-M constituyen los cuatro pasajes que contiene el *Tefilín*.

Por tal motivo, ZA, la letra *Vav* en el nombre *HaVaYaH*, incluye los cuatro pasajes. Y todas las uniones procedentes de AVI y YESHSUT ocurren dentro de él, es decir, en su beneficio. Porque todos los *Partzufim* que preceden a ZA y que son superiores a él, están unidos (con el Creador), y no necesitan ningún MAN de los inferiores para alcanzar el estado de unidad. De manera que todo el MAN que los inferiores elevan a los *Partzufim* Superiores está destinado exclusivamente a la unificación de ZA, y no afecta en modo alguno a la permanente unidad con el Creador de los *Partzufim* más elevados que ZA.

La unión entre *Jojmá* y *Biná* –a raíz de la cual *Biná* llega a ser como *Jojmá*– tiene lugar solo porque ZA se eleva a *Biná* en forma de MAN. Ya que, cuando ZA se eleva a *Biná* en forma de MAN, *Biná* asciende a *Rosh* de AA y allí recibe *Jojmá* para ZA. *Biná* solamente aspira a la misericordia (*Or Jasadim*) y por eso nunca recibe *Or Jojmá* para deleitar al Creador, sino únicamente si los inferiores la necesitan. Su misión y sus cualidades están dirigidas solo al otorgamiento, no a la recepción. (Cabe señalar aquí que, en la espiritualidad, "recepción" es siempre en beneficio del Creador).

Por lo tanto, *Biná* asciende a *Rosh* de AA solo para beneficiar a ZON. Y solamente ZA asciende a *Biná* y la incita a que se eleve hasta *Rosh* de AA, donde podrá realizar un *Zivug* con *Jojmá* para entregarle esta Luz. Por eso decimos que ZA lo recibe todo, porque *Biná* le entrega todo lo que ella ha recibido en *Rosh* de AA. Y *Or Jojmá* no se revela en la ubicación de *Biná*, sino en la de ZA cuando este regresa a su emplazamiento: *Or Jojmá* se revela bajo el *Jazé* de ZA.

La plegaria "Escucha, Israel" representa a ZA, la letra *Vav* del nombre *HaVaYaH*, la unión Suprema (punto 207) que revela el amor del lado bueno. Y puesto que solamente se refiere a "Ama a tu Creador...", no contiene ni restricciones ni rigurosidad en el juicio.

No obstante, en el cuarto pasaje, "Escucharéis" (la última *Hey* del nombre *HaVaYaH*, *Nukva* de ZA que está incluida en él, *Guevurá* en *Rosh* de ZA) se revelan ambos lados del amor: tanto el bueno como el malo (punto 206). Y este hecho queda reflejado en las palabras de este pasaje, que termina con las palabras: "Bendito sea Su gran nombre por siempre", lo cual corresponde a la inclusión y posterior unión de *Nukva* en ZA; es decir, no de la *Nukva* en sí, sino de su parte en ZA: *Mojin de Dáat*.

Guevurá en *Dáat* es la segunda *Hey* en *HaVaYaH*. Ella acepta toda la Luz de la Unión Suprema contenida en "Escucha, Israel" y lo incluye todo. Y dado que contiene la perfección de la unidad, se revelan en ella toda la Luz y ambos lados del amor, porque el atributo de rigurosidad que completa al amor para que llegue a ser perfecto, existe solamente dentro y no por encima de ella.

Por lo tanto, está escrito: "Tu cabeza se yergue sobre ti como el Carmel", y se refiere al *Tefilín* de la cabeza. Lo cierto es que una vez que ZA se envuelve con las cuatro Luces, designadas por los cuatro párrafos de los *Tefilín* –que se corresponden con las tres letras *Tz*, *L*, y *M* de la palabra *TzéLeM*– se hace referencia a su cabeza como el "Carmel" (*Kar Malé*: repleta de todo lo bueno).

242. Los *Tefilín* son las letras del nombre sagrado. Por lo tanto "Tu cabeza es como el Carmel" se refiere a los *Tefilín* de la cabeza. La letra *Dálet* se refiere a los *Tefilín* de la mano, *Maljut*, y escasea en Luz en comparación con los *Tefilín* de la cabeza, ZA, pero ella contiene la perfección del Superior.

El *Tefilín* de la mano designa a *Maljut*. Y ella es pobre en comparación con *Biná*, el Mundo Superior. Sin embargo, ella tiene su propia perfección, porque ahora puede recibir esta perfección desde *Biná* gracias a la unión entre *Nukva* y ZA en "Bendito sea Su gran nombre por siempre".

Y puesto que ella ya no es la *Nukva* incluida en ZA (su cuerpo), sino una *Nukva* de ZA aislada, ella toma todos los cuatro pasajes de él, J-B-ZA-M de ZA, pues ella tiene un *Partzuf* individual y completo. No obstante, estos cuatro pasajes de la *Torá* están en el mismo lugar: no están separados el uno del otro en compartimentos, como ocurre en el *Tefilín* de ZA.

La razón es que un pasaje de la *Torá* es la Luz, y el lugar donde mora es un *Kli* (el *Tefilín* en nuestro mundo es una caja hecha de una piel de un animal "puro", en la que se depositan cuatro pergaminos con los correspondientes pasajes de la *Torá* escritos en cada uno de ellos). Como sabemos, de cada *Zivug* emana Luz. Y dado que ZA recibe cuatro Luces J-B-J-G en cuatro *Kelim* como resultado de cuatro *Zivugim*, él cuenta con cuatro compartimentos para los cuatro pasajes. Y cada compartimento contiene un determinado pasaje de la *Torá*.

Sin embargo, no se realiza ningún *Zivug* sobre la misma *Maljut*. Todo lo que *Maljut* posee, lo recibe de ZA. *Maljut* recibe las cuatro Luces (los cuatro pasajes de la *Torá* que resultan de un *Zivug* con ZA) y, por consiguiente, ella cuenta con un único lugar para esos cuatro pasajes (Luces).

243. "El Rey que está prisionero en las tinas" significa que está amarrado y retenido en esos cuatro compartimentos de los *Tefilín* con objeto de ser unido adecuadamente con aquel nombre sagrado. Y el que realiza esta corrección, existe a imagen y semejanza, TZÉLEM, del Creador. Del mismo modo que el nombre sagrado se une en el Creador, se une el nombre sagrado en él. "Macho y hembra los creó" se refiere a los *Tefilín* de la cabeza y de la mano. Y son uno solo.

"El Rey que está prisionero en las tinas" significa ZA, que está atado y unificado en esos compartimentos de los *Tefilín*. Los compartimentos de los *Tefilín*, que contienen los pasajes de la *Torá*, se llaman "tinas" o "bebederos", como las cubetas de las que bebe un rebaño de ovejas, pues las aguas de *Or Jojmá* y *Or Jasadim* están atadas y restringidas por estos *Kelim*, los compartimentos de los *Tefilín*. Y es el Creador quien está atado y retenido en estos *Kelim* para poder unirse en el nombre sagrado.

Los compartimentos del *Tefilín* son TNHY de *Tevuná*, la parte inferior de YESHSUT (*Israel Saba* y *Tevuná*, donde *Israel-Saba* es la parte masculina y *Tevuná* es la femenina). Esa sección de *Tevuná* es llamada la gran letra *Dálet* de la palabra *EjaD* (uno) en el verso: "Escucha Israel, nuestro Creador es uno". Y acerca de dicha letra, está escrito: "Que aparezca lo seco".

Como ya mencionamos en el tercer Mandamiento, dado que "lo seco" fue revelado en ZA, él puede enviar la Luz a *Maljut*. De modo que si no fuera por estos cuatro lugares en ZA -lo seco en él- este no hubiera sido capaz de entregar la Luz a *Nukva*. Por ello, se dice que ZA "está amarrado y retenido en esos lugares" que surgen de lo seco para hacer posible su unión y que pase la revelación de la Luz del Creador al nombre sagrado, *Nukva*. Y gracias a ello, lo seco se vuelve fértil y produce frutos.

Entonces, todo aquel que haya experimentado las correcciones gracias a estos cuatro pasajes de la *Torá*, adquiere imagen y semejanza (*TzéLeM*) con el Creador. En otras palabras, cuando el hombre "abajo" (por debajo del mundo de *Atzilut*, en los mundos de BYA) "se coloca" el *Tefilín* (alcanza el nivel de este grado), recibe la Luz de J-B-J-G desde ZA. Esta Luz se llama *TzéLeM*, ya que *Jojmá* y *Biná* son llamadas M y L, mientras que, por su parte, *Jésed* y *Guevurá* son llamadas *Tz*. Y tal como hace *Elokim*, *Biná* se une con el sagrado nombre de *Maljut* y con ello une el sagrado nombre dentro del hombre, pues el hombre es una parte de *Maljut*.

Hay dos partes -la masculina y la femenina- en la Luz de *Jojmá* y *Biná* (llamada *TzéLeM*): *TzéLeM* de ZA y *TzéLeM* de *Nukva*, el *Tefilín* de la cabeza y el *Tefilín* de la mano. Por lo tanto, decimos que el Creador creó un hombre y una mujer, refiriéndonos al *Tefilín* de la cabeza y al de la mano.

EL UNDÉCIMO MANDAMIENTO

244. El Undécimo Mandamiento es dar la décima parte de lo que produce la tierra. Aquí hay dos Mandamientos: separar el diezmo de los frutos de la tierra, y ofrecer los primeros frutos que da el árbol, como está escrito: "He aquí, Yo os he dado toda planta que da simiente sobre la faz de la tierra" (*Bereshit*, 1:29). Aquí está escrito: "YO OS HE DADO". En otro lugar está escrito: "Y he aquí que a los hijos de Leví les he dado todo el diezmo del Israel" (*Bamidbar*, 18:21). También está escrito: "Y todo el diezmo de la tierra, ya sea de la semilla de la tierra o del fruto del árbol, es del Creador" (*Vayikrá*, 27:30).

Estos versos explican que el Creador le dio todo a Adam. Entonces, ¿por qué estamos obligados a separar el diezmo y a ofrecer los primeros frutos de la tierra? ¿Por qué está prohibido comer de ellos? Después de todo, esto no deja de ser una contradicción con lo expuesto anteriormente.

Lo cierto es que el proceso de alimentación (espiritual) incluye la revelación, selección y separación de las chispas sagradas de la Luz y las fuerzas impuras. En el proceso de alimentación (recepción de Luz), las chispas de Luz (*Nitzutzot*) contenidas en la comida se unen con el alma y la carne del hombre, y los desechos (no así las chispas) salen del cuerpo. Esto se repite a lo largo de toda la vida del hombre (6 000 grados de elevación), el cual va acumulando gradualmente en su interior todas las chispas sagradas con las que completa su alma. Sin ellas, el alma no puede alcanzar la plenitud y la perfección.

Pienso que el lector ya entiende que *El Zóhar* en ningún caso se refiere al proceso de alimentación, digestión y excreción de nuestro cuerpo físico. Como ocurre con la totalidad de la *Torá*, *El Zóhar* únicamente habla del objetivo de la creación y de los medios para alcanzar dicho objetivo. Por lo tanto, me dirijo al lector (desafiando a lo que su mente pueda sugerirle en una primera lectura) para que tenga presente que estos textos fueron escritos en el lenguaje de las ramas. En él, los objetos espirituales se describen empleando el idioma de nuestro mundo, ¡pero los objetos siguen siendo espirituales!

En la porción semanal *Lej Lejá* leemos que a Adam le estaba prohibido comer carne: "Os he dado toda planta..." (*Bereshit*, 1:29). Pero dado que Adam pecó, el egoísmo y la impureza entraron en su cuerpo, y a Nóaj se le dijo: "Todo lo que se mueve y tiene vida será para vuestro alimento; como la hierba verde que os di" (*Bereshit*, 9:3), esto es, queda incluida la carne.

Adam había sido creado en absoluta perfección, y por eso en él todo había sido seleccionado y corregido. Y eso está en correlación con la parte animada de la creación, como está escrito (*Bereshit*, 2:19): "Y el Creador formó a partir de la tierra a todo animal del campo", y también: "el nombre dado por el hombre a cada criatura viviente, será su nombre de ahora en adelante". Esto quiere decir que Adam alcanzó todos los nombres (niveles espirituales) de las almas animales, pues las fuerzas puras ya estaban separadas de las impuras.

Por tal motivo, a Adam no se le dio la tarea de detectar, seleccionar y corregir los animales mediante su ingestión, porque, antes de la creación del hombre, el Creador ya se había encargado de corregir esto en el mundo de *Atzilut*. Y solo las partes inanimadas y vegetativas (del alma) quedaron sin corregir, conteniendo fuerzas puras e impuras. Por lo tanto, a Adam se le ordenó que detectara en la comida inanimada y vegetativa las chispas que faltaban en su alma.

Pero a raíz del pecado de Adam, los deseos (fuerzas) puros e impuros se mezclaron una vez más. Y como el alma de Adam fue fragmentada en numerosas partes –y todas ellas fueron a caer en las fuerzas impuras– todos los animales (deseos animados) quedaron corrompidos junto con él (con el nivel humano del deseo). Y de ahí que surgiera la necesidad de detectarlos, clasificarlos y corregirlos. Por ello, tras el pecado, el Creador ordenó a Adam y a las sucesivas generaciones que comieran animales para así extraer las chispas de la impureza.

Está escrito que Adam fue creado A IMAGEN Y SEMEJANZA, es decir, con ayuda de *TzéLeM Elokim*, la Luz de *Biná*, los cuatro pasajes de la *Torá* en los

Tefilín. Tal es su alma. Pero, tras su nacimiento con esa alma sagrada, y gracias a sus buenas acciones, él mereció elevar MAN y recibir *Or Jayá*. Posteriormente, en *Shabat*, alcanzó *Or Yejidá* también.

Así, el diezmo y las ofrendas fue lo único que le quedó a Adam para poder corregir la creación. Y alimentándose del diezmo y las ofrendas, él alcanzó la revelación de sus deseos y elevó MAN al nivel de *Or Jayá* y *Yejidá*. Pero después del pecado, todas sus correcciones y todo lo que antes había llenado su alma se corrompió, se mezcló y el egoísmo se apoderó del cuerpo.

Por causa de nuestro egoísmo, nos están prohibidos el diezmo y las ofrendas, a fin de evitar que deseemos la pureza Suprema. En vez de eso, estamos obligados a extraerlos y entregarlos a los *Kohanim* y *Leviim* (partes de nuestra alma). Y si observamos este Mandamiento del Creador de separar espiritualmente la décima parte de los frutos de la tierra y las ofrendas (como Él nos ordenó), surgirá en nosotros la fuerza para elevar MAN y recibir *Or Jayá* en *Shabat* (el ascenso de los mundos se llama *Shabat*) del mismo modo que Adam lo alcanzó cuando se alimentaba del diezmo y las ofrendas.

Así, una vez que el hombre recibe *Or Neshamá* al colocarse los *Tefilín*, puede elevar MAN con ayuda de las dos *Mitzvot* (diezmo y ofrendas) para recibir *Or Jayá*. Y como hemos explicado, Adam recibió *Or Jayá* alimentándose del diezmo y las ofrendas. Sin embargo, a nosotros nos está prohibido comerlos (tratar de recibir esta Luz en beneficio del Creador) por culpa del egoísmo que opera en nuestro cuerpo (deseos). En vez de ello, se nos solicita que demos el diezmo y las ofrendas a los *Kohanim* y *Leviim*. Y así obtendremos las fuerzas para recibir esta Luz.

EL DUODÉCIMO MANDAMIENTO

245. El Duodécimo Mandamiento es realizar una ofrenda con los primeros frutos del árbol, como está escrito: "Y de todo árbol, que tiene fruto que da semilla. Todo lo que es digno de Mí no lo podréis comer. Os di mi permiso y todos los diezmos y las ofrendas de los árboles. A vosotros, pero no a las generaciones venideras".

De lo anterior queda claro que, a nosotros, a las generaciones venideras, nos está prohibido utilizar como alimento los diezmos y las ofrendas. La Luz denominada "diezmo" y "ofrenda" es tan grande que nos es imposible recibirla en beneficio del Creador antes de la corrección de todos los *Kelim* (deseos) del alma de Adam. Y por ende, para no caer en el pecado como Adam, está prohibido incluso intentarlo.

Existe un Mandamiento de no recibir esta Luz que hace referencia a *Maljut de Maljut*. Y cada vez que las chispas se revelan, es suficiente con esforzarse por no recibir esa Luz, no aceptarla durante los 6 000 años. En esto precisamente consiste su corrección, hasta que, al final de la corrección, se revele la inconmensurable Luz del Creador llamada *Mashíaj* y nos dé fuerzas para recibir el diezmo y las ofrendas en beneficio del Creador.

EL DECIMOTERCER MANDAMIENTO

246. El decimotercer Mandamiento es llevar a cabo la redención del primogénito para fortalecerlo en la vida. Porque existen dos ángeles que rigen: uno gobierna la vida y otro la muerte. Y ambos gobiernan al hombre desde Arriba. Y cuando el hombre redime a su hijo, lo redime del ángel que rige la muerte, para que este ya no pueda gobernar sobre el primogénito. Por eso, está escrito: Y EL CREADOR VIO QUE TODO LO QUE HABÍA CREADO, esto es en general. Y VIO QUE TODO ERA MUY BUENO: BUENO alude al ángel de la vida y MUY alude al ángel de la muerte. Por consiguiente, con este acto de redención el ángel de la vida se fortifica y el ángel de la muerte se debilita. Y gracias a esta redención se adquiere la vida, pues la parte mala le abandona y no vuelve a aferrarse más a él.

La elevación de los mundos tuvo lugar en el sexto día de la creación: ZA se elevó al emplazamiento de AA, *Maljut* ascendió a AVI, y Adam alcanzó la Luz de *Jayá*. Como resultado, el ángel de la muerte (el egoísmo) perdió toda su fuerza. Se convirtió en lo contrario, en algo muy bueno, pues una vez corregido, el egoísmo se transforma en un *Kli* grande y sagrado, un *Kli* capaz de recibir la más grande de las Luces.

A ese estado llegaremos al final de corrección general; cuando, gracias a la revelación de esta gran Luz, la muerte (el egoísmo) desaparezca para siempre. Este es el significado del verso: "cuando el Creador vio TODO lo que había hecho (es decir, al final de toda la creación), vio que era muy bueno".

Sin embargo, tras el pecado de Adam, los mundos no logran elevarse hasta tal altura. Por esta razón, necesitamos Mandamientos especiales para realizar preparaciones y acciones especiales a fin de recibir la Luz de *Jayá*; al menos en el estado denominado *Shabat*. Precisamente esto es el Mandamiento de redimir al hijo primogénito, cuando debilitamos los poderes del ángel de la muerte y fortalecemos al ángel de la vida, algo parecido a lo que hizo el Creador con Adam con las elevaciones preliminares de todos los mundos. Porque, durante dicha elevación, denominada *Shabat*, el ángel de la muerte se convierte en algo muy bueno. Tal es la fuerza de dicho Mandamiento.

Sin embargo, este Mandamiento no se observa tan exhaustivamente como antaño, cuando el ángel de la muerte perdió toda su fuerza. Ahora, al observar el Mandamiento de la redención del primogénito, tan solo alejamos de nosotros al ángel de la muerte, no destruimos las fuerzas impuras. No obstante, estas ya no se acercan más al primogénito. Y una vez que, gracias a este Mandamiento, hemos evitado que las fuerzas impuras se aferren a él, este podrá recibir la vida, es decir, Luz de *Jayá* del estado de *Shabat*.

EL DECIMOCUARTO MANDAMIENTO

247. El decimocuarto Mandamiento es observar *Shabat*, el día en que se descansa de todas las acciones de la creación. Y aquí encontramos dos Mandamientos: observar el día de *Shabat* y engalanar su santidad, es decir, recibir *Or Jojmá*, llamada "santidad"; y observar *Shabat* como una jornada de descanso para todos los mundos, en el que todas las acciones se multiplican y realizan incluso antes de que este día sea santificado.

Shabat es un estado de los mundos espirituales en el que la Luz desciende desde Arriba. Gracias a dicha Luz, ZA se eleva a AA, *Nukva* a AVI, los mundos de BYA a YESHSUT y ZON del mundo de *Atzilut*. Como resultado, el *NaRaN* del hombre (de aquel que lo tenga, en otras palabras, de aquel que se encuentra espiritualmente en los mundos de BYA) también asciende a *Atzilut* junto con los mundos de BYA, y allí recibe Luz de *Jayá*.

```
              Átik
        ZA  -  AA
        M   -  AVI
        BYA -  YESHSUT + ZON
        ──────────────────── Parsá del Mundo de Atzilut
```

De lo anterior resulta que hay dos Mandamientos: no realizar ningún trabajo y no portar cosas de un hogar a otro. La razón para ello es que cuando todos los mundos se liberan por completo de las fuerzas impuras, debemos velar para que las fuerzas impuras no regresen y se mezclen con la santidad de *Shabat*. Y todo aquel que realiza un trabajo provoca que las fuerzas impuras vuelvan a mezclarse con las puras.

El segundo Mandamiento es engalanar la jornada de *Shabat*: a través de los placeres en *Shabat* (la elevación de los mundos de ABYA) el hombre (que con sus deseos espirituales se encuentra en los mundos de BYA) recibe la Luz del mundo de *Atzilut* desde Arriba. Esta Luz de *Atzilut* se denomina "santidad" (*Jojmá*) y el hombre se santifica a través de ella.

Toda purificación y corrección tiene lugar exclusivamente en el trabajo y la lucha contra las fuerzas impuras que nos impiden acercarnos y unirnos con el Creador en atributos. Es precisamente en la batalla contra las fuerzas impuras donde extraemos las chispas de Luz que fueron engullidas por dichas fuerzas impuras. Y cada chispa de Luz que se extrae de las fuerzas impuras, así como su ascenso al mundo de *Atzilut*, se define como trabajo independiente e individual.

Al principio, fue el Creador quien seleccionó y extrajo estas chispas de las fuerzas impuras. Así está descrito en Sus acciones durante los seis días de la creación. Pero cuando finalizaron todas las extracciones de chispas de Luz, el trabajo se dio por concluido, y llega el estado corregido denominado *Shabat*. Y ese es el día de descanso, pues no hay nada más que corregir.

Por lo tanto, la jornada de *Shabat* (el estado donde la Luz brilla en los mundos) es cuando cesa todo trabajo de corrección en los mundos. Pues durante cada *Shabat* (el estado de ascenso en los mundos espirituales al nivel en que toda fuerza impura está corregida) regresa el mismo estado de perfección que existió en la primera *Shabat* de la creación, un estado de descanso en todos los mundos de ABYA. Y es entonces cuando todas las fuerzas impuras quedan aisladas y se alejan a su lugar (*Tehom Rabá*: el gran abismo), y todos los mundos ascienden al mundo de *Atzilut*, algo que se define como la unidad perfecta. Y nosotros recibiremos esta santidad, la Luz del mundo de *Atzilut*; ella desciende sobre nosotros cuando observamos los dos Mandamientos: RECUERDA Y OBSERVA EL DÍA DE *SHABAT*.

248. Debido a que ese día fue santificado, hubo que crear los espíritus incorpóreos. Pregunta: "¿El Creador fue incapaz de demorar la santificación de ese día hasta haber creado los cuerpos para esos espíritus?". Y responde: "El Árbol del Conocimiento del Bien y del Mal contenía un lado maligno que pedía gobernar el mundo. Y muchos espíritus se separaron y avanzaron, armados, para revestirse de los cuerpos de este mundo".

Dado que ese día fue santificado, hubo que crear espíritus cuyos cuerpos aún no habían sido creados. Esto significa que el día fue santificado antes de que el Creador hubiera tenido tiempo de crear cuerpos para esos espíritus. Y acerca de esto está escrito en la primera *Shabat* de la creación: LOS CUALES EL CREADOR CREÓ PARA HACER, PUESTO QUE EN ELLA FUERON RELEGADOS TODOS LOS TRABAJOS QUE EL CREADOR CREÓ PARA SER HECHOS.

Este pasaje de la *Torá* es un tanto oscuro: si el Creador finalizó todos Sus trabajos de forma completa, entonces no nos dejó nada PARA HACER. Fue Él Mismo quien completó todo. Pero lo cierto es que el Creador clasificó las chispas de Luz y separó las fuerzas puras de las impuras precisamente para que nosotros tuviéramos la oportunidad PARA HACER, es decir, para que pudiéramos completar este trabajo realizando un esfuerzo personal con la observancia de la *Torá* y los Mandamientos.

Y el descanso aquí mencionado alude exclusivamente a lo que el Propio Creador tenía que realizar. De ahí que la *Torá* diga que el Creador completó Su trabajo, pues Él había llevado a cabo todas las preparaciones para nosotros, y de Él no se requería nada más. Es así porque todo lo demás: EL CREADOR CREÓ PARA HACER, para que nosotros lo hagamos. Y esto nos da la posibilidad de HACER y completar la creación.

Por eso, está escrito que el Creador no tuvo tiempo de crear cuerpos para los espíritus antes de la llegada de *Shabat*. Dichos espíritus sin cuerpo constituyen todas nuestras fuerzas impuras así como otras fuerzas que causan daño y empujan al hombre a transgredir. Pero el Creador los dejó así deliberadamente ya que, precisamente porque se encuentran presentes en nosotros, tenemos libre albedrío en el trabajo con la *Torá* y los Mandamientos.

A consecuencia del pecado de Adam en *Maljut*, denominada "El Árbol del Conocimiento del Bien y del Mal", las fuerzas puras e impuras se mezclaron. Por otro lado, las fuerzas impuras anhelaban dominar a las fuerzas del bien en el mundo, para no permitir que las fuerzas del bien prevalecieran sobre ellas. De modo que un número de espíritus armados avanzaron con intención de atacar a los cuerpos, capturarlos, y revestirse de ellos.

En *Maljut* se unieron dos puntos: uno se corrigió al recibir las cualidades de *Biná*, la misericordia, y el otro es la rigurosidad en el juicio, consecuencia de las restricciones dentro de la propia *Maljut*. Cuando *Maljut* está en unión con las fuerzas puras, su cualidad de restricción queda oculta, y se revela el punto de misericordia (punto 123). Y es entonces cuando se dice que el hombre solo merece bondad. Sin embargo, cuando el hombre comete un pecado, perjudica al punto bueno y con ello revela el punto de restricción en *Maljut*. Y entonces, se revelan las fuerzas que desean damnificar, destruir lo corregido y dominar al hombre. Y ese es el mal.

No obstante, si merece que se revele y domine el punto de misericordia, podrá elevar *Maljut* a *Biná*. Y a consecuencia de ello, descenderán la Misericordia Superior y la Luz Superior. Pero si no lo merece y se revela el punto de restricción en *Maljut*, no solo estará dañando a *Maljut*, sino que también dañará el punto de *Biná* que se ha unido con *Maljut*. Así, este punto pasa de bueno a malo, de la misericordia al juicio, porque se revela la restricción en la propia *Maljut*. Y cada una de las cualidades reveladas domina.

Tal es la razón por la que, tras el pecado de Adam, se reveló el punto del juicio en *Maljut*. Con ello, Adam también dañó el punto (la cualidad) de *Biná* que se había unido con *Maljut*. Él pasó de la misericordia a la rigurosidad, al juicio. Sin embargo, la corrección de *Maljut* únicamente es posible con ayuda de dicho punto, que también se denomina "bondad". Y cuando este punto de *Biná* se revela dentro de *Maljut*, esta también es llamada "bondad", "el bien".

Pero ahora que el punto de *Biná* en *Maljut* ha quedado dañado y ha pasado del bien al mal, la fuerza impura llega a la conclusión de que ha llegado el momento de dominar el mundo y revestirse de cuerpos humanos, es decir, Adam y sus hijos (*Partzufim* espirituales). En otras palabras, el cuerpo (deseos) de la fuerza impura hereda la ubicación del cuerpo de Adam. Y en este caso, la corrección de *Maljut* a partir del punto bueno se vuelve imposible, pues la benevolencia ya no llega a *Maljut* desde *Biná*, y esta cualidad se convierte en maldad, rigurosidad y juicio; y todo ello a raíz de la restricción de la recepción en *Maljut*.

Numerosas fuerzas impuras armadas (fuerzas de destrucción) procedieron a atacar a fin de revestirse de cuerpos humanos (deseos) en este mundo y gobernar sobre él. La fuerza impura pensó que nada podría proteger y preservar a las fuerzas puras de ella. Pensó que ellas no tenían quien las defendiera por culpa del daño que Adam y su pecado causaron al sistema de gobernanza y al punto de misericordia en *Maljut*.

249. Sin embargo, cuando el Creador vio aquello, levantó el viento desde el Árbol de la Vida, ZA, y con él golpeó al otro Árbol, *Maljut*. Y el otro, el lado bueno, fue despertado y el día quedó santificado. Porque la creación de los cuerpos y el despertar de los espíritus en la noche de *Shabat* tiene su origen en el lado bueno, no en el malo.

Puesto que el Creador vio cómo se fortalecían las fuerzas del juicio y las fuerzas impuras –su capacidad para revestirse de cuerpos en este mundo, algo que acabaría con la posibilidad de corregir el mundo en el futuro– Él hizo que se levantara el viento de la vida desde el Árbol de la Vida, y con él golpeó al otro Árbol. Y se llevó a cabo un *Zivug* en el otro Árbol, *Maljut*. Gracias a dicho *Zivug*, el Árbol de la Vida transmitió el espíritu de la vida al otro Árbol, *Maljut*, permitiendo así que esta se separe de las fuerzas impuras.

En consecuencia, el lado bueno volvió a aparecer en *Maljut*, como antes del pecado de Adam. Y la santidad de *Shabat* descendió al mundo. Es decir: aunque las fuerzas impuras tenían la pujanza para revestirse de cuerpos y se mostraron más poderosas que las fuerzas puras –y, además, de acuerdo a la ley, se suponía que debían prevalecer– el Creador intervino en este momento pasando por alto la destrucción causada por el pecado de Adam.

Por consiguiente, ZON (el Árbol de la Vida y el Árbol del Conocimiento del Bien) se unieron en un *Zivug*, como antes del pecado de Adam, y la Luz de santidad de *Shabat* descendió al mundo. Fue esta acción del Creador lo que propició que *Shabat* (la Luz de *Shabat*) descendiera al mundo y que las fuerzas impuras perdieran la oportunidad de revestirse de cuerpos humanos. La fuerza impura quedó como un espíritu sin cuerpo y entonces el hombre alcanzó la posibilidad de acercarse al Creador (mediante sus cualidades). Esto es lo que denominamos "su regreso" (*Teshuvá*).

La creación de los cuerpos y el despertar de los espíritus en la noche de *Shabat* tienen su origen en el lado bueno, no en el lado de las fuerzas impuras; porque la acción del Creador permanece eternamente en la creación. Como durante la primera *Shabat* de la creación, cuando el Creador pasó por alto el perjuicio del pecado de Adam e hizo que ZON realizaran un *Zivug*. Y el día fue santificado como antes del pecado, pues Él destruyó todo el poder de las fuerzas impuras aun cuando estas contaban con fuerza para gobernar.

Esto mismo es válido para todas las *Shabatot* (plural de *Shabat*) –las elevaciones espirituales para aquellos que existen en los mundos de BYA– a lo largo de los 6 000 años. Aunque el hombre aún esté lleno de impureza, porque todavía no ha corregido los pecados del Árbol del Conocimiento, cuando realiza un *Zivug* (de la Luz con una pantalla) en la noche de *Shabat* (en un estado espiritual de ese nombre), las fuerzas impuras (del hombre) no tienen ningún poder sobre él (sobre sus deseos altruistas). En este *Zivug* el hombre adopta el cuerpo y el espíritu de un recién nacido, como si hubiera quedado indemne del pecado de Adam, como si él mismo hubiera corregido el Árbol del Conocimiento.

Y a pesar de que el hombre no era todavía merecedor de liberarse de su egoísmo, esa noche, las fuerzas impuras no tuvieron poder sobre él. De ese modo, él pudo recibir los cuerpos y espíritus en su *Zivug* desde el lado del Árbol del Bien, y no desde las fuerzas impuras.

250. Y si él se hubiera apresurado en esa noche para que el otro lado se adelantara antes de que el lado bueno avanzara, no hubiera sido capaz de resistir ni siquiera un instante. Pero el Creador proporcionó el remedio de antemano. Y Él santificó el día por anticipado y determinó que el otro lado apareciera antes. Y el mundo existe. Y el lado opuesto pensó gobernar el mundo, pero, en claro desafío a él, esa noche fue creado y fortalecido el lado bueno. Y los cuerpos y espíritus buenos, sagrados, fueron creados en esa noche desde el lado bueno. De ahí que el placer de los sabios, que saben esto, se extienda de *Shabat* a *Shabat*.

251. Y cuando el otro lado, el lado impuro, vio que lo que él había planeado hacer ya había sido consumado por el lado sagrado, empezó a comprobar sus propias fuerzas y cualidades, y vio a todos aquellos que realizan un *Zivug* desnudos a la luz de una vela. Por consiguiente, los hijos nacidos de ese *Zivug* están esclavizados por el espíritu del otro lado. Y estos espíritus desnudos de los pecadores son denominados "dañinos", y Lilit domina en ellos y los aniquila.

252. Y así el día fue santificado y la santidad impera en el mundo, el otro lado merma, y se esconde cada día de *Shabat* y cada noche de *Shabat*. A excepción de Asimón y su grupo, que caminan secretamente a la luz de una vela para contemplar el *Zivug* desnudo. Y luego se esconden dentro de la cueva llamada *Tehom Rabá* (el gran abismo). Y en cuanto termina *Shabat*, cuantiosos ejércitos vuelan y acechan por el mundo. En consecuencia, todo queda corregido por la canción de los sufrientes, "El que mora en ocultamiento", para impedir que la impureza domine la santidad.

Según la ley, era la fuerza impura quien tenía que dominar el mundo, pues era más fuerte que la pura e iba a revestirse de cuerpos. Pero en ese caso, la Tierra habría caído en manos de los pecadores; y todas las generaciones del mundo a las que el hombre hubiera dado origen, habrían surgido del lado de las fuerzas impuras. No habría existido posibilidad alguna de corrección: la impureza es lo que habría dominado el mundo a lo largo de las generaciones, hasta tal punto que nunca hubiera existido ocasión de asir el lado bueno.

Pero el Creador procuró un remedio -anticipándose de ese modo al defecto- pues Él elevó *Shabat* y extrajo las fuerzas impuras, y ello propició que la Luz de la paz y el descanso se revelara en todos los mundos. Y todas las fuerzas impuras fueron arrojadas al *Tehom Rabá* (el gran abismo). En consecuencia, el mundo fue avivado porque esto posibilita la creación de cuerpos y espíritus desde el lado puro en un *Zivug* en la noche de *Shabat*; y el mundo avanza hacia el propósito deseado.

Entonces, ¿qué significa anticiparse al defecto a través del remedio? Toda la creación fue elaborada mediante una secuencia de causa y efecto. Y todo lo que sucede sin seguir el orden para el desarrollo de los mundos, se denomina "anticipación" (saltar varios grados pasando por encima de algunas de las causas y efectos en esta cadena).

La santidad de *Shabat* llegó como un despertar desde Arriba, del deseo del Creador, sin un ápice de deseo o súplica desde abajo: Adam aún tenía que realizar correcciones y acercarse al Creador para merecer *Shabat* (cuando el Creador se anticipó al defecto proporcionando un remedio para la corrección del mundo). Por ello, esta acción del Creador es llamada "anticipación".

Y del mismo modo que el lado impuro planeó hacerse con el poder sobre el mundo, el lado bueno realizó sus acciones en esa noche. Porque la noche que siguió al pecado en el Árbol del Conocimiento fue enteramente entregada a las fuerzas impuras. Por tal razón, ellas pensaron que sin duda podrían gobernar el mundo. Pero sucedió justo lo contrario: la santidad tomó el lugar de las fuerzas impuras y aquella noche fueron creados, a partir del lado bueno, cuerpos y espíritus puros. Esto se debe a que tuvo lugar tal preparación, que todos los *Zivuguim* durante aquella noche engendraron cuerpos y espíritus procedentes del lado bueno, sin que hubiera participación de la fuerza impura. Es decir, el resultado fue justo lo contrario de lo que la fuerza impura había anhelado.

Por eso, el tiempo de los sabios que conocen esto se extiende de *Shabat* a *Shabat*, pues en ese momento, los cuerpos y espíritus se crean a partir del lado puro y bueno. Y cuando la fuerza impura comprueba que todo lo que ella quería crear fue creado por el lado opuesto, hace acopio de sus malvadas fuerzas, busca por todo el mundo y contemplan a todos aquellos que realizan un *Zivug* a la luz de una vela, exponiendo sus cuerpos desnudos. Y de este *Zivug* nacen hijos enfermos. El lado impuro envía a estos hijos sus malos espíritus, los espíritus de los pecadores, denominados "demoledores". Y a consecuencia de todo esto, Lilit gobierna sobre ellos y los extermina. Las vestiduras hacen referencia a *Or Jasadim*, las vestiduras de *Ima*, la intención de "deleitar al Creador".

Cuando la santidad de *Shabat* llega al mundo e impera en él, la fuerza impura atenúa su poder y se esconde durante la noche y el día de *Shabat*. Y, por lo tanto, este es el tiempo de los sabios.

Y solo los demoledores, llamados "Asimón y todo su grupo", caminan secretamente a la luz de una vela para observar a aquellos que desnudan su *Zivug*. Posteriormente, se ocultan en la *Nukva* de *Tehom Rabá*. Por eso, aunque Asimón tenga la facultad de ver el *Zivug* a la luz de una vela y en *Shabat*, no solo no puede causar daño en *Shabat*, sino que además debe regresar inmediatamente a la *Nukva* de *Tehom Rabá*. Y solamente cuando termina *Shabat* puede volver a causar daño.

En este punto Rabí Shimon sintió la dificultad de explicar las palabras en relación a que *Shabat* sea el tiempo de los sabios. Porque cada día (no solo durante la noche de *Shabat*), a partir de la medianoche, el Creador camina por el Jardín del Edén y realiza *Zivuguim* con los sabios. *El Zóhar* plantea la misma pregunta (*Veyikahel*, punto 194) y responde que hay una diferencia entre un *Zivug* en una noche entresemana y un *Zivug* a la luz de una vela en la noche de *Shabat*. Durante los días de la semana, la fuerza impura tiene la capacidad de infectar a los recién nacidos y Lilit puede matarlos.

Pero en las noches de *Shabat*, a pesar de que el demoledor Asimón y su grupo están presentes, no tienen la facultad de causar daño; únicamente pueden cuando *Shabat* termina. Sin embargo, frente a esta posibilidad de causar daño después de *Shabat*, existe una corrección denominada *Havdalá*: la separación de *Shabat* de los días de la semana mediante una bendición, una oración y una copa de vino que anulan completamente todas las fuerzas de este demoledor. Por lo tanto, la diferencia entre un *Zivug* en una noche de la semana y un *Zivug* en una noche de *Shabat* es significativa.

Lo cierto es que existe una fuente de Luz, ZA, la Unidad Superior, y una fuente de fuego, *Maljut*, la unidad inferior (véase el punto 209). Asimismo, hay tres detalles en la llama de la vela (esto hace alusión a una vela espiritual, designada en lo corpóreo por una mecha flotando sobre aceite de oliva):

- Llama blanca Superior;
- Llama inferior;
- La parte gruesa: la mecha y el aceite, que sostienen a la llama inferior.

Dicha llama inferior es denominada "llama devoradora". Puesto que equivale a la rigurosidad, el poder de restricción en la vela. Y devora todo lo que hay debajo de ella: la mecha y el aceite. La llama blanca Superior representa la misericordia contenida en la vela, pues el blanco significa misericordia.

Y el que realiza un *Zivug* a la luz de la vela verá a sus hijos lastimados y Lilit podrá matarlos: la vela contiene la severidad del juicio, por lo que las fuerzas impuras pueden adherirse a dicho *Zivug*. A raíz de la severidad del juicio, se revelan sus cuerpos; es decir, las impurezas que contienen los cuerpos, los cuales participan en un *Zivug* y cada uno encuentra lo que se adapta a ellos.

Por consiguiente, solo se permite un *Zivug* a medianoche, es decir, solo en la oscuridad, cuando no hay Luz en absoluto, cuando sobre *Maljut* se dice que SE DESPIERTA EN LA NOCHE, y se revela la misericordia. Sin embargo, si hubiera algo de luz de una vela, se revelaría la impureza en los cuerpos y la fuerza impura se aferraría a ellos.

A la luz de una vela, la fuerza impura ve la impureza en los cuerpos que realizan un *Zivug*, y los delata y se aferra a sus cuerpos. Sin embargo, todas las restricciones de rigurosidad y juicio desaparecen en la noche de *Shabat*, y la gruesa llama inferior se vuelve como la llama blanca Superior. Esto significa que incluso la luz de una vela está permitida. Es más, todas las impurezas del cuerpo del hombre desaparecen bajo la influencia de la santidad de *Shabat*, por lo que el miedo a revelar el cuerpo a la luz de una vela desaparece.

No obstante, incluso en *Shabat*, cuando la gruesa llama se vuelve blanca y la rigurosidad de las restricciones desaparece, la llama blanca de la vela sigue requiriendo de la parte gruesa de la luz como base. Y esta base gruesa indica la indispensable presencia de la rigurosidad y la restricción, pues el grosor constituye la restricción.

Sin embargo, estas restricciones no se manifiestan en *Shabat*. Esto puede compararse a una moneda sin ninguna imagen grabada, sin acuñar, teniendo de ese modo un valor desconocido. En consecuencia, este demoledor que representa la parte gruesa de la vela que sostiene la llama blanca, es denominado Asimón ("ficha" en hebreo), simbolizando una moneda sin imagen grabada.

La parte gruesa de la vela asciende secretamente junto con la Luz blanca de la vela puesto que la vela no puede arder sin ella. Así, esta parte gruesa contempla el *Zivug* revelado y, en consecuencia, puede dañar una vez que acaba *Shabat*. A pesar de que la revelación (desnudamiento) de los cuerpos no causa daño durante la noche de *Shabat* (la impureza del cuerpo permanece oculta durante *Shabat*), en cuanto termina *Shabat*, la fuerza impura puede revelarse y damnificar.

Una vez que termina *Shabat*, Asimón y su grupo regresan a su forma (a sus cualidades) y ascienden desde el Gran Abismo (*Tehom Rabá*) al lugar de asentamiento, surcan los cielos del mundo y pueden causar daño. Por eso existe una canción: "El que se sienta a la sombra del Superior", porque el hombre se pone a salvo de las fuerzas dañinas con ayuda de la plegaria y su regreso al Creador:

"El que se sienta a la sombra del Superior (mora al abrigo del Altísimo) mora a la sombra del Todopoderoso. Yo diré al Señor: 'Tú eres mi refugio y mi fortaleza, mi Dios, en quien confío'. Solo Él te salvará de la trampa del cazador de aves y de mortíferas plagas. Él te cubrirá con Sus plumas y bajo Sus alas hallarás refugio; Su lealtad será tu coraza y muralla. No temerás al terror de la noche, ni a las flechas que vuelan de día, ni a la peste que acecha en la oscuridad, ni a la plaga que arrasa a mediodía. Podrán caer mil a tu izquierda, diez mil a tu derecha, pero no se acercarán a ti. No tendrás más que abrir bien los ojos para ver el castigo a los malvados..." (*Tehilim*, 91:1-8).

253. ¿Qué lugares visitan en la noche al final de *Shabat*? Cuando aparecen aprisa y anhelan gobernar sobre la nación sagrada, lo ven de pie rezando y cantando esta canción: "El que se sienta a la sombra (ocultamiento) del Superior", primero separando *Shabat* de los días de la semana en su plegaria, y luego sobre una copa de vino, estas fuerzas huyen de allí y vuelan hacia el desierto. Que el Misericordioso nos guarde de ellas y del lado malo.

Aquí, la pregunta solamente atañe a la noche del final de *Shabat*, no a las noches de los días de semana, porque la noche del final de *Shabat* todavía posee cierta fuerza de la santidad de *Shabat*. Por lo tanto, aunque las fuerzas impuras salen desde *Tehom Rabá* y vuelan para conquistar Israel, cuando estas ven las acciones de Israel en la canción de la plegaria y en la bendición de la copa de vino, huyen volando al desierto, a un lugar deshabitado. Y de ese modo la gente se libra de ellas.

En consecuencia, las fuerzas impuras residen en tres lugares:
- En *Shabat*, habitan en *Nukva* de *Tehom Rabá* y carecen de poder alguno para causar daño.
- Cuando *Shabat* termina –con ayuda de la plegaria (*Havdalá*), la separación de *Shabat* de los días de la semana y la bendición de la copa de vino–

ellas permanecen en el desierto, lugar donde no hay hombre alguno. Ellas poseen la facultad de causar daño, pero se encuentran en un lugar deshabitado;

- Durante las otras noches de la semana, también se encuentran en lugares habitados.

254. Los tres que se causan mal a sí mismos son: a) el que se maldice a sí mismo; b) el que tira pan o migas de pan mayores que una aceituna; c) el que enciende la vela al final de *Shabat* antes de que Israel alcance la santidad en la oración "Y Tú eres sagrado". Y esa llama de la vela enciende el fuego del infierno.

255. En el infierno hay un lugar para aquellos que transgreden *Shabat*. Y mientras reciben castigo en el infierno, ellos maldicen al que encendió la vela antes de tiempo y le dicen: "He aquí: el Creador te arrojará con fuerza, y te asirá firmemente. Te enrollará y arrojará violentamente como a una esfera a una vasta tierra; y allí morirás" (*Yeshayahu*, 22:17-18).

Un demoledor recibe el nombre de "mal de ojo". Y le gustan las maldiciones, como está escrito: "También amaba la maldición, y esta vino sobre él; no deseaba la bendición, y ella se alejó de él" (*Tehilim*, 109:17). Cuando el hombre se maldice a sí mismo, con ello promueve que el mal de ojo se deleite maldiciendo y que gobierne sobre él. De ese modo el hombre se perjudica a sí mismo.

No hay nada en este mundo que no tenga una Raíz Superior Arriba. Y especialmente el pan –del cual depende la vida del hombre– tiene su propia raíz Arriba. Por consiguiente, aquel que no presta atención a su pan está dañando la raíz de su vida que se encuentra Arriba. Cualquiera puede entender esto, pero en la medida de la porción que le sacie, que le dé vida.

Sin embargo, si el trozo de pan o las migas son más pequeñas que una aceituna, hay quienes no tienen cuidado de ellas y las tiran, pues dicha cantidad no puede saciar al hombre. No obstante, los sabios nos enseñaron a bendecir como comida incluso un trozo de pan del tamaño de una aceituna y, por lo tanto, debemos considerar dicha porción como capaz de saciarnos. De modo que no podemos ser negligentes con tal cantidad. Y el que la descuide se estará provocando un daño a sí mismo.

La razón de esto viene explicada en *El Talmud*: "Le preguntaron al Creador: 'Amo del mundo, se dice en Tu *Torá* que uno no debe girar su rostro y aceptar sobornos. Tú, sin embargo, giras Tu rostro hacia Israel...'. El Creador respondió: 'Cómo no voy a girar Mi rostro hacia Israel si ellos observan la ley 'hasta el tamaño de una aceituna...'" (*Brajot*, 20:2). Dicho de otro modo: al aceptar una miga de pan del tamaño de una aceituna como alimento que sacia, nos volvemos merecedores de revelar el rostro del Creador, aunque no seamos dignos de ello. Por eso, aquellos que descuidan una cantidad de pan del tamaño de una aceituna y que no lo consideran como comida que pueda saciarlos, no ameritan revelar el rostro del Creador. Y por ende, se causan un daño a sí mismos.

El que enciende una vela al final de *Shabat*, antes de que Israel haya alcanzado la santidad en la bendición, provoca con esto que el fuego del infierno se encienda. Porque antes de este momento es *Shabat*; su santidad prevalece, por lo que el fuego del infierno no puede dominar en *Shabat*. De ahí que aquel que transgreda *Shabat* y encienda una vela antes de tiempo, enciende el fuego del infierno prematuramente y se perjudica a sí mismo, pues la transgresión de *Shabat* es la más grave. Y, por lo tanto, hay un lugar especial en el infierno para aquellos que transgreden *Shabat*. Y todos los que reciben su castigo en el infierno maldicen al pecador por hacer que el fuego del infierno se prenda prematuramente.

256. Y no debe encender la vela al final de *Shabat* antes de que Israel separe *Shabat* de los días de semana en su oración y sobre una copa de vino, porque, hasta ese momento, todavía es *Shabat*, y la santidad de *Shabat* aún impera sobre nosotros. Y durante la separación mediante la bendición sobre una copa, todas estas fuerzas y ejércitos que los regidores designaron en los días de semana, regresan cada uno a su lugar para continuar el trabajo que les fue asignado.

La prohibición más importante continúa vigente solo hasta la bendición en la oración. No obstante, uno debe tener cuidado y no encender una vela antes de la separación de *Shabat* de los días de la semana durante las bendiciones sobre la copa, dado que hasta ese momento aún es *Shabat*. Aunque, por supuesto, uno puede encender una vela para la separación de *Shabat* de los días de la semana, es decir, para la bendición sobre una vela encendida.

257. En cuanto comienza *Shabat* y este día es santificado, la santidad despierta y rige el mundo; el poder de los días de la semana desaparece y solamente regresa cuando termina *Shabat*. Sin embargo, aunque *Shabat* termine, las otras fuerzas no recuperan su poder hasta el momento en que Israel dice la bendición: "El que separa la santidad de los días de semana". Es entonces cuando la santidad desaparece, y los ejércitos que gobiernan los días entresemana despiertan y regresan a sus lugares, cada uno al puesto que le fue designado desde Arriba.

258. Sin embargo, a pesar de ello, las fuerzas impuras gobiernan hasta que se enciende la llama de una vela, pues todas ellas proceden de la raíz (base) de fuego, desde la que todo se origina, y descienden para gobernar el mundo inferior. Eso es lo que sucede si uno enciende la vela antes de que Israel haya terminado la bendición en la oración.

Maljut es denominada "la columna de la Luz" (punto 209) y las fuerzas que existen en la Luz de la vela son las restricciones en *Maljut*. Es imposible actuar con esas fuerzas antes de que la vela sea encendida.

259. Sin embargo, si él espera hasta completar la bendición en la plegaria, los pecadores en el infierno justifican el juicio del Creador sobre ellos, y atraen sobre aquel hombre todas las bendiciones, recitadas por la congregación: "Por lo tanto, el Creador te concede el rocío divino", "Serás bendecido en tu ciudad", y "Serás bendecido en el campo", etc.

Al recitar las bendiciones, originamos el descenso de la gran Luz y su poder que nos salva del infierno. Los pecadores en el infierno, al contemplar esto, lamentan haber transgredido. Y mediante la contemplación de su castigo, justifican el juicio que el Creador infligió sobre ellos. Y dado que es el hombre quien causa esa justificación del juicio del Creador, se cumplen en él todas las bendiciones recitadas al final de *Shabat* por la congregación de aquellos de rezan.

260. "El Creador bendice a aquel que piensa en el pobre; Él lo pondrá a salvo en el día del desastre" (*Tehilim*, 41:2). ¿Qué significan las palabras "en el día del desastre"? Se refiere al día en que el mal domine y quiera arrebatarle su alma. La palabra "pobre" hace alusión a alguien muy enfermo. "Aquel que piensa" se refiere al que se da cuenta de la necesidad de curarse de las transgresiones ante el Creador. Otra explicación es que este día se trata del Día del Juicio en el mundo. "Aquel que piensa" significa el que entiende cómo salvarse de él, como está escrito: "Él lo pondrá a salvo en el día del desastre", es decir, el día en que el juicio contra el hombre domine el mundo, el Creador lo salvará.

"El día del desastre" indica un estado en el que las fuerzas impuras, denominadas "mal", gobiernan al hombre y le arrebatan su alma. "El que piensa en el pobre" es aquel que le dice al enfermo que regrese al Creador para corregirse. Y es a él a quien el Creador salvará del dominio de las fuerzas impuras.

El Zóhar prosigue diciendo que hay tres fuentes del mal para el alma de un hombre que lo atrae sobre sí. Por lo tanto, aconseja a los que piensan en el pobre y son compasivos con él que apelen al corazón del hombre enfermo (aquel que se siente enfermo en su propio mal, su egoísmo) para regresar al Creador. Entonces el Creador lo curará. Y en ese día del desastre –que el hombre causó a su alma– el Creador lo salvará como recompensa.

Incluso si el juicio domina el mundo el Creador lo salvará, pues él instruyó al enfermo para que regresara al Creador explicándole lo necesaria que es la corrección. Y la diferencia en las explicaciones radica en que la primera se refiere a un individuo que descubre el mal dentro de sí, mientras que la segunda se refiere al mal del mundo entero. Y en este caso, el Creador también salvará al hombre con una recompensa por el cumplimiento de este Mandamiento.

La intección en la plegaria

Está escrito en *El Zóhar (Veyikahel,* págs. 32-52): "Cada día, una voz llama a todas las personas en el mundo: 'Esto depende de vosotros. Separa una parte de ti mismo y dedícala al Creador'". A toda persona le llegan, en algún momento en la vida, pensamientos y deseos de acercarse a la espiritualidad, y de nosotros depende poder prestar oído a esa voz que llama desde dentro. La voz persuade al hombre de que, al dejar a un lado sus deseos innecesarios –fugaces y terrenales– y abandonando su sempiterna persecución para apaciguarlos, alcanzará la felicidad verdadera y eterna.

Esto nos ayuda a entender el significado secreto de la oración: aquel que teme al Creador y encauza su corazón y deseo en su oración, lleva a cabo grandes y elevadas correcciones. Si uno desea entrar en el mundo espiritual y sentir al Creador, lo único que debe hacer es orar: pedir al Creador que corrija su naturaleza, para pasar de la naturaleza de nuestro mundo (egoísta) a la naturaleza del mundo espiritual (altruista). Acto seguido, entrará en la eternidad transcendiendo los límites de nuestro mundo. Al estar totalmente esclavizado por su egoísmo, el hombre es incapaz de cambiarse a sí mismo por su cuenta.

Para corregirse, el hombre necesita recibir la fuerza que existe fuera de él, más allá de los límites de su egoísmo. Y para recibir dicha fuerza, el hombre debe pedir: de modo que lo único que tiene que hacer el hombre es rezar.

La oración es un deseo en el corazón y no lo que pronuncia la boca. El Creador lee los deseos que alberga nuestro corazón. Por lo tanto, la única tarea del hombre consiste en transformar los deseos de su corazón para que este desee modificar los deseos albergados en él. Pero ni siquiera esto puede hacerlo por sí mismo: debe pedírselo al Creador.

Así, todo se reduce a una labor de ensalzamiento de las reglas del Creador, la fe en Él, en Su singularidad, Su poder, Su capacidad y deseo de ayudar. Todos los esfuerzos del hombre tienen por objeto crear un deseo único y verdadero dentro de él: *sentir al Creador.* En ese sentido, tanto *El Zóhar* como todos los demás libros de Cabalá y la *Torá*, hablan de quienes ya han alcanzado los mundos espirituales con sus deseos y atributos; y mientras están en este mundo, perciben y existen en los dos mundos al mismo tiempo. La oración a la que aquí se refiere el libro, está constituida por las acciones espirituales de quien ya ha adquirido instrumentos espirituales, y puede utilizarlos de la misma forma que usamos nuestras manos u otros medios auxiliares en nuestro mundo.

En primer lugar, en las canciones e himnos de los ángeles Superiores –y siempre según el orden de los cantos interpretados por los hijos de Israel en el nivel inferior– *Maljut* se adorna y corrige a sí misma como la esposa se embellece para su esposo. Los hijos de Israel son los que desean llegar a ser *Yashar* (recto, directo) y *El* (Creador), es decir, "acercarse, ir directamente al Creador". Estas personas, que existen en los Mundos Superiores con sus instrumentos (deseos) espirituales (altruistas), pueden cambiar los estados de las *Sefirot* y los Mundos Superiores por medio de sus acciones espirituales.

Nuestro libro de oraciones fue compilado por los sabios de la Gran Asamblea hace veinte siglos. Anteriormente, todo el mundo se dirigía al Creador de acuerdo a lo que la persona (hombre o mujer) sentía. Pero hace aproximadamente veinte siglos, comenzaron a descender a nuestro mundo almas más densas que precisaban de rezos ordenados. De modo que los miembros de la Gran Asamblea (grandes cabalistas) crearon el libro de oraciones que aún hoy utilizamos.

De forma ordenada, el libro de rezos presenta los consecutivos grados en la corrección del hombre. Tras las palabras del libro de rezos, alguien con entendimiento ve las acciones espirituales que necesita llevar a cabo. Esta información se transmite mediante letras (sus formas y combinaciones) así como en la secuencia de frases y partes de toda la plegaria.

De acuerdo al orden del rezo, lo primero es la corrección de los mundos con las bendiciones de la mañana (Véase *Tefilat Kol Pe, Nusaj Sfarad*) hasta la oración *Shmone Esré*, la corrección en posición sentada. Luego, cuando se llega a las palabras *Emet ve Yatziv*, que cierran *Kriyat Shemá*, todos los mundos alcanzan la corrección. Y cuando se llega a las palabras *Gaal Israel*, todas las correcciones deben tomar posiciones. Y por ello, siguen recitando de pie la oración *Shmone Esré*.

En la espiritualidad (y por consiguiente, en la corporalidad) una persona puede estar en uno de tres estados: recostado, sentado o de pie. Tanto los bebés recién nacidos en nuestro mundo como los espiritualmente recién nacidos, se desarrollan de este modo:

Recostado quiere decir que la posición de cabeza, piernas y cuerpo o están en el mismo nivel. En la espiritualidad, esto corresponde al estado embrionario, cuando todo lo que existe en las diez *Sefirot* es lo mismo. Este es el estado espiritual más bajo.

Sentado significa que la cabeza está por encima del cuerpo y el cuerpo por encima de las piernas, pero uno no puede actuar con sus piernas. Este estado se denomina *Katnut* (pequeñez) o VAK. **De pie** implica la total diferenciación entre los niveles de la cabeza, el cuerpo y las piernas. Esto es llamado *Gadlut* (estado grande) o GAR. Así, a medida que el hombre ruega por su corrección, poco a poco va recibiendo Fuerzas Superiores desde el Creador. Y crece.

Por lo tanto, cuando llega a la palabra *Emet ve Yatziv*, todo ya ha sido corregido: todos los mundos contienen a *Maljut* dentro de sí, mientras que *Maljut* contiene al Rey Supremo. Cuando el hombre llega a las palabras *Gaal Israel*, el Rey Supremo avanza a lo largo de los grados, a lo largo de las tres líneas, y se adelanta para recibir a *Maljut*.

El Rey Celestial (el Creador), constituye ZA del mundo de *Atzilut* con respecto a los seres creados, porque *Maljut* del mundo de *Atzilut* es la suma de todas las creaciones. Todo lo que alguna vez fue creado –incluyéndonos a nosotros y a todos los mundos, con la totalidad de lo que habita en ellos– es una parte de *Maljut*.

En nuestro estado habitual, somos las partes de *Maljut* que reciben la porción más pequeña de Luz del Creador, *Ner Dakik*, la pequeña vela. A medida que nos acercamos al Creador con nuestros atributos (haciéndolos similares a los Suyos), vamos recibiendo una Luz cada vez mayor (en la misma proporción de nuestro acercamiento a Él) que sentimos como infinita felicidad, paz, alegría, eternidad. Como una fuerza de vida.

Los grados de nuestra cercanía al Creador (nuestras almas, nuestro «yo» y el Creador, *Maljut* y ZA) son descritos en la Cábala por medio de un lenguaje especial: la cercanía de atributos se considera una transición que va del estado «espalda con espalda» entre ZA y *Maljut*, al estado "cara a cara". La unión de las almas con el Creador se describe como un *Zivug* o copulación entre ZA y *Maljut*, durante el cual ZA transfiere Luz a *Maljut*. Y cada alma, recibirá esta Luz en la medida de su corrección.

Obviamente, el Creador permanece en un estado de reposo absoluto, y todos Sus supuestos movimientos son percibidos en relación a *Maljut*, dependiendo de los cambios en sus atributos. A veces siente más al Creador, a veces menos. Esto lo percibe como Su movimiento hacia ella.

Debemos mantenernos con humildad y temor ante el Rey Supremo, cada uno en su lugar, porque Él extiende Su mano derecha a *Maljut* en la bendición *Magen Avraham*, la primera bendición de la oración *Shmone Esré*, y que designa la línea derecha. Luego, Él extiende Su mano izquierda bajo la cabeza de *Maljut*, como está escrito: "Que su izquierda esté bajo mi cabeza, y su derecha me abrace" (*Shir HaShirim*, 2:6) en la bendición *Atá Guibor*, la segunda bendición de la oración de *Shmone Esré*, y que designa la línea izquierda.

El sublime *Cantar de los Cantares* habla en su totalidad sobre la excelsa fusión de todas las criaturas con el Creador. Dado que nuestro mundo ha sido creado como un reflejo del mundo espiritual, la fusión espiritual solo puede ser descrita con las correspondientes palabras de nuestro mundo. Y puesto que nuestro mundo es egoísta, las acciones espirituales –las acciones altruistas de fusión de los atributos y deseos– son descritas con las palabras de nuestro mundo: al acercarse las cualidades de *Maljut* (el alma del hombre) a las del Creador, se efectúa la gradual unión de atributos. Primero se manifiesta en forma de un abrazo, seguido de un beso; y después una copulación, cuando el alma está lo suficientemente corregida como para recibir la Luz (*Or Jojmá*) del Creador.

Después, ZA y *Maljut* se abrazan y se funden en un beso en la bendición *Hael HaKadosh*, que designa la línea media. Desde este estado hacia arriba, todo ocurre en el estado de un beso, hasta llegar a las tres últimas bendiciones en la oración *Shmone Esré*. Este es el significado verdadero y espiritual de las tres primeras bendiciones de la oración *Shmone Esré*.

En otras palabras, si uno es capaz de realizar una acción espiritual que corresponda a las condiciones descritas en estas bendiciones, alcanza la unidad con el Creador, llamada "abrazo y beso". La explicación detallada de las acciones espirituales aparece en *El Estudio de las Diez Sefirot* de Rabí Ashlag. El lenguaje de *El Zóhar* y *El Tanaj* describe estas acciones con palabras de nuestro mundo.

El lenguaje de la Cabalá las describe empleando nombres de *Sefirot*, *Partzufim*, Luces, etc. El lenguaje más completo y preciso para la descripción de acciones espirituales es el lenguaje de las *Sefirot*. Y por lo tanto, este fue el lenguaje elegido por los cabalistas para su trabajo interno y para explicarnos el método y la práctica del ascenso espiritual.

El hombre debe aspirar al Creador en su corazón y deseos, para que aparezcan en él intenciones que le lleve a las correcciones en todos los estados espirituales descritos en esta oración, para que su boca y su corazón (deseos) se conviertan en un único todo y sus labios no hablen contra los deseos de su corazón. Porque el Creador únicamente espera la sinceridad de nuestros deseos, a fin de complacerlos inmediatamente y llevarnos más cerca de Él:

¡Compañero del alma, Padre Compasivo!
Dibuja Tu siervo a Tu voluntad.
Tu siervo correrá como un cervatillo, se inclinará ante Tu Majestuosidad.
Para él, Tu amistad será más dulce
Que el néctar del panal y cualquier sabor.

La intención en la plegaria

¡Majestuoso, Bello Resplandor del mundo!
Mi alma está enferma de amor hacia Ti.
Por favor, mi Dios, sánala ahora mostrándole la dulzura de Tu resplandor.
Así ella se fortalecerá y curará
Y tendrá alegría eterna.
Eterno, que Tu misericordia se despierte.
Y por favor, ten piedad de Tu hijo amado.
Pues hace tanto que yo anhelo intensamente ver el esplendor de Tu grandeza.
Esto es lo que desea mi corazón, ten compasión y no Te ocultes.
Por favor revélate, amado mío, y extiende sobre mí la protección de Tu paz.
La Tierra resplandecerá con Tu gloria, gozaremos y nos alegraremos en Ti.
Apresúrate, ámame, porque el tiempo ha llegado, y perdónanos como en los días de antaño.

(La canción Yadid Néfesh)

Cuando el Creador y *Maljut* se funden en un beso, aquel que precise pedir consejo y ayuda puede pedir por ello, pues ese estado es llamado el "tiempo del deseo". Y puesto que el hombre recurrió ante el Rey y la Reina en las doce bendiciones intermedias de la oración *Shmone Esré*, él corrigió y preparó los deseos de su corazón para las tres últimas bendiciones. Hizo que despertara en el Creador un deseo por él, porque gracias a estas tres últimas bendiciones se fusiona con el Creador en la Adhesión Suprema.

El "tiempo del deseo" es un estado oportuno para hacer súplicas y recibir respuesta: la fuerza para la corrección propia. El Rey y la Reina son ZA y *Maljut* respectivamente. Cada bendición constituye una secuencia de correcciones individuales del alma del hombre. En consecuencia, el hombre asciende a un nivel espiritual más elevado. Así, poco a poco alcanza la Adhesión Suprema con el Creador.

Entonces, ha de caer sobre su rostro y, cuando *Maljut* contiene las almas dentro de ella, entregar su alma al poder absoluto del Creador, ya que este es el momento-estado oportuno para encomendar su alma entre todas las otras almas, pues *Maljut* es la fuente de vida.

Caer sobre su rostro y confiar su alma significa que el hombre tiene un solo deseo: eliminar completamente todos los deseos –porque son egoístas– y recibir del Creador Sus deseos altruistas. Tras la recepción de los deseos del Creador, el hombre se hace semejante a Él, y en la medida de su similitud, se fusiona, se une con el Creador. Al fusionarse con el Creador, el hombre adquiere todo lo que el Creador posee: inmortalidad, conocimiento absoluto de toda la creación, fuerza y perfección.

El secreto de la Luz únicamente lo alcanzan los elegidos: cuando *Maljut* conglomera las almas humanas, con un único deseo de unirse al Creador (porque ese mismo deseo llena el corazón del hombre), se entrega por completo a aspirar dicha fusión, para que su alma se incluya en la fusión colectiva entre *Maljut* y el Creador. Y si su alma es recibida por el Creador, el hombre se funde instantáneamente con Él y entra en la fuente de la vida (*Tzror HaJaim*), tanto en este mundo como en el mundo venidero.

A pesar de que la Cábala es considerada una enseñanza secreta, no encierra secretos. Solo aquellos que no tienen la capacidad de crear órganos espirituales dentro de sí para percibir su entorno, la consideran secreta. Somos los únicos en ocultar esta enseñanza, y todo ello debido a una falta de órganos sensoriales adecuados.

El Rey (Creador, ZA) y la Reina (*Maljut*) deben estar conectados a las almas por todos los lados, Arriba y abajo, y se embellecen con las almas de los justos (aquellos que desean unirse con el Creador, es decir, confiarle sus almas). Y si el hombre dirige todas las intenciones de su corazón (deseos) a esta meta, y somete completamente su alma a la voluntad del Creador, el Creador acuerda la paz y pacta con él (tanto en el Pacto Supremo, llamado *Yesod*, como en el pacto inferior). Él bendice a *Maljut* con esta paz y este pacto, y la rodea por todas partes.

"Se une por todos los lados" significa que las almas alcanzan equivalencia con el Creador en todos sus atributos. Los justos son los que quieren unirse al Creador, y de ese modo alcanzar la creación entera. Como resultado de ello, descubren hasta qué punto es justo Aquel que los creó y así los gobierna. A los que desean justificar todas las acciones del Creador, se les denomina "justos".

Aunque todavía no han alcanzado este estado, sino que simplemente se encaminan hacia él apenas dando los primeros pasos –sin haber corregido aún ninguno de sus deseos– y sintiendo solo el más pequeño de los deseos de acercarse al Creador gracias a este deseo, ya se les denomina "justos". El Creador rodea a *Maljut* por todos lados, y *Maljut* Le percibe con todas sus sensaciones y atributos corregidos.

Así, el hombre también recibe el nombre de *Shalom* (paz), porque abajo ha hecho un pacto con *Maljut*, semejante a la alianza del Superior, de la *Sefirá Yesod*. Y cuando un hombre deja nuestro mundo, su alma se eleva a través de todos los cielos y nadie se interpone en su camino, y el Creador la llama y dice: "Que llegue la paz". El alma pone de manifiesto los trece ascensos del sagrado melocotón y nadie le impide entrar. Por lo tanto, dichoso aquel que ofrece un sacrificio al Creador.

En el momento en que el alma se separa por completo del egoísmo, se fusiona completamente con el Creador y ya no está obligada a volver a bajar a este mundo, a envolverse con un cuerpo físico terrenal y recibir una porción adicional de deseos egoístas. La ofrenda al Creador significa el rechazo de los deseos egoístas del cuerpo. Y esto recibe el nombre de "sacrificio" porque nuestro cuerpo no es diferente al de un animal.

Por lo tanto, la aspiración de liberarse del cuerpo animado y sus deseos es llamada "sacrificio". Dependiendo del tipo de deseos de los que el hombre sea capaz de librarse, su sacrificio tomará la forma de un pájaro –una parte de sus deseos– o querrá negar la otra parte de sus deseos egoístas, llamada "ganado". Algunas partes en El Zóhar y algunas de las composiciones del ARI tratan en profundidad esta cuestión.

Rabí Jiya levantó su voz: "¡Oh, Rabí Shimon, tú estás vivo, y yo ya estaba llorando por ti! Sin embargo, no es por ti por quien lloro, sino por todos mis amigos y por todo el mundo que quedará huérfano después de ti. Porque Rabí Shimon es como una antorcha, que brilla Arriba y abajo. Con su Luz abajo, él ilumina el mundo entero. ¡Ay de este mundo cuando esta Luz se extinga y se eleve! ¿Quién brillará en este mundo con la Luz de la Torá?". Rabí Aba se levantó, besó a Rabí Jiya y dijo: "Si esas palabras están en tu interior, le doy gracias al Creador, que me ha traído hasta ti para que pueda acercarme a ti. ¡Cuán feliz soy con mi destino!".

Todos los personajes descritos en El Zóhar son objetos espirituales, *Partzufim*. Al igual que toda la Torá, El Zóhar únicamente habla de los objetos existentes en los mundos espirituales, no hace referencia a los de nuestro mundo. Por lo tanto, todo objeto, animal, planta o persona descrita en El Libro del Zóhar representan grados espirituales, deseos y *Partzufim*.

El Creador envía expresamente a nuestro mundo almas especiales, cercanas a Él, para que ayuden a todas las demás a alcanzar la espiritualidad en esta vida, mientras se encuentran en este mundo. Estos grandes cabalistas cumplen la función de guiar a aquellos que comprenden su carencia de visión espiritual y están dispuestos a seguirlos a pies juntillas.

Rabí Yehuda dijo después de él: Cuando el Creador le dijo a Moshé que eligiera entre la gente a los sabios y entendidos, Moshé observó al pueblo y no pudo encontrar ninguno. Luego, se le dieron instrucciones para escoger a los jefes de las tribus, que eran conocidos por su sabiduría. Y no se utiliza aquí la palabra "entendidos" porque el grado de entendimiento es más elevado que el del sabio. ¿Cuál es la diferencia entre un sabio y alguien que entiende? Sabio es aquel que aprende de un *Rav* (Maestro) y quiere alcanzar la sabiduría. Sabio es aquel que sabe todo lo que debe saber.

Aquel que entiende se compone de varios niveles-grados, porque mira dentro de cada cosa y sabe tanto para sí mismo como para otros. El distintivo de aquel que entiende queda formulado en la frase: "El justo conoce su alma animal". El justo significa *Yesod* que pasa la Luz a *Maljut* (animal), puesto que la *Guematría* de *HaVaYaH* de *Maljut* es 52 = BON = *BeHeMá* (animal) = *Bet - Hey - Mem - Hey* = 2 + 5 + 40 + 5 = 52.

Maljut constituye el nivel llamado "sabio en su corazón", ya que la sabiduría se encuentra en el corazón. Pero aquel que entiende, Arriba y abajo, ve para sí y para otros. El que es sabio designa a *Maljut*, ya que es *Maljut* quien revela la sabiduría. Aquel que entiende es *Yesod*, que está por encima de *Maljut*. La Luz de *Jojmá* en *Maljut* solo brilla de abajo hacia arriba, ya que es imposible recibir Luz de arriba abajo, pues seguramente entraría en los deseos egoístas. Y por lo tanto, se dice que el sabio (*Jajam*) ve solamente para sí mismo, desde sí mismo hacia arriba, y no puede pasar la Luz hacia abajo, a los demás.

Por eso, se dice que la sabiduría se encuentra en el corazón, porque el corazón recibe de abajo hacia arriba. Y aquel que entiende (la *Sefirá Yesod*, *Tzadik*, el justo), brilla con la Luz de la misericordia (*Or Jasadim*), de arriba abajo. Ve que él recibe para sí mismo y brilla sobre los demás; es decir, brilla en *Maljut*, como está escrito: "El justo conoce su alma animal".

La elevación de la plegaria

El Zóhar nos habla aquí acerca de la plegaria que el hombre debe elevar a su Creador (*Veyikahel*, págs. 32-52, puntos 107-157). Esta acción interna del hombre constituye el trabajo más grande y valioso en lo que a esfuerzos en beneficio del Creador se refiere.

El Creador hizo al hombre en el nivel espiritual más alejado, completamente opuesto a Él: con el único deseo egoísta de gozar. Y puesto que el hombre no tiene otras cualidades-deseos excepto el deseo egoísta de recibir placer, no solo es incapaz de cambiar, sino que tampoco puede alcanzar el deseo de querer cambiar.

Únicamente podemos cambiar bajo la influencia de la Luz del Creador, mediante la recepción de Sus atributos. Por eso, la única tarea del hombre es cultivar el deseo de cambio. En cuanto este deseo verdadero aparece en el hombre, el Creador inmediatamente le otorga las fuerzas necesarias para llevarlo a cabo. Por lo que el problema no consiste en cómo elevar una plegaria, sino en *cómo alcanzar la oración, la súplica que nos otorgue fuerza para llegar a ser como el Creador.*

Una oración es una sensación, un deseo en el corazón del hombre. Es una sensación de la cual el hombre no se da cuenta completamente y tampoco puede describirla; precisamente porque la sensación del corazón *no está sujeta a ningún control ni a ninguna corrección consciente*, no puede ser "creada" por voluntad propia. Las sensaciones del corazón son la consecuencia de la condición mental y espiritual del hombre, el resultado de su grado actual de desarrollo espiritual.

Así, el deseo de cambiar también está en manos del Creador. Sin embargo, Él nos dio la oportunidad de hacer que comience este proceso y determinar nuestro propio avance espiritual:

- El Creador permite a los cabalistas escribir libros cuya lectura suscita en nosotros un deseo de acercarnos a Él;
- El Creador permite que algunos de los auténticos cabalistas se revelen a un círculo más amplio, a aquellos que desean desarrollarse espiritualmente;

- De manera imperceptible, Él transforma nuestros deseos (modifica nuestras almas) y, de repente, empezamos a sentir interés por la espiritualidad;
- Él transforma nuestros deseos mundanos, ayudándonos a darnos cuenta de su insignificancia y fugacidad con sensaciones de desilusión y sufrimiento.

Al crear al hombre como un miserable egoísta, es decir, al haber creado una miserable criatura aparentemente impropia de Él, el Creador permitió que el hombre se cree a sí mismo y se eleve al mismo nivel que el del Creador: que alcance Su grado de perfección. Y de ese modo, el Creador revela la perfección de Su creación: aunque Él creó al hombre como una miserable criatura, con ello le permite que haga de sí mismo un "Creador" (según sean sus cualidades).

El hombre no puede decir que, a pesar de haber sido creado con un único deseo, sea incapaz de influir en la recepción de un deseo altruista en lugar de su natural deseo egoísta. La *Torá*, la Cabalá, los maestros y los sufrimientos, han sido preparados para dar empuje al hombre y que llegue más rápidamente a la meta de la creación por el camino de la *Torá*; de lo contrario, lo hará por el camino de los sufrimientos.

El hombre no es el único en no desear el camino de los sufrimientos. Su vida en la Tierra le hace sentir preso en un engranaje de molino que gira incesantemente y lo pulveriza de manera despiadada, tanto mental como físicamente, hasta el último día de su vida. Y lo cierto es que el Creador tampoco desea este camino de sufrimientos. Después de todo, Su meta es deleitar al hombre, algo que concuerda con el camino de la *Torá*: el camino rápido y sin dolor para la transformación de nuestros deseos egoístas en altruistas.

Dado que esto solamente puede hacerlo el Creador -y Él lo hará: ya sea de forma dolorosa o sin dolor, de acuerdo a nuestra petición consciente-, todo lo que el hombre debe efectuar en la vida es esta súplica al Creador. Por eso, está escrito: "¡Que rece todo el día!". Ahora entendemos que esta frase no habla de sentarse frente a un libro de rezos: se refiere al trabajo interno del hombre, sobre sí mismo.

Hay varios tipos de trabajo que el hombre debe realizar mediante una acción concreta con su cuerpo, como ocurre a la hora de observar los Mandamientos. Pero el hombre debe también realizar un trabajo interno -el más importante- cuando la observancia de los Mandamientos depende de las palabras y deseos del corazón.

La Cabalá nunca menciona ni alude a nuestro cuerpo físico, porque no se diferencia del cuerpo de un animal: nace, funciona y muere como el de un animal. No hay ninguna diferencia entre él y un animal. Y los distintos trabajos que realiza el cuerpo son meras acciones mecánicas totalmente desconectadas de la intención interna del hombre. Pueden ser incluso absolutamente opuestas a ella.

Por lo tanto, la Cabalá no tiene en cuenta las acciones del cuerpo. Es el deseo del hombre lo que se toma en cuenta, lo que se considera como acción. Esto se debe a que el propio deseo (cuando es despojado del cuerpo físico donde actualmente existe) percibe este deseo que es una acción interior y espiritual del hombre.

El mundo espiritual es un mundo de deseos incorpóreos que no tiene volumen, tamaño, velocidad o tiempo. Del mismo modo que en nuestra imaginación (donde los deseos se realizan instantáneamente gracias al poder de nuestro pensamiento), todo en el mundo espiritual está determinado solo por nuestros deseos-pensamientos, no por nuestras acciones físicas.

Sin embargo, puesto que existimos de manera temporal en este mundo, en un cuerpo físico, nuestra tarea es observar los Mandamientos del Creador, tanto física (con nuestro cuerpo) como espiritualmente. Físicamente, podemos observarlos de acuerdo a nuestra educación –como tanta gente suele hacer– o para recibir recompensa en este mundo: dinero, salud, suerte, paz, etc. O para recibir recompensa en el mundo venidero (lo mejor que el hombre pueda imaginar). En otros casos, realiza estas acciones porque desde su niñez fue instruido para realizarlas de manera automática. No puede evitar llevarlas a cabo debido a su deseo (instinto) adquirido: si no las cumple, se siente mal.

Esta desagradable sensación es lo que le obliga a cumplir los Mandamientos mediante acciones mecánicas. Ni siquiera lo hace por el deseo de recibir una recompensa en este mundo o en el mundo venidero: en este caso, la recompensa es instantánea, el hombre no siente nada desagradable, pues hace aquello a lo que está acostumbrado.

Así, al hombre que observa los Mandamientos a raíz de una naturaleza adquirida (el hábito) le parece que no demanda ninguna recompensa por sus acciones, ni este mundo ni en el venidero, ya que realmente no piensa en ninguna gratificación. Esto es debido a que su hábito –convertido en su segunda naturaleza–, le obliga a realizar estas acciones. Siempre que se siente así, está absolutamente convencido de que actúa únicamente "en beneficio del Creador". El hecho de que su hábito, su segunda naturaleza, le obliga a observar los Mandamientos de manera mecánica, es algo que escapa a su consciencia.

Sin embargo, puesto que nuestro cuerpo no es más que un animal, la observancia mecánica de los Mandamientos por costumbre o buscando recompensa, es suficiente para él. Hay una diferencia entre quienes cumplen por hábito o educación, y aquellos que lo hacen por una recompensa: a los primeros no les interesa si el Creador existe o no; ellos ejecutan meras acciones mecánicas que no pueden abandonar: si lo hicieran, sufrirían.

Aquel que observa los Mandamientos porque tiene fe en la recompensa o el castigo, cree en el Creador, en Su *Torá* y Su gobierno, pero utiliza esto en beneficio propio. Y, como es natural, al observar los Mandamientos con tal intención y permanecer en ella toda su vida, no crece espiritualmente. Aquel que no crece en nuestro mundo es denominado "inanimado", ya que toda la naturaleza la dividimos en estos cuatro niveles: inanimado, vegetal, animal, y humano. Por lo tanto, dichas personas pueden ser consideradas espiritualmente inanimadas (*Domem de Kedushá*). No obstante, son "espiritualmente" inanimadas en relación a aquellos que observan mecánicamente, a fuerza de costumbre.

En Cabalá "cuerpo" hace referencia a un deseo. Un deseo (un cuerpo) puede ser egoísta o espiritual (altruista). La gradual desaparición del cuerpo egoísta y el reemplazo por uno altruista es lo que se denomina "nacimiento espiritual" del hombre.

El crecimiento espiritual del hombre es el crecimiento de una cada vez mayor intención de observar los Mandamientos solo porque así lo desea el Creador. El hombre los observa únicamente en Su beneficio, de forma completamente desinteresada, como si nunca fuera a recibir recompensa, ni siquiera en forma de satisfacción propia. Es como si el Creador no supiera quién lleva a cabo Su deseo, como si el hombre no tuviera certeza de si observa los Mandamientos o no. Pero, en cualquier caso, él los cumple, pues ese es el deseo del Creador.

De modo que la noción de "cuerpo" en Cabalá alude a los deseos corregidos del hombre. Los deseos no corregidos, sin una pantalla, no pueden ser utilizados. Es como si no fueran considerados partes del cuerpo, como si existieran fuera de él. Por eso son denominados fuerzas extrañas o deseos-*Klipot* (cáscaras), fuerzas impuras.

Lo único que fue creado y que existe, aparte del Creador, es el deseo egoísta de disfrutar de Él. Deseo creado por Él y que puede ser egoísta o corregido, espiritualmente puro o impuro. Todas las fuerzas espirituales: ángeles, *Klipot*, etc., constituyen nuestros deseos sin corregir o los corregidos (el deseo de otorgar placer al Creador). ¡No existe nada más en el universo!

El cuerpo espiritual se compone de doce partes que realizan acciones espirituales: dos brazos y dos piernas, cada una formada por tres partes, lo cual hace un total de $4 \times 3 = 12$. Estas partes de nuestro cuerpo espiritual (nuestros deseos que fueron corregidos por la pantalla) observan los Mandamientos positivos.

El cuerpo, los deseos del hombre –al igual que el cuerpo espiritual del objeto-*Partzuf*– son los deseos altruistas de aquel, en los cuales puede recibir la Luz del Creador de acuerdo a sus intenciones (pantalla). Los deseos del hombre están determinados por sus intenciones.

Todo el trabajo con la intención "en beneficio del Creador" es realizado por las partes externas del cuerpo (las doce partes de los brazos y piernas) y por las doce partes internas (cerebro, corazón, hígado, boca, lengua, cinco partes del pulmón y dos riñones). Estas correcciones internas del cuerpo están destinadas a la recepción del espíritu Supremo (Luz) dentro del cuerpo, y representan el trabajo más importante del hombre con respecto al Creador.

Estas acciones internas son denominadas Mandamientos y dependen de las palabras, como en el caso de la plegaria: súplicas, bendiciones y oraciones. Y aquel que conoce este trabajo es feliz en todo. El hombre no se da cuenta de que su plegaria atraviesa todos los Cielos, abriéndose camino hacia la cima del universo y llegando al Mismo Creador.

Como anteriormente mencionamos, no hay ni una sola palabra en la *Torá* que hable de nuestro mundo, y mucho menos de nuestro cuerpo. Todas las palabras que aparecen en la *Torá* son los nombres sagrados del Creador, es decir, las diferentes sensaciones del Creador percibidas por todo aquel que Le alcanza. Ya hemos explicado que el alcance y percepción del Creador es imposible sin una pantalla, sin una intención altruista; dicho de otro modo: que todo lo que el hombre desee sea complacer a su Creador. Solo las sensaciones en nuestro corazón, que constituyen la esencia del hombre, pueden realizar este trabajo. En ningún caso este trabajo lo pueden realizar los órganos fisiológicos de nuestro cuerpo animado, que no se diferencia del de un animal.

Cuando la Luz de la mañana empieza a brillar y la Luz se separa de la oscuridad, una llamada atraviesa todos los Cielos: *preparad la apertura de las entradas y salas, y que cada uno acuda a su puesto*. Porque los que sirven de noche no son los mismos que los que sirven durante el día. Y al llegar la noche, los sirvientes del día son nuevamente reemplazados por los de la noche.

Cuando la Luz de la mañana empieza a brillar, el hombre comienza a darse cuenta de que sus deseos egoístas son muerte y oscuridad, mientras que altruismo y espiritualidad son vida y Luz. Con esto, "la Luz" dentro del hombre queda separada de "la oscuridad", y él empieza a analizar y entender sus estados, empieza a sentir elevaciones y caídas espirituales: percibe su proximidad con el Creador como Luz, mientras que la lejanía de Él y la caída en sus propios deseos egoístas las percibe como oscuridad.

Sin embargo, uno solamente puede sentir esto si percibe al Creador (aunque sea mínimamente, de manera casi imperceptible). Para comenzar a sentir vergüenza por recibir del Creador y la insignificancia de su propia naturaleza (la sensación de oscuridad), uno debe primero sentir al Creador. Solo Su Luz lleva consigo todo lo que el hombre necesita: fuerzas para la corrección, deseos, vida. Por eso, lo más importante a lo que el hombre debe aspirar es la sensación del Creador; y no por placer, sino por corrección.

Las fuerzas que sirven durante el día son denominadas los "gobernantes por el día, el gobierno del día", y las fuerzas que sirven durante la noche son denominadas los "gobernantes por la noche, el gobierno de la noche". En cuanto se escucha la llamada de la mañana, todos acuden a sus puestos: *Maljut* desciende e Israel entra en *Beit-Knéset* (la Casa de la Asamblea, lugar donde se reúnen todos los anhelos del hombre, y por ende recibe el nombre de casa de oración) para ensalzar al Creador, y empezar a cantar y bendecir.

Está escrito: "Elogiar Tu misericordia en la mañana y Tu fe por la noche". Al sentir la Luz del Creador que desciende sobre él, el hombre la percibe como la mañana que llega tras la oscuridad, y con la sensación de ese estado, elogia al Creador en su corazón. Todos los pensamientos ajenos se retiran por la influencia de la Luz del Creador, y todos los deseos impuros son restringidos.

Una vez que el hombre se ha corregido en los Mandamientos positivos (en la primera parte, en las correcciones de *Tzitzit* y *Tefilín*), él debe unir todo su corazón, todos sus deseos en un trabajo interno (en la segunda parte), y entregar todo su corazón a la labor de los elogios, pues el discurso se eleva hacia Arriba.

Es imposible ofrecer una explicación concisa de los Mandamientos de *Tefilín* y *Tzitzit*, que únicamente cumple el hombre que se ha elevado espiritualmente al nivel del *Partzuf* ZA.

Estos sirvientes, que permanecen en sus puestos en el aire, son designados para gobernar los cuatro puntos cardinales del mundo. En el lado Este, Gazaria ha sido situado en el aire para gobernar. Los demás también están junto a él, y aguardan las palabras de la plegaria que se elevan desde esta parte, abajo. Y este gobernante asume la plegaria.

Si las palabras de la plegaria son adecuadas, todos los gobernantes las absorben y se elevan con ellas hasta el firmamento, donde se sitúan otros gobernantes. Al absorber estos discursos, ellos proclaman: "Bendita sea Israel". ¡Benditos sean los labios que pronuncian estas palabras!

Las letras que estaban flotando en el aire, y que forman el nombre sagrado de doce letras que gobierna en el aire, se elevaron volando. Este es el nombre mediante el cual Eliyahu se elevó volando antes de subir al cielo. Las letras se elevaron volando por el aire y el gobernador, que sostiene las llaves del aire en sus manos, sube al Cielo junto con todos los demás gobernantes, y allí se entregan las letras a manos de otro gobernador para que sigan elevándose.

Cuando *Maljut* fue separada de ZA, ZA se llenó únicamente de *Or Jasadim* y se convirtió en la línea derecha, mientras que *Maljut* formó la línea izquierda. Estas dos líneas están en conflicto una con otra del mismo modo que las líneas derecha e izquierda de *Biná* se oponen una a otra. Esto continúa hasta que ZA asciende a *Biná* y, como línea media, equilibra las líneas derecha e izquierda. E instaura la paz entre ellas uniéndolas en una: la línea media.

Del mismo modo, ZA y *Maljut* –las dos líneas opuestas–, necesitan una línea media que cree en ellas equilibrio y paz. Una línea media que las una dentro de sí. Esto tiene lugar con ayuda de MAN (*Mayim Nukvin*), las plegarias de los justos, pues ellos elevan los deseos desde este mundo. Y la pantalla que ellos elevan, denominada "*Masaj* (pantalla) *de Jírik*" –la línea media–, hace que la línea izquierda se una con la derecha, y que *Maljut* se una con ZA.

Así, una oración se convierte en súplica, MAN, en la línea media que trae paz y unidad entre ZA y *Maljut*. Como *Yesod* Arriba que, al igual que la línea media, une al Creador con la *Shejiná-Maljut* (la asamblea, la suma de todas las almas creada), la oración del hombre se eleva, forma la línea media y une todo, trayendo paz y unidad entre el Creador y la *Shejiná* (Sus criaturas): la unidad de las almas con el Creador.

Por consiguiente, el hombre es denominado *Shalom* (paz), como la *Sefirá Yesod* Arriba. Es más, la paz de abajo precede y determina la paz de Arriba, pues el despertar desde abajo precede y suscita el despertar desde Arriba. Porque no hay un despertar Arriba si no ha habido un despertar abajo, desde las súplicas de los inferiores.

El mundo espiritual es un mundo de deseos. Y solamente existen dos deseos:

1. El deseo del Creador hacia las criaturas: deleitar a Sus criaturas –es decir, al hombre– con el placer perfecto;

2. El deseo de recibir placer para uno mismo (creado por el Creador) denominado creación, criatura o esencia del hombre.

No hay nada más que estos dos deseos. Todo aquello que podamos imaginar nace de estas dos fuerzas espirituales. El deseo del hombre recibe el nombre de "plegaria" porque, intencionalmente o no, este deseo se dirige a Aquel que creó al hombre, al Creador. El desarrollo espiritual del hombre tiene lugar de acuerdo a su plegaria.

No obstante, la verdadera plegaria es su petición para la corrección espiritual y la elevación. Tal deseo del corazón, tal plegaria, solo puede ser alcanzada a través de un estudio persistente de las fuentes cabalistas auténticas. Estas, con su Luz interna y oculta, ejercen una influencia sobre el deseo egoísta del hombre y le incitan a elevarse espiritualmente (véase "Introducción al Estudio de las Diez *Sefirot*", punto 155).

Un alma no es más que el deseo altruista –corregido– del hombre. Es el *Partzuf* espiritual del hombre, su deseo de recibir la Luz del Creador con una pantalla (intención) "en beneficio del Creador".

Las palabras del hombre en la plegaria son, sencillamente, partes de su alma (el alma en sí) revestida de un cuerpo. La plegaria es el alma del hombre en este mundo, VAK *de Néfesh* proveniente de *Maljut de Maljut* dentro de la *Maljut* del mundo de *Asiyá*: Mundo de AK

    Mundo de Atzilut

    Mundo de Briá

    Mundo de Yetzirá

    Mundo de Asiyá :   Kéter

                          Jojmá

                          Biná

                          ZA

                          Maljut = K + J + B + ZA + M

Sin embargo, ¿cómo puede la oración, el deseo del hombre, elevarse a través de todos los grados de todos los mundos de BYA y alcanzar *Maljut de Atzilut* para ahí convertirse en MAN y en la línea media, que une *Maljut* con ZA? Porque es bien sabido que ningún grado puede elevarse por encima de sí mismo ni realizar tan asombroso salto: del grado más bajo de la escalera espiritual (nuestro mundo) hasta el mundo de *Atzilut*.

Para alcanzar esto, primero es preciso analizar con mayor profundidad el significado de la elevación de *Maljut* a *Biná*. A raíz de esta elevación, cada grado se divide en dos partes: *Kéter* y *Jojmá* de cada grado permanecen en él, mientras que *Biná*, ZA, y *Maljut* caen a un grado más bajo. Esto se debe a la elevación de *Maljtut* hasta *Biná*, mediante lo cual, crea en *Biná* un nuevo *Sof* (final) del grado. La razón de esto es que *Maljut* existe bajo la ley de la primera restricción y, por lo tanto, no puede recibir Luz. Y puesto que, debido a la segunda restricción, *Biná*, ZA y *Maljut* están situados debajo del nuevo *Sof* del grado, estos se encuentran por debajo de la *Maljut* que ascendió a *Biná*, y son definidos como un grado inferior.

Kéter = Galgalta	⎫ Juntas reciben el nombre de GE (Galgalta-Einaim)
Jojmá = Einaim	⎭
— Parsá = Maljut que se ha elevado —	
Biná = Ozen	⎫
ZA = Jótem	⎬ Juntas reciben el nombre de AJaP (Ozen-Jótem-Pe)
Maljut = Pe	⎭

Después, gracias a la elevación de MAN por parte de los inferiores, la Luz AB-SAG desciende y da fuerzas a *Maljut* –que se encuentra en *Biná*– para descender a su propio lugar: *Maljut* desciende desde *Biná* a su propio lugar y con ello hace que todas las *Sefirot* vuelvan a sus lugares, y uniéndolas a todas en un grado que contiene diez *Sefirot* completas. En consecuencia, *Biná* y ZON, que se encontraban debajo de cada grado, regresan de nuevo a su grado, a su nivel anterior. Así, cada grado se restaura a sí mismo hasta completar las diez *Sefirot*.

Pero aunque *Maljut*, que se encontraba en *Biná* como el nuevo *Sof* (final) del grado, regresa desde *Biná* a su propio lugar al final de cada una de las diez *Sefirot*, este nuevo *Sof* que ella creó en *Biná* no desaparece de *Biná* por completo. A consecuencia de ello, *Biná* y ZON no descienden a sus lugares. En vez de eso, deben elevarse por encima del nuevo *Sof* y crear allí la línea izquierda con respecto a *Kéter* y *Jojmá*, que nunca cayeron de su grado, y constituyen la línea derecha.

Por eso, el nuevo *Sof* permanece en su lugar en todos los grados aun después de que *Maljut* descienda desde *Biná*. Y este *Sof* recibe el nombre de "firmamento", mientras que *Biná* y ZON, que cayeron desde su grado pero ahora han regresado a él, son llamados "aire", pues cada grado inferior es definido como VAK (denominado *Avir*: aire) con respecto al Grado Superior.

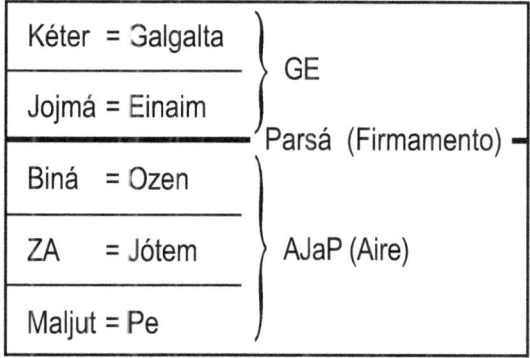

Dado que *Biná* y ZON cayeron de su grado, llegaron a ser como VAK (aire) respecto a él, y lo mismo ocurre con todo el grado inferior con respecto al Superior. Y tras el descenso de *Maljut* desde *Biná*, el aire (*Biná* y ZON) que estaba debajo del firmamento, se eleva por encima de él y se convierte en línea izquierda.

Cuando *Biná* y ZON se elevan por encima del firmamento, ellos llevan consigo al grado inferior en que existieron cuando estaban abajo, y lo elevan junto con ellos por encima del firmamento. Sucede así porque, a diferencia de nuestro mundo, en el mundo espiritual no hay elevaciones y descensos: un descenso es un deterioro de las cualidades espirituales desde el nivel espiritual de uno hasta otro nivel inferior.

Por lo tanto, al tener las mismas cualidades que el grado inferior, cuando *Biná* y ZON se elevan, se llevan consigo a la totalidad del grado inferior. Porque, una vez que han estado juntos y se han hecho equivalentes, reciben ayuda, ascienden y nunca más vuelven a separarse.

A fin de cuentas, la elevación de *Maljut* a *Biná* crea una entrada, una apertura, una puerta para el grado inferior a través de la cual este puede ascender al Superior. Por tanto, cuando *Maljut* desciende desde *Biná*, gracias a lo cual la parte baja (*AJaP de Biná*) asciende, el grado inferior puede elevarse junto los *AJaP de Biná* que ascienden.

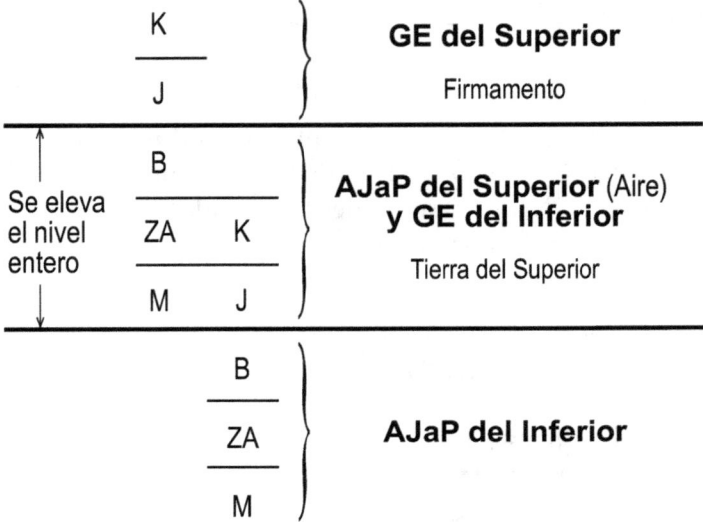

Así, a raíz de la elevación de *Maljut* a *Biná* y su posterior descenso gracias a la luminiscencia de *Or AB-SAG*, se formaron tres partes en cada grado:

- Aire, *Biná* y ZON que cayeron;
- Los firmamentos, los nuevos finales de los grados que aparecieron por la elevación de *Maljut* a *Biná*. Estos nunca desaparecen, ni siquiera cuando *Maljut* regresa a su anterior emplazamiento;
- Las entradas para los grados inferiores que se formaron debido a la elevación de *Maljut* a *Biná*, cuando el grado inferior se eleva junto con ella. Sin esto, el grado inferior no tiene posibilidad de elevarse al Grado Superior, porque ningún grado puede elevarse por encima de sí mismo.

Este proceso es descrito en los cuentos jasídicos como la misión de un justo (el Grado Superior) en nuestro mundo: descender hasta la gente más vil y corrupta (el grado más bajo). En otras palabras, aun cuando en esencia sigue siendo el mismo, en relación al grado inferior, debe corromper sus cualidades hasta equipararse con él. De ese modo, muestra a los inferiores que en sus deseos, pensamientos y acciones es igual a ellos.

A continuación, cuando él se une a ellos por completo –y estos confían plenamente en él–, cuando se convierte en "uno de ellos" (es decir, la fusión del *AJaP* del Superior con el *GE* del inferior), él, poco a poco, discreta o abiertamente, empieza a corregirlos: con su propio ejemplo, él extiende sus pensamientos a ellos. Dichos pensamientos no pueden ser percibidos si provienen de alguien ajeno: solamente si provienen de "uno de los suyos". Es decir, el Superior recibe Luz adicional (fuerzas) en su *GE* para así poder elevar su *AJaP*, corregir sus deseos de recepción, empezar a trabajar con ellos en beneficio del Creador y elevarlos a su nivel.

Y dado que no hay distinción entre los deseos del *AJaP* del Superior y el *GE* del inferior –donde cayeron los deseos de *AJaP* del Superior– ambos ascienden juntos. De esta manera, el Superior eleva, es decir, mejora, corrige, cierta parte (*GE*) de las cualidades del inferior, y las eleva a su verdadero nivel.

Por lo tanto, lo más importante en nuestro estado es llegar a sentir el *AJaP* del Grado Superior, situado en el punto central de nuestro corazón. E igualarnos con él en cualidades para así luego poder elevarnos junto a él.

En el libro *Alcanzando los Mundos Superiores*, se describe este proceso:

En las sensaciones internas de un cabalista, existe una parte (*AJaP*) del Grado Superior, del futuro estado del hombre. El hombre percibe el estado espiritual Superior como algo vacío y sin atractivo. No lo percibe como un estado lleno de Luz, porque no recibe Luz desde el Superior.

Aunque el Superior esté lleno de Luz, el inferior solo Lo percibirá de acuerdo a sus cualidades. Y puesto que sus actuales cualidades no están preparadas para recibir esa Luz Superior, no la percibe.

Podemos percibir el Grado Superior porque todos los grados espirituales están dispuestos de forma consecutiva: del más bajo al más alto. Es más, ellos se incluyen parcialmente unos en otros: la mitad inferior del Grado Superior está dentro de la mitad Superior del grado inferior. *AJaP de Elión* (*AJaP* del Superior) cayeron dentro de *GE de Tajtón* (*GE* del inferior). Así, la última parte del Grado Superior está siempre presente dentro de nosotros, pero generalmente no la sentimos.

El Grado Superior por encima de nosotros es llamado "Creador" porque Él precisamente es nuestro Creador. Nos engendra, nos da la vida y nos gobierna. Y según sea nuestra percepción del Grado Superior, decimos que el Creador es grande, misericordioso, severo; o bien no Lo percibimos en absoluto y afirmamos que el Creador no existe.

Si nos encontramos en un estado en el que vemos claramente el Dominio Superior del Creador sobre todas las creaciones en este mundo, perdemos la posibilidad de tener libertad de elección y de acción. Perdemos la posibilidad de tener fe, porque vemos claramente una Única Verdad, una Única Fuerza y un Único Deseo que actúa en todo y sobre todas las cosas.

La Voluntad del Creador es conceder libre albedrío a cada ser humano. Y por eso, se hace necesario un ocultamiento del Creador a Sus criaturas. Solo en ese estado de ocultamiento del Creador podemos afirmar que el hombre aspira a unirse a Él *por voluntad propia*: actuar en Su beneficio (*Lishmá*) sin ningún atisbo de interés propio.

Nuestro trabajo de auto-corrección únicamente es posible si el Creador está oculto. En cuanto Él se revela a nosotros, de inmediato nos convertimos en Sus sirvientes y caemos bajo el dominio de Su grandeza y poder. Y así es imposible determinar cuáles son los pensamientos del hombre.

Por eso, para que el hombre pueda actuar libremente, el Creador tiene que ocultarse. Por otro lado, para que el hombre tenga la oportunidad de escapar de la esclavitud, de la ciega obediencia a su egoísmo, el Creador debe revelarse. Esto es así porque el ser humano solamente obedece a dos fuerzas en este mundo: la fuerza del egoísmo (el cuerpo) y la fuerza del Creador (el altruismo).

Por tanto, es necesario alternar los dos estados. Estos estados son *el ocultamiento* del Creador al hombre, cuando este solo se percibe a sí mismo y a las fuerzas egoístas que gobiernan en él, y *la revelación del Creador*, cuando el hombre percibe el dominio de las fuerzas espirituales.

Para que el hombre que aún se encuentre bajo el dominio del egoísmo pueda percibir ese cercano Objeto Superior (su Creador), este último debe igualar una parte de Sus cualidades con las del hombre.

Él dotará con atributos egoístas algunas de Sus cualidades altruistas, y con ello se igualará a este hombre.

La Parte Superior eleva *Maljut-Midat HaDin* hasta Su *Galgalta ve Einaim*. En consecuencia, Su *AJaP* adquiere cualidades egoístas. Así, Su *AJaP* "desciende" a la parte inferior (al nivel espiritual del hombre) y llega a un estado de equivalencia de cualidades con la parte inferior.

Inicialmente, el hombre no percibía el Grado Superior. No obstante, dado que el Superior oculta Sus cualidades altruistas, el hombre ahora es capaz de percibir al Superior porque Él desciende hasta el nivel del hombre. Y el Superior permite que el hombre Le perciba.

Pero dado que nosotros percibimos las cualidades del Superior como egoístas, sentimos que la espiritualidad no contiene nada atractivo, nada que pueda traer placer, inspiración, confianza o serenidad.

Precisamente en este punto, surge la oportunidad de ejercer nuestro albedrío. Y a pesar de lo que percibimos, debemos entender que la ausencia de placer y gusto en el Superior y en la espiritualidad –en la *Torá*– es porque el Superior se ha ocultado deliberadamente por nuestro bien. Todavía no contamos con las cualidades espirituales necesarias con las que poder percibir los placeres espirituales Superiores, porque todos nuestros deseos terrenales están gobernados por el egoísmo.

Y un principiante debe saber que lo siguiente es lo más importante para él: es sobre todo en los estados de caída y angustia cuando tiene que encontrar fuerza dentro de sí (mediante súplicas al Creador, el estudio y buenas acciones) para afirmar que ese estado se le dio para ser superado.

El hecho de que tal persona no experimente placer o vitalidad en las aspiraciones espirituales se le envía expresamente desde Arriba. Esto le proporciona libertad de elección para poder llegar a la conclusión de que no siente placer en la espiritualidad porque carece de las cualidades altruistas necesarias que le permitan disfrutar de las acciones contrarias al egoísmo. Por eso, el Superior debe ocultarle Sus verdaderos atributos.

Por lo tanto, debemos recordar que la primera etapa para percibir al Superior es el sentimiento de vacío espiritual.

Si el hombre es capaz de afirmar que el Superior se oculta a Sí Mismo dada la disparidad de cualidades, y pide ayuda para corregir su egoísmo elevando una plegaria (*MAN*), entonces, el Objeto Superior se revela parcialmente (eleva Su *AJaP*) y muestra Sus verdaderas cualidades; cualidades que el Superior antes cubría con egoísmo.

Y, en consecuencia, el placer espiritual también se hace evidente. El hombre empieza a percibir la grandeza y el placer espiritual que siente el Objeto Superior, ya que Él posee cualidades espirituales altruistas.

Al elevar el Superior Sus cualidades altruistas –desde la perspectiva del individuo–, con ello Él le elevó a la mitad de Su grado (elevó *GE* del inferior junto a Su *AJaP*). Este estado espiritual se conoce como el "menor nivel espiritual" de la persona (*Katnut*).

El Superior eleva al hombre a Su propio nivel espiritual, permitiéndole observar tanto Su grandeza como la grandeza de las cualidades altruistas. Y al ver la magnificencia de lo espiritual en comparación a lo material, podemos elevarnos espiritualmente por encima de nuestro mundo.

Nosotros percibimos lo espiritual independientemente de nuestra voluntad, y la percepción de la espiritualidad transforma las cualidades egoístas en altruistas: las cualidades del Superior. Para ayudar al hombre a tomar posesión completa de su primer grado elevado, el Superior se revela completamente y revela todas Sus cualidades espirituales. Esto es, revela Su Grandeza, realiza *Gadlut*.

Al mismo tiempo, la persona percibe al Superior como el Único Soberano Absoluto de todo lo existente en el universo y se hace con el conocimiento supremo del propósito de la creación y del dominio del Superior.

Se hace evidente para el hombre que la única manera de actuar es seguir lo que dice la *Torá*. Es la mente del hombre la que le obliga a actuar así. A raíz del evidente alcance del Creador, uno empieza a sentir la contradicción entre fe y conocimiento, entre la línea derecha y la izquierda.

Ahora, una vez adquiridas las cualidades altruistas (*Kelim de Ashpaá*), en el estado de *Katnut*, el hombre prefiere avanzar por el camino de la fe en el poder del Creador. Esto sirve como indicador para ver hasta qué punto sus deseos son desinteresados.

No obstante, la revelación del poder del Creador (*Gadlut* del Superior) impide al hombre avanzar por la fe. Por lo tanto, el individuo debe estar dispuesto a ignorar voluntariamente los conocimientos adquiridos.

Y la súplica del hombre prefiriendo actuar ciegamente –confiando solo en su fe en la magnificencia del Creador, en vez de darse cuenta de Su grandeza y poder, y empleando exclusivamente la razón en proporción a la fe– obliga al Superior a reducir Su revelación. Tal acción del hombre que obliga al Creador a reducir Su revelación de la gobernanza universal, de Su omnipotencia y Su Luz (*Or Jojmá*), se denomina "la pantalla de *Jírik*".

A través de dicha pantalla, podemos reducir la revelación de la razón Superior (la línea izquierda), hasta el punto de poder igualar esta revelación con la fe, la línea derecha. La correcta correlación entre fe y conocimiento que obtenemos como resultado es denominada "equilibrio espiritual" o línea media.

Nosotros determinamos el estado en que deseamos estar. Y es entonces cuando el hombre puede existir como objeto espiritual, porque ya cuenta con la correcta proporción entre fe y razón. Y de ese modo podemos alcanzar la perfección. Esta correcta proporción es conocida como "línea media".

Aquella parte del conocimiento –la revelación, la línea izquierda, que podemos usar en proporción a nuestra fe (la línea derecha), avanzando con la fe por encima de la razón (la línea media)– es agregada a esas cualidades espirituales que hemos adquirido previamente, en el estado de *Katnut*. El nuevo nivel espiritual adquirido es llamado *Gadlut* (grande y completo), *Kelim De Lekabel Al Menat Leashpía*.

Una vez adquirido su primer nivel espiritual completo, el hombre se iguala en cualidades con ese primer grado (el más bajo) de la escalera espiritual.

Como hemos dicho anteriormente, todos los grados de la escalera entran parcialmente el uno en el otro, sus cualidades penetran unas en otras.

Una vez alcanzado el primer grado completo, podemos descubrir la presencia de una parte del Grado Superior dentro de nosotros. Utilizando el mismo principio puesto en práctica para alcanzar el primer nivel, podemos avanzar paso a paso hasta la meta de la creación: la unión completa con el Creador en el Grado Supremo.

Una parte esencial de nuestro ascenso espiritual es un proceso especial en el que, al descubrir un mal cada vez mayor en nosotros, pedimos al Creador que nos conceda fuerzas para superarlo. Y entonces recibimos fuerzas en forma de mayor Luz espiritual.

Esto continúa hasta que alcanzamos la envergadura auténtica y original de nuestras almas: nuestro egoísmo corregido por completo, totalmente lleno de Luz.

Cuando nos distraemos con pensamientos ajenos, sentimos que estos pensamientos nos obstruyen en nuestro avance espiritual, porque nuestras fuerzas se debilitan y desgastamos nuestra mente en preocupaciones extrañas, a la vez que nuestros corazones se llenan de deseos insignificantes. A raíz de ello, perdemos la fe en el hecho de que solamente la Cabalá contiene la verdadera vida.

Una vez que superamos dicho estado, partimos hacia la Luz y recibimos Luz Superior que nos ayudará a ascender todavía más. Y de este modo, nuestros pensamientos ajenos contribuyen a ayudarnos en nuestro avance espiritual. Podemos superar los obstáculos solo con ayuda del Creador, porque nosotros únicamente somos capaces de trabajar por algo si vemos algún beneficio personal en ello.

Nuestro cuerpo, corazón y razón no entienden qué beneficios puede traernos el altruismo: en cuanto deseamos realizar alguna pequeña acción altruista, nos abandonan las fuerzas en mente, corazón y cuerpo. Y nos queda una sola cosa: pedir al Creador que nos ayude. De esta manera -sin ninguna voluntad- avanzamos hacia el Creador hasta que nos unimos con Él por completo.

La parte inferior del objeto espiritual más elevado se encuentra dentro de la mitad superior del objeto espiritual menos elevado (*GE de Elión* está dentro del *AJaP de Tajtón*). En el objeto inferior, la pantalla (*Masaj*) se encuentra en sus ojos (*Masaj* en *Nikvey Einaim*). Esto es conocido como "ceguera espiritual" (*Stimat Einaim*), porque en ese estado él ve solamente una mitad del Superior. Y lo cierto es que la pantalla del objeto espiritual inferior le oculta el objeto espiritual Superior.

Cuando el objeto espiritual Superior entrega su pantalla al inferior, se revela al objeto inferior, que empieza a ver al objeto Superior tal como el Superior se percibe a Sí Mismo. Y el resultado es que el inferior recibe el estado "grande" (*Gadlut*). El inferior entonces ve que el Superior está en un estado "grande", y se da cuenta de que el Superior llevó a cabo Su anterior ocultación para ser visto como "pequeño" (*Katnut*), y que lo hizo exclusivamente en beneficio del inferior. Y de esa manera, el inferior es consciente de la importancia del Superior.

El hombre, en la línea derecha (*Kav Yamín*), está satisfecho con lo que tiene (*Jáfetz Jésed*). Esto recibe el nombre de "estado espiritual pequeño" (*Katnut*), pues el hombre no tiene necesidad de la *Torá* ya que no siente maldad, egoísmo dentro de sí. Sin una necesidad de corregirse, no necesita la *Torá*.

No obstante, él precisa de la línea izquierda (*Kav Smol*). Tiene que evaluar su estado de manera crítica (*Jeshbón Néfesh*), decidir qué quiere del Creador y de sí mismo, si entiende la *Torá* y se acerca a la meta de la creación. Aquí él ve cuál es su verdadero estado y debe integrarlo en la línea derecha. Es decir, debe estar satisfecho por lo que tiene y alegrarse con su estado, como si tuviera todo aquello que desea.

La línea izquierda, que crea sufrimientos derivados de no tener lo deseado, despierta con esto la necesidad de ayuda del Creador, la cual llega en forma de Luz del alma.

En la línea derecha —el estado en que la persona no desea nada para sí misma— solamente existe la Luz de la misericordia (*Or Jasadim*), el placer derivado de la similitud con las cualidades espirituales. Pero dicho estado no es perfecto: carece de conocimiento y de alcance del Creador. En la línea izquierda no hay perfección, porque la Luz de la sabiduría solo puede brillar si hay equivalencia de cualidades espirituales entre la Luz y el receptor de la Luz.

La equivalencia da como resultado *Or Jasadim*, que se encuentra en la línea derecha. Solo si hay un deseo puede haber logro espiritual. Pero la línea derecha no siente deseo por nada. Todos los deseos están concentrados en la línea izquierda. No obstante, lo deseado no puede recibirse dentro de los deseos egoístas.

Por eso es necesario unir estas dos cualidades, para que la Luz de conocimiento y placer de la línea izquierda pueda entrar en la Luz de orientaciones altruistas de la línea derecha. Y la Luz iluminará al ser creado. Sin la Luz de la línea derecha, la Luz de la línea izquierda no se manifiesta. Solo es percibida como oscuridad.

El ascenso desde nuestro mundo —donde no percibimos claramente el *AJaP* del Superior— sucede de la siguiente manera:

Todo lo que el hombre piensa sobre el Creador y la espiritualidad constituye la conexión del *AJaP* del Superior con respecto al hombre (*Partzuf*). ¿Cómo puede este *Partzuf* Superior descender hasta él? Únicamente si iguala sus propios deseos (cualidades) con él. Todos los pensamientos y deseos del hombre (o la ausencia de ellos) hacia lo espiritual, constituyen su conexión con el Superior. Por eso, cuando el hombre siente una ausencia de espiritualidad, significa que el *Partzuf* Superior ha descendido y entrado en él, se ha igualado con él. Y de ahí que el hombre sienta un vacío espiritual.

Precisamente en este estado, cuando el hombre no siente atracción por la espiritualidad, debe decirse a sí mismo que es solo una impresión personal. En realidad, mediante la fe por encima de la razón, él anhela y actúa con el propósito de acercarse al Superior. En otras palabras: si en el estado de "caída" del Superior (los valores espirituales pierden importancia para él), el hombre, no obstante, aspira a lo espiritual, entonces se conectará al *AJaP* del Superior. Y sucede así porque el *AJaP* del Superior ha degradado deliberadamente sus cualidades y ha asumido una forma exterior similar a las cualidades (deseos) del hombre.

Por lo tanto, en cuanto el hombre puede establecer contacto con el *AJaP* del Superior (a pesar de que el *AJaP* del Superior no tenga ningún atractivo para él precisamente porque Él rebaja sus cualidades al nivel del hombre), este *AJaP* del Superior inmediatamente eleva al hombre a su GE. Y así el hombre asciende a un Grado Superior.

"Perforación del aire" significa que el límite del aire –compuesto de *Biná* y ZON del Grado Superior, creados a raíz de la elevación de *Maljut* a *Biná*– es perforado con el descenso de *Maljut* desde *Biná* hasta su ubicación, porque entonces el aire se eleva por encima del firmamento y llega a GAR (GE) del grado.

Así tiene lugar la perforación de los firmamentos, ya que estos constituyen los límites de nuevos extremos que surgen porque el aire, *Biná* y ZON, fue desplazado desde su propio grado a uno más bajo, y a estos no les fue permitido regresar a su grado. Por eso, el firmamento es perforado por el descenso de *Maljut*, y ya no impide que *Biná* y ZON se eleven y se unan a ese grado.

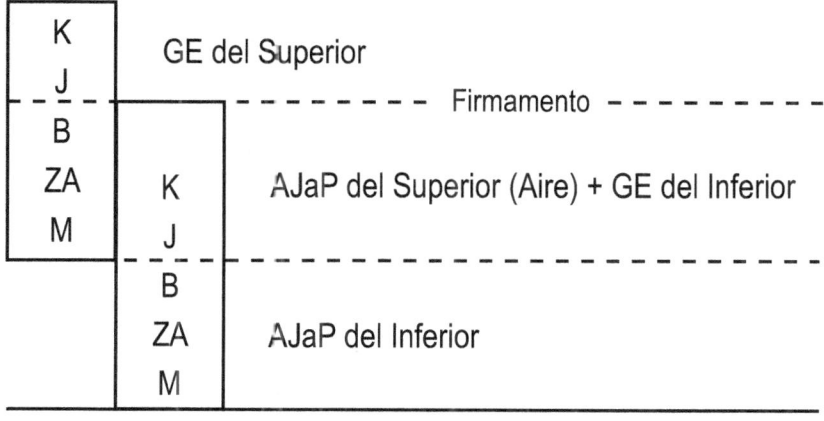

1. *Maljut* se ha elevado a *Biná* = firmamento.

2. *Maljut* desciende a su ubicación anterior. Esto crea un pasaje para el *AJaP* del Superior hacia su *GE*. Así, las entradas para el grado inferior se abren: a raíz de la caída de *Maljut* a su ubicación y la perforación de los firmamentos, *Biná* y ZON se elevan a un Grado Superior –por encima del firmamento– junto con el grado inferior con el que estuvieron durante su estado de descenso.

Es decir, el Superior abrió intencionadamente las entradas para permitir que el grado inferior subiera al Grado Superior, pero no para *Biná* y ZON (*AJaP* del Superior), que simplemente vuelven a su lugar.

La Luz que hace descender a *Maljut* desde *Biná* hasta su lugar correspondiente (el final de las diez *Sefirot*), proviene de los *Partzufim* AB-SAG. Estos son los *Partzufim* Jojmá y Biná del mundo de AK. Aunque la segunda restricción (la elevación de *Maljut* a *Biná*) tuvo lugar en el *Partzuf Biná* del mundo de AK, el *Partzuf Biná* (SAG) y Jojmá (AB) del mundo de AK no se vieron afectados por ello, y *Maljut* permanece en su lugar, al final de las diez *Sefirot*.

Únicamente el Creador (es decir, las cualidades de la Luz) puede corregir, transformar las cualidades egoístas del hombre en altruistas. De hecho, el hombre es sencillamente incapaz de salir de su estado actual "por sus propios medios": desde su nacimiento carece de fuerzas espirituales (deseos). Por eso, solo puede ser corregido por la Luz Superior. Y eso, únicamente puede hacerlo *Or Jojmá*, pues es la Luz que emana el Creador. *Or Jojmá*, sin la restricción de *Tzimtzum Bet*, se encuentra en el *Partzuf AB* del mundo de AK. El *Partzuf SAG* del mundo de AK es un *Partzuf* de *Biná*.

Por lo tanto, cuando el hombre eleva su MAN, su plegaria llega a los *Partzufim* Superiores del mundo de *Atzilut*, que apelan a *SAG-Biná-Ima* (madre), que a su vez apela a *AB-Jojmá-Aba* (padre); recibe de él *Or Jojmá* y la transmite a sus hijos: las almas de los justos, es decir, aquellos que desean convertirse en justos y elevarse espiritualmente.

Por eso, cuando *Jojmá-AB* se une con *Biná-SAG* en el mundo de AK, esta Luz (*Or AB-SAG*) desciende del *Partzuf Biná* del mundo de AK al *Partzuf Biná* del mundo de *Atzilut*, denominado EKYEH = Álef-Hey-Yud-Hey. La Luz desciende desde el *Partzuf Biná* del mundo de *Atzilut* a todos los grados de los mundos de ABYA. Al alcanzar un determinado *Partzuf*, esta Luz hace descender a la *Maljut* (que se ha elevado a *Biná*) de cada grado desde el nivel de *Biná* en ese grado hasta su ubicación anterior.

A partir de AVI, todos los *Partzufim* están en un estado de *Katnut*: el AJaP del *Partzuf* Superior está dentro del GE del inferior. La *Or Jojmá* recibida desciende a aquel que ha elevado MAN, dando de ese modo lugar a *Gadlut* en todos los *Partzufim*, a través de los cuales la Luz desciende hasta él.

La Luz desciende a cada *Partzuf* a través de su trayecto particular. Este trayecto es precisamente lo que conecta de manera personal a cada uno, a cada alma, con el Creador.

Mundo de AK
Kéter – Galgalta
Jojmá – AB
Biná – SAG
    ZA – MA Elión
    Maljut – BON Elión

Mundo de Atzilut
    Kéter – Átik
    Jojmá – AA
Biná – AVI = EKYEH
ZA
Maljut

Estos Partzufim canalizan la Luz de AB-SAG desde SAG de AK hasta AVI de Atzilut

Mundo de Briá

Mundo de Yetzirá

Mundo de Asiyá

Nuestro Mundo

Por eso, el nombre EKYEH se llama "el gobernante del aire" que desplaza los límites del aire por el descenso de *Maljut* desde *Biná* a su ubicación previa. Cada grado se compone de cuatro *Sefirot* J-B-ZA-M, estas *Sefirot* J-B-ZA-M de cada grado y cada mundo, a su vez, en cada grado y cada mundo contienen sus propias diez *Sefirot* individuales, en las que a raíz del ascenso de *Maljut* a *Biná* en cada grado, *Biná-ZA-Maljut* de cada grado cayeron a un grado inferior.

Así, hay cuatro tipos de espacio aéreo en cada mundo que están gobernados por los tres nombres de EKYEH: EKYEH en el aire de *Jésed*, EKYEH en el aire de *Guevurá*, y EKYEH en el aire de *Tiféret*. *Maljut* recibe de ellos, y estos tres nombres gobiernan conjuntamente en ella, en su aire.

El triple nombre EKYEH está compuesto por doce letras. Este nombre de doce letras gobierna en el aire haciendo descender a *Maljut* desde *Biná* a su emplazamiento anterior; y devuelve a *Biná* y ZON (llamados "aire") que cayeron a un grado inferior, al grado por encima del firmamento. Con la elevación de

Maljut a *Biná* se creó una entrada para permitir que el inferior se eleve al Grado Superior en cuanto la entrada quede abierta, es decir, durante el regreso de *Maljut* a su ubicación.

Por eso, cuando el profeta Eliyahu (un determinado grado espiritual) quiso elevarse volando al cielo, la *Maljut* de cada grado ascendió a *Biná* del grado correspondiente; a su vez, *Biná* y ZON del correspondiente grado cayeron al grado inferior, y se formó un firmamento entre ellos. Y la consecuencia fue que cada grado se duplicó. Y ahora cada grado contiene su propio grado (Eliyahu) y *Biná* y ZON del Grado Superior, que cayeron y se revistieron del grado inferior.

Esto ocurrió en cada grado de los mundos de ABYA, hasta el grado más bajo: *Biná* y ZON de la *Sefirá Maljut* del mundo de *Asiyá* cayeron y aparecieron debajo de *Maljut*, en nuestro mundo. *Maljut* del mundo de *Asiyá* termina en su firmamento, el cual es un nuevo final, en *Biná*. También este grado se duplicó, ya que *Biná* y ZON de la *Sefirá Yesod* del mundo de *Asiyá* descendieron y se revistieron de su grado.

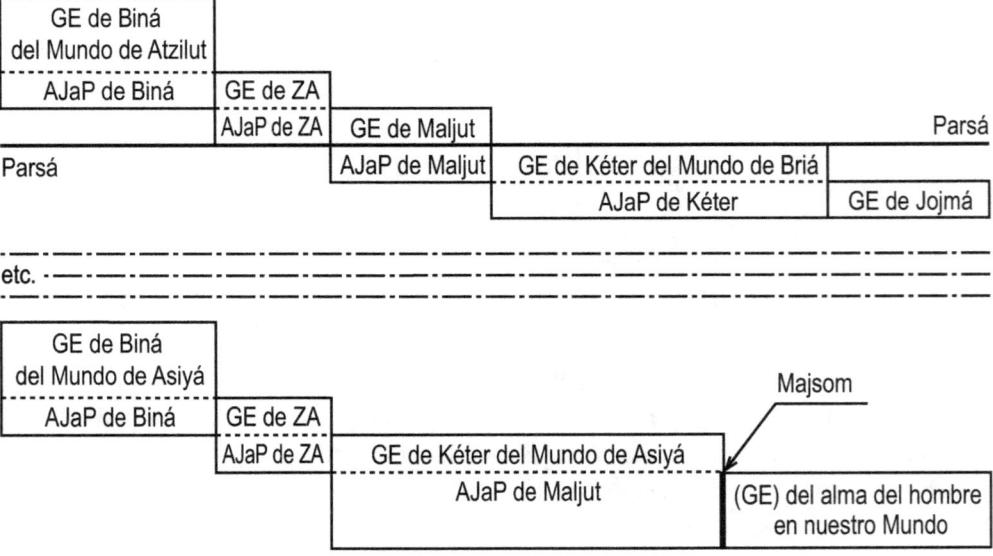

En este diagrama, GE del hombre en nuestro mundo aparece entre paréntesis, pues el hombre que existe en nuestro mundo (que se encuentra en el grado de nuestro mundo espiritualmente, no con su cuerpo), no tiene deseos de otorgar. Y por eso se dice que quien existe con sus cualidades en este mundo, en el egoísmo, tiene únicamente un punto en el corazón desde el que empezar su desarrollo espiritual.

De igual forma, la *Sefirá Yesod de Asiyá* termina en su firmamento y contiene también *Biná* y ZON de la *Sefirá Hod de Asiyá*. La *Sefirá Nétzaj de Asiyá* también se duplicó, y así sucesivamente hasta *Biná de Atzilut*. Por eso, el profeta Eliyahu se elevó y se unió con *Biná* y ZON, que habían caído desde *Maljut de Asiyá* a este mundo. Él se igualó a ellos y se revistió de ellos, con lo cual estos llegaron a ser como él, como su grado.

No se muestran todas las diez *Sefirot* del mundo de *Asiyá* en el diagrama anterior pero, como ya hemos mencionado, cada grado está dividido en sus propios GE y AJaP. La tarea del hombre es encontrar dentro de sí el AJaP del Superior. Y aceptarlo, conectar con él, unirse a él en todas sus sensaciones y deseos.

Entonces, el nombre de doce letras ejerció su influencia (gracias a la Luz de AB-SAG), haciendo que *Maljut* del mundo de *Asiyá* ascendiera desde *Biná* de la *Sefirá Maljut* del mundo de *Asiyá* a su ubicación, *Maljut de Maljut*, al final de las diez *Sefirot*. Y, como antes, *Biná* y ZON ascendieron a su grado, por encima del firmamento de *Maljut*. Y dado que, con sus cualidades, Eliyahu ya se había fundido con este aire (con *Biná* y ZON elevándose), él se elevó junto a ellos por encima del firmamento de *Maljut*, gracias a su equivalencia con ellos.

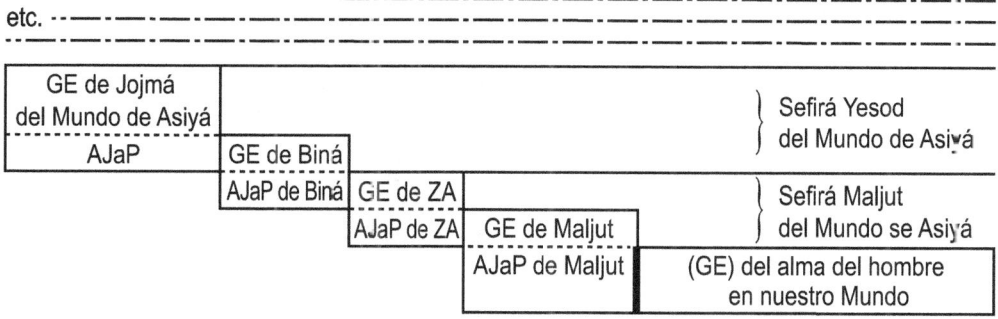

Como él se elevó por encima del firmamento de *Maljut* del mundo de *Asiyá*, entró en el aire (AJaP) de la *Sefirá Yesod* del mundo de *Asiyá*, es decir, *Biná* y ZON de la *Sefirá Yesod* que cayeron allí. Luego, por medio de sus deseos, él se fusionó con este aire y se considera que se revistió de él, pues ya se encontraba en el mismo grado que él. Después, el nombre de doce letras ejerció su influencia, que hizo bajar a *Maljut* desde *Biná* de la *Sefirá Yesod* de *Asiyá* a su ubicación, al final de las diez *Sefirot* individuales de *Yesod* del mundo de *Asiyá*.

A continuación, *Biná* y ZON (el aire de la *Sefirá Yesod*) se elevaron por encima del firmamento de *Yesod*. Y dado que Eliyahu ya se había fundido con este aire, él (el alma del hombre, su deseo) también se elevó por encima del firmamento de la *Sefirá Yesod* del mundo de *Asiyá* gracias a su equivalencia con ellos.

Y debido a que él se elevó por encima del firmamento de la *Sefirá Yesod* del mundo de *Asiyá*, encontró allí el aire (AJaP) de la *Sefirá Hod* del mundo de *Asiyá*, es decir, *Biná* y ZON de la *Sefirá de Hod* de *Asiyá* que habían caído allí.

Acto seguido, él se unió en cualidades con este aire, y se revistió de él, pues se encontraba con él en un mismo lugar (eran espiritualmente semejantes).

Y después (en cuanto las cualidades del hombre se unen con el *AJaP* del Superior), el nombre de doce letras ejerció su influencia (la Luz de *AB-SAG* descendió desde Arriba) y devolvió a *Maljut* (dio fuerza a la pantalla) al final de las diez *Sefirot* individuales de *Hod* del mundo de *Asiyá*. Y el aire, es decir, *Biná* y ZON, regresaron Arriba, encima del firmamento de *Hod de Asiyá*. Tomaron consigo a Eliyahu (el alma del hombre, sus deseos) –pues se había fusionado con ellos– y lo elevaron al firmamento de la *Sefirá Hod de Asiyá* dada su equivalencia con ellos.

Y cuando él estaba ya en el firmamento de la *Sefirá Hod de Asiyá*, encontró el aire (*AJaP*) de la *Sefirá Nétzaj de Asiyá* y se unió con él en sus cualidades. Cuando el nombre de doce letras ejerció su influencia (el Creador envió desde Arriba la Luz de corrección, la Luz de *AB-SAG*) y llevó a *Maljut* de regreso a su lugar (*Maljut* descendió desde *Biná* en esta *Sefirá* a la ubicación de *Maljut* en esta *Sefirá*, pues ella adquirió fuerzas de la Luz para oponer resistencia a los deseos egoístas de su *AJaP* y convertirlos en altruistas), el aire de la *Sefirá Nétzaj* ascendió por encima del firmamento, y junto con él se elevó Eliyahu (el alma del hombre), una vez que se había unido con él. Ya en el firmamento de la *Sefirá Nétzaj*, encontró el aire de la *Sefirá Tiféret* y así sucesivamente, hasta que se elevó con el aire por encima del firmamento de la *Sefirá Tiféret de Asiyá*.

Del mismo modo, el aire (*AJaP*) de cada grado se elevó un grado más alto, hasta llegar al Grado Supremo del mundo de *Asiyá*. Desde allí, subió a *Maljut de Yetzirá*, y desde ahí fue subiendo de manera gradual, a través de todos los grados del mundo de *Yetzirá* y del mundo de *Briá*, hasta alcanzar el Cielo (ZA) del mundo de *Atzilut*.

Y por ello, sobre el profeta Eliyahu se dice que el espíritu del Creador (la Luz *AB-SAG*) lo elevó (él estaba unido con el *AJaP* del Superior) al Cielo: espíritu significa *Rúaj*, las *Sefirot Biná* y ZON del Grado Superior, denominados "aire", que cayeron al grado inferior. Y precisamente este aire (espíritu), eleva al individuo de un grado inferior a uno Superior pasando por todos los grados particulares: desde el grado más bajo (*Sof* del mundo de *Asiyá*) hasta el mundo de *Atzilut*.

El Grado Superior es considerado el Creador del grado inferior: lo crea, le aviva mediante la Luz, y lo gobierna. A cada ocasión, el hombre considera y llama "Creador" al grado espiritual inmediatamente superior a él. Como dijo Rabí Zushe: "¡Tengo un nuevo Creador cada día!". En otras palabras, cuando el hombre se eleva a un Grado Superior (al que denomina "día" o "Luz"), revela un nuevo atributo del Creador en este Grado Superior.

El aire de cada uno de los cuatro puntos cardinales del mundo (en las *Sefirot Jésed-Guevurá-Tiféret-Maljut*) tiene sus propios gobernantes. Y estos poseen las llaves para activar el nombre de doce letras y, de ese modo, hacer bajar a *Maljut* desde *Biná* hasta su propia ubicación. El orden de estas cuatro clases de aire, desde abajo hacia arriba, es el siguiente: Oeste-*Maljut*, Este-*Tiféret* (incluyendo N-H-Y), Norte-*Guevurá*, y Sur-*Jésed*.

Jésed	–	Sur
Guevurá	–	Norte
ZA	–	Este
Maljut	–	Oeste

No son los gobernantes quienes elevan una plegaria (el deseo que el hombre siente en lo más profundo de su corazón) de aire a aire y luego de firmamento a firmamento. Es el aire el que eleva una plegaria desde el firmamento, cada aire a su firmamento: primero, la plegaria se eleva al aire de la *Sefirá Maljut* del mundo de *Asiyá*, es decir, a *Biná* y ZON (*AJaP*) que cayeron desde *Maljut* del mundo de *Asiyá* a nuestro mundo. Ellos son semejantes a la plegaria en sí, porque el aire (*AJaP*) es semejante a una plegaria (el Superior se bajó deliberadamente a sí mismo para igualar Sus cualidades con las del inferior). Y por lo tanto, ellos se unen en un mismo grado.

Luego, Zvuliel, el que allí gobierna, activa el nombre de doce letras que hace descender a *Maljut* desde *Biná de Asiyá* a su lugar. Esto hace que el aire retorne a su grado y se eleve por encima del firmamento del mundo de *Asiyá*. Y puesto que el aire se hizo semejante al grado-nivel de la propia plegaria, él trae consigo a la oración, elevándola por encima del firmamento de la *Sefirá Maljut* del mundo de *Asiyá*. Esto equivale a la elevación del Profeta Eliyahu.

Dado que la plegaria se elevó al firmamento del mundo de *Asiyá*, se encuentra con el aire de *Yesod* del mundo de *Asiyá* que cayó allí, como en el caso de Eliyahu. También allí se encuentra con el gobernante del aire del Este, Gazaria, porque el Este es la *Sefirá Tiféret* (ZA a menudo es llamado *Tiféret*, porque las cualidades de esta *Sefirá* predominan en él y determinan todas las cualidades de ZA), que incluye a la *Sefirá Yesod*, ya que *Tiféret* contiene las *Sefirot* N-H-Y.

Este gobernador activa el nombre de doce letras y hace descender a *Maljut* desde *Biná* de la *Sefirá Yesod* a su ubicación, causando que el aire de la *Sefirá Yesod* ascienda a su grado, el firmamento de la *Sefirá Yesod*. Gracias a la fusión con la plegaria en un grado (mediante equivalencia de forma) toma la plegaria con él y la eleva consigo por encima del firmamento de la *Sefirá Yesod*. A continuación, tiene lugar una acción similar en el aire y en el firmamento de las *Sefirot Nétzaj, Hod* y *Tiféret*.

Debido a que la oración se elevó al firmamento de *Tiféret*, ella encuentra el aire del Norte, es decir, *Biná* y ZON de la *Sefirá Guevurá de Asiyá*, que descendieron hasta ahí. Ella se une con el aire en un mismo grado. Entonces, el gobernador del Norte, Petajia, activa el nombre de doce letras y hace descender a *Maljut* desde *Biná* a su lugar. Por consiguiente, el aire regresa, asciende al firmamento de la *Sefirá Guevurá* y lleva consigo la plegaria, que se ha fundido con él en un mismo grado durante su caída.

Como la plegaria ya ha alcanzado el firmamento de *Guevurá*, ella encuentra el aire del Sur, *Biná* y ZON de la *Sefirá Jésed de Asiyá* que cayeron allí, y se fusiona con este aire. Entonces, el gobernador del aire del Sur, Pisgania, *Jésed de Asiyá*, activa el nombre de doce letras y hace descender a *Maljut* desde *Biná* de la *Sefirá Jésed de Asiyá* hasta su lugar. El aire del Sur regresa y asciende a su grado en el sexto firmamento, *Jésed* del mundo de *Asiyá*, denominado "Sur".

La plegaria, al estar ubicada en el sexto firmamento, encuentra el aire que cayó del séptimo firmamento, que es *Biná*, la cual incluye GAR; y la plegaria se funde con este aire en un único grado. Cuando el nombre de doce letras hace descender a *Maljut* desde *Biná* (el séptimo firmamento) a su lugar, el aire retorna a su grado (el séptimo firmamento) y lleva consigo la plegaria, que se ha unido con él durante su estado de caída.

La plegaria, al llegar al séptimo firmamento, encuentra el aire que cayó desde *Maljut de Yetzirá*, y se fusiona con él. Luego, Sandalfón, el gobernador general, que gobierna todo el mundo de *Asiyá*, la toma y activa el nombre de doce letras, que hace descender a *Maljut* desde *Maljut de Yetzirá* a su lugar. Y el aire se eleva y regresa a su grado, el firmamento de *Maljut de Yetzirá*, toma consigo la plegaria y la eleva al firmamento de *Maljut de Yetzirá*.

Exactamente de la misma manera, la plegaria se eleva atravesando todas las siete *Heijalot* (salas) de los mundos de *Yetzirá* y *Briá* hasta el mundo de *Atzilut*. Esto dilucida la pregunta planteada al principio: ¿Cómo puede una plegaria ascender del grado más bajo del mundo de *Asiyá* hasta el mundo de *Atzilut* si ningún grado puede ascender por encima de sí mismo? Sin embargo, de lo ya mencionado se deduce que, dado que la plegaria se fusiona con el primer aire que descendió desde *Maljut de Asiyá* a NUESTRO MUNDO, es precisamente este aire el que los elevó al firmamento de *Maljut*; mientras que el aire de la *Sefirá Yesod de Asiyá* fue elevado al firmamento de *Yesod*, y así sucesivamente. En otras palabras, el aire con el que la plegaria se fusiona y asciende, la eleva hasta *Maljut* del mundo de *Atzilut*.

Aquel que desciende desde *Maljut de Asiyá* a nuestro mundo, es, obviamente, alguien que cae del grado espiritual llamado *Maljut* del mundo de *Asiyá* al grado espiritual denominado *nuestro mundo*. Por supuesto, esto no se refiere en absoluto a nuestra existencia física en este mundo. Se considera que AJaP del Grado superior han caído cuando el hombre siente en su corazón (en el centro de todos los deseos) el deseo de alcanzar la espiritualidad, fundirse con ella y anular sus cualidades egoístas, pues son dañinas y nocivas para él.

Uno no debería pensar que la caída de *Biná* y ZON a nuestro mundo desde el mundo de *Asiyá* puede ser experimentada fácilmente por cualquiera. Solo aquel que ha sentido esto puede realizar una suficiente cantidad de esfuerzos -tanto cuantitativos como cualitativos- y se vuelve merecedor de que el *AJaP* del Superior le eleve por encima de nuestro mundo.

En la parte Sur (*Jésed*), se encuentra aquel que gobierna el aire en esa parte y sus asistentes. Su nombre es Pisgania, y tiene las llaves del aire de ese lado. Todos aquellos que sufren, oran a su Creador desde lo más profundo de sus corazones rotos (la propia sensación de sufrimiento ya constituye una oración, y no necesita de palabras). Si su discurso (deseos) es meritorio, asciende al aire de ese lado; y el gobernante lo acepta y lo besa ("abrazo", "beso" y *Zivug* son diferentes formas de unión espiritual entre los *Partzufim*), y declara: "El Creador será misericordioso y se apiadará en Su misericordia".

Todos los sagrados gobernadores (puesto que *Or Jojmá* es llamada sagrada) y sus asistentes en ese lado se elevan junto con él. Las letras del nombre sagrado del Creador, del nombre de doce letras, EKYEH, se elevan volando: cuatro letras *Álef-Hey-Yud-Hey* para cada lado, las cuales gobiernan los correspondientes lados del aire. Ellos ascienden en lado del aire hasta el firmamento del Sur, *Jésed* (el sexto firmamento), hasta el gobernador del firmamento del lado Sur, llamado Anafiel.

En el lado Norte (*Guevurá*) está Petajia, el gobernador del aire, con sus asistentes. Si aquel que ora por sus enemigos y por aquellos que le odian (es decir, por aquellos que le hacen sufrir) es el justo, entonces, cuando el discurso de su oración se eleva al aire de ese lado, el gobernador acepta los discursos de su corazón y los besa (los une con sus cualidades para elevarlos aún más).

El aire que viene del Norte se agita y llama a todos los firmamentos, y todos ellos toman este discurso, lo elevan al quinto firmamento, el del Norte, lo besan y dicen: "El Señor arrojará a tus enemigos, los retirará de tu cara". Esto sucede en el siguiente orden: una vez que el gobernante del aire ha recibido la oración y la ha besado (lo cual quiere decir que esta se ha unido con el grado del aire y del gobernante), se agita el aire desde el lado del Norte (el nuevo final que *Maljut* creó mientras ascendía a *Biná*, llamado *Tejum*: espacio, que deriva de la palabra *Tohu*: caos), y el nombre de doce letras hace que *Maljut* descienda: desde *Biná* de la *Sefirá Guevurá de Asiyá* a su ubicación.

Entonces, el aire que cayó dentro de las restricciones (*Dinim*) de este espacio, es despertado por el deseo de elevarse al firmamento de la *Sefirá Guevurá*. Y todos los grados que estaban unidos con él durante su caída, se elevan junto a él en el firmamento de la *Sefirá Guevurá* gracias a su equivalencia con él. Del mismo modo, la oración que se unió a él durante su caída, asciende con él al quinto firmamento.

El orden de elevación de una plegaria comienza aquí: ella asciende y atraviesa el aire (AJaP), el cual cayó desde Maljut de Asiyá a nuestro mundo, y asciende con él al primer firmamento, el firmamento de Maljut de Asiyá. La plegaria asciende y se aproxima al gobernante (en sus cualidades), el cual fue designado para controlar el lado Oeste (Maljut). Allí hay nueve entradas, donde se sitúan los asistentes del gobernante, Zvuliel.

Las diez Sefirot de la propia Maljut tienen nueve (no diez) entradas, ya que la restricción de recibir Luz fue impuesta sobre Maljut de la Sefirá Maljut, y está conectada con la Sefirá Yesod de Maljut. Por lo tanto, Yesod y Maljut de la Sefirá Maljut comparten una misma entrada.

Sin embargo, surge una pregunta: "¿Por qué todas las partes del aire tienen un gobernador y hay otro gobernador para el firmamento? Por ejemplo, en la parte Este, está Gazaria, que controla el aire del Este, y Shimshiel, que controla el firmamento del Este (Tiféret, el cuarto firmamento). Del mismo modo, en la parte del Sur está Pisgania, que controla el aire del Sur del lado del Sur, y Anafiel, que controla el firmamento del Sur. Y en la parte Norte, el gobernador Petajia gobierna el aire del Norte, y Gadriel está encargado del firmamento del Norte. Entonces ¿por qué únicamente Maljut tiene un gobernador general llamado Zvuliel que gobierna aire y firmamento?

La razón es que, debido al ascenso de Maljut a Biná, Biná y ZON de cada grado caen a un grado más bajo, al nivel de aire. No obstante, la Sefirá Biná no cae completa: solamente cae su mitad (ZAT o VAK de Biná); mientras que Kéter, Jojmá y la mitad Superior de Biná, es decir, GAR de Biná, permanecen en el mismo grado. Solo la mitad inferior de Biná, ZAT de Biná (ZA y Maljut) cayeron desde este grado y se convirtieron en aire.

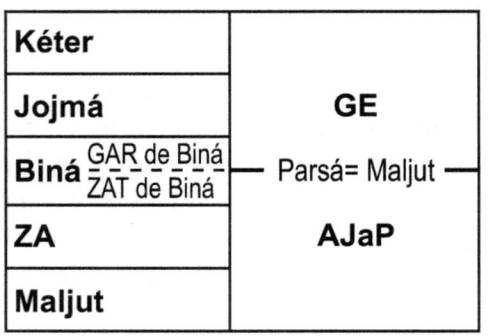

Por lo tanto, surgió la necesidad de contar con dos gobernadores distintos: uno para el Grado Superior, que se queda por encima del firmamento, y el otro para la mitad inferior del grado, que cayó y se transformó en aire. En el grado (diez Sefirot) de Maljut (desde el cual, todas las nueve Sefirot cayeron al grado inferior durante el ascenso de Maljut a Biná), solo se quedó una Sefirá Kéter de Maljut, la cual permaneció como un punto por debajo de Yesod de ZA.

Sin embargo, este punto se refiere en mayor medida a la Sefirá Yesod, que es Superior a la Sefirá Maljut, porque sus cualidades son más parecidas a Yesod. Y puesto que la totalidad de Maljut pertenece a las cualidades del aire (exceptuando su propia Kéter), ella solo tiene un gobernador.

El gobernador desea actuar en el firmamento durante el día, pero no recibe permiso hasta que aparece la luz de la luna, es decir, hasta el anochecer. Entonces emergen todos los gobernadores y fuerzas. Y cuando el día (la Luz Superior) empieza a brillar, todos se elevan (se corrigen y mejoran las cualidades espirituales bajo la influencia de la Luz) a la más alta de las nueve entradas, al punto de *Kéter* de la *Sefirá Maljut*, el cual permaneció en su grado por encima del firmamento (*Parsá*).

Y cuando la oración se eleva, ella accede a través de esta entrada Superior, y todos los gobernadores con sus asistentes salen de ella, liderados por su gobernador Superior, Zvuliel, el único gobernador del aire de esta entrada Superior, que se encuentra por encima del firmamento de *Maljut* del mundo de *Asiyá*. Todos ellos salen, besan la oración y la acompañan hasta el segundo firmamento (*Yesod de Asiyá*).

Maljut constituye la línea izquierda: *Jojmá* sin *Jasadim*. Por lo tanto, cuando ella domina, la Luz no brilla, la oscuridad prevalece. *Jojmá* no puede brillar sin *Jasadim*, y esto significa que cuando *Maljut* gobierna es noche (no día). Ya que todas sus nueve *Sefirot* inferiores –de las cuales surgen todos los gobernadores (del hombre) y fuerzas (deseos del hombre) del lado izquierdo– gobiernan por la noche.

Por esto, se dice que *Maljut* desciende desde *Biná* a su ubicación, aunque la fuerza impura no llega a tocar sus nueve *Sefirot* inferiores, pues *Maljut* descendió del firmamento que la transformaba en aire. A pesar de esto, ellas (las nueve *Sefirot*) no reemplazan el poder de *Maljut*, y deben elevarse sobre el firmamento a la entrada Superior, *Kéter de Maljut*. Allí, ellas se incluyen en el lado derecho (*Jasadim*), y la oración asciende con ellas gracias a su equivalencia (en deseos, cualidades) adquirida mientras estaban debajo del firmamento (en el estado llamado "nuestro mundo").

Y puesto que la plegaria (MAN) se elevó por encima del firmamento de *Maljut* (al GE del Superior), ella encuentra el aire (el AJaP del siguiente Superior) que cayó allí desde el segundo firmamento. Tras el descenso de *Maljut* desde *Biná* de la *Sefirá Yesod de Asiyá* a su lugar, este aire asciende al firmamento de la *Sefirá Yesod* y lleva consigo a todos los gobernantes, sus asistentes y la plegaria, los cuales estaban con él durante su caída. Y los eleva a todos al firmamento de la *Sefirá Yesod* del mundo de *Asiyá*.

Y cuando la plegaria asciende a este firmamento (*Yesod*), las doce puertas de dicho firmamento se abren. Un gobernador especial, Anael, a cargo de numerosas fuerzas, se encuentra en la duodécima entrada. Y cuando la plegaria asciende, él se encuentra allí erguido y clama a todas las entradas: "Abrid las puertas". Todas las entradas se abren y la plegaria accede a través de ellas.

Esto sucede porque *Tiféret* tiene doce bordes de la diagonal, definida por las *Sefirot* J-G-T-M, cada una de las cuales contiene tres líneas de J-G-T, doce en total. Y todo lo que existe en *Tiféret* está también presente en *Yesod*. Pero ahí, estos doce bordes son llamados "doce puertas", a través de las cuales entra la plegaria.

Y entonces se despierta un gobernador muy anciano que se encuentra en el lado Sur. Su nombre es Azriel-Saba, a veces también llamado Majaniel, ya que él es responsable de 600 000 grupos (campos: *Majanot*). Todos los grupos tienen alas y ojos. Están erguidos y prestan oído a todos aquellos que están rezando quedamente, prestan oído a las oraciones que vienen desde lo profundo del corazón y están dirigidas solo al Creador. Aquellos que tienen oídos solamente escuchan estas oraciones.

Hay una apertura especial en la *Sefirá Yesod de Jésed* (misericordia Suprema) que desciende de la línea derecha de *Biná*. Y por ello, el gobernador de esta misericordia es llamado Azriel-Saba. Se le llama *Saba* (abuelo), porque *Jojmá* y *Biná* son denominados "hombres viejos". Y él es el encargado de gobernar sobre 600 000 grupos (campamentos), porque 600 = 6 x 100, donde 6 = *Sefirot* J-G-T-N-H-Y en *Biná*. Y puesto que cada *Sefirá* en *Biná* equivale a 100, entonces 6 x 100 = 600. Y los miles descienden de *Or Jojmá*, que brilla en cada una de estas *Sefirot*.

Por lo tanto, 600 x 1 000 = 600 000 grupos.

GAR de *Tevuná*, la parte inferior (ZAT) de *Biná*, reciben el nombre de "orejas". En ellos solamente brilla *Or Jasadim*, sin *Jojmá*. VAK de *Tevuná* es llamado "ojos", y *Or Jojmá* brilla en él.

Maljut y *Biná* constituyen dos clases de aire, Oeste y Norte, ellas se unen y entremezclan, y forman una diagonal, una combinación de juicio y misericordia que mitiga la rigurosidad y el juicio. Por eso ellas escuchan lo bueno de aquel que es merecedor, es decir, aceptan su oración en la medida de la misericordia de la diagonal. Sin embargo, escuchan lo malo sobre aquel que no es merecedor, aceptando su oración en la medida del juicio de la diagonal.

Si los oídos del hombre oyen la oración, esto implica que él habla no desde el fondo de su corazón, sino desde su boca, superficialmente (de ahí que su oración sea escuchada por sus oídos pero no por su corazón); y Arriba nadie va a aceptarla. Por lo tanto, el hombre tiene que ser cauteloso: nadie debe escuchar su oración, porque las palabras de la oración se unen en el Mundo Superior, en ZA, y el discurso del Mundo Superior no debe ser escuchado.

Fijémonos en cómo se lee la *Torá*: uno lee y el otro se mantiene en silencio. Y si los dos leyeran en voz alta, con ello harían disminuir la fe Arriba, ya que la voz y el discurso de uno se mezclan con la voz y el discurso del otro, y dañan la fe (*Maljut*). La voz y el discurso (ZA es llamado "voz" y *Maljut* es llamada "discurso") de uno deben ser similares a la voz y el discurso del otro.

Hay dos razones mencionadas anteriormente sobre por qué una oración debe ser un discurso sin voz, desapercibido para el oído del hombre. La primera es que *Maljut*, la cual engendra a las personas, incluye dos puntos: la Luz no puede ser recibida desde *Maljut* con una medida de rigurosidad; pero sí es posible recibir la Luz desde *Maljut*, que es corregida en *Biná*, con una medida de misericordia.

El hombre también está constituido por una combinación de estos dos puntos. Si él lo merece, la medida de juicio se vuelve oculta y la medida de misericordia se revela. Y entonces merece recibir la Luz Superior. Por el contrario, si no es merecedor, se revela la medida de rigurosidad y toda la Luz desaparece de él.

Por lo tanto, el oído Superior tiene una forma inclinada para poder recibir la oración del hombre-el justo, de aquel que merece la ocultación de la medida de rigurosidad, para que el oído que escucha no active la rigurosidad, oculta en el discurso de la oración. Por eso, si otra persona, alguien ajeno escucha la oración antes de que esta suba, activa la rigurosidad oculta en el discurso de la oración y esta no puede ser escuchada Arriba.

Hay otra razón para esto: los discursos de la oración son partes de *Maljut*. Y aquel que reza debe ser parte de *Maljut*. Por lo tanto, la oración debe elevarse y ser incluida en la *Maljut* Suprema, llamada "discurso". Entonces *Maljut* se une con ZA (voz) y la oración es aceptada, es decir, la Luz de ZA es aceptada.

Está prohibido elevar la voz durante la oración porque, de ese modo, permitimos que la Voz Suprema, la Luz de ZA, descienda a la persona que reza. El discurso sube hasta *Maljut*, se une con ZA con ayuda de *Maljut*, y recibe de ZA una voz completamente corregida. Gracias a esto, la oración puede recibir la Luz. Por eso, decimos que las palabras de la oración que pronuncia la voz del hombre no deben ser escuchadas.

Quien lee la *Torá* debe ser parte de ZA, llamado "*Torá*". Y la voz de aquel que lee la *Torá* debe estar en vez de la voz de ZA. Por lo tanto, está prohibido escuchar la voz de otro, pues esta será la voz de alguien que existe bajo rigurosidad, no bajo misericordia.

Así, la voz del extraño daña la voz de aquel que lee la *Torá*, y *Maljut* es incapaz de recibir la Luz desde ZA. No obstante, si estos son la voz y discurso de un hombre, entonces, la voz, llamada ZA, y el discurso, llamado *Maljut*, se unen en una combinación. Pero si la voz y el discurso de un extraño se unen al lector, le acabarán dañando.

Respecto a todo lo mencionado, podemos decir que solo aquel que se aproxima al estado descrito puede comprender lo que *El Zóhar* narra. Las acciones espirituales se comprenden con el corazón, con los deseos, las cualidades. Si ellos no se corresponden, si no coinciden con estas acciones mencionadas, ninguna explicación podrá ayudar. Un "extraño" designa los pensamientos y deseos "ajenos" (lejanos de las aspiraciones espirituales) del hombre.

Cuando una oración en voz baja, oculta y secreta, se eleva, el propio gobernador Azriel-Saba y todos sus asistentes –aquellos a cargo de los 600 000 grupos (campamentos)–, todos aquellos que tienen ojos y oídos, emergen y besan la palabra de la oración que se eleva.

Esto se menciona en el versículo: "Los ojos y oídos del Creador están dirigidos a ellos". Los ojos del Creador están dirigidos a los justos. Los "ojos del Creador" quiere decir todos aquellos abajo que tienen ojos, es decir, los ángeles que existen en el firmamento de *Yesod* del mundo de *Asiyá*. Ellos están Arriba, en el grado de GAR, ya que ojos representan la cualidad de *Jojmá*. No obstante, estos ojos son los ojos de la *Sefirá Yesod*, y por eso está escrito: "Los ojos del Creador están dirigidos a los justos", ya que *Yesod* es llamado el "justo".

El tercer firmamento se compone de las *Sefirot Nétzaj* y *Hod* del mundo de *Asiyá*. La plegaria se eleva hasta este firmamento. El gobernador de este firmamento, Gadria, con sus asistentes, actúa tres veces al día durante el ascenso de las tres líneas al mundo de *Atzilut*, cuando el cetro luminoso de Luz asciende y desciende, pero no permanece en un único lugar, ya que *Or Jojmá* de la línea izquierda (llamada "cetro de Luz") desea brillar.

La palabra "cetro" (en hebreo, *Sharvit*) significa visión, y *Or Jojmá* recibe el nombre de "Luz de la visión". El cetro se mueve tres veces y se oculta, porque *Jojmá* se revela únicamente cuando las tres líneas se mueven en los tres puntos: *Jólam* (el punto sobre las letras), *Shúruk* (el punto dentro de las letras), y *Jírik* (el punto debajo de las letras).

Cuando la oración, que es la línea media, se eleva y lleva consigo la pantalla de *Jírik*, el cetro (la Luz de la línea izquierda) desciende e inclina su cabeza ante la oración, lo cual indica el ocultamiento de GAR, llamados "cabeza". Esto es porque la línea media reduce la línea izquierda con ayuda de la pantalla de *Jírik*. Este tercer firmamento de las *Sefirot Nétzaj* y *Hod* del mundo de *Asiyá* se denomina el "firmamento del cetro", ya que el cetro de Luz actúa dentro de él.

Cuando la oración se eleva, el gobernador inclina su cabeza ante ella (disminuye su propio nivel). A continuación, golpea la roca iridiscente con su cetro. La roca se encuentra en el centro (la línea media) del firmamento y 365 ejércitos emergen de esta roca, los cuales estaban ocultos dentro de ella desde el momento en que la *Torá* descendió a la Tierra. Esto ocurrió porque ellos se opusieron a este descenso: el Creador les reprendió y ellos se ocultaron en la roca.

Aquí, por analogía con lo ya mencionado –y de acuerdo a las definiciones de nociones como "cetro", "roca", "ejércitos", "Luz", "ocultamiento", "inclinarse"–

se le presenta al lector la oportunidad de traducir del lenguaje de las leyendas al lenguaje de las acciones espirituales. *Y cuando el lector pueda alcanzar lo que está escrito, lo sentirá en su interior.*

Y ellos no emergen de allí, excepto cuando se eleva la oración. Entonces ellos enaltecen al Creador, diciendo: "Creador nuestro, ¡cuán grande es Tu nombre sobre la Tierra!". Esta oración es llamada "Grande", porque asciende a todos estos firmamentos, y ellos se inclinan ante ella.

Esto ocurre porque los ángeles que se opusieron al descenso de la *Torá* (véase el capítulo "Cielo y Tierra") -es decir, la línea media- a la Tierra (*Maljut* y los mundos de *BYA*), surgieron de la línea izquierda. Ellos querían que la línea izquierda dominara en *Maljut* y en los mundos de *BYA*, pero no la línea media denominada "*Torá*" que reduce el GAR de la Luz de la línea izquierda.

Maljut, llamada "Tierra", incluye todos los mundos de *BYA*. Sin embargo, el Creador (la línea media) la reprendió y obligó a recibir la Luz de la línea media y a esconderse en la roca, en las fuerzas de rigurosidad, las cuales existen en la línea media que se encuentra en el centro del firmamento.

Pero la oración únicamente puede elevarse activando la línea izquierda; es decir, *Biná* y ZON que cayeron al grado inferior, ascendieron una vez más por encima del firmamento, y se convirtieron en la línea izquierda. Ellos llevan consigo la oración que existió en su interior durante la caída al grado inferior.

Por eso, el gobernador recibe el cetro, la Luz de la línea izquierda, ya que durante la elevación de la plegaria, la línea izquierda brilla en su dominio. Entonces, los 365 ejércitos se despiertan y reciben la Luz de la línea izquierda desde el cetro. Y por tanto ellos exclaman: "Creador, Señor nuestro, ¡cuán grande es Tu nombre sobre la Tierra!", pues la plegaria asciende a este firmamento, llamado "Grande", e incluye la pantalla de *Jírik* de la línea izquierda, que proviene de GAR. Por eso, ellos inclinan sus cabezas, es decir, no usan GAR de *Or Jojmá*: únicamente usan VAK.

Después, la oración se viste con los adornos Supremos y se eleva al cuarto firmamento, *Tiféret*. Entonces sale el sol (*Tiféret*) hasta su nivel, y sale el gobernador Supremo Shimshiel, y los 365 ejércitos ascienden a este firmamento junto con él. Estos se denominan "los días del sol", pues estos grados provienen del sol, *Tiféret*. Y ellos visten y adornan a *Maljut* en los Cielos del Jardín del Edén.

La plegaria se queda allí para unirse con el aire de *Guevurá* de esos grados, porque se suponía que no se iba a quedar en el firmamento previo, N-H-Y, ya que estas están incluidas en *Tiféret*. Y la plegaria permanece allí hasta que todos los ejércitos se hayan elevado con ella al quinto firmamento (*Guevurá*), donde gobierna Gadriel. Él es el dueño de todas las guerras de las otras naciones, porque *Guevurá* constituye la línea izquierda a la cual se sujetan las demás naciones.

Y cuando la plegaria se eleva llevando consigo la pantalla de la línea media (que reduce la línea izquierda de GAR a VAK), ella la sacude, también a todos sus ejércitos; y ellos pierden toda su fuerza, aparecen e inclinan sus cabezas, es decir, GAR, y adornan esta plegaria.

Se elevan con ella al sexto firmamento, *Jésed*, las legiones y ejércitos aparecen y aceptan la oración hasta que ellos alcanzan las setenta puertas, J-G-T-N-H-Y-M, cada una de las cuales está compuesta por diez, ya que *Jésed* incluye todas las siete *Sefirot* inferiores. El gobernador Supremo, Anafiel, se encuentra allí y adorna la plegaria con setenta adornos.

Y como la oración fue ataviada con estos adornos, todas las legiones y ejércitos de todos los firmamentos que acompañaron a la oración de un firmamento a otro hasta este lugar, se unen y elevan la oración al séptimo firmamento, *Biná*, que incluye GAR.

La oración entra al séptimo firmamento, y el gobernador Supremo, Sandalfón, que está a cargo de todos los guardianes de las entradas, permite que la oración entre a las siete salas del mundo de *Yetzirá*. Estas siete salas son las siete salas del Rey, las siete salas de *Maljut de Atzilut*, donde reina ZA.

Cuando la plegaria, engalanada con todos esos adornos, se eleva hasta allí, ella une a ZA con *Maljut*, ya que todo se hace semejante a todo lo demás. Y el nombre del Creador, es decir, *Maljut*, es adornado desde Arriba y desde abajo, y por todos los lados, porque *Maljut* se funde con ZA en uno. Y luego *Yesod* (el justo) llena a *Maljut* con sus bendiciones.

Afortunado es el destino del hombre que puede poner en orden su plegaria para que el Creador pueda vestirse con esa oración. Él aguarda a que todas las oraciones de Israel terminen su ascenso y se unan en una plegaria completa y perfecta, cuando todo llegue a ser perfecto tanto Arriba como abajo.

Además de la plegaria, hay Mandamientos de la *Torá* que dependen de la palabra y la acción. Seis son los Mandamientos que dependen de la palabra:

1. Temer al Gran Creador Todopoderoso;
2. Amar al Creador;
3. Bendecir al Creador;
4. Proclamar la unidad del Creador;
5. Bendecir a la nación, Mandamiento que incumbe a los *Cohanim*;
6. Encomendar el alma al Creador.

De los seis Mandamientos mencionados, el primero tiene lugar en las bendiciones que el Rey David cantó en sus ofrendas de la *Torá*, donde el hombre debe temer a su Dueño, pues estas canciones se encuentran en un lugar llamado "temor" (*Maljut*). Todas estas bendiciones escritas constituyen la esencia del temor al Creador, *Maljut*. Y el hombre debe convertir estas canciones de temor en sus deseos.

El hombre debe alcanzar un nivel de desarrollo espiritual en que sus deseos coincidan con lo que se dice en los textos de estas bendiciones. Es imposible obligar a alguien a que desee algo: todos nuestros sentimientos son producto, consecuencia de nuestro nivel espiritual. La Luz de ese correspondiente grado influye sobre nuestro egoísmo y lo corrige mediante el poder de ese grado. Por lo tanto, lo único que el hombre puede hacer es pedir corrección. Y esta vendrá de Arriba, de la Luz, del Creador.

Aquí vemos una lista de los grados que el hombre debe atravesar progresivamente en su corrección. Estos grados por lo general se denominan Mandamientos (*Mitzvot*). Entre el Creador y nosotros hay 620 en total: 613 Mandamientos de la *Torá* para Israel (altruismo) y siete Mandamientos de la *Torá* para todas las naciones (egoísmo). Aquí ellos están descritos de una manera diferente: lo más importante es pedir la corrección (y si el ruego es genuino, inmediatamente desciende hasta él una respuesta desde Arriba en forma de Luz), por eso todo el trabajo del hombre sobre sí mismo, todos sus esfuerzos en el estudio, las acciones y el trabajo son solamente para generar en él una súplica verdadera, *MAN*. Por lo tanto, las etapas del desarrollo espiritual del hombre se describen como su camino en la oración; como si estuviera rezando, aunque este proceso continúa en su interior durante toda su vida en la Tierra.

El segundo Mandamiento: amar al Creador (como hemos afirmado en repetidas veces, este sentimiento es consecuencia de la corrección; véase "Introducción al Estudio de las Diez *Sefirot*", punto 45, los cuatro grados en la sensación de gobernanza: de la oscuridad al amor) es cuando en la oración uno llega a *Ahavat Olam* (gran amor) y *La El* (al Creador). Estas son dos bendiciones que preceden a la exhortación, *Shemá Israel* (Escucha, Israel) y *Ve Ahavta Et* (y ama al Creador), la bendición del Creador por nuestro amor hacia Él que sigue a la exhortación *Shemá Israel*. Este es el secreto del amor por el Creador.

El tercer Mandamiento: puesto que el hombre llega a un lugar en la oración llamado *Lehishtabéaj* (bendito es el Creador), él debe alcanzar alabanzas y bendiciones al Creador en su deseo, como en las partes de la oración *Yotzer Or* (El que crea la Luz) y *Yotzer HaMeorot* (Creador de los astros).

El cuarto Mandamiento es proclamar la unidad del Creador, es decir, *Shemá Israel* (¡Escucha, Israel, nuestro Creador es Uno!). Desde este punto (grado) en adelante, sigue el secreto de la unidad del Creador (en todas Sus manifestaciones al hombre), Su unicidad, como se requiere, en los deseos de su corazón (el corazón no debe contener nada más que la sensación de la Única Fuerza Superior). Después, el Mandamiento de rememorar y recordar a los demás el éxodo de Egipto (egoísmo) es observado, como está escrito: "Recuerda que fuiste esclavo en Egipto".

El quinto Mandamiento es que un *Cohen* bendiga a la nación (el descenso de la Luz en el *Partzuf*), para que Israel sea incluido cuando la plegaria (la bendición de los *Cohanim*) ascienda, ya que en ese momento (estado), *Knéset Israel* (todos aquellos que se corrigen con su aspiración al Creador y constituyen una parte de *Maljut* del mundo de *Atzilut*), es decir, *Maljut*, recibe una bendición (Luz).

El sexto Mandamiento y el tiempo deseado (estado, nivel espiritual en el que el hombre desea entregar todos sus deseos, es decir, su alma, al Creador; esto significa que él puede actuar en beneficio del Creador en todos sus deseos) es encomendar el alma al Creador con pleno deseo en el corazón. Cuando uno cae (acepta voluntariamente el estado pequeño) sobre su rostro (*Jojmá*) y proclama (eleva MAN): "Yo Te encomiendo mi alma, Oh Creador". Las intenciones y deseos de su corazón aspiran a entregar su alma al Creador mediante un deseo completo (este deseo es consecuencia de ese grado espiritual y llega de manera natural a quienes se han elevado hasta él).

Estos seis Mandamientos de la plegaria corresponden a los 600 *Mitzvot* de la *Torá*. Y los trece Mandamientos restantes son necesarios para atraer los trece atributos de misericordia (trece *Midot HaRajamim*), que incluyen todo el resto. La plegaria es engalanada con 600 Mandamientos, que corresponden a J-G-T-N-H-Y, lo que la plegaria (*Maljut*) recibe de ZA.

Afortunado es el destino de aquel que centró su atención y deseo en esto (aquel que pudo elevar el ruego correcto pidiendo corrección), aquel que llevó a cabo todo lo que se le pedía cada día (a la luz del día del Creador), y dirigió los deseos e intenciones de su corazón a la compleción de este Mandamiento, que depende de la palabra.

APÉNDICE 1
LECTURA ADICIONAL

Para ayudar a determinar qué libro leer después, hemos establecido cuatro categorías: Principiantes, Intermedio, Bueno para todos, Textos de estudio. Las dos primeras categorías están divididas por el nivel de conocimiento previo que se requiere de los lectores. En la categoría Principiantes no es necesario un conocimiento previo. La categoría Intermedio requiere del lector haber leído primero uno o dos libros para principiantes. La tercera categoría, Bueno para todos, incluye libros que siempre se pueden disfrutar, sin importar si la persona es totalmente novata o si tiene amplios conocimientos sobre Cabalá.

La cuarta categoría –Textos de estudio- incluye traducciones de materiales procedentes de fuentes auténticas de cabalistas anteriores, tales como el Ari, Rabí Yehuda Ashlag (Baal HaSulam) y su hijo y sucesor, Rabí Baruj Ashlag (Rabash).

En el sitio www.kabbalah.info/es pueden encontrarse textos de estudio adicionales ya traducidos pero que aún no han sido publicados. En este sitio, el acceso a todos los materiales es completamente gratuito.

PRINCIPIANTES

La guía de la sabiduría oculta de la Cabalá (Nowtilus, España)

Este libro describe el método científico del Rav Laitman en pos del autodescubrimiento y de la elevación espiritual. Los procesos internos que afectan a cada individuo, la búsqueda de la riqueza interior, son algunos de los elementos que componen todo un tratado sobre el sentido de la vida. Su propuesta plantea una nueva educación global basada en valores universales, destinada a fundar una sociedad armoniosa e integral.

Cabalá para no iniciados *(Random House Mondadori-Grijalbo, México)*

La Cabalá es mucho más que una frívola moda de las estrellas de Hollywood, o que llevar un brazalete rojo. Su pensamiento nos impulsa a mirar más allá de lo tangible para dar propósito y sentido a nuestras vidas en busca de la iluminación.

Cabalá para no iniciados es un libro que ofrece precisamente eso: cómo adaptar esta filosofía antigua a nuestra vida moderna y hacerla parte de la cotidianidad. En él se encontrará:

- Mitos y realidades en torno a la Cabalá.
- Una guía clara para aprender a leer la Biblia o *Torá* desde este punto de vista.
- Consejos prácticos para incorporar su esencia a nuestra vida diaria.
- La historia de la creación según sus enseñanzas.

El lector está a punto de iniciar un viaje por el tiempo de más de seis mil años de antigüedad y a través de los cinco mundos espirituales. Así aprenderá la esencia y el propósito de su vida y descubrirá cómo sus deseos afectan el mundo que le rodea. Descubrirá éstas y muchas otras razones que han hecho que esta milenaria ciencia se encuentre cada día más vigente.

Cabalá para aprendices:
Principios básicos para una vida plena *(Grupo Editorial Norma, Chile)*

Cabalá para aprendices es un libro para todo aquel que esté buscando respuestas a las preguntas esenciales de la vida, tales como, "¿para qué venimos a este mundo?", "¿por qué experimentamos placer y dolor?" y "¿por qué los seres humanos somos como somos?"

En este libro, el lector encontrará un método claro y fiable para comprender los fenómenos de este mundo. Además, ayudará a quienes buscan la verdad espiritual a dar el primer paso hacia la compresión de las raíces del comportamiento humano y de las leyes de la Naturaleza.

En estas páginas se encuentran los principios fundamentales de la Sabiduría de la Cabalá, acompañados por una clara descripción de su funcionamiento.

La Cabalá es un método sumamente acertado, sistemático y probado a través del tiempo, que nos ayuda a estudiar y definir nuestro lugar en el universo. Esta sabiduría nos explica por qué existimos, de dónde venimos, por qué nacemos, para qué vivimos y adónde vamos cuando dejamos nuestra vida en este mundo.

Cabalá para principiantes *(Ediciones Obelisco, España)*

La sabiduría de la Cábala es un método antiguo y experimentado, mediante el cual el ser humano puede recibir una conciencia superior, alcanzando la espiritualidad. Si alguien siente un deseo y un anhelo de espiritualidad, podrá encauzarlo por medio de la sabiduría de la Cábala, otorgada por el Creador.

La Cábala enseña un método práctico para aprender a conectar con el mundo superior y la fuente de nuestra existencia mientras estamos en este mundo.

El hombre alcanza así la perfección, toma las riendas de su vida y trasciende los límites del tiempo y del espacio, llenando de sentido su vida y alcanzando la serenidad y el gozo infinito desde este mundo.

INTERMEDIO

Torre de Babel - Último piso;
Israel y el futuro de la humanidad (Laitman Publishers)

En estos días estamos siendo testigos de un proceso que se inició miles de años atrás y que ha estado diseñando nuestra historia y determinando los eventos de nuestras vidas desde esa fecha en adelante.

En el pasado, la humanidad se centró en Mesopotamia, alrededor de la antigua Babilonia. Después, hubo un estallido del egoísmo y las personas se alejaron, se dividieron. Esa también fue la época en que la Cabalá fue revelada.

Pero cuando los cabalistas llegaron a la conclusión de que el mundo todavía no estaba listo para recibir esta sabiduría, se vieron obligados a ocultarla. Ellos la han estado guardando para la época en que la humanidad necesitara cambiar su corazón.

Actualmente, en los albores del siglo XXI, finalmente estamos listos. Miles de años de evolución no nos han hecho más felices, y es dentro de esta confusión e inseguridad que la Cabalá puede surgir y prosperar, ofreciendo una nueva solución.

BUENOS PARA TODOS

Niños del mañana: Guía para educar niños felices en el siglo XXI

La educación debe ser la adecuada para las nuevas almas que llegan al mundo en la actualidad, sin coerción, y con una explicación sobre la esencia de la vida. Únicamente este enfoque será exitoso.

Niños del Mañana: Guía para educar niños felices en el siglo XXI, es nuevo comienzo para usted y sus hijos. Imagine tener la posibilidad de pulsar el botón de reinicio y esta vez efectuar la tarea con éxito. Sin dificultad, sin tensión, y lo mejor de todo, sin tener que suponer.

La gran revelación es que la formación de los niños debe estar basada en juegos, en tratarlos como pequeños adultos, y en tomar juntos las principales decisiones. Se sorprenderá al descubrir cómo el educar a los niños sobre cosas positivas, tales como la amistad y la preocupación por los demás, automáticamente repercute en otras áreas de nuestra vida a los largo del día.

Abra cualquier página y encontrará citas que invitan a la reflexión sobre cada aspecto de la vida de los niños: relaciones padres-hijos, amistades y conflictos, y un panorama claro acerca de cómo las escuelas deben ser diseñadas y cómo tendrían que funcionar. Este libro ofrece una perspectiva innovadora sobre cómo educar a nuestros hijos.

Cabalá: Alcanzando los Mundos Superiores (Grupo Planeta Chile-Sudamérica)

Una meta importante en el estudio de la Cabalá es utilizar este conocimiento para influir en el destino de cada uno de nosotros. El proceso implica el darnos cuenta del verdadero propósito de estar aquí, descubriendo el significado de la vida y la razón por la cual ésta se nos ha otorgado.

Alcanzando los Mundos Superiores es una magnífica introducción a la sabiduría de la Cabalá, un primer paso hacia el descubrimiento del máximo logro del ascenso espiritual. Este libro llega a todos aquellos que buscan respuestas y para quienes tratan de encontrar una manera lógica y confiable de entender los fenómenos mundiales. Brinda una nueva clase de conciencia que ilumina la mente, da vitalidad al corazón y lleva al lector a las profundidades de su alma.

El poder de la Cabalá[10] *(Grupo Planeta España)*

Hoy en día, mucha gente se siente sin rumbo en la vida ante las promesas incumplidas de riqueza, salud, y felicidad que se suponía traerían el desarrollo tecnológico y científico. Muy pocos logran todo eso, e incluso ni siquiera pueden afirmar que tendrán lo mismo mañana. Pero el beneficio de este estado es que nos está forzando a reexaminar nuestra dirección y preguntarnos: "¿Es posible que estemos en un camino equivocado?"

El poder de la Cábala es un manual de instrucciones para la vida, un método para comprender y vivir en armonía con las leyes del universo.

El Rav Dr. Michael Laitman, nos brinda un nuevo prisma a través del cual contemplar y entender el universo para sentirnos en equilibrio, paz y plenitud.

La Voz de la Cabalá (Laitman Publishers)

En nuestra época, hay una sensación general de que "todo el mundo estudia Cabalá". Sin embargo, la sabiduría de la Cabalá no es una moda pasajera, sino, un método ancestral que pertenece a la cima del pensamiento humano; una sabiduría que abarca todo lo que requiere el ser humano para lidiar con los grandes desafíos que enfrenta.

---

10 Es el mismo libro "Alcanzando los Mundos Superiores", con una presentación diferente, de acuerdo al país de publicación

El libro *La Voz de la Cabalá* es una selección y recopilación de los principales artículos de Cabalá publicados en nuestro periódico en español, clasificados en 10 capítulos que constituyen un mosaico rico y completo de esta sabiduría milenaria, para todo aquel que esté realizando sus primeros pasos en este camino. Aborda temas como: *El Zóhar*, el libre albedrío, la mujer y la espiritualidad, Cabalá y ciencia, entre otros.

Tu propósito en la vida (Grupo Planeta México)

La Cabalá es una sabiduría ancestral, con 5.000 años de antigüedad, que se remonta a la antigua Mesopotamia. Detalla cómo están conformados los mundos, incluyendo el nuestro, y las fuerzas que actúan sobre nosotros.

Escrituras del siglo pasado explican que somos la primera generación capaz de usar la Cabalá en nuestro mundo, el mundo material infinito.

Tu propósito en la vida es una versión más corta, pero no menos profunda, del libro *Alcanzando los Mundos Superiores* para quienes deseen realizar una lectura sintetizada de este libro, el cual permite al lector progresar en la comprensión de esta sabiduría y utilizar dicho conocimiento de forma apropiada, elevando la mirada por encima del horizonte del universo material.

Rescate de la crisis mundial:
Una guía práctica para emerger fortalecidos (Laitman Publishers)

Los antecedentes del Dr. Michael Laitman lo colocan en una posición única para ofrecer un panorama vasto y esperanzador sobre la actual crisis mundial. El Dr. Laitman brinda una perspectiva real y acertada, basada en sus ámbitos de especialización como Profesor de Ontología, Doctor en Filosofía y Cabalá, con Maestría en Biocibernética médica, para dar respuesta a los descomunales retos que estamos enfrentando hoy día.

En este libro, el Dr. Laitman introduce conceptos fascinantes que se entrelazan en una solución profunda y global para hacer frente a estos problemas:

• La crisis en esencia no es financiera, sino psicológica: Hemos perdido toda confianza los unos en los otros, y donde no hay confianza, no hay comercio; sólo aislamiento y parálisis.

• Esta enajenación es el resultado de un proceso natural que se ha venido desarrollando durante milenios y que es hoy cuando llega a su culminación.

Juntos por siempre (Laitman Publishers)

En Juntos por siempre, el autor nos dice que si somos pacientes y superamos las pruebas que se nos presentan a lo largo de nuestra vida, nos convertiremos en personas más fuertes, más valientes y más sabias. En vez de hacernos más débiles, aprenderemos a crear nuestra propia magia y nuestras propias maravillas, de manera que sólo un mago lo puede hacer.

En este tierno y cálido relato, el Dr. Michael Laitman comparte con los niños y padres de familia algunos de los tesoros y encantos del mundo espiritual. La sabiduría de la Cabalá está colmada de fascinantes historias. Juntos por siempre es otro regalo más de esta sabiduría eterna, cuyas lecciones hacen que nuestras vidas sean más ricas, más sencillas y mucho más plenas.

El punto en el corazón: fuente de placer para mi alma (Laitman Publishers)

Una vez que aparece en el corazón humano la vida nunca podrá ser la misma. Es una transición hacia la madurez, un despertar que provoca un profundo cambio interno. Es un deseo singular que conduce a la persona hacia la percepción de un nuevo mundo de plenitud, satisfacción, y amor. El Punto en el Corazón contiene extractos selectos de las palabras del principal cabalista de nuestro tiempo, Dr. Michael Laitman.

TEXTOS DE ESTUDIO

Shamati (Laitman Publishers)

"Al no sentirse bien durante el Año Nuevo Judío en septiembre de 1991, Rabash me llamó a su lado en su lecho de enfermo, y me entregó un cuaderno de notas, en cuya cubierta se podía leer sólo una palabra: Shamati (He escuchado). Cuando me entregó el cuaderno, me dijo: 'Tómalo y aprende de él'. A la mañana siguiente, mi maestro murió en mis brazos, dejándome a mí y a muchos de sus discípulos sin dirección en este mundo". Comprometido con el legado de Rabash por diseminar la sabiduría de la Cabalá, he publicado su cuaderno de notas, tal como fue escrito, preservando así el poder transformador del texto. Entre todos los libros que se han escrito sobre Cabalá, Shamati es una composición única y determinante. Michael Laitman

Apéndice 2
SOBRE BNEI BARUJ

Bnei Baruj es un grupo de cabalistas en Israel que busca compartir la sabiduría de la Cabalá con todo el mundo. Cuenta con materiales de estudio basados en textos cabalísticos auténticos que se han ido transmitiendo de generación en generación. En la actualidad, estos recursos didácticos se encuentran disponibles en más de 30 idiomas.

HISTORIA Y ORIGEN

En 1991, tras el fallecimiento de su maestro, el Rabash, Michael Laitman estableció un grupo de estudios de Cabalá llamado "Bnei Baruj". Laitman fue el alumno aventajado y el asistente personal del Rabash, siendo reconocido como el sucesor de su método de enseñanza.

El Rabash fue el hijo primogénito y sucesor de Baal HaSulam (1884-1954), el cabalista más grande del siglo XX. Baal HaSulam es el autor del comentario más amplio y autorizado sobre *El Libro del Zóhar*, titulado *El Comentario Sulam* (escalera). Este gran cabalista fue el primero en revelar el método completo para alcanzar la elevación espiritual.

En la actualidad, Bnei Baruj basa todo su método de estudio en el camino que nos prepararon estos dos grandes maestros espirituales.

MÉTODO DE ESTUDIO

El método de estudio único desarrollado por Baal HaSulam y su hijo, el Rabash, es el que se imparte y se sigue a diario en Bnei Baruj. Este método está basado en fuentes cabalísticas auténticas como son *El Libro del Zóhar*, de Rabí Shimon Bar-Yojay; *El Árbol de la Vida*, del ARI y *El Estudio de las Diez Sefirot*, de Baal HaSulam.

A pesar de que el estudio está basado en estas fuentes cabalísticas auténticas, este se lleva a cabo empleando un lenguaje sencillo y común, todo ello desde una perspectiva contemporánea y científica. El desarrollo de esta metodología ha hecho que Bnei Baruj sea una organización respetada a escala internacional.

Esta combinación única de un método de estudio académico junto a la propia experiencia personal, expande la perspectiva del estudiante y le otorga una nueva percepción de la realidad en la que vive. A aquellos que siguen el camino espiritual, se les proporciona las herramientas necesarias para que se estudien tanto a sí mismos, como a la realidad que les rodea.

EL MENSAJE

Bnei Baruj es un colectivo diverso con alrededor de dos millones de estudiantes en todo el mundo. La esencia del mensaje que difunde Bnei Baruj es de carácter universal: la unidad entre personas y naciones, así como el amor al ser humano.

Durante miles de años, los cabalistas han estado enseñando que el amor hacia el hombre debe constituir la base de toda relación humana. Este sentimiento reinaba en los tiempos de Abraham y en el grupo de cabalistas que él estableció. Si recuperamos estos valores ancestrales, aunque contemporáneos, descubriremos en nosotros la capacidad de olvidarnos de nuestras diferencias y unirnos.

La sabiduría de la Cabalá, oculta durante miles de años, ha estado esperando el momento en que la humanidad estuviera lo suficientemente desarrollada y preparada para poner en práctica el mensaje que encierra. En la actualidad, está resurgiendo como una solución capaz de unir diferentes grupos y facciones en todas partes, permitiéndonos, como individuos y como sociedad, enfrentarnos a los retos que nos presenta la vida hoy.

ACTIVIDADES

Bnei Baruj ofrece toda una variedad de formas para que las personas puedan explorar su vida y la naturaleza, brindando una cuidadosa orientación tanto a los alumnos principiantes como a los avanzados.

Periódico

Kabbalah Today es un periódico gratuito que se publica y difunde mensualmente por Bnei Baruj en varios idiomas, incluyendo inglés, hebreo, español y ruso. Su contenido es apolítico, no comercial, y escrito con un estilo claro y contemporáneo. El propósito de *Kabbalah Today* es exponer al público en general el vasto conocimiento oculto en la sabiduría de la Cabalá, sin costo alguno, en un formato y estilo atractivos para los lectores en cualquier parte del mundo.

La versión en inglés de *Kabbalah Today* puede ser adquirida en las principales ciudades de Estados Unidos, así como en Canadá, Inglaterra, Sydney y Australia. También se encuentra disponible en Internet, en www.kabbalahtoday.com. El periódico en español, *Cabalá Hoy*, se distribuye en América Latina, España y entre la comunidad hispana de Estados Unidos.

Sitio en internet

El sitio web de Bnei Baruj, www.kabbalah.info/es, presenta la auténtica sabiduría de la Cabalá a través de ensayos, libros y textos originales. Es la fuente de difusión de auténtico material cabalístico con más repercusión en la red, albergando una exclusiva y extensa biblioteca para todo aquel que desee explorar a fondo las fuentes de la Sabiduría de la Cabalá.

El Centro de Estudios en línea de Bnei Baruj (*Learning Center*), ofrece cursos gratuitos de Cabalá para principiantes, brindando a los estudiantes una formación sobre esta extensa sabiduría desde la comodidad de sus hogares.

El canal de televisión de Bnei Baruj retransmite vía Internet en www.kab.tv/spa ofreciendo, entre otros programas, las clases diarias del Profesor Laitman, complementadas con textos y gráficos.

Todos estos servicios se proporcionan de manera gratuita.

Televisión

Bnei Baruj ha creado una productora, ARI Films (www.arifilms.tv), especializada en la realización de programas educativos de televisión por todo el mundo y en diversos idiomas.

En Israel, Bnei Baruj tiene su propio canal de televisión por cable y vía satélite 24 horas al día. Todas las emisiones de dicho canal son gratuitas. Y los programas están adaptados a todos los niveles, con emisiones dirigidas tanto a los principiantes como a los estudiantes avanzados.

Libros

Bnei Baruj publica libros de Cabalá auténtica. Estos son esenciales para un entendimiento óptimo de esta sabiduría, explicada día a día en las lecciones del Profesor Laitman.

Los libros del Dr. Laitman están escritos en un estilo contemporáneo y sencillo, basándose en los conceptos de Baal HaSulam. Constituyen un eslabón esencial entre el lector contemporáneo y los textos originales. Todos los libros están a la venta en www.kabbalahbooks.info, además de estar disponibles para su descarga gratuita.

Clases de Cabalá

Como han hecho los cabalistas durante cientos de años, el Rav Michael Laitman imparte una lección diaria en el Centro de Bnei Baruj Israel entre las 03:00 y las 06:00 de la mañana (hora de Israel). Las lecciones son en hebreo con traducción simultánea a siete idiomas: inglés, ruso, español, francés, alemán, italiano y turco. Estas clases en directo, retransmitidas en el sitio www.kab.tv/spa, llegan de manera gratuita a miles de estudiantes por todo el mundo.

Financiación

Bnei Baruj es una organización sin ánimo de lucro dedicada a la enseñanza y a la difusión de la sabiduría de la Cabalá. Para mantener su independencia y pureza de intenciones, Bnei Baruj no recibe financiación ni apoyo ni se encuentra vinculada a ninguna organización política o gubernamental.

Dado que la mayor parte de sus actividades se proporcionan al público sin coste alguno, la fuente principal de financiación para las actividades del grupo son las donaciones y el diezmo –al que contribuyen los estudiantes de manera voluntaria– así como los libros del Dr. Laitman, que son puestos a la venta a precio de coste.

INFORMACIÓN DE CONTACTO

Centro de Estudios de Cabalá Bnei Baruj (*Learning Center*)

Sitio Web:
http://www.cabalacentroestudios.com/

Correo electrónico:
estudios@kabbalah.info

Sitios Web

www.kabbalah.info/es   www.kab.tv/spa
www.laitman.es   www.canalcabala.com
www.kabbalahmedia.info   www.kabbalahbooks.info

Bnei Baruj (Instituto de Educación e Investigación de la Cabalá)

Correo electrónico:
spanish@kabbalah.info

Israel
Bnei Baruch Association
POB 3228
Petach Tikva 49513, Israel
Teléfono: +972-3-9226723
Fax: +972-3-9226741

Norteamérica
1057 Steeles Avenue West, Suite 532
Toronto, ON M2R3X1
Canadá
1(866) LAITMAN
info@kabbalahbooks.info

www.ingramcontent.com/pod-product-compliance
Lightning Source LLC
Chambersburg PA
CBHW080327170426
43194CB00014B/2489